형 법 주 해

[II]

총 칙 (2)

[제25조 ~ 제34조]

편집대표 조 균 석
편집위원 이 상 원
김 성 돈
강 수 진

박영사

머리말

「형법주해」는 법서 출판의 명가인 박영사의 창업 70주년을 기념하기 위하여 출간되는 형법의 코멘타르(Kommentar)로서, 1992년 출간된 「민법주해」에 이어 30년 만에 이어지는 기본법 주해 시리즈의 제2탄에 해당한다.

그런 점에서 「민법주해」의 편집대표인 곽윤직 교수께서 '머리말'에서 강조하신 아래와 같은 「민법주해」의 내용과 목적은 세월은 흘렀지만 「형법주해」에도 여전히 타당하다고 생각된다.

> "이 주해서는 각 조문마다 관련되는 중요한 판결을 인용해 가면서 확정된 판례이론을 밝혀주고, 한편으로는 이론 내지 학설을 모두 그 출전을 정확하게 표시하고, 또한 논거를 객관적으로 서술하여 민법 각 조항의 구체적인 내용을 밝히려는 것이므로, (중략) 그 목적하는 바는, 위와 같은 서술을 통해서 우리의 민법학의 현재수준을 부각시키고, 아울러 우리 민법 아래에서 생기는 법적 분쟁에 대한 올바른 해답을 찾을 수 있게 하려는 데 있다."

이처럼 법률 주해(또는 주석)의 기능은 법률을 해석·운용함에 있어 도움이 되는 정보를 제공함으로써 구체적 사건을 해결하는 실무의 법적 판단에 봉사하는 데 있다고 할 수 있다. 주해서를 통해서 제공되어야 할 정보는 1차적으로 개별 조문에 대한 문리해석이다. 이러한 문리해석에 더하여, 주해서에는 각 규정들의 체계적 연관관계나 흠결된 부분을 메우는 보충적 법이론은 물론, 법률의 연혁과 외국 입법례 및 그 해석에 대한 정보가 담겨 있어야 하고, 때로는 사회문제를 해결할 수 있는 입법론이 제시되어야 한다.

그러나 무엇보다도 실무에서 중요한 역할을 하는 것은 판례이므로, 판례의 법리를 분석하고 그 의미를 체계적으로 정리하는 일은 주해서에서 빠뜨릴 수 없는 중요한 과제이다. 다만 성문법주의 법제에서 판례는 당해 사건에서의 기속력을 넘어 공식적인 법원(法源)으로 인정되지는 않으며, 판례 자체가 변경되기도 한다. 이러한 점에서 주해서는 단순한 판례의 정리를 넘어 판례에 대한 비판을 통해 판례를 보충하고 대안을 제시함으로써 장래 법원(法院)의 판단에 동원될 수 있는 법적 지식의 저장고 역할도 하여야 한다.

그런데 형사판결도 결국 형법률에 근거하여 내려진다. 형법률에 대한 법관의 해석으로 내려진 판결 및 그 속에서 선광(選鑛)되어 나오는 판례법리는 구체적인 사안과 접촉된 법률이 만들어 낸 개별적 결과이다. 그러므로 또 다른 사안을 마주하는 법관은 개별 법리의 원천으로 돌아갈 필요가 있다. 법관이 형법률을 적용함에 있어, 개별 사안에 나타난 기존의 판결이나 판례를 넘어 그러한 판례를 만들어 내는 형법률의 체계인 형법을 발견할 때 비로소 개별 법리의 원천으로 돌아가는 광맥을 찾은 것이다. 「형법주해」는 이러한 광맥을 찾는 작업에도 도움이 되고자 하였다. 즉, 「형법주해」는 판례의 눈을 통해서 형법을 바라보는 것을 넘어 형법원리 및 형법이론의 눈을 통해서도 형법을 관찰하려고 하였다.

이러한 작업은 이론만으로 이룰 수 있는 것도 아니고, 실무만으로 이룰 수 있는 것도 아니다. 이 때문에 형사법 교수, 판사, 검사, 변호사 등 62명이 뜻을 함께하여, 오랜 기간 각자의 직역에서 형법을 연구·해석하고 또 실무에 적용해 오면서 얻은 소중한 지식과 경험, 그리고 지혜를 집약함으로써, 이론과 실무의 조화와 융합을 꾀하였다.

우리의 소망은 「형법주해」가 올바른 판결과 결정을 지향하는 실무가들에게 의미 있는 이정표가 되고, 형법의 원점을 찾아가는 형법학자들에게는 새로운 생각의 장을 떠올리게 하는 단초가 되며, 형법의 숲 앞에 막 도착한 예비법률가들에는 그 숲의 전체를 바라볼 수 있는 안목을 키울 수 있도록 도와주는 안내자가 되는 것이다.

「형법주해」가 이러한 역할을 다할 수 있도록 최선의 노력을 다하였지만 부족한 부분이나 흠도 있으리라 생각된다. 모자란 부분은 개정판을 거듭하면서 시정·보충할 예정이다. 또한, 장래에는 「형법주해」가 형법의 실무적 활용에 봉사하고 기여하는 데에서 한 걸음 더 나아가 보다 높은 학문적인 차원에서의 형법 이해, 예컨대 형법의 정당성의 문제까지도 포섭할 수 있는 방안을 모색해 나갈 것을 다짐해 본다.

「형법주해」는 많은 분들의 헌신과 지원으로 출간하게 되었다. 먼저, 충실한 옥고를 집필하고 오랜 기간 정성을 다해 다듬어 주신 집필자들에게 감사드린다. 그리고 책 전체의 통일과 완성도를 높이기 위하여 각칙의 일부 조문에 한정된 것이기는 하지만, 독일과 일본의 중요 판례를 함께 검토해 주신 김성규 한국외국어대학 교수(독일)와 안성훈 한국형사·법무정책연구원 선임연구위원(일본)에게도 고마움을 전한다. 그리고 창업 70

주년 기념으로 「형법주해」의 출간을 허락해 주신 안종만 회장님과 안상준 대표님, 오랜 기간 편집위원들과 협의하면서 시종일관 열정을 보여주신 조성호 이사님과 편집부 여러 분께도 깊은 감사의 말씀을 드린다.

2024년 8월

편집대표 **조 균 석**
위원 **이 상 원**
위원 **김 성 돈**
위원 **강 수 진**

범 례

I. 조 문

- 본문의 조문 인용은 '제○조 제○항 제○호'로 하고, 괄호 안에 조문을 표시할 때는 아래 (예)와 같이 한다. 달리 법령의 명칭 없이 인용하는 조문은 형법의 조문이고, 부칙의 경우 조문 앞에 '부칙'을 덧붙여 인용한다.

예 § 49②(iii) ← **형법 제49조 제2항 제3호**
§ 12**의**2 ← **형법 제12조의2**
부칙 § 10 ← **형법 부칙 제10조**

II. 일 자

- 본문의 년, 월, 일은 그대로 표시함을 원칙으로 한다. 다만, 판례의 판시내용이나 인용문을 그대로 인용할 경우 및 ( )안에 법령을 표시하는 등 필요한 경우에는 년, 월, 일을 생략한다.

예 **(본문)** **1990년 1월 1일**
1953년 9월 18일 법령 제177호

예 **(판시 또는 괄호)** **"피고인이 1991. 1. 1. 어디에서 ... 하였다."**
기본법(1953. 9. 18. 법령 제177호)

III. 재판례

1. 우리나라

대판 2013. 6. 27, 2013도4279
← **대법원 2013년 6월 27일 선고 2013도4279 판결**

대판 2013. 2. 21, 2010도10500(전)
← **대법원 2013년 2월 21일 선고 2010도10500 전원합의체판결**

대결 2016. 3. 16, 2015모2898

← 대법원 2016년 3월 16일 자 2015모2898 결정

대결 2015. 7. 16, 2011모1839(전)

← 대법원 2015 7월 16일 자 2011모1839 전원합의체결정

헌재 2005. 2. 3, 2001헌가9

← 헌법재판소 2005년 2월 3일 선고 2001헌가9 결정

서울고판 1979. 12. 19, 72노1208

← 서울고등법원 1979년 12월 19일 선고 72노1208 판결

* 재판례의 인용은 헌재, 대판(또는 대결), 하급심 순으로 하고, 같은 심급 재판례가 여럿인 경우 연도 순으로 인용하되, 가급적 최초 판결, 주요 판결, 최종 판결 등으로 개수를 제한한다.

2. 외 국

• 외국의 재판례는 그 나라의 인용방식에 따른다. 다만, 일본 판례의 경우에는 '연호'를 서기연도로 바꾸는 등 다음과 같이 인용한다.

最判 平成 20(2008). 4. 25. **刑集** 62·5·1559

← 最判平成20. 4. 25刑集62卷5号1559頁

- 판례집: 刑録(대심원형사판결록), 刑集(대심원형사판례집, 최고재판소형사판례집), 裁判集(刑事)(최고재판소재판집형사), 高刑集(고등재판소형사판례집), 特報(고등재판소형사판결특보), 裁特(高等裁判所刑事裁判特報), 下刑集(하급심재판소형사재판례집), 刑月(형사재판월보), 高刑速(고등재판소형사재판속보집), 判時(判例時報), 判タ(판례타임즈), LEX/DB(TKC Law Library) 등

Ⅳ. 문헌 약어 및 인용방식

* 같은 집필자라고 하여도 각주 번호는 조문별로 새로 붙인다.

1. 형법총칙/각칙 교과서

• 교과서 등 문헌은 가능한 한 최신의 판으로 인용한다.

• 각 조항의 주해마다 처음으로 인용하는 개소에서 판을 포함하는 서지사항을 밝히고, 그 후에 이를 다시 인용하는 경우에는 '저자, 면수'와 같은 형태로 한다.

[형법총칙]

김성돈, 형법총론(8판), 10

이재상·장영민·강동범, 형법총론(11판), § 31/2

김성돈, 10(**재인용인 경우**)

[형법각칙]

이재상·장영민·강동범, 형법각론(13판), § 31/2

이재상·장영민·강동범, § 31/12(**재인용인 경우**)

2. 교과서 외 단행본

- 교과서 외 단행본은 각 조항마다 처음 인용하는 개소에서 제목, 판, 출판사, 연도를 포함하는 서지사항을 밝히고, 그 후에 이를 다시 인용하는 경우에는 '저자, 제목, 면수'와 같은 형태로 한다.

김성돈, 기업 처벌과 미래의 형법, 성균관대학교 출판부(2018), 259

양형위원회, 2024 **양형기준**, 100

김성돈, 기업 처벌과 미래의 형법, 300(**재인용인 경우**)

3. 논 문

- 각 조항의 주해마다 처음으로 인용하는 개소에서 정기간행물 등의 권·호수 및 간행연도를 포함하는 서지사항을 밝히고, 그 후에 이를 다시 인용하는 경우에는 "필자(주 ○), 인용면수"와 같은 형태로 한다.

신양균, "과실범에 있어서 의무위반과 결과의 관련", 형사판례연구 〔1〕, **한국형사판례연구회, 박영사**(1993), 62

천진호, "금지착오사례의 논증과 정당한 이유의 구체적 판단", 비교형사법연구 2-2, **한국비교형사법학회**(2000), 305

- 각 대학의 법학연구소 등에서 발간하는 정기간행물은 학교명의 약칭과 함께 인용하지만, 이미 학교명 내지 이에 준하는 표기를 포함하고 있는 경우에는 간행물 이름만으로 인용한다.

4. 정기간행물 약어

사논	**사법논집**
사연	**사법연구자료**

자료 **재판자료**
해설 **대법원판례해설**

5. 주석서

예 **주석형법 〔각칙(1)〕(5판), 104(민철기)**

6. 외국 문헌

- 외국 문헌 등은 각국에서 통용되는 방식으로 인용하는 것을 원칙으로 한다.
- 외국 문헌의 경우 최초로 인용할 때에 간행연도 및 판수〔논문의 경우는, 정기간행물 및 그 권·호수 등〕를 표시하고, 이후 같은 조항에서 인용할 때는 "저자〔또는 필자〕, 인용면수"의 방법으로 인용하되〔같은 필자의 문헌을 여럿 인용하는 경우에는 '(주 ○)'를 필자 이름 아래 붙인다〕, 저자의 경우는 성만 표기하는 것을 원칙으로 한다.
- 자주 인용되는 문헌은 별도로 다음과 같이 인용한다.
  大塚 外, 大コン(3版)(9), 113(河村 博) ← 大塚 外, 大コンメンタール 第3版 第9巻, 인용면수(집필자)

7. 학위논문 인용방식

예 **이은모, "약물범죄에 관한 연구", 연세대학교 박사학위논문(1991), 2**
이은모, "약물범죄에 관한 연구", 10(재인용인 경우)

8. 다수 문헌의 기재 순서

- 교과서 등 같은 종류인 경우 '가, 나, 다' 순으로, 다른 종류인 경우 '교과서, 주석서, 교과서 외 단행본, 논문' 순으로 각 기재한다.

V. 법령 약어 및 인용방법

1. 법 률

(1) 본문

- 조항별로 처음 인용 시에는 법령의 제목 전체를 기재한다. 재차 인용 시에는 법제처 법령에 약칭이 있는 경우는 그 약칭을 인용하되, 처음 인용 법령을 아

래와 같이 한다.

* 현재 효력을 가지는 법률을 기준으로 작성하고, 폐지된 법률의 경우 법률명 다음에 '(폐지)'를, 조문만 변경된 경우에는 법률명 앞에 '구'를 붙인다.

예 **교통사고 처리특례법(이하, 교통사고처리법이라 한다.)**

(2) 괄호

- **일반법령(예: 의료법)을 쓰되, 약어(예시)의 경우 약어만을 인용한다.**

약어(예시)

가폭	가정폭력범죄의 처벌 등에 관한 법률
경범	경범죄 처벌법
경직	경찰관 직무집행법
공선	공직선거법
교특	교통사고처리 특례법
국보	국가보안법
군형	군형법
도교	도로교통법
독점	독점규제 및 공정거래에 관한 법률
마약거래방지	마약류 불법거래 방지에 관한 특례법
마약관리	마약류 관리에 관한 법률
민	민법
민소	민사소송법
민집	민사집행법
범죄수익	범죄수익은닉의 규제 및 처벌에 관한 법률
법조	법원조직법
변	변호사법
보호관찰	보호관찰 등에 관한 법률
보호소년	보호소년 등의 처우에 관한 법률
부경	부정경쟁방지 및 영업비밀보호에 관한 법률
부등	부동산등기법
부수	부정수표 단속법
부실명	부동산 실권리자명의 등기에 관한 법률
부재특조	부재선고 등에 관한 특별조치법

사면	사면법
사법경찰직무	사법경찰관리의 직무를 수행할 자와 그 직무범위에 관한 법률
상	상법
성매매	성매매알선 등 행위의 처벌에 관한 법률
성충동	성폭력범죄자의 성충동 약물치료에 관한 법률
성폭방지	성폭력방지 및 피해자보호 등에 관한 법률
성폭처벌	성폭력범죄의 처벌 등에 관한 법률
소년	소년법
아청	아동·청소년의 성보호에 관한 법률
아학	아동학대범죄의 처벌 등에 관한 특례법
여전	여신전문금융업법
전부	전자장치 부착 등에 관한 법률
정통망	정보통신망 이용촉진 및 정보보호 등에 관한 법률
집시	집회 및 시회에 관한 법률
출관	출입국관리법
치감	치료감호 등에 관한 법률
통비	통신비밀보호법
특가	특정범죄 가중처벌 등에 관한 법률
특강	특정강력범죄의 처벌에 관한 특례법
특경	특정경제범죄 가중처벌 등에 관한 법률
폭처	폭력행위 등 처벌에 관한 법률
헌	헌법
헌재	헌법재판소법
형소	형사소송법
형집	형의 집행 및 수용자의 처우 등에 관한 법률

2. 시행령 및 시행규칙은 법률의 예를 따르고, 괄호의 경우 일반법령(예: 의료법 시행령)을 쓰되, 법률약어의 경우 '령' 또는 '규'를 붙인다.

3. 부칙 및 별표는 법률명 뒤에 약칭 없이 '부칙', '별표'로 인용한다.

4. 외국법령의 조항 인용도 우리 법령의 인용과 같은 방식으로 한다.

   例 **(괄호) 독형** § 312-b①(iii) ← **독일형법 제312조의b 제1항 제3호**

참고문헌

1 형법총론(총론 · 각론 통합 포함) 교과서

저자	서명	출판사	출판연도
강동욱	강의 형법총론	박영사	2020
	강의 형법총론(제2판)	박영사	2021
김성돈	형법총론(제5판)	성균관대학교 출판부	2017
	형법총론(제6판)	성균관대학교 출판부	2020
	형법총론(제7판)	성균관대학교 출판부	2021
	형법총론(제8판)	성균관대학교 출판부	2022
김성천	형법총론(제9판)	소진	2020
김성천 · 김형준	형법총론(제6판)	소진	2014
김신규	형법총론 강의	박영사	2018
김일수 · 서보학	새로쓴 형법총론(제11판)	박영사	2008
	새로쓴 형법총론(제12판)	박영사	2014
	새로쓴 형법총론(제13판)	박영사	2018
김태명	판례형법총론(제2판)	피앤씨미디어	2016
김형만	형법총론	박영사	2015
김혜정 · 박미숙 · 안경옥 · 원혜욱 · 이인영	형법총론(제2판)	정독	2019
	형법총론(제3판)	정독	2020
	형법총론(제5판)	정독	2024
남흥우	형법총론	박영사	1980
류전철	형법입문 총론편(제3판)	준커뮤니케이션즈	2020
박상기	형법강의	법문사	2010
	형법총론(제9판)	박영사	2012
	형법학(총론 · 각론 강의)(제3판)	집현재	2018
박상기 · 전지연	형법학(총론 · 각론 강의)(제4판)	집현재	2018
	형법학(총론 · 각론)(제5판)	집현재	2021
배종대	형법총론(제12판)	홍문사	2016
	형법총론(제13판)	홍문사	2017
	형법총론(제14판)	홍문사	2020
	형법총론(제15판)	홍문사	2021

저자	서명	출판사	출판연도
배종대	형법총론(제16판)	홍문사	2022
	형법총론(제17판)	홍문사	2023
성낙현	형법총론(제3판)	박영사	2020
손동권·김재윤	새로운 형법총론	율곡출판사	2011
손해목	형법총론	법문사	1996
신동운	형법총론(제10판)	법문사	2017
	형법총론(제12판)	법문사	2020
	형법총론(제13판)	법문사	2021
	형법총론(제14판)	법문사	2022
안동준	형법총론	학현사	1998
	형법총론강의	형설출판사	2013
오영근	형법총론(제4판)	박영사	2018
	형법총론(제5판)	박영사	2019
	형법총론(제6판)	박영사	2021
오영근·노수환	형법총론(제7판)	박영사	2024
원형식	판례중심 형법총론	진원사	2014
유기천	형법학 총론강의(개정판)	일조각	1980
이건호	형법학개론	고려대학교 출판부	1977
이상돈	형법강의	법문사	2010
	형법강론(제2판)	박영사	2017
	형법강론(제3판)	박영사	2020
	형법강론(제4판)	박영사	2023
이영란	형법학 총론강의	형설출판사	2008
이용식	형법총론	박영사	2018
	형법총론(제2판)	박영사	2020
이재상·장영민·강동범	형법총론(제10판)	박영사	2019
	형법총론(제11판)	박영사	2022
이정원	형법총론(증보판)	법지사	2001
	형법총론	신론사	2012
이정원·이석배·정배근	형법총론	박영사	2023
이주원	형법총론	박영사	2022
	형법총론(제2판)	박영사	2023
	형법총론(제3판)	박영사	2024
이형국	형법총론	법문사	2007
이형국·김혜경	형법총론(제6판)	법문사	2021

저자	서명	출판사	출판연도
임웅	형법총론(제10정판)	법문사	2018
	형법총론(제12정판)	법문사	2021
	형법총론(제13정판)	법문사	2022
임웅·김성규·박성민	형법총론(제14정판)	법문사	2024
정성근·박광민	형법총론(전정판)	성균관대학교 출판부	2012
	형법총론(전정2판)	성균관대학교 출판부	2015
	형법총론(전정3판)	성균관대학교 출판부	2020
정성근·정준섭	형법강의 총론(제2판)	박영사	2019
	형법강의 총론(제3판)	박영사	2022
정영석	형법총론(제5전정판)	법문사	1987
정영일	형법총론(제3판)	박영사	2010
	형법강의 총론(제3판)	학림	2017
	신형법총론	학림	2018
	형법총론(제2판)	학림	2020
	형법총론 강의(제3판)	학림	2020
	형법총론(신3판)	학림	2022
정웅석 · 최창호	형법총론	대명출판사	2019
조준현	형법총론(제4정판)	법문사	2012
주호노	형법총론	법문사	2019
	형법총론(제2판)	법문사	2022
진계호	형법총론(제6판)	대왕사	2000
	형법총론(제7판)	대왕사	2003
진계호·이존걸	형법총론(제8판)	대왕사	2007
차용석	형법총론강의	고시연구사	1987
천진호	형법총론	준커뮤니케이션즈	2016
최병천	판례중심 형법총론	피앤씨미디어	2017
최호진	형법총론	박영사	2022
	형법총론(제2판)	박영사	2024
하태훈	판례중심 형법총·각론	법문사	2006
	사례판례중심 형법강의	법원사	2021
한상훈·안성조	형법입문	피앤씨미디어	2018
	형법개론(제3판)	정독	2022
한정환	형법총론(제1권)	한국학술정보	2010
홍영기	형법(총론과 각론)	박영사	2022
황산덕	형법총론(제7정판)	방문사	1982

2 형법각론 교과서

저자	서명	출판사	출판연도
강구진	형법강의 각론 I	박영사	1983
	형법강의 각론 I (중판)	박영사	1984
권오걸	형법각론	형설출판사	2009
	스마트 형법각론	형설출판사	2011
김선복	신형법각론	세종출판사	2016
김성돈	형법각론(제5판)	성균관대학교 출판부	2018
	형법각론(제6판)	성균관대학교 출판부	2020
	형법각론(제7판)	성균관대학교 출판부	2021
	형법각론(제8판)	성균관대학교 출판부	2022
김성천 · 김형준	형법각론(제4판)	소진	2014
	형법각론(제6판)	소진	2017
김신규	형법각론	청목출판사	2015
	형법각론 강의	박영사	2020
김일수	새로쓴 형법각론	박영사	1999
김일수 · 서보학	새로쓴 형법각론(제8판 증보판)	박영사	2016
	새로쓴 형법각론(제9판)	박영사	2018
김종원	형법각론 상	법문사	1973
	형법각론 상(제3정판)	법문사	1978
김태명	판례형법각론(제2판)	피앤씨미디어	2016
김혜정 · 박미숙 · 안경옥 · 원혜욱 · 이인영	형법각론(제2판)	정독	2021
	형법각론(제3판)	정독	2023
남흥우	형법강의(각론)	고려대학교 출판부	1965
도중진 · 박광섭 · 정대관	형법각론	충남대학교 출판문화원	2014
류전철	형법각론(각론편)	준커뮤니케이션즈	2012
박강우	로스쿨 형법각론(제2판)	진원사	2014
박동률 · 임상규	판례중심 형법각론	경북대학교출판부	2015
박상기	형법각론(전정판)	박영사	1999
	형법각론(제8판)	박영사	2011
박찬걸	형법각론	박영사	2018
	형법각론(제2판)	박영사	2022
배종대	형법각론(제10전정판)	홍문사	2018
	형법각론(제11전정판)	홍문사	2020
	형법각론(제12판)	홍문사	2021
	형법각론(제13판)	홍문사	2022
	형법각론(제14판)	홍문사	2023

저자	서명	출판사	출판연도
백형구	형법각론	청림출판	1999
	형법각론(개정판)	청림출판	2002
서일교	형법각론	박영사	1982
손동권	형법각론(제3개정판)	율곡출판사	2010
손동권·김재윤	새로운 형법각론	율곡출판사	2013
	새로운 형법각론(제2판)	율곡출판사	2022
손해목	형법총론	법문사	1996
신동운	형법각론(제2판)	법문사	2018
	판례백선 형법각론 1	경세원	1999
	판례분석 형법각론(증보판)	법문사	2014
심재무	형법각론강의 I	신지서원	2009
오영근	형법각론(제3판)	박영사	2014
	형법각론(제4판)	박영사	2017
	형법각론(제5판)	박영사	2019
	형법각론(제6판)	박영사	2021
	형법각론(제7판)	박영사	2022
	형법각론(제8판)	박영사	2023
원형식	형법각론(상)	청목출판사	2011
	판례중심 형법각론	동방문화사	2016
원혜욱	형법각론	피데스	2017
유기천	형법학(각론강의 상·하) (전정신판)	일조각	1982
이건호	형법학개론	고려대학교 출판부	1977
	신고형법각론	일신사	1976
	형법각론	일신사	1980
이영란	형법학 각론강의	형설출판사	2008
	형법학 각론강의(제3판)	형설출판사	2013
이용식	형법각론	박영사	2019
이재상·장영민·강동범	형법각론(제11판)	박영사	2019
	형법각론(제12판)	박영사	2021
	형법각론(제13판)	박영사	2023
이정원	형법각론(보정판)	법지사	1999
	형법각론	법지사	2003
	형법각론	신론사	2012
이정원·류석준	형법각론	법영사	2019
이형국	형법각론	법문사	2007

저자	서명	출판사	출판연도
이형국 · 김혜경	형법각론(제2판)	법문사	2019
	형법각론(제3판)	법문사	2023
임웅	형법각론(제9정판)	법문사	2018
	형법각론(제10정판)	법문사	2019
	형법각론(제11정판)	법문사	2020
	형법각론(제12정판)	법문사	2021
	형법각론(제13정판)	법문사	2023
정성근 · 박광민	형법각론(제4판)	삼영사	2011
	형법각론(전정2판)	성균관대학교 출판부	2015
	형법각론(전정3판)	성균관대학교 출판부	2019
정성근 · 정준섭	형법강의 각론	박영사	2017
	형법강의 각론(제2판)	박영사	2022
정영석	형법각론(제4전정판)	법문사	1980
	형법각론(제5전정판)	법문사	1992
정영일	형법각론(제3판)	박영사	2011
	형법강의 각론(제3판)	학림	2017
	형법각론	학림	2019
정웅석 · 최창호	형법각론	대명출판사	2018
정창운	형법학각론	정연사	1960
조준현	형법각론	법원사	2002
	형법각론(개정판)	법원사	2005
	형법각론(3판)	법원사	2012
조현욱	형법각론강의 (I)	진원사	2008
주호노	형법각론	법문사	2023
진계호	신고 형법각론	대왕사	1985
	형법각론(제5판)	대왕사	2003
진계호 · 이존걸	형법각론(제6판)	대왕사	2008
최관식	형법각론(개정판)	삼우사	2017
최호진	형법각론	준커뮤니케이션즈	2014
	형법각론 강의	준커뮤니케이션즈	2015
	형법각론	박영사	2022
한남현	형법각론	율곡출판사	2014
한정환	형법각론	법영사	2018
황산덕	형법각론(제6정판)	방문사	1986

3 특별형법

저자(편자)	서명	출판사	출판연도
김정환 · 김슬기	형사특별법	박영사	2021
	형사특별법(제2판)	박영사	2022
박상기 · 신동운 · 손동권 · 신양균 · 오영근 · 전지연	형사특별법론(개정판)	한국형사정책연구원	2012
박상기 · 전지연 · 한상훈	형사특별법(제2판)	집현재	2016
	형사특별법(제3판)	집현재	2020
박상기 · 전지연	형사특별법(제4판)	집현재	2023
이동희 · 류부곤	특별형법(제5판)	박영사	2021
이주원	특별형법(제5판)	홍문사	2018
	특별형법(제6판)	홍문사	2020
	특별형법(제7판)	홍문사	2021
	특별형법(제8판)	홍문사	2022
	특별형법(제9판)	홍문사	2023

4 주석서 · 실무서 등

저자(편자)	서명	출판사	출판연도
김종원	주석형법 총칙(상 · 하)	한국사법행정학회	1988, 1990
박재윤	주석형법 총칙(제2판)	한국사법행정학회	2011
김대휘 · 박상옥	주석형법 총칙(제3판)	한국사법행정학회	2019
김윤행	주석형법 각칙(상 · 하)	한국사법행정학회	1982
박재윤	주석형법 각칙(제4판)	한국사법행정학회	2006
김신 · 김대휘	주석형법 각칙(제5판)	한국사법행정학회	2017
한국형사판례연구회	형사판례연구 (1) - (31)	박영사	1993 - 2023
법원행정처	법원실무제요 형사 〔Ⅰ〕·〔Ⅱ〕		2014
사법연수원	법원실무제요 형사 〔Ⅰ〕·〔Ⅱ〕·〔Ⅲ〕		2022

5 외국 문헌

저자(편자)	서명	출판사	출판연도
大塚 仁 外	大コンメンタール刑法 (第2版) (1) - (13)	青林書院	1999 - 2006
	大コンメンタール刑法 (第3版) (1) - (13)	青林書院	2013 - 2021
西田典之 外	注釈刑法 (1), (2), (4)	有斐閣	2010 - 2021

목 차

제1편 총　칙

제2장 죄

제2절 미수범

제3절 공 범

제2절 미수범

〔총 설〕

Ⅰ. 미수의 개념

형법상 미수란 주관적 구성요건은 완전하게 충족되었으나 객관적 구성요건은 모두 충족되지 못한 것으로서, 그 범행이 예비·음모의 단계를 떠난 법형상을 말한다. 이 점에서 미수는 완전하게 의욕된 범행이지만 단지 불완전하게 실현된 범죄라고 특징지울 수 있다.[1] 그렇지만 미수의 이러한 특징을 제25조(미수범)에서 모두 인식할 수는 없다. 제25조는 실행의 착수라는 개념을 사용하여 언제 미수가 시작되고, 따라서 불가벌적 예비·음모와 미수가 구별되는지에 관한 시점만 명시하고 있을 뿐, 미수의 개념내용을 규정하지는 않고 있기 때문이다. 특히, 범행의 미종료, 범행결의 및 실행의 착수라는 미수범의 3가지 요소들은 제25조에서 도출되는 것이 아니라 미수의 본질에서 도출된다. 1

미수는 범행결의에 기초하여 불완전하게 실현된 불법을 의미한다. 범행결의와 완전한 범죄실현을 인정하는 기준은 형법각칙이나 개별 법률상의 각각의 범죄구성요건들이다. 미수범을 처벌하는 범죄구성요건이 어떻게 구성되어 있는가에 따라 미수범의 인정요건이 달라지기 때문이다. 미수범은 형법각칙이나 특 2

1 Lackner·Kühl, § 22 Rn. 1; Fischer, § 22 Rn. 2.

별형법에서 미수행위의 가벌성을 명시하고 있는 경우에 한하여 성립할 수 있다. 그러나 미수범은 불법구성요건의 행위반가치를 완전하게 구비하고 있을 뿐만 아니라 실행의 착수에 기초한 법익에 대한 위험이라는 결과반가치도 가지고 있다.[2] 따라서 형법이 미수범을 예외적으로 처벌한다고 이해하는 것은 타당하지 못하다.

Ⅱ. 고의범의 실현 단계

3 하나의 종결된 범죄는 범행의 결의, 예비·음모, 미수, 기수, 종료 등 크게 5단계로 진행된다. 이러한 이해의 저변에는 범행이 최종적으로 하나만 성립한다는 관념이 자리잡고 있다. 그러나 각각의 단계는 독자적인 내용을 가지고 있고, 다만 다음 단계로 나아가면서 변화될 뿐이다. 따라서 범행의 결의 단계를 제외한 각각의 단계는 독자적인 범죄형식으로 규정될 수 있지만, 다른 한편으로 하나의 전체 범행 속의 일부 과정으로 머물게 할 수도 있다.

1. 범행의 결의

4 사고상으로만 범행을 계획하고 그러한 범행을 실행하기로 결의하는 것만으로는 형사처벌의 대상이 될 수 없다. 범행의 결의만으로는 아무것도 위반한 것이 없고, 어떠한 법익도 침해한 것이 아니기 때문이다.[3] 그러나 범행의 결의가 외부에 표시되고, 그 표시된 내용 자체가 구성요건에 해당하는 경우(예컨대, 상대방의 면전에서 살해의 의사를 표시하는 경우)에는 형사처벌의 대상이 될 수 있다.[4] 또한 특정한 범죄를 범하고자 하는 단순한 범행의 결의가 다른 구성요건요소와 결합하는 경우에는, 그러한 결의가 외부에 표시되지 않더라도 처벌의 대상이 될 수 있다. 예를 들어, 13세 미만의 미성년자를 약취 또는 유인하여 그 미성년자의 부모로부터 재물이나 재산상의 이익을 취득하거나 요구하고자 하는 행위자의 범행의 결의는 외부로 표시되지는 않았지만 특정범죄 가중처벌 등에 관한

2 주석형법 〔총칙(2)〕(2판), 34(이정원).
3 LK[12]-Hillenkamp, Vor § 22 Rn. 3.
4 김성돈, 형법총론(8판), 450(협박죄).

법률(이하, 특정범죄가중법이라 한다.) 제5조의2(약취·유인죄의 가중처벌) 제1항[5]에 따른 처벌의 대상이 된다.

2. 예비·음모

예비란 결의한 범죄를 실현하기 위한 조건을 마련하는 단계를 말한다. 음 5
모란 범죄에 대한 심리적 준비행위를 의미한다. 판례는 예비와 음모를 엄격하게 구별하고 있다.[6] 예비·음모행위는 원칙적으로 처벌되지 않지만, 특히 위험성이 있다고 인정되는 경우에는 예외적으로 형사처벌의 대상이 된다.

예비·음모 단계에서는 계획된 범행과 관련된 법익의 침해에 아직 도달하지 6
못하였고, 예외적인 경우에 한하여 추상적 위험에 도달할 수 있다. 이 점에서 예비·음모 단계는 원칙적으로 예방적 경찰작용만 유발할 수 있을 뿐 범죄진압적 형사사법 작용의 원인이 될 수 없다고 보아야 한다. 그러나 우리 형법과 특별형법은 적지 않은 규정을 통하여 예비·음모행위를 형사처벌의 대상으로 삼고 있다.

3. 미 수

형법은 미수를 범죄의 실행에 착수하였으나 실행행위를 종료하지 못하였거 7
나 실행행위를 종료했다 하더라도 결과가 발생하지 아니한 경우로 구분하여 규정하고 있다(§ 25①). 전자를 미종료미수 또는 착수미수라 부르고, 후자를 종료미수 또는 실행미수라 부른다. 미수의 종류와 그에 따른 처벌은 제25조부터 제27조에 규정되어 있다. 미수범을 처벌하기 위해서는 그에 대한 가벌성이 형법각칙

---

5 특정범죄가중법 제5조의2(약취·유인죄의 가중처벌) ① 13세 미만의 미성년자에 대하여 「형법」 제287조의 죄를 범한 사람은 그 약취(略取) 또는 유인(誘引)의 목적에 따라 다음 각 호와 같이 가중처벌한다.

1. 약취 또는 유인한 미성년자의 부모나 그 밖에 그 미성년자의 안전을 염려하는 사람의 우려를 이용하여 재물이나 재산상의 이익을 취득할 목적인 경우에는 무기 또는 5년 이상의 징역에 처한다.
2. 약취 또는 유인한 미성년자를 살해할 목적인 경우에는 사형, 무기 또는 7년 이상의 징역에 처한다.

6 대판 1986. 6. 24, 86도437(일본으로 밀항하고자 하는 사람에게 도항비로 일화 100만 엔을 주기로 약속하였으나 그 후 밀항을 포기한 경우, 밀항의 음모에 지나지 않고 예비 정도에는 이르지 않았다고 한 사례).

과 특별형법의 각 규정에 명시되어 있어야 한다(§ 29).

8 미수는 예비·음모와 기수 사이의 단계이다. 이 점에서 미수는 이미 실행에 착수한 행위이지만 기수에 이르지 아니한 범행이다. 실행에 착수한 범행이 기수에 이르지 않아야 한다는 요건은 미수범의 구조적·객관적 특징이다. 당해 범행이 기수에 이르지 않았다는 점에 주목하여 독일 학계에서는 미수를 비독자적 구성요건(unselbständiger Tatbestand)이라 부르기도 한다.[7] 미수범의 또 다른 구조적 특징으로는 주관적으로 범행의 결의를 요구한다는 점이다. 범행의 결의는 범행의 고의를 포괄하는 개념으로서 미수범의 본질적 요소에 해당한다. 이 점에서 과실의 미수(fahrlässiger Versuch)는 처음부터 불가벌이다. 과실의 미수는 그것이 인식 있는 과실이든 인식 없는 과실이든 범행고의에 기초한 범행결의와 부합하지 않기 때문이다. 또한, 현행 형법은 과실범의 미수범을 처벌하는 규정을 두지 않고 있기 때문에 과실범의 미수범의 가벌성도 부정된다.

9 거동범에서의 미수의 문제도 해결되어야 한다. 거동범이란 구성요건의 실현을 위하여 행위와 분리된 별개의 결과발생을 필요로 하지 않고 단순한 거동만으로 기수가 되는 구성요건유형을 말한다. 독일형법 제11조 제1항 제6호[8]는 거동범의 경우 각각의 보호법익에 대한 미수의 침해를 곧 기수라고 규정하고 있다. 그러나 이러한 규정이 없는 우리 형법에서는 거동범의 경우에도 미수와 기수를 구별해야 한다. 예를 들어 거동범으로 분류되는 주거침입죄(§ 319①)의 실행의 착수시기는 범죄구성요건의 실현에 이르는 현실적 위험성을 포함하는 행위를 개시하는 것으로 충분하므로, 행위자가 어느 아파트에 침입하여 물건을 훔치려고 그 아파트의 베란다 철제난간까지 올라가 유리창문을 열려고 시도하였다면 야간주거침입절도죄(§ 330)의 실행에 착수한 것으로 보아야 한다.[9] 따라서 거동범의 경우에도 독일형법의 경우와는 달리 미수로 인한 형감경과 중지가 가능하다.

---

7 Jescheck·Weigend, § 49 III.

8 독일형법 제11조(인적 개념 및 물적 개념) ① 이 법에서 사용하는 용어의 정의는 다음과 같다.
6. 범죄행위의 기도란 범죄의 미수 및 기수를 말한다.
Strafgesetzbuch (StGB) § 11 Personen- und Sachbegriffe
(1) Im Sinne dieses Gesetzes ist
6. Unternehmen einer Tat: deren Versuch und deren Vollendung;

9 대판 2003. 10. 24, 2003도4417.

4. 기 수

기수란 당해 범죄의 모든 구성요건요소가 충족된 경우를 말한다. 이를 형 10
식적 기수(formelle Vollendung)라고 부르기도 한다. 구체적인 기수시기를 언제로 볼 것인지의 문제는 형법각칙이나 특별형법의 각각의 구성요건의 문언과 해석에서 도출된다. 이러한 기수에는 객관적 귀속의 요건도 포함된다. 따라서 불법의 결과가 외부적으로 발생하였으나 그 결과를 행위자에게 귀속시킬 수 없는 경우 또는 행위자가 생각했던 인과과정과 본질적으로 달리 진행된 경우에는 행위자에게 기수의 책임을 물을 수 없고, 다만 미수의 가벌성만 문제될 뿐이다.

기수인지의 여부를 확정할 때 기준이 되는 것은 오로지 형법각칙이나 특별 11
형법상의 각각의 구성요건뿐이다. 따라서 이러한 구성요건의 요소들을 모두 충족시켰다면 더 이상 미수는 성립할 수 없다. 그러나 구성요건요소가 모두 충족되었다 하더라도 규범적 관점에서 그것이 반드시 미수의 성립을 배척하는 것은 아니다. 예를 들어, 행위자가 위법성조각사유의 객관적 요건이 주어져 있음에도 이를 인식하지 못한 채 행위한 우연방위 또는 우연피난 사례에서는 비록 외견상 기수일지라도 (불능)미수로 보아야 한다.

5. 종 료

형법은 범행의 종료[10]를 규정하지 않고 있다. 일반적으로 범행의 종료란 범 12
죄사건의 종국적 종료를 의미한다(실질적 기수). 즉시범이나 상태범의 경우와 같은 대부분의 범죄는 기수와 동시에 종료된다. 예를 들어, 살인죄의 구성요건은 타인을 살해함으로써 기수가 되고 종료된다. 그러나 기수시기와 종료시기가 다른 구성요건도 있다.[11] 이와 같이 기수시기와 종료시기가 다른 경우에는, ① 종료시기까지는 공동정범이나 공범의 성립이 가능하고, ② 기본범죄가 기수에 이른 후에도 종료가 되기 전인 한 형이 가중되는 사정이 발생하면 다시 가중범죄의 성립

---

10 범죄의 종료보다 더 늦은 시점까지를 포함하는 개념으로서 범죄종료 후 평온상태가 회복된 시점을 '범죄의 완료'라고 하고, 예컨대 강도상해죄(§ 337)와 같은 결합범에서는 앞의 범죄가 완료되기 이전에 뒤의 범죄가 행해져야 한다는 견해도 있다[오영근, 형법총론(6판), 311; 이주원, 형법총론(3판), 282].

11 이에 반하여, 종료 개념은 구성요건의 확장적 해석에 따른 것인데, 죄형법정주의의 원칙에 비추어 이를 인정할 필요가 없다는 견해[박상기, 형법총론(9판), 351-353]도 있다.

이 인정되며, ③ 공소시효의 진행에 의미를 지니는 것은 종료시점이다.

13 기수시기와 종료시기가 다른 구성요건의 전형적인 예가 바로 계속범(Dauerdelikte)이다. 계속범의 구성요건은 위법한 상태의 야기뿐만 아니라 그렇게 야기된 위법한 상태의 유지도 포함하고 있다. 대표적인 계속범의 구성요건인 감금죄(§ 276①)는 행위자가 피해자를 감금함으로써 기수에 이르지만, 그러한 감금상태로부터 벗어나야 비로소 감금죄는 종료된다. 또한, 행위자의 관념이 구체적으로 실현되었을 경우에 비로소 당해 범죄가 종료되는 구성요건의 경우에도 기수시기와 종료시기가 다르다. 예를 들어, 행위자가 사람이 현주하는 건조물에 놓은 불이 독립하여 연소할 단계에 이르러 현주건조물방화죄(§ 164①)의 기수가 되었지만, 그 건물이 행위자가 의도한 바와 같이 불에 타 소실된 경우에야 비로소 종료된다.[12] 따라서 행위자가 건조물에 불을 놓은 기수 이후부터 종료 시까지 공동정범의 성립이 가능하다. 목적범의 경우에도 그 목적이 달성될 때까지는 당해 범죄가 종료되지 않는다.[13]

Ⅲ. 미수범 처벌의 실체적 근거

14 미수범을 처벌하는 현행법상의 근거는 형법총칙상의 미수범 처벌규정(§§ 25~27), 형법각칙 또는 개별 법률에 명시되어 있는 미수범의 범죄구성요건이다. 그러나 왜 미수범을 처벌해야 하는지에 관한 실체적인 근거에 관해서는 매우 다양한 견해가 나오고 있다.

1. 객관설

15 객관설은 미수범 처벌의 실질적 근거를 구성요건적으로 보호된 법익에 대한 '객관적 위험성'에서 찾고 있다. 객관설에 따르면 처벌의 대상이 되는 행위는 객관적으로 위험한 미수에 국한된다. 객관적으로 위험한 미수만 법위반 행위를 외부적으로 인식할 수 있기 때문이다. 객관설을 일관되게 유지하면 불능미수의 가벌성이 부정된다. 불능미수의 경우에는 순수하게 객관적으로 보면 위험성이

---

12 SK-Rudolphi, § 22 Rn. 7.

13 Schönke/Schröder/Eser/Bosch, Vor § 22 Rn. 4; SK-Rudolphi, § 22 Rn. 7.

인정되지 않기 때문이다.

16 객관설은 19세기에 지배적인 학설이었으며, 그 후 불능미수를 절대적 불능미수와 상대적 불능미수로 구분하고자 하는 미터마이어(Mittermaier)의 주장이나 사후적 예측을 통하여 위험성을 판단해야 한다는 리스트(von Liszt)의 주장의 이론적 근거가 되었다. 기수범에 대한 미수범의 본질적 특성이 객관적 구성요건요소에 있다는 점에 주목하여 형사불법을 엄격하게 제한해야 한다는 객관설에 따르는 견해는 지금까지도 지속적으로 늘고 있다.[14] 그러나 우리나라 형법이 불능미수를 처벌의 대상으로 규정하고(§27) 있는 점에 비추어, 객관설은 우리 형법의 미수범체계와는 조화될 수 없다.

2. 주관설

17 주관설은 미수범 처벌의 근거를 구성요건 실현을 위한 실행의 착수로써 실현하고자 하는 '행위자의 법적대적 의사'에서 찾는다. 주관설은 미수범의 경우 항상 외부적인 결과가 흠결되어 있기 때문에 완전하게 존재하는 행위자의 범행의사만 중요하다고 이해한다. 이 점에서 주관설은 불능미수의 처벌규정을 현행법상 주관설의 근거로 이해한다. 주관설에 의하면, 위험성이 없는 행위도 법적대적 의사의 확증을 통하여 법질서를 교란시키기 때문에 불능범도 형사처벌의 대상이 될 수 있다는 결론에 이른다. 또한, 주관설은 목적적 행위론에 의하여 이론적으로 보다 심화되었다.

18 그러나 주관설에 대해서는 행위자에 중점을 둠으로써 불법의 객관적 측면을 무시하는 경향이 짙다는 비판이 제기된다. 현행 형법상 미수범이 성립하기 위해서는 객관적으로 실행의 착수가 필요하기 때문에, 법적대적인 의사 내지 심정만으로는 미수범 처벌의 실질적 근거로 삼기에는 부족하다는 것이다.[15]

---

14 NK-Zaczyk, §22 Rn. 9.

15 독일의 일부 견해에 의하면, 미수범의 처벌근거를 법질서에 대한 추상적 위태화에서 찾으면서 미수범을 추상적 위험범으로 이해하려는 견해가 있다. 예를 들어, Mir Puig, "Untauglicher Versuch im neuen spanischen Strafgesetzbuch", FS-Roxin(2001), 745 이하에서는 장애미수를 구체적 위험범으로, 불능미수를 추상적 위험범으로 이해한다.

3. 인상설

19 인상설(印象說)은 미수범의 처벌근거에 관하여 주관설의 입장에서 출발하면서도 범행이 일반국민에게 끼친 '법교란적 또는 법혼란적 인상'이라는 객관적 표지를 결합시킨다. 인상설은 우리나라에서 통설[16]로 지지되고 있다.

20 인상설에 의하면 행위자의 행위로 인하여 확증된 법적대적 의사(범죄의사)가 일반국민으로 하여금 법질서의 효력에 대한 신뢰와 법적 안정감을 동요시키는 인상(Eindruck)을 갖게 했다는 데에서 미수범 처벌의 근거를 찾는다. 즉 인상설에 의하면, 행위자의 범죄의사가 행위를 통하여 표현되고, 그 행위가 법질서의 효력에 대한 신뢰와 법적 안정감을 동요시키는 인상을 주는 경우에는 처벌의 대상이 된다. 물론 인상설에서 말하는 인상은 일반국민이 현재 느끼고 있는 감정이 아니라 규범적으로 이해되어야 하는 기준이다. 인상설에 따르면, 미수범 처벌의 실질적 의미는 구성요건적으로 보호된 이익이나 가치에 대한 침해나 위태화를 방어하는 데 있다.

21 그러나 인상설이 미수범 처벌의 실질적 근거를 제공할 수 있는지에 대해서는 적지 않은 문제가 제기된다. 우선 인상설의 주장 내용과 같이 법동요적 인상이 미수의 처벌근거가 되는 것이 아니라 가벌적 미수의 존재가 법동요적 인상을 인정할 이유가 될 뿐이다. 또한 법동요적 인상을 미수범 처벌의 근거로 본다 하더라도, 특정한 사건에 대한 법동요적 인상이 그 사건에 대한 가벌성의 근거가 될 수는 없으며, 기껏해야 형사불법의 결과에 불과할 뿐이라는 비판도 제기된다.[17]

---

16 김성돈, 454; 김성천·김형준, 형법총론(6판), 322; 김일수·서보학, 새로쓴 형법총론(13판), 378; 김혜정·박미숙·안경옥·원혜욱·이인영, 형법총론(2판), 265; 박상기, 354; 박상기·전지연, 형법학(총론·각론)(5판), 209; 배종대, 형법총론(17판), § 106/5; 손동권·김재윤, 새로운 형법총론, § 23/9; 오영근, 313; 이정원·이석배·정배근, 형법총론, 219; 임웅, 형법총론(13정판), 392; 정성근·정준섭, 형법강의 총론(3판), 236; 천진호, 형법총론, 645; 주석형법 〔총칙(2)〕(2판), 38(이정원).

17 이러한 의미에서 김성돈, 423은 미수범의 처벌근거로서 인상설을 취하더라도, 행위자의 외부적인 행위를 기준으로 하고 법질서의 위태화 여부도 보호법익에 대한 위태화 등과 같은 객관적인 기준을 가미하는 태도가 타당하다고 주장한다.

4. 승인설

승인설은 주관설과 객관설을 절충하였지만 인상설과는 달리 객관설에 더 가깝다.[18] 자치크(Zaczyk)[19]로 대표되는 승인설은 법의 근거를 개인 간의 승인관계로 이해하면서, 이러한 승인관계는 실제적이고 올바른 외부적 행위를 통하여 구성되는 것으로 이해한다. 기수범의 불법은 법공동체가 승인한 자유에 대한 억압이 실현된 것으로서, 개인이 각각의 침해된 법익의 구성원인 타인의 자유를 침해함으로써 그 인적 불법의 의미를 획득하게 되는 반면, 미수범은 각각의 관련되는 법익의 구성원이 승인으로부터 침해로 넘어가는 것(Übergang)이라고 이해한다. 이 점에서 (법익의 구성원으로서) 미수범에 대한 처벌은 앞에서 언급한 승인관계를 구조하기 위하여(즉, 각각의 관련되는 법익을 보호하기 위하여) 승인으로부터 침해로의 이전과 투쟁하는 것을 의미하게 된다. 22

독일에서 승인설의 내용 그 자체에 대하여 이의를 제기하는 견해는 거의 없다. 그러나 자치크가 승인설을 전개하면서 제시하였던 불능미수 관련 사례에 대해서는 적지 않은 비판이 제기된다. 자치크는 주어진 승인관계의 기준을 객관화시킴으로써 가벌성을 대폭적으로 제한하고자 하였다. 예를 들어 자치크는 살인고의를 가지고 총을 쏘았으나 그 총알이 나무에 맞은 사례에서, 행위자가 아무나 맞아도 좋다고 생각하고 쏘았다면 불가벌이지만, 특정한 사람을 맞추기 위해 쏘았다면 가벌적 미수라고 주장한다. 행위자가 식당에 걸려있는 타인의 양복을 절취할 의도로 자신의 양복을 취거하였으나 미수에 그친 경우에는, 행위자의 양복이 다른 양복들과 같이 있었던 경우에 한하여 절도죄의 미수범이 성립할 뿐, 행위자의 양복만 그 식당에 걸려 있었다면 절도미수범으로 처벌할 수 없다고 한다. 23

그러나 이러한 구분이 현행 미수범체계와 조화되는지 의문이다. 실행의 수단 또는 대상의 착오로 인하여 결과의 발생이 불가능한 경우에도 위험성이 있으면 불능미수범으로 처벌할 수 있기 때문이다. 또한, 승인설에 따른 미수범의 24

18 이재상·장영민·강동범, 형법총론(11판), § 27/13. 미수의 처벌근거는 행위자의 행위를 통하여 나타난 법배반적 의사를 토대로 객관적 판단, 즉 규범적 평가상의 위험성이 있다고 하면서, 이는 승인설의 내용과 대체로 일치한다고 한다.

19 Zaczyk, Das Unrecht der versuchten Tat(1989), 234.

처벌근거는 법률에 바탕을 두고 전개된 것이 아니라 철학적 견지에서 도출된 것이라는 비판[20]도 제기된다.

5. 검 토

25 형법은 모든 범죄의 미수범을 처벌의 대상으로 삼지 않고 각칙의 해당 죄에서 미수범으로 처벌될 죄를 정하고 있고(§ 29), 미수범으로 처벌하는 경우에도 기수범의 형보다 감경하도록 규정하고 있다(§ 25②). 물론, 중지미수의 경우에는 필요적으로 형을 감경하거나 면제하도록 명시하고 있다(§ 26). 또한, 형법은 실행의 수단 또는 대상의 착오로 인하여 결과의 발생이 불가능하더라도 위험성이 있는 때에는 처벌하도록 명시하여 불능미수를 처벌하고 있다(§ 27). 형법상 미수범 처벌의 근거가 두드러진 형태가 바로 불능미수이고, 형법상 불능미수범의 처벌이 주관적 위험성과 객관적 침해를 절충하는 태도를 취하고 있다.[21]

26 이 점에서 형법상 미수범의 처벌을 실체적으로 근거지움에 있어서도 주관과 객관을 모두 고려하는 입장이 타당하다.[22] 다만 이 경우, 승인설은 지나치게 철학적이고 사변적이어서 형법에 그 근거를 가지고 있는 미수범을 설명하는 데 한계가 있다. 따라서 절충설 중 주관설에 보다 치우친 인상설을 기초로 하되, 행위자의 외부적인 행위를 기준으로 하고, 법질서의 위태화 내지 법질서를 동요하게 하는 인상 여부에도 보호법익에 대한 위태화 등과 같은 객관적인 기준을 보다 가미하는 태도가 타당할 것이다.[23]

---

20 MK-Hoffmann-Holand, § 22 Rn. 19.

21 이재상·장영민·강동범, § 27/12.

22 이러한 취지에서 주관과 객관을 모두 고려한다는 의미에서 절충설이라고 하는 견해도 있는데, 인상설과의 관계에 대하여(절충설을 인상설이라고 하기도 하나 이 견해는 이를 구별함), ① 범죄의사의 실행행위라는 객관적 요소를 함께 고려한다는 점에서 인상설과 구별된다며 '강화된 절충설'이라고 하는 견해[신동운, 형법총론(13판), 503(우리 입법의 태도)], ② 인상설은 우리나라의 절충설과는 같은 것이 아니라는 견해[정성근·박광민, 형법총론(전정2판), 391], ③ 불능미수의 가벌성에 관한 설명으로는 인상설이 타당하지만, 장애미수나 중지미수에 대해서는 미수범의 가벌성을 행위자의사(행위자의 위험성)와 아울러 행위의사 속에 놓여 있는 보호법익에 대한 위태화에 있다고 보는 행위자설이 타당하다고 하는 견해[이형국·김혜경, 형법총론(6판), 330-331] 등이 있다.

23 김성돈, 454.

Ⅳ. 미수범 처벌규정의 입법 연혁

우리나라에서는 조선시대까지만 하더라도 미수의 일반개념이 확립되어 있지 않았고, 다만 산발적으로 미수에 해당하는 행위를 처벌하는 규정이 있었다.[24] 그 후 갑오개혁(1894)을 계기로 서양의 법제도 계수가 진행되는 과정에서 우리의 근대화 초기의 대표적인 형법학자인 장도(張燾)는 미수범을 착수미수범과 결효범(缺效犯)으로 구분하였는데, 여기서 결효범이란 실행미수범에 해당하는 개념이다. 그는 착수미수범과 결효범은 죄의 경중에는 차이가 없으나, 미수범은 기수범보다 형을 감경하도록 하는 것이 타당하다고 논하였다.[25] 그러나 장도의 미수범 이론은 일제의 강제합병으로 인하여 형법전에 반영되지 못했다. 27

일본이 1910년 대한제국을 강제합병한 이후 우리 형법이 제정되기 전까지 우리나라에서 적용되었던 의용형법은 제43조와 제44조에서 미수범 일반에 대한 규정을 두었다. 의용형법 제43조는 "범죄의 실행에 착수하고 이를 완수하지 못한 자는 그 형을 감경할 수 있다. 단 자기의 의사에 의하여 이를 정지한 때에는 그 형을 감경 또는 면제한다."고 규정하였고, 제44조는 "미수죄를 벌하는 경우는 각 본조에서 이를 정한다."고 명시하고 있었다. 의용형법 제43조와 제44조에 대해서는 이들 규정이 프랑스 구 형법 제2조와 제3조의 규정내용과 크게 다르지 않다는 견해[26]가 있는 반면, 착수미수와 실행미수를 구분하지 않고 실행착수 후 범죄를 완성하지 못한 것을 미수로 정의하고 있는 점에 주목하여 독일제국 형법 등의 영향을 받은 것으로 보이고, 미수범에 대한 임의적 형감경과 개별적 처벌규정의 요구도 독일제국형법, 프랑스 구 형법 등 그 이전의 서구 각국의 일반적 경향에 따른 것이라는 견해[27]도 있다. 28

참고로 우리나라와 독일, 일본형법상 미수규정을 비교하면 다음 [표 1]과 같다. 29

---

24 예컨대, 대명률 형률 투구(鬪毆)조는 "손과 발로 사람을 때려 상처가 나지 않은 경우 태 20에 처하고, 손과 발로 사람을 때려 상처가 나거나 다른 물건으로 사람을 때려 상처가 나지 않은 경우 태 30에 처하고, 다른 물건으로 사람을 때려 상처가 난 경우 태 40에 처한다."고 규정하고 있다. 대명률에서의 미수, 예비·음모에 대해서는 안성훈·김성돈, 조선시대의 형사법제 연구 - 총칙의 현대 형사법 편례에 따른 재정립, 한국형사정책연구원(2015), 162-174 참조.

25 장도, 형법총론, 보성사(1908), 164 이하.

26 백원기, 미수론연구, 삼지원(1995), 75 이하.

27 김재봉, "미수범 일반규정의 입법론적 검토", 한양대학교 법학논총(2008), 28.

[표 1] 한·독·일 미수 규정 비교

구분	대한민국	독일	일본
장애미수	第25조(미수범) ① 범죄의 실행에 착수하여 행위를 종료하지 못하였거나 결과가 발생하지 아니한 때에는 미수범으로 처벌한다. ② 미수범의 형은 기수범보다 감경할 수 있다.	第22조(개념정의) 자신의 의사에 의하여 구성요건의 실현을 위한 행위를 직접 개시한 자는 미수범이다. 第23조(미수의 가벌성)[28] ② 미수는 기수행위보다 감경될 수 있다(제49조 제1항).	第43조(미수감면) 범죄의 실행에 착수하여 이를 완수하지 못한 자는 그 형을 감경할 수 있다.
중지미수	第26조(중지범) 범인이 실행에 착수한 행위를 자의(自意)로 중지하거나 그 행위로 인한 결과의 발생을 자의로 방지한 경우에는 형을 감경하거나 면제한다.	第24조(중지미수)[29] ① 자의로 범죄의 계속실행을 포기하거나 또는 범죄의 완성을 방지한 자는 미수범으로 처벌되지 아니한다. 범죄가 중지자의 관여 없이도 기수로 되지 않는 경우, 중지자가 범죄의 완성을 방지하기 위하여 자의로 그리고 진지하게 노력한 경우에는 처벌되지 아니한다. ② 수인이 범죄에 참여한 경우, 자의로 범죄의 완성을 방지한 자는 미수범으로 처벌되지 아니한다. 다만, 범죄가 그의 관여 없이 완성되지 않거나 또는 그의 선행된 행위분담으로부터 독립하여 실행된 경우에는 범죄의 완성을 방지하기 위한 자의의 진지한 노력이 있으면 불가벌을 위하여 충분하다.	第43조(미수감면) (본문 생략). 다만, 자기의 의사에 의해 범죄를 중지한 때에는 그 형을 감경하거나 또는 면제한다.
불능미수	第27조(불능범) 실행의 수단 또는 대상의 착오로 인하여 결과의 발생이 불가능하더라도 위험성이 있는 때에는 처벌한다. 단, 형을 감경 또는 면제할 수 있다.	第23조(미수의 가벌성) ③ 행위자가 범죄 실행의 대상이나 수단의 성질상 기수로 될 수 없음을 현저한 무지로 인하여 오인한 경우, 법원은 형을 면제하거나 작량하여 감경할 수 있다(제49조 제2항).	없음
미수 처벌	第29조(미수범의 처벌) 미수범을 처벌할 죄는 각칙의 해당 죄에서 정한다.	第23조(미수의 가벌성) ① 중죄의 미수는 항상 처벌되고, 경죄의 미수는 법률이 명시적으로 규정한 경우에 한하여 처벌된다.	第44조(미수죄) 미수를 벌하는 경우는 각 본조에서 정한다.

28 독일형법 제30조(공범의 미수) ① 타인에게 중죄의 실행 또는 중죄의 교사를 결의하도록 시도한 자는 중죄의 미수에 대한 규정에 의해 처벌된다. 다만, 제49조 제1항에 의해 그 형을 감경한다. 제23조 제3항은 동일하게 적용된다.
② 중죄의 실행 또는 중죄의 교사의 의사표시를 한 자, 타인의 이와 같은 제안을 수락한 자 또는 타인과 이를 약속한 자도 동일하게 처벌된다.

29 독일형법 제31조(공범의 중지미수) ① 다음 각호의 1에 해당하는 자는 제30조에 의해 처벌되지

1953년에 제정된 우리나라 형법은 제25조에서 제29조까지 미수범에 관한 규정을 두었다. 1951년 형법 정부초안은 새로 채택한 불능범을 제외하고는 현행 형법과 같았다. 다만 제25조에서 미수를 미종료미수(착수미수)와 종료미수(실행미수)로 구분하였고, 제28조에 예비행위는 특별한 규정이 있는 경우에 한하여 처벌한다는 점이 미수범체계에서 새로운 내용이다. 우리 형법상 미수범체계에서 특징적인 부분은 불능범에 관한 제27조의 내용이다. 애초 형법 정부초안 제27조는 불능범에 관하여 "실행의 수단 또는 대상의 착오로 인하여 결과의 발생이 불가능한 때에는 형을 감경 또는 면제할 수 있다."고 명시하고 있었다. 그러나 1953년 6월 26일 국회 법사위원회 회의에서 불능범 규정을 보다 명확하게 규정하기 위하여, 기존 초안의 "… 불가능한 때에는 형을 감경 또는 면제할 수 있다."를 "… 불가능하더라도 위험성이 있는 때에는 처벌한다. 단, 그 형을 감경 또는 면제할 수 있다."로 수정하는 안이 통과되어 현재의 제27조의 모습으로 신설되었다.[30] 30

1992년 법무부 형법개정안은 미수범체계를 현행 형법과 같이 유지하면서 표제와 조문의 배열순서 및 문구만 손질하였다. 제25조는 현행 규정과 동일하게 존치시키고, 제26조는 그 표제를 중지범에서 중지미수로, 제27조는 그 표제를 불능범에서 불능미수로 고쳐 중지미수와 불능미수가 미수범의 일종임을 분명히 하였다. 또한 미수범의 성립은 예비·음모 이후의 단계이므로 예비·음모 31

아니한다.

1. 타인에게 중죄를 결의하게 하려는 시도를 자의로 포기하고 타인이 범죄를 실행하는 현존하는 위험을 자의로 방지한 자
2. 중죄를 범할 의사표시를 한 후 자의로 그 계획을 포기한 자
3. 중죄를 범할 것을 약속하거나 또는 중죄 범행의 제안을 수락한 후 자의로 범행을 방지한 자.

② 중지자의 관여 없이도 범행이 발생되지 않는 경우 또는 그의 선행행위와 독립하여 범행이 실행된 경우에 범행을 방지하려고 자의로 진지하게 노력한 경우에는 처벌되지 아니한다.

30 신동운, "불능범에 관한 형법 제27조의 성립경위", 서울대학교 법학 41-4(2001), 39 이하; 하태훈, "미수범 체계의 재정립", 형사법연구 22, 한국형사법학회(2004), 236에서는 불능범에 관한 정부 형법초안의 수정안은 결과발생이 불가능하더라도 원칙적으로 처벌하는 것에서 불능범의 처벌범위가 제한되었고, 이는 가능미수와 불능미수의 구분이 불명확하다는 점과 결과발생이 불가능하더라도 원칙적으로 처벌한다는 주관적 미수론에 의하면 미신범을 제외하고 처벌범위가 확대되어 가혹하다는 비판을 수용하여 가벌성을 제한하는 요소로서 미수행위의 위험성표지가 받아들여진 것으로서 불능미수의 가벌성에 관하여 분명한 입장을 밝히지 않았던 의용형법과 비교하여 주목할 만한 변화라고 평가하고 있다.

조항보다 앞에 위치시키는 것이 타당하다고 보아, 미수범의 처벌에 관한 제29조와 음모, 예비에 관한 제28조와 조문배열 순서를 바꾸었다.[31] 그러나 1992년 법무부 형법개정안에 명시되어 있던 미수범 개정 내용들은 아무것도 입법에 반영되지 못했다.

32 2011년 법무부 형법개정안도 미수범 분야에서 1992년 법무부 형법개정안과 거의 동일한 수정내용을 가지고 있었다. 다만, 제28조의 표제를 현재의 '음모, 예비'에서 '예비·음모'로 바꾸는 정도의 차이만 있을 뿐이었다.[32] 그러나 2011년 법무부 형법개정안도 실제로 입법에 반영되지 못했다.

33 2020년 12월 8일 일부개정된 형법(시행 2021. 12. 9.)에는 법령용어와 법률문장을 국민이 이해하기 쉽도록 하기 위한 다수의 개정조항들이 포함되었다. 그중에서 미수범 관련 조항을 보면, 제26조(중지범)의 경우 종래 "범인이 자의로 실행에 착수한 행위를 중지하거나 그 행위로 인한 결과의 발생을 방지한 때에는 형을 감경 또는 면제한다."고 명시되어 있던 문언을 "범인이 실행에 착수한 행위를 자의(自意)로 중지하거나 그 행위로 인한 결과의 발생을 자의로 방지한 경우에는 형을 감경하거나 면제한다."는 표현으로 보다 쉽게 바꾸었으며, 제29조(미수범의 처벌)도 "미수범을 처벌할 죄는 각 본조에 의한다."는 문언을 "미수범을 처벌할 죄는 각칙의 해당 죄에서 정한다."로 바꾸었다.

V. 미수범의 종류와 체계

1. 미수범의 종류

34 현행 형법은 총칙 제2장(죄) 제2절(미수범)에서 제25조부터 제29조까지 총 5개 조문에 걸쳐 미수범과 예비·음모를 규정하고 있다. 현행 형법은 미수범을 미수범(§ 25), 중지범(§ 26), 불능범(§ 26) 등 세 종류로 구분하여 규정하고 있다. 일반적으로 제25조는 장애미수, 제26조는 중지미수, 제27조는 불능미수라고 부르고 있다.[33]

31 법무부, 형법개정법률안 제안이유서(1992. 10), 41 이하.
32 법무부, 형법(총칙)일부개정법률안 제안 이유서(2011. 4), 36-37.
33 이에 대해 천진호, "미수범 이론의 발전과 전망", 형사법연구 18, 한국형사법학회(2002), 129에서는 제25조의 미수범을 장애미수범이라고 하면 중지미수범이 아닌 미수범 형태를 통칭하는 개념

장애미수는 외부적 장애로 인하여 범죄가 완성되지 못한 경우에 성립한다. 35
제25조 제1항은 "범죄의 실행에 착수하여 행위를 종료하지 못하였거나 결과가 발생하지 아니한 때에는 미수범으로 처벌한다."고 규정하고 있다. 이 규정내용은 의용형법 제43조 본문의 내용을 구체화시켜 '완수하지 못한 경우'를 '행위를 종료하지 못하였거나 결과가 발생하지 아니한 때'로 바꾸어 미종료미수(착수미수)와 종료미수(실행미수)를 구분하고 있으며, "… 미수범으로 처벌한다."고 명시하여 미수범 처벌의 근거를 밝히고 있다. 또한, 제25조는 의용형법에서는 사용하지 않았던 '미수범'이라는 개념을 실정법상 인정하는 특징도 지니고 있다. 제25조 제2항은 의용형법 제43조 후단의 "… 완수하지 못한 자는 형을 감경할 수 있다."라는 내용을 보다 구체화하여 "… 미수범의 형은 기수범보다 감경할 수 있다."고 명시하여, 미수범의 형을 기수범에 비하여 임의적으로 감경할 수 있음을 규정하고 있다.

중지미수는 행위자 자신의 의사에 의하여 범죄가 완성되지 못한 경우에 성 36
립하는 미수범의 한 유형이다. 제26조는 "범인이 실행에 착수한 행위를 자의(自意)로 중지하거나 그 행위로 인한 결과의 발생을 자의로 방지한 경우에는 형을 감경하거나 면제한다."고 규정하고 있다. 제26조는 원래 범죄의 자의적 중지를 장애미수에서의 장애의 일종으로 취급하여 장애미수의 예외적 경우로 취급하였던 의용형법 제43조의 체계를 탈피하여 독립된 미수범의 한 유형으로 인정한 것이다.

불능미수는 행위자가 실행에 착수하는 행위를 하더라도 그 실행으로 인한 37
결과의 발생이 불가능하지만, 위험성이 있는 경우에 성립하는 미수범의 한 유형이다. 제27조는 "실행의 수단 또는 대상의 착오로 인하여 결과의 발생이 불가능하더라도 위험성이 있는 때에는 처벌한다. 단, 형을 감경 또는 면제할 수 있다."고 규정하고 있다. 의용형법에는 불능미수에 관한 규정이 없었던 반면, 현행 형법은 불능범이라는 표제하에 불능미수를 독자적으로 규정하고 있다.

미수범은 기수범과는 달리 모든 범죄에 있어서 일반적으로 처벌되는 것은 38

이 되어 불능미수범이 장애미수범의 한 형태로 포섭됨으로써 불능미수범의 독자성이 결여되므로, 제25조는 미수범의 일반적인 형태를 규정하고 있는 단순미수범으로 부르는 것이 타당하다고 주장한다.

아니고, 특히 각칙의 해당 죄에 처벌규정이 있는 경우에 한하여 처벌된다(§ 29). 형법은 일반적으로 중한 범죄구성요건에서 그 미수범을 처벌하고 있다. 특정범죄가중법이나 관세법 등 특별형법에서도 미수범을 처벌하고 있다.

39 형법은 미수범의 형에 관하여 장애미수의 경우 기수의 형보다 감경할 수 있고, 중지미수의 경우 형을 필요적으로 감경 또는 면제하도록 규정하고 있으며, 불능미수의 경우에는 형을 감경 또는 면제할 수 있도록 명시하고 있다. 임의적 형감경은 형법이 미수범의 세 유형에 관하여 각기 달리 규정하고 있으며, 특정범죄가중법[34]이나 관세법[35] 등의 일부 특별형법에서는 미수범을 기수범과 동일한 형으로 처벌하는 규정을 두고 있는 경우도 있다.

2. 미수범의 체계

40 미수범의 체계에서는 특히 불능미수범과 장애미수범의 관계를 어떻게 설정할 것인지가 문제로 된다. 이에 대하여, ① 일부 학설[36]은 우리 형법이 미수를 자의에 의한 중지미수(§ 26)와 자의에 의하지 아니한 (광의의) 장애미수로 대별하면서, 이 장애미수를 다시금 가능미수 내지 협의의 장애미수(§ 25)와 위험성 있는 불능미수(§ 27)로 나누어 규정하고 있으므로, 전체적으로 보면 형의 필요적 감면이 되는 중지미수, 형의 임의적 감면이 되는 불능미수 그리고 형의 임의적 감경이 되는 가능미수(협의의 장애미수)의 세 가지 유형으로 구분된다고 주장한다. 그러나 이에 대하여, ② 제25조 내지 제27조는 미수범에 공통되는 객관적 불법구성요건표지인 행위미종료 또는 결과불발생을 요건으로 하는 단순미수범을 기본적 구성요건으로 하면서 행위미종료 또는 결과불발생의 원인표지에 따라 특별구성요건으로 중지미수범, 불능미수범이라는 독자적인 미수범 형태를 규정하고 있으므로, 미수범의 형태를 중지미수범과 광의의 장애미수범의 형태

---

34 예컨대, 특정범죄가중법 제6조(「관세법」 위반행위의 가중처벌) ⑦ 「관세법」 제271조(주: 미수범 등)에 규정된 죄를 범한 사람은 제1항부터 제6항까지의 예에 따른 그 정범(正犯) 또는 본죄(本罪)에 준하여 처벌한다.

35 관세법 제271조(미수범 등) 제268조의2(주: 전자문서 위조·변조죄 등), 제269조(주: 밀수출입죄) 및 제270조(주: 관세포탈죄 등)의 미수범은 본죄에 준하여 처벌한다.

36 이재상·장영민·강동범, § 27/14; 김종원, "형법각칙상의 미수범규정의 정비방안", 형법각칙 개정연구 〔8〕, 한국형사정책연구원(2007), 32.

로 구분하고, 다시 후자를 협의의 장애미수범과 불능미수범으로 나누는 것은 각각 장애미수범과 불능미수범의 독자성과 본질적 내용을 무시한 잘못된 체계구성이라고 비판하는 견해[37]가 있다.

생각건대, 제25조에서 제27조까지 규정되어 있는 미수범의 유형들은 각각 41
독자적인 성격과 내용을 갖추고 있는 것으로 이해해야 한다. 세 가지 유형의 미수범들은 그 불법내용도 다르기 때문이다. 특히 각 미수범에 인정되는 법적 효과가 필요적 감면(중지미수), 임의적 감면(불능미수), 임의적 감경(장애미수)으로 된다는 점에 주목해보면, 미수가 문제되는 사안을 포섭하는 순서도 중지미수의 성립 여부를 먼저 검토하고, 그 다음으로 불능미수를, 불능미수에도 해당하지 않는 경우에는 장애미수의 성립 여부를 검토해야 할 것이다.[38] 불능미수의 중지미수 성립 여부가 문제로 될 수 있는 이유도 바로 여기에 있다. 불능미수라도 중지가 인정되는 경우에는 불능미수에서 인정되는 임의적 형감면을 뛰어넘는 필요적 형감면이 가능하기 때문이다.

Ⅵ. 미수범의 경합

현행 형법이 규정하고 있는 장애미수, 중지미수와 불능미수는 각각 독립적 42
인 미수범의 형상이지만 하나의 사안이 둘 이상의 미수에 해당하는 것도 생각해볼 수 있다. 이에 관한 대표적인 사례가 불능미수의 중지미수이다. 예를 들어, 피해자를 살해하기 위하여 치사량에 현저히 못 미치는 독약을 먹였으나 곧장 후회하고 해독제를 투여하거나 병원에 후송하였다면 불능미수 상태에서 중지미수가 성립하게 된다. 이와 같이 둘 이상의 미수범이 경합하는 경우에는, 죄수론적 관점에서 일정한 해결을 모색해야 한다.

우선 장애미수는 모든 미수범의 성립에 공통된 기본적 구성요건으로 볼 수 43
있으므로, 장애미수에 대하여 중지미수와 불능미수는 특별관계에 있는 것으로 보아야 한다. 죄수론적 관점에서 보면 법조경합 중 특별관계에 해당한다.

불능미수와 중지미수가 경합하는 경우에는 행위자에게 보다 유리한 미수 44

37 천진호(주 33), 131.
38 천진호(주 33), 131.

범 형식이 적용되어야 한다. 불능미수의 법효과는 임의적 형감면인 반면에, 중지미수의 경우에는 필요적 형감면이므로, 결국 중지미수가 불능미수에 우선하여 적용된다. 죄수론적 관점에서 보면 중지미수에 대하여 불능미수는 보충관계에 있다.[39]

〔이 진 국〕

39 임웅, 393.

제25조(미수범)

① 범죄의 실행에 착수하여 종료하지 못하였거나 결과가 발생하지 아니한 때에는 미수범으로 처벌한다.

② 미수범의 형은 기수범보다 감경할 수 있다.

Ⅰ. 미수범의 구성요건

1. 범죄의 미완성

1 미수가 되기 위해서는 범죄가 완성되지 않아야 한다. 본조도 실행에 착수하여 종료하지 못하였거나 결과가 발생하지 아니한 때를 미수범 성립의 요건으로 명시하고 있다. 이 경우 범죄가 완성되지 아니한 이유는 미수범 성립에 아무런 영향을 미치지 못한다. 범죄가 완성되지 아니한 이유는 행위자가 불능의 수단(예: 탄환이 장전되지 아니한 총)을 사용했거나 불능인 객체에 대하여 범행을 하려고 했던 경우(예: 자신의 재물을 타인의 재물로 오인하고 절취한 경우) 또는 행위자에게 구성요건적으로 요구되는 신분이 결여된 경우 등 다양하다. 실패한 미수나 가능하였으나 중단된 미수도 범죄가 완성되지 아니한 이유가 될 수 있다.

2 그러나 구성요건적 결과가 발생했음에도 불구하고 당해 범죄가 기수가 되지 아니하고 미수로 남아있는 경우도 있다. 예를 들어, 행위자의 행위와 결과간에 인과관계가 인정되지 않거나 당해 결과를 행위자에게 귀속시킬 수 없는 경우에는 외형적인 결과발생에도 불구하고 미수범으로 보아야 한다. 제3자 또는 피해자가 스스로 인과관계를 중단시켜 결과에 대한 새로운 원인이 제공된 경우에도 인과관계가 인정되지 않는다. 비유형적인 인과관계의 사례에서도 당해 결과가 경험칙상 제3자의 책임범위 내에서 발생한 경우에는 그 결과를 행위

자에게 객관적으로 귀속시킬 수 없다고 보아야 한다. 이 경우에는 행위자가 창출한 위험이 발생된 결과에 법적으로 유의미한 방식으로 직접 실현된 것으로 볼 수 없기 때문이다.

3 또한 객관적으로 정당화사정이 존재하지만 행위자가 이를 인식하지 못한 경우에도, 구성요건적 결과 발생에도 불구하고 당해 범행이 (불능)미수범 단계에 머물고 있는 것으로 보어야 한다. 이러한 우연방위나 우연피난의 사례에서는 행위자가 실현한 결과불법이 정당화사유를 통하여 상쇄될 수 있기 때문에 당해 범행의 기수범 성립이 배제되고, 다만 (불능)미수범으로 처벌되어야 한다.

2. 주관적 구성요건

(1) 주관적 구성요건요소

4 미수범도 주관적 구성요건과 객관적 구성요건을 모두 충족시켜야 성립한다. 그렇지만 미수범의 가벌성을 검토하는 경우에는 객관적 구성요건에 앞서 주관적 구성요건부터 심사해야 한다. 미수범에서는 주관적 구성요건만 완전한 형태로 존재할 뿐 객관적 구성요건은 기수범에 비하여 그 일부가 흠결되어 있기 때문이다. 따라서 행위자가 가벌적 행위의 실행에 착수했는지, 나아가 행위자의 행위가 어떠한 구성요건에 해당하는지를 심사하기 위해서는 행위자의 주관적 관념에만 의존해야 한다. 오로지 행위자의 주관적 관념에서만 객관적으로 발생한 사건의 의미를 도출할 수 있기 때문이다. 예를 들어 행위자가 숲에서 총을 쏘다가 그곳에 있던 사람을 저격할 뻔한 사안에서는, 행위자의 관념에 따라 살인미수가 되거나 단순한 사냥에 불과할 수도 있다.

5 미수범의 주관적 구성요건에는 모든 객관적 구성요건요소에 관한 고의 이외에 불법영득의사 등과 같이 당해 구성요건이 요구하는 주관적 불법요소도 포함된다. 또한, 형법이 미수범의 성립에 범행의 결의를 명시적으로 규정하지는 않지만 일반적으로는 범행의 결의를 미수범의 성립요건으로 요구하고 있다. 범행의 결의가 고의 이외의 또 다른 미수범의 성립요건이라는 것은 단순한 범죄의향만으로는 미수범이 성립할 수 없음을 분명하게 해준다.

(2) 고의

6 미수범의 주관적 구성요건요소인 고의는 항상 범행의 기수에 관한 것이어

야 한다. 따라서 '과실의 미수'는 이론상의 관심대상이 될 수 있을 뿐 성립할 수 없다고 보아야 한다.[1] 현행법상 과실범의 미수를 처벌하는 규정도 없다.

미수범의 고의는 원칙적으로 기수범의 고의와 차이가 나지 않는다. 그러므로 미수범의 고의도 구성요건실현에 대한 인식과 의사를 의미한다. 이러한 고의의 개념정의에는 이미 기수의 고의가 함입되어 있기 때문에 결과범에서의 고의는 구성요건에 합치되는 결과의 야기에 초점을 두고 있어야 한다. 범행을 미수단계에만 머물게 하고자 의도하는 함정수사의 경우, 범행결의가 없는 것으로 보아야 하는 이유도 바로 여기에 있다.[2] 7

미수범의 고의는 모든 유형이 가능하기 때문에 구성요건의 기수를 내용으로 하는 것이면 미필적 고의로도 충분하다. 다만, 착오가 기수범의 고의를 배제시키는 경우에 한하여 그 착오는 범행결의를 조각시킨다. 따라서 포섭의 착오뿐만 아니라 객체의 착오도 미수범의 가벌성에 아무런 영향을 미치지 못한다. 이에 반해 허용구성요건착오의 경우, 제한적 책임설 중 법효과제한적 책임설에 따르면 고의범으로서의 처벌이 불가하기 때문에 미수범의 가벌성도 부정된다고 보아야 한다. 8

(3) 범행의 결의

범행의 결의는 개념적으로 행위자가 범죄의 실행을 결의할 것을 전제로 한다. 이러한 범행결의는 일반적으로 무조건적인 행위의사를 의미한다.[3] 따라서 행위자가 범행을 범할 것인지 아닌지에 관하여 종국적으로 결정하지 못했다면 범행결의가 없는 것으로 보아야 한다. 그러나 행위자는 일반적으로 일정한 시간 동안 다양한 고민 끝에 종국적으로 범행을 범하기로 결의하기 때문에 실제로 범행결의가 존재하는지 여부를 규범적으로 확인하기는 어렵다. 범행결의의 존 9

1 김성돈, 형법총론(8판), 458; 김일수·서보학, 새로쓴 형법총론(13판), 379; 이재상·장영민·강동범, 형법총론(11판), § 27/19; 이형국·김혜경, 형법총론(6판), 331; 임웅, 형법총론(13정판), 384; 정성근·박광민, 형법총론(전정2판), 393; 정영일, 형법총론(3판), 333; 주석형법 〔총칙(2)〕(3판), 12(정문경).

2 김일수·서보학, 379; 박상기, 형법총론(9판), 360; 오영근, 형법총론(6판), 320; 이재상·장영민·강동범, § 27/18; 이정원·이석배·정배근, 형법총론, 221; 이형국·김혜경, 331; 임웅, 384; 정성근·박광민, 393; 정영일, 333; 주석형법 〔총칙(2)〕(3판), 11(정문경).

3 김성돈, 458; 김일수·서보학, 379; 신동운, 형법총론(14판), 509; 이재상·장영민·강동범, § 27/17; 정성근·박광민, 393.

재 여부에 관해서는, 일반적으로 ① 단순한 범행의향, ② 불확실하다고 인식한 사실에 기초한 범행결의, ③ 범행중지를 유보한 범행결의 등 행위자의 결정과정을 특징지우는 세 가지 사례군을 구분할 수 있다.

10 위 ①의 단순한 범행의향이란 행위자가 구성요건의 실현을 단순히 가능하다고 생각하지만 당해 범행을 범할 것인지, 어떻게 범행할 것인지에 관해서는 완전하게 결정하지 못한 경우를 말한다. 단순한 범행의향에는 행위자가 당해 범죄의 실행에 관하여 다소간 마음에 품고 있었다 하더라도 미수범의 성립요건인 범행결의에서 요구되는 종국적인 결의가 흠결되어 있다. 예를 들어, 행위자가 장난삼아 자신의 재능을 발휘해보고자 문서위조의 실행에 착수하였으나 그렇게 위조한 문서를 경우에 따라서는 사기 목적으로 이용하고자 생각하고 있었던 경우에는, 그 행위자에게 범행의향은 있지만 그러한 사기죄를 범할 것인지에 대해서는 아직 알지 못하므로 범행결의가 존재하지 않는다.[4] 그렇지만 이에 대해서는 내면적으로 아무런 유보 없는 종국적인 결의를 요구하는 것이 현실적으로 가능한 것인지 의문이 제기된다. 이 점에서 범행으로 나아가게 하는 동기가 범죄를 자제하도록 하는 관념보다 더 우위에 있을 때에는 범행결의가 있는 것으로 보아야 한다는 견해[5]가 있다. 이 견해에 따르면, 범죄실행의 가능성만 생각하거나 아무런 결심을 하지 못한 채 이런 저런 생각만 하는 경우에는 범행결의를 부정해야 하지만, 행위자가 우월적인 범죄실행 의사를 가지고 실행단계에 접어든 이상 그 범죄실행에 관하여 다소 의문을 가지고 있었다 하더라도 범행결의를 인정해야 한다.

11 위 ②의 불확실하다고 인식한 사실에 기초한 범행결의란 행위자에게 범행결의는 존재하지만 그 범행의 구체적인 실행은 일정한 사실상의 조건들이 갖추어졌을 경우에만 하고자 하는 경우이다.[6] 이러한 사안에서는 행위자가 범행할 것인지의 여부는 이미 결의가 존재하는 것이고, 다만 당해 범죄의 실행만 외부의 조건에 의존시키고 있다. 예를 들어 독일형법상 낙태죄(독형 § 218)와 관련하여, 낙태를 결의한 행위자가 임신부에 대한 수술이 아무런 위험 없이 진행될 수

4 RGSt 75, 25.
5 Roxin, AT(II), § 29 Rn. 88; Kühl, AT § 15 Rn. 36.
6 배종대, 형법총론(17판), § 109/6(이를 '조건부 범행결의'라고 한다).

있는지를 검토하기 위하여 그 임신부를 진찰하면서, 그 진찰 결과 낙태수술에 대한 위험이 없다고 판단될 때 곧바로 낙태수술을 하기로 의도하였다면, 행위자에게는 이미 (확정적인) 범행결의가 존재하는 것으로 보아야 한다.[7] 이 사안에서 행위자가 낙태수술을 하기로 한 결의는 확실하고, 다만 낙태수술 시행의 가능성만 불확실할 뿐이다. 그러므로 행위자에게는 범행결의가 존재한다.

위 ③의 범행중지를 유보한 범행결의란 행위자가 범행을 결의하고 있으나 구성요건 실현의 진행은 처음부터 특정한 범행과정에 의존시키고 있는 경우를 말한다. 즉, 행위자가 일정한 여건의 변화가 생길 경우 그의 결의의 실행을 중단하기로 유보한 경우이다. 처가 자고 있는 남편을 죽일 것인지를 두고 망설이다가 결국 남편이 자고 있는 안방으로 들어가 그곳에 있던 가스밸브를 틀어 가스가 새어나오게 한 후 자신은 옆방으로 가서 몇 시간 동안 기다렸으나, 이 과정에서 일정한 조건하에서는 가스밸브를 멈추게 하여 남편을 구하겠다고 유보했다 하더라도 그러한 유보조건의 발생에 앞서 행한 범행결의는 이로 인해 영향을 받지 아니한다.[8] 12

(4) 특별한 주관적 구성요건요소

구성요건실현에 방향을 설정하고 있는 고의 이외에, 예를 들어 절도죄의 경우, 불법영득의사와 같이 특별한 주관적 구성요건요소도 미수범의 주관적 구성요건에 속한다. 따라서 행위자가 영득할 재물에 대하여 청구권이 있다고 오신한 경우에는, 구성요건착오로서 절도미수범에서 요구되는 주관적 구성요건을 충족하지 못한 것이 되어 미수범이 성립하지 않는다. 13

3. 객관적 구성요건 – 실행의 착수시기

(1) 개설

미수범의 객관적 구성요건요소는 실행의 착수이다. 본조는 범죄의 실행에 착수하여 행위를 종료하지 못하였거나 결과가 발생하지 아니한 때를 미수범의 객관적 요건으로 규정하고 있다(실행의 착수 + 범죄의 미완성). 여기서 '실행의 착수'는 미수범 성립의 최소요건이다. 실행에 착수하였으나 실행행위를 종료하지 못 14

---

7 BGH MDR 1953, 19.
8 RG LZ 1928, 1552.

한 미종료미수(또는 착수미수)이든 실행에 착수한 후 실행행위를 종료하였지만 결과가 발생하지 않은 종료미수(또는 실행미수)이든 실행의 착수가 최소한의 전제조건이기 때문이다.[9]

15 미수범에서 실행의 착수시기는 행위자의 구성요건적 작위 또는 부작위가 아직 형사처벌의 대상이 되지 않는 예비·음모인지, 아니면 이미 가벌적인 미수인지를 구별하는 기준이 된다. 그러나 실행의 착수시기를 정함에 있어 순수하게 행위자의 주관적 태도만을 기준으로 하거나 객관적 요소만을 고려하는 것은 타당하지 못하다. 실행의 착수는 행위자의 범행결의와 고의라는 주관적 요소와 그에 기한 외부적 행위라는 객관적 요소를 결합하여 고찰해야 하기 때문이다. 이 점에서 실행의 착수의 인정은 기본적으로 개별적(주관적) - 객관적 기준에 따라야 한다.

16 개별적 - 객관적 기준에 따라서 실행의 착수시기를 정하면, 우선 장래에 계획한 범죄의 실행을 가능 또는 용이하게 하기 위한 행위(예: 무기 조달, 범행지에 관한 정보 확보 등)는 모두 예비단계에 위치시킬 수 있다. 다른 한편으로 개별적 - 객관적 기준에 따를 때, 행위자가 구성요건이 보호하는 법익에 대한 침해에 직접 밀접한 행위를 수행하였다면(예: 행위자가 살해 목적으로 피해자에게 총을 겨눈 때) 의문의 여지없이 당해 구성요건의 미수범을 인정할 수 있다. 실무나 학설에서 문제로 되는 것은 분명한 예비단계나 명확한 미수단계의 중간에 있는 회색지대이다. 이러한 문제영역을 해결하기 위하여 객관적 요소와 주관적 요소의 결합시킨 다양한 학설들이 전개되고 있다. 다만, 대부분의 학설은 그 고찰의 중점을 달리하고 있을 뿐 그 결과에서는 거의 동일하다. 뒤에서 살펴보는 바와 같이, 판례도 주관적 요소와 객관적 요소를 결합시켜서 실행의 착수시기를 판단하고 있다.

9 김성돈, 458.

(2) 실행의 착수시기의 판단기준

(가) 학설의 태도

(a) 독일[10]에서의 논의

1) 영역설

영역설(Spährentheorie)은 행위자가 피해자의 보호영역으로 침입하여 행위자의 행위와 행위자가 의도한 결과발생 간에 짧은 시간적 관련성이 있는 경우 실행의 착수를 인정한다. 영역설에 의하면, 차량절도의 고의로 해당 차량의 복제키를 만든 행위자는 아직 절도죄의 실행의 착수에 이르지 못한 것이 된다.[11] 문제는 예를 들어 범행이 공원이나 거리 등 중립적인 장소에서 실행되는 경우에는 영역설을 적용할 수 없는 한계가 있다는 점이다. 그러한 중립적인 장소를 피해자의 보호영역으로 볼 수 없기 때문이다. 또한 영역설은 관련자의 범위가 확실한 개인적 법익을 보호하는 범죄에 적용할 수 있는 기준에 불과할 뿐, 보편적 법익을 보호하는 범죄에 대한 실행의 착수 기준으로는 부적합하다. 17

2) 외부적 행위의미설

외부적 행위의미설은 행위의 외부적 기준(äußerer Verhaltenssinn)이라는 객관적 기준에서 실행의 착수 여부를 판단한다. 이 기준에 따르면, 제3자의 관점에서 볼 때 행위자의 행위가 이미 규범위반에 대한 결단으로 이해될 수 있는 경우에는 미수범이 성립하게 된다.[12] 다시 말해서, 행위의 외부적 사정이 구성요건 실현의 개시를 징표하는 경우에는 실행에 착수한 것으로 보아야 한다. 행위자가 자신이 의도하는 행위를 통하여 허용되지 아니하는 위험을 창출한 경우에 미수범이 성립한다는 견해[13]도 외부적 행위의미설의 한 유형이다. 18

그러나 외부적 행위의미설은 미수범 성립에서 주관적 요소가 지니는 의미를 무시해 버린다는 문제를 안고 있다. 외부적 행위의미설에 의하면, 사냥용 엽총을 자신의 동료에게 겁만 주기 위하여 겨눈 행위자에 대해서도, 살인죄의 미수범으로 처벌해야 한다는 불합리한 점이 발생하게 된다. 또한 이와 반대로, 재 19

10 독일형법 제22조(개념정의) 자신의 의사에 의하여 구성요건의 실현을 위한 행위를 직접 개시한 자는 미수범이다.

11 BGH, Urteil vom 26.10.1978 - 4 StR 429/78; Joecks, Studienkommentar, § 22 Rn. 26.

12 Jakobs, AT, 25/61 ff.

13 Vehling, Abgrenzung von Vorbereitung und Versuch(1991), 141 ff.

물의 이전에 대한 점유자의 동의가 있는 것을 모르고 그 재물을 취거한 행위자에 대해서는 절도죄의 미수범 성립을 부정해야 한다. 이 경우에 행위자는 점유 이전과 관련하여 객관적으로 아무런 허용되지 아니한 위험을 창출하지 않았기 때문이다.

3) 위험야기설

20 위험야기설(Gefährdungstheorie)은 법익에 대한 구체적 위험야기에서 실행의 착수시기를 판단한다. 위험야기설에 의하면, 행위자의 범행계획에 따를 때 자신의 행위가 아무런 중단 없이 직접적으로 구성요건의 충족으로 이어져서 법익에 대한 구체적인 위험을 야기하는 때를 실행의 착수로 보게 된다.[14] 이 경우 실행의 착수를 인정하기 위해서는, 행위자의 행위와 원래의 구성요건실현 간에 직접적인 시간적·장소적인 관련성이 인정되어야 한다.[15] 이 점에서 위험야기설의 본질적인 의미는 행위자의 행위가 자신의 인식에 따라서 '직접적으로' 구성요건 실현으로 이어져야 한다는 데 있다.[16]

21 그러나 위험야기설에 대해서는 실행의 착수 개념을 설득력이 다소 떨어지는 위험 개념으로 대체해 버린다는 비판이 제기된다. 또한 거동범이나 추상적 위험범에서는 법익에 대한 구체적 위험이 요구되지 않는다는 점에서, 위험야기설이 전제하고 있는 법익에 대한 구체적 위험야기의 기준도 보편적이지 못하다는 문제가 제기된다.

4) 중간행위개입시설

22 중간행위개입시설(Zwischenakttheorie)은 행위자의 범행계획에 따를 때 행위자의 행위와 원래의 구성요건실현 간에 본질적인 중간단계가 개입하지 않음으로써, 제3자의 입장에서 볼 때 당해 사건을 하나의 단일한 사건으로 볼 수 있는 경우에는 실행의 착수를 인정한다.[17] 독일의 다수설의 입장이며, 중간행위가 개입하지 않아야 실행의 착수를 인정할 수 있다는 점에서 직접성설이라고도 한다.

---

14 BGH, Urteil vom 26.01.1982 - 4 StR 631/81.
15 BGH, Urteil vom 26.07.1979 - 4 StR 304/79.
16 BGH, Urteil vom 15.10.1980 - 2 StR 469/80.
17 BGH, Urteil vom 16.09.1975 - 1 StR 264/75; Baumann/Weber/Mitsch, § 26/54; Werner/Beulke, Rn. 601; LK[12]-Hillenkamp, § 22 Rn. 77; SK-Rudolphi, § 22 Rn. 13; Kindhäuser, AT, § 31 Rn. 18; MK/Herzberg/Hoffmann-Holland, § 22 Rn. 122-125.

이와 같은 기준을 통하여 실행의 착수시기를 행위자의 관념에 따른 원래의 구성요건적 행위에 직접적으로 앞당겨진 행위에 관련지울 수 있다. 중간행위개입시설에 의하면, 예를 들어 행위자가 주간에 피해자의 집에 있는 재물을 절취하기 위하여 그 집 정원에 있는 도사견을 없애버렸다면, 이미 이 시점에서 절도죄의 실행의 착수를 인정한다. 이에 반해 행위자가 도사견에게 독이든 먹이를 던져준 다음 몇 시간 뒤에 아무런 방해 없이 피해자의 재물을 절취하기 위하여 피해자의 집으로 돌아왔다면, 도사견에게 독극물을 준 시점을 절도죄의 실행의 착수로 보기 어렵게 된다.[18] 중간행위개입시설은 내용적으로 위험야기설과 유사한 부분이 많지만 모든 유형의 범죄에 대하여 적용할 수 있는 장점이 있다.

(b) 우리나라에서의 논의

1) 객관설

객관적인 행위를 표준으로 실행의 착수시기를 정하려는 견해로서, 행위의 위험을 미수범의 처벌근거로 생각하는 구파의 입장에서 주장된다. 23

가) 형식적 객관설

행위자가 엄격한 의미에서의 구성요건에 해당하는 행위 또는 적어도 이론적으로 구성요건에 해당한다고 볼 수 있는 행위의 일부분을 행하여야 실행의 착수가 있다고 하는 견해이다. 이 견해는 명확하기는 하나,[19] 예컨대 절도죄의 미수가 성립하기 위해서는 절취행위가 개시되어야 하는 경우와 같이 미수범의 성립시기가 지나치게 느리다는 비판[20]이 있다. 24

나) 실질적 객관설

형식적 객관설을 보완하여 미수범의 성립범위를 확장하기 위하여, 구성요건적 행위의 직접 전 단계의 행위를 실행한 때에 착수가 있었다고 보는 견해이다. 구체적으로는 보호법익에 대한 직접적 위험 또는 법익침해에 밀접한 행위가 25

18 SK-Rudolphi, § 22 Rn. 17.

19 살인이나 절도와 같이 하나의 행위로 이루어져 있는 범죄의 경우, 어느 단계에 이르면 실행행위의 일부분이 되는가를 명백히 확정하기 어렵다는 비판도 있다(이재상·장영민·강동범, § 27/22). 예컨대 살인의 경우, ① 총을 꺼내, ② 겨눈 다음, ③ 방아쇠를 당겨, ④ 총알이 발사되는 일련의 흐름 중에 어느 단계에서 실행행위가 개시되었는지 불명확하다[형식적 객관설에 의하면 위 ③의 단계에 실행의 착수가 있다고 하나, 주관적 객관설의 입장에서는 위 ②의 단계에 실행의 착수가 있다고 한다(이재상·장영민·강동범, § 27/22, § 27/33)].

20 정영일, 336.

있으면 실행의 착수가 있다고 보는 견해도 여기에 속한다.[21]

26 이 견해에 대해서는, 형법상의 행위가 주관적인 의사와 객관적인 표현으로 구성되어 있음에도 불구하고 실행의 착수를 행위자의 범죄계획에 관계없이 제3자의 입장에서 객관적으로만 확정하려고 한 데 근본적인 난점이 있다고 한다.[22]

2) 주관설

27 행위자의 위험성을 미수범의 처벌근거로 생각하는 신파의 입장에서 주장되는 견해로서, 범죄적 의사가 그 수행적 행위로 인하여 확실히 인식될 수 있는 상태에 도달한 때, 즉 행위자의 고의를 인정할 만한 외부적 행위가 있는 때, 즉 범의의 비약적 표동(飛躍的 表動)을 착수시기로 보는 견해이다.[23]

28 그러나 이 견해에 의하면, 수행적 행위에 나타나는 고의의 강약 여부에 따라 미수와 예비를 구별하게 되어 그 표준이 애매모호하여 법적 안정성을 해칠 우려가 있으며, 미수의 성립시기가 너무 빠르다는 비판[24]이 있다.

3) 절충설(주관적 객관설 또는 개별적 객관설)

29 행위자의 범행계획과 의사라는 주관적 요소와 구성요건적 행위의 직접적 개시 또는 보호법익에 대한 구체적 위험야기 등과 같은 객관적 요소를 결합시켜 실행의 착수를 판단하는 견해이다(통설).[25] 즉, '행위자의 범행계획에 비추어 볼 때 구성요건의 실현을 위한 직접적인 개시'를 실행의 착수시기로 본다. 주관

21 일본의 통설은 기수의 결과를 야기하는 현실적 위험성이 있는 행위의 개시(또는 위험의 발생 자체)를 기준으로 실행의 착수를 인정하고 있는데(실질적 객관설 또는 실질적 위험설), 이때 위험의 판단 시에 고려해야 할 행위자의 주관의 범위를 둘러싸고, ① 주관을 고려해서는 안된다는 견해, ② 범행의사를 고려해야 한다는 견해, ③ 고의를 고려해야 한다는 견해, ④ 범행계획까지 포함하여야 한다는 견해 등 다양한 견해가 주장되고 있다〔西田 外, 注釈刑法(1), 661-662(和田俊憲)〕. 주관을 고려해야 한다는 견해는 우리나라의 주관적 객관설과 유사한 입장으로 볼 수 있을 것이다.

22 이재상·장영민·강동범, §27/26.

23 정영석, 형법총론(5전정판), 204.

24 정영일, 336.

25 김선복, 형법총론, 276; 김성천, 형법총론(9판), 325; 김일수·서보학, 381; 김신규, 형법총론 강의, 376; 김혜정·박미숙·안경옥·원혜욱·이인영, 형법총론(2판), 270; 박상기, 361; 손동권·김재윤, 새로운 형법총론, §23/17; 신동운, 508; 오영근, 317; 이재상·장영민·강동범, §27/28; 이형국·김혜경, 334; 임웅, 387; 정성근·박광민, 396; 정승환, 형법학 입문, 152; 정영일, 336; 정웅석·최창호, 형법총론, 450; 주석형법 〔각칙(2)〕(2판), 44(이정원); 임석원, 결과적 가중범의 쟁점, 한국학술정보(주)(2007), 306; 성낙현, "강도죄에서의 몇 가지 논점", 비교형사법연구 5-1, 한국비교형사법학회(2003), 582; 한정환, "형법 제25조 제1항 '범죄실행의 착수'", 비교형사법연구 8-1, 한국비교형사법학회(2006), 139 이하.

적 객관설 또는 개별적 객관설이라고도 한다.

실행의 착수시기에 관한 절충설의 태도는 "자신의 의사에 의하여 구성요건의 실현을 위한 행위를 직접 개시한 자는 미수범이다."라고 명시하고 있는 독일형법 제22조의 규정 내용[26]과 거의 일치한다. 그러나 문제는 독일형법 제22조는 장애미수의 개념을 정의하고 있을 뿐 실행의 착수시기를 명시하고 있는 것이 아니라는 사실이다. 이 때문에 우리나라의 절충설의 태도에 대하여 실행의 착수시기를 판단할 수 있는 기준이 아니라 실행의 착수에 대한 개념정의에 불과하다는 비판[27]도 제기된다. 30

(나) 판례의 태도

대법원은 기본적으로 개별 구성요건이 전제로 하고 있는 행위의 일부가 개시된 경우에는 실행의 착수를 인정하고 있다. 예를 들어, 절도죄(§ 329)의 실행의 착수시기는 재물에 대한 타인의 사실상의 지배를 침해하는 데에 밀접한 행위를 개시한 때이고,[28] 배임죄(§ 355②)의 경우에는 타인의 사무를 처리하는 자가 임무에 위배하는 행위를 한다는 점과 이로 인하여 자기 또는 제3자가 이익을 취득하여 본인에게 손해를 가한다는 점에 대한 인식이나 의사를 가지고 임무에 위배한 행위를 개시한 때[29] 실행의 착수가 인정된다. 또한, 체포죄(§ 276①)에서는 체포의 고의로써 타인의 신체적 활동의 자유를 현실적으로 침해하는 행위를 개시한 때 실행에 착수한 것이고,[30] 준강간죄(§ 299, § 297)에서는 피해자의 심신상실 또는 항거불능의 상태를 이용하여 간음을 할 의도를 가지고 간음의 수단이라고 할 수 있는 행동을 시작한 때 실행이 착수된 것으로 본다.[31] 31

---

26 독일 구 형법상 미수범 처벌조항이었던 제43조 제1항은 실행의 착수에 관하여 '자신(행위자)의 의사'를 명시하지 않고 있었다. 그 당시 실행의 착수시기와 관련한 학설들이 바로 주관설, 형식적 객관설, 실질적 객관설 등이었다. 그러나 1975년부터 시행된 현행 독일형법 제22조는 명시적으로 '자신(행위자)의 의사'(nach seiner Vorstellung)라고 표현함으로써 종래의 학설 대립을 종결시킴과 동시에 미수범이 인정되기 위한 요건으로 주관적 요소와 객관적 요소를 결합시킨 주관적 객관설을 취하고 있음을 명확히 하고 있다. 그리고 독일형법 제22조의 '자신(행위자)의 의사'는 일반적으로 '행위자의 범행계획'으로 이해된다.

27 김성돈, 459.

28 대판 1966. 5. 3, 66도383; 대판 1966. 9. 20, 66도1108; 대판 1986. 12. 23, 86도2256; 대판 1999. 9. 17, 98도3077; 대판 2010. 4. 29, 2009도14554 등 참조.

29 대판 2017. 9. 21, 2014도9960; 대판 2022. 1. 27, 2021도8833.

30 대판 2018. 2. 28, 2017도21249; 대판 2020. 3. 27, 2016도18713.

31 대판 2000. 1. 14, 99도5187; 대판 2019. 2. 14, 2018도19295.

32 그러나 이러한 대법원 판례는 각 범죄별 실행의 착수시기에 관한 규범적 판단에 불과할 뿐, 개별 사건에서 문제되는 범죄의 실행의 착수를 인정할 수 있는지에 대해서는 적지 않은 논란이 있다.

33 대법원이 절도죄의 실행의 착수시기와 관련하여, "실행의 착수가 있는지 여부는 구체적 사건에 있어서 범행의 방법, 태양, 주변상황 등을 종합 판단하여 결정하여야 한다."고 판시하고 있는 이유도 바로 이 때문이다.[32] 개별적 상황에 따른 실행의 착수시기에 관한 판단은 야간주거침입절도죄(§ 330)의 미수범 성립에 관한 대법원 판례를 보면 분명하게 알 수 있다. 예를 들어 대법원은, ① 야간에 타인의 재물을 절취할 목적으로 사람의 주거에 침입한 경우[33]와 ② 야간에 아파트에 침입하여 물건을 훔칠 의도하에 아파트의 베란다 철제난간까지 올라가 유리창문을 열려고 시도한 경우[34]에는 야간주거침입절도죄의 실행에 착수한 것으로 보는 반면에, ③ 야간에 다세대주택에 침입하여 물건을 절취하기 위하여 가스배관을 타고 오르다가 순찰 중이던 경찰관에게 발각되어 그냥 뛰어내린 경우[35]와 ④ 침입 대상인 아파트에 사람이 있는지를 확인하기 위해 그 집의 초인종을 누른 경우[36]에는 야간주거침입절도죄의 실행의 착수에 이르지 못했다고 판시하고 있다.

34 실행의 착수시기에 관한 대법원의 태도를 밀접행위설이라고 부르기도 한다. 밀접행위설은 주로 절도죄와 관련하여 행위자의 행위가 당해 구성요건의 보호법익에 대한 침해에 밀접하여 있는 경우에 실행의 착수를 인정하는 기준이다. 예를 들어, 주간에 절도의 목적으로 다른 사람의 주거에 침입하여 절취할 재물의 물색행위를 시작하는 등 그에 대한 사실상의 지배를 침해하는 데에 밀접한 행위를 개시하면 절도죄의 실행에 착수한 것으로 본다.[37] 또한, 야간에 타인의 재물을 절취할 목적으로 사람의 주거에 침입한 경우에는 주거에 침입한 단계에서 야간주거침입절도죄의 실행에 착수한 것이다.[38]

35 그러나 밀접행위라는 개념 그 자체가 추상적일 뿐만 아니라 법익침해에 어

32 대판 1983. 3. 8, 82도2944; 대판 2010. 4. 29, 2009도14554.
33 대판 2006. 9. 14, 2006도2824.
34 대판 2003. 10. 24, 2003도4417.
35 대판 2008. 3. 27, 2008도917.
36 대판 2008. 4. 10, 2008도1464.
37 대판 2003. 6. 24, 2003도1985, 2003감도26.
38 대판 2006. 9. 14, 2006도2824.

느 정도로 밀접해야 실행의 착수를 인정할 수 있는지 여전히 의문이 제기된다. 예를 들어, 절도의 고의로 주간에 다른 사람의 집에 침입하였으나 그 집 정원에 맹견이 있어 절도를 용이하게 하기 위하여 그 맹견을 마취시키거나 죽인 경우, 절도죄의 실행의 착수를 인정하기 어려울 것이다. 대법원 판례에 의하면, 절취할 재물의 물색행위를 시작해야 절도죄의 실행의 착수를 인정할 수 있기 때문이다. 이 점에서 실행의 착수에 관하여 밀접행위설보다 객관화되고 설득력있는 기준을 구상해 보아야 한다.

(다) 검토

실행의 착수시기에 관한 기본적인 관념을 절충설에 따른다 하더라도 분명 36
한 예비행위와 분명한 미수행위 사이에 머물러 있는 회색지대를 설득력있게 해결하기 위해서는 절충설이 제시하는 '구성요건의 실현을 위한 직접적인 개시'를 언제 인정할 수 있는지에 관한 기준을 다시금 설정해야 한다.

이와 관련하여, 실행의 착수시기를 인정하기 위한 기준으로 위 독일에서의 37
중간행위개입시설이 타당한 것으로 보인다. 중간행위개입시설은 행위자의 범행계획에 기초하여 실행의 착수를 인정할 수 있는 객관적 척도를 제공해주기 때문이다. 중간행위개입시설에 의하면, 행위자의 범행계획에 따를 때 행위자의 행위와 장래의 구성요건실현 간에 본질적인 중간행위가 개입하지 않음으로 인하여 제3자의 입장에서 볼 때 당해 사건을 하나의 단일한 사건으로 볼 수 있는 경우에는 실행의 착수가 인정된다. 행위자의 범행계획에 따를 때 아무런 방해를 받음이 없이 구성요건 충족으로 이어질 수 있는 위험상태를 야기하거나 그러한 위험이 직접적으로 법익침해에 시간적·장소적으로 연관되어 있는 경우에는 실행의 착수를 인정할 수 있다.

(3) 형법각칙상 개별 범죄의 실행의 착수시기

(가) 살인죄

살인죄(§ 250①)의 실행의 착수시기는 살인의 의사를 가지고 다른 사람의 생 38
명을 위태롭게 하는 행위를 직접 개시하였을 때이다(절충설의 입장).[39]

판례는 ① 상관인 소속 중대장을 살해 보복할 목적으로 수류탄의 안전핀을 39

39 김성돈, 형법각론(8판), 60; 오영근, 형법각론(8판), 23.

빼고 그 사무실로 들어간 경우,[40] ② 피해자를 살해할 목적으로 낫을 들고 피해자에게 접근한 경우,[41] ③ 소말리아 해적들이 납치한 선박의 선원들을 총격전의 인간방패로 선박 윙브릿지로 내몬 경우[42] 등에는 실행의 착수를 인정하였다.

40 반면에, ① 중앙청 내 개천절 경축식장에서 수류탄을 투척하여 대통령을 살해할 목적으로 사직공원에서 실행담당자에게 수류탄 2개를 준 경우,[43] ② 조카인 피해자(10세)를 살해할 마음을 먹고 저수지로 데리고 가서 미끄러지기 쉬운 제방 쪽으로 유인하여 함께 걷다가 피해자가 스스로 물에 빠진 경우[44] 등에는 실행의 착수를 부인하였다.

41 한편 일본 판례 중에는, 피고인 甲이 A 등에게 남편 B를 사고사로 위장하여 살해해 달라고 의뢰하여, A 등은 B를 마취시켜 실신시킨 뒤 자동차에 태워 익사시킬 계획을 세우고, B를 마취시킨 다음(제1행위) 2시간 후 2킬로미터 떨어진 항구로 데리고 가 자동차에 태운 채 물에 빠뜨렸으나(제2행위), 어느 행위로 사망하였는지 알 수 없는 사안에서, ⓐ 제1행위는 제2행위를 확실하고 용이하게 하기 위하여 필요불가분하였고, ⓑ 제1행위에 성공한 경우, 그 이후의 범죄계획을 수행하는 데 장해가 될 특단의 사정이 없었고, ⓒ 제1행위와 제2행위는 시간적·장소적으로 근접하다는 점을 들어, 제1행위를 개시한 시점에서 이미 살인에 이르는 객관적 위험성이 명백하게 인정되므로, 그 시점에 살인죄의 실행의 착수가 있었고, 목적을 성공하였으므로 살인의 고의도 인정된다고 판시한 것[45]이 있다.

(나) 협박죄

42 협박죄(§ 283①)의 실행의 착수시기에 관하여 대법원 전원합의체 판결의 다수의견은, "협박죄가 성립하려면 고지된 해악의 내용이 행위자와 상대방의 성향, 고지 당시의 주변 상황, 행위자와 상대방 사이의 친숙의 정도 및 지위 등의 상호관계, 제3자에 의한 해악을 고지한 경우에는 그에 포함되거나 암시된 제3자와

40 대판 1970. 6. 30, 70도861.
41 대판 1986. 2. 25, 85도2773.
42 대판 2011. 12. 22, 2011도12927(소말리아 해적 사건).
43 대판 1956. 11. 30, 4289형상217.
44 대판 1992. 2. 11, 91도2951. 본 판결 평석은 장영민, "부진정부작위범의 성립요건", 형사판례연구 [2], 한국형사판례연구회, 박영사(1994), 37-45; 정호영, "부작위범의 성립요건", 재판의 한길: 김용준 헌법재판소장 화갑기념논문집, 박영사(1998), 713-726.
45 最決 平成 16(2004). 3. 22. 刑集 58·3·187(구성요건의 조기실현의 사례).

행위자 사이의 관계 등 행위 전후의 여러 사정을 종합하여 볼 때에 일반적으로 사람으로 하여금 공포심을 일으키게 하기에 충분한 것이어야 하지만, 상대방이 그에 의하여 현실적으로 공포심을 일으킬 것까지 요구하는 것은 아니며, 그와 같은 정도의 해악을 고지함으로써 상대방이 그 의미를 인식한 이상, 상대방이 현실적으로 공포심을 일으켰는지 여부와 관계없이 그로써 구성요건은 충족되어 협박죄의 기수에 이르는 것으로 해석하여야 한다. 결국, 협박죄는 사람의 의사결정의 자유를 보호법익으로 하는 위험범이라 봄이 상당하고, 협박죄의 미수범 처벌조항은 해악의 고지가 현실적으로 상대방에게 도달하지 아니한 경우나, 도달은 하였으나 상대방이 이를 지각하지 못하였거나 고지된 해악의 의미를 인식하지 못한 경우 등에 적용될 뿐이다."라고 판시하고 있다.[46]

그러나 위 전원합의체 판결에는, 현행 형법의 협박죄는 침해범으로서 일반 43
적으로 사람으로 하여금 공포심을 일으킬 수 있는 정도의 해악의 고지가 상대방에게 도달하여 상대방이 그 의미를 인식하고 나아가 현실적으로 공포심을 일으켰을 때에 비로소 기수에 이르는 것으로 보아야 한다는 반대의견이 있다.

(다) 강간죄

강간죄(§ 297)는 폭행 또는 협박으로 강간해야 기수에 이르는 결합범이므로, 44
행위의 객체에 대한 폭행 또는 협박 시 실행의 착수가 인정되는 것은 당연하다. 이와 관련하여 대법원은, "강간죄는 부녀를 간음하기 위하여 피해자의 항거를 불능하게 하거나 현저히 곤란하게 할 정도의 폭행 또는 협박을 개시한 때에 그 실행의 착수가 있다고 보아야 할 것"이고,[47] 실제로 그와 같은 폭행 또는 협박에 의하여 피해자의 항거가 불능하게 되거나 현저히 곤란하게 되거나[48] 실제 간음

46 대판 2007. 9. 28, 2007도606(전). 이 점에서 대법원은 정보보안과 소속 경찰관이 자신의 지위를 내세우면서 타인의 민사분쟁에 개입하여 빨리 채무를 변제하지 않으면 상부에 보고하여 문제를 삼겠다고 말한 경우, 객관적으로 상대방이 공포심을 일으키기에 충분한 정도의 해악의 고지에 해당하므로 현실적으로 피해자가 공포심을 일으키지 않았다 하더라도 협박죄의 기수에 이르렀다고 보았다. 본 판결 평석과 해설은 김성돈, "침해범/위험범, 결과범/거동범, 그리고 기수/미수의 구별기준", 형사판례연구 〔17〕, 한국형사판례연구회, 박영사(2009), 1-24; 이진국, "협박의 개념과 협박죄의 기수시기", 형법판례 150선(3판), 박영사(2021), 184-185; 최동열, "협박죄의 기수에 이르기 위하여 상대방이 현실적으로 공포심을 일으킬 것을 요하는지 여부", 해설 74, 법원도서관(2008), 412-431.

47 대판 2000. 6. 9, 2000도1253; 대판 2021. 8. 12, 2020도17796.

48 대판 2000. 6. 9, 2000도1253.

행위가 시작되어야만[49] 실행의 착수가 있다고 볼 것은 아니라고 판시하고 있다.

45 이러한 법리에 따라 대법원은, ① 피고인이 간음할 목적으로 새벽 4시에 여자 혼자 있는 방문 앞에 가서 피해자가 방문을 열어 주지 않으면 부수고 들어갈 듯한 기세로 방문을 두드리고 피해자가 위험을 느끼고 창문에 걸터앉아 가까이 오면 뛰어 내리겠다고 하는데도 베란다를 통하여 창문으로 침입하려고 하였다면, 강간의 수단으로서의 폭행에 착수하였다고 판시하고 있다.[50]

46 나아가, ② 피고인이 피해자가 자동차에서 내릴 수 없는 상태에 있음을 이용하여 강간하려고 결의하고, 주행 중인 자동차에서 탈출이 불가능하게 하여 외포케 하고 50킬로미터를 운행하여 여관 앞까지 강제연행한 후 강간하려다 미수에 그친 경우, 위 협박은 감금죄(§ 276①)의 실행의 착수임과 동시에 강간미수죄의 실행의 착수라고 판시하고 있다.[51]

47 한편 대법원은, ③ 강간죄의 실행의 착수가 있었다고 하려면 강간의 수단으로서 폭행이나 협박을 한 사실이 있어야 한다는 전제에서, 피고인이 강간할 목적으로 피해자의 집에 침입하였다 하더라고 안방에 들어가 누워 자고 있는 피해자의 가슴과 엉덩이를 만지면서 간음을 기도하였다는 사실만으로는 강간의 수단으로 피해자에게 폭행이나 협박을 개시하였다고 하기는 어렵다고 판시한 바 있다.[52]

(라) 주거침입죄

48 주거침입죄(§ 319①)는 미수범을 처벌한다(§ 322). 대법원은 주거침입죄의 미수범 성립에 관하여, "주거침입죄는 사실상의 주거의 평온을 보호법익으로 하는 것이므로 신체의 일부만 타인의 주거 안으로 들어갔다고 하더라도 거주자가 누리는 사실상의 주거의 평온을 해할 수 있는 정도에 이르렀다면 범죄구성요건을 충족하는 것이라고 보아야 하고, 따라서 주거침입죄의 범의로써 예컨대 주거로

49 대판 2021. 8. 12, 2020도17796.

50 대판 1991. 4. 9, 91도288.

51 대판 1983. 4. 26, 83도323. 나아가 본 판결은 감금과 강간의 두 행위가 시간적·장소적으로 중복되고 감금행위 그 자체가 강간의 수단인 협박행위를 이루는 경우에는, 감금죄와 강간죄(미수 포함)는 상상적 경합관계라고 한다. 본 판결 평석은 최우찬, "감금죄와 강간죄의 관계", 형사판례연구 〔2〕, 한국형사판례연구회, 박영사(1994), 134-150.

52 대판 1990. 5. 25, 90도607.

들어가는 문의 시정장치를 부수거나 문을 여는 등 침입을 위한 구체적 행위를 시작하였다면 주거침입죄의 실행의 착수는 있었다고 보아야 하고, 신체의 극히 일부분이 주거 안으로 들어갔지만 사실상 주거의 평온을 해하는 정도에 이르지 아니하였다면 주거침입죄의 미수에 그친다."고 판시하고 있다.[53]

(라) 절도의 죄

(a) 단순절도죄

절도죄(§ 329)의 실행의 착수시기는 타인의 점유를 배제하는 행위가 개시된 때이다.[54] 실행의 착수시기에 관한 통설인 절충설(주관적 객관설)에 따르면, 행위자의 범행계획에 따라 소유권 침해의 직접적 행위가 개시된 때이다.[55] 앞서 살펴본 대로, 판례는 재물에 대한 타인의 사실상의 지배를 침해하는 데 밀접한 행위가 개시된 때에 실행의 착수가 있다[56]고 하고(밀접행위설[57]), 현장에서 객체에 대한 물색행위가 있으면 실행의 착수가 있다[58]고 한다.[59] 49

1) 실행의 착수를 인정한 사례

① 마당의 빨랫줄에 말리고 있는 스웨터를 절취하기 위하여 마당에 들어가 빨랫줄 아래까지 접근하여 훔치려는 순간 발각된 경우,[60] ② 고속버스 선반 위에 놓여 있는 손가방의 한쪽 걸쇠만 연 경우,[61] ③ 소매치기가 피해자의 양복상 50

---

53 대판 1995. 9. 15, 94도2561. 본 판결 평석은 오영근, "주거침입죄의 성립범위", 형사판례연구[8], 한국형사판례연구회, 박영사(2000), 228-248.

54 김성돈, 형법각론(8판), 318; 이재상·장영민·강동범, 형법각론(13판), § 16/43.

55 오영근, 형법각론(8판), 260.

56 대판 1983. 3. 8, 82도2944.

57 일본 판례도 기본적으로 밀접행위설에 입각해 있다[最判 昭和 33(1958). 4. 17. 刑集 2·4·399]. 일본 판례 중에는, ① 주거침입절도의 경우(일본형법에는 야간주거침입절도죄가 별도로 규정되어 있지 않음)에 피해자의 점포 안에 들어가 절취 목적으로 손전등을 비추며 금품이 있을 것으로 생각되는 곳으로 접근하여 금품을 물색하려고 하는 순간 피해자에게 발견된 때[最決 昭和 40(1965). 3. 9. 刑集 19·2·69. 물색행위보다 한 단계 앞서 실행의 착수를 인정한 사례로 평가됨], ② 소매치기의 경우에 절도 목적으로 피해자의 주머니 바깥쪽을 만진 때[最決 昭和 29(1954). 5. 6. 刑集 8·5·634], ③ 동전 절취 목적으로 기차표 자동발매기의 동전반환구에 접착제를 붙이려고 한 때[東京高判 平成 22(2010). 4. 20. 判タ 1371·251]에 실행의 착수를 인정한 것이 있다.

58 대판 1992. 9. 8, 92도1650, 92감도80.

59 이러한 판례의 태도는 실질적 객관설의 입장이라는 것이 일반적인 견해이다(김성돈, 459; 오영근, 276; 이재상·장영민·강동범, § 27/25).

60 대판 1965. 6. 22, 65도427.

61 대판 1983. 10. 25, 83도2432.

의 주머니로부터 금품을 절취하려고 그 호주머니에 손을 뻗쳐 그 겉을 더듬은 경우,[62] ④ 피해자 소유 자동차 안에 들어 있는 밍크코트를 발견하고 이를 절취할 생각으로 차 오른쪽 앞문을 열려고 앞문 손잡이를 잡아당기다가 피해자에게 발각된 경우,[63] ⑤ 피해자의 집에 담을 넘어 침입하여 그 집 부엌에서 금품을 물색하던 중에 발각되어 도주한 경우,[64] ⑥ 담을 넘어 마당에 들어가 그중 1명이 그곳에 있는 구리를 찾기 위하여 담에 붙어 걸어가다가 잡힌 경우,[65] ⑦ 야간에 손전등과 박스 포장용 노끈을 이용하여 도로에 주차된 차량의 문을 열고 현금 등을 훔치기로 마음먹고 차량의 문이 잠겨 있는지 확인하기 위해 양손으로 운전석 문의 손잡이를 잡고 열려고 하던 중 경찰관에게 발각된 경우,[66] ⑧ 주간에 아파트 출입문 시정장치를 손괴하다가 발각되어 도주한 경우[67] 등에는 실행의 착수를 인정하였다.

2) 실행의 착수를 부정한 사례

51 ① 피해자에게 전화채권을 사주겠다고 하면서 골목길로 유인하여 돈을 절취하려고 기회를 엿본 경우,[68] ② 노상에 세워 놓은 자동차 안에 있는 물건을 훔칠 생각으로 자동차의 유리창을 통하여 그 내부를 손전등으로 비추어 본 경우,[69] ③ 피해자의 집 현관을 통하여 그 집 마루 위에 올라서서 창고 문 쪽으로 향하다가 피해자에게 발각되어 체포된 경우,[70] ④ 소를 흥정하고 있는 피해자의 뒤에 접근하여 들고 있던 가방으로 돈이 들어 있는 피해자의 하의 왼쪽 주머니를 스치면서 지나간 경우,[71] ⑤ 주간에 피해자 집 부엌문에 시정된 열쇠고리의 장식을 뜯는 경우[72] 등에는 실행의 착수를 부정하였다.

---

62 대판 1984. 12. 11, 84도2524.
63 대판 1986. 12. 23, 86도2256(합동절도 사안으로, 공범은 위 차 옆에서 망을 봄).
64 대판 1987. 1. 20, 86도2199, 86감도245.
65 대판 1989. 9. 12, 89도1153(합동절도 사안으로, 공범과 함께 담을 넘어 들어감). 본 판례 평석은 정영일, "절도죄에 있어서 실행의 착수시기", 형사판례연구 〔2〕, 한국형사판례연구회, 박영사(1994), 177-190.
66 대판 2009. 9. 24, 2009도5595.
67 대판 2009. 12. 24, 2009도9667.
68 대판 1983. 3. 8, 82도2944.
69 대판 1985. 4. 23, 85도464.
70 대판 1986. 10. 28, 86도1753.
71 대판 1986. 11. 11, 86도1109, 86감도143.
72 대판 1989. 2. 28, 88도1165.

(b) 야간주거침입절도죄

대법원은 야간주거침입절도죄(§ 330)의 실행의 착수시기를 야간에 타인의 재물을 절취할 목적으로 사람의 주거에 침입한 시점으로 보고 있다. 따라서 야간에 아파트에 침입하여 물건을 훔칠 생각으로 아파트의 베란다 철제난간까지 올라가 유리창문을 열려고 시도하였다면, 야간주거침입절도죄의 실행에 착수한 것으로 보아야 한다고 판시하고 있다.[73] 52

다만 대법원은 형법이 제329조에서 절도죄를 규정하고 곧바로 제330조에서 야간주거침입절도죄를 규정하고 있을 뿐 야간절도죄에 관하여는 처벌규정을 별도로 두고 있지 아니하다는 점에 주목하여, 이러한 제330조의 규정형식과 그 구성요건의 문언에 비추어 볼 때, 형법은 야간에 이루어지는 주거침입행위의 위험성에 주목하여 그러한 행위를 수반한 절도를 야간주거침입절도죄로 무겁게 처벌하고 있는 것으로 보아야 하고, 따라서 주거침입이 주간에 이루어진 경우에는 야간주거침입절도죄가 성립하지 않는다고 판시하고 있다.[74] 53

(c) 특수절도죄

특수절도죄(§ 331)는 야간건조물손괴주거침입절도(§ 331①)와 흉기휴대·합동절도(§ 331②)를 포괄하는 범죄유형이다. 야간건조물손괴주거침입절도죄의 실행의 착수시기는 행위자가 야간에 타인의 주거에 침입하여 건조물의 일부를 손괴한 시점이다.[75] 그러나 제331조 제2항의 특수절도에 있어서 주거침입은 그 구성요건이 아니므로 절도범인이 그 범행수단으로 주거침입을 한 경우에 주거침입행위는 절도죄에 흡수되지 아니하고 별개로 주거침입죄를 구성하여 절도죄와는 실체적 경합의 관계에 있게 되고, 2인 이상이 합동하여 야간이 아닌 주간에 절도의 목적으로 타인의 주거에 침입하였다 하여도 아직 절취할 물건의 물색행위를 시작하기 전이라면 합동절도죄의 실행에는 착수한 것으로 볼 수 없는 것이어서 그 미수죄가 성립하지 않는다.[76] 54

73 대판 2003. 10. 24, 2003도4417.

74 대판 2011. 4. 14, 2011도300, 2011감도5('주간에' 사람의 주거 등에 침입하여 '야간에' 타인의 재물을 절취한 행위를 야간주거침입절도죄로 처벌할 수 없다고 한 사례). 본 판결 해설은 고종영, "주간에 사람의 주거 등에 침입하여 야간에 타인의 재물을 절취한 행위를 형법 제330조의 야간주거침입절도죄로 처벌할 수 있는지 여부", 해설 88, 법원도서관(2011), 616-627.

75 대판 1977. 7. 26, 77도1802.

76 대판 2009. 12. 24, 2009도9667.

(마) 강도의 죄

(a) 특수강도죄

55 특수강도죄 중 야간주거침입강도죄(§ 334①)의 실행의 착수시기에 관하여 대법원은 폭행·협박 시를 실행의 착수시기로 보기도 하고, 야간주거침입 시를 실행의 착수시기로 보기도 한다.

56 폭행·협박 시를 실행의 착수시기로 보면, 강도의 범의로 야간에 칼을 휴대한 채 타인의 주거에 침입하여 집안의 동정을 살피다가 피해자를 발견하고 갑자기 욕정을 일으켜 칼로 협박하여 강간한 경우, 야간에 흉기를 휴대한 채 타인의 주거에 침입하여 집안의 동정을 살피는 것만으로는 특수강도의 실행에 착수한 것이라고 할 수 없으므로, 위의 특수강도에 착수하기도 전에 저질러진 위와 같은 강간행위는 성폭력범죄의 처벌 등에 관한 특례법(이하, 성폭력처벌법이라 한다.) 제3조 제2항 소정의 특수강도강간죄에 해당한다고 할 수 없다.[77]

57 그러나 위와 다른 판례에 의하면, "형법 제334조 제1항 소정의 야간주거입강도죄는 주거침입과 강도의 결합범으로서 시간적으로 주거침입행위가 선행되므로 주거침입을 한 때에 본죄의 실행에 착수한 것으로 볼 것인바, 같은 조 제2항 소정의 흉기휴대 합동강도죄에 있어서도 그 강도행위가 야간에 주거에 침입하여 이루어지는 경우에는 주거침입을 한 때에 실행에 착수한 것으로 보는 것이 타당하다."고 판시하고 있다.[78]

(b) 준강도죄

58 준강도죄(§ 335)의 기수·미수의 판단기준에 관하여, ① 대법원 전원합의체 판결의 다수의견은 "형법 제335조에서 절도가 재물의 탈환을 항거하거나 체포를 면탈하거나 죄적을 인멸할 목적으로 폭행 또는 협박을 가한 때에 준강도로서 강도죄의 예에 따라 처벌하는 취지는, 강도죄와 준강도죄의 구성요건인 재물탈취와 폭행·협박 사이에 시간적 순서상 전후의 차이가 있을 뿐 실질적으로 위법성이 같다고 보기 때문인바, 이와 같은 준강도죄의 입법 취지, 강도죄와의 균

77 대판 1991. 11. 22, 91도2296. 본 판결 해설은 최진갑, "특수강도죄의 실행의 착수시기", 해설 16, 법원행정처(1992), 743-748.

78 대판 1992. 7. 28, 92도917. 본 판결 평석은 여훈구, "특수강도죄의 실행의 착수시기", 형사판례연구 〔7〕, 한국형사판례연구회, 박영사(1999), 355-366.

형 등을 종합적으로 고려해 보면, 준강도죄의 기수 여부는 절도행위의 기수 여부를 기준으로 하여 판단하여야 한다."고 판시하고 있다.[79] 이에 반해, ② 별개의견은 폭행·협박행위를 기준으로 하여 준강도죄의 미수범을 인정하는 외에 절취행위가 미수에 그친 경우에도 이를 준강도죄의 미수범이라고 보아 강도죄의 미수범과 사이의 균형을 유지함이 상당하다고 이해한다. 한편, ③ 반대의견은 강도죄와 준강도죄는 그 취지와 본질을 달리한다고 보아야 하며, 준강도죄의 주체는 절도이고 여기에는 기수는 물론 형법상 처벌규정이 있는 미수도 포함되는 것이지만, 준강도죄의 기수·미수의 구별은 구성요건적 행위인 폭행 또는 협박이 종료되었는가 하는 점에 따라 결정된다고 해석하는 것이 법규정의 문언 및 미수론의 법리에 부합한다고 판단하였다.

위 ①의 대법원의 다수의견에 따르면, 甲과 乙이 합동하여 양주를 절취할 목적으로 장소를 물색하던 중, 피해자가 운영하는 주점에 이르러 乙은 甲과 무전기로 연락을 취하면서 망을 보고, 甲은 위 주점의 잠금장치를 뜯고 침입하여 위 주점 내 진열장에 있던 양주를 미리 준비한 바구니 3개에 담고 있던 중, 계단에서 서성거리고 있던 乙을 수상히 여기고 위 주점 종업원 A가 주점으로 돌아오려는 소리를 듣고서 양주를 그대로 둔 채 출입문을 열고 나오다가 A가 甲을 붙잡자 체포를 면탈할 목적으로 甲의 목을 잡고 있던 A의 오른손을 깨무는 등 폭행한 경우에는, 甲에게는 준강도기수죄가 아니라 준강도미수죄가 성립하게 된다. 59

(바) 사기죄

사기죄(§ 347)는 일반적으로 편취의 의사로 기망행위를 개시한 때에 실행에 착수한 것으로 보아야 한다.[80] 다만, 사기죄로 발현되는 행위상황이 매우 다양하기 때문에 개별 사례별로 기망행위를 개시한 때를 언제로 볼 것인지 논란이 된다. 60

소송사기는 법원을 기망하여 자기에게 유리한 판결을 얻고 이에 터잡아 상대방으로부터 재물의 교부를 받거나 재산상 이익을 취득하는 것을 말하는 것으로서, 소송에서 주장하는 권리가 존재하지 않는 사실을 알고 있으면서도 법원을 61

79 대판 2004. 11. 18, 2004도5074(전). 본 판결 평석은 이천현, "준강도죄의 기수 및 미수의 판단기준", 형사판례연구 〔14〕, 한국형사판례연구회, 박영사(2006), 89-114; 임성근, "준강도죄의 기수·미수의 판단기준", 21세기사법의 전개: 송민 최종영 대법원장 재임기념, 박영사(2005), 613-621.
80 김성돈, 형법각론(8판), 397; 이재상·장영민·강동범, 형법각론(13판), § 18/45.

기망한다는 인식을 가지고 소를 제기하면 이로써 실행의 착수가 있고,[81] 소장의 유효한 송달을 요하지 아니한다.[82] 또한, 강제집행절차를 통한 소송사기는 집행절차의 개시신청을 한 때 또는 진행 중인 집행절차에 배당신청을 한 때에 실행에 착수한 것이다.[83]

62 사기도박의 경우, 사기적인 방법으로 도금을 편취하려고 하는 사람이 상대방에게 도박에 참가할 것을 권유하는 등 기망행위를 개시한 때에 실행의 착수가 있는 것으로 보아야 하고, 그 후에 사기도박을 숨기기 위하여 정상적인 도박을 하였더라도 이는 사기죄의 실행행위에 포함된다.[84]

(사) 횡령죄

63 횡령죄(§ 355①)와 배임죄(§ 355②)는 미수범 처벌규정(§ 359)이 있음에도 실무에서 횡령미수죄나 배임미수죄가 성립하는 예가 많지 않고, 대부분의 사례가 기수범으로 처벌되고 있다.

64 그런데 최근 대법원은 부동산 횡령과 관련하여 횡령미수범으로 유죄를 선고한 하급심 판결을 인용한 적이 있다.[85] 피고인이 타인으로부터 위탁받아 보관하던 수목을 함부로 제3자에 매도하는 계약을 체결하고 계약금을 수령·소비하여 위 수목을 횡령하였다는 공소사실에 대하여, 하급심은 수목의 매매계약만으로는 횡령죄의 기수에 이르렀다고 볼 수 없고, 단지 횡령미수만 인정된다고 판시하였다.[86]

(아) 배임죄

65 배임죄의 실행의 착수시기에 관하여 대법원은, "타인의 사무를 처리하는 자가 배임의 범의로, 즉 임무에 위배하는 행위를 한다는 점과 이로 인하여 자기 또는 제3자가 이익을 취득하여 본인에게 손해를 가한다는 점에 대한 인식이나 의사를 가지고 임무에 위배한 행위를 개시한 때 배임죄의 실행에 착수한 것이고, 이러한 행위로 인하여 자기 또는 제3자가 이익을 취득하여 본인에게 손해를

81 소송사기에서의 실행의 착수를 인정하거나 부정한 판례 사례에 대해서는, 주석형법 〔총칙(2)〕(3판), 21-24(정문경) 참조.
82 대판 2006. 11. 10, 2006도5811.
83 대판 2015. 2. 12, 2014도10086.
84 대판 2015. 10. 29, 2015도10948.
85 대판 2012. 8. 17, 2011도9113.
86 춘천지판 2011. 6. 22, 2010노197(대판 2012. 8. 17, 2011도9113으로 확정).

가한 때 기수에 이르는 것이다."라고 한다.[87] 나아가 대법원은, 주식회사의 대표이사가 대표권을 남용하는 등 그 임무에 위배하여 회사 명의로 의무를 부담하는 행위를 하더라도 일단 회사의 행위로서 유효하고, 다만 상대방이 대표이사의 진의를 알았거나 알 수 있었을 때에는 회사에 대하여 무효가 되므로, 상대방이 대표권남용 사실을 알았거나 알 수 있었던 경우 그 의무부담행위는 원칙적으로 회사에 대하여 효력이 없고, 경제적 관점에서 보아도 이러한 사실만으로는 회사에 현실적인 손해가 발생하였다거나 실해 발생의 위험이 초래되었다고 평가하기 어려우므로, 달리 그 의무부담행위로 인하여 실제로 채무의 이행이 이루어졌다거나 회사가 민법상 불법행위책임을 부담하게 되었다는 등의 사정이 없는 이상 배임죄의 기수에 이른 것은 아니지만, 이 경우에도 대표이사로서는 배임의 범의로 임무위배행위를 함으로써 실행에 착수한 것이므로 배임죄의 미수범이 된다고 판시하였다.[88]

(자) 방화죄

매개물을 통한 점화에 의하여 건조물을 소훼함을 내용으로 하는 형태의 방화죄(§ 164①)의 경우에, 범인이 그 매개물에 불을 켜서 붙였거나 또는 범인의 행위로 인하여 매개물에 불이 붙게 됨으로써 연소작용이 계속될 수 있는 상태에 이르렀다면, 그것이 곧바로 진화되는 등의 사정으로 인하여 목적물인 건조물 자체에는 불이 옮겨 붙지 못하였다고 하더라도, 방화죄의 실행의 착수가 있었다고 보아야 할 것이고, 구체적인 사건에 있어서 이러한 실행의 착수가 있었는지 여부는 범행 당시 피고인의 의사 내지 인식, 범행의 방법과 태양, 범행 현장 및 주 66

87 대판 2017. 7. 20, 2014도1104(전). 본 판결 평석은 이현석, "대표권남용에 의한 약속어음 발행행위와 배임죄", 김신 대법관 재임기념 논문집, 사법발전재단(2018), 410-419; 홍승희, "대표권남용의 약속어음발행에 있어서 배임죄의 보호정도와 미수·기수성립범위", 법조 728, 법조협회(2018. 4), 630-666.

88 대판 2017. 7. 20, 2014도1104(전). 이러한 법리에 따라 대법원은, 주식회사의 대표이사가 대표권을 남용하는 등 그 임무에 위배하여 약속어음을 발행한 경우, 어음법상 발행인은 종전의 소지인에 대한 인적 관계로 인한 항변으로써 소지인에게 대항하지 못하므로(어음법 § 17, § 77), 어음발행이 무효라 하더라도 그 어음이 실제로 제3자에게 유통되었다면 회사로서는 어음채무를 부담할 위험이 구체적·현실적으로 발생하였다고 보아야 하고, 따라서 그 어음채무가 실제로 이행되기 전이라도 배임죄의 기수범이 되지만, 약속어음 발행이 무효일 뿐만 아니라 그 어음이 유통되지도 않았다면 회사는 어음발행의 상대방에게 어음채무를 부담하지 않기 때문에 특별한 사정이 없는 한 회사에 현실적으로 손해가 발생하였다거나 실해 발생의 위험이 발생하였다고도 볼 수 없으므로, 이때에는 배임죄의 기수범이 아니라 배임미수죄로 처벌하여야 한다고 판시하였다.

변의 상황, 매개물의 종류와 성질 등의 제반 사정을 종합적으로 고려하여 판단하여야 한다.[89] 따라서 피고인이 방화의 의사로 뿌린 휘발유가 인화성이 강한 상태로 주택 주변과 피해자의 몸에 적지 않게 살포되어 있는 사정을 알면서도 라이터를 켜 불꽃을 일으킴으로써 피해자의 몸에 불이 붙은 경우, 비록 외부적 사정에 의하여 불이 방화 목적물인 주택 자체에 옮겨 붙지는 아니하였다 하더라도 현존건조물방화죄의 실행의 착수가 있었다고 보아야 한다.[90]

(차) 특별법위반죄

67 ① 대마 또는 향정신성의약품의 매매행위(마약관리 § 59①(vii), § 60①(ii))는 '매도·매수에 근접·밀착하는 행위가 행하여진 때'에 그 실행의 착수가 있는 것으로 보아야 하고, 마약류에 대한 소지의 이전이 완료되면 기수에 이른다고 할 것이므로, 마약류 판매책인 A가 그 매매목적물인 마약류를 소지 또는 입수하였거나 그것이 가능한 상태에 있었고, 피고인이 그러한 상태에 있는 A에게 그 매매대금을 각 송금하였다면, 피고인이 각 마약류 매수행위에 근접·밀착하는 행위를 하였다고 볼 수 있어 실행의 착수가 인정된다.[91]

68 ② 수입신고를 한 자 중 법령에 따라 수입에 필요한 허가·승인·추천·증명 또는 그 밖의 조건을 갖추지 않거나 부정한 방법으로 갖추어 수입함으로써 완료된 관세법 제270조(관세포탈죄 등) 제2항 위반죄에서 실행의 착수시기는 '세관장에 대한 수입신고 시'이고,[92] 관세법 제141조(수입·수출 또는 반송의 신고) 제1항(구 관세법 § 137①)의 규정에 의한 신고를 하지 아니하고 물품을 수입함으로 인한 관세법 제269조(밀수출입죄) 제2항 제1호의 밀수입죄(구 관세법 § 179②(i))의 실행의 착수시기는 '물품을 본선에서 전마선(傳馬船)으로 옮겨 실을 때'이고,[93] 피고

89 대판 2002. 3. 26, 2001도6641. 본 판결 평석은 변종필, "결과적 가중범에서 기본범죄가 미수인 경우의 법해석", 형사판례연구 〔13〕, 한국형사판례연구회, 박영사(2005), 76-94.

90 대판 2002. 3. 26. 2001도6641. 일본 판례 중에는 처의 가출을 비관하여 불타 죽기 위하여 목조가옥인 자신의 집 안에서 가솔린을 뿌린 피고인이 담배를 피우기 위하여 라이터로 담뱃불을 붙이려고 하는 순간 가솔린 증기에 인화·폭발하여 건물이 모두 불탄 사안에서, 가솔린을 뿌린 시점에 법익침해를 야기할 절박한 위험성이 생겼으므로 그 시점에 방화죄의 실행의 착수를 인정할 수 있다며, 현주건조물방화죄의 성립을 긍정한 것이 있다[横浜地判 昭和 58(1983). 7. 20. 判時 1108·138].

91 대판 2020. 7. 9, 2020도2893.

92 대판 2019. 9. 10, 2019도6252.

93 대판 2000. 4. 25, 99도5479. 본 판결 해설은 박재필, "관세법 제137조 제1항의 규정에 의한 신

인이 로렉스시계를 몰래 반입하려고 한 경우 본래의 용법대로 손목에 차고 있었다 하더라도 관세법 180조(관세포탈죄) 제4항(구 관세법 § 180①) 소정의 '사위 기타 부정한 행위'에 해당하고, 이는 곧 관세포탈과 밀접한 관계에 있는 행위를 한 것으로 실행의 착수에 이르렀고,[94] 관세를 포탈할 범의를 가지고 선박을 이용하여 물품을 영해 내에 반입한 때에는 관세포탈죄의 실행의 착수가 있다[95]고 할 것이다. 그러나 수입신고서에 관례에 따라 물품내용과 수량을 적하목록과 똑같이 기재하게 하고 담당자에게 "잘 부탁한다."는 의례적인 부탁을 하였다는 사실만으로 관세포탈죄의 실행에 착수하였다고 볼 수 없다.[96]

③ 범죄수익은닉의 규제 및 처벌 등에 관한 법률 제3조(범죄수익등의 은닉 및 가장) 제1항 제3호에서 정한 범죄수익 등의 은닉에 관한 죄에 있어 은닉행위의 실행에 착수하는 것은 범죄수익 등이 생겼을 때 비로소 가능하므로, 아직 범죄수익 등이 생기지 않은 상태에서는 실행의 착수가 있다고 인정하기 어렵다.[97] 69

(4) 개별 범죄유형별 실행의 착수시기

(가) 격리범

격리범(Distanzdelikt)이란 행위지와 결과발생지가 서로 다른 범죄를 말한다. 격리범의 대표적인 예로는, 피해자의 집에 시한폭탄을 설치한 후 몇 시간이나 며칠이 지난 다음에 폭발하게 만드는 경우, 또는 의식을 잃은 피해자의 피부에 사망의 결과가 서서히 발생하도록 주사를 놓은 경우 등이다. 격리범의 경우에는 법익에 대한 위험을 초래하는 행위가 직접적으로 개시된 때,[98] 또는 행위자가 시한폭탄 등 범행수단을 자신의 지배범위에서 벗어나게 하는 때 실행의 착수가 70

고를 하지 아니하고 물품을 수입함으로 인한 같은 법 제179조 제2항 제1호의 위반죄에 있어서의 실행의 착수 시기 기수 시기와 동일한 기회를 이용하여 단일한 의사로 다량의 물품에 대한 밀수입의 예비를 하고 그 물품 중 일부만 양륙에 착수하거나 일부만 양륙을 완료한 경우의 죄수 및 그와 같은 경우 원심이 물품 전부를 양륙하여 기수에 이른 것으로 범죄사실을 적시하고 법령의 적용에 있어서도 기수죄의 규정만을 적용함으로써 채증법칙 위배로 인한 사실오인 및 적용법조를 일부 누락한 위법이 있다 하더라도 판결의 결과에 영향을 미칠 정도의 위법이 있는지 여부", 해설 34, 법원도서관(2000), 927-946.

94 대판 1987. 11. 24, 87도1571.

95 대판 1984. 7. 24, 84도832.

96 대판 1971. 8. 31, 71도1204.

97 대판 2007. 1. 11, 2006도5288(은행강도 범행으로 강취할 돈을 송금받을 계좌를 개설한 것만으로는 범죄수익 등의 은닉에 관한 죄의 실행에 착수한 것으로 볼 수 없다고 한 사례).

98 오영근, 319.

인정된다. 피해자가 범행수단의 작용범위 속으로 들어와야 하는 것은 아니다.

(나) 간접정범

71 간접정범의 경우 피이용자가 실행의 착수에 이른 경우에는 이용자인 간접정범도 당연히 미수에 이른 것이다. 문제는 피이용자가 아직 실행의 착수에 이르지 않은 경우, 그 배후에 있는 이용자에게 미수를 인정할 수 있는지 여부이다. 이에 대해서는 ① 이분설, ② 개별적 해결설 및 ③ 전체적 해결설이 대립하고 있다.

72 위 ①의 이분설은 피이용자가 선의인가 악의인가에 따라 간접정범의 실행의 착수시기를 달리 판단한다. 이용자가 선의의 피이용자를 이용한 경우에는 피이용자를 이용한 시점에서 간접정범의 실행의 착수가 인정되는 반면, 이용자가 악의의 피이용자를 이용한 경우에는 의사지배를 인정할 수 없으므로 피이용자가 구성요건 실현을 위한 실행에 착수하였을 때 간접정범의 실행의 착수를 인정한다.[99]

73 위 ②의 개별적 해결설은 피이용자가 이용자의 단순한 도구라는 점에 착안하여 실행의 착수시기도 이용자의 행위에 맞추고 있다. 개별적 해결설은 다시금 ⓐ 엄격한 개별적 해결설과 ⓑ 수정된 개별적 해결설로 나뉜다. 위 ⓐ의 엄격한 개별적 해결설에 의하면, 이용자가 피이용자를 이용하는 때에 간접정범의 실행의 착수를 인정한다.[100] 이 점에서 엄격한 개별적 해결설은 이용행위시설(이용자행위기준설)로 부를 수 있다. 대법원은 간접정범의 실행의 착수시기를 명시적으로 판단하지는 않았으나, 피고인이 피해자들을 협박하여 피해자들로 하여금 피해자들의 가슴 등을 찍게 하려고 하였으나 피해자들이 이를 거부하여 미수에 그친 사안에서, "이 사건과 같이 피해자들을 도구로 삼아 이들의 신체를 이용하는 간접정범 형태로 강제추행을 하는 경우, 피이용자(피해자들)로 하여금 스스로 추행하게 할 고의로 이용자(피고인)가 피이용자를 협박하였다면, 이는 피이용자의 의사제압을 위한 이용행위에 해당함과 동시에 강제추행의 고의로 피해자를 직접 협박한 경우에 해당하므로, 피이용자가 추행행위에 나아가지 않았더라도 실행의 착수가 있었다고 볼 수 있다. 피고인이 직접정범의 행태로 강제추행을 하기 위해 피해자들을 폭행·협박하였으나 추행행위에 나가지 않은 경우와 이

99 정성근·박광민, 397; Welzel § 24 III 5.

100 박상기, 362; 이재상·장영민·강동범, § 27/35; 임웅, 389.

사건을 비교해 보더라도 그렇다."고 한 원심[101]의 판단은 강제추행죄에서의 간접정범의 실행의 착수에 관한 법리를 오해한 잘못이 없다고 판시하였는데,[102] 이는 위 ⓐ설의 입장으로 볼 수 있다.[103] 그러나 엄격한 개별적 해결설에 대해서는 가벌성의 시기를 너무 앞당긴다는 문제가 제기된다. 일반적인 귀속기준에 의하면 이용자가 피이용자를 이용하는 시점은 예비단계에 불과할 뿐이고, 이용자의 관념에 따르면 실행의 착수를 위한 본질적인 단계들이 남아있고, 관련되는 법익에 대한 위험도 초래되었다고 볼 수도 없기 때문이다.

이에 반하여, 위 ⓑ의 수정된 개별적 해결설[104]은 이용자의 피이용자에 대한 이용행위가 종료되어 피이용자의 행위가 이용자의 지배권을 벗어나 진행한 때를 기준으로 삼아 실행의 착수시기를 정한다. 독일의 통설[105]과 연방법원의 일부 판례[106]의 입장이다. ⓑ의 수정된 개별적 해결설에 의하면 이용자가 피이용자에 대한 이용의 종료와 밀접하게 이어서 이용자의 계획에 따라 피이용자가 범행을 수행하게 되고 이 시점에서 이미 법익에 대한 위험이 초래되는 경우에는, 피이용자에 대한 이용의 종료시점을 간접정범의 실행의 착수시기로 본다. 이 점에서 위 ⓑ의 수정된 개별적 해결설은 이용행위종료시설(피이용자행위기준설)로 부를 수 있다. 74

위 ③의 전체적 해결설[107]은 이용자와 피이용자는 하나의 단일체이기 때문 75

101 서울고판 2019. 6. 25, 2019노40.

102 대판 2019. 9. 9, 2019도9315(피고인이 피이용자인 피해자들로 하여금 스스로 추행행위를 하게 할 의도로 '신체 사진을 찍어 보내지 않으면 피해자들의 신체가 촬영된 사진을 SNS에 게시하겠다'는 등의 내용이 담긴 메시지를 전송한 것은 '피해자들의 항거를 곤란하게 할 정도의 폭행 또는 협박을 개시한 때'에 해당한다고 보아 강제추행죄의 실행의 착수를 인정한 사례).

103 일본 판례는 피이용자를 기준으로 하여 결과 시에 실행의 착수를 인정하고 있다. 예컨대, 피고인이 피해자 또는 그 가족을 죽이기 위하여 설탕 안에 치사량의 독약을 섞어 우편으로 송부하여, A가 이를 수령하고 음식에 넣어 사용하는 중에 거품이 생기는 등 이상한 점을 눈치채고 먹지는 않은 사안(사정을 모르는 우편직원이나 피해자를 이용하려고 한 간접정범 사안)에서, 이를 송부한 시점이 아니라 수령한 시점에 살인죄의 실행의 착수가 인정된다고 판시하였다[大判 大正 7(1918). 11. 6. 刑録 241·352].

104 김성돈, 686; 김일수·서보학, 383; 배종대, § 109/18; 손동권·김재윤, § 28/46; 오영근, 422; 이형국·김혜경, 336.

105 LK[12]-Roxin, § 25 Rn. 150 ff.; Jescheck/Weigend, AT, § 62 IV. 1.

106 BGH, Urteil vom 26.01.1982 - 4 StR 631/81; BGH, Urteil vom 13.09.1994 - 1 StR 357/94; BGH, Urteil vom 12.08.1997 - 1 StR 234/97.

107 Haas, Theorie der Tatherrschaft und ihre Grundlagen(2008), 80; Kühl, AT, § 20 Rn. 9.

에 하나의 단일한 미수단계 도달만 생각할 수 있다고 보면서, 피이용자가 미수단계에 도달해야 비로소 간접정범의 실행의 착수를 인정할 수 있다고 한다.

76 간접정범의 실행의 착수시기는 간접정범의 특수성을 고려해야 하지만, 실행의 착수시기를 판단하는 기준과 결부시켜서 판단해야 한다. 실행의 착수시기의 판단기준인 위험야기설(독일)에 따르면, 이용자가 자신의 계획에 의할 때 피이용자를 이용함으로써 법익을 직접적으로 위태롭게 하였는지 또는 이용자가 범행을 피이용자에게 유리하게 범행을 포기함으로써 사건이 자신의 지배범위에서 벗어나는지의 여부가 간접정범의 실행의 착수시기를 판단하는 데 중요한 기준이 될 것이다. 그러나 거동범과 추상적 위험범의 경우에는 법익위태화의 기준이 타당하지 않다.

77 실행의 착수시기에 관한 기준인 중간행위개입시설(독일)에 따라서 간접정범이 피이용자를 이용하거나 피이용자가 이용자의 위임대로 실행함으로써 또 다른 중간행위 없이도 구성요건적 행위로 흘러들어가서 범행기수의 위험을 야기하도록 사건을 전개시켰는지의 여부에 따라 간접정범의 실행의 착수시기를 결정하는 것이 타당하다.[108] 다만, 중간행위개입시설에 따라 간접정범의 실행의 착수시기를 정하는 경우에도 제34조 제1항의 문언을 유의해야 한다. 제34조 제1항에 의하면 '교사 또는 방조하여 범죄행위의 결과를 발생하게 한 자'만 간접정범이 성립하므로 피이용자가 범죄를 승낙하고 실행에 착수하지 않았거나(§ 31②), 피이용자가 범죄의 실행을 승낙하지 아니한 때(§ 31③)에는 간접정범의 미수도 성립하지 않는다.[109]

(다) 공동정범

78 공동정범은 각자가 정범이므로 전체범행이 기수에 이른 경우에는 공동정범자 전원이 기수의 책임을 부담하게 된다는 데 의문이 없다. 그러나 공동정범의 각 가담자들이 각자의 행위분담을 시간적으로 동시에 이행하지 않았을 경우, 공동정범의 실행의 착수시기를 언제로 정해야 하는지가 문제된다.

79 이에 대하여, ① 통설이 취하고 있는 전체적 해결설은, 공동정범의 경우 실행의 착수시기를 각 가담자의 부분기여에 따라 별도로 평가할 것이 아니라 모

108 LK[12]-Hillenkamp Rn. 158 ff.; MK/Herzberg/Hoffmann-Holland, § 22 Rn. 137.
109 이상돈, 형법강론(4판), 241.

든 가담자들에게 통일적으로 판단한다.[110] 따라서 공동정범 중 일부가 구성요건 실현을 위한 실행에 착수한 경우에는, 모든 가담자들이 미수의 단계에 접어든 것으로 보아야 한다.[111] 판례도 전체적 해결설에 따르고 있다. 대법원은 공모공범관계에 있던 피고인이 포괄일죄의 관계에 있는 범행의 일부를 실행한 이후 퇴사 등의 이유로 공범관계에서 이탈하였으나 다른 공범자에 의하여 나머지 범행이 이루어진 경우에는 피고인이 관여하지 않은 부분에 대하여도 죄책을 부담한다고 판시하고 있다.[112]

이에 반해 ② 개별적 해결설에 의하면, 공동정범의 경우 실행의 착수시기 80
를 각각의 가담자별로 판단한다.[113] 개별적 해결설에 의하면, 공동정범이 자신의 공동정범성을 근거지우는 행위에 직접적으로 착수하면 미수범이 성립하게 된다. 개별적 해결설은 전체적 해결설를 취하게 되면 아직 실행에 착수하지 못한 채 단순가담자에 불과한 사람을 공동정범으로 취급하게 되고, 이는 결국 공모공동정범을 인정하게 되어 부당하다는 점을 근거로 삼는다.

생각건대, 위 ①의 전체적 해결설이 타당하다. 전체적 해결설은 '일부 실행, 81
전부 귀속'이라는 공동정범의 기본적 귀속원리를 제대로 반영하고 있기 때문이다. 공동정범에는 다른 공동정범의 범행기여를 귀속시킬 수 있어야 하는 것과 마찬가지로 다른 공동정범의 실행의 착수행위도 공동정범에게 귀속되어야 한다. 다만, 전체적 해결설에 따르더라도 실행의 착수에 이르지 못한 공모자는 그의 행위기여에 대해 기능적 행위지배가 인정되는 경우에 한하여 공동정범으로 인정된다.[114]

(라) 협의의 공범

교사범, 방조범과 같은 협의의 공범 영역에서는 공범종속성이 적용된다. 공 82

---

110 김성돈, 660; 박상기, 363; 배종대, § 109/17; 신동운, 639; 오영근, 318; 이재상·장영민·강동범, § 27/34; 이형국·김혜경, 337; 임웅, 389; 정성근·박광민, 397; 정영일, 400.

111 BGH, Urteil vom 23.01.1958 - 4 StR 613/57; BGH, Urteil vom 02.06.1993 - 2 StR 158/93; Jakobs, AT, 21/61; Stratenwerth/Kuhlen, AT, § 12 Rn. 107; Jescheck/Weigend, AT, § 63 IV.

112 대판 2011. 1. 13, 2010도9927. 본 판결 해설은 박영호, "포괄일죄의 관계에 있는 범행의 일부 실행 후 공범관계에서 이탈한 공범자가 관여하지 않은 범죄에 대한 책임 여부", 해설 88, 법원도서관(2011), 558-570.

113 김일수·서보학, 383; LK[12]-Roxin, § 25 Rn. 198 ff.; Roxin, AT(II), § 29 Rn. 297 ff.; SK-Rudolphi, § 25 Rn. 19.

114 대판 2011. 5. 13, 2011도2021.

범종속성이란 공범은 정범의 실행행위가 있어야 공범도 성립할 수 있다는 것을 말한다. 대법원도 "정범의 성립은 교사범의 구성요건의 일부를 형성하고 교사범이 성립함에는 정범의 범죄행위가 인정되는 것이 그 전제요건이 된다."고 판시하여,[115] 현행 형법이 기본적으로 공동종속성의 형상을 받아들이고 있음을 인정한다. 그렇지만 형법은 교사범과 방조범의 미수를 통일적으로 규율하지 않고 있다.

83 공범종속성에 따라서 교사자의 실행의 착수는 실행정범이 교사받은 범죄의 실행에 착수한 때 인정된다.[116] 따라서 피교사자인 실행정범이 실행에 착수하였으나 기수에 이르지 못한 경우에는 교사자도 미수범이 된다. 그 밖에 제31조 제2항과 제3항은 교사의 미수의 한 유형인 기도된 교사를 규정하고 있다. 기도된 교사란 효과없는 교사(§ 31②)와 실패한 교사(§ 31③)를 포괄하는 개념이다. 교사를 받은 자가 범죄의 실행을 승낙하고 실행의 착수에 이르지 아니한 때에는 교사자와 피교사자를 음모 또는 예비에 준하여 처벌한다(§ 31②). 교사를 받은 자가 범죄의 실행을 승낙하지 아니한 경우와 교사 이전에 피교사자가 이미 범죄의 실행 결의하고 있었던 경우에는 교사자는 음모 또는 예비에 준하여 처벌한다(§ 31③).

84 방조범의 경우에도 공범종속성에 따라 실행정범이 실행에 착수하였으나 미수에 그친 경우에는 방조자도 미수범이 성립한다.[117] 그러나 방조범의 경우에는 교사범과는 달리 방조의 미수에 관한 규정이 없다. 따라서 제31조 제2항과 제3항이 문제되는 영역에서는 방조범의 경우 불가벌이다. 방조행위의 인과관계 불요설은 바로 이러한 방조미수의 불가벌에 대응하기 위해 등장한 이론이다.

(마) 결합범

(a) 문제 제기

85 결합범이란 두 개 이상의 범죄구성요건이 결합되어 만들어진 독자적인 범죄유형을 말한다. 두 개 이상의 구성요건을 결합시키면서 죄수 처리의 일반원칙인 실체적 경합보다 훨씬 높은 법정형을 부과하는 것을 특징으로 하는 범죄구성요건이다. 야간주거침입절도죄(§ 330)는 (야간)주거침입죄와 절도죄의 결합범

---

115 대판 1998. 2. 24, 97도183.

116 김성돈, 703; 김일수·서보학, 490; 박상기, 363; 이재상·장영민·강동범, § 27/34; 임웅, 389.

117 김성돈, 718; 김일수·서보학, 495; 박상기, 363; 이재상·장영민·강동범, § 27/34; 임웅, 389.

이며, 강도죄(§ 333)는 폭행죄 또는 협박죄와 절도죄의 결합범이다. 강도상해죄(§ 337)도 폭행·협박죄, 절도죄와 상해죄 등 3가지 구성요건이 결합된 범죄유형이다.

결합범의 실행의 착수시기와 관련해서는, ① 제1행위 시(예를 들어, 야간주거침입절도죄의 경우 야간주거침입 시)를 실행의 착수시기로 볼 것인지(제1행위개시시설), ② 수개의 결합된 구성요건적 행위가 모두 개시되어야 하는지(전부행위개시시설), ③ 개별 구성요건의 특수성을 고려하여 판단할 것인지(개별적 판단설)의 여부가 문제로 된다. 이와 관련하여 학설은 대립하고 있고, 판례도 일관적이지 못하다. 86

(b) 학설의 태도

위 ①의 제1행위개시시설[118]은 결합된 수개의 구성요건 가운데 최초의 구성요건실현행위가 개시되는 시점에 결합범 전체의 실행의 착수를 인정한다. 제1행위개시시설은 결합범에서 정형적이고 직접적인 위험은 제1행위에서 나오기 때문이라는 관점을 강조한 것이다. 강도죄의 경우 폭행 또는 협박을 개시한 때, 강간죄의 경우 최초의 구성요건실현행위인 폭행 또는 협박을 개시한 때에 실행의 착수를 인정한다. 87

그러나 위 ②의 전부행위개시시설은 결합범이란 두 개 이상의 법익침해 내지 법익위태화가 결합된 것을 본질로 하므로, 제1행위뿐 아니라 그 이후의 행위도 모두 실행에 착수되어야 결합범의 미수가 인정된다고 한다.[119] 88

위 ③의 개별적 판단설은 결합범을 구성하고 있는 개별 구성요건의 실행순서를 고려하는 방식에서 탈피하여 행위자의 전체적 범죄계획에 비추어 범죄의사가 보호법익을 직접 위태롭게 할 만한 행위 속에 명백하게 나타난 개별 구성요건을 전형적인 불법으로 보아 결합범 전체의 실행의 착수시기로 본다.[120] 89

---

118 김일수·서보학, 384; 오영근, 318; 이상돈, 240; 이재상·장영민·강동범, § 27/31; 임웅, 389; 이용식, "준강도죄의 예비와 기수시기", 이재상 교수 정년기념 논문집, 박영사(2008), 480.

119 김성룡, "형법상 결합범에 대한 입법론적 검토에 대한 토론", 형사법연구 22 특집, 한국형사법학회(2004), 123.

120 개별적 판단설에는, ① 강도죄, 강간죄 및 특수절도죄는 제1범죄의 실행의 착수 시에 전체 결합범의 실행의 착수를 인정하면서도, 강도살인죄는 살해행위에 실행의 착수가 있어야만 전체 결합범의 실행의 착수가 인정된다고 하는 견해〔이재상·장영민·강동범, § 27/31; 여훈구(주 78), 365〕, ② 결합범을 단일범과 단일범만의 결합으로 이루어진 진정결합범(예: 강도죄)과 단일범과 결합범이 결합(예: 야간주거침입강도죄)되어 있거나 결합범과 결합범이 결합(예: 해상강도강간죄)되어 있는 부진정결합범으로 구분하면서, 진정결합범의 경우에는 제1행위 시에 실행의 착수가 인

개별적 판단설에 의하면, 단순히 제1행위의 실행에 착수했다고 해서 결합범 전체의 실행의 착수로 이어지는 것은 아니다.

(c) 판례의 태도

90 판례는 분명한 기준이 없이 제1행위 시를 결합범의 실행의 착수시기로 본 사안이 있고, 제2행위 시를 실행의 착수시기라고 판단한 사안도 있다. 예를 들어 강간죄의 실행의 착수시기는 행위자가 부녀를 간음하기 위하여 피해자의 항거를 불능하게 하거나 현저히 곤란하게 할 정도의 폭행 또는 협박을 개시한 때이고,[121] 야간주거침입절도죄의 실행의 착수시기는 행위자가 야간에 타인의 재물을 절취할 목적으로 사람의 주거에 침입한 때[122]라고 판시한 것은 최초행위 개시시설의 입장과 같다. 제331조 제1항 소정의 특수절도죄(야간손괴후주거침입절도)의 실행의 착수시기도 제1행위인 손괴 시라고 판시하고 있다.[123]

91 그러나 제334조 제1항 소정의 특수강도죄(야간주거침입강도)의 경우, 실행의 착수시기에 관해서는 상이한 두 개의 판례가 있다. 하나는, ① 주거침입시설을 취한 판례이다. 이에 의하면, 제334조 제1항 소정의 야간주거침입강도죄는 주거침입과 강도의 결합범으로서 시간적으로 주거침입행위가 선행되므로 주거침입을 한 때에 야간주거침입강도죄의 실행에 착수한 것으로 보아야 하므로, 같은 조 제2항 소정의 흉기휴대·합동강도죄에 있어서도 그 강도행위가 야간에 주거에 침입하여 이루어지는 경우에는 주거침입을 한 때에 실행에 착수한 것으로 보는 것이 타당하다는 것이다.[124] 다른 하나의 판례는, ② 폭행·협박시설을 취한 것이다. 제334조 제1, 제2항 소정의 특수강도의 실행의 착수는 강도의 실행행위, 즉 사람의 반항을 억압할 수 있는 정도의 폭행 또는 협박에 나아갈 때에 있다 할 것이므로, 강도의 범의로 야간에 칼을 휴대한 채 타인의 주거에 침입하여 집안의 동정을 살피다가 피해자를 발견하고 갑자기 욕정을 일으켜 칼로 협

정되지만, 단일범과 결합범이 결합된 부진정결합범의 경우에는 결합범에서 실행의 착수시기를 정해야 하는 반면, 결합범과 결합범이 결합된 부진정결합범은 시간적으로 가장 앞선 결합범의 행위에 실행의 착수를 인정해야 한다는 견해[임석원, "결합범의 미수에 관한 문제점과 해석 및 정비방향", 형사정책연구 20-2, 한국형사정책연구원(2009), 107] 등이 있다.

121 대판 2000. 6. 9, 2000도1253.

122 대판 1999. 4. 13, 99도689; 대판 2003. 10. 24, 2003도4417.

123 대판 1977. 7. 26, 77도1802.

124 대판 1992. 7. 28, 92도917.

박하여 강간한 경우에는, 피해자에 대한 폭행·협박이 없어 특수강도의 실행에 착수한 것이라고 할 수 없다는 것이다.[125]

한편 대법원은, 성폭력처벌법 제3조 제1항 위반의 주거침입강간죄의 실행의 착수시기를 주거침입행위 당시가 아니라 강간죄 등의 실행에 나아간 때로 보아야 한다고 판시하고 있다.[126] 즉, 성폭력처벌법 제3조 제1항은 형법 제319조 제1항(주거침입)의 죄를 범한 자가 강간 등의 죄를 범한 경우를 규정하고 있고, 성폭력처벌법 제15조에 미수범을 처벌하도록 규정하고 있는데, 주거침입강간죄의 행위의 실체는 강간 등 행위에 있고, 주거침입의 행위는 강간 등의 죄의 신분적인 요소에 불과하여 그 형을 가중처벌하자는 데 그 목적이 있는 것이므로, 위 주거침입강간죄의 실행의 착수시기는 주거침입행위 당시가 아니라 강간의 실행에 나아간 때(즉, 폭행 또는 협박 시)로 보아야 한다는 것이다.[127] 92

(d) 검토

결합범의 실행의 착수를 정하는 문제는 선행 구성요건에 해당하는 행위에 착수한 것을 기준을 획일적으로 정할 수 없고, 다수의 결합되는 구성요건들이 모두 실행에 착수해야 한다는 것을 요한다고 보기도 힘들다. 결국 위 ③의 개별적 판단설의 관점에서 출발하여 행위자의 전체적 범죄계획에 비추어 범죄의사가 보호법익을 직접 위태롭게 할 만한 행위 속에 명백하게 나타난 개별 구성요건을 직접적으로 개시한 때를 기준으로 결합범의 실행의 착수 여부를 결정해야 한다. 이러한 기준에 의하면, 야간주거침입강도죄의 보호법익은 강도죄와 직접 관련되어 있으므로 그 실행의 착수시기도 강도죄의 일부를 이루는 폭행·협박 시로 보아야 한다. 93

(바) 결과적 가중범

(a) 문제 제기

결과적 가중범이란 고의에 의한 기본범죄로 과실의 중한 결과를 발생하게 한 경우에 성립하는 범죄유형이다.[128] 이를 진정결과적 가중범이라고 부르기도 94

125 대판 1991. 11. 22, 91도2296.
126 대판 2011. 12. 13, 2011도9593.
127 서울고판 2003. 2. 18, 2002노2770.
128 결과적 가중범은 일반적으로 기본범죄의 고의범과 중한 과실범으로 결합된 범죄구성요건을 말한다. 그런데 기본범죄가 과실범인 결과적 가중범도 있다. 예를 들어 환경범죄 등의 단속 및 가

한다. 이에 반해 부진정결과적 가중범이란 중한 결과를 과실로 야기한 경우뿐만 아니라 고의로 발생시킨 경우에도 성립하는 범죄유형을 말한다. 판례[129]는 형량의 불균형을 시정하기 위하여 부진정결과적 가중범의 법형상을 인정하고 있고, 학설도 대체로 이에 동의한다[이에 대한 상세는 **주해 I(총칙 1)** § 15② 부분 참조]. 결과적 가중범의 미수범 성립 여부는 진정결과적 가중범과 부진정결과적 가중범을 구별하여 논의해야 한다.

(b) 진정결과적 가중범

1) 의의

95 진정결과적 가중범의 미수범이란 기본범죄가 미수에 그쳤지만 과실로 인한 중한 결과가 발생한 경우에 한하여 문제될 수 있다. 진정결과적 가중범에서 기본범죄를 범하였으나 중한 결과가 발생하지 않은 경우에는 처음부터 결과적 가중범 자체가 성립할 수 없기 때문이다. 이 경우, 진정결과적 가중범의 미수가 문제되는 구조는 크게 두 가지이다.

96 하나는 기본범죄가 미수에 그치고 중한 결과가 발생했으나 결과적 가중범 그 자체에 대한 미수범 처벌규정이 없는 경우이다. 예를 들어, 강간치상죄(제301조)의 경우 그 내용을 구성하는 강간죄는 미수범 처벌규정이 있으나 강간치상죄 자체에 대한 미수범 처벌규정은 없다. 이 경우 대법원은 강간이 미수에 그친 경우라도 그 수단이 된 폭행에 의하여 피해자가 상해를 입었으면 강간치상죄가 성립한다고 판시한다.[130]

97 다른 하나는 기본범죄에 대한 미수범 처벌규정뿐만 아니라 결과적 가중범 그 자체에 대한 미수범 처벌규정이 있는 경우이다. 예를 들어 제342조(미수범)는 "제329조 내지 제341조의 미수범은 처벌한다."고 규정하고 있는데, 법형식을 보면 강도치상죄(§ 337)와 강도치사죄(§ 338)에 대해서도 미수범이 성립할 수 있는

중처벌에 관한 법률 제5조 제2항은 '업무상 과실 또는 중대한 과실로 오염물질을 배출하여 공중의 생명 또는 신체에 위험을 발생시키거나 상수원 오염을 초래하여 사람을 사상에 이르게 한 행위'를 처벌의 대상으로 규정하고 있는데, 이 규정에서는 기본범이 과실범이고 사상이라는 중한 결과가 발생하였을 것을 요건으로 하므로 결과적 가중범의 구성요건이라고 볼 수 있다. 기본범죄가 과실범인 결과적 가중범에서는 과실범 자체에 미수 개념을 인정할 수 없으므로 결과적 가중범의 미수범 성립 여부는 논의될 수 없다고 보아야 한다.

129 대판 1995. 1. 20, 94도2842.

130 대판 1972. 7. 25, 72도1294; 대판 1988. 11. 8, 88도1628; 대판 2003. 5. 30, 2003도1256.

여지를 두고 있다. 또한 성폭력처벌법 제15조(미수범)는 "제3조부터 제9조까지, 제14조 및 제14조의2의 미수범은 처벌한다."고 명시하고 있는데, 이 규정은 강간등치상죄(성폭처벌 § 8)와 강간등치사죄(성폭처벌 § 9②, ③)도 포함하고 있다. 이 점에서 형법과 특별법의 규정 형식에 주목하여 현행법상 결과적 가중범의 미수범이 성립할 수 있는 것인지, 아니면 이들 미수범 처벌규정이 입법편찬상 실수 내지 착오에 불과한 것인지 등에 관하여 견해가 대립하고 있다.

2) 학설

98 이러한 진정결과적 가중범의 미수범 성립 가능성에 관하여, ① 부정설은 결과적 가중범에서는 미수의 관념을 인정할 수 없고, 기본범죄가 미수에 그쳤다 하더라도 중한 결과가 발생한 이상 결과적 가중범의 결과불법이 인정되므로 결과적 가중범의 기수가 된다고 이해한다.[131] 부정설에 의하면 제342조(미수범)는 목적론적 축소의 방법으로 강도치상죄나 강도치사죄에 적용되지 않고, 성폭력처벌법 제15조(미수범)도 강간등치상죄와 강간등치사죄에는 적용되지 않게 된다. 이에 반해, ② 결과적 가중범의 미수범 성립을 인정하는 긍정설은 이론적으로 결과적 가중범의 미수범 성립을 인정할 수 있고, 이미 형법이나 개별 법률에 결과적 가중범에 대한 미수범 처벌규정을 두고 있는 이상 미수범 성립을 인정해야 하며,[132] 기본범죄가 미수에 그친 경우와 기수에 이른 경우는 불법의 면에서 차이가 있으므로 미수범 성립을 인정할 필요가 있고, 중한 결과가 발생하였다고 할지라도 기본범죄가 아직 기수에 이르기 전이라면 장애미수나 중지미수를 인정하여 형감면을 하는 것이 형사정책상 타당하다[133]고 주장한다.

3) 판례

99 판례는 위 성폭력처벌법 제15조의 미수범 처벌규정과 관련하여, 이는 강간등치상죄와 함께 규정된 강간등상해죄의 미수에 그친 경우, 즉 강간등의 죄를

131 김성돈, 554; 김성천, 330; 김일수·서보학, 344; 김신규, 217; 박상기·전지연, 형법학(총론·각론)(5판), 203; 배종대, § 160/12; 신동운, 573; 이영란, 형법학 총론강의, 179; 이재상·장영민·강동범, § 27/47; 이형국·김혜경, 496; 정웅석·최창호, 613; 주호노, 형법총론, 635; 천진호, 형법총론, 949; 류전철, "결과적 가중범의 의의와 미수범 성립여부", 조선대학교 법학논총 7(2001), 119; 박강우, "결과적 가중범의 인과관계와 미수범 처벌", 저스티스 34-5, 한국법학원(2001), 195.
132 김선복, 110; 김혜정·박미숙·안경옥·원혜욱·이인영, 143; 손동권·김재윤, § 21/25; 임웅, 585.
133 변종필, "결과적 가중범의 정비방안", 형사법연구 22 특집, 한국형사법학회(2004), 323: 임석원, "결과적 가중범의 미수", 형사법연구 23, 한국형사법학회(2005), 94.

범하거나 미수에 그친 사람이 피해자에 대하여 상해의 고의를 가지고 피해자에게 상해를 입히려다가 미수에 그친 경우 등에 적용된다고 판시하여,[134] 위 ①의 부정설의 입장이다.

4) 검토

100 기본범죄에만 미수범 처벌규정이 있든, 결과적 가중범 전체에 미수범 처벌규정이 있든 이론적으로 보면 결과적 가중범의 미수범 성립은 가능한 것으로 보아야 한다. 특히 법정형이 무겁게 설정되어 있는 결과적 가중범에서는 미수범을 인정함으로써 개별 사건에 타당한 형량을 선고할 길이 열리게 된다. 바로 이러한 현실적인 필요성으로부터도 결과적 가중범의 미수범 성립의 실익이 있다. 다만 모든 결과적 가중범의 구성요건이 미수범 성립으로 이어진다고 볼 수는 없고, 중한 결과가 행위자의 행위와 연결된 경우에 한하여 기수를 인정하되, 행위결과와 연결된 경우에는 미수를 인정하는 것이 타당하다. 중한 결과가 행위자의 행위와 연결된 경우에는 행위자의 행위가 중한 결과의 위험성을 그대로 내포하고 있기 때문이다. 예를 들어, 상해치사죄(§ 259)의 경우에는 사망이라는 중한 결과가 기본범죄인 상해행위와 바로 연결되어 있기 때문에 상해가 미수인 상태에서 피해자가 사망한 경우에도 상해치사죄의 기수범이 성립하는 것으로 보아야 한다. 이에 반해 강간치상죄(§ 301)나 강간치사죄(§ 302)의 경우에는, 피해자의 상해나 사망이 강간의 과정에서 발생하는 결과라는 점에서 미수범을 인정해야 한다. 또한, 결과적 가중범 그 자체에 대한 미수범 처벌규정을 두고 있는 성폭력처벌법상 강간등치상죄와 강간등치사죄에 대해서도 미수범 성립을 인정해야 할 것이다.

(c) 부진정결과적 가중범

101 부진정결과적 가중범의 미수 사례에는 기본범죄가 미수이지만 중한 결과가 발생하지 않은 경우와 기본범죄는 미수에 그쳤으나 중한 결과가 발생한 경우가 있다. 전자는 진정결과적 가중범 사례와 같이 취급하면 되고, 문제로 되는 것은 후자이다. 부진정결과적 가중범의 미수범 인정 여부에 관하여, ① 부정설[135]은

134 대판 2008. 4. 24, 2007도10058(구 성폭력범죄의 처벌 및 피해자보호 등에 관한 법률상의 미수범 처벌규정에 관한 사례).

135 김성돈, 554; 김성천, 330; 김신규, 219; 김일수·서보학, 345; 배종대, § 160/14; 신동운, 573; 이

우리 형법의 해석상 부진정결과적 가중범의 미수를 처벌하는 규정이 없고,[136] 부진정결과적 가중범에서 중한 결과의 야기에 대한 고의가 있더라도 중한 결과가 발생하지 않은 경우는 이미 결과적 가중범으로 볼 수 없다고 이해한다. 이에 반해, ② 긍정설[137]은 형법에 이미 부진정결과적 가중범을 처벌하는 규정〔일수와 수리에 관한 죄의 미수범 규정(§ 182)〕이 있으므로 부진정결과적 가중범의 미수를 인정할 수 있고, 부진정결과적 가중범의 미수를 인정하지 않으면 기본범죄와 중한 결과의 미수의 상상적 경합으로 처벌하게 함으로서 가중된 결과에 대하여 고의를 가진 사람을 과실로 범한 사람보다 더 관대하게 처벌하는 결과를 초래하게 되는 문제가 있다고 주장한다.

이론적으로 부진정결과적 가중범의 미수가 성립될 수 있음은 의문의 여지 102
가 없다. 가장 좁게는 기본범죄가 기수에 이르렀지만 중한 결과가 발생하지 않은 경우 미수범이 성립할 수 있기 때문이다. 그러나 형법은 부진정결과적 가중범의 미수범 처벌규정을 두지 않고 있다. 부진정결과적 가중범인 현주건조물일수치상죄의 미수범 처벌규정(§ 182)은 입법편찬상 착오로 보인다. 부진정결과적 가중범의 미수를 인정하지 않으면 형량의 불균형 문제가 발생한다는 위 ②의 긍정설의 논거가 설득력이 있지만, 이 문제를 해결하기 위해서는 형법 개정을 통하여 부진정결과적 가중범의 미수범을 처벌하는 규정을 신설해야 한다. 이는 입법론적인 과제에 속하는 문제이다.

(사) 부작위범

고의작위범에서의 미수와 예비·음모 간의 구별은 원칙적으로 부작위범의 경 103
우에도 적용된다. 이 점에서 행위자가 자신의 범행계획에 따라 범죄실행을 위하여 부작위로써 직접적으로 개시하면 부작위범에 대한 실행의 착수가 인정된다.[138]

영란, 179; 이재상·장영민·강동범, § 28/46.

136 따라서 부정설에 의하면 부진정결과적 가중범으로 분류되는 현주건조물일수치상죄의 미수범 규정(§ 182)은 법전편찬상의 착오로 보게 된다.

137 박상기·전지연, 204; 임웅, 574; 변종필(주 133), 323.

138 진정부작위범인 퇴거불응죄(§ 319②)의 경우 미수범 처벌규정(§ 322)이 있는데, 이에 대해서는 ① 진정부작위범은 결과의 발생을 요건으로 하지 않고 요구되는 행위를 하지 않으면 범죄가 완성되므로 불능범의 경우를 제외하고는 미수를 생각할 수 없다는 견해(신동운, 576; 이재상·장영민·강동범, § 27/42)와 ② 진정부작위범의 경우에도 처벌규정이 있는 한 미수범을 인정할 수 있다는 견해(박상기, 342)의 대립이 있다.

부진정부작위범의 경우, 언제 행위자가 부작위범의 실행에 착수했는지에 대해서는, ① 최초구조가능시설, ② 최후구조가능시설, ③ 절충설 등이 대립하고 있다.

104 위 ①의 최초구조가능시설은 보증인이 자신에게 최초로 제공된 결과발생방지가능성을 이용하지 않은 시점에 실행의 착수를 인정한다. 그러나 최초구조가능시설은 행위자의 범행계획에 의할 때 법익침해 내지 위태화로부터 시간적으로 너무 앞당겨진 행위양식을 통하여 미수범의 가벌성을 인정하고, 이와 같이 실행의 착수시기가 너무 앞당겨져 있어 고의작위범의 경우와 비교할 때 가치모순이 발생한다는 문제가 있다.

105 위 ②의 최후구조가능시설은 보증인이 최후에 가능한 구조행위를 하지 않은 때를 실행의 착수시기로 본다. 그러나 최후구조가능시설은 중지미수를 인정할 여지를 두지 않아 현행법의 체계와 모순되고, 최후구조 시 이전의 상태에서도 아직 실행의 착수가 아니라고 하게 되면 가벌성의 흠결이 생기게 되는 문제가 있다.

106 이 점에서, 통설[139]인 위 ③의 절충설은 구조행위를 지연하게 되면 보호법익에 대한 구체적 위험이 초래되기 때문에 행위자의 관점에서 볼 때 작위가 요구되는 시점을 부작위범의 실행의 착수시기로 본다. 이에 따르면, 요구되는 행위를 함으로써 아직 법익에 대한 위험을 제거할 수 있는 경우에는 단순한 예비에 불과하게 되는 데 반해, 보증인이 법익에 대한 직접적인 위험을 제거하지 않음으로 인하여 자신의 보증인의무를 위반한 경우에는 가벌적 미수가 된다.

107 판례는 부작위에 의한 업무상배임죄(§ 356, § 355②)의 실행의 착수시기에 대하여, "부작위를 실행의 착수로 볼 수 있기 위해서는 작위의무가 이행되지 않으면 사무처리의 임무를 부여한 사람이 재산권을 행사할 수 없으리라고 객관적으로 예견되는 등으로 구성요건적 결과 발생의 위험이 구체화한 상황에서 부작위가 이루어져야 한다."고 판시하여,[140] 위 ③의 절충설의 입장이다.

139 김성돈, 591; 김신규, 238; 김성천, 329; 김일수·서보학, 385; 김혜정·박미숙·안경옥·원혜욱·이인영, 270; 박상기, 363-364; 신동운, 576; 이영란, 395; 이재상·장영민·강동범, § 27/43; 이형국·김혜경, 336; 임웅, 390; 정성근·박광민, 398.

140 대판 2021. 5. 27, 2020도15529. 본 판결 평석은 하종민, "업무상배임죄에서 부작위를 실행의 착수로 인정하기 위한 요건", 자율과 공정: 김재형 대법관 재임기념 논문집 II, 사법발전재단(2022), 417-434.

(아) 원인에 있어서 자유로운 행위

제10조(심신장애인) 제3항은 위험의 발생을 예견하고 심신장애를 야기한 자의 행위에는 제10조 제1항·제2항을 적용하지 않는다고 규정하여 원인에 있어서 자유로운 행위의 가벌성을 명시적으로 인정하고 있다. 다만, 실체적 관점에서 보면 제10조 제3항은 범행 당시의 책임능력의 존재를 전제로 하는 책임주의와 상충하고 있다. 원인에 있어서 자유로운 행위 상황에서 책임능력과 행위의 동시존재 원칙의 조화에 관하여, 학설은 크게 ① 구성요건모델과 ② 예외모델로 대립하고 있다. 구성요건모델과 예외모델은 그 내용면에서 극명하게 차이를 보이고 있지만, 행위자가 장애상태를 야기하는 시점에 추후 장애상태하에의 구성요건실현을 적어도 예견할 수 있었다는 점은 공통된 최소요건이다. 108

위 ①의 구성요건모델은 장애상태하에서의 행위가 아니라 자유로운 원인설정행위를 원인에 있어서 자유로운 행위의 실행행위로 본다(원인행위시설). 이 경우, 장애상태의 야기를 그 이후의 실행행위의 시간적 범위에 포함시키기 위한 이론 구성의 방법에는 두 가지가 있다. 하나는 ⓐ 구성요건실현의 개시를 장애상태의 야기 시점으로 앞당기는 이론구성(전치화설)이고, 다른 하나는 ⓑ 간접정범을 원용하여 행위자가 장애상태를 야기함으로써 스스로 도구가 되어 추후 범행을 실행한다는 이론구성(간접정범설)[141]이다. 따라서 구성요건실현의 개시를 장애상태의 야기 시점으로 앞당기는 위 ⓐ의 전치화설에 따르면, 장애상태를 야기하는 시점에서 원인에 있어서 자유로운 행위의 실행의 착수가 인정된다. 이에 반해 ⓑ의 간접정범설을 취하게 되면, 간접정범에서 인정되는 실행의 착수시기가 기준이 된다. 간접정범의 경우, 이용자가 피이용자를 이용하거나 피이용자가 이용자의 위임대로 실행함으로써 또 다른 중간행위 없이도 구성요건적 행위로 흘러들어가서 범행기수의 위험을 야기하도록 사건을 전개시킨 시점에서 간접정범의 실행의 착수시기를 결정해야 한다. 109

위 ②의 예외모델은 원인에 있어서 자유로운 행위의 실행행위는 장애상태를 야기하는 원인설정행위가 아니고 장애상태하에서의 행위라고 이해한다(결과실현시설).[142] 예외모델에 따르면, 일반적인 경우와 같이 장애상태에 빠진 행위자 110

141 김일수·서보학, 384.

142 박상기, 363; 배종대, § 109/19; 신동운, 574; 오영근, 271; 이재상·장영민·강동범, § 27/36; 이형

가 자신의 범행계획에 따라 직접적으로 구성요건실현을 위한 행위를 개시한 때 실행의 착수가 인정된다.

Ⅱ. 위법성 및 책임

111 미수범의 경우 위법성 및 책임과 관련하여 원칙적으로 기수범에 비하여 큰 차이가 없다. 미수범의 구성요건이 충족된 경우에는 범죄론의 일반적인 원칙들이 적용된다.

112 따라서 미수범의 구성요건 충족은 위법성을 징표하고, 이 경우 위법성조각사유에 해당하면 당해 행위는 정당화된다. 위법성조각사유가 허용된 위험과 같은 위험창출을 허용하고 있는 경우에는 고의 기수와 그 미수도 위법성을 조각시킬 수 없다. 또한 행위자에게 주관적 정당화요소가 결여된 경우에는, 범행의 행위반가치는 남아있지만 결과반가치가 탈락되기 때문에 (불능)미수범으로 처벌된다. 다만, 행위자가 법질서에서 인정되는 위법성조각사유가 존재하지 않음에도 존재한다고 믿고 행위한 경우에는 위법성조각사유의 전제사실에 관한 착오의 문제로 해결해야 한다.

Ⅲ. 죄 수

113 범죄가 일정한 과정을 거치는 경우, 전단계의 과정은 후단계의 과정에 대해 보충관계에 있다.[143] 따라서 기수와 미수, 미수와 예비·음모는 각각 기본법과 보충법의 관계에 있으므로, 기수죄가 성립하면 미수죄, 미수죄가 성립하면 예비·음모죄는 성립하지 않는다.

114 한편, 행위자가 하나의 단일한 범행계획을 가지고 범한 수개의 미수행위(예: 보험사기를 위한 수차례의 보험금 청구)는 그것이 장소적·시간적으로 관련성을 가지고 있어 범의의 단일성을 인정할 수 있는 경우에는 하나의 미수범만 성립한다.

국·김혜경, 336; 정성근·박광민, 330; 정영일, 300.
143 오영근, 472.

Ⅳ. 장애미수범의 임의적 형감경

본조 제2항은 "미수범의 형은 기수범보다 감경할 수 있다."고 규정하여 장애미수범에 대한 임의적 형감경을 인정하고 있다. 독일형법 제23조 제2항도 미수범을 형의 임의적 감경사유로 규정하고 있다. 미수범에 대하여 형의 임의적 감경을 인정하는 것은 주관주의와 객관주의를 절충시킨 결과로 볼 수 있다. 다만, 개별 법률에서는 특별한 형사정책적 고려에서 미수범을 기수범과 동일하게 처벌하는 경우도 있다. 예를 들어, 특정범죄 가중처벌 등에 관한 법률 제5조의4(상습 강도·절도죄 등의 가중처벌),[144] 제5조의5(강도상해 등 재범자의 가중처벌), 제11조(마약사범 등의 가중처벌) 등 위반죄는 미수범을 기수범과 동일하게 처벌하도록 규정하고 있다. 이 경우 미수범을 기수범과 동일하게 처벌한다는 것은 미수범의 법정형이 기수범의 그것과 같다는 것일뿐, 구체적 처단형이나 이에 기초한 선고형이 기수범과 같아야 함을 의미하는 것은 아니다. 115

임의적 감경의 대상은 주형에 한하며, 몰수[145]와 같은 부가형이나 보안처분에 대해서는 그 적용이 배제된다. 징역이나 금고의 형과 벌금의 형이 병과되거나 선택형으로 규정된 경우엔, 양자 모두 주형에 해당하므로 모두 감경의 대상이 된다. 116

〔이 진 국〕

144 대판 2013. 8. 14, 2013도6018. 「"상습적으로 형법 제329조부터 제331조까지의 죄 또는 그 미수죄를 범한 사람은 무기 또는 3년 이상의 징역에 처한다."는 특정범죄 가중처벌 등에 관한 법률 제5조의4 제1항이 적용되는 상습절도죄의 경우 형법 제25조 제2항에 의한 형의 미수감경은 허용되지 아니한다고 할 것이다.」

145 대판 1977. 9. 13, 77도2028.

第26條(중지범)
범인이 실행에 착수한 행위를 자의(自意)로 중지하거나 그 행위로 인한 결과의 발생을 자의로 방지한 경우에는 형을 감경하거나 면제한다.
[전문개정 2020. 12. 8.]

구 조문
第26條(중지범) 범인이 자의로 실행에 착수한 행위를 중지하거나 그 행위로 인한 결과의 발생을 방지한 때에는 형을 감경 또는 면제한다.

I. 의 의

1. 개 념

1 중지미수란 범죄의 실행에 착수한 사람이 그 범죄가 완성에 이르기 전에 실행에 착수한 행위를 자의(自意)로 중지하거나 결과의 발생을 자의로 방지한 경우를 말한다. 예를 들면, 사람을 살해하기 위하여 칼로 찔렀으나 이를 중지하고 피해자를 병원으로 이송하여 생명을 구하도록 한 경우이다. 중지미수범의 형은 필요적으로 감경하거나 면제한다.

2 중지미수는 실행의 착수가 있다는 점에서 실행의 착수가 없는 예비·음모

및 예비의 중지와 구별된다. 행위가 종료하지 않았거나 결과가 발생하지 않았다는 점에서 중지미수는 결과가 발생한 기수와 구별된다. 또한, 중지미수는 행위의 미종료나 결과의 불발생이 행위자의 자의(自意)에 의한 것이었다는 점에서 장애미수와 구별된다. 그리고 중지미수는 실행의 착수 시점에 결과발생이 가능할 수도 있다는 점에서 결과발생이 불가능한 불능미수와 구별된다.[1]

중지미수의 유형은 ① 범죄의 실행에 착수하였으나 그 실행행위를 마치지 않은 상태에서 중지하는 착수중지미수(미종료중지미수)와 ② 범행의 완성에 필요한 실행행위를 모두 마쳤으나 결과가 발생하기 전에 그 결과의 발생을 방지한 실행중지미수(종료중지미수)로 구분할 수 있다. 3

2. 체계적 지위와 입법례

중지미수의 범죄체계론적 지위에 대해서는 ① 위법성감소·소멸설, ② 책임감소·소멸설, ③ 인적 처벌조각사유설, ④ 양형규정설 등이 있다. 4

독일형법의 경우에는 중지미수의 경우 불처벌로 규정하고(독형 § 24①)[2] 있기 때문에 중지미수의 범죄체계론적 지위와 관련하여 어떻게 이해할 것인가에 대하여 논란이 있다. 구성요건적 불법을 부정하거나 인적 구성요건조각사유로 이해하여 구성요건을 배제하거나,[3] 위법성을 부정하거나,[4] 책임조각사유나 면책사유를 인정[5]하기도 한다. 그러나 다수설과 판례는 중지미수를 인적 처벌조각사유로 이해하고 있다.[6] 5

1 대판 2019. 3. 28, 2018도16002(전)[준강간죄(§ 299, § 297)의 불능미수 성립을 인정할 수 있는지 여부에 관한 사례]. 「장애미수 또는 중지미수는 범죄의 실행에 착수할 당시 실행행위를 놓고 판단하였을 때 행위자가 의도한 범죄의 기수가 성립할 가능성이 있었으므로 처음부터 기수가 될 가능성이 객관적으로 배제되는 불능미수와 구별된다.」

2 독일형법 제24조(중지미수) ① 자의로 범죄의 계속실행을 포기하거나 또는 범죄의 완성을 방지한 자는 미수범으로 처벌되지 아니한다. 범죄가 중지자의 관여 없이도 기수로 되지 않는 경우, 중지자가 범죄의 완성을 방지하기 위하여 자의로 그리고 진지하게 노력한 경우에는 처벌되지 아니한다.

3 Kolster, Die Qualität der Rücktrittsbemühungen des Täters beim beendeten Versuch, 1993, S. 56 ff.

4 Amelung, ZStW 120, 242 f.; Bloy, Die dogmatische Bedeutung der Strafausschließungs- und Strafaufhebungsgründe, 1976, S. 173.

5 Herzberg, Lackner-FS, S. 350; Roxin/Greco, AT I, 5. Aufl., 2020, 23/16; SK/Rudolphi, § 24 Rn. 6; Streng, ZStW 101, 324 f.

6 BGHSt 7, 296, 299; RGSt 72, 350; Fischer, StGB, 69. Aufl., 2022, § 24 Rn.2; LK/Lilie/Albrecht,

6 우리 형법의 경우 중지미수는 형을 면제할 뿐만 아니라 형을 감경하기도 한다는 점에서 이를 인적 처벌조각사유로 보기는 어렵다.[7] 또한, 중지범의 경우 형을 면제한다고 해서 무죄라고 할 수는 없다. 그러므로 위법성이나 책임이 감소·소멸된다는 주장은 형법이 중지범의 형을 일단 유죄로 인정하고 형의 감경·면제를 인정하고 있다고 보는 점에서 설득력이 약하다. 오히려 중지미수의 형을 감면하는 것은 인적 처벌조각·감경사유나 양형상의 입법적 배려라고 보는 것이 타당하다.[8]

7 의용형법은 제43조에서 "범죄의 실행에 착수하고 이를 완수하지 못한 자는 그 형을 감경할 수 있다. 단 자기의 의사에 의하여 이를 중지한 때에는 그 형을 감경 또는 면제한다."라고 규정하였다. 이와 같이 의용형법은 본문에 일반미수범의 규정을 두고 단서에 중지미수를 규정하였으며, 그 표현에서도 상당히 차이가 있다는 점에서 구 형법이나 현행 형법과는 다소 거리가 있다. 오히려 구 형법이나 현재의 형법 제26조의 규정은 "자기의 의사에 의하여 범죄의 실행을 중지하거나 결과의 발생을 방지한 자는 그 형을 감경 또는 면제한다."라고 규정하였던 1940년 일본의 개정형법가안 제23조를 모델로 하였다.

8 중지미수의 성립요건이나 처벌은 나라마다 다르다. 일본형법(§ 43)[9]은 우리 형법과 마찬가지로 중지미수의 형을 필요적 감면으로 규정하고 있고, 스위스형법(§ 23①)[10]은 형의 임의적 감면사유로 규정하며, 독일형법(§ 24①), 오스트리아형법(§ 16①)[11] 및 그리스형법(§ 44①)[12]은 중지미수의 경우 불처벌하도록 규정하고 있다.

StGB, 13. Aufl., 2019, § 24 Rn. 50; NK/Zaczyk, StGB, 5. Aufl., 2017, § 24 Rn. 6; Schönke/Schröder/Eser/Bosch, StGB, 30. Aufl., 2019, § 24 Rn. 4. 그러나 독일 다수설의 취지와 달리 국내의 일부에서는 독일형법상 중지미수의 경우 "처벌되지 아니한다."라고 규정하고 있으므로 중지미수를 범죄가 불성립하여 무죄가 된다고 이해하는 견해[신동운, 형법총론(14판), 521]가 있다.

7 그럼에도 불구하고 중지미수를 인적 처벌조각사유로 보는 견해(손동권·김재윤, 새로운 형법총론, § 24/10)도 있고, 인적 형벌감면사유로 이해하는 입장[이형국·김혜경, 형법총론(6판), 346]도 있다.

8 유사하게 이상돈, 형법강론, 481.

9 일본형법 제43조(미수감면) 범죄의 실행에 착수하여 이를 완수하지 못한 자는 그 형을 감경할 수 있다. 다만, 자기의 의사에 의해 범죄를 중지한 때에는 그 형을 감경하거나 또는 면제한다.

10 스위스형법 제23조(중지미수와 능동적 후회) ① 행위자가 자발적으로 가벌적인 행위를 그 종료로 이르게 하지 아니하거나 범죄가 완성되는 것을 방지하는 데 기여한 자에 대하여 법원은 형을 감면할 수 있다.

11 오스트리아형법 제16조(중지미수) ① 자의로 범행의 실행을 중지하거나 수인이 범죄에 가담한 때에 그 실행을 저지하거나 결과발생을 방지한 자는 미수범 또는 미수의 공범으로 벌하지 아니한다.

미국형법의 경우에도 중지미수를 항변사유로 인정하여 범죄성립을 조각한다.[13]

Ⅱ. 중지미수의 법적 성격

장애미수의 경우에는 형의 임의적 감경으로, 불능미수의 경우에는 형의 임의적 감면으로 처벌함에 비하여, 중지미수의 처벌은 형을 필요적으로 감면함으로서 다른 미수범에 비하여 다소 가볍게 처벌한다. 여기서 중지미수의 형을 필요적으로 감면하는 이유에 대하여는 다양한 견해들이 주장된다. 9

1. 형사정책설

형사정책설은 중지범에게 형을 필요적으로 감면하는 특혜를 주는 것은 범행의 중지가 범행의 불법성이나 책임을 감경하는 행위는 아니지만 실행 중인 범행을 중단하거나 결과발생을 방지하도록 결심하는 동기부여적 성격을 갖는다고 보는 견해이다.[14] 즉 만일 중간에 범행을 중지하는 경우에도 일반적인 미수범과 마찬가지로 형의 임의적 감경만 인정된다면 범죄인은 특별히 범행을 중지할 계기를 발견하지 못하게 될 것이고, 범죄인은 계속하여 범죄를 완성하게 되어 피해는 확산될 것이기 때문에 이를 중단하는 것에 대한 유인책으로 형을 필요적으로 감면하는 것으로 이해한다. 중지범에 대한 형벌의 특혜가 범죄자로 하여금 불법성의 세계에서 적법성의 세계로 되돌아가도록 하는 '황금의 다리'(goldene Brücke)[15]와 같은 형사정책적 기능을 한다고 보아 '황금교설'[16]이라고 부르기도 한다. 그 10

12 그리스형법 제44조(중지미수) ① 중죄 또는 경죄의 실행에 착수하였으나 외부적 장애가 아니라 자의로 이를 완수하지 못한 자는 처벌하지 아니한다.

13 미국 형법에서의 중지미수에 대하여는 이경재, "미국형법상 미수의 유형과 그 내용", 비교형사법연구 18-1, 비교형사법학회(2016), 122 참조.

14 신동운, 521-522. 조국 교수도 자신은 광의의 형사정책설의 입장이라고 하고 있으나[조국, "은교로서의 형법 제26조와 중지미수의 자의성 판단 기준", 형사법연구 28-2, 한국형사법학회(2016), 66], "제26조의 취지·기능은 비록 범행에 착수했더라도 범행을 스스로 중단하거나 결과를 방지한 사람에게는, 다시 적법으로 돌아선 마음의 결정과 그에 따른 결과에 대하여 보상하겠다는 것이다."[한정환, "형법 제26조 적용의 요건과 결과", 형사법연구 26, 한국형사법학회(2006), 619]라는 견해와 동일하다고 표현하는 것으로 보면, 보상설에 가깝다고 보인다.

15 Feuerbach, Kritik des Kleinschrodischen Entwurfs, 1804, S. 102 ff.; v. Liszt, Lehrbuch, 1. Aufl., 1881, S. 143 f.

16 독일형법의 경우에는 중지미수가 불처벌이므로 황금교라고 할 수 있지만, 우리 형법의 경우에는

리고 이 견해는 범죄를 실행하는 사람에게 심리적으로 범행의 중지를 촉구함으로써 범죄피해자를 보호하려는 사고가 근저에 있다고 볼 수 있으며,[17] 과거 독일 제국법원 판례의 입장이기도 하다.[18]

11 형사정책설에 대하여는 다음과 같은 비판이 제기된다.

12 ① 필요적 감면을 통하여 범죄의 실행착수 이후에 적법의 세계로 돌아오는 심리적 동인(動因)을 제공하려면 행위자가 중지미수의 경우에는 필요적 감면규정이 존재한다는 것을 알아야 하나, 범죄인들은 대부분 이러한 필요적 감면을 알지 못하는 것이 현실이다.[19] 따라서 현실적으로 필요적 감면이라는 심리적 동기부여가 일어나 범행을 중지한다는 것은 허구에 가깝다.

13 ② 형의 필요적 감면이 해당 범죄의 결과실현을 억제하는 효과가 있다는 것은 추측일 뿐 실효성이 없으며, 현실에서 범행중지를 결심하도록 영향을 미친다고 볼 수 없다.

14 ③ 중지미수의 형벌이 필요적 면제가 아니라 필요적 감면에 불과하므로 행위자가 처벌되지 않는다는 보장이 없기 때문에 정책적 효과를 기하기 어렵다.[20]

15 ④ 형사정책적 이유라면 어느 경우에 형을 감경하고 어느 경우에 형을 면제할 것인가에 관한 기준이 없다.[21]

2. 보상설

16 보상설(또는 은사설, 공적설)은 행위자가 자의로 범행을 중단한 것에 대하여 보상(대가) 또는 은사(공적)로서 형을 감면해 준다는 견해이다.[22] 행위자가 범행

형의 필요적 감면에 해당하기 때문에 황금교가 아니라 '은빛 다리'(최우찬, "중지미수", 고시연구 1992/2, 40) 또는 '은교(銀橋)'[조국(주 14), 63]라고 표현하기도 한다.

17 MK/Hoffmann-Holland, StGB, Bd. 1, 3. Aufl., 2017, § 24 Rn. 20.

18 독일 제국법원은 RGSt 6, 341, 342의 판결 이래로 일관되게(RGSt 63, 158, 159; 72, 349, 350; 73, 53, 60) 이 견해를 취하고 있었다고 한다(LK/Lilie/Albrecht, StGB, 12. Aufl., 2007, § 24 Rn. 7 Fn. 15).

19 유사한 취지로 임웅, 형법총론(13정판), 405.

20 이러한 점에서 보면, 효과적인 형사정책적 목표를 달성하려면 형을 감면할 것이 아니라 독일형법이나 스위스형법과 같이 처벌하지 않아야 할 것이다.

21 예컨대, 중국형법 제24조는 중지범에 대하여 피해가 없는 경우에는 처벌을 면제하고, 피해가 야기된 경우에는 처벌을 필요적으로 감경하도록 규정하고 있다.

22 김신규, 형법총론 강의, 387; 손해목, 형법총론, 871; 이재상 · 장영민 · 강동범, 형법총론(11판), § 28/13; 정성근 · 박광민, 형법총론(전정3판), 319; 정웅석 · 최창호, 형법총론, 458.

을 중지하거나 결과발생을 방지하여 법익침해가 일어나지 않게 함으로써 일반인으로 하여금 자신이 실행에 착수한 법질서 침해의 시도에 대한 부정적 인식을 회복시킨 공적을 인정하여 형벌을 감면하는 것이다. 그리고 이와 같은 공적을 양형의 기초자료로 사용하는 것은 중지미수를 특별취급하는 합리적 이유가 될 수 있다고 한다.[23]

은사설에 대하여는 다음과 같은 비판이 제기된다. 17

① 중지미수의 특별취급은 이미 인정된 미수의 가벌성을 사후적으로 그 공적을 인정하여 은사를 베푸는 형법 체계 이외의 차원이 아니라 형법의 과제를 달성하기 위하여 형벌을 가할 필요성이 있는가의 형법 체계 내의 문제이다.[24] 18

② 행위자의 공적을 인정하여 이에 대한 보상을 하는 것이라고 하는데, 이러한 보상이 왜 중지범의 경우에만 인정되어야 하는 이유를 설명하지 못하는 문제가 있다. 즉 공적에 대한 보상과 관련하여, 적법한 세계로 돌아온 것에 대하여 형법은 왜 보상을 하는가에 대한 실질적인 내용이 없다는 것이다. 여기에서는 원상회복의무를 이행하였기 때문에 형벌을 감면한다는 책임감경적 또는 책임이행적 관점, 일반예방 또는 특별예방과 같은 형벌목적이 탈락한다는 관점, 법익침해를 방지하여 피해자를 보호하였다는 관점 등 다양한 관점에서 구체적인 공적의 내용에 대한 보완이 필요하다. 19

3. 법률설

(1) 위법성감소·소멸설

위법성감소·소멸성은 행위자의 행위중지나 결과발생의 방지가 실행에 착수한 행위에 존재하는 행위불법이나 결과불법을 감소 또는 소멸시킴으로서 위법성을 감소시키거나 소멸시킨다고 이해한다. 즉, ① 행위불법의 측면에서, 행위자의 구성요건을 실현하려는 의사인 고의가 주관적 불법요소인 것처럼 구성요건실현을 자의적으로 중지하는 의사는 위법성의 감소나 소멸을 위한 주관적 요소라는 것이다. 그런데 중지미수의 경우에는 고의의 위법성을 감소·소멸시키는 이러한 주관적 요소가 충족된다는 것이다. ② 결과불법의 측면에서, 중지행 20

23 이재상·장영민·강동범, § 28/10.
24 손동권·김재윤, § 24/8.

위는 법익침해의 위험성이라는 결과불법을 감소 또는 소멸시킴으로서 중지미수를 특별히 관대하게 취급하는 것이라고 본다.

21 위법성감소·소멸설에 대해서는, ① 행위자의 자의적인 중지의사로 인해 불법 내지 위법성이 감소되는 것은 가능하지만 위법성이 소멸될 수는 없고, ② 불법과 책임은 행위 시점에 결정되는 것이므로, 이미 실행의 착수를 통해 행하여진 위법한 결과가 감소·소멸되는 일은 없으며,[25] ③ 위법성이 소멸된다면 범죄가 성립하지 않으므로 무죄판결을 선고해야 하는데, 형법은 "벌하지 아니한다." 라고 규정하지 않고 "형을 감면한다."고 규정하고 있기 때문에 중지미수에 대해 형을 면제할 경우에는 무죄판결이 아니라 형면제판결(형소 § 322)을 해야 하는 것과 모순되고,[26] ④ 중지에 의해 위법성이 감소·소멸된다고 하면 '위법연대의 원칙'에 따라 중지하지 않은 공범에 대해서도 중지미수의 규정을 적용해야 하는데, 이는 부당하다는 비판이 제기된다.

(2) 책임감소·소멸설

22 책임감소·소멸설은 자의적인 실행의 중지 또는 결과발생의 방지로 인해 행위자에 대한 비난가능성, 즉 책임이 감소되거나 소멸되었기 때문에 중지미수를 형의 필요적 감면으로 특별취급하는 것이라고 한다.[27] 이 견해는 '책임개별화의 원칙'에 따라 다수인이 가담한 범죄에서의 중지미수와 관련하여 중지한 1인의 경우에만 중지미수의 효과가 발생하고, 다른 참가자의 책임을 소멸시키거나 감소키지 않는다는 점에서 장점을 지니고 있다.

23 책임감소·소멸설에 대해서는, ① 범행의 자의적인 중지로 인해 책임이 감소되는 일은 있어도 소멸되는 일은 없고, ② 이미 발생한 비난가능성이 감소·소멸되는 일은 존재하지 아니하며, ③ 책임이 소멸되면 역시 범죄가 성립하지 않으므로 무죄판결을 해야 하는데 형을 면제하도록 하고 있는 우리 형법 규정과 모순된다는 비판이 제기된다.

---

25 김성돈, 형법총론(8판), 476; 신동운, 522.

26 손동권·김재윤, § 24/9; 이재상·장영민·강동범, § 28/6. 위법성감소·소멸설에 대하여 위 ③과 같은 비판이 있으나, "형을 면제한다."라는 표현이 반드시 유죄이나 그 형을 면제하는 경우만을 의미하는 것은 아니라고 할 것이다. 즉 범죄의 성립이 부정되는 경우, 예컨대 과잉방위행위(§ 21②)의 경우에도 "형을 감경 또는 면제할 수 있다."라고 규정하여, 형의 면제가 책임이 존재하지 않는 경우에도 사용한다는 비판이 있다(임웅, 405).

27 김성돈, 476.

4. 형벌목적설

24 형벌목적설은 중지미수의 경우에는 일반예방과 특별예방이라는 형벌목적에 비추어 보아 행위자를 처벌할 필요성이 없거나 약화된다는 견해이다. 자의로 범행을 중지한 사람은 더 이상 사회적 위험성이나 재범의 위험성이 없으므로 특별예방적 관점에서 형벌을 과할 필요가 없고, 일반예방적 관점에서도 범죄인의 처벌을 통한 일반인에 대한 위하가 필요 없다고 한다.[28] 즉, 행위자가 범행을 중지한 이상 형벌이 갖는 범죄예방적 기능이 무의미하게 되었다고 보는 것이다. 독일 연방법원의 초기 판례의 다수가 이 견해를 따르고 있다.[29]

25 형벌목적설에 대해서는, ① 일반예방이나 특별예방뿐만 아니라 응보도 형벌의 목적이라고 할 수 있는데 응보적 관점에서는 형벌을 면제해서는 안되고, ② 일반예방적 관점에서도 행위자에게 자신이 발생시킨 결과의 범위 내에서는 책임을 묻는 것이 더 바람직하고, ③ 예를 들어 다음에 더 좋은 기회를 모색하기 위하거나 더 마음에 드는 피해자가 나타나서 그에게 범행을 하기 위하여 자의로 범행을 중지한 경우 특별예방적 관점에서 행위자의 반사회적 위험성은 여전히 존재하고,[30] ④ 형벌목적이 탈락하는 경우 형을 면제하는 것은 이해할 수 있으나 형벌목적이 탈락하였음에도 불구하고 형을 감경하는 것은 이해하기 어렵고, ⑤ 형벌을 과할 필요가 없을 때에만 중지미수를 인정하면 중지미수의 인정범위를 너무 좁힌다는 비판이 제기된다.

5. 책임이행설

26 책임이행설은 실행에 착수한 행위자가 자의로 실행에 착수한 행위를 포기하거나 범죄가 기수에 이르는 것을 방지함으로써 자의적으로 이미 행해진 불법행위를 회복시키는 방식으로 책임이행(Schulderfüllung)을 하였다는 점에서 형벌감면의 근거가 있다고 보는 견해이다.[31]

---

28 손동권·김재윤, § 24/10; Roxin, Über den Rücktritt vom unbeendeten Versuch, Heinitz-FS, 1972, S. 271; ders., AT II, 2003, 30/29.

29 BGHSt 9, 48, 52; 14, 75, 80.

30 Haas, Zum Rechtsgrund von Versuch und Rücktritt, ZStW 123, 235 f.; MK/Hoffmann-Holland, StGB, Bd. 1, 3. Aufl., 2017, § 24 Rn. 35; Jakobs, AT, 2. Aufl., 26/35.

31 Herzberg, Grund und Grenzen der Strafbefreiung beim Rücktritt vom Versuch, Lackner-FS,

27 그러나 책임이행설은 실행의 착수로 인하여 이미 침해되기 시작한 법익의 측면을 무시하고, 책임의 이행을 범행중지나 결과발생의 방지와 동일시하는 것은 타당하지 않다는 비판이 제기된다.

6. 결합설

28 결합설은 중지미수의 형벌을 필요적으로 감면하는 이유를 어느 하나의 견해로는 설명할 수 없고, 여러 가지 견해의 결합에 의해 설명할 수 있다는 입장이다. 즉 중지미수에 대한 형의 감경과 형의 면제를 하나의 견해로 설명하는 것이 어렵기 때문에 보통 형의 감경은 법률설에 의해 설명할 수 있지만, 형의 면제에 대해서는 정책설(형사정책설, 보상설, 형벌목적설)로 설명이 가능하다고 한다.

29 결합설은 어느 견해를 결합하는가에 따라, ① 위법성감소·소멸설과 정책설의 결합설, ② 책임감소·소멸설과 정책설의 결합설,[32] ③ 위법성감소·소멸설과 책임감소·소멸설 및 정책설의 결합설,[33] ④ 책임감소설과 형벌목적설의 결합설[34] 등이 있으며, 결합설 중에서는 위 ②의 책임감소·소멸설과 정책설의 결합설이 다수의 견해이다.

30 결합설에 대해서는, ① 형감경의 경우에는 법률설에 의해, 형면제의 경우에는 형사정책설 등으로 설명하는 것은 이론의 일관성이 결여되고, ② 형면제와 형감경의 기준이 불분명하다는 비판이 제기된다.

7. 검 토

31 위법이나 책임의 소멸을 주장하는 법률설이나 책임이행설은 독일형법과 같이 중지미수를 불처벌하는 경우에는 타당할 수 있다. 그러나 우리 형법과 같이 형의 필요적 감면에 해당하는 경우에는, 범죄의 성립을 전제로 하여 형을 감면하는 것이므로 위법이나 책임의 소멸을 인정하는 견해들은 타당하지 않다. 다만, 제한된 범위 내에서 비난가능성의 측면에서 책임이 감소되어 형이 감면될

1987, S. 325 ff.; MK/Hoffmann-Holland, StGB, Bd. 1, 3. Aufl., 2017, § 24 Rn. 13 ff.

32 강동욱, 강의 형법총론(2판), 242; 김형만, 형법총론, 230; 임웅, 405-406; 천진호, 형법총론, 685; 한상훈·안성조, 형법개론(3판), 216.

33 오영근, 형법총론(6판), 326.

34 김일수·서보학, 새로쓴 형법총론(13판), 397.

수 있다는 점은 인정할 수 있다.

형사정책설의 경우에는 범행 당시의 행위자의 심리와 관련하여 생각해보면, 형벌감면을 통하여 범행으로부터의 후퇴를 유도하는 형사정책적인 고려는 현실적 효과가 없다고 본다. 범행의 실행에 착수한 사람 자신은 일반적으로 범행을 중지하면 형벌감면의 혜택을 받는다는 형법의 규정 내용을 알고 있지 못하며, 현실적으로 실행에 나아간 행위자가 형벌감면의 혜택을 받으려고 자의로 범행을 중지할 것으로는 기대되지 않는다. 오히려 사후적 보상에 초점을 맞추는 보상설의 입장이 설득력이 있으며, 형을 면제하는 경우에는 형벌목적설의 주장도 일부 타당하다. 전체적으로는 이상의 근거들이 복합적으로 작용하여 중지미수범의 형을 감경하거나 면제한다고 볼 수 있다. 32

Ⅲ. 중지미수의 성립요건

1. 주관적 성립요건 – 자의성

중지미수범이 통상적인 (장애)미수범과 구별되는 것은 범인이 자의로 범행을 중지하거나 결과발생을 방지한 점에 있다. 따라서 자의성(自意性)은 중지미수와 장애미수를 구별하는 핵심적 기준이라고 할 수 있다. 33

(1) 자의성 판단

자의성의 판단기준에 대해서는 아래와 같이 견해가 대립한다. 34

(가) 주관설

주관설은 행위를 중단하거나 결과발생을 방지한 행위자의 주관적 측면을 중심으로 자의성의 여부를 판단하며, 주관적 측면의 구체적 내용에 따라 다양한 주관설이 존재한다. 35

① 심리설은 범행의 중지를 초래하게 된 동기가 심리적 강제에 의한 것인가(장애미수), 아니면 행위자가 범행의 계속 수행 여부를 자유롭게 선택할 수 있었지만 이를 중지한 것인가(중지미수)를 기준으로 자의성을 판단하는 학설이다. 36

또한, ② 윤리적 동기에 의한 중지의 경우에는 중지미수를 인정하고, 그 밖의 다른 동기에 의한 경우에는 모두 장애미수로 보는 견해(윤리설, 좁은 의미의 주 37

관설)도 있다. 이 견해에 의하면 후회, 양심의 가책, 연민, 동정심, 설득당한 경우 등과 같이 윤리적 동기인 경우에는 자의성을 인정하고, 공포, 경악, 두려움, 혐오, 실망, 불쾌, 수치심 등과 같이 비윤리적 동기인 경우에는 자의성을 부정한다. 그러나 윤리설은 자의성과 윤리성을 동일한 개념으로 사용한다는 점에서 부적절하며, 그 결과 자의성의 인정범위를 지나치게 협소하게 한다는 점에서 문제가 있다.[35]

38 주관설의 하나로, ③ 프랑크(Frank)의 공식이 주장되기도 한다. 즉 행위자가 결과를 발생시킬 수 있지만 이를 원하지 않아서 범행을 중지한 때에는 자의성이 인정되지만(중지미수), 반대로 결과발생을 원하였지만 이를 달성할 수 없었을 때에는 범행을 중지하였어도 자의성을 부인하는 입장(장애미수)이다.[36] 프랑크공식 역시 행위자의 심리 여하에 따라 자의성을 판단하는 대표적인 견해이다. 이에 따르면, 예를 들어 너무 가치가 없는 물건이라서 절취를 중지한 경우에는 자의성을 인정한다.

39 그러나 프랑크의 공식에 대해서는, ⓐ '하기를 원하지 않은 것'과 '할 수 없는 것'과의 구별이 불분명하다는 비판이 제기된다. 예컨대 생리 중인 여자를 강간하면 재수가 없다고 생각하고 중지한 경우, 생리 중이라는 것이 강간을 불가능하게 하는 사유는 되지 않기 때문에 강간행위의 계속을 '안한 것'이라고 할 수 있다. 그러나 재수없다는 생각을 가진 행위자를 기준으로 보면 '하고 싶지만 못한 것'이 될 수 있다. 또한 아버지를 살해하려다가 차마 계속하지 못하여 중지한 경우, 윤리적으로 보면 '못한 것'이고, 물리적으로 보면 '안한 것'이라고 할 수 있다. ⓑ 중지범에 대한 형벌적 보상 필요성을 전혀 인정할 수 없는 경우에도 원하지 않아서 범행을 중지한 때에는 자의성을 인정하여야 한다는 문제가 있다. ⓒ 자의성 여부를 계속적인 범행수행의 가능성 유무에 따라 구별하고 있으나, 자의성의 문제는 계속적인 범행 수행의 가능성이 있음을 전제로 하여 스스로 중단하였는가를 묻는 것이라는 점에서 그 출발에서부터 적절한 기준이 될 수 없다.[37]

---

35 배종대, 형법총론(17판), § 114/4.

36 Frank, Strafgesetzbuch, 18. Aufl., 1931, § 46 Anm. 2. 임웅, 410은 프랑크의 공식은 실제문제에 적용해보면 합당한 결론을 의외로 손쉽게 제공해 주는 유용한 견해로 평가되므로, 중지미수의 자의성은 프랑크의 공식에 따라 판단하는 것이 타당하다고 한다.

37 Bottke, Untauglicher Versuch und freiwilliger Rücktritt, BGH-FG, 2000, S. 174 ff.; Fischer,

(나) 객관설

행위자가 범행을 중지하거나 결과발생을 방지한 원인이 내부적 요인에 기인한 것인가 아니면 외부적 사정으로 말미암은 것인가에 따라, 전자의 경우에는 중지미수를 인정하지만 후자의 경우에는 장애미수라고 하는 견해이다. 그러므로 범행 도중에 공포심으로 인하여 범행을 중지한 경우에는 행위자의 내심의 의사에 따른 결정이므로 자의성이 인정된다고 보아 중지범을 인정한다. 40

이 견해에 대하여는 다음과 같은 비판이 제기된다. 41

① 범행을 중단한 요인의 판단에서 내부적 요인과 외부적 사정을 구별하는 것이 쉽지 않다. 내부적 동기와 외부적 사정은 완전히 분리되는 것이 아니라 상호작용 속에서 파악되는 개념이기 때문이다. 즉, 행위자가 내부적 동기 변화로 인하여 범행을 중지하였더라도 이것이 외부적 자극이나 사정에 의하여 유발되는 경우가 많기 때문이다. 42

② 피해자가 피를 너무 많이 흘리는 바람에 겁을 먹고 범행을 중지한 경우, 이를 외부적 요인에 의한 경우에 해당하여 중지미수가 아니라고 너무 협소하게 해석할 수 있다. 이에 반하여 경찰관이 오지 않는데도 불구하고 경찰관이 온다고 착오하고 중지하는 경우와 같이, 외부적 상황에 대한 내심의 착각으로 인한 중지도 중지미수라고 하여 중지미수의 범위를 부당하게 확장할 위험성도 있다.[38] 43

(다) 절충설(자율성설)

절충설은 범행중지나 결과발생 방지의 원인이 행위자의 자율적 동기에 의한 경우에는 자의성을 인정하는 학설이다(다수설).[39] 즉 행위자가 중대한 위험에 직면하지 않고도 범행을 마칠 수 있었음에도 불구하고 범행을 중단한 경우에는, 자율적 동기에 의한 것으로서 중지범에 해당한다. 반대로 강요된 장애사유 또는 행위자가 극복할 수 없는 장애로 인하여 범행을 포기한 경우에는, 자의성이 인정되지 않는다. 그러므로 행위자가 범행중단의 주체였으며, 계속적인 범행수행 44

StGB, 69. Aufl., 2022, § 24 Rn. 21.

38 김일수·서보학, 398; 박상기·전지연, 형법학(총론·각론)(5판), 215; 배종대, § 114/3; 오영근, 331; 이재상·장영민·강동범, § 28/16; 이형국·김혜경, 347; 임웅, 407.

39 김성돈, 482; 배종대, § 114/5; 손동권·김재윤, §24/14; 신동운, 525; 오영근, 331; 이상돈, 484; 이재상·장영민·강동범, § 28/19; 이정원·이석배·정배근, 형법총론, 232; 이형국·김혜경, 349-350; 정웅석·최창호, 459; 한상훈·안성조, 217.

이 가능한 상황이었는가가 중요한 기준이 된다. 행위자에게 범행중단의 동기를 제공한 것이 외부적인 요인이었더라도 상관없다. 이 견해에 의하면, 후회, 동정심, 공포심과 같은 동기는 자율적 동기로 보아 자의성이 인정되고, 재물의 가치가 근소하여 절취를 중단한 경우에는 자의성이 부정된다.

45 이 견해는 독일에서의 다수설이다.[40] 독일 연방대법원 역시 행위자의 시각에서 보아 행위를 중단하지 않을 수 없는 장애요인이 존재하는지 아니면 행위수행의 계속 여부를 결정할 주도권을 장악하고 있는지 여부에 따라 자의성 여부를 판단하여야 한다고 하여 이 입장에 서 있다.[41]

46 절충설에 대하여는 다음과 같은 비판이 제기된다.

47 ① 자의성과 자율성을 동일한 의미로 파악하나 구체적인 사건에서 의미 있는 판단척도로 사용함에 의문이 많다.[42] 예컨대 두려움이나 공포심에서 범행을 중단한 경우, 이를 절충설에서는 자의성을 인정하지만, 판례의 경우에는 통상 이를 부정한다.[43]

48 ② 절충설은 행위자의 범행중지를 심리적 측면에서만 평가한다는 점이 문제점으로 지적된다. 즉 자의적인 중지 여부를 오로지 행위자의 자유로운 심리상태에서 스스로 내린 결정이었는가에 따라 결정하기 때문에, 중지미수의 형을 필요적으로 감면하도록 한 보상적 취지와 부합하지 않는 동기에서 중지한 경우에도 자의성을 인정하게 된다는 비판이 제기된다.

49 예를 들면, 피고인이 전처를 살해하기 위해 그녀의 퇴근시간에 맞추어 전처의 직장 주차장에서 기다리다가 전처를 만나러 온 전처의 애인을 만났는데, 피고인은 그 역시 살해하려고 칼로 찔렀으나 중상을 입고 도망가자 그를 추격하다가, 전처가 퇴근하여 주차장을 떠나기 전에 전처를 살해하기 위하여 다시 주차장으로 되돌아와 전처를 살해한 경우이다.

50 이 사례에서 독일 연방대법원은, 전처에 대한 살인죄 이외에 피고인이 전처

40 MK/Hoffmann-Holland, StGB, Bd.1, 4. Aufl., 2020, § 24 Rn. 116 f.; LK/Lilie/Albrecht, StGB, 13. Aufl., 2019, § 24 Rn. 251 f.; Schönke/Schröder/Eser/Bosch, StGB, 30. Aufl., 2019, § 24 Rn. 44 f.; Wessels/Beulke/Satzger, AT, 48. Aufl., 2018, Rn. 1067 f.

41 BGHSt 35, 184, 187; 20, 279, 280; 7, 296, 299.

42 임웅, 409.

43 대판 1999. 4. 13, 99도640(살해 의사로 피해자를 칼로 찔렀으나 많은 피가 나는 것을 보고 겁을 먹고 그만 둔 사례).

의 애인을 추격하다가 살해행위를 종료하지 아니하고 주차장으로 되돌아 온 결정은 외부적 강요에 의해서가 아니라 피고인 자신의 주체적 판단에 따른 결정이므로 자의성이 인정된다고 하여 중지미수를 인정하였다.[44] 결국 이 판결은, 피고인이 자율적으로 전처의 애인에 대한 추격을 중지한 것을 이유로 중지미수로 인정하였다는 점에서 절충설에 입각한 것으로 볼 수 있다. 또한, 프랑크의 공식을 따르더라도 '할 수 있지만 원하지 않아서' 그만 둔 경우에 해당하기 때문에 자의성을 인정할 수 있을 것이다.

그러나 과연 이러한 경우에 피고인에게 자의성을 인정하는 것이 타당한 것 51
인가에 대하여는 의문이다. 행위자가 범행을 중단한 사유는 전처의 살해라는 또 다른 범행을 하기 위한 것이었으며, 여기서 중지범을 인정하여 형을 필요적으로 감경하는 것이 보상적 성격의 중지범을 인정하는 중지범의 입법적 취지에 부합한다고 보기는 어렵다.[45]

(라) 규범설

규범설은 자의성 판단에 대하여 행위자의 자의적 중지라는 심리적 측면과 52
함께 중지사유가 중지범의 형을 감면하는 법규범의 취지와 부합되는지 여부를 그 기준으로 삼는다.[46] 즉, 자발적 중지와 보상적 가치가 있는 중지이어야 자의성을 인정한다. 중지범의 형을 감면하는 이유는 범인의 범행중지에 대한 보상적 성격에 있다(보상설). 그렇다면 행위자가 심리적으로 자유로운 상태에서 범행을 중지한 것만으로 중지범을 인정하는 것은 경우에 따라서는 보상적 가치가 없는 중지사유의 경우에도 중지미수를 인정하여야 하는 모순이 발생한다.[47] 오히려 중지의 동기가 그에 상응하는 보상을 받을 만한 평가를 받을 수 있는지 여부가 중요하다고 할 것이다. 만일 행위자가 보다 덜 위험하거나 더 효과적인 방법으로 범행목적을 달성하기 위하여 범행을 중지하였다면, 이에 대해 보상적 성격의 형 감면을 하는 것은 중지범의 입법 취지에 부합하지 않는다. 그러므로 중지미

44 BGHSt 35, 184, 186.
45 독일형법의 경우 중지범에게 형을 필요적으로 면제한다는 점에서 보면, 해당 피고인을 중지범으로 보는 것이 적절한지는 더욱 의문이다.
46 강동욱, 246; 박상기·전지연, 223-224; Roxin, AT II, 2003, 30/368; Jakobs, AT, 2. Aufl., 26/33.
47 MK/Hoffmann-Holland, StGB, Bd. 1, 3. Aufl., 2017, § 24 Rn. 109; Schönke/Schröder/Eser/Bosch, StGB, 30. Aufl., 2019, § 24 Rn. 43.

수를 인정한 형법의 목적, 즉 중지미수의 형의 감면근거와 범행의 중지사유가 일치하는 범위 내에서 자의성을 인정하여야 한다.[48] 이러한 해석은 자의성을 규범목적적인 의미로 이해하는 것으로 볼 수 있으므로 규범설이라고 부른다.

53 일부에서는 규범설의 변형된 형태로 자의성의 판단 여부를 간접정범에서의 범행지배의 척도에 상응하는 기준으로 적용하자는 견해도 존재한다.[49] 이에 따르면, 행위자가 타인의 범행도구로 사용되는 정도의 착오, 강요, 책임무능력, 행위의미의 상실과 같은 상태에서 범행을 중단한 경우에는 행위자의 자의성을 부정하고, 이러한 정도에 이르지 못한 상태에서 범행을 중지하는 경우에는 자의성을 긍정한다.

54 규범설에 대해서는, ① 윤리적 동기설을 규범적 관점에서 재조명한 것에 불과하여 자의성을 인정하는 범위가 좁아지며,[50] ② '자의로'라는 심리적인 용어인 법문언의 표현을 규범적 의미로만 해석하는 것은 명문의 규정에 어긋나며,[51] ③ 중지미수의 효과로서 형의 감면이 가능한 우리 형법을 그렇게 규범적으로 협소하게 해석할 필요가 없으며,[52] ④ 규범적 기준 또한 언제나 구체적이고 명확한 기준은 아니라는 비판이 제기된다.[53]

55 그리고 변형된 규범설에 대하여는, 간접정범에 상응하는 기준을 차용하는 것은 출발에서부터 오류로 판단된다. 왜냐하면, 간접정범에서 강요나 책임무능력 등으로 인하여 피이용자가 자유로운 의사로 행위한 것이 아니라는 점은 불법한 범죄행위와 관련하여 자유로운 의사를 배제하는 것을 말한다. 그러나 중지미수에서의 자의성은 이러한 배제로서의 의미를 가지는 것이 아니라 범행을 중단한다는 적극적 의미에서의 자유로운 의사결정임을 의미하는 것이다.[54]

---

48 동일한 취지에서 심리설과 규범설을 절충하여 자의성을 판단하는 견해는 김일수·서보학, 400-401; 정성근·박광민, 322.

49 Jäger, Der Rücktritt vom Versuch als zurechenbare Gefährdungsumkehr, 1996, S. 98 ff.; Jäger, Das Freiwilligkeitsmerkmal beim Rücktritt vom Versuch, ZStW 112, 794 ff.

50 김성돈, 482; 임웅, 411.

51 MK/Hoffmann-Holland, StGB, Bd. 1, 3. Aufl., 2017, §24 Rn.115; LK/Lilie/Albrecht, StGB, 12. Aufl., 2007, §24 Rn. 231; Schönke/Schröder/Eser/Bosch, StGB, 30. Aufl., 2019, §24 Rn. 44.

52 손동권·김재윤, §24/17.

53 Wessels/Beulke/Satzger, AT, 48.Aufl., 2018, Rn. 1066.

54 Lampe, Rücktritt vom Versuch mangels Interessees - BGHSt 35, 184, JuS 1989, 614; NK/Zaczyk, StGB, Bd. 1, 3. Aufl., 2010, §24 Rn. 67.

(마) 결어

자의성의 판단은 단순한 행위자의 주관만으로 또는 객관적인 외부적 사정 만으로 판단하는 것이 아니라, 행위자 자신의 자율적인 의사결정에 따라 중단하였는가에 따라 결정되어야 한다는 점에서 원칙적으로 위 (다)의 절충설(자율성설)이 타당하다. 그러나 중지미수의 경우 형을 필요적 감면으로 규정한 취지는 존중되어야 하며, 이러한 점에서 중지자에게 중지에 대한 보상으로 형을 감면하여 줄 필요가 있는가에 대한 평가도 필요하다. 예컨대 앞에서 살펴본 전처 살해 사건[55]에서와 같이, 전처를 살해할 생각으로 전처의 애인에 대한 살해를 중단한 것에 중지미수를 인정하는 것은 적절하지 못하다. 여기서 절충설에 의하여 범행의 중지에서 자율성이 인정되는 경우에도 행위자의 범행중지가 보상을 받을 만한 가치가 있는 동기에서 중단하였는가라는 규범설의 입장에서 제한을 가할 필요가 있다. 이러한 규범설에 의한 제한이 필요한 경우로, ① 예컨대 1인에 대한 강도의 범행 중에 돈이 더 많아 보이는 다른 피해자가 나타나자 실행 중인 범행을 중단하고 새로운 피해자에게 강도하려고 접근하자 이를 알아채고 도주해 버리고 이전의 강도피해자 역시 그 사이에 도주한 경우와 같이 다른 범행을 실현하기 위하여 진행 중인 범행을 중단한 경우,[56] ② 집행유예 중인 사람이 절도의 실행 중에 오늘은 훔칠 물건이 적고 다음 주에 자신의 집행유예 기간이 종료하므로 다음 주에 절취하기로 하고 범행을 중단한 경우와 같이 더 좋은 기회를 잡기 위하여 범행을 중단한 경우, ③ 예컨대 피해자를 강간하려고 하자 피해자가 강간을 모면하기 위하여 여기에서 성관계를 하는 것은 적절하지 않으니 근처의 호텔에 가서 성관계를 하자고 유인하여 이를 믿은 행위자가 강간을 중단하고 모텔로 이동하던 중 피해자가 도주하여 강간에 실패한 경우와 같이 피해자의 현명한 대처 등에 의하여 범행이 중단된 경우 등을 들 수 있다. 56

(2) 실패한 미수의 경우

중지미수에서 자의성이 있는가의 문제는 실행행위를 계속하는 것이 가능 57
하거나 적어도 행위자가 가능한 것으로 여긴 상황에서 실행행위를 중단한 경우

55 BGHSt 35, 184.
56 이러한 경우들에 있어 행위자가 '합법으로의 회귀'(Rückkehr in die Legalität)가 있다거나 '적법으로의 기차'(Bahnen des Rechts)를 타고 있다고 말하기는 어렵다(Roxin, AT II, 2003, 30/379).

에 행위자가 자의로 중단하였는가를 묻는 것이다. 따라서 실행행위의 계속가능성이 존재하다는 전제하에 자의성을 검토하는 것이기 때문에, 객관적으로 실행행위의 계속가능성이 존재하지 않거나 행위자가 불가능하거나 의미 없는 것으로 생각하여 범행을 중단하는 경우에는, 처음부터 자의성을 인정하기 어렵다. 이와 같이 범행의 계속적 수행이 무의미하거나 불가능한 경우에 중지미수범의 성립이 처음부터 불가능한 미수를 '실패한 미수'(Fehlschlagender Versuch)[57]라고 한다. 실패한 미수에 해당하는 경우는 외관상 자의성이 문제되는 것처럼 보이나 처음부터 자의성이 부정되어 장애미수가 되는 것으로, 다음과 같은 유형이 존재한다.[58]

58 첫째, 구성요건이 행위자의 생각에 따라 실현될 가능성이 없는 경우에는 스스로 중단한 것으로 보이는 경우에도 중지미수를 인정할 수 없다. 행위자가 결과의 발생이 현실적으로 불가능하거나 결과실현이 매우 어렵다는 사실을 알았을 때, 예를 들어 범행도구로 인하여 더 이상 범행수행이 불가능한 경우에는 자의적 중지가 의미가 없다. 그러므로 탄환이 한 발만 남은 권총으로 쏘았으나 빗나간 경우 범행을 중지하겠다고 결심하더라도, 이는 장애미수에 해당할 뿐 중지미수에는 해당하지 않는다. 범행 도중에 계획하였던 대로 진행되지 않자 보다 유리한 기회를 잡기 위하여 범행을 중지한 경우에도 여기에 해당할 것으로 판단된다. 그리고 단순한 범행연기의 경우에도 자의성이 인정되지 않는다.

59 둘째, 목표한 행위의 객체가 존재하지 않거나 목표한 행위의 객체를 발견하지 못하여 범행을 중단하는 경우이다. 예를 들면, 행위자는 명화가 존재한다는 이야기를 듣고 이를 절취하기 위하여 주거에 침입하였으나 해당 그림이 존재하지 아니하거나 이를 발견하지 못하여 스스로 절취를 중단하고 그 집에서 나온 경우가 여기에 해당한다.

60 셋째, 행위의 객체의 질이나 상태가 행위자의 계획에 현저히 미치지 못하여 범행을 중단한 경우이다. 예를 들어, 현금이 많다는 정보를 입수하고 이를 절취

57 좌절미수(김성돈, 487; 정성근·박광민, 327) 또는 실패한 시도(손동권·김재윤, § 24/11)라고 부르기도 한다.

58 Fischer, StGB, 69. Aufl., 2022, § 24 Rn. 6 ff.; MK/Hoffmann-Holland, StGB, Bd. 1, 3. Aufl., 2017, § 24 Rn. 52 ff.; Roxin, AT II, 2003, 30/77 ff.; Schönke/Schröder/Eser/Bosch, StGB, 30. Aufl., 2019, § 24 Rn. 8 ff.

할 생각으로 가게에 침입하였으나 당일 수금한 돈을 모두 은행에 입금하여 버리는 바람에 현금이 거의 없어 실망한 나머지 사소한 액수의 현금에 대한 절취를 중단한 경우[59]가 여기에 해당한다.

넷째, 범행 중 행위자가 외부적 요인으로 인하여 공포심을 느껴 범행을 중 61
지한 경우이다. 예를 들어, 범인이 지나가는 경찰차를 보고 곧 체포될 것 같은 구체적 두려움 때문에 범행을 중지하였다면 자의성이 인정되지 않는다. 이에 반하여, 범인이 특별한 상황이나 사태 때문이 아니라 막연한 심리적 공포심이나 체포에 대한 두려움이 원인이 되어 중지한 경우에는 자의성이 인정된다.[60]

(3) 판례

(가) 판례의 입장

판례는 "자의에 의한 중지 중에서도 일반사회통념상 장애에 의한 미수라고 62
보여지는 경우를 제외한 것을 중지미수라고 풀이함이 일반이다."[61]라고 하거나, "피해자의 다음에 만나 친해지면 응해 주겠다는 취지의 간곡한 부탁은 사회통념상 범죄실행에 대한 장애라고 여겨지지는 아니하므로 피고인의 행위는 중지미수에 해당한다."[62]라고 판단하였다. 또한, "피고인은 자신의 범행전력 등을 생각하여 가책을 느낀 나머지 스스로 결의를 바꾸어 (중략) 그 범행을 중지하여 결과발생을 방지하였다는 것이므로 피고인의 소위는 중지미수의 요건을 갖추었다고 할 것"[63]이라고 판시하여, 절충설의 입장을 따르는 것처럼 보인다.

그러나 다른 한편, "피해자의 신체조건상 강간을 하기에 지장이 있다고 본 63
데에 기인한 것이므로 이는 일반의 경험상 강간행위를 수행함에 장애가 되는 외부적 사정에 의하여 범행을 중지한 것에 지나지 않는 것으로서 중지범의 요건인 자의성을 결여하였다."[64]라고 판시하여, 객관설을 취하는 듯한 판례도 존

---

59 BGHSt 9, 48.

60 박상기·전지연, 224. 여기서 프랑크의 공식에 기초하여 단순한 두려움이나 공포심으로 인하여 범행을 중단한 경우에는 자의성을 인정하고, 행위자 자신의 의사나 동작에 대한 통제가 불가능할 정도로 심한 두려움이나 공포심에서 범행을 포기한 경우에는 자의성을 부정하는 견해(임웅, 413)도 있다.

61 대판 1985. 11. 12, 85도2002.

62 대판 1993. 10. 12, 93도1851.

63 대판 1986. 3. 11, 85도2831. 이 판례를 주관설(윤리설)로 이해하는 입장도 있다[오영근, 329; 주석형법 [총칙(2)](3판), 39-40(정문경)].

64 대판 1992. 7. 28, 92도917.

재한다.[65]

64 결국 판례는 자의성에 관한 여러 견해 중 특정한 하나의 견해를 취하고 있다고 보기는 어렵고, 절충설을 기본으로 하면서 경우에 따라 구체적 타당성을 유지하기 위하여 규범설을 가미하고 있는 것으로 보인다.[66]

(나) 자의성을 긍정한 경우

(a) 가책·후회·동정에 의한 중지

65 ① 피고인은 A(원심 상피고인)와 함께 대전역 부근에 있는 B가 경영하는 상점 사무실의 금품을 절취하기로 공모하여, 피고인은 그 부근 포장마차에 있고, A는 위 상점의 열려진 출입문을 통하여 안으로 들어가 물건을 물색하고 있는 동안, 피고인은 자신의 범행전력 등을 생각하여 가책을 느낀 나머지 스스로 결의를 바꾸어 위 B에게 A의 침입사실을 알려 그와 함께 A를 체포하여 그 범행을 중지하여 결과발생을 방지하였다는 것이므로, 피고인의 소위는 중지미수의 요건을 갖추었다고 할 것이다.[67]

66 ② 피고인이 피해자를 반항하지 못하게 한 후 간음하려고 하였으나 갑자기

---

65 위 92도917 판결(주 64)은 결국 피고인이 외부적 장애사유로 인하여 범행을 중단한 것이므로 중지미수에 해당하지 않는다고 보는 입장이다. 이 판결의 판단기준에 대하여 주관설에 가까운 입장으로 파악하는 견해(오영근, 329)와 절충설에 입각한 것으로 보는 견해[하태훈, "중지미수의 성립요건", 형사판례연구 [7], 한국형사판례연구회, 박영사(1999), 69]도 있다. 그러나 이 판결은 표현상 객관설에 따라 중지미수를 부인한 것으로 보는 것이 타당하다. 왜냐하면, 대법원의 판단은 행위자가 외부적 장애로 인하여 범행을 중지하였다고 보기 때문이다. 만일 절충설의 입장을 따른다면, 피고인은 피해자의 애원을 듣고 스스로의 판단에 따라 범행을 중지하기로 결정하였으므로 자의성을 인정하여야 할 것이다. 또한 규범설의 입장을 따르더라도, 행위자가 자의적으로 중지한 것으로 보아 중지범을 인정하는 것이 타당한 경우이다(박상기·전지연, 224).

66 자의성(임의성)에 관한 일본의 학설(우리나라와는 학설의 명칭이 상이함)로는, ① 프랑크의 공식을 기준으로 하는 주관설, ② 반성·후회·연민·동정이라는 동기에 의하여 한정하는 한정적 주관설, ③ 행위자가 인식한 사정을 기초로 사회 일반의 통념에 비추어, 즉 일반경험상 통상적인 장애가 되는지 여부에 따라 판단하는 객관설, ④ 행위자가 외부적 사정을 인식한 때의 현실적 의식의 과정을 객관적으로 판단하여 가능하다고 느꼈다고 인정됨에도 중지하였는지 여부에 따라 판단하는 절충설, ⑤ 범죄 실행 시에 합목적적으로 행동하는 인간의 냉정한 이성에 기초하여 불합리하게 결단하여 범죄의 실행을 중지하였는지 여부에 따라 판단하는 불합리결단설 등이 있다[大塚 外, 大コン(3版)(4), 130-132(野村 稔); 西田 外, 注釈刑法(1), 684-690(和田俊憲)]. 한편 일본의 판례는, ⓐ 자의성을 부정한 사례는 대부분 위 ②의 한정적 주관설의 입장이고, ⓑ 자의성을 인정한 사례는 위 ① 내지 ④의 다양한 입장인 것으로 보인다[일본 판례의 분석은 西田 外, 注釈刑法(1), 690-700(和田俊憲) 참조].

67 대판 1986. 3. 11, 85도2831.

정신이 들어 자신의 행동을 후회하여 미안하다고 하며 피해자의 주거지에서 나와 미수에 그쳤다면, 중지미수에 해당한다.[68]

③ 피고인은 미성년자를 유인하여 금원을 취득할 마음을 먹고, A와 공모하 67
여 A로 하여금 피해자를 유인하였으나 마음이 약해져 실행을 중지하여 미수에 그친 경우, 중지미주에 해당한다.[69]

(b) 부탁에 의한 중지

피고인은 피해자를 강간하려고 하다가 피해자가 다음번에 만나 친해지면 68
응해주겠다는 취지의 간곡한 부탁으로 인하여 그 목적을 이루지 못하였고, 그 후 피해자를 자신의 차에 태워 집에까지 데려다 준 경우, 피고인은 자의로 피해자에 대한 강간행위를 중지한 것이고, 피해자가 다음에 만나 친해지면 응해주겠다는 취지의 간곡한 부탁은 사회통념상 범죄실행에 대한 장애라고 여겨지지는 아니하므로, 피고인의 행위는 중지미수에 해당한다[70]고 할 것이다.[71]

(다) 자의성을 부인한 경우

(a) 겁이나 두려움에 의한 중지

① 범죄의 실행행위에 착수하고 그 범죄가 완수되기 전에 자기의 자유로운 69
의사에 따라 범죄의 실행행위를 중지한 경우에, 그 중지가 일반 사회통념상 범죄를 완수함에 장애가 되는 사정에 의한 것이 아니라면 이는 중지미수에 해당한다고 할 것이지만, 피고인이 피해자를 살해하려고 그의 목 부위와 왼쪽 가슴 부위를 칼로 수회 찔렀으나 피해자의 가슴 부위에서 많은 피가 흘러나오는 것

68 대판 2016. 10. 13, 2016도11765.

69 대판 1983. 1. 18, 82도2761(피고인이 위 중지미수 이후 다음달 드디어 피해자를 인치, 살해하고 금원을 요구하는 내용의 협박편지를 피해자의 마루에 갖다 놓고 피해자의 안전을 염려하는 부모로부터 재물을 취득하려고 한 사안에서, 범의가 갱신되었으므로 위 미수죄와 기수죄는 실체적 경합이라고 한 사례).

70 대판 1993. 10. 12, 93도1851. 이 사건에 대해 중지미수를 인정하는 견해로는 배종대, § 114/9. 본 판결 해설 및 평석은 송진현, "중지미수의 자의성", 해설 20, 법원행정처(1994), 447-454; 이용식, "부작위형태의 중지행위의 요건에 관하여: 형법 제26조 "실행에 착수한 행위를 중지하거나"의 해석과 관련하여", 서울대 법학 46-3(2005), 298-340.

71 일본 판례도 강간에 착수한 후 피해자가 애원하자 중지한 경우[浦和地判 平成 4(1992). 2. 27. 判タ 759·263], 불륜관계에 있는 여성과 함께 죽기로 하고 칼로 중한 상해를 입혔으나 피해자가 피고인의 요구를 들어주겠다고 말하며 애원하자 연민의 정으로 이를 중지하고 병원에 후송하여 죽지 않도록 한 경우[札幌高判 平成 13(2001). 5. 10. 判タ 1089·298]에 중지미수를 인정하였다.

을 발견하고 겁을 먹고 그만 두는 바람에 미수에 그친 것이라면,[72] 위와 같은 경우 많은 피가 흘러나오는 것에 놀라거나 두려움을 느끼는 것은 일반 사회통념상 범죄를 완수함에 장애가 되는 사정에 해당한다고 보아야 할 것이므로, 이를 자의에 의한 중지미수라고 볼 수 없다.[73]

70 ② 피고인이 장롱 안에 있는 옷가지에 불을 놓아 건물을 불태우려 하였으나 불길이 치솟는 것을 보고 겁이 나서 물을 부어 불을 끈 것이라면, 위와 같은 경우 치솟는 불길에 놀라거나 자신의 신체 안전에 대한 위해 또는 범행 발각 시의 처벌 등에 두려움을 느끼는 것은 일반 사회통념상 범죄를 완수함에 장애가 되는 사정에 해당한다고 보아야 할 것이므로, 이를 자의에 의한 중지미수라고는 볼 수 없다.[74]

71 ③ 범행당일 미리 제보를 받은 세관직원들이 범행장소 주변에 잠복근무를 하고 있어 그들이 왔다 갔다 하는 것을 본 피고인이 범행의 발각을 두려워한 나머지 자신이 분담하기로 한 실행행위에 이르지 못한 경우, 이는 피고인의 자의에

---

72 일본 판례 중에는 이와 유사한 사례에서 중지미수를 인정한 것(①)도 있고, 장애미수를 인정한 것(②)도 있다. 중지미수를 인정한 판례는, ① 미필적 살의를 가지고 여성의 목을 칼로 찔러 중상을 가하였는데, 입에서 많은 피가 흐르는 것을 보고, 놀람과 동시에 큰일을 저질렀다고 생각하여 지혈함으로써 피해자가 사망하지 않은 사안에서, "외부적 사실이 중지행위의 계기가 되었더라도 범인이 그 표상에 의해 반드시 중지행위를 할 것이라고 보기는 어려운 경우에 굳이 중지행위를 한 경우에는 임의의 의사에 의한 것으로 보아야 한다. 통상인이라면 본건과 같은 유혈을 보고 위와 같은 중지행위를 반드시 취할 것이라고는 할 수 없다. 본건의 중지행위는 유혈이라는 외부적 사실의 표상을 계기로 하면서도, 범행에 대한 반성, 회오의 정 등으로 임의의 의사에 기한 것이라고 인정하는 것이 상당하다."고 판시하였다[福岡高判 昭和 61(1986). 3. 6. 高刑集 39·1·1]. 한편 장애미수를 인정한 판례는, ② 도박 빚에 시달린 피고인이 자살을 결심하고 자신이 죽으면 혼자 남을 모친을 불쌍하게 생각하여 함께 죽이려고 잠자고 있는 모친의 머리를 방망이로 1회 구타하여 죽은 줄 알았는데, 잠시 후 피고인의 이름을 불러 가보니 머리에 피를 흘리며 괴로워하는 것을 보고 놀라서 겁이나 중지한 사안에서, "피고인에게 있어 다시 살해행위를 계속하여 고통을 주는 것은 실행 당초의 의도에도 반하기 때문에 소론과 같이 살해행위를 계속하는 것은 일반의 통례라고는 할 수 없다. 피고인이 범행완성의 의지를 억압당하여 본건 범행을 중지한 것은 범행완성을 방해하기에 충분한 성질의 장애에 기한 것이다."라고 판시하여, 자의성을 부정하고 장애미수를 인정하였다[最決 昭和 32(1957). 9. 10. 刑集 11·9·2202].

73 대판 1999. 4. 13, 99도640. 이 사건에서 자의성을 긍정하는 견해는 손동권·김재윤, § 24/21; 오영근, 330; 조국(주 14), 76. 본 판결 평석은 정현미, "착수미수와 실행미수의 구별", 형사판례연구 [14], 한국형사판례연구회, 박영사(2006), 1-24.

74 대판 1997. 6. 13, 97도957. 이 사건에 대하여 자의성을 긍정하는 견해는 손동권·김재윤, § 24/21; 오영근, 330; 이재상·장영민·강동범, § 28/22; 조국(주 14), 76. 본 판결 평석은 하태훈(주 65), 60-80.

의한 범행의 중지가 아니어서 중지범에 해당한다고 볼 수 없다.[75]

(b) 외부적 사정에 의한 중지

① 피고인이 두려움으로 항거불능의 상태에 있는 피해자 A의 양손을 뒤로 하여 기저귀로 묶고 눈을 가린 후 하의를 벗기고 강간하려고 하였으나 잠자던 피해자의 어린 딸이 깨어 우는 바람에 도주하였고, 또 다른 피해자 B를 강간할 마음을 먹고 두려움으로 항거불능의 상태에 있는 피해자에게 옷을 벗으라고 협박하여 피해자를 강간하려고 하였으나 피해자가 시장에 간 남편이 곧 돌아온다고 하면서 임신 중이라고 말하자 도주하였다는 것인바, 그렇다면 피고인이 자의로 강간행위를 중지하였다고 볼 수는 없을 것이다.[76] 72

② 피고인 甲, 乙, 丙이 강도행위를 하던 중 甲, 乙은 피해자를 강간하려고 작은 방으로 끌고 가 강제로 팬티를 벗기고 음부를 만지던 중 피해자가 수술한 지 얼마 안 되어 배가 아프다면서 애원하는 바람에 그 뜻을 이루지 못하였다면, 강도행위의 계속 중 이미 공포상태에 빠진 피해자를 강간하려고 한 이상 강간의 실행에 착수한 것이고, 피고인들이 간음행위를 중단한 것은 피해자를 불쌍히 여겨서가 아니라 피해자의 신체조건상 강간을 하기에 지장이 있다고 본 데에 기인한 것이므로,[77] 이는 일반의 경험상 강간행위를 수행함에 장애가 되는 외부적 사정에 의하여 범행을 중지한 것에 지나지 않는 것으로서 중지범의 요건인 자의성을 결여하였다.[78] 73

③ 피고인 등의 이 사건 범행은 원료불량으로 인한 제조상의 애로, 제품의 판로 문제, 범행탄로 시의 처벌공포, 원심 상피고인의 포악성 등으로 인하여 히로뽕 제조를 단념한 것이므로 중지미수로서 본조를 적용하여야 한다고 주장하나, 원심이 인용한 제1심 판결이 적법하게 확정한 바에 따르면 피고인 등은 염 74

75 대판 1986. 1. 21, 85도2339.

76 대판 1993. 4. 13, 93도347.

77 피해자의 신체조건 때문에 강간의 미수(장애미수)에 그친 사례로는, ① 피해자의 음부에 성기를 삽입하려고 하였다가 나이 어린 피해자의 음부에 성기가 삽입되지 않자 중단한 경우[대판 2014. 2. 13, 2013도14349, 2013전도275(원판결의 판단이 정당하다고 판시)], ② 생리 중이어서 중단한 경우(BGHSt 20, 279), ③ 강간하려고 하였으나 피해자가 닭살인 것을 보고 욕정이 감퇴되어 중단한 경우[東京高判 昭和 39(1964). 8. 5. 高刑集 17·5·557] 등이 있다.

78 대판 1992. 7. 28, 92도917. 이 사건에 대해 중지미수를 인정하는 입장은 오영근, 330; 조국(주 14), 75.

산에페트린으로 메스암페타민합성 중간제품을 만드는 과정에서 그 범행이 발각되어 검거됨으로써 메스암페타민 제조의 목적을 이루지 못하고 미수에 그쳤다는 것이므로, 피고인 등의 범행과정에 설사 위와 같은 사정이 있었다고 하더라도 그와 같은 사정이 있었다는 사정만으로서는 이를 중지미수라 할 수 없다.[79]

75 ④ 피고인이 A에게 위조한 주식인수계약서와 통장사본을 보여주면서 50억원의 투자를 받았다고 말하며 자금의 대여를 요청하였고, 이에 A와 함께 50억원의 입금 여부를 확인하기 위해 은행에 가던 중 은행 입구에서 차용을 포기하고 돌아간 것이라면, 이는 피고인이 범행이 발각될 것이 두려워 범행을 중지한 것으로서, 일반 사회통념상 범죄를 완수함에 장애가 되는 사정에 해당한다고 보아야 할 것이므로, 이를 자의에 의한 중지미수라고는 볼 수 없다.[80]

(c) 그 밖의 동기에 의한 중지

76 ① 피고인이 기밀탐지 임무를 부여받고 대한민국에 입국하여 기밀을 탐지·수집 중 경찰관이 피고인의 행적을 탐문하고 갔다는 말을 전해 듣고 지령사항 수행을 보류하고 있던 중 체포되었다면, 피고인은 기밀탐지의 기회를 노리다가 검거된 것이므로 이를 중지범으로 볼 수는 없다.[81]

77 ② 피고인이 A로부터 하도급 부탁 대가로 고급시계를 받기로 하였는데, A가 시계 가격을 알아본 후 시계 가격이 너무 부담이 되어 피고인에게 거짓말까지 하였다가 들통이 나서 그 때부터 피고인과 서먹한 사이가 되어, 그 후 피고인이 시계를 사지 말라고 하였으므로, A는 이미 피고인이 위와 같은 말을 하기 전에 시계 구입을 포기하고 있었던 것으로 보일 뿐만 아니라, 피고인이 위와 같은 말을 한 것이 자기의 자유로운 의사에 따라 범죄의 실행행위를 중지한 것이라고 볼 수도 없다.[82]

(라) 결어

78 판례는 놀라움이나 두려움은 사회통념상 범죄수행에 장애요인이라고 보아 중지미수의 성립을 부정하였는데, 결론적으로는 위 객관설에 입각한 것으로 볼 수 있다. 두려움에 의한 범행 중단의 경우 만일 위 절충설을 따른다면, 범행중

---

79 대판 1985. 11. 12, 85도2002.
80 대판 2011. 11. 10, 2011도10539. 이 사건에 대하여 중지미수를 인정하는 입장은 이상돈, 485.
81 대판 1984. 9. 11, 84도1381.
82 대판 2012. 5. 9, 2012도845.

지가 행위자의 자율적 동기에 따른 것이므로 자의성을 인정하였어야 할 것이다. 그러나 대법원은 행위자가 범행을 중지한 사유가 자율적·내부적 동기에 의하여 형성된 두려움을 결론적으로는 범행중지를 할 수밖에 없는 장애사유라고 평가하고 있다. 내부적 요인과 외부적 요인의 구별이 용이하지 않다는 객관설에 대한 비판이 바로 이러한 판결에서도 드러난다. 다른 한편, 두려움이라고 하더라도 범행현장에서 수사관에게 체포될 위험성을 느낀 나머지 중지한 경우의 두려움과 불길이 치솟거나 피해자가 피를 흘리는 것을 보고 느끼는 두려움은 다르다고 보아야 한다. 후자의 경우에 느끼는 두려움은 자신에게 피해로 돌아올 상황에 대해 느끼는 구체적 두려움이 아니며, 따라서 반드시 범행중지를 하여야 할 심리적 사유라고 볼 수도 없다. 오히려 자신의 범행으로 인한 피해 결과에 대해 느끼는 두려움으로서, 이로 인한 자발적 범행중지는 보상적 성격을 지니는 중지라고 보아 자의성을 인정하는 것이 타당하다.[83]

2. 객관적 성립요건 – 중지행위 또는 결과발생 방지행위

(1) 착수미수와 실행미수의 구별

(가) 구별의 의의

중지미수는 실행행위를 종료하였는가의 여부에 따라 착수미수(unbeendeter Versuch)와 실행미수(beendeter Versuch)를 구분하며, 전자를 미종료미수, 후자를 종료미수라고 부르기도 한다. 즉 범죄의 완성을 위하여 필요한 실행행위를 마치지 않은 상태에서 범행을 중지하는 경우에는 착수중지(미수)를, 범행의 완성에 필요한 실행행위를 모두 마쳤으나 결과가 발생하기 전에 그 결과의 발생을 방지하는 경우에는 실행중지(미수)를 인정한다. 79

착수미수와 실행미수의 구별은 특히, ① 행위자가 범죄의 실현을 위해 여러 개의 행위를 계획하였고 각각의 행위에 의해서도 결과가 발생할 수 있었는데 행위자가 계획된 행위의 일부만을 하였으나 결과가 발생하지 않자 나머지 80

83 하급심 판례 중에는 피고인이 청산가리를 탄 술을 피해자 2명에게 나누어주어 마시게 하였다가 먼저 마신 피해자 1명이 술을 토하자 즉시 다른 피해자의 술을 거두어 가지고 밖으로 나가서 쏟아버림으로써 그 술을 마시지 못하게 한 사안에서, 이는 범인이 자의로 실행에 착수한 행위를 중지한 이른바 중지미수에 해당한다고 판시한 것이 있다(대구고판 1975. 12. 3, 75노502).

계획된 범행을 중지한 경우,[84] ② 실행의 착수 시에 계획된 행위를 모두 하였음에도 결과가 발생하지 않았지만 범행을 계속하는 것을 중지한 경우[85]에 문제가 된다.

81 양자를 구별하는 실익은 착수미수의 경우에는 결과방지를 위한 추가적 행위가 요구되지 않는 반면에, 실행중지의 경우에는 비록 범행을 중지하였더라도 그것만으로는 충분하지 않으며 결과방지를 위한 추가적인 행위가 있어야 하고, 이러한 결과방지행위가 성공하여야 한다는 점에서 성립요건이 다르다.[86] 그러나 다수의 범행가담자가 있는 경우, 중지범 해당 여부를 판단하는 데에는 양자의 차이가 없다.

82 독일 연방법원이 판결하였던 사건을 예로 들면, 피고인이 애인을 살해하기로 결심하고 애인인 피해자의 몸을 칼로 수차례 찔러 심장부위에도 약 4.2센티미터 깊이의 자상을 입힌 사건이 있다. 범행 당시 피고인은 한 번만 찔러도 피해자가 사망할지도 모른다고 생각하였다. 범행 후 피해자의 어머니(80세)가 피해자의 비명소리를 듣고 방에 들어서자 피고인은 쓰러진 피해자 앞에서 칼을 들고 서 있었으며, 더 이상 칼로 찌르지는 않았다. 어머니가 피해자를 일으켜 소파에 눕힌 다음 전화로 구급차를 부르자 피고인은 스스로 범행현장을 떠났으며, 피해자는 응급처치의 결과 구조되었다. 이 사건에서 실행미수를 인정하는 경우, 피고인은 피해자가 사망하지 않도록 결과발생을 방지하는 행위를 하여야 중지미수가 인정될 수 있으나 이를 하지 않았으므로 살인의 (장애)미수에 해당한다. 이에 반하여, 피해자를 살해하기 위해 추가적인 행위가 필요한데 그만둔 것으로 인정한다면 착수미수가 되고, 피고인에게 자의성이 인정되므로 중지미수가 성립할 수도 있다.[87]

---

84 예컨대, ① 甲이 A를 살해하기 위해 칼로 목을 찌른 후 총으로 심장을 쏘기로 계획하였는데 칼로 A의 목을 찌른 후 A가 죽지 않자 총쏘는 행위를 하지 않은 경우나 ② 2발을 발사하여 살해할 계획이었으나 1발을 쏘아 빗나갔으나 자발적으로 사격을 중단한 경우가 여기에 해당한다.

85 예컨대, ① 甲이 총쏘는 행위까지 하였으나 A가 사망하지 않았고, 甲이 계획된 것 이외에 새로운 살인행위를 더 할 수 있었지만 더 하지 않은 경우나 ② 1발로 살해를 계획하여 총을 쏘았으나 빗나가자 2번째 총알을 사격할 수 있었으나 이를 중지한 경우가 여기에 해당한다.

86 이에 반하여 착수미수와 실행미수의 구별 실익에 관하여 비판적인 견해는 류전철, "착수미수와 실행미수의 구별 실익", 법학논총 29-1, 전남대 법학연구소(2009), 162 이하.

87 독일 연방법원은 해당 사건에서 실행미수를 인정하였다(BGHSt 22, 330).

(나) 구별 기준

착수미수와 실행미수를 구별하는 것이 언제나 명확한 것은 아니기 때문에 83
이에 대해서는 학설이 대립되어 있다.

(a) **주관설**(범행계획설)

주관설은 행위자가 '실행에 착수한 시점'에 가지고 있었던 행위자의 의사를 84
기준으로 실행행위의 종료시점을 판단하는 견해이다. 즉 행위자가 실행착수 시에 가지고 있었던 범행계획에 따라 범죄의 완성을 위하여 필요하다고 생각한 행위를 다하지 아니하였을 때에는 착수미수에 해당하고, 범행계획에 의한 모든 행위가 완결되었을 때에는 실행미수라고 한다. 그 결과 범행 계속을 위하여 행위자가 새로운 범행결심이 필요하다면, 이는 실행미수에 해당한다. 이 학설은 실행의 착수시점에 범행계획과 관련한 행위자의 의사를 기준으로 한다는 점에서 범행계획설(Tatplantheorie)이라고도 한다. 독일 연방법원이 과거에 취하고 있던 입장이다.[88]

주관설에 대해서는 다음과 같은 비판이 제기된다. 85

① 객관적 요소를 고려하지 않고 주관적 요소만으로 행위의 의미를 파악하 86
려고 하는 것은 부당하다.

② 사전에 보다 치밀한 범행계획을 수립하여 실행에 착수한 행위일수록 범 87
인의 행위가 착수미수에 머무를 가능성이 높아지기 때문에 중지미수의 성립가능성이 커지는 유리함이 있다.[89] 예컨대 권총에 6발의 총알을 장전하여 피해자를 향하여 5발을 발사하였으나 모두 빗나간 상황에서 6번째의 발사를 단순히 중지한 경우, 만일 행위자가 사전에 6발을 모두 발사하기로 한 경우였다면 범행계획설에 의하면 중지미수가 인정되고, 이에 반하여 처음부터 한발로 충분히 살해할 수 있다고 생각하였던 경우에는 실행미수가 된다.

③ 상대적으로 행위자가 우발적으로 범행에 착수한 경우에는 중지미수의 88
성립가능성이 작아진다는 비판이 제기된다.

(b) **수정된 주관설**(중지지평론)

수정된 주관설은 행위자의 의사를 기준으로 하는 점에서는 주관설과 동일 89

88 BGHSt 10, 129.
89 김성돈, 478.

하나, 실행의 착수시점이 아닌 '범행 중단 시' 즉, 마지막 실행행위를 종료한 시점에 행위자의 의사를 기준으로 종료시점을 판단하는 견해이다.[90] 행위자가 마지막 실행행위를 종료한 시점에 범죄의 완성을 위하여 필요하다고 생각하는 행위를 모두 완료하였다고 생각하는 경우에는 실행미수가 인정되고, 범죄의 완성을 위하여는 아직 더 실행하여야 한다고 생각하는 경우에는 착수미수에 해당한다. 중단 시의 행위자의 의사를 기준으로 착수미수와 실행미수의 구별을 결정한다는 입장에서 '중지지평론'(中止地平論)(Die Lehre von Rücktrittshorizont)이라고도 하며, 현재 독일의 통설[91]과 연방법원의 판례[92]의 입장이기도 하다.

(c) 객관설(개별행위설)

90 객관설은 행위자의 의사와 관계없이 객관적으로 결과발생의 가능성이 있는 행위가 있으면 실행행위가 종료한다고 이해한다. 실행중지의 경우 적극적인 결과발생 방지의무를 부과하는 이유는 그때까지의 행위가 결과를 발생시킬 개연성을 가져왔기 때문이라는 것이다.[93] 행위자가 한 범행의 일부인 개별행위를 중심으로 중지 여부를 판단한다는 점에서 개별행위설이라고도 한다. 이에 따르면, 만일 행위자가 결과를 발생시키기 위해서 추가적인 행위가 필요하다고 생각하면 착수미수 단계에 있는 것이므로 단순한 범행의 중지만으로도 중지미수가 인정될 수 있다. 반면에, 이미 이루어진 개별행위만으로도 결과가 발생할 수 있다고 생각하면 실행미수단계에 있는 것이 된다. 실행미수 단계의 경우에는 결과방지를 위한 행위자의 적극적인 방지행위가 있어야 중지미수가 인정될 수 있다. 이처럼 이 학설에서는 행위중지 시점에서 행위자의 생각이 중요하므로, 차후 재범행의 가능성을 염두에 두거나 범행실패의 경우에 다른 범행방법을 생각하고 있었더라도 중지미수를 인정한다.

91 객관설에 대해서는, ① 행위자의 주관적 요소를 고려하지 않고 객관적 요

90 김신규, 393; 박상기, 형법총론(9판), 373; 신동운, 529-530; 이재상·장영민·강동범, § 28/31; 이형국·김혜경, 339-340; 한상훈·안성조, 219.

91 Fischer, StGB, 69. Aufl., 2022, § 24 Rn. 14b; LK/Lilie/Albrecht, StGB, 13. Aufl., 2019, § 24 Rn. 141 f.; MK/Hoffmann-Holland, StGB, Bd. 1, 4. Aufl., 2020, § 24 Rn. 78, 81; Roxin, AT II, 30/187; Wessels/Beulke/Satzger, AT, 48. Aufl., 2018, Rn. 1042 f.

92 BGHSt 31, 170, 175; 33, 295, 298; 35, 90; 39, 221; 40, 304, 306.

93 이상돈, 489.

소만으로 행위 나아가 실행의 의미를 파악하는 것은 부당하고, ② 중지미수도 미수의 일종이므로 행위자의 범행계획을 중심으로 파악되어야 하며,[94] ③ 중지미수와 관련하여서는 자의성이라는 주관적 요소를 요건으로 하는 취지와 너무 동떨어진다는 비판이 제기된다.

(d) 절충설

절충설은 주관적인 행위자의 범행계획과 행위 당시의 객관적 사정을 종합하여 실행행위의 종료시점을 파악하는 견해이다(다수설).[95] 즉, 실행행위의 종료는 행위자의 범행계획과 외부적 사정을 고려하여 법익에 대한 직접적인 위험이 종료하였을 때를 기준으로 한다. 여기서 구체적인 종료 여부는 일반적으로 죄수개념에 입각하여 결과가 발생하지 않고 끝난 행위와 이후에 계속된 행위가 단일행위를 구성한다면, 결과가 발생하지 않고 끝난 시점에서 착수미수를 인정한다. 그리고 계속된 행위가 이전의 행위와 다른 새로운 범행이라고 볼 수 있는 경우에는, 새로운 행위를 계속하기 전의 시점에서 실행미수를 인정하여 결과발생을 방지하기 위한 행위가 필요하다고 본다. 예컨대 타인의 주거에 침입하여 귀금속을 절취한 다음 계속하여 다른 물건을 절취할 의사로 재물을 물색하는 경우에는, 귀금속을 절취한 행위와 다른 물건을 물색하는 행위는 새로운 범행이라고 볼 수 없으므로 아직 실행행위가 종료하지 아니한 것이다.[96] 92

절충설에 대해서는, ① 행위가 결과발생에 충분한가 아닌가 하는 점에 대하여 객관적 사정과 행위자의 인식이 다른 경우에 적절한 결론을 도출할 수 없으며,[97] ② 실행의 종료를 죄수론으로 결정하는 것은 부당하며, ③ 이미 실행한 행위와 아직 실행하지 않은 행위가 하나인지 아니면 다른 행위인지를 구별할 기준이 모호하다는 비판이 제기된다. 예를 들면 살해하기 위해 칼로 찌른 후 실패하 93

94 신동운, 529.

95 김일수·서보학, 403; 배종대, 377; 손동권·김재윤, § 24/26; 오영근, 331-332; 임웅, 415; 정성근·박광민, 324; 정웅석·최창호, 462.

96 일부에서는 착수미수와 실행미수를 구별함에 있어 두 가지 경우를 나누어 판단한다. 즉, ① 일정한 행위를 하다가 중지하고 다른 행위로 나아간 경우에는 행위자의 전후행위를 전체적으로 고찰하여 한 개의 단일행위로 평가할 수 있는가에 따라 착수미수와 중지미수를 구별하고(절충설), ② 일정한 행위를 하다가 중지하고 새로운 행위를 개시하지 아니한 경우에는 중지시점에 행위자의 의사에 따라 착수미수와 실행미수를 구별하는 입장(수정된 주관설)을 취한다(김성돈, 478-479).

97 신동운, 529.

면 총을 쏘아 살해하기로 계획하였는데 칼로 찌른 후 피해자가 죽지 않은 상황에서 범행을 중단한 경우, 행위자의 범행계획을 기준으로 하면 칼로 찌르는 행위와 총으로 쏘는 행위는 하나일 수 있지만, 객관적으로 보면 별개의 행위라고 할 수 있기 때문이다. 또한 절충설에 의하면, 예컨대 몽둥이로 내려친 이후에 비로소 목을 졸라 죽이겠다고 생각하고서 실행하려다 중지한 경우, 몽둥이로 치는 행위와 목을 조르는 행위 사이에 행위 단일성이 인정되므로 착수중지미수를 인정한다.[98] 그러나 이러한 경우, 착수미수를 인정하면 행위자가 목을 조르다 범행을 중지하고 피해자를 그대로 둔 채 가버린 상황에서 다행히 제3자의 구조행위로 피해자가 사망하지 않은 경우에도 중지미수를 인정하는 것은 문제가 있다.[99]

(e) 결어

94 착수미수와 실행미수를 구별함에 있어서는 결과가 발생한 것이 아니므로 행위자의 의사가 결정적이다. 여기서 행위자의 의사를 어느 시점을 중심으로 할 것인가에 대하여, 실행착수 시를 기준으로 하는 경우에는 실행착수 시에 특별한 범행계획을 가지고 있지 아니하거나 또는 행위자가 의도하였던 범행계획대로 진행되지 아니한 경우 합리적인 기준으로 작용하지 못한다. 따라서 범행계획의 유무를 불문하고 범행중지시점에 행위자가 범행의 완성을 위하여 필요한 행위를 하지 않고 중단하였거나, 다른 대체방법을 통한 범행의 완성이 가능함에도 불구하고 이를 자의로 중단한 경우에는 착수미수에 해당한다. 이에 반하여, 범행계획의 존재나 내용과 상관 없이 범행완성을 위하여 추가적인 행위의 필요성이 없다고 판단하여 중지한 경우 실행미수에 해당하다(수정된 주관설).

(2) 착수미수의 중지

95 착수미수의 경우 중지미수가 성립하기 위해서는 실행행위의 계속을 중지하고, 결과가 발생하지 않아야 한다.

---

98 손동권·김재윤, § 24/27.

99 절충설과 범행계획설의 변형된 형태로 범행계획이 명확한 경우에는 이를 구별 기준으로 하고, 그러한 계획이 불명확하거나 없는 경우에는 행위 당시의 객관적 사정을 고려하여 착수미수와 실행미수를 구별하되, 행위자가 행위 당시에 행위계획을 갖고 있었는지 여부는 먼저 수사기관의 조사를 통해 확인되어야 하고, 그것이 불가능한 경우에는 최종 실행행위 후에 행위자가 결과야기를 위해 더 이상의 실행행위를 할 수 있었는지 또는 더 이상의 실행행위를 착수하였으나 중지하였는지를 기준으로 판단할 수 있을 것이라는 견해도 있다[김선복, "중지미수에서 착수미수와 실행미수의 구별문제", 인문사회과학연구 19-1, 부경대 인문사회과학연구소(2018), 389-390].

(가) 실행행위의 중지

착수미수가 성립하기 위하여는 아직 마치지 않은 실행행위를 중지하여야 하며, 여기서는 중지라는 부작위만으로 중지행위가 성립한다.[100] 예컨대, 피해자를 강간하려고 피해자를 위협한 강간범이 피해자의 부탁으로 간음행위로 나아가는 것을 중단한 경우가 여기에 해당한다.[101] 96

(나) 범행의 포기

착수중지미수가 되기 위하여 실행에 착수한 행위자가 범행을 포기하고 실행행위를 중지하여야 한다. 여기서 행위자는 착수한 범행을 종국적으로 포기하여야 하는가가 문제된다. 예컨대, 범행을 종국적으로 포기한 것이 아니라 더 좋은 기회를 잡기 위하여, 더 좋은 범행방법이나 시간을 택하기 위하여 일시적으로 범행을 보류하는 경우 중지미수를 인정할 수 있는가이다. 97

독일의 통설과 판례는 범행을 전체적으로 그리고 종국적으로 포기하는 경우에만 중지미수를 인정한다.[102] 이에 반하여 우리나라에서는 범행을 종국적으로 포기한 경우가 아니라 할지라도 중지미수가 될 수 있다고 이해한다(통설).[103] 그 이유는, ① 독일형법의 경우 중지미수의 규정은 실행을 '포기(aufgeben)'한 자라고 규정되어 있으므로 중지를 종국적 포기라고 해석할 수 있으나, 우리의 경우에는 실행에 착수한 행위를 '중지하거나'라고 표현하여 '포기'와 '중지' 사이에는 용어상의 차이가 존재한다. 여기서 중지를 종국적 포기로 해석하는 것은 피고인에게 불리한 축소해석으로서 우리 형법에서는 허용되지 않는 해석이라고 주장한다.[104] ② 독일형법은 중지미수의 경우 형을 필요적 면제사유로 규정하 98

100 임웅, 415.

101 일본 하급심 판례 중에는, 피해자를 살해하기 위하여 머리 부분을 겨냥하여 칼을 휘둘렀으나 피해자가 팔로 이를 막은 다음 무릎에 메달리며 "목숨만은 살려달라."고 애원하자 연민과 후회의 심정으로 범행을 중지하여 상해만을 가한 사안에서, 피고인이 최초의 일격으로 살해의 목적을 달성하지 못할 경우 계속해서 칼로 찌를 의사가 있었으므로, 이는 살해의 실행행위가 종료되기 전의 착수미수에 해당하고, 자의로 중지하였으므로 '착수미수로서의 중지미수'에 해당한다고 판시한 것이 있다[東京高判 昭和 62(1987). 7. 16. 判時 1247·140].

102 BGHSt 33, 142, 144 f.; 39, 221, 230; Fischer, StGB, 69. Aufl., 2022, § 24 Rn. 26a; Schönke/Schröder/Eser/Bosch, StGB, 30. Aufl., 2019, § 24 Rn. 38.

103 김성돈, 479; 김일수·서보학, 403; 배종대, § 114/16; 손동권·김재윤, § 24/28; 오영근, 332; 이상돈, 489; 이재상·장영민·강동범, § 28/33; 천진호, 695.

104 오영근, 332; 조국(주 14), 73-74.

여 포기를 종국적 포기로 해석하나, 우리 형법은 중지미수를 형의 필요적 감면으로 규정하므로 중지미수라 하여 당연히 형벌이 면제되는 것은 아니기 때문에 중지미수의 요건을 지나치게 엄격하게 해석할 필요가 없다고 본다.[105] ③ 피해자의 보호를 위해서는 어떻든 실행의 계속이 중지되는 것이 바람직할 것이므로 역시 일시적으로 중지하더라도 중지라는 개념을 엄격하게 해석할 필요가 없다고 이해한다.

99 형법상 '중지'의 표현을 범행에 대한 종국적인 포기 의사를 의미한다고 하여 이를 허용되지 않는 해석으로 이해하는 것은 적절하지 않다.[106] 독일형법의 경우 중지미수를 형의 필요적 면제사유로 규정하므로 중지미수의 해석을 엄격히 하는 것에 동의할 수는 있으나, 이것이 필연적으로 우리 형법의 해석을 완화된 형태로 하여야만 하는 것을 의미하는 것은 아니다. 중지미수의 형을 특별히 취급하는 이유를 중지한 것에 대한 보상이라는 차원에서 이해한다면, 보상을 받을 만한 가치로 범행을 중단하여야 한다고 본다. 따라서 더 좋은 기회나 시간을 노리기 위하여 범행을 중단하는 경우와 같이 일시적인 범행 중단의 경우에는 형에 대한 보상이 필요할 것으로 보이지 않기 때문에 중지미수를 부인하여야 할 것이다.[107] 다만 범행을 중지한 이후에 다시 동일한 피해자를 대상으로 범행을 실행하는 경우, 선행범행의 중지범 성립 여부는 선행범행과 후행범행이 단일한 범행의사로 연결되어 있는가, 범의가 갱신되었는가에 달려있다고 보인다.

100 판례에서 다루어졌던 사건을 예로 들어 본다. 처가 가출하고 탄광 사고로 청각을 잃은 피고인이 5남매의 어린 자녀를 직장도 없이 양육할 형편에 있었다. 피고인은 미성년자인 피해자를 유인하여 금원을 취득할 마음을 먹고 A로 하여금 피해자를 유인토록 하였으나 A의 거절로 미수에 그치고, 같은 달 2차에 걸쳐 다시 피해자를 유인하였으나 마음이 약해져 각 실행을 중지하여 미수에 그쳤다. 다음 달 드디어 피해자를 인치한 후 붕대로 목을 감아 살해하고 금원을 요구하는 내용의 협박편지를 피해자의 집 마루에 갖다 놓고 피해자의 안전을 염려하는 부모로부터 재물을 취득하려 하였다. 여기서 대법원은, 피고인은 당초의 범의를 철

105 손동권·김재윤, § 24/28.
106 이정원, "중지미수의 제문제", 박양빈 교수 화갑기념 논문집(1996), 417.
107 같은 취지로 김용욱, "미수형태와 중지범", 형사법연구 11, 한국형사법학회(1999), 93.

회 내지 방기하였다가 다시 범의를 일으켜 위 마지막의 약취·유인 살해에 이른 것이다. 따라서 그간에 범의의 갱신이 있어 그간의 범행이 단일한 의사발동에 인한 것이라고는 할 수 없으므로 위 각 미수죄와 기수죄를 경합범으로 의율한 원심의 판단은 정당하다고 판단하였다.[108] 결국 이 사건에서, 피고인이 살인의 기수에 이른 범행은 이전의 범행에 대한 범의를 경신하여 새로운 범행결의를 하여 결과를 발생시켰으므로 기수가 성립한다. 이에 반하여, 결과를 발생시키기 이전에 행하였던 범행은 자의적으로 중지한 점이 인정되어 중지미수가 성립한다.

(다) 결과의 불발생

착수행위의 중지로 인하여 결과가 발생하지 않아야 한다. 실행행위를 중지 101
하였으나 결과가 발생한 경우에는 기수가 되므로 중지미수가 될 수 없다.[109] 결과가 발생한 경우 중지한 노력은 양형상의 참작사유에 해당한다.

(3) 실행미수의 중지

실행미수는 이미 실행행위를 종료한 경우이므로 중지미수가 성립하기 위해 102
서는 행위자가 결과발생을 방지하는 행위를 해야 하고, 결과가 발생하지도 않아야 한다.

(가) 결과발생 방지행위

실행중지미수는 결과발생의 방지를 내용으로 한다. 즉 행위자는 이미 결과 103
발생에 필요한 모든 범행을 마친 후이므로, 중지미수가 성립하려면 결과가 발생하지 않도록 방지행위를 하여야 한다.

(a) **적극적인 방지행위**(작위)

여기서 범인이 결과발생의 방지행위를 부작위에 의하여도 가능한가가 문제 104
된다. 일부에서는 모든 행위는 작위와 부작위를 포함하므로 결과발생의 방지행위도 부작위를 배제하고 작위로 국한시킬 이유가 없다고 한다.[110] 따라서 예를 들어, 자신이 계획했던 모든 실행행위를 다하였으나 결과발생이 되지 않은 실행

108 대판 1983. 1. 18, 82도2761.

109 이와 같은 취지에서 판례는, "피고인의 본건 소위를 특정범죄가중처벌등에관한법률 제5조의2 제2항 제1호 소정의 재물요구죄로써 의률하고 있으니만큼 재물요구 사실이 인정되는 이건에서는 이미 재물요구죄는 완성되어 기수가 되어 버렸다 할 것이므로 그 이후의 사정이 어떻든 간에 중지미수니 장애미수니 하는 문제는 일어나지 아니한다."고 판시하였다(대판 1978. 7. 25, 78도1418).

110 오영근, 333.

미수에서 행위자가 새로운 범행을 계속하여 결과를 발생시킬 수 있는 충분한 가능성이 있음에도 불구하고 자의로 새로운 범행을 계속하지 않은 부작위의 경우에도 중지미수가 성립할 수 있다고 한다. 그러나 범인이 결과발생의 방지를 위한 행위는 진행되는 인과과정을 적극적이고 '진지한 노력'[111]을 통하여 중단시켜야 한다는 점에서, 단순히 부작위에 의한 결과발생의 방지행위는 불가능하다고 해석된다(통설).[112]

(b) 타인에 의한 방지행위

105 결과발생의 방지행위는 원칙적으로 행위자 자신이 직접 하여야 하며, 타인에 의한 결과방지는 중지미수에 해당할 수 없다. 다만, 결과발생의 방지가 의료행위처럼 전문적인 성격의 도움을 필요로 할 경우나 자신의 노력만으로는 결과발생을 방지하는 것이 어려워 타인의 도움을 요청하고 이를 통하여 결과를 방지하였다면 중지미수가 인정될 수 있다.[113] 이 경우 타인은 행위자로 인하여 방지행위를 해야 하고, 타인에 의한 결과방지가 범인 자신이 결과발생을 방지한 것과 동일시할 수 있을 정도의 진지한 노력을 요한다(통설).[114] 따라서 음독시킨 사람을 병원에 데려다주고 곧바로 도망쳐 버린다거나, 방화 후에 이웃에게 불을 꺼달라고 부탁하거나 소방서에 전화해달라고 부탁한 후 행위자 자신은 도주한 경우에는, 행위자 스스로 방지한 것으로 볼 수 없기 때문에 중지미수를 인정할 수 없다.

106 여기서 일부 견해는 우리 형법은 단순히 '결과발생을 방지한 때'라고 규정하고 있으므로 결과발생의 방지를 위한 '진지한 노력'까지 요한다고 해석할 필

---

111 일본의 통설·판례도 '진지한 노력'이 필요하다는 입장이다〔西田 外, 注釈刑法(1), 677(和田俊憲)〕. 판례 중에는 방화범인이 근처에 사는 친척에게 "방화했는데 잘 부탁한다."고 소리치고는 도망가 버렸는데, 이 소리를 들은 친척이 달려와 불을 꺼서 미수에 그친 사안에서, "결과발생의 방지는 반드시 범인 단독으로 할 필요가 없는 것은 당연하지만, (중략) 스스로 이를 하지 않는 경우에는 적어도 범인 자신이 이를 방지하는 것과 동시할 수 있는 정도의 노력을 기울일 필요가 있다."고 판시하면서, 중지미수를 인정하지 않은 것〔大判 昭和 12(1937). 6. 25. 刑集 16·998〕이 있다.

112 김성돈, 484; 김일수·서보학, 403; 박상기·전지연, 229; 배종대, § 114/19; 손동권·김재윤, § 24/30; 이재상·장영민·강동범, § 28/35; 임웅, 415.

113 福岡高判 昭和 61(1986). 3. 6. 高刑集 39·1·1(피고인이 피해자의 목을 칼로 찔러 많은 피가 나오자 놀라서 즉시 지혈하고 소방서에 전화하여 구급차를 부른 사안에서, 중지미수를 인정한 사례).

114 김일수·서보학, 403; 배종대, § 114/19; 신동운, 531; 이재상·장영민·강동범, § 28/36; 이주원, 형법총론(3판), 302; 임웅, 415.

요가 없다고 해석한다. 이에 따르면, 타인에게 결과발생방지를 부탁하고 자신은 도주한 경우와 같이 범인이 진지한 노력을 하지 않더라도 결과발생이 방지되면 중지미수를 인정할 수 있다는 견해도 있다.[115] 또한 일부에서는, 결과발생의 방지를 부탁하고 자신은 도주한 경우와 같이 진지한 노력을 하지 아니한 경우에는, 형의 면제 효과를 부여하는 것은 적절하지 않지만 형 감경의 법효과를 부여하는 것은 무방하다고 해석하기도 한다.[116] 그러나 형법규정의 '결과발생을 방지한 때'는 타인이 결과발생을 방지한 것이 아니라 자신이 직접 결과발생을 방지한 행위를 한 것을 의미하며, 다른 사람의 도움을 통한 결과발생의 방지는 제한적으로 해석하여야 한다는 점에서 통설의 입장이 타당하다.

(나) 결과의 불발생

중지미수가 되기 위하여는 방지행위로 인하여 현실적으로 결과발생이 방지되어야 한다. 결과발생을 방지하기 위한 노력에도 불구하고 결과가 발생한 경우에는 기수의 책임을 지며, 행위자가 결과발생을 방지하려고 행한 노력은 양형의 참작사유로 고려된다.[117] 107

다만 결과가 발생하였으나 실행행위와 결과의 발생 사이에 인과관계가 없거나 발생한 결과를 행위자에게 객관적으로 귀속시킬 수 없는 경우에는, 결과가 발생하였을지라도 중지미수에 해당할 수 있다. 예를 들면, 살해의 의사로 칼로 찔렀으나 이를 후회하고 행위자 자신이 직접 피해자를 살리기 위하여 병원으로 옮기던 도중에 차의 교통사고로 사망한 경우나 병원에 이송하여 치료를 받아 생명에는 지장이 없었으나 병원의 화재로 인하여 사망한 경우에는, 살인죄의 기 108

115 오영근, 333; 최준혁, "이탈과 중지미수, 그리고 인과성", 형사판례연구 〔30〕, 한국형사판례연구회, 박영사(2022), 78.

116 손동권·김재윤, § 24/30.

117 대판 1978. 11. 28, 78도2175(타인의 재물을 공유하는 사람이 공유자의 승낙을 받지 않고 공유대지를 담보에 제공하고 가등기를 경료한 경우 횡령행위는 기수에 이르고, 그후 가등기를 말소했다고 하여 중지미수에 해당하는 것이 아니며, 가등기말소 후에 다시 새로운 영득의사의 실현행위가 있을 때에는 그 두개의 횡령행위는 경합범 관계에 있다); 대판 1983. 12. 27, 83도2629(대마관리법 제19조 제1항 제2호, 제4조 제3호 위반죄는 대마를 매매함으로써 성립하는 것이므로 설사 피고인이 대마 2상자를 사가지고 돌아오다 이 장사를 다시 하게 되면 내 인생을 망치게 된다는 생각이 들어 이를 불태웠다고 하더라도 이는 양형에 참작되는 사유는 될 수 있을지언정 이미 성립한 죄에는 아무 소장이 없어 이를 중지미수에 해당된다 할 수 없다).

위 78도2175 판결 해설은 양기준, "횡령죄와 불가벌적 사후행위", 해설 1-1, 법원행정처(1979), 407 이하.

수가 아니라 살인죄의 중지미수가 성립한다.

(다) 방지행위와 결과불발생의 인과관계

(a) **인과관계의 필요**

109 실행중지미수가 성립하기 위하여는 원칙적으로 행위자가 행한 방지행위와 결과의 불발생 사이에 인과관계가 있어야 한다(통설).[118] 따라서 방지행위가 존재하나 결과의 불발생이 다른 요인에 의하여 발생한 경우에는 중지미수를 인정할 수 없다. 예컨대 행위자가 살해의 의사로 칼로 찔러 피해자가 쓰러지자 피해자를 구하기 위하여 도움을 요청하려 자리를 벗어난 사이에 지나던 행인이 피해자를 병원으로 이송하여 구조한 경우, 행위자의 방지행위는 결과의 불발생과 관련이 없다. 따라서 이 경우에는 중지미수가 인정되지 않으나, 행위자의 적극적인 방지행위 시도는 양형에서의 고려요소가 된다.[119]

110 이에 반하여 독일형법은 명시적으로 "범죄가 중지자의 관여 없이도 기수로 되지 않은 경우, 중지자가 범죄의 완성을 방지하기 위하여 자의로 그리고 진지하게 노력한 경우에는 처벌되지 아니한다."(독형 § 24①)라고 규정하여, 결과의 불발생이 중지자의 중지행위에 의한 경우가 아닐지라도 그의 진지한 노력을 인정하여 처벌하지 않는다. 독일형법의 이러한 취지와 같이 행위자가 자의로 진지한 중지행위를 하였으나 제3자나 다른 요인에 의하여 결과가 발생하지 않은 경우 중지미수를 인정하려는 입장이 있다. 독일형법의 경우 이러한 경우를 중지미수로 인정하여 형을 필요적으로 면제함에도 불구하고 우리나라와 같이 형의 감면에 그치는 상황에서 중지미수를 부정할 이유는 없으며,[120] 중지미수를 인정하더라도 이와 같은 해석은 피고인에게 불리한 유추해석이 아니므로 유추해석금지의 원칙에 저촉되지 않는다고 이해한다.[121] 그러나 독일형법과 같은 명문의 규정이 없는 우리 형법의 경우에는 전적으로 이를 수용할 수 없으며, 이를 인정하는 경우 결과발생 방지행위와 결과의 불발생 사이에 인과관계가 요구된다는 점

118 김성돈, 484; 김일수·서보학, 404; 배종대, § 114/21; 이재상·장영민·강동범, § 28/38; 임웅, 416; 정성근·박광민, 325.

119 여기서 결과의 불발생이 중지자의 행위와 전혀 무관한 경우에는 장애미수를, 중지자의 결과방지행위가 결과의 불발생에 일정한 정도 기여한 경우에는 중지미수를 인정하는 견해도 있다(이상돈, 491).

120 손동권·김재윤, § 24/36.

121 신동운, 534; 오영근, 334.

이 사실상 무의미한 요건으로 남게 될 가능성이 있다.

(b) 불능미수의 중지

행위자는 방지행위를 시도하였으나 처음부터 결과의 발생이 불가능하여 방지행위와 결과의 불발생 사이에 인과관계가 존재할 수 없는 경우에도 중지미수를 인정할 수 있는가이다. 즉 불능미수에 대한 중지범이 성립할 수 있는가의 문제로, 예컨대 소화제를 독약으로 착오하여 피해자에게 복용케 한 후 곧바로 이를 후회하여 해독제를 투여한 경우 중지미수를 인정할 수 있는가이다. 111

① 부정설(소극설)은 행위자의 방지행위와 결과의 불발생 사이에 인과관계가 존재하여야 한다는 점을 강조하며, 방지행위에 의하여 결과가 발생하지 않은 것은 아니므로 중지미수에 해당할 수 없다고 본다.[122] 따라서 이 경우에는 중지미수가 아닌 불능미수를 인정하게 되며, 불능미수의 경우에도 임의적으로 형을 감경 또는 면제할 수 있으므로 불능미수의 중지미수를 부정하더라도 그 결론이 아주 부당한 것은 아니라고 이해한다. 112

② 긍정설(적극설)은 중지미수의 형을 필요적으로 감면하는 것은 중지행위 및 결과발생 방지행위가 있었다는 점이므로 만일 행위자가 자신의 방지행위를 통해 결과가 발생하지 않을 것으로 믿은 경우, 다시 말해 방지행위가 없을 경우 결과가 발생할 것으로 믿은 경우, 중지미수를 인정하는 견해이다(통설).[123] 113

만일 불능미수의 중지미수를 인정하지 않는다면 발생가능한 결과를 방지한 경우에는 중지미수를 인정함에 반하여, 발생이 불가능한 결과를 자의로 방지행위를 하려고 노력하였음에도 불구하고 중지미수가 인정되지 않아 불능미수로 처벌하는 결과가 된다. 발생가능한 결과를 방지한 행위가 발생불가능한 결과를 방지한 행위보다 더 위험성이 큼에도 불구하고, 전자의 행위에서는 중지미수를 인정하여 형을 필요적으로 감면하고, 후자의 경우에는 불능미수를 인정하여 형을 임의적으로 감면하는 것은 타당하다고 볼 수 없다. 따라서 위 ②의 긍정설과 같이 불능미수의 중지미수를 인정하는 것이 형평성의 견지에서도 적절할 것이다.[124] 114

---

122 김성돈, 488.

123 김신규, 396; 김일수·서보학, 404; 박상기·전지연, 229; 배종대, § 114/21; 오영근, 334; 이재상·장영민·강동범, § 28/39; 임웅, 416; 정성근·박광민, 325; 정웅석·최창호, 467.

124 결과방지를 위한 행위자의 자의적인 진지한 중지행위가 있으면 결과의 불발생과의 인과관계가

Ⅳ. 중지미수의 효과

1. 형의 필요적 감면

115 중지미수에 대해서는 형을 필요적으로 감경하거나 면제한다. 중지미수인 한에는 그것이 착수중지미수인가 실행중지미수인가에 따른 형벌상의 차이는 없다. 범죄가 성립하지 않는 경우 형법은 '벌하지 아니한다'라는 표현을 쓰고 있다.

116 대법원에서 중지미수를 인정하여 형을 면제한 경우는 거의 없으며,[125] 여기서 형의 면제는 유죄판결의 일종이다. 따라서 형을 면제한다는 것은 미수범 자체는 성립하지만 정책적 이유에서 중지자에게 특혜를 주어 형벌을 과하지 않는다는 것을 의미한다. 이러한 점에서 중지미수에 대한 형벌감경·면제는 인적 처벌감경·조각사유라고 할 수 있고,[126] 이는 중지자에게만 적용되고 다른 공범(공동정범 포함)에게는 적용되지 않는다. 예를 들면 甲과 乙이 공동으로 피해자를 살해하려고 칼로 찔렀으나 피해자가 상해를 입고 아직 사망하지 아니한 상태에서 乙은 그대로 도주하고 甲만이 피해자의 사망을 방지하기 위하여 노력하여 그 결과 피해자가 사망하지 않은 경우, 甲에게만 중지미수에 의한 형의 감면이 허용되고, 乙은 장애미수로 처벌된다.

2. 가중적 미수

117 피해자를 살해하려고 칼로 찔러 상해를 입힌 뒤 자의로 범행을 중지한 경우와 같이 무거운 범죄의 중지미수에 가벼운 범죄의 기수범이 포함되는 경우, 가벼운 범죄의 기수범을 따로 처벌할 것인가가 문제된다. 이러한 경우를 '가중적 미수'(Qualifizierter Versuch)[127]라고 한다.

없을지라도 중지미수를 인정하는 견해에 의하면, 이러한 불능미수의 중지미수의 경우에도 당연히 중지미수를 인정하게 된다(신동운, 535-536).

125 대법원에서 형의 면제를 인정한 사례는 대판 1986. 3. 11, 85도2831(피고인이 공범 A와 피해자의 사무실의 금품을 절취하기로 공모하고, 피고인은 부근에서 망을 보고 A는 위 사무실에 들어가 물건을 물색하고 있는 동안, 자신의 범행전력 등을 생각하여 가책을 느낀 나머지 스스로 결의를 바꾸어 피해자에게 A의 침입사실을 알려 그와 함께 A를 체포하여 그 범행을 중지한 사례).

126 신동운, 537. 독일의 경우에는 중지미수의 경우 불처벌하므로 중지미수를 인적 처벌조각사유로 이해하는 것이 통설이다(Fischer, StGB, 69. Aufl., 2022, §24 Rn. 44; Schönke/Schröder/Eser/Bosch, StGB, 30. Aufl., 2019, §24 Rn. 4).

127 가중적 미수라는 용어는 미수범 중에서 가중처벌하는 미수범을 의미하는 듯한 인상을 주기 때문

가중적 미수범은 장애미수와 중지미수 양자의 경우 모두에 존재할 수 있다. 장애미수 형태의 가중적 미수인 경우는 예컨대, 행위자가 살해의 의사로 피해자를 칼로 찔러 피해자가 피를 흘리며 쓰러지자(상해 발생) 행위자는 잡히지 않으려고 도주하였으나 피해자가 다른 사람에 의하여 구조된 경우로, 이와 같은 경우에는 무거운 범죄인 살인죄의 미수로 처벌하면 된다. 중지미수 형태의 가중적 미수는 예컨대, 살해의 의사로 피해자를 칼로 찔러 상해를 입은 상태에서 자의로 사망의 결과발생을 방지함으로서 피해자의 사망을 저지한 경우이다. 여기서 특히 문제가 되는 이유는 독일형법과 같이 중지미수를 형의 필요적 면제사유로 인정하는 경우이다. 사망의 결과발생을 방지하였다는 점에서 무거운 범죄인 살인의 중지미수가 인정되어 형을 필요적으로 면제하는 경우, 이미 발생한 상해의 결과발생에 대하여 상해죄를 긍정할 수 있는가이다. 118

독일에서는 무거운 범죄인 살인죄는 중지미수로 형이 면제되나 발생된 가벼운 결과인 상해에 대하여는 상해죄의 기수범을 인정하는 견해와 이 경우에도 가벼운 범죄의 성립 역시 부정하여야 한다는 견해가 대립한다. 여기서 독일 판례와 통설은 상해죄의 기수범을 인정한다.[128] 119

그러나 우리의 경우에는 중지미수의 가중적 미수의 처벌 여부를 논할 필요성은 아래의 관점에서 상대적으로 거의 없다. 첫째, 우리 형법은 중지미수의 형을 필요적으로 감면으로 하는 것에 불과하므로, 이 경우 형의 면제가 아니라 형의 감경으로 해결할 수 있기 때문에 상해의 결과발생의 불법성을 형의 감경에 반영하는[129] 것으로 충분하다.[130] 둘째, 상해의 결과를 발생시킨 살인죄의 장애미수에서 상해기수죄를 별도로 논하지 않는 것과 마찬가지로, 상해의 결과를 발 120

에 적절한 용어로 보기 어렵고, 이러한 형태의 범죄는 미수범에 기수범이 포함되는 형태이므로 기수범이 포함되어 있는 미수범이란 의미에서 '기수범 포함 중지미수'라고 표현하는 입장(오영근, 335)도 있다.

128 BGHSt 41, 14; BGHSt 42, 43, 45; BGH NStZ 03, 143, 144; Fischer, StGB, 69. Aufl., 2022, § 24 Rn. 46; MK/Hoffmann-Holland, StGB, Bd. 1, 4. Aufl., 2020, § 24 Rn. 186; Schönke/Schröder/Eser/Bosch, StGB, 30. Aufl., 2019, § 24 Rn. 109.

129 무거운 범죄의 중지미수에 대하여 형의 감경을 선택하는 경우, 양형에 있어서는 내포된 가벼운 범죄의 기수범의 법정형을 그 상향으로 하여야 한다는 견해도 있다〔西田 外, 注釈刑法(1), 702(和田俊憲)〕.

130 신동운, 538; 임웅, 418. 중지미수에 대하여 형의 면제를 선택하는 경우에는 상해기수로 처벌할 수 있다는 견해는 손동권·김재윤, § 24/33.

생시킨 살인죄의 중지미수에서도 상해기수죄를 별도로 논하지 않는 것이 논리적으로 타당하다.[131]

3. 상상적 경합의 경우

121 상상적 경합관계에 있는 두 개의 범죄 중 하나의 범죄에 대해서는 중지미수가, 다른 하나의 범죄에 대하여는 기수범이 성립하는 경우, 그 처벌을 어떻게 할 것인가가 문제된다.

122 이 경우 독일에서는 중지미수인 범죄의 경우는 형의 면제가 되므로 기수범인 범죄에 대하여서 그 처벌을 하는 것으로 충분하다. 우리의 경우에는 형의 필요적 감면으로 인하여 다소 문제가 될 수 있다. 중지미수가 된 범죄의 법정형이 기수가 된 다른 범죄의 법정형보다 높지만, 중지미수로 필요적으로 감경하였을 때는 기수가 된 다른 범죄의 법정형보다 낮을 수가 있다. 예를 들면 공무집행방해의 의사로 공무원을 폭행하여 공무집행을 방해하고 이에 저항하는 공무원에 대하여 상해를 가하려다 자의로 상해행위를 중지한 경우, 공무집행방해죄(§ 136①)는 기수가 되고 상해죄(§ 257①)는 중지미수가 된다. 상해죄(기수)의 법정형은 7년 이하의 징역이므로 상해죄의 중지미수의 형벌은 3년 6개월 이하의 징역 또는 면제에 해당하고, 공무집행방해죄의 기수에 대한 형벌은 5년 이하의 징역이다. 그 결과 상해기수죄의 법정형은 공무집행방해죄의 법정형보다 높으나, 상해죄의 중지미수의 형벌은 공무집행방해죄의 형벌보다 낮다. 여기서 상해죄 기수범의 '법정형'을 기준으로 무거운 범죄를 정할 경우, 공무집행방해죄가 아닌 상해죄의 법정형을 선택한 후 중지미수로 인한 감면을 해야 하므로, 결국 피고인은 3년 6개월 이하의 징역에 처해진다. 이에 반하여 상해죄의 '중지미수범의 형벌'을 기준으로 무거운 범죄를 정하게 되면, 공무집행방해죄가 더 무거운 범죄이므로 공무집행방해죄로 5년 이하의 징역에 처해지게 된다.

123 이와 같은 사례의 경우 어떠한 형벌을 부과할 것인가에 대하여, ① 상해의 중지미수보다 공무집행방해의 기수가 무거운 형벌에 해당하기 때문에 공무집행

131 김성돈, 489; 김일수·서보학, 405; 배종대, § 115/2; 오영근, 335-336; 이재상·장영민·강동범, § 28/42; 임웅, 418; 정성근·박광민, 327. 일본의 경우에도 동일하게 해석한다〔大塚 仁 外, 大コン(3版)(4), 70(野村 稔)〕.

방해죄로 처벌해야 한다는 견해가 있다.[132] 그러나 ② 상상적 경합의 경우 가장 무거운 죄에 정한 형으로 처벌하고(§ 40), 여기서 무거운 죄에 정한 형이란 법정형이 무거운 범죄를 의미하므로,[133] 중지미수의 필요적 감면을 하기 이전에 정해진 법정형을 기준으로 보면 상해죄의 법정형이 무거우므로, 상해죄를 선택한 후 중지미수를 인정하여 이를 감경하여야[134] 한다.[135]

V. 예비의 중지

1. 예비의 중지의 개념

예비의 중지란 예비·음모행위를 처벌하는 경우에 예비단계나 또는 예비행위 이후 아직 실행에 착수하지 않은 단계에서 범행을 중지한 경우 중지미수를 인정할 것인가의 문제이다. 예를 들면, 살인을 계획하고 범행도구로 칼을 구입한 사람이 살인의 실행에 착수하기 전에 범행을 포기하고 칼을 버린 경우 또는 칼은 소지하였지만 살인 범행을 종국적으로 포기한 경우이다. 124

예비죄의 미수는 인정되지 않으므로 예비행위를 실행하면 예비죄는 인정된다. 그러나 예비죄의 중지범에 대한 규정은 별도의 존재하지 아니한다. 여기서 예비죄의 중지범을 인정하지 않는 경우에는 예비단계에서의 중지는 예비죄로 처벌하고, 실행착수 이후의 중지는 형을 필요적 감면함으로써 예비의 중지범이 실행착수 이후의 중지범보다 더 무겁게 처벌될 수도 있다는 점에서 문제가 발생한다. 따라서 예비죄의 경우에도 본조의 중지범에 관한 필요적 감면규정을 준용할 수 있는가가 논란이 된다. 125

---

132 김성돈, 489; 손동권·김재윤, § 24/33; 이상돈, 494-495; 임웅, 418.

133 김일수·서보학, 537; 이재상·장영민·강동범, § 39/18; 이형국·김혜경, 355.

134 오영근, 336. 특별한 구체적 설명 없이 중지미수와 관련한 상상적 경합의 경우에도 제40조에 의하여 해결된다는 주장(김일수·서보학, 405; 배종대, § 115/2; 이재상·장영민·강동범, § 28/43; 이형국·김혜경, 355; 정성근·박광민, 327)도 동일한 결론에 해당할 것이다.

135 일본 판례도, 첫째, 중지미수가 성립하는 범죄의 법정형이 더 무거운 경우는 그 죄로 처단하므로 중지미수에 의한 형의 감경을 할 수 있지만(예컨대, 위 예시 사례의 경우 위 ②의 견해와 마찬가지로 상해죄를 선택하여 형 감경), 둘째, 중지미수가 성립하지 않는 다른 범죄가 더 무거운 경우는 그 죄로 처단하므로 형의 감경을 할 여지가 없고, 다만 가벼운 죄에 대하여 중지미수가 성립한다는 사실은 양형에 고려할 수 있을 뿐이라고 한다[東京地判 平成 2(1990). 5. 15. 判タ 734·246; 横浜地判 平成 8(1996). 10. 28. 判時 1603·159].

2. 예비의 중지미수의 인정 여부

(1) 부정설

126 부정설은 중지범은 범죄의 실행에 착수한 후 자의로 그 행위를 중지한 때에 성립하는 것이고, 예비·음모는 실행에 착수하기 이전의 단계이므로 예비에 대해 중지미수의 개념을 인정할 수 없다는 견해이다.[136]

127 판례는 피고인들이 공모하여 참깨를 무우말랭이인 것처럼 위장하여 반송할 목적으로 무면허반송행위를 예비하였으나 그 후 무면허반송행위를 중지한 사안에서, "중지범은 범죄의 실행에 착수한 후 자의로 그 행위를 중지한 때를 말하는 것이고 실행의 착수가 있기 전인 예비·음모의 행위를 처벌하는 경우에 있어서는 중지범의 관념은 이를 인정할 수 없으므로 위 피고인에 대한 형을 양정함에 있어서 중지범의 감면규정을 적용하지 아니한 원심의 조치에 소론과 같은 위법이 있다고 할 수 없다."[137]라고 판시하였다. 그리고 내란음모·예비 사건[138]과 관세포탈 사건[139]에서도 동일한 취지로 판시하여, 예비죄의 중지범을 부정하였다.[140]

128 이 견해를 취하는 입장에서는, 예비단계에서 중지한 경우에는 예비·음모의 죄에 대하여 자수규정이나 정상참작감경을 통하여 중지미수와의 처벌상의 불균형을 충분히 배려할 수 있다고 본다.[141]

129 다른 한편 예비의 중지와 불능미수의 처벌 불균형을 시정하기 위하여, ① 예비·음모행위자가 자수에 이르렀거나 능동적 후회의 표현에 이르렀을 경우에 한하여 중지미수 대신에 자수(自首)의 필요적 감면 규정(예컨대, § 90, § 101, § 111, § 120,

---

136 김성돈, 501; 손동권·김재윤, § 24/41; 신동운, 542; 하태훈(주 65), 244-245.

137 대판 1991. 6. 25, 91도436(관세법위반). 본 판결 평석은 손동권, "중지〈미수〉범의 특수문제: 특히 예비단계에서의 중지", 형사판례연구 〔5〕, 한국형사판례연구회, 박영사(1997), 70-103.

138 대판 1966. 4. 21, 66도152(전)〔군형법상 반란예비·음모죄(군형 § 8①, § 5)〕; 대판 1966. 7. 12, 66도617〔내란음모죄(§ 90①, § 87)〕.

139 대판 1999. 4. 9, 99도424(관세를 포탈할 목적으로 수입 물품의 수량과 가격이 낮게 기재된 계약서를 첨부하여 수입예정 물량 전부에 대한 과세가격 사전심사를 신청함으로써 과세가격을 허위로 신고하고 이에 따른 과세가격 사전심사서를 미리 받아두는 경우, 관세법상의 관세포탈예비죄가 성립하고, 예비죄에는 중지범의 관념을 인정할 수 없다고 한 사례).

140 일본 판례도 예비죄에는 중지미수의 관념을 받아들일 여지가 없다고 판시하고 있다〔最判 昭和 29(1954). 1. 20. 刑集 8·1·41(공범들과 함께 강도의 목적으로 흉기를 준비하고 대상자의 집으로 갔으나 실행행위 전에 집으로 갔으므로 중지미수에 해당한다고 주장한 사례)〕.

141 신동운, 542.

§ 153, § 157, § 175, § 213 등)을 유추적용하자는 견해,[142] ② 예비를 처벌하는 범죄의 경우에는 해당 범죄의 중지미수에서도 형의 면제를 허용하지 않음으로서 형의 불균형을 해소하자는 견해[143]도 존재한다.

130 그러나 위 ①의 견해에 대하여는, 살인죄나 강도죄 등과 같이 자수의 필요적 감면규정을 두지 않은 범죄에 대해서는 유추적용할 규정이 없고,[144] 총칙상의 자수감면은 임의적 감면(§ 52①)이므로 이를 유추적용하는 경우에도 형벌의 불균형을 피할 수 없다. ②의 견해에 대하여는, 예비죄를 처벌하는 범죄의 경우 해당 범죄의 중지미수에 대해 형의 면제를 배제해야 할 실정법적 근거가 없다. 따라서 부정설에 근거하는 한에는 예비의 중지와 중지미수의 처벌상의 불균형을 해소할 수는 없다.

(2) 긍정설

131 긍정설은 예비의 중지행위에도 중지미수의 규정을 준용하여 언제나 형을 감경 또는 면제받을 수 있도록 하여야 한다는 견해이다.[145] 그리고 여기서 감면대상이 되는 형은 중지미수의 경우처럼 기수의 형이 아니라 예비·음모에 대한 형이라고 한다. 예컨대, 강도예비의 형은 7년 이하의 징역(§ 343)이므로 강도예비의 중지에 대한 형은 1개월 이상 3년 6개월 이하의 징역 또는 면제에 해당한다.

132 긍정설을 취하는 입장은 아래와 같다. 즉, ① 중지미수는 범행을 중지한 것에 대하여 혜택을 주는 것이므로 범행의 중지를 독려한다는 형사정책적 의미에서 예비죄의 형을 감면하는 것도 부적절한 것은 아니다.[146] ② 예비죄의 처벌은 예외적인 것이므로 예외에 대한 예외는 폭넓게 인정하여 예비죄의 중지미수를 인정하여도 무방하다. ③ 예비의 중지는 실행의 착수를 포기하는 것이고, 실행의 착수시기는 학설에 따라 달리 정해질 수도 있다. 예비에서 기수에 이르기까지 전체적으로는 하나의 과정이지만, 각 단계별로 법익에 대한 위험성을 추정하여 형벌을 달리 정해놓은 것이다. 실행의 착수 후 범행의 포기나 실행의 착수 전 범행의 포기나 전체적으로 하나의 과정에서 다음 과정으로의 범행계속을 중

142 김일수·서보학, 411.
143 남흥우, 형법총론, 207.
144 신동운, 542.
145 오영근, 340; 이상돈, 487; 임웅, 402; 한상훈·안성조, 225.
146 임웅, 402.

지한다는 점에서는 공통되므로, 어느 단계에서나 다음 단계로의 범행계속을 자의적으로 중지한 경우에는 그 단계에 정해진 형벌을 감면해 주는 것이 바람직하다. 따라서 예비의 단계에서 범행을 중지하면 예비의 중지를 인정하여 예비죄의 형을 감면하는 것이 타당하다.[147]

133 그러나 예비죄의 중지의 경우 예비죄의 형을 직접 필요적으로 감면하는 것은, ① 미수는 실행의 착수라는 정형성 있는 행위의 착수를 의미하나 예비행위의 경우에는 정형성이 없으므로 예비의 시작시점과 종료시점을 확인하기 어렵기 때문에 예비의 (중지)미수 여부를 확인할 수 없고, ② 그 결과 거의 모든 예비행위에 대하여 중지미수를 인정할 가능성이 존재하며,[148] ③ 예비행위가 종료함으로써 예비죄가 성립한 다음에 이를 장래의 실행행위를 포기하는 것에 대하여 이미 완성된 예비의 형을 감경 또는 면제하는 것은 부당하다는 비판이 있다.[149]

(3) **절충설**(형량비교설)

134 절충설은 예비의 중지범과 중지미수의 처벌상의 불균형을 시정하기 위하여 예비죄의 형이 중지미수의 형(기수범을 필요적으로 감면한 형)보다 무거울 때에는 중지미수의 규정을 준용하여 처벌의 불균형을 해소하여야 한다는 견해이다(다수설).[150] 즉 ① 예비죄의 형이 중지미수를 인정하는 경우보다 무거울 경우에는 중지미수의 규정을 준용하여 형을 감면하고, ② 예비죄의 형이 중지미수의 형보다 가벼운 경우에는 중지미수의 규정을 준용하지 않는 것이 타당하다고 한다.

135 예를 들면, 강도죄 기수의 법정형은 3년 이상(30년 이하)의 징역이고(§ 333, § 42), 강도죄의 중지미수의 처벌은 1년 6월 이상 15년 이하의 징역(§ 55①(iii)) 또는 형의 면제이고, 강도예비죄의 법정형은 7년 이하의 징역(§ 343)이다(위 ②의 사례). 여기서 강도의 중지미수의 형은 징역형을 선택하는 경우에는 강도중지미수의 형이 강도예비의 형보다 무겁기 때문에 중지미수의 규정을 준용할 필요가 없으나, 형을 면제하려면 중지미수의 규정을 준용하여야 한다. 다른 한편, 일반이적죄의

---

147 오영근, 340.
148 신동운, 541.
149 이재상 · 장영민 · 강동범, § 28/47.
150 김신규, 398; 김혜정 · 박미숙 · 안경옥 · 원혜욱 · 이인영, 형법총론(5판), 320; 박상기 · 전지연, 232-233; 배종대, § 116/4; 이재상 · 장영민 · 강동범, § 28/46-47; 이형국 · 김혜경, 324-325; 정성근 · 박광민, 305; 정웅석 · 최창호, 465.

법정형은 무기 또는 3년 이상의 징역이므로(§ 99), 일반이적죄의 중지미수의 형은 1년 6월 이상 15년 이하의 징역 또는 면제가 되고, 일반이적예비죄의 형은 2년 이상 30년 이하의 징역(§ 101①, § 42)이다(위 ①의 사례). 여기서 일반이적예비죄의 형이 일반이적죄의 중지미수의 형보다 무겁다. 이러한 경우에는 중지미수의 형을 준용하여 일반이적예비죄를 범한 사람이 이를 중지한 경우에는, 1년 이상 15년 이하 징역 또는 면제로 처벌하여야 한다.

136 결국 중지미수는 행위자의 중지행위로 인하여 범행결과가 발생하지 않은 점에서 형을 감면하는 것인데, 예비의 중지 역시 범행의 결과를 발생시키지 않은 점에서는 동일하므로, 중지미수의 규정을 준용하는 것이 부당하다고 할 수는 없다.

137 이 견해에 대하여는, ① 예비단계에서의 중지자에 대하여 기수범의 형을 기준으로 감경한 미수의 형을 적용하는 것은 이론적으로 타당하지 않으며,[151] ② 형량을 비교함에 있어 예비죄는 이미 각칙에 별도로 법정형이 규정되어 있음에 반하여 중지미수는 총칙상의 임의적 감면에 해당하므로 개별적 구성요건이 확정되어야 비로소 구체화되어, 총칙의 규정과 각칙의 규정 사이에 형을 비교하는 것은 부적절하다고 지적한다. 또한, ③ 내란예비·음모죄, 외환예비·음모죄, 통화위조예비·음모죄의 경우와 같이 다수의 예비·음모죄의 경우 '목적한 범죄의 실행에 이르기 전에 자수한 때에는 그 형을 감경 또는 면제'하도록 규정하고 있다. 이것은 해당 범죄의 예비죄에서 자수한 경우에 한하여 형을 필요적으로 감면하고 그 이외의 범죄에 대한 예비단계에서의 중지나 자수는 별도로 처벌상 고려하지 않겠다는 것이 입법자의 의사라고 판단한다. 여기서 만일 예비·음모죄와 중지미수의 형을 비교하여 중지미수의 필요적 감면을 인정하면, 사실상 예비죄의 자수감면규정을 별도로 둘 필요가 없다는 점에서 자수감면규정을 두고 있는 의미를 무색하게 만들기 때문에 이 견해는 타당하지 않다고 이해한다.[152]

138 그러나 이와 같은 비판에 대하여는, ① 예비단계에서의 중지가 그 이후 단계에서의 중지보다 더 무겁게 처벌되는 것을 피하기 위한 고려라는 점에서 그 정당성을 가질 수 있으며, ② 예비죄와 중지미수의 형량의 비교는 단순히 법정형을 비교하는 것이 아니라 구체적으로 예비죄의 범죄성립이 확정된 후 예비죄

151 손동권·김재윤, § 24/40.
152 신동운, 542.

의 법정형과 목적한 범죄의 필요적 감면되는 형을 비교한다는 점에서 부적절한 것은 아니다. ③ 내란예비·음모죄와 같은 특정한 예비·음모죄의 경우에 한하여 자수하면 형을 감경 또는 면제하고 예비단계에서의 중지는 고려하지 않는다는 것이 입법자의 의사라는 주장에는 두 가지 문제가 있다. 첫째는, 자수에 대한 필요적 감면은 실행에 이르기 전에 자수하면 처벌상의 특혜를 주는 것이며, 이는 실행착수 이전에 자수한 경우라면 다른 공범자의 범죄에 의하여 결과가 발생하는 경우에도 동 규정이 적용된다는 점에서 예비의 중지와 직접적 관련성은 없으며, 둘째는, 자수하는 경우 형을 필요적 감면하는 예비·음모죄 이외의 그 밖의 예비·음모죄에서의 중지는 여전히 중지미수와 비교하여 처벌상의 불균형이 존재한다는 문제는 남는다.

(4) 결어

139 예비의 중지범을 인정할 것인가의 문제 제기는 형의 불균형 가능성에서 비롯되었다. 여기서 가장 합리적인 해결은 입법적인 해결로서 예비죄에 대한 중지미수와 같은 취지의 규정을 마련하는 것이다.[153] 그러나 현재의 상황에서 실행에 착수한 이후에 중지한 경우보다 실행착수 이전 단계에서 범행을 중지한 경우에 더 무겁게 처벌하는 것은 불합리하다고 보지 않을 수 없다. 그러므로 예비죄의 형이 중지미수를 인정하는 경우보다 무거울 경우에는 중지미수의 규정을 준용하여 형을 감면하는 것이 타당하다(절충설). 그리고 중지미수는 행위자의 중지행위로 인하여 결국 범행결과가 발생하지 않은 점에서 형을 감면하는 것인데, 예비의 중지 역시 범행의 결과를 발생시키지 않은 점에서는 동일하므로 이러한 준용이 부당하지는 않다.

Ⅵ. 다수인의 범행가담과 중지미수

140 하나의 범죄 실현에 여러 명이 가담하는 경우가 있다. 그런데 다수인이 범행에 가담하여 범죄를 실현시키는 과정에서 범죄가 기수에 이르지 못하고 미수

153 배종대, § 116/5. 2011년 형법총칙 개정안을 마련할 당시 예비의 중지의 경우 중지미수에 관한 규정을 준용할 수 있도록 명문의 규정을 두는 것을 논의하였으나, 그에 해당하는 현실적인 사례가 없을 뿐아니라 학설과 판례에 일임하는 것이 바람직하다는 판단에 따라 이를 수용하지 않았다고 한다[법무부, 형법(총칙)일부개정법률안 제안 이유서(2011. 4), 35-36].

에 그친 경우가 존재한다. 중지범은 단독범을 전제로 하고 있다. 그러므로 다수인이 가담하여 범행을 하던 중 1인이 범행을 중지한 경우에 중지미수의 법적 효과를 어떻게 할 것인가가 논란이 된다.

독일형법은 다수인이 가담한 경우의 중지미수에 대하여 별도의 규정을 마련하고 있다. 이에 따르면, 수인이 범죄에 가담한 경우 자의로 기수를 방지한 사람은 중지범으로서 미수범죄로 처벌하지 않는다. 그리고 중지행위자의 기여 없이 기수에 이르지 아니하였거나 행위자의 이전에 담당하였던 범행기여와 관계없이 범행의 결과가 발생한 경우에도 중지행위자가 범행이 기수에 이르지 않도록 자의적이고 진지한 노력을 한 경우에는 처벌되지 않는다(독형 § 24②). 즉 다수인이 참가한 미수범의 경우에 자의로 기수의 발생을 방지한 사람에게 중지범을 인정하며, 범행이 중지행위자의 중지행위로 인하여 기수에 이르지 아니한 것은 아니나 중지행위자가 기수에 이르지 않도록 자의적이고 진지한 노력을 한 경우 중지범을 인정하며, 범죄가 기수에 이르렀을지라도(즉, 결과가 발생하였을지라도) 그것이 행위자가 이전에 담당하였던 행위기여와 관계없이 기수에 이른 것이고, 행위자는 여기서 범행이 기수에 이르지 않도록 자의적이고 진지한 노력을 한 경우에는 중지범이 인정된다. 이에 반하여, 우리 형법은 중지범에 관하여 단독범의 경우 중지범의 성립과 그에 대한 형의 필요적 감면을 규정할 뿐 다수인의 가담에 대하여는 아무런 규정도 없다. 즉, 우리 형법은 다수인이 참가한 경우에 중지미수의 성립과 관련한 규정은 존재하지 아니한다. 따라서 공동정범을 포함한 공범의 처벌과 중지미수에 대한 처벌의 특례를 규정한 취지를 고려하여, 다수인이 가담한 범죄에서 중지미수의 성립 여부를 검토할 수 밖에 없다. 141

1. 간접정범

간접정범(§ 34①)은 정범인 이용자가 직접 구성요건 실현행위를 하는 것이 아니라 피이용자(실행행위자)에 대한 의사지배를 통하여 결과발생을 위하여 필요한 행위조종을 한다. 간접정범에서 실행의 착수는 이용자의 행위를 기준으로 하여 판단하여야 하며, 간접정범의 미수에서는 착수미수와 실행미수의 구별은 존재하지 아니한다. 142

간접정범의 중지미수는 이용자인 간접정범이 자의로 직접 피이용자의 실행 143

행위를 중지하게 하거나 결과발생을 방지하는 행위를 하거나 또는 피이용자로 하여금 실행행위를 중지시키거나 결과발생을 방지하도록 한 경우에 성립한다. 즉, 간접정범(이용자) 자신이 직접 방지행위를 하거나 피이용자의 중지가 간접정범의 '의식적인 의사대리'(bewußte Willensvertretung)에 따라 중지한 것이라고 인정되는 때에 한하여 간접정범의 중지미수가 인정된다.[154] 이에 반하여, 피이용자가 배후인인 간접정범의 의사에 반하거나 간접정범의 의사와 관계없이 피이용자 스스로 중지한 경우에는, 배후인인 간접정범에게는 중지미수가 성립하지 아니한다. 또한, 피이용자의 중지행위를 간접정범자가 사후에 승인하는 것으로도 충분하지 아니하다.[155]

2. 공동정범

144 중지미수는 중지행위만으로 인정되는 것이 아니라 본조에 따라 결과가 발생하지 않아야 한다. 공동정범(§ 30)의 경우 공동정범자 가운데 1인이 스스로 중지하는 것으로도 충분히 중지미수가 성립하는지, 아니면 중지미수가 성립하기 위하여는 자신의 중지만으로는 충분하지 않고 다른 공동정범자 전원에 대하여 범행을 중지시키거나 자신이 직접 결과발생을 방지시킨 경우에 한하여 중지미수가 인정되는가가 문제된다.

145 여기서, ① 통설은 공동정범의 경우 중지미수는 자신의 범행중지뿐만 아니라 다른 공동정범의 범행을 중지시키거나 결과발생을 방지하여야 한다고 해석한다(통설).[156] 따라서 자신은 자의로 범행을 중지하였으나 다른 공동정범자에 의하여 결과가 발생한 경우에는 중지미수의 성립을 부정한다.

146 이에 반하여 일부에서는, ② 우리 형법에 공동정범의 중지미수에 공동정범의 범행을 중지시킬 것을 요구하는 명문의 규정이 없고,[157] 이를 엄격하게 해석

---

154 Fischer, StGB, 69. Aufl., 2022, § 24 Rn. 39; Schönke/Schröder/Eser/Bosch, StGB, 30. Aufl., 2019, § 24 Rn. 106.

155 배종대, § 116/8; 신동운, 546.

156 김일수·서보학, 405; 박상기·전지연, 230; 배종대, § 116/7; 신동운, 545; 이재상·장영민·강동범, § 28/53; 이형국·김혜경, 354; 임웅, 417; 정성근·박광민, 326.

157 앞에서 설명한 바와 같이 독일형법은 제24조 제2항에서 다수인이 범죄에 가담한 경우에는 자의로 범행의 기수를 방지한 경우 또는 결과발생 방지를 위한 자의적이고 진지한 노력을 한 경우 중지미수를 인정한다.

하는 것은 피고인에게 불리하다고 주장한다.[158] 따라서 공동정범자 자신이 스스로 중지하면 중지미수가 성립하고, 다른 공동정범자의 범행을 중지시키거나 결과발생을 방지할 필요까지는 없다고 이해한다.

공동정범은 의사의 공동을 통하여 서로 협력하여 전체 범행을 하는 것이므로 '부분(일부) 실행 전체 책임'의 원칙이 적용되기 때문에 자신뿐만 아니라 다른 공동정범의 행위를 중지시키거나 결과발생을 방지해야 중지미수가 될 수 있다.[159] 또한, 공동정범의 일부가 중지하였으나 결과가 발생한 경우에는 이를 미수로 보기도 어렵다. 이러한 점에서, 자신만이 스스로 범행을 중단한 것만으로 중지미수를 인정하는 것은 범행의 중단과 결과발생의 방지라는 양 측면을 모두 고려하여 중지미수에 형의 필요적 감면이라는 특혜를 준 취지에 부합하지 아니한다. 따라서 통설의 입장과 같이 공동정범에게 중지미수가 성립하기 위하여는 자의로 자신의 범행을 중지하여야 할 뿐만 아니라 다른 사람의 범행도 중지하게 하거나 결과의 발생을 방지하여야 한다. 147

판례 역시 위 ①의 통설의 입장과 동일하다. 148

① 군인인 甲과 乙이 공모하여 乙은 엔진오일을 매각·처분하고, 甲은 송증(送證) 정리를 하기로 하였다. 공모한 대로 乙이 보관 중이던 엔진오일을 매각하였으며, 甲은 범의를 철회하고 송증 정리도 거절하였으나 乙의 범행을 저지하지는 아니하였다. 여기서 대법원은, 甲의 송증 정리는 사후에 범행이 용이하게 탄로나지 아니하도록 하는 안전방법의 하나이지, 乙이 보관한 군용물인 엔진오일을 횡령하는 데 있어 송증 정리가 없으면 절대 불가능한 것은 아니고, 甲이 후에 범의를 철회하고 송증 정리를 거절하였다 하여도 공범자인 乙의 범죄 실행을 중지케 하였다는 것이 아니므로 甲에게 중지미수를 인정할 수 없다고 판단하였다.[160] 149

② 甲과 乙이 합동하여 피해자를 텐트 안으로 끌고 간 후 乙, 甲의 순으로 성관계를 하기로 하고, 甲은 텐트 밖으로 나와 주변에서 망을 보고 乙은 피해자 150

158 오영근, 337.

159 배종대, § 116/7; 최준혁, "다수인의 범행가담과 중지미수", 형사법연구 19-2, 한국형사법학회(2007), 126.

160 대판 1969. 2. 25, 68도1676.

를 1회 강간하고, 이어 甲이 텐트 안으로 들어가 피해자를 강간하려 하였으나 피해자가 강간하지 말아달라고 사정을 하여 강간을 하지 않았다. 이 사건에서 대법원은, 乙이 甲과의 공모하에 강간행위에 나아간 이상 비록 甲이 강간행위에 나아가지 않았다 하더라도 중지미수에 해당하지는 않는다고 판시하여,[161] 성폭력범죄의 처벌 등에 관한 특례법상 특수강간죄(성폭처벌 § 4①)를 인정하였다. 여기서 甲이 단독범이었다면 피해자의 사정으로 강간을 중지한 것이므로 중지미수에 해당할 것이다. 그러나 공동정범 관계에 있었으므로 乙이 이미 기수에 이른 범행에 대해서 공동으로 정범의 책임을 지는 것이다.

151 다른 한편, 공동정범자의 1인이 자의로 범행을 중지할 뿐만 아니라 다른 공동정범자의 결과발생을 방지한 경우에는 중지미수가 성립한다. 즉 공범이 피해자의 사무실에서 금품을 절취하기 위해 물건을 물색하고 있는 동안 부근의 포장마차에 있던 피고인이 자신의 범행전력 등을 생각하여 양심의 가책을 느끼고 스스로 피해자에게 공범의 침입사실을 알려 피해자와 함께 공범을 체포한 사건에서, 대법원은 중지미수를 인정하고 피고인에게 형을 면제하였다.[162]

152 공동정범자의 1인이 자의로 범행을 중지하였으나 나머지 공동정범자들이 그 1인의 중지행위가 아니라 다른 원인으로 인하여 결과를 발생시키지 못한 경우에는, 중지행위라도 중지미수가 아니라 장애미수에 해당한다고 보아야 한다. 우연한 결과의 불발생으로 인한 법적 효과를 중지범에게 귀속시켜 결과발생의 방지라는 일반적인 중지범 성립요건을 완화할 이유가 없기 때문이다. 반면에, 범행의 실행에 착수하기 이전에 자의로 공모관계에서 이탈하면 공동정범에 해당하지 않는다.[163] 중지범은 실행의 착수 이후를 전제하고 있기 때문이다.

---

161 대판 2005. 2. 25, 2004도8259[구 성폭력범죄의처벌및피해자보호등에관한법률위반(특수강간등)죄].

162 대판 1986. 3. 11, 85도2831.

163 대판 1986. 1. 21, 85도2371, 85감도347(구체적인 살해방법이 확정되어 피고인을 제외한 나머지 공범들이 피해자의 팔, 다리를 묶어 저수지 안으로 던지는 순간에 피해자에 대한 살인행위의 실행의 착수가 있다 할 것이므로, 그 이전에 공모관계에서 이탈한 피고인은 그 이후의 다른 공모자의 행위에 관하여 공동정범으로서의 책임을 지지 않는다고 한 사례). 본 판결 평석은 조준현, "공범관계의 해소에 관한 사례연구", 형사판례연구 [5], 한국형사판례연구회, 박영사(1997), 129-154.

3. 교사범 · 방조범

교사범(§ 31①) · 방조범(§ 32①)의 경우에는 공범의 종속성에 따라 정범이 실행행위에 착수한 이후부터 중지미수가 성립할 수 있다. 정범이 교사범 · 방조범의 의사와 무관하게 자의로 범행을 중지한 경우에는 정범만이 중지미수가 되고, 교사범 · 방조범은 장애미수의 교사 · 방조범이 된다. 153

이에 반하여 교사범 · 방조범이 자의로 정범의 범죄행위를 중지시켰거나 결과발생을 방지한 경우에는, 교사범 · 방조범은 중지미수의 교사범 · 방조범의 죄책을 지고, 정범은 자의성이 존재하느냐의 여부에 따라 중지미수 또는 장애미수의 죄책을 진다(통설).[164] 여기서 교사범의 경우에는 범죄행위를 중지시키거나 결과발생을 방지하게 하는 적극적인 저지행위를 필요로 하지만, 방조범의 경우에는 방조행위의 소극적 철회에도 중지미수의 성립을 인정할 수 있다는 견해도 있다.[165] 그러나 방조범의 경우에만 소극적 철회로 중지미수를 인정하는 것은 본조의 명문의 규정에 반하는 측면이 있으며, 교사범과 방조범을 구분하여 중지미수의 요건을 차별화할 적절한 근거도 존재하지 아니한다. 154

교사범 · 방조범의 중지행위에도 불구하고 결과가 발생한 경우에는, 중지미수는 인정되지 않으며 교사범 또는 종범이 성립한다. 그리고 교사범 · 방조범의 중지행위와 무관한 다른 원인에 의하여 결과가 발생하지 않거나 결과발생이 불가능하였던 경우에도, 중지미수가 인정되지 아니한다.[166] 155

〔전 지 연〕

164 김일수 · 서보학, 405; 박상기 · 전지연, 231; 신동운, 545; 오영근, 337; 이형국 · 김혜경, 355; 임웅, 417-418.

165 배종대, § 116/9; 이재상 · 장영민 · 강동범, § 28/53.

166 중지행위와 결과불발생 사이에 인과관계가 존재하여야 중지미수가 성립한다는 통설의 입장을 말한다. 반대의 견해는 신동운, 534.

第27條(불능범)

실행의 수단 또는 대상의 착오로 인하여 결과의 발생이 불가능하더라도 위험성이 있는 때에는 처벌한다. 단, 형을 감경 또는 면제할 수 있다.

Ⅰ. 의 의

1. 불능미수의 개념

1 형법은 불능범이라는 표제 아래 "실행의 수단 또는 대상의 착오로 인하여 결과의 발생이 불가능하더라도 위험성이 있는 때에는 처벌한다. 단, 형을 감경 또는 면제할 수 있다."라고 규정하고 있다. 따라서 결과발생이 불가능한 경우에도 위험성이 있으면 처벌하는 경우를 불능미수로 파악하고, 불능미수의 경우에는 다만 그 형을 임의적으로 감경 또는 면제할 수 있다.

2 여기서 불능미수(Untauglicher Versuch)는 범죄행위의 성질상 결과발생 또는 법익침해의 가능성이 절대로 있을 수 없는 경우를 전제로 한다.[1] 즉, 불능(미수)범이란 행위의 성질상 어떠한 경우에도 구성요건이 현실적으로 실현될 가능성은 없지만 행위자가 이를 가능하다고 착오를 한 경우로서 잠재적으로 존재하는 위험성 때문에 미수범으로 처벌되는 경우를 말한다. 미수범을 처벌하는 것은 현실적인 위험을 창출하였다는 점에 그 이유가 있으나, 불능미수의 경우 결과발생

---

1 대판 2007. 7. 26, 2007도3687(일정량 이상을 먹으면 사람이 죽을 수도 있는 '초우뿌리'나 '부자' 달인 물을 마시게 하여 피해자를 살해하려다 미수에 그친 행위가 불능범이 아닌 살인미수죄에 해당한다고 본 사례).

이 불가능하여 현실적인 위험창출이 없음에도 불구하고 잠재적인 위험성이 존재하면 이를 처벌하는 것이다. 그리고 이러한 입법적 태도는 주관적 불법론에 입각한 것이다.[2]

2. 불능범과 불능미수

형법은 불능범이라는 표제 아래 불능미수에 관하여 규정하고 있다. 여기서 3
불능범과 불능미수가 어떠한 관계이며, 어떻게 구별되는가가 문제이다.

판례는 "피고인이 다른 사람과 향정신성의약품인 메스암페타민 속칭 "히로 4
뽕" 제조를 공모하고 그 제조원료인 염산에페트린 및 수종의 약품을 교반하여 "히로뽕" 제조를 시도하였으나 그 약품배합 미숙으로 그 완제품을 제조하지 못하여 미수에 그쳤다는 것이라면, 피고인의 위 소위는 그 성질상 결과발생의 위험성이 있으므로 습관성의약품제조죄의 불능미수범이 된다."[3]라고 하거나, "형법은 범죄의 실행에 착수하여 결과가 발생하지 아니한 경우의 미수와 실행수단의 착오로 인하여 결과발생이 불가능하더라도 위험성은 있는 경우인 불능미수를 구별하고 있으므로 (후략)"[4]라고 하여 불능미수는 결과발생이 불가능하나 위험성이 있는 경우임을 명확히 하고 있다.

이에 반하여 불능범에 대하여는, "불능범의 판단 기준으로서 위험성 판단은 5
피고인이 행위 당시에 인식한 사정을 놓고 이것이 객관적으로 일반인의 판단으로 보아 결과 발생의 가능성이 있느냐"[5]를 따져야 한다는 점에서 불능범은 결과발생이 불가능하나 위험성이 없는 경우를 말하는 것으로 표현한다. 다른 한편, "불능범은 범죄행위의 성질상 결과발생 또는 법익침해의 가능성이 절대로 있을 수 없는 경우를 말한다."[6]라고 하여 위험성의 여부와 관계없이 결과발생이 불가능한 경우를 불능범으로 표현하기도 한다. 결국 판례는 불능범이라는 용어를

---

2 박상기·전지연, 형법학(총론·각론)(5판), 233.

3 대판 1985. 3. 26, 85도206(구 향정신성의약품관리법위반죄).

4 대판 1984. 2. 14, 83도2967(배추국 그릇에 농약인 종자소독약 유제3호 8미리리터 가량을 탄 다음 남편인 피해자에게 먹게 하여 동인을 살해하고자 하였으나 이를 먹던 피해자가 국물을 토함으로써 그 목적을 이루지 못하고 미수에 그친 사례).

5 대판 1978. 3. 28, 77도4049; 대판 2005. 12. 8, 2005도8105(소송비용을 편취할 의사로 소송비용의 지급을 구하는 손해배상청구의 소를 제기한 경우, 사기죄의 불능범에 해당한다고 한 사례).

6 대판 2007. 7. 26, 2007도3687.

① 위험성의 여부와 관계없이 결과발생이 불가능한 경우(광의의 불능범)와 ② 결과발생이 불가능하나 위험성이 없는 경우(협의의 불능범)를 혼용하여 불능범의 개념에 혼란을 야기하고 있다.[7]

6 학설상 불능범과 불능미수의 개념 구별에 대하여, ① 결과발생이 불가능하지만 위험성도 없어서 처벌하지 못하는 경우를 불능범, 행위수단이나 대상의 착오로 인하여 결과발생이 불가능하지만 위험성이 존재하므로 처벌하는 경우를 불능미수라고 이해한다(다수설).[8] 즉, 불능범과 불능미수의 구별은 위험성이 있느냐의 여부에 달려있다고 한다. 그 밖에, ② 법률의 표제가 '불능범'으로 되어 있는 이상 불능범은 위험성 있는 불능범인 불능미수와 동일한 의미로 이해하는 견해,[9] ③ 불능범은 실행의 착수단계 이전의 상태로 애당초 형법적으로 의미 없는 행위이고, 불능미수는 실행의 착수단계를 지나 실질적 불법을 형성할 수 있는 위험성이 있는 범죄형상으로 파악하는 견해[10]가 있다.[11]

7 본조의 표제가 '불능범'이라는 용어를 사용하고 있다는 점에서 불능범과 불능미수의 구별을 혼란스럽게 하는 측면도 존재한다. 그러나 제26조가 '중지미수'가 아닌 '중지범'의 표제에도 불구하고 이를 중지미수의 규정이라고 이해하는 것과 같이, 본조의 표제도 '불능범'이라고 표현하고 있으나 이를 '불능미수'라고 이해하면 충분하다. 본조의 규정 내용 역시 "결과발생이 불가능하더라도 위험성이 있으면 처벌한다."라고 적극적으로 규정하고 있는 것으로, 이는 불능미수라

---

7 같은 취지로 한상훈, "불능미수(형법 제27조)의 "위험성"에 대한 재검토", 형사정책연구 24-1, 한국형사정책연구원(2013), 42.

8 김신규, 형법총론 강의, 401; 김형만, 형법총론, 238; 박상기·전지연, 233; 성낙현, 형법총론(3판), 564; 손동권·김재윤, 새로운 형법총론, § 25/2; 신동운, 형법총론(14판), 554[다만, 불능범은 실행수단 또는 실행대상의 착오로 인하여 결과의 발생이 처음부터 불가능한 미수범(광의의 불능범이라 함)을 통칭한다고 하고, 세부적으로 양자를 구분하면서도 본조를 불능범으로 표현하여 설명하고 있음]; 이재상·장영민·강동범, 형법총론(11판), § 29/3; 이주원, 형법총론(3판), 305; 이형국·김혜경, 형법총론(6판), 357; 임웅, 형법총론(13정판), 419-420; 임웅·김성규·박성민, 형법총론(14정판), 417; 정성근·정준섭, 형법강의 총론(3판), 252; 정영일, 형법총론(3판), 355; 정웅석·최창호, 형법총론, 471; 최호진, 형법총론(2판), 512; 한상훈·안성조, 형법개론(3판), 207; 홍영기, 형법(총론과 각론), § 34/5.

9 배종대, 형법총론(17판), § 117/2; 오영근, 형법총론(6판), 341; 오영근·노수환, 형법총론(7판), 389; 주석형법 [총칙(2)](2판), 95(천진호).

10 김일수·서보학, 새로쓴 형법총론(13판), 386.

11 과거에는 본조의 규정을 불능미수라는 용어가 아니라 준불능범, 흠결미수, 특별한 미수 등과 같은 용어를 사용하는 견해들도 있었다(이에 대하여는 이형국·김혜경, 357-358 참조).

고 이해하고, 불능범은 결과발생이 불가능하고 위험성이 없는 경우를 의미하는 일반적 용어로 이해하면 충분하다.

3. 입법례

우리 형법은 불능미수의 경우 형의 임의적 감면으로 규정하고 있다. 독일 형법은 제23조 제3항에서 "행위자가 범죄 실행의 대상이나 수단의 성질상 기수로 될 수 없음을 현저한 무지로 인하여 오인한 경우, 법원은 형을 면제하거나 제49조 제2항에 따라 작량하여 감경할 수 있다."라고 규정하여, 우리 형법과 마찬가지로 형을 임의적으로 감면한다. 다만 독일형법은 불능미수를 별도의 조문으로 규정하지 아니하고, 일반미수범의 규정에 하나의 항으로서 설정하고, '현저한 무지에 의하여' 결과발생이 불가능한 것을 오인한 경우에 불능미수가 성립한다고 규정한다([**총설**] IV. [**표 1**] **한·독·일 미수 규정 비교** 참조). 8

이에 반해 스위스형법은 일반미수와 함께 제22조 제1항에서 "결과가 발생할 수 없는 때에는 법원은 형을 감경할 수 있다."(§ 22①)라고 규정하고, 제2항에서 "행위자가 중대한 무지로 인하여 실행의 대상 또는 수단의 종류상 결코 범죄의 완성에 이르지 못한다는 사실을 오인한 때에는 벌하지 아니한다."(§ 22②)고 규정한다. 이는 일반적인 불능미수는 형을 감경함에 비하여, 중대한 무지로 인하여 결과를 발생시킬 수 없다는 것을 오인한 경우에는 불처벌로 하는 것이다. 9

오스트리아형법 역시 제15조의 일반미수범의 규정에 제3항으로 미수범과 그에 대한 가담은 법률이 행위자에 대하여 요구하는 인적 성질이나 관계가 존재하지 않거나 행위 또는 행위가 행하여진 대상의 성질에 의하여 행위의 기수가 어떠한 상황에서도 불가능할 때에는 불가벌로 규정하여 불능미수를 처벌하지 않음을 규정하고 있다. 결국 다수의 유럽국가는 불능미수의 독자적 성격을 인정하지 않고 있다. 다만, 현저한 무지의 경우에 한하여 형을 임의적 감경 또는 불처벌하는 것으로 규정하고 있다. 10

이에 반하여 프랑스형법의 경우 불능미수에 관한 명문의 규정을 두고 있지 않지만, 학설은 불능미수의 가벌성을 인정하고 있다. 11

일본의 경우에도 불능미수에 관한 별도의 규정은 없으나, 불능미수(불능범)의 개념을 인정하며, 학설과 판례에서 위험성의 개념을 통하여 일반미수와 불능 12

범을 구별하고 있다.[12]

13 미국형법의 경우에는 불능을 '사실적 불능'(factual impossibility)과 '법률적 불능'(legal impossibility)으로 구분하고, 법률적 불능의 경우에는 항변사유가 되지만, 사실적 불능의 경우에는 항변사유로 인정하지 않는다.[13]

Ⅱ. 불능미수와 구별 개념

1. 구성요건착오와 불능미수

14 구성요건착오는 존재하는 구성요건요소를 착오로 인하여 이를 인식하지 못하고 행위하는 것이다. 이에 반하여 불능미수는 구성요건착오와 반대로 결과발생을 위하여 필요한 구성요건요소가 존재하지 않음에도 불구하고 이를 존재한다고 착오하고 행위하는 것이라는 점에서 '반대형태의 구성요건착오'(반전된 구성요건착오)에 해당한다. 불능미수범의 경우 행위자가 생각한 것과 달리 객관적 구성요건은 실현될 수 없다. 실행행위의 수단이나 행위의 대상이 존재하지 않기 때문이다. 그러나 행위자는 자기의 행위로 인하여 구성요건이 실현된다고 생각한 점에서 위험성이 있으면 가벌성을 인정하는 것이다.

2. 환상범(환각범)

15 환상범(Wahndelikt) 또는 환각범이란 자기의 행위가 처벌되지 않는 행위임에도 불구하고 행위자 자신은 처벌된다고 착오를 일으킨 경우이다. 불능범은 객관적으로 구성요건적 결과의 실현이 처음부터 불가능함에도 불구하고 주관적으로 이를 실현시킬 수 있다고 착오하는 것임에 반하여, 환상범은 그 반대로 객관적으로 처벌법규의 실현이 불가능함에도 불구하고 자신은 해당 처벌법규를 실현시켰다고 착오하는 경우를 말한다.

16 환상범은 다음과 같이 4가지 유형이 존재한다.[14] ① 행위자가 존재하지 않

12 大塚 仁 外, 大コン(3版)(4), 37(大塚 仁), 37-62(三好幹未).

13 김종구, "미국 형법상 불능미수의 가벌성", 형사법연구 25-1, 한국형사법학회(2013), 15 이하; 이경재, "미국 형법상 미수의 유형과 그 내용", 비교형사법연구 18-1, 한국비교형사법학회(2016), 125 이하.

14 이재상·장영민·강동범, § 29/27; 이형국·김혜경, 358; Roxin, AT II, 29/378 ff.; Schönke/Schröder/Eser/Bosch, StGB, 30. Aufl., 2019, § 22 Rn. 79 ff.; Wessels/Beulke/Satzger, AT, 48. Aufl.,

는 범죄구성요건을 존재한다고 오인하고 그것을 위반한다고 생각하고 행위하는 경우이다(반대형태의 금지착오).[15] 예를 들면, 동성애자가 동성애가 형법에 의하여 처벌된다고 생각하면서 이를 행하는 경우가 여기에 해당한다. ② 행위자가 자신이 행하는 행위가 위법성조각사유에 해당하지만 그 범위나 한계에 대하여 착오하여 위법성조각사유에 해당하지 아니한다고 생각하면서 행위하는 경우이다(반대형태의 허용의 착오). 예를 들면, 행위자 자신에게 현재의 부당한 침해가 존재하여 정당방위를 할 수 있는 상황이라는 점은 인식하는 상황에서 자신의 재산을 보호하기 위하여 공격자의 신체를 침해하는 정당방위는 허용되지 않는다고 생각하면서 방어행위를 한 경우, 사인은 현행범인을 체포할 수 없다고 생각하면서 현행범인을 체포한 경우 등이다. ③ 행위자가 구성요건의 사실이나 그 의미를 알고 있지만 구성요건의 범위를 자기에게 불리하게 확장해석하여 자신의 행위에도 적용된다고 오인하면서 행위하는 경우이다(반대형태의 포섭의 착오). 예를 들면, 진출입이 통제되는 아파트 단지 내의 주차장은 현행 도로교통법상 도로에 해당하지 않음에도 불구하고 행위자는 도로에 포함된다고 생각하면서 주차장에서 운전면허 없이 자동차를 운전하면서 자신의 행위가 무면허운전죄에 해당한다고 생각하는 경우이다. ④ 행위자가 인적 처벌조각사유라는 제도가 존재함에도 불구하고 이러한 조각사유의 존재를 인식하지 못하고 가벌적으로 행위한다고 생각하는 경우를 말한다(반전된 가벌성의 착오). 예를 들면, 행위자가 아버지의 재물을 절취하면서 아버지의 재물이라는 점은 인식하였으나 인적 처벌조각사유라는 제도(친족상도례)[16]가 존재함을 인식하지 못하고 행위하는 경우이다.

2018, Rn. 990 ff.

15 판례 중에는 수입자동승인품목을 가사 수입제한품목이나 수입금지품목으로 잘못알고 반제품인 양 가장하여 수입허가신청을 하였더라도 그 수입물품이 수입자동승인품목인 이상 이를 구 무역거래법 제33조 제1호(현행 대외무역법 § 54(iii)에 대응)의 '사위 기타 부정한 행위로써 수입허가를 받은 경우'에 해당한다고 볼 수 없다고 한 것이 있다〔대판 1983. 7. 12, 82도2114. 본 판결 평석은 김재봉, "반전된 착오(불능(미수)범과 환각범의 구별)", 법학연구 9-1, 충남대학교 법학연구소(1998), 195-205〕.

16 헌법재판소는 2024년 6월 24일 ① 친족상도례 규정 중 '직계혈족, 배우자, 동거친족, 동거가족 또는 그 배우자 간의 형면제 조항(§ 328①)'에 대하여, 경제적 이해를 같이하거나 정서적으로 친밀한 가족 구성원 사이에서 발생하는 수인 가능한 수준의 재산범죄에 대한 형사소추 내지 처벌에 관한 특례의 필요성을 긍정하면서도, 일률적 형면제로 인하여 구체적 사안에서 형사피해자의 재판절차진술권을 형해화하는 경우가 발생할 수 있는 점을 인정하여 입법자에게 입법개선을 명하는 적용중지(2025년 12월 31일 시한) 헌법불합치결정을 하고(헌재 2024. 6. 24, 2020헌마468

17 환상범은 형사처벌과 관련한 법질서의 위반이 존재하지 않음에도 불구하고 이를 존재한다고 행위자가 착오를 행한 경우이기 때문에 불능미수와 달리 어떤 경우에도 처벌되지 않는다.[17]

3. 미신범

18 미신범(Abergläubischer Versuch) 또는 미신행위란 실현불가능한 비과학적 수단이나 주술적 수단과 같이 인과관계가 지배하는 현실세계에서는 존재할 수 없는 방법으로 구성요건을 실현하려는 사례를 말한다. 예컨대 다른 사람을 죽게 해달라고 기도하는 행위와 같은 것으로,[18] 결과발생이 불가능하다는 점에서는 불능미수범과 같다. 미신범이 처벌되지 않는다는 점에서는 일치하나, 그 근거에 대하여는 다소 논란이 있다. ① 통설의 입장에서는 범죄실현의 가능성을 전제로 하는 구성요건적 고의가 존재하지 않을 뿐 아니라 구성요건 실현을 위한 실행의 착수도 인정될 수 없어 불처벌로 이해한다.[19] 즉 미신적인 방법으로 범행을 시도하는 것은 법익침해에 대한 위험이라는 실행행위의 요소를 갖추지 못하며, 미신적 방법으로 구성요건적 결과를 실현시키려는 인식과 의욕은 처음부터 구성요건 고의로 될 수 없다는 것이다. ② 일부에서는 미신적인 방법에 의한 범행은 예상하였던 결과에 대한 객관적인 귀속가능성이 결여되기 때문에 불처벌되는 것으로 이해하기도 하며,[20] ③ 미신범을 불능범으로 이해하기도 한다.[21]

등), ② 위 친족 이외의 친족 간의 상대적 친고죄 조항(§ 328②)에 대하여, 형사피해자의 재판절차진술권 침해 여부가 문제되지 않으므로 합헌결정을 하였다(헌재 2024. 6. 24, 2023헌바449).

17 김일수·서보학, 387; 박상기·전지연, 234; 신동운, 565-566; 이재상·장영민·강동범, § 29/26; 이형국·김혜경, 358: 임웅, 441; RGSt 42, 93; RGSt 66, 126; BGHSt 8, 268; BGHSt 13, 235; BGHSt 15, 210; Fischer, StGB, 69. Aufl., 2022, § 22 Rn. 49; Schönke/Schröder/Eser/Bosch, StGB, 30. Aufl., 2019, § 22 Rn. 78.

18 RGSt 33, 321, 322 f.

19 박상기, 형법총론(9판), 382; 배종대, § 117/4; 이재상·장영민·강동범, § 29/22; 이형국·김혜경, 359; Jakobs, AT, 2. Aufl., 1993, 25/22 f.; Kindhäuser, AT, 7. Aufl., 2015, 30/16; Streng, Der Irrtum beim Versuch - ein Irrtum?, ZStW 109, 868; Schönke/Schröder/Eser/Bosch, StGB, 30. Aufl., 2019, § 23 Rn. 13.

20 Herzberg, Zur Strafbarkeit des untauglichen Versuchs, GA 01, 267; MK/Hoffmann-Holland, StGB, Bd. 1, 4. Aufl., 2020, § 22 Rn. 89.

21 김성천·김형준, 형법총론(8판), 350; 성낙현, 565; 신동운, 565; 오영근, 344; Fischer, StGB, 69. Aufl., 2022, § 23 Rn. 9; Satzger, Der irreale Versuch - über die Schwierigkeiten der Strafrechtsdogmatik, dem abergläubischen Versuch Herr zu werden, Jura 2013, 1025 ff.

불능범으로 이해하는 견해에 의하면 미신범의 경우에도 구성요건적 고의는 인정되며, 다만 주술과 같은 미신적 방법을 통하여 범행을 실현하려고 한다는 점에서 과학적 일반인이나 평균적 일반인의 관점에서 위험성이 없으므로 불능범이 되어 불처벌되는 것으로 이해한다. 따라서 이 견해는 미신범을 광의의 불능범의 일종으로 이해하고 위험성의 여부를 평가하여 위험성이 존재하지 않기 때문에 불능미수가 되지 못하므로 처벌하지 못하는 것으로 이해한다.

미신범은 현실세계에서 존재할 수 없는 인과과정을 통하여 구성요건적 결과에 영향을 끼칠 수 있다는 생각에 기초하고 있다. 이러한 미신범의 행위를 형법상 행위론에서의 사회적 의미를 지닌 행위로 평가할 수 있는가도 의심스러우며,[22] 설사 행위성을 인정한다고 할지라도 이는 실현가능한 구성요건실현의 인식과 의욕이라기보다는 결과에 대한 희망에 불과하기 때문에 이를 구성요건적 고의로 포섭하는 것은 적절하지 못하다. 19

4. 구성요건흠결론

불능미수와 관련하여 과거 독일에서는 '구성요건흠결론'(Die Lehre vom Mangel am Tatbestand)이 주장되었다.[23] 구성요건의 흠결론이란 구성요건에 해당하는 요소(행위의 주체, 행위의 객체, 수단이나 방법 등)가 흠결되었기 때문에 결과발생이 처음부터 불가능한 경우에는 미수에 해당할 수 없으므로 불능범에 불과하다는 이론이다. 즉 인과관계의 착오로 인하여 결과가 발생하지 않은 경우에는 불능미수를 인정하지만, 구성요건 주체의 착오나 구성요건실현의 수단이나 방법의 착오로 인하여 결과가 발생하지 않은 경우에는 구성요건이 실현될 수 있는 가능성이 존재하지 않으므로 불가벌적인 불능범에 해당한다고 보았다.[24] 예를 들면 공무원이 아닌 사람이 공무원으로 오인하여 수뢰죄를 범하였다고 생각하거나, 감기약을 독약으로 오인하여 복용하게 하거나, 시체를 살아있는 것으로 오인하고 살해하려고 총을 발사한 경우에는, 구성요건요소가 흠결되어 결과발생이 불가 20

22 이에 대하여는 Herzberg, Zur Strafbarkeit des untauglichen Versuchs, GA 01, 268 f.

23 Dohna, Der Mangel am Tatbestand, Güterbock-FG, 1910, S. 35; Sauer, AT, 3. Aufl., 1955, S. 98 ff.

24 LK/Hillenkamp, StGB, 12. Aufl., 2007, vor § 22 Rn. 93; Schönke/Schröder/Eser/Bosch, StGB, 30. Aufl., 2019, § 22 Rn. 75 f.

능하였다는 것이므로 불능범에 불과하다고 한다.

21 우리 형법은 구성요건에 해당하는 대상이나 수단의 착오로 인하여 결과가 발생하지 않은 경우에도 위험성이 인정되면 불능미수를 인정하여 처벌하고 있다. 따라서 구성요건흠결론은 우리 형법규정과 부합하지 않기 때문에 이 이론을 적용할 수 없다.[25] 독일형법의 경우에도 행위자가 현저한 무지로 인하여 범죄실행의 대상이나 수단의 성질상 기수로 될 수 없음을 오인한 경우에는 불처벌이 아니라 형을 면제하거나 감경할 수 있도록 규정하여(독형 § 23③) 구성요건흠결론이 적용되지 아니한다.

Ⅲ. 불능미수의 성립요건

22 불능미수범이 성립하기 위해서는 기수범이나 다른 미수범과 마찬가지로 주관적 구성요건표지로서의 행위결의(고의)가 존재해야 하며, 객관적 구성요건표지로 실행의 착수, 실행의 수단 또는 대상의 착오로 인한 현실적인 결과발생의 불가능, 위험성이 존재해야 한다.

1. 주관적 요건

23 불능미수도 미수의 한 유형이므로 미수의 일반적 형태인 장애미수와 마찬가지로 고의와 고의 이외의 그 밖의 주관적 요소(목적, 불법영득의사 등)를 필요로 한다.[26] 불능미수에서 고의는 객관적 구성요건표지를 인식하고 특정 구성요건을 실현하고자 하는 범행결의를 의미한다. 그리고 여기서의 고의는 확정적인 범행실현의사를 요한다는 점에서 '과실범의 불능미수'라는 범죄형태는 성립되지 아니한다. 또한 기수범이 미필적 고의로도 충분히 성립할 수 있는 것과 마찬가지로, 불능미수범의 고의도 미필적 고의로 충분하다.

24 그리고 미수범의 고의는 특정 구성요건적 결과를 실현하겠다는 기수의 의사여야 한다는 점에서, 처음부터 결과발생이 현실적으로 불가능한 줄 알면서 불

25 박상기 · 전지연, 234; 배종대, § 117/5; 오영근, 342; 이재상 · 장영민 · 강동범, § 29/5; 이정원 · 이석배 · 정배근, 형법총론, 242; 이형국 · 김혜경, 357; 임웅, 440.
26 이상돈, 형법강론, 497.

능미수를 실현하고자 하는 이른바 '미수의 고의'라는 개념도 인정되지 않는다.

2. 객관적 요건

(1) 실행의 착수

불능미수도 미수의 일종이므로 구성요건실현의 직접적 개시 내지 특정한 범죄행위로의 결정화의 진입이라는 실행의 착수가 인정되어야 한다. 다만, 불능미수에서의 실행의 착수는 일반미수에서의 실행의 착수와 그 성립에서 다소 차이가 존재한다. 즉, 일반미수에서의 실행의 착수시기는 행위자의 범행계획에 따르면 법익침해행위가 직접적으로 개시되었을 때 또는 법익침해가 직접 위태화되었을 때 실행의 착수가 인정된다(주관적 객관설 또는 절충설)(통설).[27] 그러나 불능미수의 경우에는 처음부터 행위자가 생각한 대로는 결과발생이 불가능하므로 실행행위가 법익을 침해할 위험성이 존재하지 않기 때문에 실행의 착수가 인정되지 아니한다. 그럼에도 불구하고 불능미수와 예비는 구별되어야 하기 때문에 불능미수에서 실행의 착수는 외관상 실행의 착수처럼 보이는 행위가 존재하면 인정된다.[28] 따라서 외관상 실행의 착수로 보여지는 행위가 존재하지 않는 경우에는 불능미수 또한 인정되지 아니한다.[29] 25

---

27 박상기·전지연, 217; 배종대, § 109/12; 오영근, 317; 이재상·장영민·강동범, § 27/28; 이형국·김혜경, 333-334. 판례의 경우에도, 실행의 착수시기와 관련하여 일관적이지는 않지만 동일한 입장에서 판단한 것이 다수 존재한다(대판 1987. 1. 20, 86도2199, 86감도245; 대판 2002. 3. 26, 2001도6641).

28 이상돈, 499; 홍영기, "불능미수의 가능성 표지 - 장애미수와 불능미수의 구별요건", 형사법연구 20-1, 한국형사법학회(2008), 62.

29 대판 1999. 11. 26, 99도2461(수출할 사람에게 비지정문화재를 판매하려다가 가격절충이 되지 않아 계약이 성사되지 못한 단계에서는 국외로 반출하는 행위에 근접·밀착하는 행위가 있었다고 볼 수 없어 비지정문화재수출미수죄가 성립하지 않는다고 한 사례). 이러한 의미에서 마약류 관리에 관한 법률에서 정한 향정신성의약품 수입행위는 그 의약품을 선박이나 항공기로부터 양륙 또는 지상에 반입함으로써 기수에 달하고, 국제우편 등을 통하여 향정신성의약품을 수입하는 경우에는 국내에 거주하는 사람이 수신인으로 명시되어 발신국의 우체국 등에 향정신성의약품이 들어 있는 우편물을 제출할 때에 범죄의 실행에 착수하였다고 볼 수 있다. 따라서 피고인이 A에게 필로폰을 받을 국내 주소를 알려주었다고 하더라도 A가 필로폰이 들어 있는 우편물을 발신국의 우체국 등에 제출하였다는 사실이 밝혀지지 않은 이상 피고인 등의 이러한 행위는 향정신성의약품 수입의 예비행위라고 볼 수 있을지언정 이를 가지고 향정신성의약품 수입행위의 실행에 착수하였다고 할 수는 없다. 그러므로 피고인이 베트남에 거주하는 A로부터 필로폰을 수입하기 위하여 워터볼의 액체에 필로폰을 용해하여 은닉한 다음 이를 국제우편을 통해 받는 방식으로 필로폰을 수입하고자 하였을지라도, 이러한 행위가 범죄의 성질상 그 실행의 수단 또는 대상의 착오

(2) 결과발생의 불가능

(가) 결과발생의 현실적 불가능

26 불능미수가 성립하기 위해서는 실행에 착수하였으나 결과가 발생할 수 없는 경우에 인정된다. 결과발생이 불가능하다는 것은 행위자가 실행에 착수한 상황적 조건으로는 결과발생이 절대적으로 불가능하다는 것을 의미한다.[30]

27 여기서 결과발생의 불가능은 전문가로서의 과학적 일반인의 관점에서 결과발생이 불가능한지 여부가 판단의 기준이 된다.[31] 그리고 결과발생이 불가능하다는 것은 객관적으로 보아 실행의 착수시점에 결과발생이 불가능하다는 것을 의미한다. 따라서 불능미수는 실행의 착수시점에 구성요건적 결과발생이 현실적으로 불가능하다는 점에서 결과발생의 가능성이 존재한 장애미수 및 중지미수와 구별된다.

28 판례 역시 피해자를 살해할 생각으로 배추국 그릇에 농약을 섞어 피해자에게 이를 먹게 하여 살해하고자 하였으나 피해자가 국물을 토함으로써 그 목적을 이루지 못한 사안에서, "피고인이 피해자를 독살하려고 하였으나 동인이 토함으로써 그 목적을 이루지 못한 경우에는 피고인이 사용한 독의 양이 치사량 미달이어서 결과발생이 불가능한 경우도 있을 것이고, 한편 형법은 장애미수와 불능미수를 구별하여 처벌하고 있으므로 원심으로서는 이 사건 독약의 치사량을 좀 더 심리하여 피고인의 소위가 위 미수 중 어느 경우에 해당하는지 가렸어야 할 것이다."[32]라고 판시하여, 현실적인 구성요건적 결과발생의 불가능성이 장애미수와 구별되는 불능미수의 표지로 판단하고 있다.

29 따라서 불능미수가 되려면 적어도 현실적인 결과발생의 불가능이 존재하여야 하며, 결과발생 가능성이 존재하는 경우에는 불능미수가 성립할 가능성이 없

로 인하여 결과의 발생이 불가능한 경우가 아님은 너무도 분명하다(대판 2019. 5. 16, 2019도97).

30 판례 역시 동일한 취지로 "결과의 발생이 불가능하다는 것은 범죄행위의 성질상 어떠한 경우에도 구성요건의 실현이 불가능하다는 것을 의미한다."(대판 2019. 5. 16, 2019도97)라고 하거나, "결과 발생의 불가능은 실행의 수단 또는 대상의 원시적 불가능성으로 인하여 범죄가 기수에 이를 수 없는 것을 의미한다고 보아야 한다."[대판 2019. 3. 28, 2018도16002(전)]라고 한다.

31 임웅, 424-425; 김호기, "불능미수에서의 착오, 결과발생의 불가능, 위험성", 비교형사법연구 9-1, 한국비교형사법학회(2007), 76; 조국, "형법 제27조 불능미수 요건의 구별재정립을 위한 일고", 비교형사법연구 18-2, 한국비교형사법학회(2016), 57-58.

32 대판 1984. 2. 14, 83도2967.

다. 그럼에도 불구하고 판례는 소위 '브레이크호스 절단 사건'에서 이 부분에 대한 잘못된 판단을 내리고 있다. 즉, "피고인이 원심 상피고인에게 피해자를 살해하라고 하면서 준 원비-디 병에 성인 남자를 죽게 하기에 족한 용량의 농약이 들어있었고, 또 피고인이 피해자 소유 승용차의 브레이크호스를 잘라 브레이크액을 유출시켜 주된 제동기능을 완전히 상실시킴으로써 그 때문에 피해자가 그 자동차를 몰고 가다가 반대차선의 자동차와의 충돌을 피하기 위하여 브레이크 페달을 밟았으나 전혀 제동이 되지 아니하여 사이드브레이크를 잡아당김과 동시에 인도에 부딪치게 함으로써 겨우 위기를 모면하였다면 피고인의 위 행위는 어느 것이나 사망의 결과발생에 대한 위험성을 배제할 수 없다 할 것이므로 각 살인미수죄를 구성한다."[33]라고 판시하여 명시적으로 불능미수의 성립을 인정한다는 표현은 없지만, "결과발생에 대한 위험성을 배제할 수 없다."라고 표현하고, 참조조문을 본조로 특정함으로써 해당 사건에서 살인죄의 불능미수를 인정하고 있다.[34] 그러나 해당 사건은 실행행위 시에 결과발생이 불가능한 것이 아니라, 성인이 사망하기에 충분한 농약이 투입되거나 브레이크라는 제동장치의 호스를 절단하였으므로 결과발생이 가능하였다는 점에서 불능미수가 아닌 가능미수(장애미수)에 해당한다.[35] 그리고 해당 판례에서 표현되는 결과발생의 '위험성'은 불능미수의 위험성의 표현이 아니라 결과발생의 '가능성'이라는 표현에 불과한 것이다.

(나) 결과발생 불가능의 원인

(a) 실행의 수단의 착오

30 실행의 수단이나 방법의 착오로 인하여 결과발생이 불가능하다는 것은 행위자가 의도하는 수단이나 방법으로는 구성요건적 결과실현이 불가능한 경우를 말한다.

31 예를 들면, ① 살해 대상에게 독약으로 잘못 알고 감기약이나 무해한 가루를 건네주어 이를 먹게 한 경우,[36] ② 치사량 미달인 독극물로 피해자를 살해하

33 대판 1990. 7. 24, 90도1149. 본 판결 평석은 백원기, "불능미수와 위험성: 차브레이크액유출 살인미수사건", 형사판례연구 〔5〕, 한국형사판례연구회, 박영사(1997), 104-128.

34 판례의 결론에 동의하는 견해로는 도중진, "불능미수와 위험성", 형사판례의 연구(1권), 이재상교수 화갑기념논문집, 박영사(2004), 594.

35 같은 취지로 김용욱, "가능미수와 불능미수의 구분", 형사판례의 연구(1권), 지송 이재상교수 화갑기념논문집, 576 이하; 조국(주 31), 69; 한상훈(주 7), 43-44 참조.

36 RGSt 24, 382.

려고 한 경우,[37] ③ 치사량 미달의 농약을 우물에 혼입하여 피해자의 살해를 시도한 경우,[38] ④ 불량탄환을 가지고 상대방을 살해하려고 시도한 경우,[39] ⑤ 낙태를 시킬 수 없는 수단을 사용하여 낙태를 시도한 경우,[40] ⑥ 약품배합의 미숙으로 인하여 메스암페타민(마약류) 완제품을 제조하지 못하여 미수에 그친 경우,[41] ⑦ 소송비용의 지급청구는 소송비용액 확정절차에 의해서만 가능함에도 소송비용을 편취할 목적으로 손해배상청구의 소를 제기한 경우,[42] ⑧ 정맥에 공기를 넣어 살해하기로 마음먹고 30-40씨씨의 공기를 주입하였으나 죽지 않은 경우,[43] ⑨ 자녀 2명과 동반자살하기 위하여 실내의 도시가스관 고무호스를 빼고 현관문 등을 모두 닫아 도시가스가 가득 차게 하여 살해하려고 하였으나 집을 방문한 지인에게 발견되어 죽지 않은 경우,[44] ⑩ 피해자가 사기사실을 알아차리고 경찰에 신고하여 경찰의 '속은 척하기 작전'이 시작되어 결과발생이 후발적으로 불가능하게 된 후에 사기단 조직원인 피고인이 배달원을 가장하여 피해자 집에 와서 물건을 받은 경우[45]가 여기에 해당한다.

(b) 대상의 착오

32 대상(객체)의 착오로 인하여 결과발생이 불가능하다는 것은 행위자가 의도한 대로 범행이 진행되더라도 행위자가 대상을 착오하여 목표로 삼은 대상에 대하여 구성요건을 실현시킬 수 없는 경우를 의미한다.

33 예를 들면, ① 이미 사망한 사람을 취침 중인 것으로 착오하고 그를 살해할 생각으로 총을 쏜 경우,[46] ② 살해 대상인 인물이 침대에 누워있다고 생각하고

---

37 대판 1984. 2. 28, 83도3331(요구르트 한병마다 농약 1.6씨씨를 섞은 사례); BGHSt 41, 95.
38 대판 1973. 4. 30, 73도354(우물과 펌프에 농약인 스미치온을 혼입한 사례).
39 대판 1954. 1. 30, 4286형상103.
40 RGSt 1, 440; 17, 159; 68, 13.
41 대판 1985. 3. 26, 85도206.
42 대판 2005. 12. 8, 2005도8105.
43 最判 昭和 37(1962). 3. 23. 刑集 16·3·305(의학적으로는 70-300씨씨가 주입되어야 치사의 결과가 생긴다고 하더라도 피주사자의 신체적 조건 그 밖의 사정에 따라 사망의 결과발생의 위험이 절대로 없다고는 할 수 없어 미수범이 성립한다고 판단한 사례).
44 岐阜地判 昭和 62(1987). 10. 15. 判タ 654·261(도시가스가 인체에 무해한 천연가스라고 하더라도 위와 같이 할 경우 가스폭발이나 산소결핍결필증에 의하 사망할 수도 있는 매우 위험한 행위라는 이유로 미수범이 성립한다고 한 사례).
45 名古屋高判 平成 28(2016). 9. 21. 判時 2363·120(사기죄의 불능미수의 공동정범이 성립할 수 있다고 판단하였으나, 피고인에 대한 편취 고의 및 공모사실이 인정되지 않아 무죄가 선고된 사례).
46 RGSt 1, 450.

살해의 의사로 사격하였으나 침대에 아무도 누워있지 않았던 경우, ③ 임신하지 아니한 사람을 임산부로 오인하고 낙태를 시도한 경우,[47] ④ 자신소유의 물건을 타인소유의 물건인 줄 알고 절취하는 경우,[48] ⑤ 점유권자의 동의가 존재함에도 이를 인식하지 못하고 물건을 절취하는 경우,[49] ⑥ 비어있는 호주머니에 현금이 있는 것으로 알고 소매치기를 시도한 경우,[50] ⑦ 범인이 아님에도 이를 오인하여 범인으로 알고 은닉하여 준 경우,[51] ⑧ 피해자가 심신상실 또는 항거불능의 상태에 있다고 인식하고 그러한 상태를 이용하여 간음할 의사로 피해자를 간음하였으나 피해자가 실제로는 심신상실 또는 항거불능의 상태에 있지 않은 경우,[52] ⑨ 권총으로 저격되어 의학적으로는 이미 사망하였으나 행위자가 살아 있다고 믿고 일본도로 신체를 찌른 경우[53]가 여기에 해당한다.[54]

(c) 주체의 착오

주체의 착오로 인하여 결과발생이 불가능한 경우란 신분범과 같이 특정한 신분이 행위의 주체가 될 수 있는 범죄에서 착오로 자신이 해당 범죄의 주체에 포함된다고 착오하고 행위하는 경우이다. 예를 들면, 자신의 공무원임용이 무효 34

---

47 RGSt 8, 201; 34, 218; BGH NStZ 83, 264.

48 MK/Hoffmann-Holland, StGB, Bd. 1, 3. Aufl., 2017, § 22 Rn. 68.

49 RG JW 1926, 2752; BGHSt 4, 199.

50 대판 1986. 11. 25, 86도2090. 일본 판례도 통행인의 소지품을 빼앗으려고 하였으나 주머니에 아무 것도 없었던 경우, 통행인이 통상 주머니에 소지품을 가지고 다니는 것을 예상할 수 있으므로 결과발생의 가능성이 있으므로 불능미수범이 성립한다고 한다[大判 大正 3(1914). 7. 24. 刑録 20·1546].

51 BGHSt 15, 210.

52 대판 2019. 3. 28, 2018도16002(전). 「피고인이 피해자가 심신상실 또는 항거불능의 상태에 있다고 인식하고 그러한 상태를 이용하여 간음할 의사로 피해자를 간음하였으나 피해자가 실제로는 심신상실 또는 항거불능의 상태에 있지 않은 경우에는, 실행의 수단 또는 대상의 착오로 인하여 준강간죄에서 규정하고 있는 구성요건적 결과의 발생이 처음부터 불가능하였고 실제로 그러한 결과가 발생하였다고 할 수 없다. 피고인이 준강간의 실행에 착수하였으나 범죄가 기수에 이르지 못하였으므로 준강간죄의 미수범이 성립한다. 피고인이 행위 당시에 인식한 사정을 놓고 일반인이 객관적으로 판단하여 보았을 때 준강간의 결과가 발생할 위험성이 있었으므로 준강간죄의 불능미수가 성립한다.」

53 広島高判 昭和 36(1961). 7. 10. 高刑集 14·5·310(이미 사망하였다고 하더라도 일반인도 당시 그 사망을 알 수 없었으므로 결과발생의 위험이 없다고 할 수 없으므로 미수범이 성립한다고 한 사례).

54 예컨대, 실제로는 임산부가 아닌 데 임산부로 오인하여 무해한 두통약을 낙태약으로 오인하여 이를 복용토록 하여 낙태를 시도하는 경우(RGSt 34, 217)와 같이 실행의 수단과 대상의 착오가 복합적으로 작용하여 결과발생이 불가능한 경우도 존재할 수 있다.

임을 알지 못하고 공무원범죄를 저지른 경우, 배임죄상의 '타인의 사무를 처리하는 자'가 아님에도 불구하고 자신을 타인의 사무를 처리하는 자라고 오인하고 자기가 '임무에 위배되는 행위'를 하였다고 생각하는 경우가 여기에 해당한다.

35 본조의 불능미수의 규정은 '실행의 수단 또는 대상의 착오'로 인하여 결과발생이 불가능하다고 표현함으로서 주체의 착오에 대하여는 규정하고 있지 않다. 여기서 주체의 착오로 인하여 결과발생이 불가능한 경우에도 불능미수가 인정될 수 있는가에 대하여 견해가 대립하고 있다.

36 ① 부정설은 형법은 불능미수범에 대하여 주체의 불능을 규정하고 있지 않기 때문에 주체의 착오의 경우를 불능미수의 대상에 포함시킬 수 없다는 입장으로, 주체의 착오로 인한 불능미수의 성립을 부정한다(통설).[55] 따라서 부정설에 의하면 주체의 착오로 인하여 결과발생이 불능한 경우에는 불능미수가 아니라 환상범으로 불가벌적인 불능범에 해당한다.[56]

37 이 견해는 불능미수에 관한 규정은 임의적 형의 감면사유이기는 하나 불처벌하는 것이 아니라 처벌하는 미수 유형이므로 죄형법정주의 원칙상 이를 엄격히 해석하여 법률에 규정된 실행의 수단이나 대상의 착오로 인한 경우만으로 제한적으로 해석하여야 하는 것으로 본다. 또한, 신분범에서 신분이라는 요소는 해당 범죄의 행위불법을 구성하는 요소이므로 주체를 착오하기는 하나 객관적으로 해당 신분을 갖추지 못하여 행위불법을 충족하지 못하는 사람을 처벌하는 것은 타당하지 않다고 본다. 그리고 신분범은 일정한 신분관계가 있는 사람에 대하여 법적 의무를 부가하는 범죄유형으로, 이러한 신분자에게만 법적 책임을 묻겠다는 입법자의 결단이 표현된 것이라고 이해한다.[57]

38 ② 긍정설(불능미수인정설)은 실행의 수단이나 대상의 착오로 인한 결과발생에서 수단이나 대상의 착오는 결과발생 불가능을 가져오는 착오의 예시적인 것에 불과한 것으로 이해하여, 주체의 착오로 인한 불능미수의 성립을 인정한다

55 강동욱, 강의 형법총론(2판), 253; 김성돈, 형법총론(8판), 466; 김신규, 404; 김형만, 241; 신동운, 551; 오영근, 345; 이상돈, 500; 이재상·장영민·강동범, §29/15; 이주원, 308; 이형국·김혜경, 362; 임웅, 423; 정성근·박광민, 형법총론(전정3판), 331-332; 정웅석·최창호, 474; 최호진, 516; 하태훈, "불능미수", 형사법연구 4, 한국형사법학회(1991), 79.

56 독일에서도 소수설은 이 경우를 환상범의 일종으로 이해한다(Jakobs, AT, 2. Aufl., 25/43; NK/Zaczyk, StGB, Bd. 1, 3. Aufl., 2010, §22 Rn. 39).

57 신동운, 551.

(소수설).[58] 독일의 다수설에 해당하며,[59] 독일의 과거의 판례[60]는 이 경우를 환상범으로 보았으나 후에 처벌가능한 불능미수로 이해하였다.[61]

③ 이분설은 주체의 착오를 주체의 불능이 대상의 불능에 기인하는 경우와 39
진정신분범의 경우로 나누어 전자의 경우에는 불능미수를 인정하고, 후자의 경우에는 환각범을 인정하여 불능미수를 부정한다.[62] 먼저 주체의 불능이 대상의 흠결 또는 대상의 불능에 기인하는 경우란, 예컨대 자기의 보호감독을 받지 않는 부녀임에도 불구하고 업무·고용·그 밖의 관계로 인하여 자기의 보호를 받은 부녀인 줄 알고 위력으로 간음하려고 한 경우에는 보호감독직이 없다는 이유로 불가벌적 불능범이 되는 것이 아니라 위험성이 존재하는 경우에는 피보호자·피감독자간음죄(§ 303①)의 불능미수를 인정하여야 한다는 것이다. 이에 반하여 진정신분범의 경우에는, 신분이 특수한 의무표지이므로 사실상 그러한 신분이 있는 사람에게만 적용될 수 있으며, 이것이 법의 객관적 목적에도 부합하기 때문에 불처벌하는 것이 타당하다고 본다.

그러나 이 견해에서 주체의 불능이 대상의 흠결 또는 대상의 불능에 기인 40
하는 경우는 주체의 착오라기 보다는 대상의 흠결 또는 대상의 불능에 해당하기 때문에 대상의 착오로 인하여 결과발생이 불가능한 경우에 해당한다.[63] 즉 위의 예에서 위력에 의한 간음죄의 대상이 아님에도 불구하고 행위자는 동죄의 대상이라고 착오하여 행위한 것과 동일하므로, 불능미수의 대상의 착오로 인하여 결과발생이 불가능한 경우에 해당할 것이다. 따라서 이분설은 사실상 주체의 착오에 관한 부정설과 동일한 결론에 이르게 된다.[64]

---

58 박상기·전지연, 236.

59 Bruns, Die Strafbarkeit des Versuchs eines untauglichen Subjektes, GA 79, 161 ff.; Herzberg, Zur Strafbarkeit des untauglichen Versuchs, GA 01, 270; LK/Hillenkamp, StGB, 12. Aufl., 2006, § 22 Rn. 230 ff.; MK/Hoffmann-Holland, StGB, 3. Aufl., 2017, § 22 Rn. 62; Schönke/Schröder/Eser/Bosch, StGB, 30. Aufl., 2019, § 22 Rn. 75 f.; SK/Jäger, StGB, 9. Aufl., Bd. 1, 2017, § 22 Rn. 47 ff.

60 RGSt 8, 200; 29, 421.

61 RGSt 72, 112.

62 김일수·서보학, 389.

63 같은 취지로 김성돈, 466.

64 이분설의 또 다른 형태로 행위의 주체를 근거짓는 상황에 대해서는 아무런 착오 없이 의무주체자라고 잘못 해석했을 뿐인 경우, 즉 규범적 구성요건요소를 잘못 포섭한 경우에는 반대형태의 포섭의 착오로 환상범을 인정하고, 신분범의 주체를 근거짓는 상황에 대한 적극적 착오가 존재

41 생각건대, 본조의 불능범에 관한 규정에서 핵심적인 내용은 결과발생의 불가능과 위험성이다. 여기서 결과발생의 불가능의 원인은 객관적 구성요건요소와 관련하여 착오하여 결과발생이 불가능하게 된 것으로 이해한다면, 실행수단과 대상의 착오는 예시적 표현으로 볼 수 있다. 여기서 결과발생의 불가능의 원인 가운데 행위의 주체를 배제하고 대상과 수단만을 착오한 경우로 한정하는 것은 범행의 주체, 객체, 수단과 방법 등과 같은 구성요건요소들이 모두 동등한 가치를 가지고 있다는 점에서도 적절하지 않다.[65] 그리고 불능미수에서 결정적인 요소를 착오에 기초하여 결과발생이 불가능하더라도 위험성이 인정되면 이를 가벌적인 불능미수범으로 처벌한다는 관점에서 보면, 위 ②의 긍정설의 입장이 타당하다. 미수범의 처벌근거를 행위자의 주관적 태도에서 찾고, 행위자가 주체의 착오를 일으켜 반가치적 행위를 하였다면 위험성이 인정되는 것을 조건으로 불능미수범으로 보는 것이 타당하다고 본다.

42 다만, 주체의 착오로 인하여 결과발생이 불가능한 경우에는 그 불법의 실질이 아주 가볍고 형벌부과의 예방적 필요성도 거의 없다고 보여진다. 또한 대부분의 주체의 착오는 위험성이 없을 것이므로, 불능미수의 긍정설과 부정설의 실제적 결론은 다르지 않을 것이라고 보인다.[66]

(3) 위험성

(가) 위험성의 개념

43 불능미수의 성립요건으로는 결과발생이 불가능하여야 하는 것과 함께 위험성이 인정되어야 한다. 위험성의 여부에 따라 불가벌적 불능범과 처벌가능한 불능미수가 구별된다. 여기서 불능미수범을 근거지우는 표지인 '위험성'의 개념 내지 내용이 무엇이냐와 관련하여 논란이 있다.

44 불능미수에서의 위험성은 일반적으로 구성요건의 실현가능성이나 범죄 구성요건의 충족 가능성 또는 결과발생의 가능성을 의미하는 것으로 이해한다. 이렇게 보면 결과발생의 가능성이 없음에도 불구하고 위험성(구성요건실현의 가능성)

하는 경우에는 반대형태의 구성요건착오로 불능미수를 인정하는 견해(손동권·김재윤, § 25/9)도 있다.

65 Schönke/Schröder/Eser/Bosch, StGB, 30. Aufl., 2019, § 22 Rn. 76; SK/Jäger, StGB, 9. Aufl., Bd. 1, 2017, § 22 Rn. 49.

66 배종대, § 118/7; 손동권·김재윤, § 25/9.

이 있으면 처벌한다는 본조의 규정은 그 자체가 모순이 된다. 여기서 결과발생의 불가능과 위험성을 어떻게 구별할 것인가에 대하여 논란이 있다.

일부에서는, ① 결과발생 불가능과 위험성의 구별은 존재하지 않으며 무의미한 것으로 이해한다.[67] 즉 형법이 규율하고 있는 모든 범죄유형은 결과발생 또는 법익침해나 위태화의 실현가능성이라는 위험을 내포하고 있고, 따라서 어떠한 미수범의 형태든 모두 위험성을 가진 것으로 본다. 이러한 점에서 불능미수의 판단에서만 위험성 표지가 독자적 의미를 가지는 것은 아니고, 결과발생 가능성과 위험성은 사실상 동일한 내용으로 이해한다.[68] 45

이에 반하여 대부분의 견해는, ② 결과발생의 가능성과 위험성이 용어상으로는 거의 동일하지만 그 구체적인 내용에 대하여는 이를 구별한다. 여기서 결과발생 가능성과 위험성을 구별하는 기준으로, ⓐ 결과발생의 불가능은 사실적·자연과학적 관점에서 결과발생이 불가능한 것을 의미함에 반하여, 위험성은 규범적·평가적 관점에서 결과발생이 가능하다는 것을 의미한다는 견해(다수설),[69] ⓑ 결과발생의 불가능은 사후적 관점에서 결과발생이 불가능한 것을 의미함에 반하여, 위험성은 사전적 관점에서 결과발생이 가능하다는 것을 의미한다는 견해,[70] ⓒ 결과발생의 불가능은 결과의 현실적 발생 가능성의 구체적 위험이 존재하지 않는 경우임에 반하여, 위험성은 행위의 속성인 범죄의사의 위험성 내지는 추상적 위험을 의미한다는 견해,[71] ⓓ 결과발생의 가능성은 당해 법익침해에 대한 현실적인 위험성이고, 위험성은 법익침해나 구성요건실현에 대한 잠재적 위험성으로 보는 견해,[72] ⓔ 결과발생의 가능성은 행위자의 행위 자체의 객관적 위 46

---

67 이정원, "불능미수에서 범죄실현의 불가능과 위험성", 형사정책연구 18-4, 한국형사정책연구원(2007), 22; 천진호, "미수범이론의 발전과 전망", 형사법연구 18, 한국형사법학회(2002), 149; 허일태, "불능미수범에 있어서 위험성의 의미", 형사판례연구 〔8〕, 한국형사판례연구회, 박영사(2000), 116 이하.

68 이 견해에 대한 비판은 문채규, "형법 제27조(불능범)의 위험성 표지", 비교형사법연구 8-2, 한국비교형사법학회(2006), 39; 조국(주 31), 55-56; 한상훈, "형법 제27조(불능범)에서 "결과발생의 불가능"과 "위험성"표지의 구별기준", 형사법연구 20-3, 한국형사법학회(2008), 87.

69 김신규, 406; 오영근, 344; 이재상·장영민·강동범, § 29/9; 이형국·김혜경, 362-363; 임웅, 439; 정웅석·최창호, 475; 조국(주 31), 54.

70 김성돈, 467; 신동운, 555; 정성근·정준섭, 257; 최호진, 517.

71 이용식, 형법총론, 128; 문채규(주 68), 37.

72 박상기, 387; 이승준, "형법 제27조(불능범) 논의의 재검토", 형사정책연구 18-4, 한국형사정책연구원(2007), 43 이하; 한상훈(주 7), 50. 불능미수의 위험성은 행위결과로 지향된 현실적 위험성

험성이고, 위험성은 주관적 위험성이라는 견해[73] 등 다양한 주장이 존재한다.[74]

47 생각건대, 결과발생 가능성은 법익침해에 대한 현실적인 위험성을 말하고, 위험성은 법익침해에 대한 잠재적 위험성으로 보는 것이 타당하다(위 ⓓ의 견해). 따라서 불능미수는 특정한 법익침해의 현실적 위험성은 존재하지 않으나 잠재적 위험성으로 인하여 처벌되는 미수라고 보아야 한다. 즉 불능미수는 객관적 측면에서는 법익침해의 위험이 없는 행위이나, 행위자의 의사를 고려할 때 법익을 침해할 수 있는 잠재적 가능성을 갖고 있는 경우를 말하는 것이다.

(나) 위험성의 판단기준

(a) **구객관설**(절대적 불능 및 상대적 불능설)

48 절대적 불능은 불가벌적 불능범에 해당하고, 상대적 불능은 불능미수범으로 처벌하여야 한다는 견해이다. 여기서 절대적 불능은 수단이나 대상의 착오로 인하여 결과발생이 개념적으로 불가능하여 어떠한 경우에도 그러한 방법이나 대상에 대해서는 결과가 발생할 수 없는 경우를 말한다. 예컨대, 감기약을 독약으로 오인하여 살해할 생각으로 이를 복용케 한 경우가 절대적 불능에 해당한다. 이에 반하여 상대적 불능은 치사량 미달의 독약에 의한 살해시도의 경우와 같이, 원천적으로 결과발생이 불가능한 것이 아니라 일반적으로는 가능하지만 구체적 상황에서 결과발생이 불가능한 경우를 말한다(독약이 치사량에 도달하였을 때에는 살해가 가능).

49 판례 중 일부는 이 견해에 입각한 것으로 보인다.

50 ① 약품배합의 미숙으로 인한 히로뽕제조 실패 사건에서, "불능범은 범죄행위의 성질상 결과발생의 위험이 절대로 불능한 경우를 말하는 것으로서 (중략) 히로뽕 제조를 시도하였으나 그 약품배합 미숙으로 그 완제품을 제조하지 못하여 미수에 그쳤다는 것이라면, 피고인의 위 소위는 그 성질상 결과발생의 위험성이 있다."고 판단하였다.[75]

이 아니라 행위의 사회적 의미에 따른 가설적 위험성을 의미할 뿐이라는 견해도 이와 유사한 것으로 보인다(배종대, § 118/13).

73 정영일, "불능미수의 불법구조", 한국 형사법학의 이론과 실천(정암 정성진박사 고희기념논문집), 박영사(2010), 226.

74 위 ⓐ와 ⓑ의 견해를 합하여, 위험성은 결과발생의 가능성과 달리 규범적·평가적 개념이고, 사전적 관점에서 이를 판단해야 한다는 견해도 있다(강동욱, 254; 이주원, 308).

75 대판 1985. 3. 26, 85도206.

② 농약악취 사건과 관련하여, "피고인이 우물과 펌프에 혼입한 농약(스미치온)의 악취가 심하여 보통의 경우에 마시기가 어렵고 또 그 혼입한 농약의 분량으로 보아 사람을 치사에 이르게 할 정도는 아니라고 하더라도 위 농약의 혼입으로 살인의 결과가 발생할 위험성이 없다고 단정할 수 없는 이상 피고인에게 살인미수 등의 죄책을 인정하였음은 정당하다."라고 판시하여,[76] 불능미수의 성립을 인정하였다.[77] 51

그러나 이 견해에 대해서는, ⓐ 위험성은 본조의 조문 자체에서 결과발생의 불가능을 전제로 하고 있으므로 절대적 불능의 경우만이 불능미수의 범위에 해당하고 이를 다시 상대적 불능과 구별하는 것은 무의미하며,[78] ⓑ 예컨대 침대에 사람이 있는 줄 알고 사격을 가하였으나 행위자의 예상과 달리 피해자는 침대에 없었던 경우와 같이 절대적 불능과 상대적 불능의 구별이 명확하지 않고,[79] ⓒ 상대적 불능이라고 하는 경우도 객관적·구체적 상황에서는 결과발생이 절대 불가능한 경우에 해당하므로 이를 상대적 불능이라고 하는 것도 타당하지 않다는 비판이 제기된다. 52

(b) 사실적 불능 및 법률적 불능설

결과발생의 불가능을 사실상의 이유로 불가능한가 법률상의 이유로 불가능한가를 구분하여, 사실적 불능은 상대적 불능과 같이 보아 불능미수범을 인정하고, 주체의 착오와 같이 법률적 불능은 절대적 불능이라고 보아서 불능범을 인정하는 견해이다. 예를 들면, 자기소유 재물을 절취하는 경우와 같이 처음부터 법률적 요건을 충족할 수 없어서 결과발생이 불가능한 경우에는 법률적 불능으로 보아 불능범을 인정하는 견해이다. 53

76 대판 1973. 4. 30, 73도354.

77 같은 취지의 판결로는, ① 대판 1984. 2. 28, 83도3331(요구르트 한병마다 섞은 농약 1.6씨씨가 그 치사량에 약간 미달한다 하더라도 이를 마시는 경우 사망의 결과 발생의 가능성을 배제할 수는 없다고 하여 살인미수죄를 인정한 사례), ② 대판 1990. 7. 24, 90도1149(피해자를 살해하라면서 A에게 치사량의 농약이 든 병을 주고, 또 피해자 소유의 승용차의 브레이크호스를 잘라 제동기능을 상실시켜 피해자가 차를 운전하다가 인도에 부딪치게 한 각 행위가 각 살인미수죄를 구성한다고 한 사례), ③ 대판 2007. 7. 26, 2007도3687(일정량 이상을 먹으면 사람이 죽을 수도 있는 '초우뿌리'나 '부자' 달인 물을 마시게 하여 피해자를 살해하려다 미수에 그친 행위가 불능범이 아닌 살인미수죄에 해당한다고 본 사례) 등이 있다.

78 한상훈(주 7), 50.

79 박상기·전지연, 237; 손동권·김재윤, § 25/12; 오영근, 349; 임웅, 432; 천진호, 형법총론, 711.

54 이 견해에 대해서는, ① 사실적 불능과 법률적 불능의 구별은 그 기준이 명확하지 않으며, ② 사실적 불능이 절대적 불능에 해당할 수도 있으므로 이를 상대적 불능이라고 보는 것도 타당하지 않다는 비판이 제기된다.[80]

(c) 구체적 위험설(신객관설)

55 구체적 위험설은 행위 당시에 행위자가 인식한 사실과 일반인이 인식할 수 있었던 사정을 기초로 일반적 경험칙에 따라 객관적·사후적으로 위험성을 판단하는 견해이다(다수설).[81] 즉 행위 당시에 행위자가 인식한 주관적 사정과 일반이 인식할 수 있었던 객관적 사정을 기초로(판단자료) 통찰력있는 사람의 판단인 일반 경험법칙에 비추어(판단주체 및 판단척도) 결과발생의 가능성이 있다고 판단되면 위험성이 인정되어 불능미수범으로 처벌되고, 결과발생의 가능성이 없다고 판단되면 위험성을 부정하여 불능범이 된다는 견해이다.[82] 예를 들면, 피해자를 살해할 생각으로 피해자가 침대에 누워있다고 생각하고 침대를 향해 총으로 사격을 가한 경우 불능미수를 인정하게 된다. 왜냐하면 총을 사격할 당시 행위자는 피해자가 침대에 누워있는 것으로 생각하였고, 일반인의 입장에서 보아도 살해의 위험성은 인정되기 때문이다. 구객관설과 달리 행위 당시 행위자가 특별히 인식한 사정도 판단대상에 포함시키므로 신객관설이라고 한다.

56 이 견해에 대하여는, ① 예컨대 일반인에게는 죽은 사람으로 알려져 있음에 반하여 행위자는 살아있는 사람으로 오인하고 살해행위를 하는 경우와 같이, 행위 당시에 행위자가 인식한 사실과 일반인이 인식할 수 있었던 사정이 일치하지 않는 경우 어느 사정을 기초로 위험성을 판단할 것인가가 불명확하며,[83] ② 결과발생의 불가능 여부의 판단과 위험성 여부의 판단이 혼합되어 있거나 동일하게 이루어진다는 점에서 비판이 제기된다.[84]

57 이와 같은 비판에 대하여, 행위자가 인식하였던 사정과 일반인이 인식할 수 있었던 사정이 일치하지 않는 경우에는, 일반인의 인식사정을 기초로 하고 행위

80 박상기·전지연, 236; 오영근, 349; 임웅, 432.
81 김신규, 406; 김일수·서보학, 394; 박상기·전지연, 238; 배종대, § 119/23; 이재상·장영민·강동범, § 29/20; 이정원·이석배·정배근, 248; 이주원, 313; 정웅석·최창호, 478.
82 일본 판례는 일관적이지는 않지만 구체적 위험설의 입장이라고 볼 수 있다[井田 良, 講義刑法学·総論, 有斐閣(2010), 417]. 일본 판례에 대해서는 大塚 外, 大コン(3版)(4), 46-624(三好幹夫).
83 이형국·김혜경, 365; 천진호, 711.
84 오영근, 348; 임웅, 435; 조국(주 31), 60; 한상훈(주 7), 51.

자가 특히 알고 있었던 사정을 고려하면 된다고 반론한다.[85] 또한 일부에서는, 행위자의 인식이 아닌 행위 당시 일반인이 인식할 수 있었던 사정만을 기초로 하여 위험성을 판단하여야 한다고 주장한다.[86]

행위 당시의 상황에서는 결과가 발생할 가능성이 없었다고 하더라도 행위의 수단이나 대상 등의 착오가 없었던 정상적 상태였다면 결과발생이 가능하였으리라는 조건에서 위험성을 인정하고, 이를 토대로 처벌하는 것은 타당하다고 본다. 그렇다면 본조에서 규정하고 있는 위험성이란 결국 구성요건이 실현될 수 있는 잠재적 위험성이라고 볼 수 있으며, 불능미수에 대한 형사처벌을 정당화하고 명확하게 하기 위해서는 구체적 위험설이 상대적으로 가장 타당하다고 본다. 58

(d) **추상적 위험설**(주관적 위험설)

추상적 위험설은 행위 당시에 행위자가 인식한 사정(위험성 판단의 기초)이 실제로 존재하였다면 평범한 일반인의 입장(위험성 판단의 주체)에서 판단할 때 결과발생의 가능성이 있다고 인정되는 경우, 위험성을 긍정하여 불능미수를 인정하는 견해이다.[87] 위험성 판단의 기초를 행위자에게 둔다는 점에서 주관적 위험설이라고도 부른다. 예를 들면, 빈 호주머니에 손을 집어넣어 절취를 시도한 경우, 만일 돈이 들어있었다면 현금을 절취할 수 있었을 것이기 때문에 불능범이 아니라 불능미수범을 인정하게 된다. 또한, 침대에 누워있는 사람을 살해하기 위해 총을 발사하였으나 빈 침대였던 경우에도 마찬가지이다. 59

위험성 판단의 시점은 구체적 위험설과 같이 행위 당시, 즉 사전적 관점이다. 다만 구체적 위험설은 행위 당시에 일반인이 인식할 수 있는 사정까지도 판단자료에 포함시킴에 반하여, 추상적 위험설은 행위자가 인식한 사실만을 판단자료로 삼는다는 점에서 구별된다.[88] 60

그 밖에 추상적 위험설의 변형된 형태의 견해들이 주장되기도 한다. 예컨대, ① 행위자의 범행결의를 대상으로 과학적 일반인의 기준으로 위험성을 판단하기도 하며,[89] ② '행위자가 인식한 대로의 사정'이라고 하는 추상적 위험설 61

85 이재상·장영민·강동범, § 29/20.
86 오영근, 348.
87 강동욱, 257; 김성돈, 471-472; 임웅, 434; 정성근·박광민, 336; 조국(주 31), 58-61.
88 이승준(주 72), 48 이하; 한상훈(주 7), 47.
89 신동운, 557. 신동운 교수 자신은 이 견해를 '강화된 구체적 위험설'이라고 주장하나 사실상 추

에 대신하여, '행위자의 주관적 인식을 객관적, 과학적 일반인이 평가하여 결과 발생의 가능성이 있는지'를 판단기준으로 하는 견해(잠재적 위험설)[90]가 주장되기도 한다. 또한, ③ 불능미수에서의 임의적 감면을 구분하여 형의 면제가 가능한 불능미수에서의 위험성은 추상적 위험설에 의하여 결정하고, 형의 감경이 가능한 불능미수에서의 위험성은 구체적 위험설에 의하고, 구체적 위험성과 추상적 위험성도 없는 경우에는 불가벌적 불능범이 된다는 주장도 있다.[91]

62 판례 역시 "불능범의 판단기준으로서 위험성 판단은 피고인이 행위 당시에 인식한 사정을 놓고 이것이 객관적으로 일반인의 판단으로 보아 결과발생의 가능성이 있느냐를 따져야 하므로 히로뽕제조를 위하여 에페트린에 빙초산을 혼합한 행위가 불능범이 아니라고 인정하려면 위와 같은 사정을 놓고 객관적으로 제약방법을 아는 과학적 일반인의 판단으로 보아 결과발생의 가능성이 있어야 한다."고 판시하여,[92] 이 견해를 취하고 있다. 즉 위험성 판단의 기초는 피고인이 행위 당시 인식한 사정이고, 위험성 판단의 주체는 일반인이고, 그 판단은 객관적으로 하여야 한다는 것이 판례의 기본적 입장이다. 판단의 주체에 대하여, 판례는 보다 구체적으로 '객관적으로 제약방법을 아는 과학적 일반인',[93] '소송비용의 청구방법에 관한 법률적 지식을 가진 일반인'[94]이라고 판시하고 있는데, 이는 해당 분야에 전문적 지식을 가진 일반인을 의미한다고 할 것이다.

63 추상적 위험설에 입각한 주요 판례를 살펴보면 아래와 같다.[95]

64 ① 피고인이 에페트린과 빙초산 등 화공약품을 혼합하고 섭씨 80-90도로 가열하여 메스암페타민(속칭 히로뽕) 1킬로그램을 제조했으나 그의 제조기술과 경험 부족으로 히로뽕 완제품이 아닌 염산메칠에페트린을 생성시켰을 뿐으로 미수에 그친 행위는 위험성이 있어 불능범이 아니라고 판단한 원심판결에 대하

상적 위험설과 유사한 것으로 보인다.

90 한상훈(주 7), 56 이하; 한상훈(주 68), 93 이하.

91 손동권·김재윤, § 25/18. 형의 감면을 보다 더 세분화하여 유형별로 다른 구별기준을 제시하는 견해도 있다(이상돈, 504).

92 대판 1978. 3. 28, 77도4049. 본 판결 평석은 허일태, "불능미수범에 있어서 위험성의 의미", 형사판례연구 〔8〕, 한국형사판례연구회, 박영사(2000), 47-56.

93 대판 1978. 3. 28, 77도4049.

94 대판 2005. 12. 8, 2005도8105.

95 본조 주해에서 예시한 판례 외에 불능미수의 위험성에 관한 판례로는, 배종대, § 119/1; 주석형법 〔총칙(2)〕(3판), 63-67(정문경) 참조.

여, 위 과학적 일반인의 판단으로 보아 결과발생의 가능성이 있느냐를 따졌어야 함에도 그에 대한 심리절차 없이 위험성이 있다고 판단한 것은 잘못이라고 판시하였다.[96]

② 소송비용을 편취할 의사로 손해배상청구의 소를 제기한 사안에서, "민사소송법상 소송비용의 청구는 소송비용액 확정절차에 의하도록 규정하고 있으므로, 위 절차에 의하지 아니하고 손해배상금 청구의 소 등으로 소송비용의 지급을 구하는 것은 소의 이익이 없는 부적법한 소로서 허용될 수 없다고 할 것이다. 따라서 소송비용을 편취할 의사로 소송비용의 지급을 구하는 손해배상청구의 소를 제기하였다고 하더라도 (중략) 결과 발생의 가능성이 없어 위험성이 인정되지 않는다."고 판시하였다.[97] 65

③ 사자(死者)를 상대로 한 소송사기 사건에서, "소송사기에 있어서 피기망자인 법원의 재판은 피해자의 처분행위에 갈음하는 내용과 효력이 있는 것이어야 하고, 그렇지 아니하는 경우에는 착오에 의한 재물의 교부행위가 있다고 할 수 없어서 사기죄는 성립되지 아니한다고 할 것이므로, 피고인의 제소가 사망한 자를 상대로 한 것이라면 이와 같은 사망한 자에 대한 판결은 그 내용에 따른 효력이 생기지 아니하여 상속인에게 그 효력이 미치지 아니하고 따라서 사기죄를 구성한다고는 할 수 없다."고 판시하여,[98] 행위자가 의도한 방법으로는 구성요건적 결과발생이 불가능하고, 또한 그 위험성도 인정되지 않기 때문에 가벌적인 불능미수를 인정하지 않았으며, 불가벌적인 불능범으로 보았다. 66

최근에는 ④ 준강간(§ 299, § 297) 사건과 관련하여, "피고인이 피해자가 심신상실 또는 항거불능의 상태에 있다고 인식하고 그러한 상태를 이용하여 간음할 의사를 가지고 간음하였으나, 실행의 착수 당시부터 피해자가 실제로는 심신상실 또는 항거불능의 상태에 있지 않았다면, 실행의 수단 또는 대상의 착오로 준강간죄의 기수에 이를 가능성이 처음부터 없다고 볼 수 있다. 이 경우 피고인이 행위 당시에 인식한 사정을 놓고 일반인이 객관적으로 판단하여 보았을 때 정신적·신체적 사정으로 인하여 성적인 자기방어를 할 수 없는 사람의 성적 자기 67

96 대판 1978. 3. 28, 77도4049.
97 대판 2005. 12. 8, 2005도8105.
98 대판 2002. 1. 11, 2000도1881.

결정권을 침해하여 준강간의 결과가 발생할 위험성이 있었다면 불능미수가 성립한다."고 판시하였다.[99]

68 이 견해에 대하여는 ⓐ 결과발생의 불가능 여부에 대한 기준과 위험성 판단의 기준이 동일한 것이 아닌가 하는 문제가 있으며,[100] ⓑ 행위자가 소금으로 사람을 살해할 수 있다고 착오하는 경우와 같이 매우 중대한 착오가 있는 예외적인 경우에만 위험성을 부정하여 위험성이 인정되는 범위가 너무 넓으며, ⓒ 객관적으로 결과발생 가능성이 없는 행위를 하는 행위자의 내심의 상태를 기초로 하여 위험성 여부를 판단하므로 심정형법화의 우려가 있다는 비판[101]이 제기된다.

(e) 주관설

69 주관설은 행위자가 실행에 착수함으로써 범행의사가 외부적으로 분명하게 표출된 이상 객관적으로 범인의 범죄적 위험성이 징표되었으므로 결과발생이 불가능하더라도 불능미수범으로 처벌하여야 한다는 견해이다. 이 견해는 결과발생이 불가능한 경우에도 처벌한다는 점에서 원칙적으로 미신범과 같은 경우를 제외하고는 불가벌적인 불능범을 인정하지 않는다. 앞의 입법례에서 보는 바와 같이 독일형법은 이러한 입장을 취하고 있으며(독형 § 23③), 독일 연방법원 판례의 입장이기도 하다.[102]

70 주관설은 ① 미수범의 처벌근거를 전적으로 행위자의 범죄적 의사의 실현에서만 구하고, 그 행위의 객관적 위험성을 고려하지 않는 지나치게 주관주의적 형법관에 근거한 이론이며, ② 행위자의 주관적 관점에서만 보면 미신범과 불

99 대판 2019. 3. 28, 2018도16002(전). 같은 취지로는 대판 2024. 4. 12, 2021도9043(준강간죄의 장애미수로 기소되었으나, 항거불능상태에 있었다는 점에 대한 증명이 부족하여 장애미수는 성립하지 않고 불능미수로 의율할 수 있으나, 공소장변경 없이 직권 인정할 수 없다는 이유로 무죄를 선고한 사례). 위 2018도16002 전원합의체 판결의 평석과 해설은 김대원, "항거불능의 상태에 있지 않은 사람에 대한 준강간의 시도: 불능미수? 장애미수?", 형사판례연구 〔28〕, 한국형사판례연구회, 박영사(2020), 151-182; 김한균, "준강간 불능미수", 형사판례연구 〔28〕, 117-150; 안성조, "준강간죄의 불능미수", 법학연구 30-3, 연세대학교 법학연구원(2020), 333 이하; 이수환, "준강간죄의 불능미수 성립을 인정할 수 있는지 여부", 해설 120, 법원도서관(2019), 527-548; 홍영기, "준강간의 미수: 장애미수와 불능미수의 구별", 법조 735, 법조협회(2019), 659 이하.

100 김성돈, 471.

101 오영근, 347; 천진호, 713.

102 BGHSt 2, 74, 76; 41, 94.

능미수의 구별이 용이하지 않으며, ③ 법적대적 의사의 표출이라는 주관적 요소만의 고려로 인하여 불능미수범의 범위가 확대될 위험이 있고, ④ 형사처벌을 행위자의 법적대적 의사 내지 심정이라는 범죄적 경향성과 연결짓는 것은 행위형법의 원칙에도 벗어난다는 비판이 제기된다.[103]

(f) 인상설

다른 학설이 행위와 결과의 관련성 속에서 위험성을 판단하는 데에 비하여, 인상설(印象說)은 일반인의 법적 안정감에 대한 위험성이라는 관점에서 출발하는 견해이다. 즉 불능미수도 행위자의 법적대적 의사가 표출된 행위에 해당하므로, 만일 이를 처벌하지 않는 경우 일반인의 법적 안정감이나 사회적 평온상태를 위협하는 인상을 줄 우려가 인정될 경우 행위의 위험성을 인정한다.[104] 인상설에서는 행위자가 인식한 구성요건적 사실과 법익 평온상태의 교란을 위험성 판단의 기초로 삼는다. 그리고 장애미수는 법익의 객체에 대한 구체적인 위험성을 의미하는 데 반해, 불능미수는 일반적 위험성을 의미한다고 본다. 71

인상설에 대하여는, ① 법익 평온상태의 교란은 불능미수에서의 위험성의 설명방법이지 위험성의 판단기준을 제시하는 것이라고 보기 어려우며,[105] ② 위험성의 판단인 법적 안정감의 동요나 법익 평온상태의 교란이 일어났는지 여부에 대한 일관되고 명확한 기준이 되지는 못한다는 문제가 있다.[106] 72

Ⅳ. 불능미수의 처벌

본조는 결과발생이 불가능하더라도 위험성이 있으면 처벌하고, 다만 그 형을 감경 또는 면제할 수 있다고 규정하고 있다. 즉 임의적 감면사유로서 불능미수를 인정하고, 반면에 결과발생이 불가능할 뿐만 아니라 위험성도 없는 행위에 대해서는 처벌하지 않는다. 이는 형의 필요적 감면사유로 인정되는 중지미수보다 무겁게 처벌하는 것이며, 임의적 감경사유인 장애미수보다는 다소 가볍게 처 73

103 오영근, 346; 이형국·김혜경, 366; 임웅, 436; 한상훈(주 7), 51.
104 이형국·김혜경, 364-365; 신양균, "불능미수의 법적 성격", 김종원교수 화갑기념논문집(1991), 425; 허일태(주 67), 54 이하.
105 오영근, 347; 임웅, 437.
106 김일수·서보학, 394; 천진호, 713; 한상훈(주 7), 51.

벌하는 것이다.

74 불능미수를 처벌하기 위하여는 불능미수도 미수범이므로 형법이나 특별법에 미수범에 대한 처벌규정이 있어야 한다.

75 결과발생이 불가능함에도 불구하고 이를 인식하지 못하고 실행에 착수하여 위험성이 존재하는 상황에서 행위자 자신이 자의로 결과발생을 방지하는 행위를 한 경우에는, 결과의 불발생과 행위자의 방지행위에 인과관계가 없는 경우에도 중지미수의 성립을 인정한다. 즉, 불능미수의 중지미수를 인정한다〔이에 대한 상세는 § 26(**중지미수**) 부분 참조〕.

V. 불능미수와 공범

76 공동정범자 중 1인의 불능미수로 인하여 공모한 범행의 기수에 이르지 못한 경우 공동정범자 모두 불능미수에 해당한다.[107] 다만, 이 경우에도 공동정범자 중 1인이 적어도 실행에 착수하여야 불능미수가 인정된다. 따라서 예컨대 甲, 乙, 丙이 A 부부의 집에 침입하여 강도하기로 공모하고, 甲은 문의 벨을 누르고 부인이 문을 열어주면 출입할 수 있는 공간을 확보하고, 그 사이에 집안으로 뛰어 들어가 남편을 묶어두고, 丙이 부부를 위협하여 금고를 열도록 하는 방식으로 역할을 분담하였다. 그러나 甲이 이미 경찰에게 범행사실을 신고하고, 甲이 문에서 벨을 누를 때 경찰이 도로와 차에서 乙과 丙을 체포한 경우, 공동정범자 중 어느 누구도 아직 실행에 착수하지 아니하였으므로 이를 불능미수로 볼 수 없다.[108]

77 교사자나 방조자의 의도와 관계없이 피교사자나 피방조자인 정범의 행위가 불능미수에 해당하면, 교사자나 방조자는 불능미수의 교사범이나 방조범의 죄책을 진다.[109] 예컨대 甲이 乙을 교사(또는 방조)하여 A를 살해하도록 하였으나, 乙이 치사량 미달의 독약을 치사량으로 오인하여 A에게 복용토록 한 경우, 乙에게는 살인죄의 불능미수가, 甲에게는 살인죄의 불능미수의 교사(또는 방조)의 죄

107 동일한 해석은 임웅, 441.
108 BGHSt 39, 236. 이에 비판적인 입장은 Weber, Lenckner-FS, 1998, S. 443 ff.
109 이형국·김혜경, 368; 임웅, 441.

책을 진다. 이는 불능미수의 처벌은 불법에 기초하는 것이므로 공범종속성의 원칙과 불법의 연대원칙에 따라 정범의 불능미수는 공범에게도 미치기 때문이다.

교사자는 피교사자(정범)에게 불능미수에 해당하는 행위를 교사하고 피교사 78
자는 불능미수에 그칠 것이라는 점을 알지 못한 채 실행한 경우, 피교사자(정범)에게 불능미수가 성립한다. 교사자에게는 피교사자의 행위가 기수에 이를 것으로 생각하였으나 정범의 행위가 불능미수에 그친 경우에는, 교사자에게는 불능미수의 교사범이 성립한다. 그러나 교사자가 처음부터 피교사자의 행위가 불능미수에 그칠 것이라는 점을 알면서도 이를 교사한 경우에는, 교사자에게 기수의 고의가 존재하지 아니하므로 처벌되지 아니한다.[110]

〔전 지 연〕

110 이형국 · 김혜경, 368.

第28條(음모, 예비)

범죄의 음모 또는 예비행위가 실행의 착수에 이르지 아니한 때에는 법률에 특별한 규정이 없는 한 벌하지 아니한다.

Ⅰ. 예비·음모죄의 의의와 처벌근거

1. 예비의 의의

1 본조는 예비행위가 실행의 착수에 이르지 아니한 때에는 법률에 특별한 규정이 없는 한 벌하지 아니한다고 규정하고 있을 뿐, 구체적으로 어떠한 행위가 예비에 해당하는 것인지를 명시하지 않고 있다. 일반적으로 예비란 범죄실행의 준비단계의 행위를 말한다. 범죄의 수행과정을 전체적으로 보면 내심의 계획단계, 필요한 수단 등의 준비단계, 범죄의 실행단계로 진행되는 데, 그중에서 최초의 단계인 내심의 범죄 계획단계에서는 형사처벌의 대상이 되지 않고 준비단계인 예비·음모 단계에 이르러야 비로소 예외적으로 처벌의 대상이 된다. 그리고 범죄실행을 위한 준비단계를 넘어 실행의 착수에 이르게 되면 미수범이 성립한다. 이 점에서 예비·음모는 단순한 내심의 범행 계획단계와 실행의 착수 단계 사이에 있는 법형상이다.[1]

1 독일과 일본의 형법에는 예비·음모죄에 관한 총칙의 규정은 없다. 예비·음모죄에 관한 비교법

예비는 범죄를 실현하기 위한 준비행위로서, 물적인 것에 한정되지 아니하며 특별한 정형이 있는 것도 아니지만, 단순히 범행의 의사 또는 계획만으로는 부족하고 객관적으로 보아서 범죄의 실현에 실질적으로 기여할 수 있는 외적 행위를 필요로 한다.[2] 예를 들어, 살인을 하기 위하여 흉기를 구입하는 행위, 강도를 하기 위하여 범행현장을 답사하는 행위 등을 전형적인 예비행위로 볼 수 있다. 그렇지만 예비 개념은 상대적인 것이다. 예를 들어, 살인이나 강도를 목적으로 하는 범죄단체를 조직하는 행위는 살인죄나 강도죄의 관점에서 보면 예비행위로 보일 수 있지만, 이러한 범죄단체 조직행위를 살인죄나 강도죄의 예비죄라고 보기는 힘들다. 예비죄에서 말하는 예비의 개념은 당해 범죄구성요건의 보호법익과 기수 성립에 필요한 침해나 위태화의 정도 및 기수와의 관계에서 정해지는 실행행위의 내용에 결정적으로 의존하는 것이다. 따라서 입법자가 이러한 보호법익이나 기수 성립에 필요한 침해의 정도나 위태화의 정도와는 무관하게 처벌의 조기화를 확보하기 위하여 별도의 범죄구성요건〔예컨대, 범죄단체조직죄(§ 114)〕을 신설하여 대응하는 것은 예비죄와 무관한 것이다. 2

2. 음모의 의의

음모란 범죄를 실행하기 위한 심리적 준비행위로서, 2인 이상의 행위자 사이에 성립한 범죄실행의 합의를 말한다. 음모는 예비에 선행하는 것으로 보는 것이 일반적이지만 반드시 그런 것은 아니다. 또한 음모는 범죄실행에 관한 2인 이상의 행위자 사이의 합의를 의미하기 때문에, 행위자가 상대방에게 일방적이거나 단편적으로 범죄의사를 전달하는 데 불과한 경우 또는 상호 간에 의사의 교환이 있었다 하더라도 합의에 이르지 못한 경우에는 음모로 볼 수 없다. 3

판례도 "내란음모죄는 내란죄의 실행착수 전에 그 실행의 내용에 관하여 2인 이상의 자가 통모, 합의를 하는 것으로서 단순히 추상적, 일반적 합의만으로 부족하다 하겠으나 실행의 계획의 세부에 이르기까지 모의할 필요는 없다."고 판시하거나,[3] "형법상 음모죄가 성립하는 경우의 음모란 2인 이상의 자 사이에 성립 4

적 고찰로는 최상욱, "예비죄에 관한 각국의 입법례", 연세법학연구 6-2(1999), 211 이하 참조.

2 대판 2009. 10. 29, 2009도7150(피해자를 살해하려고 이를 실행할 사람을 고용하고 그 대가를 지급하기로 약정한 행위는 살인죄의 예비행위에 해당한다고 인정한 사례).

3 대판 1975. 4. 8, 74도3323(내란예비); 대판 1981. 1. 23, 80도2756(내란예비).

한 범죄실행의 합의를 말하는 것으로, 범죄실행의 합의가 있다고 하기 위하여는 단순히 범죄결심을 외부에 표시·전달하는 것만으로는 부족하고, 객관적으로 보아 특정한 범죄의 실행을 위한 준비행위라는 것이 명백히 인식되고, 그 합의에 실질적인 위험성이 인정될 때에 비로소 음모죄가 성립한다."[4]고 판시하고 있다.

5 음모행위는 예비행위와는 달리 범죄실행을 위한 물적 준비행위가 아니라 2인 이상의 행위자들 사이의 범죄실행에 관한 합의를 본질적 내용으로 한다. 음모행위는 행위자들 사이의 언어적인 표현에 의한 합의가 주된 내용을 이룬다는 점에서 실행행위로서의 정형이 없고, 합의의 모습 및 구체성의 정도도 매우 다양하게 나타날 수밖에 없다. 따라서 어떤 범죄를 실행하기로 막연하게 합의한 경우나 특정한 범죄와 관련하여 단순히 의견을 교환한 경우까지 모두 범죄실행의 합의가 있는 것으로 보아 음모죄가 성립한다고 한다면, 이는 엄격하게 적용되어야 할 형법규범의 적용범위를 무한하게 확장시킬 위험을 낳게 되고, 표현의 자유에 대한 위축과 죄형법정주의에 대한 위반이라는 비판도 제기될 수 있다. 이 점에 주목하여 학설에서는 음모죄를 전부 폐지해야 한다는 주장도 있다.[5]

6 특히 대법원 전원합의체 판결은 내란음모죄의 해석과 관련하여, "2인 이상의 자 사이에 어떠한 폭동행위에 대한 합의가 있는 경우에도 공격의 대상과 목표가 설정되어 있지 않고, 시기와 실행방법이 어떠한지를 알 수 없으면 그것이 '내란'에 관한 음모인지를 알 수 없다. 따라서 내란음모가 성립하였다고 하기 위해서는 개별 범죄행위에 관한 세부적인 합의가 있을 필요는 없으나, 공격의 대상과 목표가 설정되어 있고, 그 밖의 실행계획에 있어서 주요 사항의 윤곽을 공통적으로 인식할 정도의 합의가 있어야 한다. 나아가 합의는 실행행위로 나아간다는 확정적인 의미를 가진 것이어야 하고, 단순히 내란에 관한 생각이나 이론을 논의한 것으로는 부족하다. 또한 내란음모가 단순히 내란에 관한 생각이나 이론을 논의 내지 표현한 것인지 실행행위로 나아간다는 확정적인 의미를 가진

---

4 대판 1999. 11. 12, 99도3801(강도음모). 본 판결 평석은 정원태, "절도죄에 있어서 점유와 실행의 착수, 강도음모가 성립하기 위한 요건 및 음모와 예비와의 관계", 형사재판의 제문제(3권), 박영사(2001), 70-78.

5 예를 들어, 이덕인, "형법개정과 예비·음모죄의 재검토", 형법개정안과 인권, 경인문화사(2011), 116 이하에서는 음모는 외부로 명확히 나타나지 않는다는 점에서 음모행위를 처벌하는 것은 심정형법에 반하므로 법조문에서 음모행위의 처벌규정을 전부 삭제해야 한다고 주장한다.

합의인지를 구분하기가 쉽지 않다는 점을 고려하면, 내란음모죄에 해당하는 합의가 있다고 하기 위해서는 단순히 내란에 관한 범죄결심을 외부에 표시·전달하는 것만으로는 부족하고 객관적으로 내란범죄의 실행을 위한 합의라는 것이 명백히 인정되고, 그러한 합의에 실질적인 위험성이 인정되어야 한다. 그리고 내란음모가 실질적 위험성이 있는지 여부는 합의 내용으로 된 폭력행위의 유형, 내용의 구체성, 계획된 실행시기와의 근접성, 합의 당사자의 수와 합의 당사자들 사이의 관계, 합의의 강도, 합의 당시의 사회정세, 합의를 사전에 준비하였는지 여부, 합의의 후속 조치가 있었는지 여부 등을 종합적으로 고려하여 판단하여야 한다."[6]고 판시하여, 음모죄의 성립요건을 제한적으로 해석하고 있다.[7]

3. 예비와 음모의 구별

7 예비와 음모는 단순한 내심의 범행 계획단계와 실행의 착수 단계 사이에 있는 범형상이라는 점에서는 공통적이지만, 음모가 예비에 선행하는 단계인지 등에 관하여 논란이 있다.

(1) 학설의 태도

8 학설에서는 크게 ① 예비와 음모의 구별을 부정하는 견해와 ② 예비와 음모를 구별해야 한다는 견해로 대별된다.

9 위 ①의 예비·음모 구별 부정설[8]은 예비를 준비행위라는 포괄적인 행위로

---

6 대판 2015. 1. 22, 2014도10978(전)(특정 정당 소속의 국회의원 피고인 甲 및 지역위원장 피고인 乙을 비롯한 피고인들이, 이른바 조직원들과 회합을 통하여 회합 참석자 130여 명과 한반도에서 전쟁이 발발하는 등 유사시에 상부 명령이 내려지면 바로 전국 각 권역에서 국가기간시설 파괴 등 폭동할 것을 통모함으로써 내란죄를 범할 목적으로 음모하였다는 내용으로 기소된 사안에서, 피고인들에게 무죄를 선고한 원심 판단을 정당하다고 한 사례). 본 판결 평석은 백원기, "음모죄와 선동죄의 성립요건에 관한 고찰", 형사법의 신동향 72, 대검찰청(2021), 177-227.

7 위 대법원 전원합의체 판결의 다수의견과는 달리 대법관 4명의 반대의견은, 내란의 모의가 일반적·추상적인 합의를 넘는 실질적 위험성이 있는 합의인지는 단순히 합의의 내용뿐만 아니라 그 합의를 둘러싸고 있는 여러 사정도 함께 고려하여 종합적으로 판단하여야 하지만, 내란음모죄의 성립에 반드시 구체적인 공격의 대상과 목표, 방법 등이 설정되어 있어야 할 필요는 없다고 판시한다. 또한 내란 실행에 관한 합의가 내란음모죄에서 요구하는 정도의 구체성을 갖추었는지를 판단함에 있어 실질적 위험성 외에도 내란죄가 갖는 특수성을 고려하여야 하므로, 내란음모죄에서 요구되는 합의의 구체성을 살인음모죄나 강도음모죄 등의 그것과 동일선상에서 파악할 수는 없다고 판시하였다.

8 김성천, 형법총론(9판), 360.

보면서 음모를 이에 포함시켜서 이해한다. 이 견해는 예비를 준비행위를 포괄하는 개념으로 보면서 이를 다시 인적 예비와 물적 예비로 구별하는데, 그중에서 인적 예비의 별칭이 음모인 반면 물적 예비는 협의의 예비로 본다.

10 위 ②의 예비·음모 구별 긍정설은 다시금 ⓐ 음모는 언어 등을 통한 무형적 준비행위인 반면 예비는 유형적 준비행위라는 견해,[9] ⓑ 음모는 심리적 준비행위인 반면 예비는 그 이외의 준비행위라는 견해[10] 등이 있다.

(2) 판례의 태도

11 판례는 기본적으로 예비와 음모를 구별하는 입장에 서 있다. 대법원은 강도예비·음모죄(§ 343)의 경우, 그 구성요건으로서 예비·음모를 따로 규정하고 있으므로 예비는 음모에 해당하는 행위를 제외하는 것으로 새겨야 한다고 판시하였다.[11]

12 또한 대법원은, "피고인이 일본으로 밀항하고자 A에게 도항비로 일화 100만엔을 주기로 약속한 정도에 그쳤다면 피고인의 행위는 밀항의 음모에 불과할 뿐 밀항의 예비정도에는 이르지 아니하였다."고 판시하여,[12] 음모가 예비에 선행하는 단계임을 인정하기도 하였다.

13 강도예비와 강도음모를 구별한 대법원 판례도 의미가 있다. 대법원 판례의 기초가 된 공소사실에 의하면, 甲과 乙은 교회에서 일요 예배 시 헌금이 많이 들어오고 있음을 탐지하고 위 교회의 경리과를 습격하여 헌금관리 직원을 위협하여 그 헌금을 강취할 것을 결의하고 범행에 사용할 흉기인 식도 4자루 등을 구입하여 소지하고, 같은 날 위 교회 맞은편에 도착하여 약 1시간 반 동안 위 교회내·외를 배회하면서 기회를 엿봄으로써 강도의 예비를 하였다는 사실로 기소되었다. 이에 대해 대법원은, "위 공소사실에 있어서 첫머리의 강도결의를 하였다는 부분은, 그 결의의 일시, 장소 등이 명시되어 있지 아니한 점과 말미의

---

9 오영근, 형법총론(5판), 345.

10 강동욱, 강의 형법총론(2판), 259; 김성돈, 형법총론(5판), 461; 배종대, 형법총론(17판), § 120/5; 성낙현, 형법총론(3판), 576; 손동권·김재윤, 새로운 형법총론, § 26/2; 신동운, 형법총론(11판), 568; 이재상·장영민·강동범, 형법총론(11판), § 30/3; 임웅, 형법총론(11정판), 383; 정웅석·최창호, 형법총론, 436.

11 대판 1984. 12. 11, 82도3019.

12 대판 1986. 6. 24. 86도437. 이 판례는 밀항단속법 제3조 제3항이 밀항예비죄만을 처벌의 대상으로 규정하고 있을 당시의 것이다. 지금은 밀항예비죄와 밀항음모죄를 모두 처벌의 대상으로 규정하고 있다.

강도예비의 문귀 등에 비추어, 이는 피고인(甲)과 원심공동피고인(乙) 간에 강도예비죄의 공범관계에 있음을 적시한 것에 불과할 뿐, 그 결의 자체를 따로 강도음모죄로 공소한 것으로는 볼 수 없다 할 것이고, 또 형법 제343조는 그 구성요건으로서 예비와 음모를 따로 규정하고 있으니 예비는 음모에 해당하는 행위를 제외하는 것으로 새겨야 할 것이다."고 판시하여,[13] 검사의 상고를 기각하였다. 이 판례로부터 예비와 음모가 분명하게 구분되는 형상임을 알 수 있다.

(3) 검토

형법이 예비와 음모를 개념적으로 달리 규정하고 있고, 형사입법에서 예비죄와 음모죄를 반드시 병렬적으로 규정해야 할 필요성도 인정되지 않으므로 양자는 구별되어야 한다. 예비와 음모를 구별하는 입장에서 보면, 음모가 예비에 선행하는 범죄발전의 단계라는 견해에 대해서는 음모의 개념을 너무 좁게 파악하고 있고, 음모가 예비보다 반드시 선행하여 성립한다고 단정지울 수 없다는 점에서 타당하지 않다. 또한 물적 준비행위는 예비이고 인적 준비행위는 음모라는 견해에 대해서는, 범죄의 의사연락은 인적 준비행위로서 음모에 포함시키는 것은 무리가 없지만 범행기회의 탐사나 범행현장을 둘러보는 행위도 음모에 포함시켜 음모와 예비를 구별할 수 없게 만들어버리는 문제가 있다. 따라서 음모는 심리적 준비행위이고 그 이외의 준비행위는 예비에 해당하지만, 음모와 예비 간의 시간적 선후관계가 없다는 견해가 타당하다(위 ②의 ⓑ 견해). 14

4. 예비·음모죄의 처벌근거

형법과 개별 법률상 예비·음모죄는 기본범죄와는 달리 법률에 특별한 규정이 있는 경우에 한하여 처벌된다(§ 28). 이와 같이 예외적 성격을 지니는 예비·음모죄의 처벌근거에 대하여 일부 견해[14]는, 기본범죄의 범죄성이 중하고 그 음모와 예비행위 자체가 범죄의 기수가 야기하는 위험성에 상당한 정도의 실질적인 위험성을 나타내기 때문이라고 설명한다. 그러나 예비·음모죄의 처벌근거는 구체적인 내용 없는 단순한 위험성과 관련시켜야 하는 것이 아니라 형법상 법익보호의 원리와 결부시켜서 이해해야 한다. 15

13 대판 1984. 12. 11, 82도3019.
14 백원기, 미수론연구, 삼지원(1995), 331-332.

16 헌법국가에서 형법적 법익개념은 헌법의 틀 속에서 이해되어야 한다. 헌법의 객관적 가치결단인 법치국가원리와 인간존엄성 요청에서 범죄로부터 국가의 보호의무가 도출된다. 이 경우 국가의 보호의무를 구체화하기 위한 범죄구성요건의 입법은 개인의 자유에 기초하고 있는 사회의 생존조건을 확보하고 유지할 경우에만 그 정당성이 인정된다. 예비·음모죄의 경우에도 이를 통하여 법익을 실효적으로 보호할 수 있고, 보다 더 경미한 수단으로 동등한 보호를 할 수 없으며, 예외적으로 형사처벌의 대상이 되는 행위가 법익침해와 관련된 전형적인 예비·음모행위로 나타나고, 규범적으로 고찰해볼 때 당벌적 불법으로 나타나는 경우에 그 정당성을 가질 수 있다.[15] 이러한 법익 관련성에서 보면, 형법이나 개별 법률에서 단순한 추상적 위험에 기초하여 예비·음모죄를 신설하거나 그 법정형을 기본범죄와 동일하게 규정하는 것은 타당하지 못하다.

17 한편, 현실에서 예비·음모행위의 처벌규정은 내란예비(§ 90①, § 87) 등과 같은 국가보호범죄나 살인죄 등 중대범죄를 제외하면 거의 적용되지 않는다. 현실에서 예비·음모죄는 법익보호를 위한 것이 아니라 당해 법익의 중요성을 강조하는 규범적·상징적 의미를 지니고 있고, 수사기관이 특정 중대범죄에 보다 조기에 개입할 권한을 부여하는 근거로서의 의미도 강하게 지니고 있다.

II. 예비와 음모의 법적 성질

1. 예비·음모죄와 기본범죄와의 관계

18 예비·음모죄와 기본범죄와의 관계를 어떻게 설정할 것인가에 따라 예비·음모죄의 미수, 공범, 죄수 문제 등에 다양한 영향을 미치게 된다.

(1) 학설의 태도

(가) 발현형태설

19 발현형태설은 예비·음모죄를 독립된 범죄유형이 아니라 기본범죄의 실행행위의 전 단계 행위, 즉 발현행위에 불과하다고 이해한다.[16] 발현형태설에 의

15 Puschke, Legitimation, Grenzen und Dogmatik von Vorbereitungstatbeständen(2017), 244.

16 김성천, 361; 신동운, 571; 오영근, 347; 이재상·장영민·강동범, § 9/39; 이정원·이석배·정배근, 형법총론, 259; 이주원, 형법총론(3판), 319; 이형국·김혜경, 형법총론(5판), 312; 임웅, 385; 정

하면 예비·음모죄는 특별한 경우에 가벌성을 미수 이전의 단계까지 확장한 기본범죄의 수정적 구성요건에 불과하게 된다. 발현형태설의 핵심적인 논거는 예를 들어 살인예비·음모죄(§ 255, § 250①)의 경우와 같이 예비죄의 구성요건이 기본범죄를 범할 것을 전제로 하고 있다는 점을 들고 있다. 다만 발현형태설 중에서도, ① 예비·음모죄가 수정적 구성요건인 이상 실행행위의 상대적·기능적 성격에 의하여 예비·음모죄 자체의 독자적인 실행행위를 인정할 수 있다는 견해와 ② 예비·음모죄는 기본범죄의 발현형태에 불과할 뿐이고 무정형·무한정인 예비·음모행위에 대하여는 그 실행행위성을 인정할 수 없다는 견해 등 다양한 세부 견해가 대립하고 있다.

(나) 독립범죄설

독립범죄설은 예비·음모죄가 그 자체로 독자적인 불법의 실질을 지니고 있는 범죄유형으로서 기본범죄와는 독립된 것이라고 이해한다.[17] 독립범죄설은 그 논거를 예비·음모죄의 구성요건의 특수성에 주목한다. 즉 예비·음모죄는 그 구성요건이 "본죄의 미수범은 처벌한다."고만 규정하여 실체화되어 있지 않은 미수범의 경우와는 달리, "○○죄를 범할 목적으로 예비·음모한 자는 ○○에 처한다."는 형식으로 규정되어 기본범죄와 동일한 구조를 취하고 있으므로, 기본범죄와 완전히 별개의 구성요건으로 보아야 한다는 것이다. 독립범죄설의 입장에 따르면, 예비·음모행위는 당연히 독자적인 예비·음모죄의 실행행위로 인정된다. 20

(다) 이분설

이분설은 예비·음모죄를 개별적으로 고찰하여 예비·음모죄를 기본범죄의 발현형태인 경우와 독립범죄인 경우로 구별한다.[18] 이분설은 예비·음모죄를 기본범죄의 예비·음모행위까지 확대한 비독립적인 예비·음모와 다른 범죄의 예비·음모에 해당하는 일정한 행위를 독립된 범죄의 형식으로 규정하는 독립적 21

성근·정준섭, 형법강의 총론(3판), 229; 정웅석·최창호, 437; 천진호, 형법총론, 625; 최호진, 형법총론, 475; 주석형법 [총칙(2)](2판), 118(신동운).

17 김일수·서보학, 새로쓴 형법총론(13판), 407; 김신규, 형법총론(개정판), 455; 김혜정·박미숙·안경옥·원혜욱·이인영, 형법총론(2판), 296; 박상기·전지연, 형법학(총론·각론 강의)(4판), 211; 배종대, § 121/5; 성낙현, 578; 손동권·김재윤, § 26/8; 이영란, 형법학 총론강의, 402; 정영일, 신형법총론, 363.

18 김선복, 형법총론, 310.

예비·음모로 구성되어 있다고 이해한다. 이분설에 따르면, 형법상 살인예비·음모죄, 방화예비·음모죄(§ 175) 등과 같이 '○○죄를 범할 목적으로 예비한 자는'이라는 형식으로 규정되어 있는 예비·음모죄는 기본범죄의 발현형태에 불과한 반면, 행사목적의 통화위조·변조죄(§ 207), 범죄단체조직죄(§ 114) 등의 경우와 같이 실질적으로 다른 범죄의 전 단계적 행위를 독립된 범죄로 처벌하는 예비·음모죄는 독립범죄로 파악된다.

(2) 판례의 태도

22 대법원은 "형법 제28조에 의하면 범죄의 음모 또는 예비행위가 실행의 착수에 이르지 아니한 때에는 법률에 특별한 규정이 없는 한 벌하지 아니한다고 규정하여 예비죄의 처벌이 가져올 범죄의 구성요건을 부당하게 유추 내지 확장해석하는 것을 금지하고 있기 때문에 형법각칙의 예비죄를 처단하는 규정을 바로 독립된 구성요건 개념에 포함시킬 수는 없다고 하는 것이 죄형법정주의의 원칙에도 합당하는 해석이라 할 것이다."라고 판시하고 있다.[19] 이 판례를 보면, 대법원은 예비·음모죄의 법적 성격을 발현형태설로 이해하고 있는 것으로 볼 수 있다.[20]

(3) 검토

23 예비와 음모는 실행의 착수 전의 행위이지만 그 정형성이 분명하지 않기 때문에 예비·음모죄를 해석하는 경우에는 개인의 행동의 자유나 표현의 자유 등의 관점에서 좁게 해석해야 한다. 이러한 관점에서 보면, 예비·음모죄를 독립범죄로 파악하는 것은 예비·음모죄의 인정범위를 무한정 확대시킬 위험이 있어 적절하지 못하다. 또한, 이분설에 대해서는 범죄단체조직죄 등과 같이 이미 형법상 독립적인 범죄로 되어 있는 범죄구성요건을 예비·음모죄로 파악하는 것은 타당하지 못하다. 범죄단체조직죄가 어느 정도 예비적 성격을 가진다 할지라도 이 범죄를 예비·음모죄로는 볼 수 없기 때문이다. 결론적으로 현행법상 예비·음모죄는 기본범죄를 범할 목적을 요건으로 설정하고 있기 때문에 그 성격을 위 (가)의 발현형태설로 이해해야 한다. 다만 예비·음모죄를 기본범죄를 전제로 하지 않고 완전한 독자적인 구성요건으로 규정하는 경우에는, 이 한도에서 독립범죄설이 의미를 가질 수는 있을 것이다.

---

19 대판 1976. 5. 25, 75도1549.

20 주석형법 [총칙(2)](3판), 73(정문경).

2. 예비 · 음모행위의 실행행위성

독립범죄설의 관점에서 예비 · 음모죄를 보면, 예비 · 음모행위의 실행행위성 은 당연히 인정된다.[21] 그러나 발현형태설에 의하면, 예비 · 음모행위의 실행행위성은 논리필연적으로 도출되는 것이 아니다. 24

(1) 학설의 태도

(가) 실행행위 긍정설

예비 · 음모죄의 실행행위성을 긍정하는 견해[22]는 기본범죄에 대해서만 실행행위성을 인정하는 것은 실행행위의 상대적 · 기능적 성격을 무시한 것이고, 예비 · 음모죄도 수정적 구성요건인 이상 이에 대한 실행행위성을 인정할 수 있다는 점을 근거로 제시한다. 물론 실행행위 긍정설은 예비 · 음모죄의 실행행위란 기본범죄의 구성요건적 실행행위가 아니라 예비 · 음모죄 그 자체의 실행행위를 의미하는 것으로 이해한다. 25

(나) 실행행위 부정설

실행행위 부정설[23]은 실행행위란 기본범죄에 대한 정범의 실행행위에 한정되는 것이므로 실행의 착수 이전의 예비 · 음모행위의 실행행위성은 생각할 수 없고, 예비 · 음모행위는 무정형 · 무한정적인 것이므로 실행행위 개념을 인정할 수 없다고 한다. 실행행위 부정설은 예비 · 음모죄를 기본범죄의 발현형태로 보면서 예비 · 음모행위의 실행행위성을 인정하는 것은 논리적 모순이라고 이해한다. 26

(2) 판례의 태도

예비 · 음모죄의 실행행위성 여부를 분명하게 인식할 수 있는 판례는 찾아볼 수 없다. 다만, 예비단계에서 방조범 성립을 부정하는 대법원 판례로부터 예비 · 음모죄의 실행행위성이 부정된다는 결론을 간접적으로 도출할 수 있다.[24] 대법원은 "형법 제32조 제1항 소정 타인의 범죄란 정범이 범죄의 실현에 착수한 경 27

21 대표적으로 김선복, 313.

22 강동욱, 261; 김신규, 456; 김일수 · 서보학, 409; 이영란, 403; 이재상 · 장영민 · 강동범, § 30/12; 임웅, 386; 정성근 · 정준섭, 229; 정웅석 · 최창호, 438; 주호노, 형법총론, 613; 천진호, 626.

23 김성천, 382; 김혜정 · 박미숙 · 안경옥 · 원혜욱 · 이인영, 297; 신동운, 572; 오영근, 348; 이형국 · 김혜경, 형법총론(5판), 313; 정영일, 364.

24 이와는 달리 판례가 예비죄의 공동정범은 인정하나(대판 1999. 3. 26, 98도3030) 예비죄의 방조범은 인정하지 않으므로, 판례는 예비죄의 실행행위성에 관한 절충설의 입장이라는 견해(이주원, 319)도 있다.

우를 말하는 것이므로 종범이 처벌되기 위하여는 정범의 실행의 착수가 있는 경우에만 가능하고 형법 전체의 정신에 비추어 정범이 실행의 착수에 이르지 아니한 예비의 단계에 그친 경우에는 이에 가공하는 행위가 예비의 공동정범이 되는 경우를 제외하고는 종범의 성립을 부정하고 있다고 보는 것이 타당하다."고 판시하여,[25] 일관되게 예비죄의 방조범 성립을 부정하고 있다. 이 판례의 취지에 따르면, 예비·음모행위의 실행행위성은 부정되는 것으로 보아야 한다. 만약 예비·음모행위에 대해 기본범죄의 구성요건적 실행행위성을 긍정한다면 그 예비·음모행위로서의 실행행위는 정범의 실행행위이고, 따라서 정범의 실행행위를 도와준 행위에 대한 방조범의 성립을 인정해야 하기 때문이다.[26]

(3) 검토

28 예비·음모죄가 기본범죄의 발현형태라는 관점을 취하더라도 예비·음모행위의 실행행위성은 인정할 수 있다. 여기서 말하는 실행행위를 기본범죄의 그것이 아니라 예비·음모죄 그 자체의 실행행위라고 이해하면 예비·음모행위의 실행행위도 인정할 수 있기 때문이다. 특히, 예비·음모행위의 실행행위성을 긍정함으로써 무정형적이고 무제한적인 특성을 가지는 예비·음모행위의 범위를 제한할 수도 있다. 다만 예비·음모행위의 실행행위성을 긍정하는 경우에도, 예비·음모의 미수나 방조범까지 당연히 인정해야 하는 것은 아니다. 예비·음모죄의 실행행위성은 예비·음모행위 자체의 실행행위를 의미하는 것이기 때문이다.[27]

Ⅲ. 예비·음모행위의 처벌규정

29 본조는 "범죄의 음모 또는 예비행위가 실행의 착수에 이르지 아니한 때에는 법률에 특별한 규정이 없는 한 벌하지 아니한다."고 규정하고 있다. 이에 따라 형법각칙상 개별 범죄구성요건에 예비·음모행위를 처벌하는 규정을 두고 있고, 형법 이외의 개별 법률에서도 예비·음모행위를 처벌하는 규정이 있다.

---

25 대판 1976. 5. 25, 75도1549; 대판 1979. 5. 22, 79도552; 대판 1979. 11. 27, 79도2201.
26 김성돈, 형법총론(5판), 463.
27 강동욱, 261; 이재상·장영민·강동범, § 30/12.

1. 형법상 예비·음모 처벌규정

(1) 예비·음모행위만을 처벌하는 규정

형법각칙의 대부분의 범죄구성요건들은 예비·음모행위만을 처벌의 대상으로 규정하고 있다. 이에 해당하는 예를 법익별로 구분해보면 다음과 같다. 30

개인적 법익에 대한 죄로는, 살인죄(§ 250①), 존속살해죄(§ 250②), 위계·위력에 의한 살인죄(§ 253), 국외이송목적 약취·유인·매매 등 죄(§ 289), 강도죄(§ 333), 특수강도죄(§ 334), 인질강도죄(§ 336), 강도상해죄(§ 337), 강도살인죄(§ 338), 강도강간죄(§ 339), 해상강도 등 죄(§ 340) 등이다. 31

사회적 법익에 대한 죄로는, 현주건조물 등 방화죄(§ 164①), 공용건조물 등 방화죄(§ 165), 일반건조물 등 방화죄(§ 166①), 폭발성물건파열죄(§ 172①), 가스·전기 등 방류죄(§ 172조의2①), 가스·전기 등 공급방해죄(§ 173①,②), 현주건조물 등 일수죄(§ 177), 공용건조물 등 일수죄(§ 178), 일반건조물 등 일수죄(§ 179①), 기차·선박 등 교통방해죄(§ 186), 기차 등 전복죄(§ 187), 먹는물독물·유해물혼입죄(§ 192②), 수돗물독물·유해물혼입죄(§ 193②), 수도불통죄(§ 195), 통화위조·변조죄(§ 207① 내지 ③), 유가증권위조·변조죄(§ 214), 자격모용에 의한 유가증권작성죄(§ 215), 인지·우표위조 등 죄(§ 218①) 등이다. 32

국가적 법익에 대한 죄로는, 외국에 대한 사전죄(§ 111①), 도주원조죄(§ 147), 간수자도주원조죄(§ 148) 등이다. 33

(2) 예비·음모 이외에 선전·선동행위도 처벌하는 규정

예비행위를 처벌하는 범죄 중에는 예비·음모행위 이외에 선전이나 선동을 함께 처벌하는 범죄구성요건도 있다. 여기서 '선전'이란 범죄의 동조자를 확산시키기 위하여 범죄행위의 당위성 또는 필요성을 널리 알리고 이해시키는 행위[28]를 말하고, '선동'이란 불특정 또는 다수인에게 감정적 자극을 주어 판단을 흐리게 하고 그 결과 선동자가 의도하는 방향으로 결심을 하게 하거나 결심을 강화하도록 하는 행위[29]를 말한다.[30] 34

---

28 박상기, 형법각론(8판), 562.

29 박상기, 608.

30 대법원은 내란선동죄(§ 90②)에서 선동의 개념을 비교적 상세하게 밝히고 있다. 이에 의하면, "내란선동이란 내란이 실행되는 것을 목표로 하여 피선동자들에게 내란행위를 결의, 실행하도록 충동하고 격려하는 일체의 행위를 말한다. 내란선동은 주로 언동, 문서, 도화 등에 의한 표현행

35 예비·음모행위와 함께 선전·선동행위도 처벌의 대상으로 규정하고 있는 범죄구성요건으로는, 내란죄(§ 87), 내란목적살인죄(§ 88), 외환유치죄(§ 92), 여적죄(§ 93), 모병이적죄(§ 94), 시설제공이적죄(§ 95), 시설파괴이적죄(§ 96), 물건제공이적죄(§ 97), 간첩죄(§ 98), 일반이적죄(§ 99)가 있다. 폭발물사용죄(§ 119①)와 전시폭발물사용죄(§ 119②)도 예비·음모행위 이외에 선동행위도 처벌의 대상으로 규정하고 있으나 선전은 그 처벌대상에서 제외하고 있다.

2. 형법 이외의 법률에서 예비·음모행위를 처벌하는 규정

36 (1) 군형법상 예비·음모행위를 처벌하는 규정으로는, 반란죄(군형 § 5), 반란목적의 군용물탈취죄(군형 § 6), 군대 및 군용시설제공죄(군형 § 11), 군용시설 등 파괴죄(군형 § 12), 간첩죄(군형 § 13), 일반이적죄(군형 § 14), 항복죄(§ 22), 부대인솔도피죄(군형 § 23), 상관살해죄(군형 § 53②), 초병살해죄(군형 § 59②), 군용시설 등에 대한 방화죄(군형 § 66), 노적(露積) 군용물에 대한 방화죄(군형 § 67), 폭발물파열죄(군형 § 68), 군용시설 등 손괴죄(군형 § 69), 함선·항공기의 복몰(覆沒) 또는 손괴죄(군형 § 71) 등이 있다. 이 중에서 반란죄, 반란목적의 군용물탈취죄, 군대 및 군용시설제공죄, 군용시설 등 파괴죄, 간첩죄, 일반이적죄는 선전과 선동행위도 처벌의 대상이 된다.

37 (2) 국가보안법상 반국가단체 구성·가입죄(국보 § 3①), 목적수행죄(국보 § 4①),

위의 단계에서 문제되는 것이므로 내란선동죄의 구성요건을 해석함에 있어서는 국민의 기본권인 표현의 자유가 위축되거나 본질이 침해되지 아니하도록 죄형법정주의의 기본정신에 따라 엄격하게 해석하여야 한다. 따라서 내란을 실행시킬 목표를 가지고 있다 하여도 단순히 특정한 정치적 사상이나 추상적인 원리를 옹호하거나 교시하는 것만으로는 내란선동이 될 수 없고, 그 내용이 내란에 이를 수 있을 정도의 폭력적인 행위를 선동하는 것이어야 하고, 나아가 피선동자의 구성 및 성향, 선동자와 피선동자의 관계 등에 비추어 피선동자에게 내란 결의를 유발하거나 증대시킬 위험성이 인정되어야만 내란선동으로 볼 수 있다. 언어적 표현행위는 매우 추상적이고 다의적일 수 있으므로 그 표현행위가 위와 같은 내란선동에 해당하는지를 가림에 있어서는 선동행위 당시의 객관적 상황, 발언 등의 장소와 기회, 표현 방식과 전체적인 맥락 등을 종합하여 신중하게 판단하여야 한다. 다만 선동행위는 선동자에 의하여 일방적으로 행해지고, 그 이후 선동에 따른 범죄의 결의 여부 및 그 내용은 선동자의 지배영역을 벗어나 피선동자에 의하여 결정될 수 있으며, 내란선동을 처벌하는 근거가 선동행위 자체의 위험성과 불법성에 있다는 점 등을 전제하면, 내란선동에 있어 시기와 장소, 대상과 방식, 역할분담 등 내란 실행행위의 주요 내용이 선동 단계에서 구체적으로 제시되어야 하는 것은 아니고, 또 선동에 따라 피선동자가 내란의 실행행위로 나아갈 개연성이 있다고 인정되어야만 내란선동의 위험성이 있는 것으로 볼 수도 없다."고 판시하고 있다[대판 2015. 1. 22, 2014도10978(전)].

자진지원죄(국보 §5①), 잠입·탈출죄(국보 §6①), 찬양·고무 목적 단체구성·가입죄(국보 §7③), 편의제공죄(국보 §9①)는 예비·음모를 처벌의 대상으로 규정하고 있다.

(3) 특정범죄 가중처벌 등에 관한 법률(이하, '특정범죄가중법'이라 한다) 제5조의 38
2 제8항은 13세 미만의 미성년자 약취·유인죄를 예비·음모한 행위를 처벌한다.

(4) 전파법상 무선설비 등을 이용한 대한민국헌법 또는 대한민국헌법에 따 39
라 설치된 국가기관을 폭력적으로 파괴할 것을 주장하는 통신행위의 예비·음모는 처벌되고(전파법 §80③), 밀항단속법성 밀항·이선 등의 예비·음모도 처벌의 대상이 된다(밀항단속법 §3③). 마약류 불법거래방지에 관한 특례법상 불법수익 등의 은닉행위에 관한 예비·음모(마약거래방지 §7③), 마약류 관리에 관한 법률상 마약, 대마 등의 제조·매매·매매의 알선, 제조나 매매·매매의 알선 목적의 대마 소지·소유하는 행위의 예비·음모(마약관리 §58, §59), 산업기술의 유출방지 보호에 관한 법률상 기술유출을 할 목적의 예비·음모행위(동법 §37), 부정경쟁방지 및 영업비밀보호에 관한 법률상 부정한 이익을 얻거나 기업에 손해를 입힐 목적의 영업비밀 취득·사용 또는 제3자에게 누설하는 행위의 예비·음모(부경 §18의3)를 처벌한다.

(5) 폭력행위 등 처벌에 관한 법률 제4조 제2항에 의해 단체 또는 집단을 구 40
성하거나 그러한 단체 또는 집단에 가입한 자가 단체 또는 집단의 위력을 과시하 거나 단체 또는 집단의 존속·유지를 하여 형법 제255조(예비·음모)의 죄, 제343조(예비·음모)의 죄를 범한 경우 형의 장기 및 단기의 2분의 1까지 가중한다.

(6) 관세법은 예비죄만 처벌의 대상으로 삼으면서 그 처벌도 감경적으로 규 41
정하고 있다. 즉, 전자문서 위조·변조죄 등(동법 §268의2), 밀수출입죄(동법 §269), 관세포탈등(동법 §270), 밀수품의 취득죄 등(동법 §274)을 범할 목적으로 그 예비를 한 자는 본죄의 2분의 1을 감경하여 처벌한다(동법 §271③, §274③). 또한, 관세법 제271조에 규정된 죄의 예비죄를 범한 사람은 특정범죄가중법 제6조 제7항에 따라서 그 정범 또는 본죄(本罪)에 준하여 처벌한다.

(7) 출입국관리법은 제93조의2, 제93조의3 제1호·제3호, 제94조 제1호부터 42
제5호까지 또는 제18호 및 제95조 제1호의 죄를 범할 목적으로 예비하거나 또는 음모한 사람은 각각 해당하는 본죄에 준하여 처벌한다고 규정하고 있다(출입국관리법 §99).

3. 자수를 필요적 감면사유로 인정하는 규정

43 자수는 임의적 형감면사유에 불과하다(§52). 그러나 기본범죄의 중대성을 감안하여 그 범죄의 실행을 사전에 방지하기 위하여 예비·음모 단계에서의 자수를 형의 필요적 감면사유로 명시하고 있는 규정도 있다.

44 형법각칙 분야에서는 제90조, 101조, 111조 3항, 제120조, 제175조, 제213조 등에서 자수를 형의 필요적 감면사유로 규정하고 있다. 이에 해당하는 형법각칙상 범죄구성요건으로는, 형법상의 내란죄(§87), 내란목적살인죄(§88), 외환유치죄(§92), 여적죄(§93), 모병이적죄(§94), 시설제공이적죄(§95), 시설파괴이적죄(§96), 물건제공이적죄(§97), 간첩죄(§98), 일반이적죄(§99), 외국에 대한 사전죄(§111①), 폭발물사용죄(§119①), 전시폭발물사용죄(§119②), 현주건조물 등 방화죄(§164①), 공용건조물 등 방화죄(§165), 일반건조물 등 방화죄(§166①), 폭발성물건파열죄(§172①), 가스·전기 등 방류죄(§172의2①), 가스·전기 등 공급방해죄(§173①, ②), 통화위조·변조죄(§207① 내지 ③) 등이다.

45 군형법도 제8조, 제16조, 제76조 등에서 자수를 형의 필요적 감면사유로 명시하고 있다. 이에 해당하는 범죄구성요건으로는, 반란죄(군형 §5), 반란목적군용물탈취죄(군형 §6), 군대 및 군용시설제공죄(군형 §11), 군용시설 등 파괴죄(군형 §12), 간첩죄(군형 §13), 일반이적죄(군형 §14), 군대시설 등 방화죄(군형 §66), 노적군용물 등 방화죄(군형 §67), 폭발물파열죄(군형 §68), 군용시설 등 파괴죄(군형 §69), 선박·항공기복몰·손괴죄(군형 §71①, ②) 등이다.

Ⅳ. 예비·음모죄의 성립요건

46 모든 범죄의 예비·음모행위가 형사처벌의 대상이 되는 것은 아니기 때문에 예비·음모죄가 성립하기 위해서는 우선 예비·음모행위를 처벌하는 규정이 있어야 한다. 이는 본조가 예비·음모행위를 "법률에 특별한 규정이 없는 한 벌하지 아니한다."고 명시하고 있는 것으로부터 알 수 있다. 다만, 예비·음모죄의 처벌규정의 존재는 예비·음모죄의 성립요건은 아니라고 할 것이다.

1. 주관적 구성요건

(1) 예비의 고의

예비·음모죄는 예비·음모의 의사에 기하여 실행되어야 한다. 여기서 예비·음모의 의사, 즉 예비의 고의가 무엇을 의미하는지에 대하여 학설에서는 ① 실행의 고의설, ② 예비의 고의설, ③ 이중고의설 등이 대립하고 있다. 47

위 ①의 실행의 고의설은 예비·음모죄도 미수범의 경우와 같이 기본범죄의 발현형태이므로 기본범죄의 구성요건적 사실에 대한 인식과 의사가 있어야 고의를 인정할 수 있다고 이해한다.[31] 이 견해에 의하면, 예비·음모죄에서 기본범죄를 범할 목적은 본래의 목적범의 경우와 같이 초과주관적 구성요건요소가 아니라 고의의 내용에 포섭되는 것에 불과하게 된다. 48

이에 반해 위 ②의 예비고의설은, 예비의 고의는 예비·음모행위 그 자체에 대한 인식과 의욕을 의미한다고 이해한다.[32] 예비·음모행위와 기본범죄의 실행행위는 질적인 차이가 있기 때문에 예비·음모의 고의와 기본범죄의 실행행위에 대한 고의를 구별해야 한다는 것이 그 주된 이유이다. 49

한편, 위 ③의 이중고의설[33]은 형법이 기본범죄에 대한 고의를 '○○죄를 범할 목적으로 예비한 자'라고 규정하여 고의보다 강한 의지적 요소인 '목적'으로 표현하고 있으므로 기본범죄에 대한 고의는 이미 목적 개념에 포함되어 있다거나 해소되어 있다고 판단하여, 예비죄의 주관적 요건은 기본범죄를 범할 고의와 예비 자체에 대한 고의 등 이중의 고의가 요구된다고 한다. 50

대법원은 "살인예비죄가 성립하기 위하여는 살인죄를 범할 목적 외에도 살인의 준비에 관한 고의가 있어야 하며, 여기서의 준비행위는 객관적으로 보아서 살인죄의 실현에 실질적으로 기여할 수 있는 외적 행위를 필요로 한다. 따라서 甲이 A를 살해하기 위하여 乙, 丙 등을 고용하면서 그들에게 대가의 지급을 약속한 경우, 甲에게는 살인죄를 범할 목적 및 살인의 준비에 관한 고의뿐만 아니 51

31 박상기·전지연, 211; 신동운, 573; 정성근·정준섭, 230; 정웅석·최창호, 438; 주호노, 618.

32 김선복, 311; 김일수·서보학, 408; 김신규, 457; 김혜정·박미숙·안경옥·원혜욱·이인영, 298; 배종대, § 122/2; 손동권·김재윤, § 26/13; 오영근, 351; 이재상·장영민·강동범, § 35/15; 이주원, 321; 최호진, 478.

33 김성천, 315; 임웅, 387; 정영일, 365.

라 살인죄의 실현을 위한 준비행위를 하였음을 인정할 수 있다."고 판시하여,[34] 위 ②의 예비의 고의설의 입장을 취하고 있다.

52 예비·음모죄를 기본범죄의 수정된 구성요건으로 보면 예비·음모죄의 구성요건적 행위도 수정되어 기본범죄의 행위와 달리 파악해야 한다. 그렇다면 예비·음모죄의 고의는 예비·음모죄의 구성요건적 사실에 대한 인식과 의욕을 의미하는 위 ②의 예비의 고의설이 타당하다.

(2) 기본범죄를 범할 목적

53 예비·음모죄의 주관적 요건으로는 예비·음모행위 자체에 대한 고의 이외에 '기본범죄를 범할 목적'도 요구된다.[35] 이 점에서 예비·음모죄의 주관적 구성요건요소는 예비·음모행위 자체에 대한 고의와 초과주관적 구성요건요소로서 기본범죄를 범할 목적도 요구된다. 대법원도 "강도예비·음모죄가 성립하기 위해서는 예비·음모 행위자에게 미필적으로라도 '강도'를 할 목적이 있음이 인정되어야 하고 그에 이르지 않고 단순히 '준강도'할 목적이 있음에 그치는 경우에는 강도예비·음모죄로 처벌할 수 없다."고 판시하고 있다.[36] 이 경우 기본범죄를 범할 목적에 대한 행위자의 인식 정도는 미필적 인식으로도 충분하다.[37]

2. 객관적 구성요건

(1) 예비·음모행위

(가) 위험성을 수반한 외부적 행위

54 예비죄로 처벌하기 위해서는 명확하게 예비행위로 볼 수 있는 외부적 준비행위라는 정형성을 갖추어야 한다. 그렇지 않으면 정형적이지 못하고 무제한적인 일체의 준비행위를 예비행위로 보아 가벌성을 부당하게 확대시키는 위험이 있을 수 있기 때문이다. 이 점에서 기본범죄의 실현에 객관적으로 불명확하거나

---

34 대판 2009. 10. 29, 2009도7150.

35 강동욱, 265; 배종대, § 122/3; 손동권·김재윤, § 26/14.

36 대판 2006. 9. 14, 2004도6432. 본 판결 해설은 박이규, "준강도할 목적이 있음에 그치는 경우에도 강도예비 음모죄가 성립하는지", 해설 66, 법원도서관(2007), 389-412.

37 이주원, 321; 주석형법 [총칙(2)](2판), 121(신동운). 이에 대하여 미필적 인식으로는 부족하고 확실한 인식이 있어야 한다는 견해도 있다[강동욱, 264; 배종대, § 122/3; 손동권·김재윤, § 26/14; 오영근·노수환, 형법총론(7판), 408; 임웅·김성규·박성민, 형법총론(14정판), 396; 정웅석·최창호, 439; 홍영기, 형법(총론과 각론), § 35/5].

부적합한 준비행위는 예비행위에서 배제되어야 한다. 즉, 기본범죄가 확정되지 아니한 경우의 준비행위는 예비행위라고 볼 수 없다. 이 점에서 살해의 용도로 흉기를 준비했더라도 살해할 대상자가 확정되지 않았다면 살인예비죄가 인정되지 않는다.[38]

또한 실행의 착수 이전에 2인 이상의 사람 사이에 성립한 범죄실행의 합의를 내용으로 하는 음모도 행위로 표출되지 않은 합의 당사자들 사이의 의사표시에 불과한 만큼 실행행위로서의 정형이 없고, 따라서 합의의 모습 및 구체성의 정도도 매우 다양하게 나타날 수밖에 없어서 음모죄의 가벌성이 부당하게 확대될 위험이 있으므로, 국민의 기본권인 사상과 표현의 자유의 관점이나 죄형법정주의 관점에서 음모죄의 성립범위를 엄격하게 제한하여야 한다.[39] 55

(나) 예비·음모행위의 태양

예비행위를 범죄실현을 위한 심리적 준비행위 이외의 일체의 준비행위라고 한다면 물적 예비뿐만 아니라 인적 예비도 예비행위에 해당한다. 따라서 범행을 하기 위해 건물의 구조를 잘 알고 있는 사람으로부터 건물구조에 관한 정보를 수집하는 경우나 어떤 방법이 가장 효과적인지에 대해 문의하는 것도 예비행위가 될 수 있다.[40] 56

음모의 경우에는 그 개념의 광범성으로 인하여 제한적으로 해석해야 한다. 예를 들어 내란음모가 성립하였다고 하기 위해서는 개별 범죄행위에 관한 세부적인 합의가 있을 필요는 없으나, 공격의 대상과 목표가 설정되어 있고, 그 밖의 실행계획에 있어서 주요 사항의 윤곽을 공통적으로 인식할 정도의 합의가 있어야 한다. 나아가 합의는 실행행위로 나아간다는 확정적인 의미를 가진 것이어야 하고, 단순히 내란에 관한 생각이나 이론을 논의한 것으로는 부족하다. 또한 내란음모가 단순히 내란에 관한 생각이나 이론을 논의 내지 표현한 것인지 실행행위로 나아간다는 확정적인 의미를 가진 합의인지를 구분하기가 쉽지 않다는 점을 고려하면, 내란음모죄에 해당하는 합의가 있다고 하기 위해서는 단순히 내란에 관한 범죄결심을 외부에 표시·전달하는 것만으로는 부족하고, 객관 57

38 대판 1959. 9. 1, 4292형상387.
39 대판 2015. 1. 22, 2014도10978(전).
40 김성돈, 465.

적으로 내란범죄의 실행을 위한 합의라는 것이 명백히 인정되고 그러한 합의에 실질적인 위험성이 인정되어야 한다.[41]

(다) 예비·음모죄의 성립시기

58 예비나 음모행위가 어느 단계에 이르러야 가벌적 예비·음모죄가 성립했다고 볼 수 있는지 검토해 보아야 한다. 이 논의는 객관적 관점에서 예비·음모행위의 가벌성 제한에 기여하기 위한 시간적 범위를 정하는 문제와 관련되어 있다.

59 예비행위의 태양의 무정형과 무한정이라는 특징에 주목하고 죄형법정주의의 요청도 고려하는 목적론적 해석에서 출발해보면, 실행행위 착수 전의 행위가 예비죄로서 처벌되기 위해서는 당해 기본적 구성요건에 속하는 범죄유형의 종류, 규모 등에 비추어 당해 구성요건실현(실행의 착수도 포함하여)을 위한 객관적인 위험성이라는 관점에서 보아 실질적으로 중요한 의의를 가지고 객관적으로 상당한 위험성이 인정될 정도의 준비가 갖추어진 경우일 것을 필요로 한다. 이 점에서 행위자가 목적한 기본범죄의 실행에 착수하려고 하면 언제라도 준비된 물건 등을 이용하여 실행에 착수할 수 있을 정도의 준비가 갖추어졌을 때에 예비죄가 성립한다고 해석해야 한다.

60 위와 같은 맥락에서 음모죄의 경우에도 단순히 기본범죄에 관한 결심을 외부에 표시·전달하는 것만으로는 부족하고, 객관적으로 기본범죄의 실행을 위한 합의라는 것이 명백히 인정되고 그러한 합의에 실질적인 위험성이 인정되는 시점에 음모죄가 성립한다고 보아야 할 것이다.[42]

(2) 실행의 착수 이전의 행위

61 예비·음모행위가 기본범죄의 실행의 착수로 나아가게 되면 예비·음모죄의 불법은 기본범죄의 미수 또는 기수의 불법에 흡수되게 된다. 따라서 예비·음모죄가 독자적으로 성립하기 위해서는 당해 예비·음모행위가 실행의 착수 이전 단계에 머물고 있어야 한다.[43]

---

41 대판 2015. 1. 22, 2014도10978(전).

42 대판 2015. 1. 22, 2014도10978(전).

43 대판 2007. 1. 11, 2006도5288(은행강도 범행으로 강취할 돈을 송금받을 계좌를 개설한 것만으로는 범죄수익 등의 은닉에 관한 죄의 실행에 착수한 것으로 볼 수 없다고 한 사례). 「피고인들의 이 사건 범행은 A가 공기총으로 농협직원들을 위협하여 피고인들이 개설한 예금계좌로 950억 원을 송금하도록 하는 방법으로 금원을 강취하려고 하다가 그 범행을 연기하거나 미수에 그

(3) 자기예비와 타인예비

자기예비란 행위자 스스로 또는 타인과 공동하여 실행행위를 할 목적으로 준비행위를 하는 경우를 말한다. 자기예비는 예비행위의 전형적인 방법이다. 그러나 행위자가 타인의 실행행위를 위하여 예비행위를 하는 사례인 타인예비가 예비의 개념에 포함될 수 있는지에 대해서는 견해가 대립한다. 62

(가) 학설의 태도

학설은 ① 타인예비 긍정설과 ② 타인예비 부정설로 대립하고 있다. 타인예비도 예비의 개념 속에 포함된다는 위 ①의 타인예비 긍정설[44]은 타인예비도 법익침해의 실질적 위험성을 가지고 있고, '○○죄를 범할 목적'에는 스스로 죄를 범할 목적 이외에 타인에게 행위시킬 목적도 포함된다고 해야 하고, 기도된 교사(효과 없는 교사와 실패한 교사)는 타인예비의 성격을 지닌 행위인데 이를 예비죄로 처벌하는 형법규정(§ 31②, ③)이 있다는 것은 타인예비도 벌해야 하는 취지로 이해할 수 있다고 한다. 63

그러나 통설[45]은 자기예비만 예비행위에 해당한다는 위 ②의 타인예비 부정설을 취하고 있다. 그 논거로는, 타인의 범행을 위하여 예비하는 사람의 의사는 예비의사가 아니라 방조의사이고, 법익침해의 관점에서 볼 때 자기예비가 타인예비에 비해 훨씬 위험성이 높기 때문에 타인예비를 자기예비와 동일시할 수 없고, 타인예비도 예비에 포함시키게 되면 타인예비자는 예비죄의 정범이 되고 이후 그 타인이 실행에 착수한 때에는 타인예비자가 다시 기본범죄의 공범이 되는데, 동일한 행위를 한 사람이 타인의 실행의 착수 여부에 따라 정범이 되기도 하고 공범이 되기도 하는 것은 모순이며, 형법이 예비죄를 '○○죄를 범할 목적으로'라고 규정한 것은 예비자 스스로가 실행할 의사를 필요로 하기 때문이 64

침으로써 아직 그 범죄수익 등이 현실적으로 생기지 않은 상태에서 이루어진 것으로서, 피고인들의 그 판시와 같은 행위가 범죄수익 등의 은닉행위에 대한 실행의 착수에 이르기 전의 준비단계에서 성립할 수 있는 법 제3조 제3항 소정의 예비죄를 구성함은 별론으로 하더라도, 이를 범죄수익 등의 은닉에 관한 죄의 미수에 해당하는 것으로 볼 수는 없다.」

44 김선복, 314.

45 김성돈, 466; 김신규, 459; 김일수·서보학, 408; 김혜정·박미숙·안경옥·원혜욱·이인영, 301; 박상기·전지연, 212; 배종대, § 122/6; 손동권·김재윤, § 26/18; 이영란, 406; 이재상·장영민·강동범, § 30/19; 이주원, 320; 이형국·김혜경, 313; 정영일, 366; 정웅석·최창호, 441; 주호노, 615; 주석형법 [총칙(2)](2판), 126(신동운).

라는 점을 들고 있다.

(나) 판례의 태도

65 대법원은, "형법 제32조 제1항의 타인의 범죄를 방조한 자는 종범으로 처벌한다는 규정의 타인의 범죄란 정범이 범죄를 실현하기 위하여 착수한 경우를 말하는 것이라고 할 것이므로 종범이 처벌되기 위하여는 정범의 실행의 착수가 있는 경우에만 가능하고 정범이 실행의 착수에 이르지 아니한 예비의 단계에 그친 경우에는 이에 가공하는 행위가 예비의 공동정범이 되는 경우를 제외하고는 이를 종범으로 처벌할 수 없다고 할 것이다. 왜냐하면 범죄의 구성요건 개념상 예비죄의 실행행위는 무정형·무한정한 행위이고 종범의 행위도 무정형·무한정한 것이고 형법 제28조에 의하면 범죄의 음모 또는 예비행위가 실행의 착수에 이르지 아니한 때에는 법률에 특별한 규정이 없는 한 벌하지 아니한다고 규정하여 예비죄의 처벌이 가져올 범죄의 구성요건을 부당하게 유추 내지 확장해석하는 것을 금지하고 있기 때문에 형법 각칙의 예비죄를 처단하는 규정을 바로 독립된 구성요건 개념에 포함시킬 수는 없다고 하는 것이 죄형법정주의의 원칙에도 합당하는 해석이라 할 것이기 때문이다. 따라서 형법전체의 정신에 비추어 예비의 단계에 있어서는 그 종범의 성립을 부정하고 있다고 보는 것이 타당한 해석이라고 할 것이다."라고 판시하고 있다.[46] 타인예비의 실질은 예비죄의 방조라고 볼 수 있다. 판례는 예비죄의 방조범의 성립을 부정하는데, 이는 타인예비를 부정하는 태도를 취하고 있는 것으로 이해할 수 있다.

(다) 검토

66 우리 형법상 예비죄는 '○○죄를 범할 목적으로 예비 또는 음모한 자'로 명시되어 있다. 이러한 문언에 주목해보면, 형법은 예비죄의 주체와 기본범죄의 주체를 동일하게 보면서 예비행위를 자기예비로 한정하고 있는 것으로 보아야 한다. '죄를 범할 목적'을 타인예비를 인정하는 '죄를 범하게 할 목적'으로 확장해서 해석할 수는 없기 때문이다. 특히 타인예비도 예비에 포함된다고 해석하면 예비죄의 범위가 지나치게 확대될 수밖에 없으므로, 타인예비는 예비가 될 수 없다는 위 ②의 부정설이 타당하다.[47]

---

46 대판 1976. 5. 25, 75도1549.

47 이재상·장영민·강동범, § 30/19.

V. 예비 · 음모죄의 특수문제

1. 예비 · 음모죄와 미수

(1) 예비 · 음모죄와 장애미수

예비 · 음모죄의 실행행위성을 인정한다고 하여 이에 대한 미수까지 긍정되는 것은 아니다. 예비 · 음모죄는 이미 실행의 착수 전 단계, 즉 미수 이전의 단계이기 때문에 예비 · 음모죄에서는 미수가 불가능한 것으로 보아야 한다.[48] 67

(2) 예비 · 음모죄와 중지범

예비 · 음모죄의 미수 성립이 불가능하다고 하여 예비 · 음모 단계에서의 중지의 관념을 생각할 수 없는 것은 아니다. 학설에서는 예비 · 음모 단계에서 행위자가 자의로 중지한 경우 중지미수 규정(§ 26)을 유추할 수 있는지를 두고 견해의 대립이 있고, 판례는 이를 부정한다.[49] [이에 대한 상세는 § 26(**중지범**) **V. 예비의 중지** 부분 참조]. 68

2. 예비죄와 공동정범

음모죄는 2인 이상의 의사합의를 그 내용으로 하기 때문에 음모죄의 공동정범을 상정하기 어렵다. 실행의 착수 이전 단계에서 공동정범이 문제로 된다면 이는 주로 예비단계에서의 공동정범에 집중되어 있다. 예비죄의 공동정범은 2인 이상이 공동하여 예비행위를 하다가 목적한 기본범죄의 실행의 착수에 이르기 전에 그친 경우에만 문제될 수 있다. 공모자 중 일부가 기본범죄의 실행에 착수한 경우에는, 예비죄의 공동정범 문제가 발생하지 않고 미수범과 기수범의 성립 여부가 문제될 수 있을 뿐이다. 69

(1) 학설의 태도

기본범죄가 실행에 착수되지 아니한 예비단계에서 공동정범이 성립할 수 있는지에 관하여 학설이 대립하고 있다. 70

이에 대하여, ① 예비죄의 성격을 독립범죄로 파악하거나, 발현형태로 파악하면서도 실행행위성을 인정하는 입장은 예비죄의 공동정범 성립을 긍정한다.[50] 71

---

48 이재상 · 장영민 · 강동범, § 30/24.

49 대판 1999. 4. 9, 99도424.

50 김신규, 460; 김일수 · 서보학, 411; 김혜정 · 박미숙 · 안경옥 · 원혜욱 · 이인영, 300; 박상기 · 전지연,

72 이에 반하여, ② 예비죄의 공동정범 성립을 부정하는 입장[51]에서는 공동정범에서 말하는 공동실행이란 기본범죄에 속하는 행위의 공동실행이어야 하고, 수정된 구성요건인 예비죄의 경우에도 공동실행의 개념을 확장시키는 것은 처벌범위를 무한정 확대시킨다는 문제를 제기할 수 있다고 한다.

73 ③ 예비죄의 실행행위성을 부정하는 경우에는 예비죄의 공동정범을 인정할 수 없고 기본범죄의 음모죄가 성립한다는 견해[52]도 있다.

74 또한, ④ 예비죄의 공동정범이 문제될 수 있는 사례상황을 두 가지로 구분하여, 2인 이상이 공동으로 범죄를 실행할 것을 목적으로 공동으로 예비·음모하는 경우에는 예비죄의 공동정범이 성립하지만, 2인 이상 중 어느 1인만 기본범죄를 실행할 목적을 가지고 있지만 예비행위 자체는 2인 이상이 하는 경우에는 예비죄의 공동정범이 성립하지 않는다고 하는 견해[53]도 있다.

(2) 판례의 태도

75 판례는 예비죄의 공동정범을 긍정한다. 대법원은 "본범자와 공동하여 장물을 운반한 경우에 본범자는 장물죄에 해당하지 않으나 그 외의 자의 행위는 장물운반죄를 구성한다 할 것이므로, 피고인이 위 승용차가 본범이 절취한 차량이라는 정을 알면서도 본범 등으로부터 동인들이 위 승용차를 이용하여 강도를 하려 함에 있어 피고인이 위 승용차를 운전해 달라는 부탁을 받고 위 승용차를 운전하여 갔다면, 피고인은 강도예비와 아울러 장물운반의 고의를 가지고 위와 같은 행위를 하였다고 봄이 상당하다."고 판시하여,[54] 피고인에게 강도예비죄를 인정하였다. 이 판례에서 대법원은, 총칙상의 종범규정인 제32조 제1항의 범죄에는 미수와 기수만이 포함되고 예비죄는 포함되지 않는다고 파악하여 예비죄의 종범 성립을 부정하는 반면에 예비죄의 공동정범은 성립할 수 있다는 것을 분명히 밝히고 있으나, 그 실질적 근거는 분명하게 제시하지 않고 있다.

212; 손동권·김재윤, § 26/20; 신동운, 578; 이영란, 407; 이재상·장영민·강동범, § 30/21; 이주원, 322; 정웅석·최창호, 442.

51 이정원·이석배·정배근, 259(각자 예비죄의 단독범인 동시범).

52 이형국·김혜경, 319; 임웅, 388; 정영일, 368.

53 오영근, 352.

54 대판 1999. 3. 26, 98도3030. 같은 취지로는 대판 1976. 5. 25, 75도1549; 대판 1979. 5. 22, 79도552.

(3) 검토

76 예비죄도 각칙이나 개별 법률에 규정된 범죄구성요건인 이상 그에 대한 공동정범의 성립을 부정할 이유는 없다. 특히, 예비죄의 구성요건을 실현하는 행위의 정형성이 인정되는 범위 내에서는 예비죄의 실행행위성을 인정할 수 있으므로 예비죄의 공동정범 성립을 인정할 수 있다. 그러나 판례는 예비단계에서의 공동정범은 인정하지만 방조범의 성립을 부정하기 때문에, 예비죄의 공동정범 성립 가능성을 인정하는 경우에도 예비죄의 공동정범과 방조의 구별이 문제로 된다. 또한, 이와 관련하여 타인예비에 대해서도 공동정범을 인정할 수 있는지도 검토해 보아야 한다.

77 우선 예비죄의 공동정범과 방조범의 구별에 관해서는, 예비행위의 실행행위성을 인정하는 한 예비죄의 공동정범과 방조범은 예비단계에서의 행위지배 여부에 따라 판단해야 할 것이다. 그렇다면 예비단계에서 결정적 인물로서 계획적으로 유도한 행위지배를 가지고 자기의 의사에 따라 예비행위의 실현을 제지하거나 완성시킬 수 있는 사람은 예비죄의 공동정범인 반면, 자기의 행위지배 없이 실제 사건진행 과정의 주변인물로서 타인의 예비행위를 격려하거나 그 밖에 다른 방법으로 타인의 예비행위를 조성한 사람은 방조범에 해당한다.

78 그리고 타인예비에 대해서도 공동정범을 인정할 수 있는지에 관하여, 타인예비행위는 일반적으로 방조에 해당하는 것이지만, 공모공동정범을 인정하면 기본범죄를 직접 실행할 목적이 없는 경우에도 예비죄의 공동정범 성립을 인정할 수 있다. 물론 이 경우 공모공동정범을 인정하기 위해서는 행위자가 단순한 공모자에 그치는 것이 아니라 범죄에 대한 본질적 기여를 통한 기능적 행위지배가 존재하는 것으로 인정되어야 한다.[55] 따라서 기본범죄를 실행할 목적이 없는 사람이라도 다른 참여자가 기본범죄를 실행할 목적을 가지고 있다는 것을 인식하고 공동으로 예비하였다면 예비죄의 공동정범이 성립할 수 있고, 따라서 타인예비에 대해서도 공동정범을 인정할 수 있게 된다.[56]

---

55 대판 2011. 5. 13, 2011도2021.

56 일본 하급심 판례는 주관·객관의 복합체로서의 범죄행위의 성질, 즉 행위자의 의사와 그 외에에 표현된 행위의 형식을 함께 고찰하여 타인예비가 예비(정범)로서 처벌될 여지를 인정하면서도 〔名古屋高判 昭和 36(1961). 11. 27. 高刑集 14·9·635(애인의 남편을 살해하는 데 사용될 것을 알면서 청산가리를 입수·교부하여 살인의 타인예비의 단독범으로 기소된 사안에서, 타인예비의

79 대법원이 명시적으로 공모공동정범이론에 근거하여 예비죄의 공동정범을 인정한 판례는 없지만, 하급심 판례 중에는 이에 관한 흔적을 찾아볼 수 있다. 甲과 乙이 태국 방콕에서 액세서리용 보석류를 구입한 후 액세서리 중개상인 丙의 거래선을 이용하여 홍콩에서 이를 처분하여 이익을 보려고 하였으나 구입한 보석류가 액세서리용으로는 규격이 맞지 않아 그중 일부는 홍콩에 남겨 놓았다가 반품하였고, 일부는 국내에 반입하여 처분하기로 모의한 후 적법한 통관절차를 거치지 아니한 채 국내에 밀반입할 목적으로 비닐봉지에 보석류를 나누어 넣고 스카치테이프로 밀봉한 다음 과자통에 은닉하는 등의 준비행위를 하다가 발각된 사안에서, 丙과 甲, 乙 사이에 보석류를 국내에 밀반입하려는 공모관계가 인정되는 이상 丙이 甲과 乙의 실행행위에 직접 가담하지 않았다고 하더라도 甲과 乙이 분담 실행한 행위에 대하여 공동정범으로서의 죄책을 면할 수 없다고 판시하여, 甲, 乙, 丙에 대하여 관세법상의 관세포탈예비죄(관세법 § 271③, § 270①(i))의 공동정범을 인정하였다.[57] 이 하급심 판결은 공모공동정범이론에 근거하여 예비죄의 공동정범을 인정한 것으로 볼 수 있다.

3. 예비·음모죄와 협의의 공범

(1) 예비·음모죄의 교사

80 예비·음모죄의 교사 사례는 기본범죄의 범행결의가 없는 사람에게 기본범죄를 교사하였으나 피교사자가 예비단계에 그친 경우를 말한다. 예비·음모죄의 교사에서는 교사자가 피교사자(정범)의 기본범죄의 실행을 예상하면서 교사하였으나 피교사자가 예비행위에 그친 경우, 교사자를 예비·음모죄의 교사범으로 처벌할 수 있는지 여부가 문제로 된다.

81 이론적 관점에서 보면, 예비·음모죄의 실행행위성을 부정하는 입장에서는 예비·음모죄에는 구성요건에 해당하는 실행행위라는 개념을 인정할 수 없으므로 예비·음모죄에 대한 교사범은 이론상 인정할 수 없다고 이해한다. 이에 반

정범을 부정한 제1심 판결에 대하여 살인예비죄의 공동정범으로 처벌한 사례], 결론적으로는 타인예비행위를 정범이 아닌 공동정범으로 처벌하여[위 名古屋高判 昭和 36(1961). 11. 27. 및 東京高判 平成 10(1998). 6. 4. 判時 1650·155(옴진리교에 의한 대량살상의 예비행위로서의 사린 생성준비와 관련된 사례)], 이를 인정하고 있다.

57 서울고판 1989. 9. 11, 89노1526.

하여 예비·음모죄의 실행행위성을 긍정하는 입장은 예비·음모죄가 구성요건화 되어 있으므로 예비·음모죄의 실행행위성은 인정되어야 하고, 특히 법익침해에 대한 위험성이 크다고 판단하여 예비·음모죄를 구성요건으로 설정해 둔 이상 예비·음모죄에 대한 교사의 당벌성을 충분히 인정할 수 있다고 한다.

예비·음모죄는 비록 수정된 형식이기는 하지만 그 구성요건을 갖추고 있 82
고, 실행행위성도 인정할 수 있으므로 예비·음모죄의 교사도 성립할 수 있다고 보아야 한다. 제31조 제2항(효과 없는 교사)도 피교사자가 기본범죄의 실행을 승낙하였으나 실행의 착수에 이르지 아니한 때에는 교사자와 피교사자를 모두 음모 또는 예비에 준하여 처벌한다고 명시하고 있다.

(2) 예비·음모죄의 방조

예비·음모죄의 방조범 성립이 문제되는 경우는 방조자가 예비단계에서 정 83
범인 피방조자의 예비행위를 방조하였는데 정범이 기본범죄를 실행으로 나아가지 않은 경우이다. 현행 형법은 예비·음모죄의 교사범에 해당하는 사례에 대해서만 명문의 규정(§ 31②)을 두고 있으므로, 예비·음모죄의 방조범 성립 여부는 해석론에 맡겨져 있다.

(가) 학설의 태도

예비·음모죄의 방조범 성립 가능성에 관하여 학설은 ① 부정설, ② 긍정설 84
로 대립하고 있다.

위 ①의 부정설은 방조범이 정범의 예비행위를 방조하였으나 정범이 실행 85
에 착수하지 않은 경우에는 구성요건적 불법이 실현된 것이 아니어서 방조범 성립에 필요한 실행행위가 없고, 예비·음모의 방조를 인정하면 가벌성의 범위가 부당하게 확대되므로 예비·음모죄의 방조범은 있을 수 없다고 한다.[58]

이에 반하여, 위 ②의 긍정설[59]은 방조범이 성립하기 위해서는 정범의 실행 86
행위가 전제가 되어야 하는데, 예비·음모죄의 실행행위를 인정할 수 있으므로 이에 대한 방조범 성립이 가능하다고 이해한다. 예비·음모죄의 성격을 독립범죄로 보는 경우에도 예비·음모죄의 방조범 성립을 긍정하게 된다.

58 김선복, 316; 김성돈, 683; 김성천, 369; 김혜정·박미숙·안경옥·원혜욱·이인영, 301; 박상기·전지연, 213; 배종대, 396; 손동권·김재윤, 484; 신동운, 580; 오영근, 354; 이영란, 408; 이재상·장영민·강동범, § 30/23; 이형국·김혜경, 321; 임웅, 389; 정영일, 368; 정웅석·최창호, 443.

59 김일수·서보학, 413.

(나) 판례의 태도

87 판례는 예비죄에 대한 방조범의 성립을 일관되게 부정하고 있다.

88 ① 대법원은 강도예비방조가 문제된 사안에서, "형법 제32조 제1항의 타인의 범죄를 방조한 자는 종범으로 처벌한다는 규정의 타인의 범죄란 정범이 범죄를 실현하기 위하여 착수한 경우를 말하는 것이라고 할 것이므로 종범이 처벌되기 위하여는 정범의 실행의 착수가 있는 경우에만 가능하고 정범이 실행의 착수에 이르지 아니한 예비의 단계에 그친 경우에는 이에 가공하는 행위가 예비의 공동정범이 되는 경우를 제외하고는 이를 종범으로 처벌할 수 없다고 할 것이다. 왜냐하면 범죄의 구성요건 개념상 예비죄의 실행행위는 무정형 무한정한 행위이고 종범의 행위도 무정형 무한정한 것이고 형법 제28조에 의하면 범죄의 음모 또는 예비행위가 실행의 착수에 이르지 아니한 때에는 법률에 특별한 규정이 없는 한 벌하지 아니한다고 규정하여 예비죄의 처벌이 가져올 범죄의 구성요건을 부당하게 유추 내지 확장해석하는 것을 금지하고 있기 때문에 형법각칙의 예비죄를 처단하는 규정을 바로 독립된 구성요건 개념에 포함시킬 수는 없다고 하는 것이 죄형법정주의의 원칙에도 합당하는 해석이라 할 것이기 때문이다. 따라서 형법전체의 정신에 비추어 예비의 단계에 있어서는 그 종범의 성립을 부정하고 있다고 보는 것이 타당한 해석이라고 할 것이다."고 판시하여,[60] 예비죄의 방조범은 성립할 수 없다는 태도를 분명히 하고 있다.

89 ② 대법원은 밀항단속법위반 사건에서, "정범이 실행의 착수에 이르지 아니한 예비의 단계에 그친 경우에는 이에 가공한다 하더라도 예비의 공동정범이 되는 때를 제외하고는 종범으로 처벌할 수 없다. 따라서 이 사건 피고인들의 범행이 A의 밀항단속법 위반의 예비단계에 가공한 것뿐으로서는 방조범으로서 처벌할 수 없다고 하였음은 상당하고 또한 밀항단속법 제4조 제1항의 교사, 방조는 같은 법 제3조 제1항의 밀항, 이선, 이기 등 기수범의 방조에 관한 규정이고 결코 같은 법 제3조 제3항의 예비까지를 방조한 경우에 관한 것이라고는 할 수 없음이 같은 법조문의 규정[61] 자체에 비추어 명백하다 할 것이다."고 판시하

60 대판 1976. 5. 25, 75도1549.

61 당시에는 구 밀항단속법(법률 제2809호, 시행 1975. 12. 31.) 제4조 제1항에 교사 또는 방조를 처벌하는 규정이 있었으나, 2013년 5월 22일 동법 개정으로 삭제되었다.

여,[62] 예비죄의 방조범 성립을 부정하였다.

③ 대법원은 금괴 무면허수입 사건에서, "항소심인 원심은, 무릇 예비행위의 방조행위는 방조범으로서 처단할 수 없는 것임에도 불구하고 제1심은 피고인 乙을 본건 금괴 무면허수입 예비행위의 방조범으로 처단하였으니 이는 필경 제1심이 법률적용을 그르쳐 유죄인정을 하여 판결에 영향을 미친 것이라 아니할 수 없다 하여 결국 피고인 乙에 대한 위 예비적 공소사실(주: 피고인 甲의 무면허수입의 예비행위에 대한 피고인 乙의 방조행위)은 범죄로 되지 아니한다고 판단하고 있음을 알 수 있는 바, 예비행위의 방조행위는 방조범으로서 처단할 수 없는 것이라는 법리해석을 한 원심의 판단은 정당하고 그와 같은 법리는 특정범죄가중처벌등에관한법률 및 관세법에 규정된 무면허수입등 예비죄[63]의 방조행위에 있어서 그 귀결을 달리하는 것으로 보아야 할 근거가 없다."고 판시하였다.[64] 90

(다) 검토

예비·음모죄의 방조범 성립을 긍정하는 견해는 예비죄의 실행행위성을 인정할 수 있다는 점에서 그 근거를 찾고 있다. 그러나 예비죄의 실행행위성을 인정한다고 하여 곧바로 방조범이 성립할 수 있다고 판단해서는 안 된다. 공범종속성을 취하게 되면 방조범이 성립하기 위해서는 정범이 실행에 착수할 것을 요한다.[65] 또한, 형법이 예비의 교사만 처벌의 대상으로 삼고 있음에도 불구하고 예비를 방조한 행위까지 처벌하는 것은 가벌성의 부당한 확장으로 보인다. 이 점에서 위 ①의 부정설이 타당하다. 91

구 밀항단속법 제3조(밀항·이선등) ① 밀항 또는 이선·이기한 자는 5년이하의 징역에 처한다.
② 전항의 미수범은 처벌한다.
③ 제1항의 죄를 범할 목적으로 예비를 한 자는 3년이하의 징역에 처한다.
제4조(교사·방조등) ① 제3조제1항의 죄를 교사 또는 방조한 자는 3년이하의 징역에 처한다.

62 대판 1979. 5. 22, 79도552.

63 구 특정범죄가중법(법률 제2550호, 시행 1973. 3. 27.) 제6조(관세법위반행위의 가중처벌) ⑥ 관세법 제182조에 규정된 죄를 범한 자는 전5항의 례에 의할 그 정범 또는 본죄에 준하여 처벌한다. 구 관세법(법률 제3109호, 시행 1979. 1. 1.) 제182조(미수범등) ② 제179조 내지 제181조의 죄를 범할 목적으로 그 예비를 한 자와 미수범은 각각 해당하는 본죄에 준하여 처벌한다.

64 대판 1979. 11. 27, 79도2201.

65 이재상·장영민·강동범, § 30/23.

4. 예비단계에서 승계적 가담

92 예비죄의 경우에도 예비행위 도중에 가담한 경우 예비죄의 승계적 공동정범이나 교사범 성립이 문제될 수 있다. 승계적 공동정범이 인정되고 있는 이상 예비단계에서도 그러한 예비가 행해지는 도중에 공모하거나 교사하는 경우에는 예비죄의 공동정범 또는 교사범이 성립할 수 있다고 보아야 한다. 예를 들어 살인에 사용할 독가스나 무기를 제조하는 중간에 그러한 독가스 등을 살인에 사용할 것이라는 것을 인식하면서 공모 가담하는 경우에는, 살인예비죄의 공동정범이 성립한다.[66] 다만, 방조범의 경우 예비죄의 방조범은 성립할 수 없다는 입장에 서면 승계적인 방조도 성립할 수 없다.

5. 예비단계에서 공모관계의 이탈

93 일반적으로 공모관계의 이탈이란 공동모의를 한 가담자가 다른 공동모의자가 실행에 착수하기 이전에 공동가담의 의사를 철회하는 경우를 말한다. 즉, 공모자들 중 일부가 공모관계에서 이탈한 후 나머지 일부가 실행에 착수하는 사례가 일반적인 의미에서의 공모관계의 이탈 사안이다. 이에 대하여, 예비단계에서 공모관계의 이탈이란 예비단계에서 수인이 기본범죄를 범하기로 공모하고 이에 대한 준비행위를 하였으나 일부가 그러한 공모관계에서 이탈해버리고 나머지도 예비단계에 머물러 있는 경우이다. 예를 들어 甲과 乙이 방화를 위하여 휘발류 등 인화물질을 준비하고 방화 목적물이 있는 쪽으로 걸어갔으나 그 순간 乙이 이탈해 버리고 甲만 그 목적물에 도착할 무렵 검거된 경우,[67] 甲과 乙을 방화예비죄(§ 175)의 공동정범으로 보아야 할 것인지 甲에게만 방화예비죄를 인정할 것인지 문제될 수 있다.

---

66 東京地判 平成 8(1996). 3. 22. 判時 1568·35. 위 판결은 대량살인 목적으로 독가스인 사린을 제조하기 위한 공장 가동에 관여한 일부 피고인에 대하여, 위 공장이 독가스를 만든다는 사실을 알면서 도중에 관여하였지만 공장 가동 처음부터의 독가스 샘플 제조 등 살인예비행위의 공동정범의 죄책을 부담한다고 판시하였는데, 이는 실체법상 1개의 죄의 범위 내에서 선행행위의 적극적 이용이 있으면 승계가 인정된다는 승계적 공범에 관한 판례이론에 따른 것이다.

67 東京高判 昭和 44(1969). 7. 21. 東京高等裁判所刑事判決時報 20·7·132. 파출소 방화를 목적으로 화염병을 준비하여 파출소와 인접한 신사 입구 부근까지 걸어간 시점에서 방화예비죄의 성립을 인정하고, 그곳에서 이탈한 피고인에 대하여 피고인 이외의 공범자가 신사 안으로 들어가 파출소가 내려다보이는 지점에 집합한 행위에 관해서도 방화예비죄의 공동정범을 인정하였다.

예비단계에의 공모관계이탈 사안에 대해서도, 그 성질이 같은 한 실행의 착수 이전의 공모관계이탈에 관한 법리를 적용하는 것이 타당한 것으로 보인다. 일반적으로 실행착수 전에 공모관계이탈이 인정되기 위해서는 이탈자의 이탈의 의사표시, 다른 공모자의 승인 및 기능적 행위지배의 해소가 필요하다. 특히 기능적 행위지배의 해소와 관련하여 이탈자가 공모자 가운데 평균적 일원에 불과한 때에는 이탈의 의사표시와 다른 공모자의 승인으로 공모관계의 이탈이 인정되지만, 이탈자가 공모관계의 주모자인 경우에는 실행에 미친 영향력을 제거해야 공모관계의 이탈이 인정된다. 대법원도 "공모공동정범에 있어서 공모관계에서의 이탈은 공모자가 공모에 의하여 담당한 기능적 행위지배를 해소하는 것이 필요하므로 공모자가 공모에 주도적으로 참여하여 다른 공모자의 실행에 영향을 미친 때에는 범행을 저지하기 위하여 적극적으로 노력하는 등 실행에 미친 영향력을 제거하지 아니하는 한 공모자가 구속되었다는 등의 사유만으로 공모관계에서 이탈하였다고 할 수 없다."고 판시하고 있다.[68] 94

공모관계의 이탈에 관한 대법원의 기본적인 법리에 따르면, 적어도 예비단계에서 사건의 진행과정을 장악하였거나 주도한 행위자는 자신이 기여한 행위지배를 해소하지 않는 한 이탈을 인정할 수 없다고 보아야 한다. 95

VI. 예비 · 음모죄와 죄수

예비·음모죄와 죄수에 관해서는, ① 예비·음모행위가 실행의 착수로 이어진 경우 그 죄수론적 평가의 문제와 ② 하나의 기본범죄를 목적으로 하는 수개의 예비·음모행위가 있는 경우 그 죄수론적 평가를 어떻게 할 것인지의 여부가 쟁점이 된다. 96

(1) 예비·음모죄가 단독으로 성립하는 것은 행위자의 행위가 예비 또는 음모 단계에만 머물고 있을 뿐 실행에 착수하지 않은 경우이다. 만약 행위자가 예비나 음모를 거쳐 기본범죄의 실행에 착수하게 되면 그에 대해서는 기본범죄의 미수죄나 기수죄가 성립하게 된다. 기수와 미수, 미수와 예비·음모는 각각 기 97

68 대판 2010. 9. 9, 2010도6924.

본법과 보충법의 관계에 있으므로 기수죄가 성립하면 미수죄, 미수죄가 성립하면 예비·음모죄는 성립하지 않는다.

98 판례도 같은 입장에서, ① 살해의 목적으로 동일인에게 일시 장소를 달리하고 수차에 걸쳐 단순한 예비행위를 하거나 또는 공격을 가하였으나 미수에 그치다가 드디어 그 목적을 달성한 경우에, 그 예비행위 내지 공격행위가 동일한 의사발동에서 나왔고 그 사이에 범의의 갱신이 없는 한 각 행위가 같은 일시 장소에서 행하여 졌거나 또는 다른 장소에서 행하여 졌거나를 막론하고, 또 그 방법이 동일하거나 여부를 가릴 것 없이, 그 살해의 목적을 달성할 때까지의 행위는 모두 실행행위의 일부로서 이를 포괄적으로 보고 단순한 한 개의 살인기수죄로 처단할 것이지 살인예비죄(§ 255, § 250①) 내지 미수죄와 살인기수죄의 경합죄로 처단할 수 없는 것이라고 판시하였다.[69]

99 그러나 이와는 달리, ② 특정범죄가중법 제5조의4 제3항[70]에 규정된 상습강도죄를 범한 범인이 그 범행 외에 상습적인 강도의 목적으로 강도예비를 하였다가 강도에 이르지 아니하고 강도예비에 그친 경우에도, 그것이 강도상습성의 발현이라고 보여지는 경우에는 강도예비행위는 상습강도죄에 흡수되어 위 법조에 규정된 상습강도죄의 1죄만을 구성하고, 이 상습강도죄와 별개로 강도예비죄(§ 342, § 333)를 구성하지 않는다.[71]

100 (2) 하나의 기본범죄를 목적으로 하는 수개의 예비·음모행위를 각각의 예비·음모죄로 볼 것인지, 아니면 하나의 예비·음모죄의 포괄일죄로 볼 것인지에 대해서는, 하나의 목적하에서 행해진 일련의 예비·음모행위는 포괄일죄로 보아야 한다. 예를 들어 사람을 살해할 목적으로 일정 기간 동안 칼 등 범행수단을 준비하고 그 이후에는 독약 등을 준비하는 경우에는, 그러한 살인예비행위는 전체적으로 일체로 보아서 포괄하여 하나의 살인예비죄만 성립한다고 보아야 한다. 또한 동일한 피해자를 강도할 고의로 수차례에 걸쳐 강취의 기회를 엿보다가 주눅이 들어 훗날을 기약하고 돌아간 후 어느 날 그 피해자를 상대로 금품을

69 대판 1965. 9. 28, 65도695.

70 다만, 특정범죄가중법 제5조의4(상습 강도·절도죄 등의 가중처벌) 제3항은 2016년 1월 6일 삭제되었다.

71 대판 2003. 3. 28, 2003도665.

강취한 경우에도, 행위태양과 범행목적이 동일하므로 각 행위를 포괄하여 1개의 강도죄가 성립하는 것으로 보아야 한다.

Ⅶ. 예비 · 음모죄의 처벌

본조에 의하면 예비·음모죄는 법률에 특별한 규정이 있는 경우에만 처벌한다. 이와 같이 예비·음모행위를 예외적으로 처벌의 대상으로 규정하는 이유는 예비·음모행위는 범죄의 실현과는 비교적 먼 단계에 있기 때문에 법익침해의 위험성이 상대적으로 적고, 예비·음모의 단계에서는 행위자의 고의를 입증하기 어려우며, 형사정책적 관점에서도 행위자 스스로 범행을 자제하도록 유도하는 것이 더 바람직하기 때문이다. 101

본조에서 정한 바에 따라 형법과 개별 법률에는 예비·음모행위를 처벌하는 규정을 두고 있다. 미수범의 처벌에 관하여 총칙상 일반 규정을 두고 있는 것과는 달리 예비·음모행위의 처벌 여부는 형법각칙 또는 개별 법률에 별도로 규정해두고 있다. 또한 기본범죄의 기수범에 적용될 법정형에 의하여 처벌되지만 임의적 감경사유로 되어 있는 미수범의 규정방식과는 달리, 예비·음모죄의 법정형은 형법각칙과 개별 법률의 예비·음모죄 구성요건에 독자적으로 명시되어 있다. 따라서 형법각칙이나 개별 법률에 예비·음모를 처벌한다고만 규정하고 있을 뿐이고 그 형에 관하여 따로 규정하고 있지 아니하면, 죄형법정주의의 원칙상 그러한 예비·음모를 처벌할 수 없다.[72] 102

한편 형법과 개별 법률상 예비·음모죄에는 예비·음모행위를 하였더라도 103

72 대판 1977. 6. 28, 77도251. 「형법 제28조에 의하면 범죄의 음모 또는 예비행위가 실행의 착수에 이르지 아니한 때에는 법률에 특별한 규정이 없는 한 처벌하지 아니한다고 규정하고 있어 범죄의 음모 또는 예비는 원칙으로 벌하지 아니하되 예외적으로 법률에 특별한 규정이 있을 때 다시 말하면 음모 또는 예비를 처벌한다는 취지와 그 형을 함께 규정하고 있을 때에 한하여 이를 처벌할 수 있다고 할 것이므로 위 부정선거 관련자 처벌법(주: 2008. 12. 19. 폐지) 제5조 4항에 예비, 음모는 이를 처벌한다라고 규정하였다 하더라도 예비, 음모는 미수범의 경우와 달라서 그 형을 따로 정하여 놓지 아니한 이상 처벌할 형을 함께 규정한 것이라고는 볼 수 없고 또 동법 제5조 4항의 입법취지가 동법 제5조 1항의 예비, 음모죄를 처벌한 의도이었다 할지라도 그 예비, 음모의 형에 관하여 특별한 규정이 없는 이상 이를 본범이나 미수범에 준하여 처벌한다고 해석함은 피고인의 불이익으로 돌아가는 것이므로 이는 죄형법정주의의 원칙상 허용할 수 없다 할 것이다.」

실행에 착수하기 전에 행위자가 자수한 경우는 형을 필요적으로 감면하도록 규정하는 예가 있다. 형법각칙에서는 내란죄(§87), 내란목적살인죄(§88), 외환유치죄(§92), 여적죄(§93), 모병이적죄(§94), 시설제공이적죄(§95), 시설파괴이적죄(§96), 물건제공이적죄(§97), 간첩죄(§98), 일반이적죄(§99), 외국에 대한 사전죄(§111①), 폭발물사용죄(§119①), 전시폭발물사용죄(§119②), 현주건조물 등 방화죄(§164①), 공용건조물 등 방화죄(§165), 일반건조물 등 방화죄(§166①), 폭발성물건파열죄(§172①), 가스·전기 등 방류죄(§172의2①), 가스·전기 등 공급방해죄(§173①, ②), 통화위조·변조죄(§207① 내지 ③) 등에서 실행착수 전 자수 시 형이 감면된다. 군형법의 경우에도, 반란죄(군형 §5), 반란목적군용물탈취죄(군형 §6), 군대 및 군용시설제공죄(군형 §11), 군용시설 등 파괴죄(군형 §12), 간첩죄(군형 §13), 일반이적죄(군형 §14), 군대시설 등 방화죄(군형 §66), 노적군용물 등 방화죄(군형 §67), 폭발물파열죄(군형 §68), 군용시설 등 파괴죄(군형 §69), 선박·항공기복몰·손괴죄(군형 §71①, ②) 등에서 실행착수 전 자수를 형면제 사유로 규정하고 있다. 이와 같은 형 감면의 특혜는 기본범죄의 중대성에 비추어 범죄의 진행을 방지해야 한다는 형사정책적 고려에서 기인한 것이다.

〔이 진 국〕

제29조(미수범의 처벌)
미수범을 처벌할 죄는 각칙의 해당 죄에서 정한다.
[전문개정 2020. 12. 8.]

구 조문
제29조(미수범의 처벌) 미수범을 처벌할 죄는 <u>각본조에</u> 정한다.

Ⅰ. 취 지

본조는 "미수범을 처벌할 죄는 각칙의 해당 죄에서 정한다."고 규정하고 있다. 이 문언의 의미는 한편으로는 미수범이 원칙적으로 불가벌이며 '각칙의 해당 죄'에 그 처벌 근거가 명시되어 있는 경우에 한하여 예외적으로 처벌된다는 의미이고, 다른 한편으로는 예비·음모죄의 경우와는 달리 '각칙의 해당 죄'에서 미수범의 법정형을 규정하는 것이 아니라 미수범으로 처벌될 범죄가 무엇인지를 규정한다는 의미이다. 예를 들어 살인예비·음모죄(§ 255)는 "제250조와 제253조의 죄를 범할 목적으로 예비 또는 음모한 자는 10년 이하의 징역에 처한다."고 완결적으로 규정하고 있는 반면, 살인미수죄(§ 254)는 "전4조의 미수범은 처벌한다."고 명시하여 미수범으로 처벌될 범죄구성요건을 정하고 있을 뿐 고유한 법정형을 갖추고 있지 않다. 1

2020년 12월 8일 일부개정된 형법(2021. 12. 9. 시행)에는 법령용어와 법률문장을 국민이 이해하기 쉽도록 하기 위한 다수의 개정조항이 담겨 있는데, 여기에는 본조도 포함된다. 구 형법 제29조는 "미수범을 처벌할 죄는 각본조에 의한다."고 명시하고 있었으나, "미수범을 처벌할 죄는 각칙의 해당 죄에서 정한다."로 개정되었다. 2

Ⅱ. 미수범 처벌규정의 입법방식

3 미수범에 대한 처벌규정을 입법하는 방식에는 크게 두 가지가 있다. 하나는 미수범으로 처벌되는 범죄구성요건을 일반적·추상적 기준으로 정하는 방식이고, 다른 하나는 개별적으로 규정하는 방식이다.

4 일반적·추상적 규정방식은 일정한 기준에 해당하는 경우에는 개별 범죄구성요건에 미수범 처벌근거를 명시하지 않아도 미수범이 성립되도록 하는 방식이다. 이에 관한 대표적인 예로는 독일형법을 들 수 있다. 독일형법 제23조 제1항은 "중죄의 미수는 항상 처벌되고, 경죄의 미수는 법률이 명시적으로 규정한 경우에 한하여 처벌된다."고 규정하고 있다. 따라서 독일 형법체계에 따르면, 당해 범죄구성요건의 법정형이 1년 이상의 자유형에 해당하는 중죄로 규정되어 있는 경우에는 항상 미수범이 성립하게 된다.

5 이에 반해, 개별적 규정방식은 우리나라 형법이 취하고 있는 방식이다. 본조가 미수범을 처벌할 죄를 형법각칙의 해당 죄에서 정한다고 명시하고 있기 때문이다. 일본형법도 마찬가지이다(일형 § 44).

6 추상적·일반적 기준에 의하여 미수범을 벌하는 방식보다는 범죄의 성질에 따른 법정형을 참작하여 개별적으로 미수범의 처벌을 규정하는 방식이 더 타당한 것으로 보인다.[1]

Ⅲ. 미수범의 처벌방식

7 구성요건에 해당하고 유책한 미수범을 기수범과 동일하게 처벌할 것인지, 아니면 감경하여 처벌할 것인지에 관해서는, 현실적으로 결과가 발생한 것이 아니므로 형을 감경해야 한다는 객관주의의 입장과 미수를 통하여 범인의 법적대적 의사가 드러났으므로 기수와 마찬가지로 벌해야 한다는 주관주의의 입장이 대립할 수 있다. 제25조 제2항은 "미수의 형은 기수범보다 감경한다."고 규정하여 객관주의와 주관주의를 절충하고 있다. 다만, 개별 법률에서는 미수를 기수

1 김종원, 형법각칙 개정연구 [8] - 형법각칙상의 미수범규정의 정비방안, 한국형사정책연구원(2007), 51.

와 동일하게 처벌하기도 한다. 예를 들어 특정범죄 가중처벌 등에 관한 법률 제5조의4(상습 강도·절도죄 등의 가중처벌)와 제5조의5(강도상해 등 재범자의 가중처벌) 위반죄의 경우에는, 기수와 미수를 동일한 법정형으로 의율하도록 명시하고 있다.

〔이 진 국〕

제 3 절 공 범

〔총설 I〕 공범 일반론

Ⅰ. 다수 가담의 범행

1. 범행가담자의 수(數)

1 범죄는 한 사람이 단독으로 저지를 수도 있고, 수인이 가담하여 함께 실행할 수도 있다. 전자가 단독 범행이고, 후자가 다수 가담의 범행이다. 본절에서는 다수 가담의 범행에 대하여 설명한다.

2 그런데 다수 가담의 범행은 다시, 범죄의 '본질'상 다수 가담이 필요한 유형과 단독으로 실행할 수 있는 범죄를 다수가 가담하여 실행하는 유형으로 구별된다. 소요죄(§ 115)나 다중불해산죄(§ 116)는 전자의 대표적인 예이다. 법문이 행위의 주체로서 '다중'을 필요적으로 요구하기 때문에, 이런 유형의 범죄는 단독으로 범할 수 없다. 하지만 형법에 규정된 대부분 범죄는 단독 범행이 가능하다. 가능할 뿐 아니라, 법문은 단독 범행을 원칙적인 범죄유형으로 규정하고 있다. 살인죄(§ 250①)를 예로 들면, 행위 주체를 '자'로 규정함으로써 1인의 범행을 전제한다. 그런데 이러한 통상적인 범죄를 다수인이 가담하여 실행하는 경우가 있다. 형법총칙이 관심을 두는 다수 가담의 범행은 이러한 후자의 유형이다.

형법총칙의 다수 가담 범행은 가담의 내용과 정도에 따라 다시 여러 종류로 나뉜다. 다수인이 공동으로 범죄를 실행하는 경우(공동정범), 일방이 타방을 교사하여 범죄를 실행하게 하는 경우(교사범과 정범), 일방이 타방의 범죄 실행을 도와주는 경우(종범과 정범), 일방이 타방을 이용하여 범죄를 실행하는 경우(간접정범) 등 다양한 가담 형식이 가능해진다. 이렇게 다양한 형식의 다수 가담 범행을 형법적으로 어떻게 처리할 것인지는 상당히 복잡한 논제들을 제기한다. 범행에 가담한 다수자를 동일하게 다룰 것인지 관여의 내용에 따라 구별하여 취급할 것인지, 구별해서 논책한다면 구별의 기준과 논책의 방법은 어떻게 할 것인지 등이 해결되어야 한다. 3

2. 다수 가담 범행의 처리에 관한 입법의 방식

우선, 입법론적 검토부터 해보기로 한다. 다수인이 범행에 가담한 경우, 가담한 다수자를 어떻게 취급할 것인지에 관하여 입법론적으로는 일원적 체계와 이원적 체계가 제시되고 있다. 4

(1) 일원적 체계

(가) 내용

범행에 가담하였다면, 가담의 내용과 정도를 구별하지 않고 동일하게 '정범'으로 취급하는 방식이 일원적 체계이다. 범죄를 직접 실행한 사람뿐 아니라 타인으로 하여금 범죄를 실행하도록 사주·원조·이용한 사람을 모두 정범으로 인정한다. 이는 곧 단독의 범행이든 다수 가담의 범행이든 모두 정범으로 설정되는 '단일정범개념(Einheitstäterbegriff)'의 채택을 의미한다. 따라서 일원적 체계는 공범이라는 개념을 사용하지 않는다. 정범과 구별되는 공범의 개념은 불필요할 뿐 아니라, 체계에 반하는 것으로 설명된다. 5

하지만 그렇더라도 가담의 내용과 정도에 따른 형벌의 차등 부과는 불가피하다. 형벌은 각자의 불법과 책임에 따라 개별적으로 부과되어야 할 것이기 때문이다. 따라서 형의 양정에서는 가담의 유형에 따른 구별 취급이 허용될 뿐 아니라 필요해진다. 이렇게 보면, 일원적 체계는 다수 가담 범행의 유형 구별이라는 논제를 양형 단계의 문제로 후치시키는 입법방식이라고 할 수 있다. 6

(나) 입법례

7 일원적 체계를 취하는 대표적인 입법은 이탈리아형법이다. 이탈리아형법은 제110조에서 "수인이 동일한 가벌적 행위에 관여한 때에는 각자는 이에 대하여 규정된 형벌이 과하여진다."라고 규정한다. 그러면서 동일한 가벌적 행위에 관여한 사람을 유형적으로 구별하지 않는다. 다만, 관여의 방법에 따른 차이는 양형 사유로 처리하는 것이다.

8 오스트리아형법 역시 일원적 체계를 채택하고 있다. 오스트리아형법 제12조는 '정범자로서의 모든 관여자의 취급'이라는 표제하에 "직접 정범자뿐 아니라 가벌적 행위를 하도록 타인을 시키거나 기타 그 행위의 실행에 기여한 자는 모두 가벌적 행위를 한 자이다."라고 규정한다. 따라서 오스트리아형법에서 정범은 내용상 직접정범, 유발정범, 원조정범으로 구분된다.[1] 이러한 유형별 구분에도 불구하고 모두 정범으로 취급된다는 점에서 오스트리아 형법 역시 일원적 체계로 분류되는 것이다. 각 유형의 차이가 양형 사유로 처리됨은 물론이다.

9 독일의 경우, 형법은 후술하는 바와 같이 이원적 체계를 채택하지만, 질서위반법은 일원적 체계에 입각한 것으로 확인된다. 독일 질서위반법 제14조는 "질서위반행위에 수인이 관여하고 있는 때에 그 관여자 각각은 질서위반행위를 행한 것으로 본다."라고 규정한다. 따라서 질서위반행위에 대해서는 관여의 내용과 종류를 구별하지 않고 관여자 모두를 정범으로 취급하는 것이다.

(다) 평가

10 일원적 체계는 범행에 관여한 사람 모두를 정범으로 포괄한 후, 관여의 내용과 방법에 따라 양형에서 차등을 두는 것이 가능하므로, 실무친화적인 체계로 설명된다. 반면에, 범행 관여의 내용상 차이를 무시하는 점에서 통상적인 사리와 법감정에 맞지 않고, 처벌이 과도해질 우려가 있다는 문제점이 지적된다.

11 일원적 체계에 대한 기존 문헌의 평가 중에서 대표적인 것을 소개하면 다음과 같다.

---

1 이탈리아형법의 정범 체계는 관여 유형 간의 구별을 일체 인정하지 않음에 반하여, 오스트리아형법의 정범 체계는 적어도 개념상으로는 유형을 구분한다는 차이를 지닌다. 이 점에 주목하여, 이탈리아형법의 정범 체계를 형식적 통일적 정범체계, 오스트리아형법의 정범 체계를 실질적(기능적) 통일적 정범체계로 부르는 문헌도 있다[김종원, "처벌확장적 공범론에 관한 연구 - 소위 간접정범론에 대한 재검토 -", 학술원논문집(인문·사회과학편) 55-1, 대한민국학술원(2016), 205].

① "통일적 범죄체계는 어떤 범죄에 수인이 관여한 경우에, 그 각자를 정범이라 해놓고 양형의 단계에서 형에 차등을 줄 수 있으므로, 실무친화적인 입장이라고 본다. 그러나 처음부터 구별할 것은 구별하면서 진행하는 것이 낫다고 생각한다. 이런 의미에서 구별체계를 밀고 나가는 것이 좋다고 생각한다."[2] 12

② "일원적 체계는 범죄관여의 질적·양적 차이를 기본적으로 무시하는 점에서 사리와 법감정에 맞지 않고 처벌이 과도해질 우려가 있을 뿐 아니라 공동정범·간접정범·교사범·방조범 등을 구별하여 규정하고 있는 우리 형법의 입장과도 일치하지 않는다."[3] 13

③ "단일정범체계에 대하여는 ⓐ 법치국가적 형법이 구성요건적 행위를 명시하고 실제로 구성요건을 실현하는 자와 구성요건 실현에 가담하는 자를 구별할 이론적·체계적 기준을 명백히 규정할 것을 요구함에도 불고하고 법익침해에 대한 인과적 기여만으로 정범이라고 하는 것은 형법의 법치국가적 기초에 부합되지 않으며, ⓑ 법익침해를 야기하는 모든 행위 기여를 정범으로 파악할 때에는 구성요건의 특수한 행위반가치가 무의미하게 되고 신분범과 자수범에 있어서 신분 없는 자나 자수로 실행하지 않은 자도 정범이라고 해야 하는 부당한 결과를 초래하고, ⓒ 단일정범개념에 의할 때에는 교사의 미수는 물론 방조의 미수도 정범의 미수에 해당하게 되어 부당한 가벌성의 확대를 초래한다는 비판을 면할 수 없다."[4] 14

(2) 이원적 체계

(가) 내용

이원적 체계는 다수 가담의 범죄유형을 가담의 내용과 정도에 따라 정범과 공범으로 구별하는 입법 방식이다. 이에 따르면, 범행 전체를 주도한 사람이 정범이고, 주도권 없이 가담한 사람은 공범이 된다. 구체적으로 설명하면, 공동으로 범죄를 실행하는 공동정범과 타인을 이용하여 자신의 범죄를 실행하는 간접정범은 정범으로 취급되지만, 타인을 교사하여 범죄를 실행하게 하는 교사범과 타인의 범죄실행을 도와주는 종범은 공범으로 분류된다. 정범과 공범이 형벌의 부과에서 차이를 보이는 것도 당연하다. 통상적으로, 정범의 법정형이 형법각칙 15

2 김종원(주 1), 206.
3 임웅·김성규·박성민, 형법총론(14정판), 441.
4 이재상·장영민·강동범, 형법총론(11판), § 31/5.

에 규정되고, 공범의 법정형은 정범의 법정형을 기준으로 조절하는 규정을 형법 총칙에 두어 해결하게 된다.

(나) 입법례

16 우리나라 형법의 입법에 영향을 미친 독일형법과 일본형법은 모두 정범과 공범을 구별하는 이원적 체계를 취하고 있다. 독일형법은 제25조에서 '정범'이라는 표제하에 직접정범과 간접정범 및 공동정범을 규정하며, 제26조에서는 교사범을, 제27조에서는 종범을 규정한다. 일본형법 역시 정범과 공범을 구별하여 규정한다. 일본형법 제60조는 공동정범에 관한 규정이며, 제61조는 교사범을, 제62조와 제63조는 종범을 규정하고 있다.

17 (a) 독일형법의 정범과 공범 규정

제25조(정범) ① 범죄행위를 스스로 또는 타인을 통하여 실행한 자는 정범으로서 처벌된다.
② 수인이 공동으로 범죄행위를 실행한 경우, 각자는 정범으로 처벌된다.
제26조(교사범) 고의로 타인으로 하여금 고의의 불법행위를 결의케 한 자는 교사범으로 정범과 동일하게 처벌된다.
제27조(종범) ① 고의로 타인의 고의 불법행위에 조력을 제공한 자는 종범으로 처벌된다.
② 종범의 형은 정범의 형에 따른다. 그 형은 제49조 제1항에 의해 감경된다.

18 (b) 일본형법의 정범과 공범 규정

제60조(공동정범) 2인 이상 공동하여 범죄를 실행한 자는 전부 정범으로 한다.
제61조(교사) ① 사람을 교사하여 범죄를 실행하게 한 자에게는 정범의 형을 과한다.
② 교사자를 교사한 자에 대하여도 전항과 같다.
제62조(방조) ① 정범을 방조한 자는 종범으로 한다.
② 종범을 교사한 자에게는 종범의 형을 과한다.
제63조(종범 감경) 종범의 형은 정범의 형을 감경한다.
제64조(교사 및 방조의 처벌의 제한) 구류 또는 과료만에 처하여야 할 죄의 교사자 및 종범은 특별한 규정이 없으면 벌하지 아니한다.

(다) 평가

19 이원적 체계는 형법의 구성요건을 엄격하게 해석해야 한다는 법치국가적 요청에 부합하는 입법방식으로 설명된다. 이원적 체계에 의하면 구성요건의 행위의 주체는 원칙적으로 정범, 그중에서도 단독·직접정범으로 제한되고, 그 이

외의 다수 가담 범행은 공동정범과 간접정범 및 교사범과 종범 등의 형법총칙 규정에 의해 규율되기 때문이다. 다만, 이원적 체계에서는 정범과 구별되는 의미를 지니는 공범의 개념이 필수적으로 제안된다. 따라서 정범과 공범을 구별하는 기준의 설정이 중요한 논제로 제기됨은 물론이다. 이를 위해 여러 관점이 제시되고, 여러 이론이 제안되어 왔는바, 이러한 이론적 수고는 이원적 체계의 비용인 셈이다.

이원적 체계에 대한 기존 문헌의 평가 중에서 대표적인 것을 소개하면 다 20
음과 같다.

> ① "이러한 분리 형식은 항상 어떤 범죄참가 형태가 정범인가 공범인가를 구분 21
> 해야 하는 번거로움이 있는 반면, 구성요건중심적 형법(Tatbestandsstrafrecht) 이라는 법치국가적 요청에 적합한 방식이기 때문에 법정책적으로 선호되고 있다."[5]
>
> ② "이 체계하에서는 정범과 공범이라는 두 가지 상이한 개념적 카테고리를 22
> 사용하고 있지만 양자의 구별기준에 관한 규정을 두고 있지 않기 때문에 정범과 공범을 구별할 수 있는 이론을 개발해야 하는 어려움이 있다. 그러나 이러한 어려움은 일단 개념적으로 구별이 이루어지면 형법각칙상의 법정형은 정범에 대한 것이고, 공범에 대한 법정형은 정범의 법정형을 기준으로 해서 조절한다는 원칙적인 규정만 두면 간단하게 해결될 수 있다. 이러한 입법형식을 취하게 되면 형법각칙의 범죄구성요건에서 행위자의 행위를 유형화한 후에 총칙상의 규정을 통해 다시 정범형태 또는 공범형태를 구분하게 된다. 이러한 체계는 구성요건중심적 형법이라는 법치국가적 요청에 부합하는 방식이기 때문에 법정책적으로 선호되고 있다."[6]

3. 우리나라 법체계의 방식

(1) 이원적 체계

우리나라 형법은 이원적 체계를 택하고 있다. 우선, 형법은 공범이라는 개 23
념을 공식적으로 사용한다. 형법 제1편 총칙 제2장 제3절은 표제를 '공범'으로

5 김일수·서보학, 새로쓴 형법총론(13판), 415.
6 김성돈, 형법총론(7판), 586-587.

설정하고 있으며, 제33조 역시 '공범과 신분'이라는 표제를 사용한다. 그러면서 제30조의 공동정범 및 제34조의 간접정범과 구별하여, 제31조가 교사범을, 제32조가 종범을 규정하고 있다(아래 공범 규정 참조).

24 이렇게 우리나라 형법은 공동정범과 간접정범 및 교사범과 종범을 모두 포괄하여 '공범'이라는 표제하에 규정함으로써, 공범의 개념에 다소 혼동을 초래하는 것도 사실이다. 또한 간접정범을 정범으로 칭하면서도 교사 또는 방조의 예에 따라 처벌하도록 규정하여, 간접정범의 정범성에도 혼동을 야기한다.

25 이렇게 볼 때, 우리나라 형법은 정범과 공범을 구별하는 이원적 체계를 취하면서도, 특히 간접정범은 정범과 공범의 중간지대에 형성시키는 특이함을 보인다. 우리나라 형법총칙의 규정을 바탕으로 한 '공범'의 개념에 대해서는 **[총설 I] II. 공범의 개념** 부분에서 살펴본다.

26 **[형법 총칙 제1편 제2장 제3절 공범 규정]**

제30조(공동정범) 2인 이상이 공동하여 죄를 범한 때에는 각자를 그 죄의 정범으로 처벌한다.

제31조(교사범) ① 타인을 교사하여 죄를 범하게 한 자는 죄를 실행한 자와 동일한 형으로 처벌한다.

② 교사를 받은 자가 범죄의 실행을 승낙하고 실행의 착수에 이르지 아니한 때에는 교사자와 피교사자를 음모 또는 예비에 준하여 처벌한다.

③ 교사를 받은 자가 범죄의 실행을 승낙하지 아니한 때에도 교사자에 대하여는 전항과 같다.

제32조(종범) ① 타인의 범죄를 방조한 자는 종범으로 처벌한다.

② 종범의 형은 정범의 형보다 감경한다.

제33조(공범과 신분) 신분이 있어야 성립되는 범죄에 신분 없는 사람이 가담한 경우에는 그 신분 없는 사람에게도 제30조부터 제32조까지의 규정을 적용한다. 다만, 신분 때문에 형의 경중이 달라지는 경우에 신분이 없는 사람은 무거운 형으로 벌하지 아니한다. [전문개정 2020. 12. 8.]

제34조(간접정범, 특수한 교사, 방조에 대한 형의 가중) ① 어느 행위로 인하여 처벌되지 아니하는 자 또는 과실범으로 처벌되는 자를 교사 또는 방조하여 범죄행위의 결과를 발생하게 한 자는 교사 또는 방조의 예에 의하여 처벌한다.

② 자기의 지휘, 감독을 받는 자를 교사 또는 방조하여 전항의 결과를 발생하게 한 자는 교사인 때에는 정범에 정한 형의 장기 또는 다액에 그 2분의 1까지 가중하고 방조인 때에는 정범의 형으로 처벌한다.

(2) 일원적 체계

(가) 과실범

고의범과 달리 과실범에서는 교사범과 종범(방조범)의 성립이 불가능하다. 즉, 과실에 의한 교사와 과실에 의한 방조는 인정되지 않는다. 교사범[7]과 종범[8]은 모두 정범의 고의를 가져야 하기 때문이다. 따라서 과실범의 경우에는 주의의무를 위반하여 구성요건의 실현에 기여한 사람이 모두 과실범의 정범이 된다. 이런 차원에서 과실범은 단일정범 체계를 수용하고 있는 것으로 설명하는 문헌[9]도 있다.[10] 27

(나) 질서위반행위규제법

우리나라 법체계에서 일원적 체계, 즉 단일정범 개념을 채택하는 대표적인 법률은 질서위반행위규제법이다. 이 법은 2007년 12월 21일 제정되어 2008년 6월 22일부터 시행되었는데, 제12조가 '다수인의 질서위반행위 가담'이라는 표제 하에 제1항에서 "2인 이상이 질서위반행위에 가담한 때에는 각자가 질서위반행위를 한 것으로 본다."고 규정하고 있다. 가담의 유형과 정도를 구분하지 않고, 질서위반행위에 가담한 사람 모두를 정범으로 취급하는 것이다. 따라서 가담의 유형과 정도에 따른 불법과 책임의 경중은 양형 단계에서 고려할 수밖에 없게 된다. 28

(다) 경범죄 처벌법

경범죄 처벌법도 일원적 체계를 취하고 있는 것으로 설명하는 문헌이 있다.[11] 29
경범죄 처벌법은 제3조에서 경범죄의 종류를 열거한 후에, 제4조가 "제3조의 죄

---

7 대판 2023. 10. 18, 2022도15537.

8 김일수·서보학, 485; 이재상·장영민·강동범, § 34/9; 임웅·김성규·박성민, 510.

9 김성돈, 587; 이재상·장영민·강동범, § 31/5.

10 덧붙여서, 부진정부작위범도 공범이 성립할 수 없으므로 단일정범 개념을 설명해야 한다는 견해가 있다[김성룡, "부진정부작위범의 한국적 해석으로서 단일정범개념", 비교형사법연구 5-1, 한국비교형사법학회(2003), 101-135]. 하지만 판례는 부진정부작위범의 공범을 인정하고 있으며(대판 1996. 9. 6, 95도2551; 대판 1997. 3. 14, 96도1639), 학설도 일반적으로 부진정부작위범의 공범을 인정하면서 정범과 공범의 구별 기준을 논의한다[안정빈, "부작위 행위자들 사이에서 정범과 공범의 구별", 형사법연구 31-2, 한국형사법학회(2019), 3-38 참조; 이용식, "부작위 상호간에 있어서 정범과 공범의 구별 및 공동정범의 성립가능성", 서울대학교 법학 52-1(2011), 151-168].

11 김성돈, 587.

를 짓도록 시키거나 도와준 사람은 죄를 지은 사람에 준하여 벌한다."고 규정함으로써, 정범과 교사범 및 종범을 동일하게 취급하고 있기 때문이다.

30 하지만 동 규정 역시 표제는 '교사·방조'로 설정되어 있다는 점에 주목할 필요가 있다. 그렇다면 경범죄 처벌법 역시 교사범과 방조범이라는 공범의 개념을 전제하고 있으며, 그러면서도 처벌의 기준을 정범의 처벌에 맞추는 특이함을 보이는 입법이라는 설명도 가능하다.

II. 공범의 개념

1. 공범개념의 광협(廣狹)

31 형법학에서 공범이라는 개념은 다양하게 사용된다. 다수 가담의 범죄유형을 모두 포괄하여 공범으로 지칭하기도 하고(최광의), 그중에서 형법총칙의 공범규정이 적용되는 다수 가담의 범죄유형만을 공범으로 지칭하기도 한다(광의). 그보다 더 제한된 공범 개념도 사용되는데, 이는 정범과 구별되는 의미로서의 공범이다(협의). 이렇게 형법학의 공범개념은 사용하는 맥락에 따라 그 범주가 다양하다. 구체적인 내용을 설명하기에 앞서, 공범개념의 범주를 도식으로 나타내면 [표 1]과 같다.

[표 1] 공범개념의 범주

<table>
<tr><td rowspan="5">최광의 공범</td><td rowspan="4">광의 공범
(임의적 공범/
형법총칙의 공범)</td><td rowspan="2">협의 공범
(본래적 의미의 공범)</td><td>교사범</td></tr>
<tr><td>종범(방조범)</td></tr>
<tr><td colspan="2">공동정범</td></tr>
<tr><td colspan="2">간접정범</td></tr>
<tr><td>필요적 공범</td><td colspan="2">형법각칙의 공범</td></tr>
</table>

2. 최광의의 공범

32 공범의 개념을 가장 넓게 확장하면, 다수 가담의 모든 범죄유형을 포괄하게 된다. 즉, '2인 이상이 구성요건의 실현에 관여한 모든 경우'를 의미하는 것이다.

따라서 형법총칙의 공범 규정이 적용되는 경우만이 아니라, 형법각칙의 구성요건이 다수인의 범죄수행을 필요적으로 요구하는 경우까지 모두 공범의 개념에 포함된다. 전자(형법총칙에 의한 공범)를 임의적 공범, 후자(형법각칙의 공범)를 필요적 공범이라고 하는바, 양자를 구별하는 기준은 광의의 공범을 설명하는 다음 항에서 기술하기로 한다.

3. 광의의 공범(형법총칙상의 공범)

형법 제1편 총칙 제2장 제3절은 '공범'이라는 표제하에 공동정범(§ 30), 교사범(§ 32), 종범(§ 33), 간접정범(§ 34)을 규정하고 있다. 즉, 다수 가담의 범죄유형을 포괄하여 공범이라고 지칭하는 것이다. 이러한 형법총칙의 공범이 광의의 공범 개념이다. 구체적으로 개념을 정의한다면 '1인이 범할 수 있는 범죄를 다수인이 협력·가담하여 범하는 범죄유형'이라고 설명할 수 있다. 따라서 광의의 공범이 지니는 개념 요소는 ① 대상(1인이 범할 수 있는 범죄)과 ② 방법(협력·가담)의 2가지가 된다. 33

(1) 대상 - 1인이 범할 수 있는 범죄

광의의 공범은 1인이 범할 수 있는 범죄를 대상으로 한다. 형법의 범죄 중에는 구성요건 자체가 수인(數人)을 행위의 주체로 요구하는 경우가 있는데, 이러한 범죄유형은 여기서 말하는 공범에 포함되지 않는다. 강학상 전자를 임의적 공범, 후자를 필요적 공범이라고 한다. 이렇게 볼 때 형법총칙상의 공범, 즉 광의의 공범이란 임의적 공범을 의미한다고 볼 수 있다. 34

참고로, 필요적 공범의 일종으로 소위 합동범이라는 것이 있다. 합동범은 행위의 주체로서 수인을 요구할 뿐 아니라 '합동하여' 범행할 것을 구성요건의 내용으로 하는 범죄이다. 이것 역시 구성요건의 내용 자체가 수인의 합동 범행을 규정하고 있으므로, 형법총칙의 공범과 구별됨은 물론이다. 35

(2) 방법 - 수인의 협력·가담

광의의 공범이 성립하기 위해서는 수인의 협력·가담이 있어야 한다. 협력·가담의 내용에서는 차이가 날 수 있으며, 협력·가담의 내용이 무엇인가에 따라 공범의 종류가 구분된다. 공동정범은 수인이 각자 정범으로 취급될 만큼의 깊숙한 협력·가담을 지니는 경우이고, 교사범은 정범인 타인을 교사하는 형태로 범 36

행에 가담하는 것이며, 종범은 정범인 타인의 범행을 도와주는 경우이다. 아울러 간접정범은 일방이 타방을 전적으로 이용하여 범행을 달성하는 형태이다.

37 따라서 수인이 관련되더라도 협력·가담이 전혀 없으면 형법총칙상의 공범이 아니다. 즉, 수인이 동일한 행위의 객체에 대하여 범죄를 행하더라도 상호간에 의사연락이 없는 경우가 있는데, 이때에는 각자가 단독정범이다. 이러한 경우를 일반적으로 동시범(同時犯)이라고 칭한다.

4. 협의의 공범(본래적 의미의 공범)

(1) 내용

38 광의의 공범에 포함되는 4가지 유형 중에서 정범과 구별되는 의미를 지니는 본래적 공범은 교사범과 종범(방조범)이다. 공동정범은 수인이 협력·가담하는 형식이긴 하지만 엄연히 각자가 모두 자기의 범죄를 범하는 '정범'이고, 간접정범도 이용자가 타인을 도구로 사용하여 자기의 범행을 하는 경우이므로 당연히 '정범'이다. 이에 반하여 교사범과 종범은 그 자체 정범이 아니며, 별개의 정범을 전제로 그에 가담하는 공범이다. 이렇게 정범의 범행을 전제로 하는 가담유형이 본래적 의미의 공범으로서, 협의의 공범이 된다.

(2) 용례

39 공범론의 기초이론인 '정범과 공범의 구별', '공범의 독립성과 종속성', '공범의 종속형식' 등에서 사용되는 '공범'이라는 용어는 협의의 공범, 즉 교사범과 종범을 의미한다. '정범과 공범의 구별'은 정범인 단독·직접정범과 공동정범 및 간접정범이 공범인 교사범 및 종범과 구별되는 기준이 무엇인지 설명하려는 논제이다. '공범의 독립성과 종속성'은 공범(교사범과 종범)의 범죄성이 공범 자체에서 독립적으로 나오는지 아니면 정범의 범죄성에 종속되는지 논의하는 논제이며, '공범의 종속형식'은 공범종속성을 전제로 정범의 행위가 범죄성립요건 및 가벌요건의 어느 단계까지 충족해야 공범(교사범과 종범)의 범죄성이 인정되는지 설명하는 논제이다.

Ⅲ. 형법총칙의 공범과 구별해야 할 범죄유형

1. 필요적 공범

(1) 의의

필요적 공범이란 형법의 개별 구성요건 자체가 수인의 참가를 내용으로 하는 범죄유형이다.[12] 즉, 범죄의 성질상 당연히 수인의 행위주체를 필요로 하는 범죄이다. 따라서 필요적 공범의 주체들에게는 형법총칙의 공범 규정이 원칙적으로 적용되지 않는다. 가담한 수인이 모두 해당 범죄의 정범으로 취급되는 것이다. 40

이렇게 필요적 공범의 주체는 본질상 정범이기 때문에, 필요적 '공범'이라는 용어가 부적절하다는 비판이 제기되기도 한다. 이러한 비판은 필요적 공범이라는 용어 대신에 필요적 가담이라는 용어를 사용하도록 제안한다.[13] 하지만 필요적 공범은 형법총칙이 규정하는 임의적 공범(1인이 범할 수 있는 범죄를 다수인이 협력·가담하여 범하는 범죄유형)에 대응하는 의미를 지니며, 그러한 차원에서 강학상 필요적 공범이라는 용어가 사용되고 있다. 41

(2) 종류

필요적 공범은 범행에 참가하는 수인이 서로 어떤 관계를 갖는가에 따라 집단범과 대향범의 두 종류로 나뉜다. 또한 형법각칙에는 '2인 이상이 합동하여' 범행할 것을 요구하는 합동범도 규정되어 있다. 합동범에 대해서는 항을 바꾸어 설명하고, 여기서는 집단범과 대향범을 설명하기로 한다. 아울러 집단범의 한 종류인 특수폭행죄(§ 261. 단체 또는 다중의 위력을 보이는 유형) 등에 대해서는 필요적 공범으로 취급할 수 있는지를 둘러싸고 여러 견해가 제시되기도 하므로, 집단범의 항목에서 따로 설명하기로 한다. 또한 집단범과 유사한 용어로서 집합범 42

---

12 강동욱, 강의 형법총론(2판), 270; 김성천·김형준, 형법총론(6판), 375; 김신규, 형법각론 강의, 420; 박상기·전지연, 형법학(총론·각론)(5판), 242; 배종대, 형법총론(17판), § 127/3; 성낙현, 형법총론(3판), 669; 손동권·김재윤, 새로운 형법각론, § 27/3; 신동운, 형법총론(14판), 755; 오영근·노수환, 형법총론(7판), 505; 이상돈, 형법강론(4판), 259; 이재상·장영민·강동범, § 34/7; 이정원·이석배·정배근, 형법총론, 270; 이주원, 형법총론(3판), 338; 이형국·김혜경, 형법총론(6판), 371; 임웅·김성규·박성민, 442; 정성근·정준섭, 형법강의 총론(3판), 271; 정영일, 형법총론(3판), 377; 정웅석·최창호, 형법총론, 482-483; 최호진, 형법총론(2판), 643; 한상훈·안성조, 형법개론(3판), 233; 홍영기, 형법(총론과 각론), § 36/26; 주석형법 [총칙(2)](3판), 87(이상주).

13 이진국, "대향범의 구조에 관한 일고", 비교형사법연구 4-1, 한국비교형사법학회(2007), 89.

이라는 용어가 사용되기도 하는데, 이에 대해서도 집단범의 항목에서 설명한다.

(가) 집단범

43 집단범(集團犯)은 수인의 가담자가 집단을 이루어 공동의 목표를 위하여 일치된 의사 방향으로 범행할 것이 요구되는 범죄유형이다. 집단범은 다른 말로 다중범이라고도 한다. 집단범에는 가담자 모두를 동일한 법정형으로 처벌하는 유형과 가담행위의 종류와 정도에 따라 법정형에 차등을 두는 유형이 있다. 양자를 살펴본 후에, 집단범과 유사한 특수폭행죄 계열의 범죄와 집합범을 차례로 설명한다.

(a) 동일한 법정형의 집단범

44 가담자 모두를 동일한 법정형으로 처벌하는 집단범의 대표적인 예는 소요죄(§ 115)[14]이다. 소요죄는 "다중이 집합하여 폭행, 협박 또는 손괴의 행위를 하는" 범죄이며, 가담한 자의 법정형은 "1년 이상 10년 이하의 징역이나 금고 또는 1천500만원 이하의 벌금"으로 동일하다. 다중불해산죄(§ 116)[15] 역시 법정형이 동일한 집단범이다.

(b) 차등적 법정형의 집단범

45 가담자의 법정형에 차등을 두는 집단범의 대표적인 예는 내란죄(§ 87)이다. 내란죄는 "대한민국 영토의 전부 또는 일부에서 국가권력을 배제하거나 국헌을 문란하게 할 목적으로 폭동하는" 범죄인데, ① 우두머리는 사형, 무기징역 또는 무기금고, ② 모의에 참여하거나 지휘하거나 그 밖의 중요한 임무에 종사한 자 내지 살상, 파괴 또는 약탈 행위를 실행한 자는 사형, 무기 또는 5년 이상의 징역이나 금고, ③ 부화수행하거나 단순히 폭동에만 관여한 자는 5년 이하의 징역 또는 금고가 법정형으로 규정되어 있다.[16]

---

14 제115조(소요) 다중이 집합하여 폭행, 협박 또는 손괴의 행위를 한 자는 1년 이상 10년 이하의 징역이나 금고 또는 1천500만원 이하의 벌금에 처한다.

15 제116조(다중불해산) 폭행, 협박 또는 손괴의 행위를 할 목적으로 다중이 집합하여 그를 단속할 권한이 있는 공무원으로부터 3회 이상의 해산명령을 받고 해산하지 아니한 자는 2년 이하의 징역이나 금고 또는 300만원 이하의 벌금에 처한다.

16 제87조(내란) 대한민국 영토의 전부 또는 일부에서 국가권력을 배제하거나 국헌을 문란하게 할 목적으로 폭동을 일으킨 자는 다음 각 호의 구분에 따라 처벌한다.

1. 우두머리는 사형, 무기징역 또는 무기금고에 처한다.
2. 모의에 참여하거나 지휘하거나 그 밖의 중요한 임무에 종사한 자는 사형, 무기 또는 5년 이상의 징역이나 금고에 처한다. 살상, 파괴 또는 약탈 행위를 실행한 자도 같다.
3. 부화수행(附和隨行)하거나 단순히 폭동에만 관여한 자는 5년 이하의 징역 또는 금고에 처한다.

(c) 특수폭행죄 계열의 범죄

46 형법의 특수폭행죄(§ 261)[17]는 폭행의 방법으로 "단체 또는 다중의 위력을 보이거나 위험한 물건을 휴대"하도록 요구하는 범죄이다. 따라서 특수폭행죄는 "단체 또는 다중의 위력을 보이는" 방법으로 범할 수도 있고, "위험한 물건을 휴대하여" 범할 수도 있는데, 이 중에서 전자의 유형은 집단범의 방식과 유사하다.

47 하지만 특수폭행죄는 1인의 행위도 범죄(폭행죄 내지 존속폭행죄)가 된다는 점에서, 앞에서 설명한 집단범의 범죄(소요죄, 다중불해산죄, 내란죄)들과 다르다. 후자는 다수인의 참여가 범죄성립의 필수적 요소이지만, 전자는 1인에 의해서도 성립하는 범죄를 다수인이 참여함으로써 가중처벌되는 범죄인 것이다.

48 형법은 특수폭행죄와 같은 계열의 범죄로서 특수공무방해죄(§ 144),[18] 특수상해죄(§ 258의2),[19] 특수체포·감금죄(§ 278),[20] 특수협박죄(§ 284),[21] 특수주거침입죄(§ 320),[22] 해상강도죄(§ 340),[23] 특수공갈죄(§ 350의2),[24] 특수손괴죄(§ 369)[25] 등을

---

17 제261조(특수폭행) 단체 또는 다중의 위력을 보이거나 위험한 물건을 휴대하여 제260조제1항 또는 제2항의 죄를 범한 때에는 5년 이하의 징역 또는 1천만원 이하의 벌금에 처한다.

18 제144조(특수공무방해) ① 단체 또는 다중의 위력을 보이거나 위험한 물건을 휴대하여 제136조, 제138조와 제140조 내지 전조의 죄를 범한 때에는 각조에 정한 형의 2분의 1까지 가중한다.
② 제1항의 죄를 범하여 공무원을 상해에 이르게 한 때에는 3년 이상의 유기징역에 처한다. 사망에 이르게 한 때에는 무기 또는 5년 이상의 징역에 처한다.

19 제258조의2(특수상해) ① 단체 또는 다중의 위력을 보이거나 위험한 물건을 휴대하여 제257조 제1항 또는 제2항의 죄를 범한 때에는 1년 이상 10년 이하의 징역에 처한다.
② 단체 또는 다중의 위력을 보이거나 위험한 물건을 휴대하여 제258조의 죄를 범한 때에는 2년 이상 20년 이하의 징역에 처한다.
③ 제1항의 미수범은 처벌한다.

20 제278조(특수체포, 특수감금) 단체 또는 다중의 위력을 보이거나 위험한 물건을 휴대하여 전 2조의 죄를 범한 때에는 그 죄에 정한 형의 2분의 1까지 가중한다.

21 제284조(특수협박) 단체 또는 다중의 위력을 보이거나 위험한 물건을 휴대하여 전조제1항, 제2항의 죄를 범한 때에는 7년 이하의 징역 또는 1천만원 이하의 벌금에 처한다.

22 제320조(특수주거침입) 단체 또는 다중의 위력을 보이거나 위험한 물건을 휴대하여 전조의 죄를 범한 때에는 5년 이하의 징역에 처한다.

23 제340조(해상강도) ① 다중의 위력으로 해상에서 선박을 강취하거나 선박내에 침입하여 타인의 재물을 강취한 자는 무기 또는 7년 이상의 징역에 처한다.
② 제1항의 죄를 범한 자가 사람을 상해하거나 상해에 이르게 한때에는 무기 또는 10년 이상의 징역에 처한다.
③ 제1항의 죄를 범한 자가 사람을 살해 또는 사망에 이르게 하거나 강간한 때에는 사형 또는 무기징역에 처한다.

24 제350조의2(특수공갈) 단체 또는 다중의 위력을 보이거나 위험한 물건을 휴대하여 제350조의 죄를 범한 자는 1년 이상 15년 이하의 징역에 처한다.

25 제369조(특수손괴) ① 단체 또는 다중의 위력을 보이거나 위험한 물건을 휴대하여 제366조의

두고 있다.

(d) 집합범

49 형법학에서는 집합범이라는 용어가 사용되기도 한다. 대부분의 학자들은 집단범과 집합범을 혼용하여 사용한다. 하지만 양자를 구별하는 문헌[26]은 집합범을 죄수론상 포괄적 일죄로 취급되는 상습범 내지 영업범 등을 지칭하는 용어로 사용한다. 이렇게 집합범을 상습범 내지 영업범 등을 포괄하는 명칭으로 사용하는 경우, 집합범은 행위자가 1인이라는 점에서 집단범과는 본질적으로 구별되는 범죄유형이 된다.

(나) 대향범

50 대향범(對向犯)은 범행의 상대방을 필요로 하는 범죄이다. 대향범의 가담자들은 상호 대향적인 의사를 가지고 범죄를 수행하며, 그러한 대향적인 범행이 결합하여 구성요건이 충족되는 것이다. 판례는 대향범을 "대립적 범죄로서 2인 이상이 서로 대향된 행위의 존재를 필요로 하는 필요적 공범관계에 있는 범죄" 라고 설명한다.[27]

51 대향범 역시 가담자들 모두에게 동일한 법정형을 부과하는 범죄유형과 법정형에 차등을 두는 범죄유형이 구분된다. 또한 대향범의 특수한 경우로서, 한쪽만 처벌되는 범죄유형도 있다.

(a) 동일한 법정형의 대향범

52 가담자들 모두에게 동일한 법정형을 부과하는 대향범의 대표적인 예는 인신매매죄(§ 289)이다. 인신매매죄는 '사람을 매매'하는 범죄이며, 매도인과 매수인 모두에게 7년 이하의 징역이라는 법정형이 부과된다(§ 289①). 그리고 인신매매에 중한 불법의 목적이 첨가되면 법정형이 가중되는데(§ 289② 내지 ④), 가중된 법정형은 매도인과 매수인에게 공동으로 적용된다.[28] 같은 유형의 대향범으로는 도

죄를 범한 때에는 5년 이하의 징역 또는 1천만원 이하의 벌금에 처한다.
② 제1항의 방법으로 제367조의 죄를 범한 때에는 1년 이상의 유기징역 또는 2천만원 이하의 벌금에 처한다.

26 임웅·김성규·박성민, 442.

27 대판 1985. 3. 12, 84도2747.

28 제289조(인신매매) ① 사람을 매매한 사람은 7년 이하의 징역에 처한다.
② 추행, 간음, 결혼 또는 영리의 목적으로 사람을 매매한 사람은 1년 이상 10년 이하의 징역에 처한다.

박죄(§ 246)[29]와 아동혹사죄(§ 274)[30]가 거론된다.

(b) 차등적 법정형의 대향범

53 가담자의 법정형에 차등이 있는 대향범의 대표적인 예는 뇌물죄(§§ 129-133) 이다. 뇌물죄는 수뢰죄와 증뢰죄로 구성되는데, 수뢰죄(§ 129)[31]에 비하여 증뢰죄(§ 133)[32]의 법정형이 가볍게 설정되어 있다. 같은 유형의 대향범으로 배임수증재죄(§ 357①, ②)[33]가 있다.

(c) 일방 처벌의 대향범

54 가담자 중에서 한쪽만 처벌되는 대향범도 있다. 편면적 대향범이라고도 하는데, 음화판매죄(§ 243)[34]가 대표적인 예이다. 판매는 매수를 전제한다는 점에서 음화판매죄는 대향범의 구조를 지니고 있지만, 이 죄는 판매자만 처벌하고 매수

③ 노동력 착취, 성매매와 성적 착취, 장기적출을 목적으로 사람을 매매한 사람은 2년 이상 15년 이하의 징역에 처한다.
④ 국외에 이송할 목적으로 사람을 매매하거나 매매된 사람을 국외로 이송한 사람도 제3항과 동일한 형으로 처벌한다.

29 제246조(도박, 상습도박) ① 도박을 한 사람은 1천만원 이하의 벌금에 처한다. 다만, 일시오락 정도에 불과한 경우에는 예외로 한다.
② 상습으로 제1항의 죄를 범한 사람은 3년 이하의 징역 또는 2천만원 이하의 벌금에 처한다.

30 제274조(아동혹사) 자기의 보호 또는 감독을 받는 16세 미만의 자를 그 생명 또는 신체에 위험한 업무에 사용할 영업자 또는 그 종업자에게 인도한 자는 5년 이하의 징역에 처한다. 그 인도를 받은 자도 같다.

31 제129조(수뢰, 사전수뢰) ① 공무원 또는 중재인이 그 직무에 관하여 뇌물을 수수, 요구 또는 약속한 때에는 5년 이하의 징역 또는 10년 이하의 자격정지에 처한다.
② 공무원 또는 중재인이 될 자가 그 담당할 직무에 관하여 청탁을 받고 뇌물을 수수, 요구 또는 약속한 후 공무원 또는 중재인이 된 때에는 3년 이하의 징역 또는 7년 이하의 자격정지에 처한다.

32 제133조(뇌물공여등) ① 제129조 내지 제132조에 기재한 뇌물을 약속, 공여 또는 공여의 의사를 표시한 자는 5년 이하의 징역 또는 2천만원 이하의 벌금에 처한다.
② 제1항의 행위에 제공할 목적으로 제3자에게 금품을 교부한 자 또는 그 사정을 알면서 금품을 교부받은 제3자도 제1항의 형에 처한다.

33 제357조(배임수증재) ① 타인의 사무를 처리하는 자가 그 임무에 관하여 부정한 청탁을 받고 재물 또는 재산상의 이익을 취득하거나 제3자로 하여금 이를 취득하게 한 때에는 5년 이하의 징역 또는 1천만원 이하의 벌금에 처한다.
② 제1항의 재물 또는 재산상 이익을 공여한 자는 2년 이하의 징역 또는 500만원 이하의 벌금에 처한다.
③ 범인 또는 그 사정을 아는 제3자가 취득한 제1항의 재물은 몰수한다. 그 재물을 몰수하기 불가능하거나 재산상의 이익을 취득한 때에는 그 가액을 추징한다.

34 제243조(음화반포등) 음란한 문서, 도화, 필름 기타 물건을 반포, 판매 또는 임대하거나 공연히 전시 또는 상영한 자는 1년 이하의 징역 또는 500만원 이하의 벌금에 처한다.

자는 불벌로 처리한다.

55 편면적 대향범에 대해서는, ① 쌍방 처벌이 아니라 일방 처벌이라는 점에 주목하여 이를 필요적 공범의 일종으로 취급하는 관점에 이의를 제기하는 견해도 있다. 이에 따르면, 대부분의 범죄는 범죄인과 피해자의 대향적 관계를 가지면서 범죄인 일방만 처벌되는 것이기 때문에, 음화판매죄 등을 굳이 구별하여 필요적 공범으로 취급할 필요가 없다고 한다.[35]

56 하지만 ② 다수의 견해는 필요적 공범이 성립하기 위해서는 행위를 공동으로 하는 것이 필요하지만 관여된 사람 모두의 행위가 범죄로 성립되어야 하는 것은 아니라는 이유로 일방 처벌의 대향범을 필요적 공범이라고 한다.[36]

57 그러면서 이 견해는 그 근거로서 필요적 공범의 성립을 위하여 협력자 전부의 책임이 있어야 하는 것은 아니라는 판례[37]를 인용하기도 한다.[38]

58 음화판매죄(§ 243)와 같은 계열의 범죄로는 공무상비밀누설죄(§ 127)[39]와 업무상비밀누설죄(§ 317)[40]가 있다. 그리고 색깔을 약간 달리하지만, 범인은닉·도피죄(§ 151①),[41] 촉탁·승낙살인죄(§ 252①),[42] 미성년자의제강간·강제추행죄(§ 305)[43]

---

35 오영근, 441.「상해죄, 사기죄, 공갈죄 등이 성립하기 위해서는 행위자와 피해자가 필요하지만 이러한 범죄를 필요적 공범이라고 하지 않는다. 마찬가지로 공무방비밀누설죄, 음화판매죄 등을 필요적 공범이라 할 수 없다. 다만, 비밀취득자나 음화매수인이 공무상비밀누설, 음화판매를 교사한 경우 형법총칙의 공범 규정이 적용되느냐는 문제될 수 있을 것이다. 그러나 이것은 촉탁살인죄와 업무상동의낙태죄 등에서도 문제될 수 있다.」

36 김성돈, 591; 이재상·장영민·강동범, § 31/9; 임웅·김성규·박성민, 442.

37 대판 1987. 12. 22, 87도1699.「필요적 공범이라는 것은 법률상 범죄의 실행이 다수인의 협력을 필요로 하는 것을 가리키는 것으로서 이러한 범죄의 성립에는 행위의 공동을 필요로 하는 것에 불과하고 반드시 협력자 전부가 책임이 있음을 필요로 하는 것은 아니다. 다시 말하면 뇌물공여죄가 성립되기 위하여서는 뇌물을 공여하는 행위와 상대방 측에서 금전적으로 가치가 있는 그 물품 등을 받아들이는 행위(부작위 포함)가 필요할 뿐이지 반드시 상대방 측에서 뇌물수수죄가 성립되어야만 한다는 것을 뜻하는 것은 아니다.」

38 김성돈, 591.

39 제127조(공무상 비밀의 누설) 공무원 또는 공무원이었던 자가 법령에 의한 직무상 비밀을 누설한 때에는 2년 이하의 징역이나 금고 또는 5년 이하의 자격정지에 처한다.

40 제317조(업무상비밀누설) ① 의사, 한의사, 치과의사, 약제사, 약종상, 조산사, 변호사, 변리사, 공인회계사, 공증인, 대서업자나 그 직무상 보조자 또는 차등의 직에 있던 자가 그 직무처리중 지득한 타인의 비밀을 누설한 때에는 3년 이하의 징역이나 금고, 10년 이하의 자격정지 또는 700만원 이하의 벌금에 처한다.
② 종교의 직에 있는 자 또는 있던 자가 그 직무상 지득한 사람의 비밀을 누설한 때에도 전항의 형과 같다.

41 제151조(범인은닉과 친족간의 특례) ① 벌금 이상의 형에 해당하는 죄를 범한 자를 은닉 또는

등도 범행 상대방의 합의를 필요로 하면서 그 상대방은 불벌로 처리하는 범죄이다.

(3) **내부 가담자에 대한 공범 규정의 적용 여부**

(가) 통상적인 필요적 공범(쌍방 처벌)의 경우

필요적 공범은 구성요건 자체가 수인의 범행 참여를 요구하는 범죄이다. 59
따라서 내부참여자는 당해 구성요건 자체로 처벌되는 것이지 임의적 공범을 대상으로 하는 형법총칙의 공범 규정에 의하여 규율되는 것이 아니다. 집단범의 대표적인 경우인 소요죄를 예로 들어 보면, 소요죄에 가담한 수인의 행위자들은 제115조의 소요죄로 처벌될 뿐이며, 당해 범죄의 공동정범이나 교사범 혹은 종범 등에 해당하지 않는다. 대향범 역시 마찬가지이다. 쌍방이 처벌되는 대향범에서 내부의 각 행위자는 각자 해당 범죄를 범하는 것이지, 상대방의 범죄에 대한 공범이 성립하지 않는다. 판례 역시 대향범의 관계에 있는 외화 판매와 구매의 죄에서 각 행위자는 해당 범죄의 구성요건으로 처벌되는 것이지, 각자 상대방의 범행에 대하여 형법총칙의 공범 규정이 적용되지 않는다고 판시하였다. 판결요지를 소개하면 다음과 같다.

"소위 대향범은 대립적 범죄로서 2인 이상의 서로 대향된 행위의 존재를 필요 60
로 하는 필요적 공범 관계에 있는 범죄로 이에는 공범에 관한 형법총칙 규정의 적용이 있을 수 없는 것이므로 피고인 甲이 피고인 乙에게 외화취득의 대상으로 원화를 지급하고 피고인 乙이 이를 영수한 경우 위 甲에게는 대상 지급을 금한 외국환관리법 제22조[44] 제1호, 乙에게는 대상 지급의 영수를 금한

도피하게 한 자는 3년 이하의 징역 또는 500만원 이하의 벌금에 처한다.

42 제252조(촉탁, 승낙에 의한 살인 등) ① 사람의 촉탁 또는 승낙을 받어 그를 살해한 자는 1년 이상 10년 이하의 징역에 처한다.

43 제305조(미성년자에 대한 간음, 추행) ① 13세 미만의 사람에 대하여 간음 또는 추행을 한 자는 제297조, 제297조의2, 제298조, 제301조 또는 제301조의2의 예에 의한다.
② 13세 이상 16세 미만의 사람에 대하여 간음 또는 추행을 한 19세 이상의 자는 제297조, 제297조의2, 제298조, 제301조 또는 제301조의2의 예에 의한다.

44 외국환관리법은 2000년 10월 23일 개정으로(2001. 1. 1. 시행) 외국환거래법으로 법률의 명칭이 바뀌었다.
외국환관리법(1991. 12. 27. 법률 제4447호로 전부개정되기 전의 것) 제22조(대상지급) 이 법 또는 이 법에 의한 대통령령으로써 정하는 경우를 제외하고는 거주자나 비거주자는 다음 각호의 1에 해당하는 행위를 하여서는 아니된다.

같은 조 제2호 위반의 죄만 성립될 뿐 각 상 피고인의 범행에 대하여는 공범 관계가 성립되지 않는다."[45]

(나) 일방만 처벌되는 필요적 공범의 경우

61 대향범의 구조를 지니고 있으면서 한쪽만 처벌되는 범죄에서는 내부 가담자에 대한 공범 규정의 적용 여부 문제가 쉽게 처리되지 않는다. 불벌자가 처벌자의 범행에 깊숙이 가담한 경우라면, 불벌자를 처벌자의 범행에 대한 교사범 내지 종범으로 처벌해야 한다는 주장이 제기될 수 있기 때문이다. 견해가 대립하는데, 정리하면 다음과 같다.

(a) 처벌 긍정설[46]

62 불벌자가 처벌자와 단순히 의사만 합치하여 가담한 경우라면 이는 처벌자의 구성요건 실현에 필요한 최소한의 가담이므로 불가벌이지만(최소협력의 원칙), 그러한 정도를 넘어서 적극적으로 처벌자의 범죄실행을 유도한 경우라면 불벌자에게도 해당 범죄의 교사범 내지 종범의 죄책을 부담지울 수 있다는 견해이다.[47]

63 하지만 긍정설도 처벌규정이 없는 대향자가 해당 범죄의 보호법익의 주체인 경우(촉탁·승낙살인죄, 미성년자의제강간·강제추행죄)라든지 범행에 대한 적극 협조가 인지상정으로 인정되는 경우(범인은닉·도피죄) 등에서는 불벌자를 처벌자의 범죄와 관련해서도 불가벌로 처리해야 한다고 설명하니 주의를 요한다.

---

1. 외국에 있는 자에 대한 지급이익의 제공, 재외재산의 취득의 대상으로서나 그와 관련하여 대한민국내에서 거주자에게 행하거나 또는 거주자를 위하여 행하는 지급이나 대여
2. 외국에 있는 재산의 양도의 대상으로나 그와 관련하여 대한민국내에서 거주자로부터 또는 거주자를 위하여 행하는 지급의 영수

45 대판 1985. 3. 12, 84도2747.

46 김일수·서보학, 482(교사범·종범 모두); 배종대, § 127/10(교사범만); 이주원, 340(교사범·종범 모두); 정영일, 380(교사범만); 원형식, "불가벌적 필요적 공범", 형사법연구 24, 한국형사법학회(2005), 86; 이천현, ""대향범에 대한 공범규정의 적용 여부", 지송 이재상 교수 화갑기념 논문집(I), 박영사(2003), 722; 정영일, "편면적 대향범에 있어서 공범의 성립", 형사법연구 26-2, 한국형사법학회(2014), 30-33.

47 긍정설은 독일 학설의 영향을 받은 것으로 이해된다. 독일의 다수설은 긍정설을 취하며, 그 내용도 위 본문의 내용과 기본적인 관점을 같이 한다(Vgl. Roxin, LK StGB, Vor § 26 Rdnr. 34 ff.; Cramer/Heine, S-S StGB, Vorbem §§ 25 ff. Rdnr. 47 ff.). 다만, 우리나라의 긍정설은 최소협력의 원칙을 일방 처벌의 대향범에만 적용하는 반면에, 독일의 긍정설은 차등 처벌의 대향범으로까지 확대하는 차이를 보인다고 한다[양 긍정설의 비교에 대해서는 이정원, "대향범인 필요적 공범에 대한 임의적 공범규정의 적용가능성", 형사법연구 20-3, 한국형사법학회(2008), 119-120 참조].

결국, 긍정설은 일방 처벌의 대향범을 ① 음화판매죄, 공무상비밀누설죄, 업무상비밀누설죄, ② 촉탁·승낙살인죄, 미성년자의제강간·강제추행죄, ③ 범인은닉·도피죄의 3가지 유형으로 나누어, 불벌자를 처벌자의 범행에 대한 교사범 내지 종범으로 처벌하는 것이 ①에서는 가능하지만, ②와 ③에서는 불가능하다고 주장하는 셈이다.[48] 64

(b) 처벌 부정설

일방 처벌의 대향범에서 타방을 처벌하지 않는 것은 불벌자의 행위를 형법적으로 문제삼을 수 없다는 가치판단 내지 정책결정에 입각한 것이므로, 불벌자를 처벌자의 범행에 대한 공범으로 처벌하는 것은 입법자의 의사에 반한다고 주장하는 견해이다.[49] 65

부정설에 의하면, 일방 처벌의 대향범에 대해서도 필요적 공범 일반과 동일하게 내부 가담자에 대한 형법총칙의 규정을 적용할 수 없게 된다. 3가지 유형 모두, 즉 ① 촉탁·승낙살인죄, 미성년자의제강간·강제추행죄와 ② 범인은닉·도피죄뿐 아니라, ③ 음화판매죄, 공무상비밀누설죄, 업무상비밀누설죄의 유형에서도 불벌자를 처벌자의 범행에 대한 교사범 내지 종범으로 처벌하는 것은 불가능하다.[50] 66

---

48 예컨대, 처벌 긍정설을 주장하는 김일수·서보학, 482는 "(i) 처벌규정이 없는 대향자가 구성요건 실현에 필요한 최저한의 정도를 넘지 않을 때에는 언제나 불가벌이다. 그러나 그 정도를 넘어간 가공행위는 공범이 될 수 있다. 예컨대 음란물의 매수자가 단순히 수동적으로 이를 매수함에 그친 때에는 불가벌이지만, 적극적인 가담으로써 판매자를 교사·방조하여 이를 매수한 경우에는 판매죄의 교사범·방조범이 성립할 수 있다.
(ii) 처벌규정이 없는 대향자가 당해 구성요건의 보호법익 주체일 때에는 언제나 불가벌이다. 예컨대 촉탁살인죄의 피해자가 적극 간청·권유하므로 행위자의 범죄의사를 유발시켰다 하더라도 교사범이 될 수 없고, 13세 미만의 사람에 대한 간음죄에서 13세 미만의 사람이 간음을 적극 유도했을지라도 교사범이 되지 않음은 이들이 당해 구성요건이 보호하고자 하는 법익의 주체들이기 때문이다.
(iii) 처벌규정이 없는 대향자가 특별한 동기 때문에 단독정범으로서 처벌될 수 없는 상황일 때에는 공범형태로도 불가벌이다. 이를 정범으로 처벌할 수 없는 자는 공범으로도 처벌할 수 없다는 말로 표현하기도 한다. 예컨대 범인은닉죄에서 은닉을 원하는 범인 자신이 형사소추나 집행으로부터 벗어나고자 함은 인지상정이고, 범인은닉죄는 범인 자신의 이와 같은 동기를 무시하고 형벌권을 실현하려고 하지 않으므로, 범인 자신의 은닉·도피는 처벌하지 않는다."고 한다.

49 김신규, 421; 김혜정·박미숙·안경옥·원혜욱·이인영, 형법총론(5판), 347; 손동권·김재윤, § 27/7; 이정원·이석배·정배근, 271; 이형국·김혜경, 374; 임웅·김성규·박성민, 443; 정성근·정준섭, 274; 정웅석·최창호, 484; 주석형법 [총칙(2)](3판), 89(이상주).

50 예컨대, 처벌 부정설을 주장하는 임웅·김성규·박성민, 443은 "음화판매죄(제243조)와 같은 '대

(c) 판례

67 판례는 부정설[51]을 취한다.[52] 다만 범인은닉·도피죄는 필요적 공범으로 보지 않는다는 전제하에, 타인을 교사하여 자신을 은닉 또는 도피하게 하는 경우 범인은닉·도피죄의 교사범을 인정한다. 구체적으로 살펴보면 다음과 같다.

68 ① 일방 처벌의 약사법위반죄와 관련하여 불벌자인 타방을 처벌 범죄의 공범으로 논책할 수 있는지 다투어진 사안에서, 이를 부정하였다. 판시내용을 소개하면 다음과 같다.

69 "매도, 매수와 같이 2인 이상의 서로 대향된 행위의 존재를 필요로 하는 관계에 있어서는 공범이나 방조범에 관한 형법총칙 규정의 적용이 있을 수 없고, 따라서 매도인에게 따로 처벌규정이 없는 이상 매도인의 매도행위는 그와 대향적 행위의 존재를 필요로 하는 상대방의 매수범행에 대하여 공범이나 방조범관계가 성립되지 아니한다."[53]

향범'에 있어서 그 일방(음화판매자)만을 처벌하는 규정을 두고 있을 때, 처벌하지 않는 대향자(음화매수자)가 적극적으로 상대방(음화판매자)을 교사·방조하여 음화를 구입하였다면 '상대방'의 행위(음화판매행위)에 대한 교사범 또는 방조범으로는 처벌할 수 있지 않는가 하는 문제가 있다. 그런데 음화판매죄에 있어서 매수자의 처벌규정을 두지 아니한 법의 취지는 인간의 성적·자연적 본능에 기하여 음화를 '구입'하는 행위에까지 형법이 개입하는 것은 바람직하지 못하다는 '겸억주의' 및 '인간의 본성론'에 있다고 보아, 매수자를 음화판매행위의 '공범'으로 처벌하는 것도 허용해서는 안된다는 부정설이 타당하다고 하겠다."고 한다.

51 긍정설에 입각한 대법원 판결이 있다는 견해도 있다. 이 견해가 주목하는 판결은 명의신탁 특허권의 무단 양도(업무상배임죄)에 적극 가담한 양수인을 업무상배임죄의 공동정범으로 판단한 판결이다(대판 2016. 10. 13, 2014도17211). 이 견해에 의하면, 대상판결은 '거래 상대방의 대향적 행위의 존재를 필요로 하는 유형의 배임죄'에서 거래 상대방이 적극 가담한 경우 공범이 성립할 수 있다는 취지를 담고 있다고 한다[김성돈, "'대향범'과 공범 - 대법원 2016. 10. 13. 2014도17211 판결 -", 법조 720, 법조협회(2016), 550-573].

52 일본 판례도 같은 입장이다[最判 昭和 43(1968). 12. 24. 刑集 22·13·1625(변호사 아닌 사람이 자신의 법률사건의 화해조정을 의뢰하고 보수를 지급한 사안에서, 일본 변호사법 제72조가 변호사가 아닌 사람이 보수를 얻을 목적으로 일반 법률사건에 관하여 법률사무를 취급하는 것을 금지하고 같은 법 제77조에서 이를 위반한 사람을 처벌할 뿐, 교사를 처벌하는 규정이 없는 이상 변호사법위반죄의 교사범은 성립하지 않는다고 한 사례)].

53 대판 2001. 12. 28, 2001도5158(정범의 판매목적의 의약품 취득범행과 대향범 관계에 있는 정범에 대한 의약품 판매행위에 대하여는 형법총칙상 공범이나 방조범 규정의 적용이 있을 수 없어 정범의 범행에 대한 방조범으로 처벌할 수 없다고 한 사례). 본 판결 평석은 이정원, "제조업자의 염산날부핀 판매행위와 필요적 공범", 형사법연구 20-1, 한국형사법학회(2008), 239-258; 조국, "대향범 중 불가벌적 대향자에 대한 공범규정 적용", 형사판례연구 〔11〕, 한국형사판례연구회, 박영사(2003), 112-126.

② 일방 처벌의 의료법위반죄에서도 불벌자인 타방은 처벌자에 대한 공범으로 논책되지 않는다. 대법원의 판결요지는 다음과 같다. 70

"A 주식회사 임원인 피고인들이 의사 甲 등과 공모하거나 교사하여, 직원 B을 통하여 의사 甲 등에게 직원 명단을 전달하면 甲 등이 직원들을 직접 진찰하지 않고 처방전을 작성하는 방법으로 A 회사 직원들에 대하여 의약품 처방전을 발급·교부하였다고 하여 주위적으로 구 의료법(2007. 7. 27. 법률 제8559호로 개정되기 전의 것, 이하 '구 의료법'이라 한다) 위반, 예비적으로 구 의료법 위반 교사로 기소된 사안에서, 甲 등이 처방전을 작성하여 교부한 행위와 B 등이 처방전을 교부받은 행위는 대향범 관계에 있고, 구 의료법 제17조 제1항 본문 및 제89조에 비추어 위와 같이 처방전을 교부받은 자에 대하여는 공범에 관한 형법총칙 규정을 적용할 수 없으므로, 직원 B 등을 의사 甲 등의 처방전 교부행위에 대한 공동정범 또는 교사범으로 처벌할 수 없는 이상 B 등에게 가공한 피고인들 역시 처벌할 수 없다."[54] 71

③ 변호사 아닌 사람이 변호사를 고용하여 법률사무소를 개설·운영하는 행위를 처벌하는 변호사법위반죄에서도 불벌자인 변호사를 변호사 아닌 사람의 공범으로 처벌할 수 없다는 것이 판례의 판시이다. 그 내용은 다음과 같다. 72

"변호사 아닌 자가 변호사를 고용하여 법률사무소를 개설·운영하는 행위에 있어서는 변호사 아닌 자는 변호사를 고용하고 변호사는 변호사 아닌 자에게 고용된다는 서로 대향적인 행위의 존재가 반드시 필요하고, 나아가 변호사 아닌 자에게 고용된 변호사가 고용의 취지에 따라 법률사무소의 개설·운영에 어느 정도 관여할 것도 당연히 예상되는바, 이와 같이 변호사가 변호사 아닌 자에게 고용되어 법률사무소의 개설·운영에 관여하는 행위는 위 범죄가 성립하는 데 당연히 예상될 뿐만 아니라 범죄의 성립에 없어서는 아니 되는 것인데도 이를 처벌하는 규정이 없는 이상, 그 입법 취지에 비추어 볼 때 변호사 아닌 자에게 고용되어 법률사무소의 개설·운영에 관여한 변호사의 행위가 일반적인 형법 총칙상의 공모, 교사 또는 방조에 해당된다고 하더라도 변호사를 변호사 아닌 자의 공범으로서 처벌할 수는 없다."[55] 73

---

54 대판 2011. 10. 13, 2011도6287. 본 판결 평석은 김태명, "편면적 대향범에 가담한 자에 대한 형법총칙상 공범규정의 적용가부", 형사판례연구 〔21〕, 한국형사판례연구회, 박영사(2013), 65-102.

55 대판 2004. 10. 28, 2004도3994.

74 ④ 세무사 등의 직무상 비밀누설행위를 처벌하는 세무사법위반죄의 사안에서도, 누설을 받은 사람은 누설행위에 대한 공범으로 처벌할 수 없다는 것이 대법원의 판단이다. 판시내용은 다음과 같다.

75 "2인 이상의 서로 대향된 행위의 존재를 필요로 하는 대향범에 대하여는 공범에 관한 형법총칙 규정을 적용할 수 없는바, 세무사법은 제22조 제1항 제2호, 제11조에서 세무사와 세무사였던 자 또는 그 사무직원과 사무직원이었던 자가 그 직무상 지득한 비밀을 누설하는 행위를 처벌하고 있을 뿐 비밀을 누설받는 상대방을 처벌하는 규정이 없고, 세무사의 사무직원이 직무상 지득한 비밀을 누설한 행위와 그로부터 그 비밀을 누설받은 행위는 대향범 관계에 있으므로 이에 공범에 관한 형법총칙 규정을 적용할 수 없다."[56]

76 ⑤ 같은 맥락에서 공무상비밀누설죄(§ 127)의 사안에서도, 누설받은 사람은 공무상비밀누설죄의 공범이 되지 않는다는 것이 대법원이 판단이다.[57] 판시내용은 다음과 같다.

77 "공무원인 피고인 甲이 직무상 비밀을 누설한 행위와 피고인 乙이 그로부터 그 비밀을 누설받은 행위는 대향범 관계에 있다 할 것인데, 형법 제127조는 공무원 또는 공무원이었던 자가 법령에 의한 직무상 비밀을 누설하는 행위만을 처벌하고 있을뿐, 직무상 비밀을 누설받은 상대방을 처벌하는 규정이 없는 점에 비추어 볼 때, 직무상 비밀을 누설받은 자에 대하여는 공범에 관한 형법총칙 규정이 적용될 수 없다."[58]

78 ⑥ 공인중개사가 아닌 사람의 중개업무를 처벌하는 공인중개사법위반의 사

56 대판 2007. 10. 25, 2007도6712(세무사의 사무직원으로부터 그가 직무상 보관하고 있던 임대사업자 등의 인적사항, 사업자소재지가 기재된 서면을 교부받은 행위가 세무사법상 직무상 비밀누설죄의 공동정범에 해당하지 않는다고 한 사례).

57 공무상비밀누설죄의 경우, 다소 정치적인 배경하에 누설받은 사람을 처벌하기 위한 입법적 시도도 있었다. 청와대 비서관이 공무상비밀누설죄로 기소된 사건에서 대법원이 누설받은 상대방에게 공무상비밀누설죄의 공범이 성립하지 않는다고 판단하자(대판 2011. 4. 28, 2009도3642), 제127조의 2(공무상비밀누설교사죄)를 신설하는 형법개정안이 국회에 제출된 것이다. 판례를 입법으로 변경하려는 시도였는데, 성사되지는 못하였다[이에 관한 설명은 서효원, "직접적 처벌 규정 없는 대향자에 대한 공범 규정 적용", 법학논고 57, 경북대학교 법학연구원(2017), 52-53 참조].

58 대판 2009. 6. 23, 2009도544. 같은 취지의 판결로는 대판 2011. 4. 28. 2009도3642; 대판 2017. 6. 19, 2017도4240.

안에서도, 공인중개사 아닌 사람이 중개를 하여 처벌되더라도 그에게 중개를 의뢰한 사람은 공범으로 처벌되지 않는다. 대법원의 판시내용을 소개하면 다음과 같다.

> "공인중개사의 업무 및 부동산 거래신고에 관한 법률(이하 '공인중개사법'이라 한다)에서 '중개'는 중개행위자가 아닌 거래당사자 사이의 거래를 알선하는 것이고 '중개업'은 거래당사자로부터 의뢰를 받아 중개를 업으로 행하는 것이므로, 중개를 의뢰하는 거래당사자, 즉 중개의뢰인과 중개를 의뢰받아 거래를 알선하는 중개업자는 서로 구별되어 동일인일 수 없고, 결국 중개는 그 개념상 중개 의뢰에 대응하여 이루어지는 별개의 행위로서 서로 병존하며 중개의뢰행위가 중개행위에 포함되어 흡수될 수 없다. 따라서 비록 거래당사자가 개설등록을 하지 아니한 중개업자에게 중개를 의뢰하거나 미등기 부동산의 전매에 대하여 중개를 의뢰하였다고 하더라도, 공인중개사법 제48조 제1호, 제9조와 제48조 제3호, 제33조 제7호의 처벌규정들이 중개행위를 처벌 대상으로 삼고 있을 뿐이므로 그 중개의뢰행위 자체는 위 처벌규정들의 처벌 대상이 될 수 없으며, 또한 위와 같이 중개행위가 중개의뢰행위에 대응하여 서로 구분되어 존재하여야 하는 이상, 중개의뢰인의 중개의뢰행위를 중개업자의 중개행위와 동일시하여 중개행위에 관한 공동정범 행위로 처벌할 수도 없다고 해석하여야 한다."[59] 79

⑦ 편면적 대향범에서 불벌 대향자에게 가담한 제3자의 행위를 처벌 대향자의 범죄에 대한 공범으로 처벌할 수 있는지에 대해서도 판례는 이를 부정한다. 불벌 대향자를 처벌범죄의 공범으로 처벌할 수 없는 이상, 그에게 가담한 제3자 역시 처벌할 수 없다는 것이 판례의 판시이다. 내용을 옮겨보면 다음과 같다. 80

> "금품 등의 수수와 같이 2인 이상의 서로 대향된 행위의 존재를 필요로 하는 관계에 있어서는 공범이나 방조범에 관한 형법총칙 규정의 적용이 있을 수 없다. 따라서 금품 등을 공여한 자에게 따로 처벌규정이 없는 이상, 그 공여행위는 그와 대향적 행위의 존재를 필요로 하는 상대방의 범행에 대하여 공 81

59 대판 2013. 6. 27, 2013도3246. 본 판결 해설은 이재욱, "이른바 '매입형 분양대행계약'과 매매계약의 구별기준 및 미등기건물의 전매의뢰행위가 공인중개사의 업무 및 부동산 거래신고에 관한 법률 위반죄에 있어서 편면적 대향범에 해당하는지 여부", 해설 96, 법원도서관(2013), 816-834.

범관계가 성립되지 아니하고, 오로지 금품 등을 공여한 자의 행위에 대하여만 관여하여 그 공여행위를 교사하거나 방조한 행위도 상대방의 범행에 대하여 공범관계가 성립되지 아니한다."[60]

82 ⑧ 특기할 사항은, 판례가 범인은닉·도피죄에 대해서는, "범인이 자신을 위하여 타인으로 하여금 허위의 자백을 하게 하여 범인도피죄를 범하게 하는 행위는 방어권의 남용으로 범인도피교사죄에 해당한다."고 판시하고 있다.[61] 또한, 그 타인이 범인 자신과 친족관계에 있어서 처벌되지 않는 경우(§ 151②)에도 범인 자신은 범인은닉·도피죄의 교사범으로 처벌될 수 있다는 것이 판례의 판시이다. 범인은닉·도피죄를 필요적 공범의 범주에서 제외하는 관점의 반영이라고 설명된다. 판시내용을 옮겨보면 다음과 같다.

83 "범인이 자신을 위하여 타인으로 하여금 허위의 자백을 하게 하여 범인도피죄를 범하게 하는 행위는 방어권의 남용으로 범인도피교사죄에 해당하는바, 이 경우 그 타인이 형법 제151조 제2항에 의하여 처벌을 받지 아니하는 친족, 호주 또는 동거 가족에 해당한다 하여 달리 볼 것은 아니다."[62]

(4) 외부자의 공범 성립 가능성

84 필요적 공범에서 내부참여자는 형법총칙의 공범으로 처벌할 수 없더라도 외부참여자가 있다면 그에 대해서는 형법총칙의 공범 규정이 적용될 수 있지 않겠는가의 문제가 제기된다. 경우를 나누어 검토한다.

(가) 교사범 내지 종범의 성립 가능성

85 ① 필요적 공범에서 외부참여자를 교사범 내지 종범으로 논책하는 것은 원칙적으로 가능하다는 것이 일반적인 견해이다.[63] 특히 소요죄나 다중불해산죄

---

60 대판 2014. 1. 16, 2013도6969.

61 대판 2000. 3. 24, 2000도20. 본 판결 해설은 박종문, "범인이 타인으로 하여금 허위의 자백을 하게 하여 범인도피죄를 범하게 하는 행위가 범인도피교사죄에 해당하는지 여부", 해설 34, 법원도서관(2000), 825-829.

62 대판 2006. 12. 7, 2005도3707. 본 판결 평석과 해설은 손동권, "협의공범의 처벌근거와 관련된 특수문제", 형사재판의 제문제(6권): 고현철 대법관 퇴임기념 논문집, 박영사(2009), 58-76; 전원열, "불가벌의 친족에 대하여 범인도피죄를 행하도록 교사하는 것이 범죄를 구성하는지 여부", 해설 66, 법원도서관(2007), 303-308.

63 김신규, 421-422; 손동권·김재윤, § 27/11; 오영근·노수환, 508; 이형국·김혜경, 375; 임웅·김성

와 같이 구성요건적 행위가 단일한 집단범에서는 당해 구성요건적 행위의 실행에 가담하지 않은 외부인에게도 교사 내지 방조의 죄책을 부담지울 수 있으며, 인신매매죄와 같은 대향범에서도 매매를 직접 실행하지 않은 사람이 매매의 교사범 내지 종범이 될 수 있다고 한다.

하지만 ② 내란죄(§ 87)와 같이 구성요건적 행위가 세분화되어 있는 집단범에서는 외부자를 교사범 내지 종범으로 처벌할 수 있는지에 대해 견해가 대립한다. 86

(a) 긍정설

내란죄에서도 세분화되어 있는 규정상의 행위태양 이외의 방법으로 교사 내지 방조하는 것이 가능하다는 전제하에, 정보제공이나 무기제공 또는 다른 사람의 가담을 권유하는 등 집단 밖에서 교사 또는 방조하는 행위를 처벌대상에서 제외할 이유가 없으므로 외부자에게 내란죄에 대한 교사범 내지 종범의 성립을 인정해야 한다는 견해이다.[64] 87

(b) 부정설

교사는 우두머리(§ 87(i)) 내지 중요한 임무 종사자(§ 87(ii))로 취급되고, 방조는 부화수행(§ 87(iii))으로 취급되어, 모두 내란죄의 세분화된 구성요건으로 포섭되기 때문에 별도의 교사범 내지 종범을 인정할 필요가 없다는 견해이다.[65] 즉, 모두 내부자로 처리하여 내란죄의 규정 내에서 처벌할 수 있다는 주장이다.[66] 88

(나) 공동정범의 성립가능성

외부참여자가 필요적 공범의 공동정범이 될 수 있는가의 문제에 대해서는 필요적 공범의 유형에 따라 답이 달라진다. 89

① 집단범에서는 외부참여자의 공동정범 성립 가능성을 부정하는 것이 일반적인 견해이다.[67] 집단범의 경우에 공동정범으로 논책될 수 있는 참여자라면 90

규·박성민, 443.

64 김신규, 421; 손동권·김재윤, § 27/10; 오영근·노수환, 509; 이형국·김혜경, 375; 정성근·박광민, 405.

65 김일수·서보학, 481.

66 예컨대, 김일수·서보학, 481. 「생각건대 내란죄의 구성요건은 이미 상당한 범위의 교사·방조행위를 세분하여 규정하고 있을 뿐 아니라 교사보다 의미의 폭이 넓은 선동행위도 제90조 제2항에 별도 규정하고 있다. 따라서 그 밖의 공범형태는 처벌하지 않겠다는 취지로 제한하여 해석해야 할 것이다.」

67 김신규, 461; 손동권·김재윤, § 27/10; 오영근·노수환, 508-509; 이형국·김혜경, 375.

내부참여자로 취급될 것이기 때문이다. 특히 구성요건적 행위가 세분화되어 있는 내란죄에서는 공동정범으로 논책할 수 있는 행위자라면 우두머리 내지 중요한 임무 종사자로 취급될 것이고, 소요죄나 다중불해산죄와 같이 구성요건적 행위가 단일한 집단범에서도 공동정범의 성립요건을 충족시킨다면 모두 내부참여자로 취급될 수 있다는 것이 일반적인 설명이다. 하지만 이에 대해 소요죄나 다중불해산죄에서는 범행 현장에 있지 않은 사람이 공동정범으로 개입할 수 있다는 이견도 제시된다.[68]

91 ② 대향범에서는 외부참여자의 공동정범 성립이 원칙적으로 가능하다.[69] 즉 대향범의 양쪽 당사자 간에는 공동정범이 성립되지 않지만, 각 당사자의 행위는 별개의 범죄로 취급될 수 있기 때문에 그러한 각 행위를 공동정범의 형태로 범하는 사안이 얼마든지 가능한 것이다. 예를 들어, 뇌물죄에서 수뢰행위와 증뢰행위는 모두 공동정범의 형태로 범해질 수 있으며, 특히 수뢰행위의 경우 공범과 신분에 관한 제33조의 규정이 적용되면 비신분자인 공무원 아닌 사람도 수뢰죄의 공동정범이 될 수 있게 된다.

92 ③ 대부분의 문헌 내용은 위 ①, ②와 같은 입장이지만, 소수 견해 중에는 필요적 공범에 대한 외부참여자의 공동정범 성립 가능성을 전면 부정하는 주장도 발견된다. 이 견해에 따르면, 집단범과 대향범을 불문하고 필요적 공범은 외부참여자가 공동정범의 형태로 가담할 수 없다고 한다. 필요적 공범은 본질적으로 '정범'이기 때문에 그에 대해서는 형법총칙의 공동정범 규정이 적용될 수 없다는 주장이다.[70]

---

68 배종대, § 127/9.

69 김신규, 422; 손동권 · 김재윤, § 27/11; 오영근 · 노수환, 508-509; 이형국 · 김혜경, 375; 임웅 · 김성규 · 박성민, 443.

70 신동운, 756. 「생각건대 필요적 공범관계의 외부자에 대한 공동정범의 성립은 전면적으로 부정하는 것이 타당하다고 본다. 필요적 공범의 경우에 입법자는 필요적 공범관계에 있는 사람들만을 정범으로 파악하고 있다. 따라서 외부에 위치하는 사람은 필요적 공범과 공동정범의 관계에 설 수 없다. 공동정범은 정범의 일종이기 때문이다.」

2. 합동범

(1) 의의

합동범(合同犯)이란 구성요건의 내용으로 "2인 이상이 합동하여" 범행할 것을 요구하는 범죄를 말한다. 특수도주죄(§ 146), 특수절도죄(§ 331②), 특수강도죄(§ 334) 등을 예로 들 수 있다. 특별법에도 합동범의 규정이 있다. 성폭력범죄의 처벌 등에 관한 특례법 제4조의 특수강간죄(성폭처벌 § 4①), 특수강제추행죄(성폭처벌 § 4②), 특수준강간·준강제추행죄(성폭처벌 § 4③)가 대표적이다.[71] 93

합동범을 필요적 공범으로 볼 수 있는가에 대해서는, ① 필요적 공범에 해당한다는 견해,[72] ② 부진정필요적 공범으로 분류하자는 견해,[73] ③ 공동정범의 특수한 경우로 취급하는 견해[74]가 있다. 합동범은 행위의 주체가 2인 이상으로 규정되어 있으므로 필요적 공범의 일종이라고 할 것이다. 합동범은 구성요건의 중심표지로 소위 '합동성'을 요구하고 있다는 특색을 지닌다. 따라서 2인 이상이 범행에 가담하더라도 합동성의 요건을 충족하지 못하면 해당 범죄의 공동정범이 될 뿐이지 합동범은 성립하지 않는다. 94

(2) 본질 - 합동성의 개념

합동범의 중심표지는 '합동성'이다. 합동성의 개념을 어떻게 설정하느냐에 따라 합동범의 본질이 달라지고, 이에 상응하여 합동범의 요건도 달라진다. 합동범의 본질, 즉 합동성의 개념에 관하여 제시되어 온 견해들과 판례의 입장을 정리하면 다음과 같다. 95

(가) 공모공동정범설

(a) 이론[75]

합동범을 공동정범의 일종으로 보면서, '합동하여'의 개념을 '공모하여'로 해석하는 견해이다. 이에 따르면, 합동범은 소위 공모공동정범을 개별적으로 형법 96

---

71 특수강간죄, 특수강제추행죄, 특수준강간·준강제추행죄는 특정 강력범죄의 처벌에 관한 특례법에서도 '특정강력범죄'로 취급된다(특강 § 2①(iii)).

72 박상기, 형법총론(9판), 399; 오영근·노수환, 506; 이형국·김혜경, 373; 임웅·김성규·박성민, 443; 한상훈·안상조, 234.

73 배종대, § 127/5; 손동권·김재윤, § 27/4.

74 김신규, 421; 김일수·서보학, 466; 이재상·장영민·강동범, § 31/8; 정성근·정준섭, 273.

75 김종수, 형사법연구(상), 법전출판사(1978), 124.

각칙의 구성요건에 규정해 놓은 범죄유형이 된다. 따라서 일반적으로 공모공동정범 이론을 부정하더라도 합동범이 규정되어 있는 절도나 강도 및 도주 등의 범죄에서는 공모공동정범이 인정된다고 설명한다. 실제로 이 이론의 주장자들은 제30조의 공동정범을 실행 공동의 공동정범으로 국한하면서, 공모공동정범은 형법각칙에 규정되어 있는 합동범에서만 인정한다.

(b) 비판

97 합동범의 본질을 공모공동정범으로 파악하는 이론에 대해서는 다음의 비판이 제기된다.

98 ① 합동범의 표지인 '2인 이상이 합동하여'라는 문구를 '2인 이상이 공모하여(혹은 2인 이상이 공모만 하여도)'로 확장하여 해석하는 것은 문구의 문리적 의미에 반한다. '합동하여'의 의미는 주관적인 공모를 바탕으로 객관적인 차원에서의 합동까지 포함하는 것으로 해석되어야 한다.

99 ② 합동범은 형법총칙의 공동정범, 즉 일반적인 공동정범보다 형이 무겁다. 그런데 합동범을 공모공동정범으로 파악한다면, 실행행위의 공동이 없음에도 일반적인 공동정범보다 형이 무거운 이유를 설명하지 못한다.

100 ③ 판례는 형법총칙이 규정하는 공동정범의 한 유형으로 공모공동정범을 인정한다. 즉 공모공동정범은 형법각칙의 합동범에 국한되지 않고, 공동정범 일반에서 인정되는 범죄유형이다. 따라서 형법각칙에 '2인 이상이 합동하여'라는 문구가 첨가된 합동범만을 공모공동정범으로 해석하는 것은 판례의 입장과 어울리지 않는다.

(나) 가중적 공동정범설

(a) 이론[76]

101 가중적 공동정범설은 합동범의 본질을 형벌의 가중에서 찾는다. 즉 성립요건의 구조와 요소는 일반적인 공동정범과 동일하지만, 형법각칙이 특히 형벌의 가중을 규정한 범죄유형이라는 것이다. 따라서 합동범에서의 '합동하여'를 공동정범에서의 공동과 같은 의미로 새긴다. 그러면서도 일반적인 공동정범보다 형을 가중하는 이유는 합동범의 대상인 절도나 강도 및 도주의 범죄를 2인 이상

---

76 성낙현, 633.

이 실행하는 경우 강력한 처벌이 요구되기 때문이라고 한다.

(b) 비판

합동범을 공동정범의 가중형태로 파악하는 견해에 대해서는 다음의 비판이 제기된다. 102

① 합동범의 요건인 '합동'을 형법총칙의 공동정범 요건인 '공동'과 동일 내용으로 해석하는 것은 자연스럽지 않다. 형벌의 가중만을 의도하였다면, 형법총칙의 공동정범 규정인 "2인 이상이 공동하여"라는 문구를 그대로 사용하면 되는데, 그렇지 않고 굳이 "2인 이상이 합동하여"로 규정한 것은 입법자가 성립요건의 면에서도 공동과 차별을 두었다고 이해해야 할 것이다. 103

② 합동범의 형벌 가중은 범죄 내용에서 그 근거가 찾아져야 한다. 합동범의 성립요건을 일반적인 공동정범과 동일하게 해석하면서 형벌이 가중되는 공동정범으로 설정하는 것은 책임주의에 반한다. 다시 말해, 합동범의 구조적 특성이나 불법의 실체를 규명하지 않은 채 절도나 강도 및 도주 등의 범죄에 한하여 형벌을 가중하는 입법정책으로 설명하는 것은 책임주의를 망각한 해석이 된다. 104

(다) 현장설

(a) (정통적) **현장설**

현장설은 합동범에서의 '합동하여'를 공동정범에서의 '공동하여'보다 좁은 개념으로 새기면서, 소위 '현장성'을 합동의 중심표지로 설정하는 견해이다.[77] 현장성이란 범행 현장에서 범죄를 함께 수행한다는 의미이다. 2인 이상이 범행 현장의 바로 그곳에 현존하면서 동일 범죄행위를 부가적으로 수행한다면, 그것은 가장 엄격한 의미의 현장성 요건이 충족되는 사안이다. 하지만 현장성의 범주가 그렇게 엄격하게 제한되지는 않는다는 것이 현장설의 설명이다. 현장설을 주장하는 이론가들은, 다수인이 동시에 동일 장소에서 동일 내용의 범죄행위를 함께 수행하지 않더라도, 다수인이 시간과 장소(現場)를 함께 하면서 협동하여 범죄를 수행하면 합동범의 중심표지인 현장성이 충족된다고 설명한다.[78] 105

77 배종대, § 133/21; 손동권·김재윤, § 29/56; 오영근·노수환, 512; 임웅·김성규·박성민, 485.

78 현장설을 주장하는 대부분의 학자들은 현장성의 내용을 이렇게 설명한다. 하지만 현장성의 내용에 수정을 가하는 견해도 있는데, 현장성을 사실상 현장 개념에서 평가적 현장 개념으로 확대한다든지[김종구, "합동범에 관한 연구", 비교형사법연구 5-1, 한국비교형사법학회(2003), 189], 현장에서 구성요건적 행위를 모두 실행해야 현장성을 인정하는[정영일, "합동범에 관한 판례연구",

106 따라서 2인 이상의 범행 주체가 ① (동시에 동일 장소에 있지는 않더라도) 범행 현장의 범위 내에 나타나서 ② 분담된 실행행위를 통해 협동하여 범죄를 수행하면 합동범의 성립이 가능하다.[79]

(b) 현장적 공동정범설

107 현장설과 비슷하지만 구별해야 하는 이론이 현장적 공동정범설이다. 이 이론은 현장설을 전제하면서도 기능적 행위지배라는 기준으로 합동범의 성립범위에 수정을 가할 수 있다고 주장한다. 즉, 합동범은 원칙적으로 2인 이상이 범행 현장에서 함께 범죄를 수행함으로써 성립하지만, 첫째, 범행 현장에 함께 있더라도 수행한 역할이 정범에게 요구되는 수준에 미치지 못하면 합동범에 포함되지 못하며, 둘째, 범행 현장에 없더라도 강력한 행위지배를 통해 현장의 범행을 실질적으로 조종하면 합동범의 범주에 포함된다는 것이다.[80]

(c) 평가

108 정통적인 현장설은 다수의 학자들에 의해 오늘날 합동범의 본질을 설명하는 일반적인 이론으로 받아들여지고 있다. 반면에 현장적 공동정범설은 공동정범의

형사판례연구 〔7〕, 한국형사판례연구회, 박영사(2000), 118〕 견해 등이 그러하다.

79 예컨대, 김성돈, 654-655. 「형법이 공동의 개념과 달리 합동이라는 개념을 굳이 사용하면서 가중된 처벌로 대응하고 있는 것은 그 범행방법이나 범행의 강도가 공동정범의 공동의 방법과 다르기 때문인 것으로 이해할 수밖에 없다. 따라서 합동개념은 공동개념에 비해 추가적인 요소를 갖추고 있는 것으로 이해하는 것이 타당하며, 따라서 합동이라는 개념내용에 협동관계라는 어감이 포함되도록 풀이하는 것이 우리말의 어법에도 합치된다. 뿐만 아니라 협동관계라는 말 자체는 시간적으로 밀착성 및 장소적 근접성을 가지고 있는 것이기 때문에 가담자가 범행현장 내지 적어도 범행현장 부근에는 현존하고 있을 것이 요구된다고 해야 한다. 이렇게 보면 합동은 공동의 두가지 요건, 즉 주관적 요건인 '공동가담의 의사'와 객관적 요건인 '실행행위의 분담' 이외에도 범행현장 내지 현장부근에서의 '현실적 협동관계'라는 세 번째 요건을 추가적으로 요구하는 개념으로 이해하는 것이 타당하다.」

80 예컨대, 김일수·서보학, 468-469. 「합동범도 본질상 공동정범의 일 형태이다. 아무리 현장성을 갖춘다고 해도 공범과 정범의 일반적 구별기준에 따라 정범이 될 수 없는 사람은 합동범이 될 수 없다. 2인이 현장에서 범행을 실현하면서 1인만이 정범표지를 갖추어 실행하고 다른 1인은 단지 공범의 표지만을 갖고 실행했다면, 이 경우 양자는 그 자체 현장성이 있어도 합동범이 될 수 없다. 이 의미에서 본서는 합동범을 현장적 공동정범이라고 부른다. 이 견해에 따를 때 합동범의 성립범위는 현장의 범위를 어떻게 잡느냐에 달려 있다. 현장설이 현장에서 단지 방조적 기여를 한 데 불과한 사람까지도 합동범으로 보는 것과 달리, 현장에서 기능적 역할분담을 한 사람만 합동범으로 취급한다는 데 이 견해의 신중성이 있다. 다른 한편 가중적 공동정범설이 정범의 표지로 목적적 범행지배설을 취하였기 때문에 정범의 범위가 확장되었고, 합동범의 범위도 확대되었는데, 이것을 현장요소에 의해 어느 정도 제한하여야 한다. 그러므로 합동범은 현장적 공동정범으로만 성립한다.」

중심표지인 기능적 행위지배를 합동범의 성립 여부 판단의 기준으로 차용함으로써, 합동범과 공동정범의 구별기준을 모호하게 하는 문제점[81]을 지닌다.[82]

(라) 판례

판례는 현장설(정통적 현장설)을 지속적으로 취해오고 있는 것으로 이해된다. 109
판례는 합동범을 "적어도 2인 이상의 범인이 범행 현장에서 시간적·장소적으로 협동관계를 이루어 실행행위를 분담하여 범행을 한 경우"로 판시한다.[83] 그러면서 합동범의 성립을 위해서는 "주관적 요건으로서 공모 외에 객관적 요건으로서 현장에서의 실행행위의 분담을 요하나 이 실행행위의 분담은 반드시 동시에 동일 장소에서 실행행위를 특정하여 분담하는 것만을 뜻하는 것이 아니라 시간적으로나 장소적으로 서로 협동관계에 있다고 볼 수 있으면 충분하다."고 판시한다.[84] 이에 관한 판례의 내용을 정리하면 다음과 같다.

① 첫 번째 판례는 소위 합동범의 공동정범을 인정한 판례이다. 3인의 범 110
인 중에서 2인이 범행현장에 같이 있으면서 절도를 범한 경우, 2인의 죄책이 합동절도죄(§ 331②)에 해당하므로, 이를 배후에서 조종한 수괴는 합동절도죄의 공동정범으로 처벌된다는 것이다. 판시내용을 소개하면 다음과 같다.

---

81 예컨대, 신동운, 761-762. 「현장적 공동정범설은 합동범이 실현되는 현장에서 실질적으로 기여하는 정도에 따라 합동범의 성립범위를 조절하려는 견해이다. 그러나 이 견해는 '현장성'의 표지를 출발점으로 삼으면서도 이 표지를 수시로 포기하는 단점을 안고 있다. 합동범은 통상의 공동정범에 비하여 형벌이 크게 가중되는 범죄유형이다. 이 합동범의 성립범위가 어디까지 미치는가는 객관적·형식적으로 분명하게 제시되지 않으면 안 된다. '현장성'의 표지를 수시로 바꾸게 되면 합동범의 성립범위를 예측할 수 없게 되어 시민생활의 법적 안정성을 크게 해칠 우려가 있다.」

82 추가하여, ① 행위지배는 정범이 되기 위하여 이론상 요구되는 최소한의 표지일 뿐 충분한 표지가 아니므로 현장에서 실행행위를 분담하지 아니한 배후인물에게 기능적 행위지배가 인정된다고 하여 그를 언제나 정범으로 보아야 하는 것은 아니라는 점[강동범, "합동범의 공동정범", 형사법연구 13, 한국형사법학회(2000), 86], ② 현장적 공동정범설은 합동의 형태를 정범적 관여로만 제한한다는 점에서 현장설을 발전시킨 이론이라고 주장하지만 현장설 역시 2인 이상의 현장에서의 '공동정범적' 협력을 요구하기 때문에 내용상의 발전이 없다는 점[문채규, "합동범의 공동정범", 형사법연구 22, 한국형사법학회(2004), 26] 등도 현장적 공동정범설에 대한 반론으로 제기된다.

83 대판 1998. 5. 21, 98도321(전). 본 판결 평석은 이충상, "합동범의 공동정범의 성립가능성", 국민과 사법: 윤관 대법원장 퇴임기념, 박영사(1999), 768-770; 이호중, "합동절도의 공동정범", 형사판례연구 [7], 한국형사판례연구회, 박영사(1999), 130-149; 하태훈, "합동절도의 공동정범 성립 여부", 형사재판의 제문제(2권), 박영사(2000), 137-156.

84 대판 1992. 7. 28, 92도917.

111 "3인 이상의 범인이 합동절도의 범행을 공모한 후 적어도 2인 이상의 범인이 범행 현장에서 시간적, 장소적으로 협동관계를 이루어 절도의 실행행위를 분담하여 절도 범행을 한 경우에는 공동정범의 일반 이론에 비추어 그 공모에는 참여하였으나 현장에서 절도의 실행행위를 직접 분담하지 아니한 다른 범인에 대하여도 그가 현장에서 절도 범행을 실행한 위 2인 이상의 범인의 행위를 자기 의사의 수단으로 하여 합동절도의 범행을 하였다고 평가할 수 있는 정범성의 표지를 갖추고 있다고 보여지는 한 그 다른 범인에 대하여 합동절도의 공동정범의 성립을 부정할 이유가 없다고 할 것이다. 형법 제331조 제2항 후단의 규정이 위와 같이 3인 이상이 공모하고 적어도 2인 이상이 합동절도의 범행을 실행한 경우에 대하여 공동정범의 성립을 부정하는 취지라고 해석할 이유가 없을 뿐만 아니라, 만일 공동정범의 성립가능성을 제한한다면 직접 실행행위에 참여하지 아니하면서 배후에서 합동절도의 범행을 조종하는 수괴는 그 행위의 기여도가 강력함에도 불구하고 공동정범으로 처벌받지 아니하는 불합리한 현상이 나타날 수 있다. 그러므로 합동절도에서도 공동정범과 교사범·종범의 구별기준은 일반원칙에 따라야 하고, 그 결과 범행현장에 존재하지 아니한 범인도 공동정범이 될 수 있으며, 반대로 상황에 따라서는 장소적으로 협동한 범인도 방조만 한 경우에는 종범으로 처벌될 수도 있다."[85]

112 ② 두 번째 판례는 합동강도죄(§ 334②)를 인정한 판례이다. 수인의 행위자가 범행현장에서 시간적·장소적 협동관계를 이루며 강도범행을 저질렀으므로, 그들은 모두 합동강도죄로 처벌된다는 것이다. 판시내용은 다음과 같다.

113 "합동범은 주관적 요건으로서 공모 외에 객관적 요건으로서 현장에서의 실행행위의 분담을 요하나 이 실행행위의 분담은 반드시 동시에 동일장소에서 실행행위를 특정하여 분담하는 것만을 뜻하는 것이 아니라 시간적으로나 장소적으로 서로 협동관계에 있다고 볼 수 있으면 충분하다. 원심판시 1의 가 (1) 사실에 의하면 피고인들 중 피고인 甲이 피해자의 집 담을 넘어 들어가 대문을 열어 피고인 乙, 丙으로 하여금 들어오게 한 다음 피고인 丙, 甲은 드라이버로 현관문을 열고 들어가 그곳에 있던 식칼 두 개를 각자 들고 피고인들 모두가 안방에 들어가서 피해자들을 칼로 협박하고 손을 묶은 뒤 장롱 설합을

85 대판 1998. 5. 21, 98도321(전).

뒤져 귀금속과 현금 등을 강취하였다는 것이므로, 피고인 乙이 소론과 같이 직접 문을 열거나 식칼을 든 일이 없다고 하여도 위 원심판시와 같이 다른 피고인들과 함께 행동하면서 범행에 협동한 이상 현장에서 실행행위를 분담한 것이라고 볼 것이다. 원심판결에 이유불비와 강도죄의 합동에 관한 법리오해의 위법이 있다는 논지는 이유 없다."[86]

(3) 요건

합동범은 '2인 이상이 합동하여' 범행하는 범죄유형이다. 따라서 합동범이 114
성립하기 위해서는 다음의 요건이 충족되어야 한다.

(가) 2인 이상의 참여

합동범은 행위의 주체가 2인 이상인 범죄이다. 따라서 합동범의 성립에는 115
2인 이상의 참여가 필수적이다. 이런 차원에서 합동범은 최광의의 공범에 속한다.

(나) 주관적 요건

합동범의 주관적 요건은 범행의 공모이다. 2인 이상이 동일 내용의 범죄를 116
수행하더라도 범행의 공모가 없으면 동시범이 될 뿐이다.

(다) 객관적 요건

앞에서 살펴본 것과 같이, 합동범의 본질을 공모공동정범으로 보는 견해는 117
합동범의 성립에 객관적 요건의 충족이 요구되지 않는다고 주장한다. 또한 합동범의 본질을 가중적 공동정범으로 보면, 합동범의 객관적 요건은 공동정범 일반의 객관적 요건과 같아진다. 하지만 다수의 견해와 판례가 취하는 현장설에 의하면, 합동범의 성립에는 2인 이상이 시간적·장소적으로 협동관계를 이루며 실행행위를 분담할 것이 요구된다.

이와 관련하여 판례는 시간적·장소적으로 협동관계에 있었다면 실행행위 118
를 분담한 것으로 인정된다고 판시하였다. 판시내용을 소개하면 다음과 같다.

"성폭력범죄의 처벌 등에 관한 특례법 제4조 제3항, 제1항의 '2인 이상이 합 119
동하여 형법 제299조의 죄를 범한 경우'에 해당하려면, 피고인들이 공모하여 실행행위를 분담하였음이 인정되어야 하는데, 범죄의 공동가공의사가 암묵리에 서로 상통하고 범의 내용에 대하여 포괄적 또는 개별적인 의사연락이나

86 대판 1992. 7. 28, 92도917.

인식이 있었다면 공모관계가 성립하고, 시간적으로나 장소적으로 협동관계에 있었다면 실행행위를 분담한 것으로 인정된다. 원심은 그 판시와 같은 이유를 들어, 늦어도 甲이 피해자를 간음하기 위해 화장실로 갈 무렵에는 피고인들이 술에 취해 반항할 수 없는 피해자를 간음하기로 공모하였고, 피고인 乙이 피고인 甲에게 간음하기에 편한 자세를 가르쳐 주고 피고인 甲이 간음 행위를 하는 방식으로 실행행위를 분담하였으므로 피고인들은 시간적·장소적 협동관계에 있었다고 판단하였다. 원심의 위와 같은 판단은 앞서 본 법리에 따른 것으로서, 거기에 피고인들의 상고이유 주장과 같이 논리와 경험의 법칙을 위반하여 사실을 오인하거나, 합동범에 관한 법리를 오해한 잘못이 없다."[87]

(4) 합동범에 대한 형법총칙의 공범 규정 적용 여부

(가) 합동범의 교사범과 종범

120 합동범에 대해서도 교사범과 종범은 성립할 수 있다. 甲과 乙이 범하는 합동절도를 丙이 외부에서 교사 내지 방조할 수 있는바, 이때 丙에게는 합동절도교사죄 내지 합동절도방조죄가 성립하게 되는 것이다. 물론 합동범의 교사범 내지 종범이 성립하기 위해서는 범행 현장에서 범행하는 주체는 반드시 2인 이상이어야 한다. 즉 범행 현장에서의 범행이 합동범의 요건을 갖추고, 그들에 대하여 외부에 가담한 자가 교사범 내지 종범의 죄책을 부담할 수 있게 되는 것이다.

(나) 합동범의 공동정범

121 합동범에 대하여 형법총칙의 공동정범이 성립할 수 있는지 문제된다. 학설이 대립되고, 판례도 처음에는 부정하다가, 1998년의 대법원 전원합의체 판결[88]

---

87 대판 2016. 6. 9, 2016도4618.

88 대판 1998. 5. 2, 98도321(전). 「3인 이상의 범인이 합동절도의 범행을 공모한 후 적어도 2인 이상의 범인이 범행 현장에서 시간적, 장소적으로 협동관계를 이루어 절도의 실행행위를 분담하여 절도 범행을 한 경우에는 공동정범의 일반 이론에 비추어 그 공모에는 참여하였으나 현장에서 절도의 실행행위를 직접 분담하지 아니한 다른 범인에 대하여도 그가 현장에서 절도 범행을 실행한 위 2인 이상의 범인의 행위를 자기 의사의 수단으로 하여 합동절도의 범행을 하였다고 평가할 수 있는 정범성의 표지를 갖추고 있다고 보여지는 한 그 다른 범인에 대하여 합동절도의 공동정범의 성립을 부정할 이유가 없다고 할 것이다. 형법 제331조 제2항 후단의 규정이 위와 같이 3인 이상이 공모하고 적어도 2인 이상이 합동절도의 범행을 실행한 경우에 대하여 공동정범의 성립을 부정하는 취지라고 해석할 이유가 없을 뿐만 아니라, 만일 공동정범의 성립가능성을 제한한다면 직접 실행행위에 참여하지 아니하면서 배후에서 합동절도의 범행을 조종하는 수괴는 그 행위의 기여도가 강력함에도 불구하고 공동정범으로 처벌받지 아니하는 불합리한 현상이 나타날 수 있다. 그러므로 합동절도에서도 공동정범과 교사범·종범의 구별기준은 일반원칙

로 판례변경을 하여 합동범의 공동정범을 인정하게 되었다〔합동범의 공동정범에 관해서는 § 30(**공동정범**) **주해** 부분 참조〕.

(5) 공동범

합동범과 유사한 범죄유형으로 공동범이 있다. 공동범은 폭력행위 등 처벌에 관한 법률에서 발견된다. 이 법은 일정 범죄[89]를 "2명 이상이 공동하여" 범하면 각 형법 본조에 정한 형의 2분의 1까지 가중하도록 규정하는데(폭처 § 2②), 이를 공동범이라고 부른다. 122

공동범은 합동범의 '합동하여'를 '공동하여'로 수정한 범죄유형에 불과하다. 따라서 공동성의 개념만 정립하면 되는데, 공동성은 합동성과 유사한 개념이라는 것이 일반적인 설명이다. 판례 역시 공동범의 표지인 '2명 이상이 공동하여'란 "수인이 동일한 장소에서 동일한 기회에 상호 다른 사람의 범행을 인식하고 이를 이용하여 범행을 한 경우"라고 판시한다.[90] 판시내용을 옮겨보면 다음과 같다. 123

> "폭력행위등처벌에관한법률 제2조 제2항 소정의 "2인 이상이 공동하여" 죄를 범한 때라 함은 수인이 동일한 장소에서 동일한 기회에 상호 다른 사람의 범행을 인식하고 이를 이용하여 범행을 한 경우를 뜻하는 것으로서, 폭행 등의 실행범과의 공모사실은 인정되나 그와 공동하여 범행에 가담하였거나 범행장소에 있었다고 인정되지 아니하는 경우에는 공동하여 죄를 범한 때에 해당하지 아니함이 소론과 같다고 하더라도, 여러사람이 위 법률 제2조 제1항에 열거된 죄를 범하기로 공모한 다음 그중 2인 이상이 범행장소에서 범죄를 실행한 경우에는 범행장소에 가지 아니한 사람들도 위 법률 제2조 제2항 소정 죄의 공모공동정범으로 처벌할 수 있다고 보아야 할 것인바, 이 사건의 경우 소론과 같이 피고인들이 비록 각 범죄의 실행에 가담한 바 없고 각 범죄장소에 없었다고 하더라도, 원심이 인용한 제1심판결이 채용한 증거들에 의하면 2인 이상의 공범들이 이 사건 각 범죄를 실행한 사실이 인정되므로, 같은 취지로 124

에 따라야 하고, 그 결과 범행현장에 존재하지 아니한 범인도 공동정범이 될 수 있으며, 반대로 상황에 따라서는 장소적으로 협동한 범인도 방조만 한 경우에는 종범으로 처벌될 수도 있다.」

89 여기서의 일정 범죄는 폭행죄와 존속폭행죄, 협박죄와 존속협박죄, 주거침입죄와 퇴거불응죄, 재물손괴죄, 체포·감금죄와 존속체포·감금죄, 강요죄, 상해죄와 존속상해죄, 공갈죄 등이다(폭처 § 2).

90 대판 1994. 4. 12, 94도128; 대판 2023. 8. 31, 2023도6355.

판단한 원심판결에 위 법률 제2조 제2항에 관한 법리를 오해한 위법이 있다고 비난하는 논지도 받아들일 수 없다."[91]

3. 동시범과 제19조 및 제263조

(1) 동시범

125 동시범(同時犯)이란 수인의 행위자가 공동 실행의 의사 없이 동일한 행위객체에 대하여 동시 또는 이시에 범행하는 경우를 말한다. 행위자 간에 공동 실행의 의사가 없기 때문에 공동정범이 아니라 수인의 단독정범으로 취급되며, 따라서 인과관계의 확정 여부는 각 행위별로 검토된다.

(2) 제19조

126 제19조(독립행위의 경합)는 "동시 또는 이시의 독립행위가 경합한 경우에 그 결과발생의 원인된 행위가 판명되지 아니한 때에는 각 행위를 미수범으로 처벌한다."고 규정한다. 즉 동시범에서 결과발생에 대한 인과관계가 확정되지 못하는 경우에는 관련된 모든 행위에 인과관계가 부정된다는 내용인데, 위 규정의 적용요건을 나누어 살펴보면 아래와 같다.

127 ① 수인의 실행행위가 행해져야 한다. 행위자가 1인인 단독정범에서는 제19조의 적용 여부가 문제되지 않으며, 수인의 행위라도 실행착수에 이르지 않은 예비행위에 대해서는 제19조가 적용되지 않는다.

128 ② 행위자 간에 공동 실행의 의사 연락이 없어야 한다. 의사 연락이 없다는 점이 동시범의 중심적 표지이며, 의사 연락이 있는 경우에는 공동정범이 성립한다. 의사 연락은 상호 간에 있어야 하므로 공동 실행의 의사가 일방에게만 있는 경우에도 공동정범이 아니라 동시범으로 취급된다.

129 ③ 행위의 객체가 동일해야 한다. 행위의 객체의 동일성은 동시범을 하나의 범주로 엮어 주는 연결고리인데, 행위의 객체가 동일하면 충분하고 실행행위가 동일한 구성요건에 해당해야 하는 것은 아니라는 점에 주의를 요한다. 따라서 살인행위와 상해행위의 경합도 동시범으로 취급될 수 있다.

130 ④ 범행이 시간적·장소적으로 동일해야 하는 것은 아니다. 법문도 '동시

---

91 대판 1994. 4. 12, 94도128. 본 판결 평석은 김성룡, "공동범의 공동정범", 특별형법 판례100선, 한국형사판례연구회·대법원 형사법연구회, 박영사(2022), 296-299.

또는 이시의 독립행위가 경합하는 때'라고 하여 특히 시간적 동일성이 요구되지 않는다는 점을 분명히 하고 있다.

⑤ 결과 발생의 원인행위가 판명되지 않아야 한다. 즉, 동일한 객체에 대하 131
여 실행된 수개의 행위 중에서 어느 것이 결과를 발생시켰는지 판명되지 않은 경우에 제19조가 적용되는 것이다.

(3) 상해죄의 동시범 특례

제263조(동시범)는 "독립행위가 경합하여 상해의 결과를 발생하게 한 경우에 132
있어서 원인된 행위가 판명되지 아니한 때에는 공동정범의 예에 의한다."라고 규정한다. 공동정범의 예에 의한다는 것은 원인행위가 판명되지 않았음에도 인과관계를 인정하여 기수의 책임을 지운다는 의미이므로, 이 규정은 제19조의 특례규정이 된다.

동시범의 의의와 종류 및 제19조의 내용에 대해서는 **제19조(독립행위의 경합)** 133
주해 부분, 상해죄의 동시범 특례 규정인 제263조(동시범)의 구체적인 내용은 **주해 VIII(각칙 5)** 부분 참조.

Ⅳ. 정범과 공범의 구별

1. 구별의 실익과 방법

(1) 구별의 실익

(가) 단독·직접정범과 공범의 구별

정범(단독·직접정범, 공동정범, 간접정범)과 공범(교사범, 종범)을 구별하는 것은 134
공범론의 가장 기초가 되는 이론이다. 정범과 공범의 구별기준이 확실해야 공범의 범주가 그어질 것이기 때문이다. 정범과 공범의 구별은 우선 단독·직접정범과 공범의 구별에서부터 시작된다. 단독·직접정범과 공범의 구별이 지니는 실익은 다음과 같다.

① 형법은 교사범의 형을 "죄를 실행한 자와 동일한 형으로" 처벌하도록 규 135
정한다(§31①). 여기서 '죄를 실행한 자'는 단독·직접정범을 가리킨다. 따라서 교사범은 처벌되는 형에 있어서 단독·직접정범과 차이가 없다. 하지만 종범은 다

르다. 형법은 종범의 형을 "정범의 형보다 감경"하도록 규정하기 때문이다(§ 32②). 따라서 종범의 경우는 적용되는 형에서부터 정범과 구별된다.

136 ② 후술하는 바와 같이, 공범은 정범에 종속하여 성립한다. 정범의 성립이 전제되어야 공범의 성립이 가능한 것이다. 이는 곧 공범의 성립요건이 정범의 성립요건보다 엄격함을 의미한다. 공범의 성립을 인정하기 위해서는 정범을 확인하고 성립요건의 충족을 증명하는 작업이 반드시 선행되어야 한다.

137 ③ 정범은 공범과 비교하여 소송법적으로도 특수한 취급을 받는다. 우선, 기소 단계에서 검사는 공범을 기소할 때 정범의 행위도 함께 공소장에 기재해야 한다. 또한, 법원이 공범에 대하여 유죄판결을 선고할 때에는 정범의 행위도 판결이유에 함께 기재해야 한다.[92]

(나) 광의의 공범 내에서의 구별

138 전술한 바와 같이, 광의의 공범이란 공동정범과 간접정범 및 교사범과 종범을 포함하는 개념이다. 형법총칙의 제2장 제3절에 규정된 공범, 즉 임의적 공범 전체를 말한다. 이러한 광의의 공범 중에서 공동정범과 간접정범은 정범이며, 본래적 의미로서의 공범은 교사범과 종범에 한정된다는 점도 전술한 바 있다. 따라서 광의의 공범 내에서도 정범과 공범은 구별되어야 하는데, 특히 경계를 접하는 것은 공동정범과 종범, 간접정범과 교사범이다. 따라서 정범과 공범을 구별하는 작업은 실제에 있어서 공동정범과 종범 및 간접정범과 교사범의 한계를 설정하는 의미를 지닌다. 구별의 실익을 정리하면 다음과 같다.

139 ① 공동정범과 종범은 적용되는 형에서 차이가 난다. 형법은 공동정범의 형을 "그 죄의 정범으로 처벌한다."고 규정하는(§ 30) 반면, 종범의 형은 "정범의 형보다 감경한다."고 규정하기(§ 32②) 때문이다.

140 ② 형법은 간접정범의 형을 "교사 또는 방조의 예에 의하여 처벌한다."고 규정한다(§ 34①). 교사의 예에 의하는 경우는 정범의 형과 동일하지만, 방조의 예에 의하는 경우는 정범의 형보다 감경된다. 이렇게 간접정범은 정범이면서도 적용되는 형이 정범보다 감경될 수 있다. 하지만 교사범은 "죄를 실행한 자와 동일한 형으로 처벌"된다(§ 31①). 여기서 '죄를 실행한 자'는 정범을 의미하므로,

92 대판 1981. 11. 24, 81도2422.

교사범은 정범의 형으로 처벌되는 것이다. 이렇게 간접정범은 교사범에 비하여 적용되는 형의 범주가 넓다.

③ 간접정범과 교사범은 범죄 실행자의 성격에서도 중대한 차이를 보인다. 간접정범은 피이용자가 "처벌되지 아니하는 자 또는 과실범으로 처벌되는 자"임에 반하여(§ 34①), 교사범은 피교사자가 "죄를 실행한 자"로서 정범이기 때문이다. 따라서 간접정범에서는 범죄수행의 주역이 간접정범 본인임에 반하여, 교사범의 사안에서는 범죄수행의 주역은 정범이고 교사범은 정범에 종속된 공범이 된다. 141

(2) 구별의 방법 - 정범 개념의 우위성

(가) 다수의 견해

정범과 공범을 구별하기 위해서는 소위 '정범 개념의 우위성'이라는 원칙을 우선 상기할 필요가 있다. 즉 정범의 범주를 적극적으로 설정해 놓고 나서, 그에 해당하지 않는 것 중에 공범으로 처벌 가능한 행위를 따져보아야 한다는 주장이다. '정범 개념의 우위성'은 독일 형법학의 정설이며, 우리나라 형법학계 역시 다수의 견해[93]가 이를 받아들이고 있다.[94] 142

(나) 반론

하지만 우리나라에서는 '정범 개념의 우위성'에 반론을 제기하는 소수의 견해도 제시되고 있다.[95] 논지의 핵심은 정범 개념의 우위성이 우리 형법의 체계와 맞지 않는다는 것이다. 특히 우리 형법은 제31조와 제32조에서 교사범과 종범의 성립요건을 먼저 규정하고 난 후에 제34조 제1항이 그 나머지 부분에서 143

---

93 김신규, 422; 김일수·서보학, 416; 손동권·김재윤, § 27/13; 이재상·장영민·강동범, § 31/13; 이주원, 329.

94 예컨대, 김일수·서보학, 416.「방법론적으로 정범의 우선적 확정이 필요한 결과 정범개념의 우위성 또는 공범개념의 종속성이란 명제도 함께 고려의 대상이 된다. 따라서 정범과 공범의 구별은 언제나 공범의 개념규정에 앞서 정범의 개념표지를 확정짓고 난 뒤에 비로소 이루어져야 한다. 예컨대 11살 난 형사미성년자를 꾀어 그의 아버지의 돈지갑을 훔쳐 가지고 나오게 한 경우를 놓고 볼 때 소위 극단적 종속형식에 따르면 공범이 성립할 수 없게 때문에 행위자는 간접정범이 된다거나, 제한적 종속형식을 따를 때에는 교사범이 될 수 있다는 등의 이론전개는 정범개념의 우위성을 염두에 두지 않고 거꾸로 공범개념의 우위성에서 문제를 해결하려는 잘못된 방법이다. 이 경우 행위자에게 어떠나 정범표지가 있느냐를 먼저 살펴보아 정범의 가능성을 확인한 뒤 이에 보충하여 그 다음으로 공범 여부를 살펴야 한다.」

95 오영근, 358.

간접정범의 성립 여지를 설정하고 있기 때문에, 적어도 간접정범과 관련하여서는 오히려 공범 개념이 우위성을 가지고 있다고 한다.[96]

2. 객관설과 주관설

(1) 두 관점의 대립

144 정범과 공범의 개념을 확정하고 양자를 구별하는 작업은 범죄성의 주안을 범죄의 객관 면에 두느냐 주관 면에 두느냐에 따라 달라질 수밖에 없다. 객관주의적 입장을 따르면, 해당 구성요건의 객관적 요소를 직접 실행한 사람이 정범이고 직접 실행하지 않으면서 범행에 관여한 사람이 공범으로 설명된다. 반면에 주관주의적 입장을 따르면, 범죄 의사의 외부적 표동이 있는 한 모두 같은 범주로 취급될 것이므로 굳이 그들 중에서 정범과 공범을 구별한다면 정범이고자 하는 의사 내용을 가진 사람이 정범이고 공범이고자 하는 의사 내용을 가진 사람이 공범이라고 이해된다. 정범과 공범의 구별기준에 관하여 종래 대립해온 객관설과 주관설의 내용을 살펴보면 다음과 같다.

(2) 객관설

(가) 개요

145 객관설은 정범의 개념을 구성요건의 행위와 결과에의 관련성에서 찾는다. 허용하는 관련성의 정도에 따라 형식적 객관설과 실질적 객관설이 제시된다. 아울러 객관설에 의하면 정범의 범주가 제한되기 때문에, 공범의 규정은 형벌확장사유로 취급된다.

(나) 형식적 객관설

146 형식적 객관설은 구성요건적 행위를 직접 실행한 사람만 정범이라고 주장

---

96 예컨대, 오영근, 358.「독일 형법은 제25조에서 직접정범, 간접정범, 공동정범, 제26조에서 교사범, 제27조에서 방조범의 순으로 규정하고 있기 때문에 자연스럽게 정범의 개념이 확정되고 이어 공범인 교사범, 방조범의 개념이 확정되어야 한다. 그러나 우리 형법은 제30조 이하에서 공동정범, 교사범, 종범, 간접정범의 순으로 규정하고 있다. 간접정범도 독일 형법과 같이 '다른 사람을 이용해(durch einen anderen) 범죄행위를 하는 자'라고 규정하지 않고, '교사·방조하여 범죄행위의 결과를 발생하게 한 자'라고 규정하고 있다. 따라서 우리 형법의 조문의 순서나 내용을 그래도 보게 되면 교사·방조범의 개념이 먼저 확정되어야 간접정범을 정의할 수 있는 체계로 되어 있다. 따라서 간접정범을 공범이 아닌 정범으로 본다면, 공범인 교사·방조의 개념이 확정되어야 정범인 간접정범의 개념이 확정되게 된다. 즉, 여기에서는 오히려 '공범개념의 우위성' 원칙이 타당하다고 볼 수 있다.」

한다. 따라서 구성요건적 행위의 전부 또는 일부를 스스로 행한 사람은 정범이 되지만, 범죄의 실현에 기여했더라도 구성요건적 행위를 스스로 행하지 않은 사람은 정범이 되지 못하고 공범으로 처리될 수 있을 뿐이다.[97]

형식적 객관설은 정범의 범주를 명확하게 해 준다는 장점을 지닌다. 하지만 다음의 문제점이 지적된다. 147

① 간접정범의 정범성을 설명하기 곤란해진다. 간접정범은 피이용자를 도구로 사용하는 범죄유형이므로, 구성요건적 행위를 직접 실행하는 사람은 피이용자이고, 이용자에게서는 구성요건적 행위의 실행이 발견되지 않기 때문이다. 따라서 형식적 객관설에 의하면 간접정범은 정범이 될 수 없다. 148

② 공동정범의 범주가 지나치게 협소하게 설정된다. 가담자들이 모두 구성요건적 행위를 실행하는 경우에만 공동정범의 성립이 가능해질 것이기 때문이다. 따라서 구성요건적 행위에 속하지 않는 행위의 분담을 통해 범죄수행에서 중요한 역할을 담당하는 행위자는 공동정범으로 처벌할 수 없는 한계가 나타난다. 149

(다) 실질적 객관설

(a) 관점

형식적 객관설의 협소함을 보완하기 위해 제시된 이론이 실질적 객관설이다. 실질적 객관설은 구성요건적 행위의 직접 실행에 집착하지 말고, 범죄에 대한 기여의 정도에 따라 정범과 공범을 구별하자고 주장한다. 즉 범죄에 대한 기여의 정도가 강하면 정범이고, 그렇지 않으면 공범이라는 설명이다.[98] 당연히 실질적 객관설에서는 범죄에 대한 기여의 정도를 판단하는 기준이 중요해진다. 150

(b) 원인·조건 구별설

실질적 객관설의 대표적 이론으로 소개되는 원인·조건 구별설은 인과관계의 원인이론에서 발전하였다. 주지하듯이, 원인이론은 복수의 행위가 결과발생에 연결되어 있을 때, 원인이 된 행위와 그렇지 않은 행위를 구별하여 전자에게만 결과발생에 대한 인과관계를 인정하는 이론이다. 이를 바탕으로, 수인의 행위가 범죄의 실행에 연결된 경우, 원인을 부여한 사람과 단순히 조건을 부여한 사람을 구별하여, 전자를 정범으로 후자를 공범으로 취급하자는 이론이 원인· 151

97 Grünhut, Grenzen der strafbaren Täterschaft und Teilnahme, JW 1932, S. 366.
98 Dahm, Täterschaft und Teilnahme, 1926, S. 43.

조건 구별설이다. 여기서는 다시 원인을 판단하는 기준이 필요해지는데, 구체적으로는 최종조건, 이례(異例)조건, 최유력조건, 필연조건 등의 기준이 제시된다.

152 하지만 최종조건이나 이례조건이 반드시 가장 중요한 조건으로 작용하는 것은 아니라는 점과 최유력조건 내지 필연조건은 판단기준이 불분명하다는 점 등이 문제점으로 지적된다.[99]

(c) 동시설

153 범죄수행에서 시간적 관련성을 중시하는 동시설도 실질적 개관설의 진영에 속하는 이론으로 소개된다. 이에 따르면, 범죄가 수행되는 시점에 행위를 한 사람이 정범이고, 그 전이나 후에 행위를 한 사람은 공범이 된다. 시간적 관련성을 범죄에 대한 기여의 가장 중요한 요소로 취급하는 이론인 셈이다.

154 하지만 시간적 관련성을 정범 판단의 유일한 기준으로 설정하면, 범죄에 대한 실질적 기여가 방조에 불과한 행위도 범죄수행의 시점에 행하여지면 정범으로 취급되는 불합리가 발생한다. 또한 범죄수행의 예비단계에서 행하여진 행위라도 범죄에 대한 결정적 기여행위일 수 있는데, 그러한 행위는 모두 공범으로 취급되는 문제점도 안게 된다.

(라) 제한적 정범개념과 형벌확장사유

(a) 제한적 정범개념

155 객관설은 정범의 개념을 제한한다. 특히, 형식적 객관설은 정범의 개념을 구성요건적 행위의 직접 실행에서 찾기 때문에 인정 범위가 엄격하게 제한된다. 실질적 객관설 역시 정범의 범주를 다소 넓히기는 하지만, 제한적 정범개념의 틀을 벗어나지는 못한다. 범죄에 기여했더라도 기여의 정도가 교사 내지 방조에 머무르는 경우에는 정범의 개념에 포함되지 않기 때문이다.

156 이렇게 정범의 개념이 제한된다는 것은 과도한 처벌의 확장을 저지하고 시

---

99 예컨대, 이재상·장영민·강동범, § 31/21. 「이에 대하여도 다음과 같은 비판이 제기된다. ① 인과관계이론에 있어서 조건과 원인을 구별하는 것은 불가능하며, 자연과학적 기준을 법률판단의 기초로 원용하려고 한 원인설의 난점은 여기서도 그대로 적용된다. ② 정범과 공범의 구별기준을 인과관계에 의하여만 밝히려고 한 기본태도도 옳다고 볼 수 없다. 행위의 사회적 의미는 인과관계의 우열에 의하여만 결정되는 것이 아니라 그 조종의 방법, 즉 행위의 목적적 요소도 중요한 이의를 갖는 것이기 때문이다. ③ 이 견해는 공동정범과 종범을 구별하기 위한 이론에 불과하고 간접정범과 교사범을 구별하는 데는 아무런 도움을 주지 못한다. 타인에게 범죄를 결의하게 한 교사범은 언제나 정범으로 보아야 하기 때문이다.」

민사회의 자유를 최대한 보장하는 형법의 겸억정신과 궤를 같이 한다.[100]

(b) 형벌확장사유

제한적 정범개념은 원칙적으로 정범만을 처벌의 대상으로 설정한다. 따라서 교사 내지 방조의 행위는 이론상 처벌의 대상에 포함되지 못한다. 그럼에도 불구하고 형법은 교사범과 종범의 처벌규정을 두고 있는바, 이는 형벌확장사유로 이해해야 한다는 것이 객관설의 설명이다. 157

(3) 주관설

(가) 개요

주관설은 범죄 발생에 조건을 부여한 모든 행위가 동가치적이기 때문에 객관 면에 주목해서는 정범과 공범을 구별할 수 없다고 한다. 따라서 정범과 공범의 구별기준을 행위자의 주관 면에서 찾아야 한다는 것이 주관설의 주장이다. 그러면서 주관 면의 구체적인 지점으로는 의사의 내용(의사설)을 제안하기도 하고, 이익의 방향(이익설)을 제시하기도 한다. 주관설에 의하면 정범의 개념은 확장될 것이므로, 공범의 규정은 형벌축소사유로 설명된다. 158

(나) 의사설

의사설은 정범과 공범의 구별기준을 행위자가 갖는 의사의 내용에서 찾는다. 자기의 범죄를 행할 의사로써 범행한 사람이 정범이고, 타인의 범죄를 행할 의사로써 범행한 사람이 공범이라는 것이다. 의사설은 주관설의 원조에 해당하는 이론이라고 할 수 있다. 정범과 공범의 구별이 전적으로 행위자의 주관적인 의사 내용에 의해 좌우되기 때문이다. 159

의사설은 과거 독일의 제국법원에서 제시된 이론이다.[101] 범행을 직접 실행하였더라도 의사의 내용 여하에 따라 정범에서 제외할 수 있는 여지를 제공하 160

100 예컨대, 신동운, 594.「형식적 객관적이나 실질적 객관설은 모두 구성요건이 위법행위의 정형이라는 점에 주목한다. 구성요건은 위법행위의 정형이므로 그 정형성을 바탕으로 정범을 결정하는 명확한 기준을 제시할 수 있다. 객관설은 위법행위의 정형성을 강조함으로써 과도한 형사처벌의 확장을 저지하려고 한다. 시민사회의 자유를 최대한 보장하기 위하여 형법을 방어적 관점에서 이해하는 태도라고 할 수 있다.」

101 독일 연방대법원의 판례도 주관설(의사설)의 경향을 보이는 것으로 알려진다. 독일의 학계에서 행위지배설이 다수설의 지위를 갖게 된 이후에도, 독일의 판례는 주관설의 관점에서 행위지배의 개념을 구성하려는 경향을 보인다고 평가받는다[독일의 판례에 대한 정리와 분석은 최호진, "정범·공범구별기준에 있어서 주관설에 대한 체계적 분석 - 독일 연방대법원 판결을 중심으로 -", 법학논총 33-2, 단국대학교 법학연구소(2009), 553-580 참조].

는 이론이라고 할 수 있다. 기존 문헌에는 이에 관한 사례(제국법원의 욕조 사건[102] 및 연방대법원의 청부살인 사건[103])가 소개된다. 그중에 하나가 미혼의 동생이 아기를 분만하자, 언니가 동생의 명예 보호를 생각하며 아기를 목욕 물통에 빠뜨려 숨지게 한 사안이다(욕조 사건). 이 경우 객관 면에만 주목하면 언니의 죄책은 독일형법의 모살죄(독형 §211)에 해당하는데, 독일 제국법원 당시의 형법은 모살죄의 법정형을 사형에 한정하고 있어서, 언니의 형을 감경하기 위해 제안된 이론이 의사설이라는 것이다.[104]

161 하지만 의사설에 대해서는 다음의 문제점이 지적된다.

162 ① 위 독일 연방대법원의 청부살인 사건의 사례는 구성요건적 행위를 직접 실행하면서도 타인의 범죄를 행할 의사를 가지고 있으므로 정범으로 취급할 수 없게 된다. 이렇게 스스로 구성요건을 모두 실현시켰음에도 타인을 위하여 범행하였다는 이유만으로 정범으로 취급하지 않으면, 이는 일반인의 법감정과 배치되는 결과가 된다.

163 ② 교사 내지 방조로 취급해야 하는 사례가 정범으로 취급되는 경우도 발생할 수 있다. 통상적인 교사나 방조에 불과한 사례임에도 자기의 범죄를 행할 의사로 행해졌음이 확인되면 정범으로 취급해야 할 것이기 때문이다.

164 ③ 의사설은 정범의 인정 여부를 행위자의 의사 내용에서 찾기 때문에 일반인의 예측가능성과 법적 안정성이 흔들릴 수 있다.

(다) 이익설

165 이익설은 누구의 이익을 위한 범행인지를 검토하여 정범과 공범을 구별하

---

102 RGSt 74, 84.

103 피고인 스타쉰스키(Staschinsky)가 소련 KGB의 밀명을 받고 소련에서 망명한 정치인 2명을 독총으로 살해한 사건이다(스타쉰스키 사건이라고도 함)(BGHSt 18, 87). 이에 대하여 독일 연방대법원은 "살해계획을 KGB가 계획하고 독총까지 제공하였으므로 전체적으로 행위상황을 보면 KGB의 책임자와 간부의 행위라고 보아야 하므로, 이러한 때에는 스스로 살해행위를 한 사람도 정범이 아니라 방조범에 불과하다."고 판시하였다. 참고로 위 판결은 주관설의 입장을 따른 것이지만, 연방대법원이 주관설의 입장을 일관한 것은 아니다(이재상·장영민·강동범, §31/25).

104 예컨대, 신동운, 595.「이러한 상황에서 언니의 행위를 정범으로 파악하게 되면 독일 법원은 피고인에게 형을 감경할 수 없고 사형만을 선고해야 한다. 이러한 문제 상황에 직면하여 독일 법원은 언니가 범행에 관여할 때 가졌던 의사를 기준으로 삼아 '동생을 위하여' 아이를 살해한 것이라는 이유로 모살죄의 방조범을 인정하였다. 방조범을 인정하게 되면 형의 필요적 감경이 가능하게 되기 때문이다.」

고자 한다. 자기의 이익을 위한 목적으로 범행한 사람이 정범이고, 타인의 이익을 위한 목적으로 범행한 사람이 공범이라는 것이다. 이익설은 목적설이라고도 한다. 이익설은 주관 면에 주목하면서도, 행위자의 의사 내용 자체보다 행위자가 지향하는 효과와 목적에 중점을 두는 이론이라고 할 수 있다.

이익설에 대해서는, 형법이 정범으로 취급하고 있음에도 이론상 공범이 될 166
수밖에 없는 경우가 발생할 수 있다는 문제점이 지적된다. 촉탁살인죄(§ 252①)가 대표적이다. 이 죄는 타인으로부터 '촉탁 또는 승낙을 받아 살해'하는 범죄이므로, 행위자는 타인의 이익을 위해 범죄를 수행하게 된다. 따라서 이익설에 따르면 공범이 될 수밖에 없는 부당함이 발생한다. 제3자를 위하여 범하는 재산범죄에서도 같은 문제점이 지적된다. 제3자를 위한 사기죄(§ 347②)와 제3자를 위한 공갈죄(§ 350②)가 대표적인 경우이다.

(라) 확장적 정범개념과 형벌축소사유

(a) 확장적 정범개념

앞에서 살펴보았듯이, 주관설은 정범과 공범이 적어도 객관 면에서는 모두 167
구성요건의 실현을 야기한 사람이므로 구별될 수 없다는 관점에 기초하고 있다. 즉, 구성요건적 행위를 실행한 사람이건 그것을 교사 내지 방조한 사람이건 범죄의 객관 면에 대한 기여의 측면에서는 같은 가치를 지닌다고 보아 모두 정범개념에 포함될 수 있다는 것이다. 따라서 정범의 개념이 확장된다.

(b) 형벌축소사유

확장적 정범개념에도 불구하고 형법은 교사 내지 방조를 정범과 구별하여 168
취급하며, 특히 종범에 대해서는 처벌을 완화한다. 이러한 형법의 공범 규정은 형벌축소사유로 설명될 수밖에 없다.

3. 행위지배설에 의한 구별

(1) 행위지배설의 등장

오늘날에는 행위지배설이 정범과 공범을 구별하는 학설로서 통설적 지위를 169
차지하고 있다. 행위지배설은 종래의 객관설과 주관설을 절충한 것으로 이해되고 있다. 정범과 공범을 구별하는 기준을 범죄의 객관 면과 주관 면의 양쪽에서 모두 찾고자 하며, 그렇게 찾아진 개념이 '행위지배'이다.

170 행위지배설은 독일에서 처음 등장하였는데, 기초는 로베(Lobe)[105]에 의해 제공된 것으로 알려진다. 그 후 벨첼(Welzel)[106]이 목적적 행위지배설을 발전시켰고, 마우라(Maura)[107]의 실질적 객관설도 행위지배설 계열의 이론으로 소개된다. 이러한 업적을 바탕으로 행위지배설을 체계화시킨 학자는 록신(Roxin)이다. 록신은 「정범과 공범(Täterschaft und Teilnahme)」이라는 저작에서 정범의 유형별로 행위지배의 중심요소를 설명하였다.[108]

171 록신의 행위지배설은 1980년대부터 우리나라에 본격적으로 소개되었고, 이후 정범과 공범의 구별에 관한 통설적 지위를 차지하게 되었다. 판례 역시 행위지배설을 받아들이고 있으며, 특히 공동정범과 종범의 구별을 위해 기능적 행위지배라는 개념을 사용한다.[109]

(2) 행위지배설의 내용

172 행위지배란 '범행에 대한 지배'를 말한다. 보다 구체적으로 말하면, 구성요건 해당사실에 대한 지배이다. 여기서 범행 내지 구성요건 해당사실에는 당연히 객관적 요소와 주관적 요소가 모두 포함된다. 따라서 행위지배는 범죄의 객관면과 주관 면 모두를 포괄하는 개념이 된다.

173 행위지배설은 행위지배가 있으면 정범이고 없으면 공범이라는 학설이다. 즉 범행에 대한 '지배'가 인정되면 정범이고, 관련되어 있으면서도 '지배'가 인정되지 않으면 공범이 된다. 구체적으로는, ① 행위지배설에 의하면 '정범'은 행위를 지배하는 사람, 즉 사태의 중심인물로서 적합한 수단을 계획적·의식적으로 조종할 의사를 가지고 구성요건실현에 이르기까지의 경과를 자신의 수중에 두고 있는 사람이고, '공범'이란 행위지배 없이 사태의 부수적 인물로서 구성요건실현을 조성(助成)하는 데 그치는 사람이라고 하거나,[110] ② 행위지배는 구성요건과정에 대

---

105 Lobe, Einleitung des Strafgesetzbuch-Kommentars, 5 Auflage, 1933, 123 ff.

106 Welzel, Studien zum System des Strafrechts, ZStW 58, 1939, 491 ff.

107 Maurach, Strafrecht AT, 4 Auflage, 1971, § 47 III B 2b, 627 ff.

108 「정범과 공범(Täterschaft und Teilnahme)」은 록신이 1962년에 발표한 교수자격 논문이다. 이후 록신은 이를 「정범과 행위지배(Täterschaft und Tatherrschaft)」라는 제목으로 출간하였으며, 2015년에 제9판이 출간되었다(Claus Roxin, Täterschaft und Tatherrschaft 9 Aufl., Walter de Gruyter GmbH, 2015).

109 대판 1989. 4. 11, 88도1247.

110 임웅·김성규·박성민, 450.

한 고의의 장악으로서, 정범은 행위과정에 대한 '핵심인물'로 행위지배를 계획적으로 조종하고 형성해 가는 사람, 즉 그의 의사에 따라서 구성요건실현 여부를 결정할 수 있는 사람이고, 공범은 독자적 행위지배가 없는 '주변인물'에 지나지 않는다고 하는 견해[111] 등이 있다.

그렇다면 이러한 행위지배는 어떤 경우에 인정되는가? 행위지배의 요건 내 174
지 형태의 문제인데, 다음과 같이 설명한다.

(가) 단독·직접정범

단독·직접정범의 경우에는 행위지배가 실행행위 자체에 대한 지배의 형태 175
로 나타난다. 즉, 객관적 구성요건요소의 하나인 실행행위 – 달리 말하여 좁은 의미의 행위 – 를 지배하는 것이 직접정범이다. 따라서 직접정범인지 공범인지가 문제될 때에는, 실행행위지배가 인정되면 직접정범이고 인정되지 않으면 공범으로 처리된다. 단독·직접정범은 실행행위의 지배가 중심표지이기 때문에, '실행정범'이라고 부르기도 한다.

(나) 간접정범

간접정범의 경우에는 피이용자의 의사에 대한 지배가 행위지배이다. 즉, 피 176
이용자의 의사를 조종하여 그로 하여금 범죄를 행하게 하면 행위지배가 인정된다. 이렇게 보면 간접정범에 있어서의 행위지배는 직접정범의 경우와는 달리 범죄의 주관적 면에 대한 지배를 의미한다. 그리하여 간접정범인지 공범 - 특히 교사범 - 인지가 문제될 때에는, 이용자에게 피이용자에 대한 의사지배가 인정되면 간접정범이고, 이용자가 피이용자의 범죄수행에 단지 영향을 미친 것일 뿐 그러한 영향을 받아 피이용자도 나름의 범죄의사를 가지게 되어서 이용자의 피이용자에 대한 의사지배가 인정되지 않으면 공범 - 교사범 - 으로 처리된다.

(다) 공동정범

공동정범에서의 행위지배는 공동행위자 간에 분담된 역할 및 기능에 대한 177
지배이다. 즉, 공동정범은 수인이 분업적으로 범죄를 수행하는 정범 유형이기 때문에 여기서는 분업에 의해 맡겨진 자기의 역할 및 기능을 지배하면 행위지배가 인정되는 것이다. 따라서 공동정범인지 공범 - 특히 종범 - 인지가 문제될

111 배종대, § 125/15.

때에는, 행위자에게 기능적 행위지배가 인정되면 공동정범이고, 행위자가 범행을 단지 수월하게 해 주었을 뿐 독자적인 기능을 수행한 것으로 인정되지 않으면 공범 - 종범 - 으로 처리된다.

(3) 판례

(가) 기능적 행위지배

178 판례는 공동정범의 성립을 위해 기능적 행위지배가 필요하다고 판시한다. 판례는 일찍이 공동정범과 종범의 구별에 관하여, "공동정범의 본질은 분업적 역할분담에 의한 기능적 행위지배에 있으므로 공동정범은 공동의사에 의한 기능적 행위지배가 있음에 반하여 종범은 그 행위지배가 없는 점에서 양자가 구별된다."고 판시하여,[112] 기능적 행위지배의 유무가 기준이 된다고 판시하였다. 이후 일관되게 "공동정범이 성립하기 위하여는 주관적 요건으로서의 공동가공의 의사와 객관적 요건으로서의 공동의사에 의한 기능적 행위지배를 통한 범죄의 실행사실이 필요하다."고 판시하고 있다.[113]

(나) 본질적 기여

179 판례는 2000년대 후반부터 공동정범의 표지인 기능적 행위지배의 내용으로 범죄에 대한 '본질적 기여'를 요구하기 시작하였다. 이는 주로 공모공동정범을 인정하는 사안에서 나타나는데, 단순한 공모가 아니라 범죄에 대한 '본질적 기여'를 통한 기능적 행위지배의 존재가 필요하다는 판시이다. 즉 판례는, "형법 제30조의 공동정범은 공동가공의 의사와 그 공동의사에 기한 기능적 행위지배를 통한 범죄 실행이라는 주관적·객관적 요건을 충족함으로써 성립하는바, 공

---

112 대판 1989. 4. 11, 88도1247. 「공동정범의 본질은 분업적 역할분담에 의한 기능적 행위지배에 있다고 할 것이므로 공동정범은 공동의사에 의한 기능적 행위지배가 있음에 반하여 종범은 그 행위지배가 없는 점에서 양자가 구별된다 할 것인바, 원심이 유지한 제1심 판결이 들고 있는 증거들에 의하면, 피고인은 이 사건 대출이 부정대출인 정을 알면서 원심 상피고인들에게 대출에 필요한 서류들을 작성하여 결재를 받은 사실이 인정되므로 동 피고인의 행위에는 공동의사에 의한 기능적 행위지배가 있었다고 보아야 할 것이니 동 피고인의 행위를 공동정범으로 처단한 원심의 판단은 정당하고 거기에 지적하는 바와 같은 법리오해나 채증법칙위배의 잘못이 없으니 논지는 이유없다.」

분업적 역할분담에 의한 기능적 행위지배가 공동정범의 본질이라고 한 위 판결의 판시는 원심인 서울고판 1988. 6. 10, 88노938의 판시내용을 그대로 원용한 것이다.

113 대판 1993. 3. 9, 92도3204; 대판 1998. 9. 22, 98도1832; 대판 2000. 4. 7, 2000도576; 대판 2003. 3. 28, 2002도7477; 대판 2008. 4. 10, 2008도1274; 대판 2015. 10. 29, 2015도5355; 대판 2021. 3. 25, 2020도18285 등.

모자 중 구성요건 행위 일부를 직접 분담하여 실행하지 않은 자라도 경우에 따라 이른바 공모공동정범으로서의 죄책을 질 수도 있는 것이기는 하나, 이를 위해서는 전체 범죄에 있어서 그가 차지하는 지위, 역할이나 범죄 경과에 대한 지배 내지 장악력 등을 종합해 볼 때, 단순한 공모자에 그치는 것이 아니라 범죄에 대한 본질적 기여를 통한 기능적 행위지배가 존재하는 것으로 인정되는 경우여야 한다."라고 판시하고 있다.[114]

4. 행위지배설에 대한 보충

(1) 추가적인 정범 표지

행위지배설은 범행에 대한 '지배'가 정범의 표지라고 한다. 그런데 형법각칙의 범죄유형 중에는 행위의 주체에 추가적인 요건이 요구되는 것들이 있다. 이러한 범죄유형에서는 범행에 대한 '지배'에 덧붙여서 해당 범죄의 본질에서 요구하는 추가적인 행위의 주체의 요건까지 충족되어야 정범으로 인정될 수 있음은 물론이다. 신분범, 목적범, 자수범 등이 추가적인 정범표지를 요구하는 범죄유형으로 거론된다. 180

(2) 신분범

(가) 신분자

신분범은 행위의 주체에게 일정한 신분을 요구하는 범죄이다. 구성요건 자체가 일정한 신분을 지닌 사람을 행위의 주체로 상정하기 때문이다. 예를 들어, 수뢰죄(§ 129①)는 '공무원 또는 중재인'이 직무에 관하여 뇌물을 수수·요구·약속하는 범죄이고, 위증죄(§ 152)는 '법률에 의하여 선서한 증인'이 허위의 진술을 하는 범죄이며, 허위진단서작성죄(§ 233)는 '의사·한의사·치과의사 또는 조산사'가 진단서 등을 허위로 작성하는 범죄이다. 횡령죄(§ 355①)의 주체인 '타인의 재물을 보관하는 자'라든지 배임죄(§ 355②)의 주체인 '타인의 사무를 처리하는 자'도 역시 신분자에 해당한다. 덧붙여서, 부진정부작위범도 '보증인적 지위에 있는 사람'만이 당해 범죄의 정범이 될 수 있으므로 신분범에 해당한다는 것이 일 181

114 대판 2007. 4. 26, 2007도235(건설노동조합의 조합원들이 행한 건조물침입, 업무방해, 손괴, 폭행, 상해 등 범죄행위에 대하여, 위 조합의 상급단체 간부에게 공모공동정범의 죄책을 인정한 사례).

반적인 견해이다.

(나) 신분 없는 사람

182 신분범에서는 범행에 대한 지배가 있더라도 행위의 주체에 신분성이 결여되면 해당 범죄의 정범이 되는데 하자가 발생한다. 신분은 구성요건이 명시적으로 요구하는 행위의 주체의 요건이기 때문이다. 따라서 신분 없는 사람(=비신분자)이 신분범의 실행에 가담한 경우에는 원칙적으로 공범, 즉 교사범이나 종범으로 처리하는 것이 맞다. 하지만 제33조는 비신분자가 신분자의 범행에 공동정범으로 가담하는 것도 가능하도록 규정하고 있으므로, 현행 형법의 체계에서는 비신분자도 공동정범의 형태로 신분범의 실행이 가능하다. 이는 결국 비신분자도 신분범의 공동정범이 될 수 있도록 그 범주를 확대한 입법자의 결정으로 이해된다.

(3) 목적범

(가) 목적 있는 사람

183 목적범은 고의 이외에 목적이라는 초과주관적 구성요건요소를 요구하는 범죄이다. 내란목적살인죄(§ 88)가 대표적인 예로 거론된다. 이 죄는 살인의 고의뿐 아니라 '대한민국 영토의 전부 또는 일부에서 국가권력을 배제하거나 국헌을 문란하게 할 목적'이 있어야 성립되는 범죄이기 때문이다. 각종 위조죄(대표적으로 § 207)에 있어서 '행사의 목적', 영리약취·유인죄(§ 288①)에 있어서 '영리의 목적', 출판물 등에 의한 명예훼손죄(§ 309)에 있어서 '사람을 비방할 목적', 준강도죄(§ 335)에 있어서 '재물의 탈환에 항거하거나 체포를 면탈하거나 범죄의 흔적을 인멸할 목적', 무고죄(§ 156)에 있어서 '타인으로 하여금 형사처분 또는 징계처분을 받게 할 목적' 등도 고의와는 별개로 요구되는 초과주관적 구성요건요소인 목적이다.

(나) 목적 없는 사람

184 목적범에서는 원칙적으로 정범이 되기 위하여 범행지배에 덧붙여서 행위자가 해당 목적을 가져야 한다. 따라서 목적이 없는 행위자는 범죄를 주도적으로 실행하였더라도 정범이 될 수 없는 것이 원칙이다. 다만 목적을 행위자 관련적인 신분의 일종으로 본다면, 제33조가 적용되어 목적 없는 사람도 목적범의 공동정범이 될 수 있는 가능성이 열리는 것은 물론이다. 판례도 이런 입장을 취하고 있다. 모해위증죄(§ 152②)에서 '모해할 목적'이 제33조의 적용대상인 신분에

포함된다는 것이 판례의 판시이다. 판시내용을 소개하면 다음과 같다.

> "형법 제33조 소정의 이른바 신분관계라 함은 남녀의 성별, 내 외국인의 구별, 친족관계, 공무원인 자격과 같은 관계뿐만 아니라 널리 일정한 범죄행위에 관련된 범인의 인적관계인 특수한 지위 또는 상태를 지칭하는 것인 바, 형법 제152조 제1항은 '법률에 의하여 선서한 증인이 허위의 공술을 한 때에는 5년 이하의 징역 또는 2만 5천원 이하의 벌금에 처한다'고 규정하고, 같은 법조 제2항은 '형사사건 또는 징계사건에 관하여 피고인, 피의자 또는 징계혐의자를 모해할 목적으로 전항의 죄를 범한 때에는 10년 이하의 징역에 처한다'고 규정함으로써 위증을 한 범인이 형사사건의 피고인 등을 '모해할 목적'을 가지고 있었는가 아니면 그러한 목적이 없었는가 하는 범인의 특수 한 상태의 차이에 따라 범인에게 과할 형의 경중을 구별하고 있으므로, 이는 바로 형법 제33조 단서 소정의 "신분관계로 인하여 형의 경중이 있는 경우"에 해당한다고 봄이 상당하다."[115] 185

(4) 자수범

자수범이란 행위의 주체가 직접 자신의 신체로 구성요건적 행위를 실행할 것이 요구되는 범죄이다. 대표적인 예로는 위증죄(§152)가 거론된다. 위증죄는 "법률에 의하여 선서한 증인이 허위의 진술을 하는" 범죄로서, 행위자는 직접 선서와 허위의 진술을 해야 한다. 따라서 위증에 가담하더라도 직접 구성요건적 행위를 실행한 사람이 아니면 공범(교사범 내지 종범)이 될 수 있을 뿐이지 정범은 될 수 없다. 186

따라서 자수범에는 정범의 표지가 엄격하게 설정된다. 행위지배설이 제시하는 범행지배의 다양한 방법이 모두 통용되지 않는 것이다. 직접 구성요건적 행위를 실행해야 하므로, 피이용자의 의사를 지배한다든지 분담된 역할이나 기능을 지배하는 방법으로는 자수범의 정범이 될 수 없다. 단독·직접정범의 범행지배 방법인 실행행위지배만 가능하다. 물론 자수범에서도 공동정범의 성립은 187

115 대판 1994. 12. 23, 93도1002. 본 판결 평석과 해설은 백원기, "신분과 공범의 성립", 형사판례연구 〔6〕, 한국형사판례연구회, 박영사(1998), 153-165; 신동운, "모해위증죄의 교사범과 신분관계", 형사재판의 제문제(1권), 박영사(1997), 55-75; 전병식, "목적범의 목적과 형법상 신분", 해설 22, 법원행정처(1995), 606-613; 정영일, "목적범에 관한 판례연구", 형사판례연구 〔9〕, 한국형사판례연구회, 박영사(2001), 235-256.

가능하다. 하지만 수인이 모두 직접 구성요건적 행위를 실행해야 하며, 자수의 실행이 없는 사람은 공동정범으로 인정될 수 없다.

188 공동정범과 달리 간접정범은 자수범에 대해서는 성립될 수 없다. 자수범은 직접 행위를 실행할 것이 요구되는 범죄이므로, 직접정범만 가능하며 간접정범의 방식으로는 행해질 수 없는 것이다. 이런 차원에서 자수범은 간접정범의 한계가 된다[자수범에 대한 보다 상세한 설명은 § 34(**간접정범, 특수한 교사, 방조에 대한 형의 가중**) **주해** 부분 참조].

5. 행위지배설의 한계 – 의무범이론

(1) 지배범과 의무범의 구분

189 행위지배설은 범행에 대한 '지배'를 정범의 표지로 설정한다. 그런데 정범의 표지로서 지배가 아니라 '의무불이행'이 요구되는 범죄가 있다는 주장이 제기된다. 의무범이론이 그것인데, 독일에서 발전하였으며,[116] 우리나라에서도 일부 학자들이 소개하고 있다.[117]

190 의무범이론에 의하면, 범죄는 지배범과 의무범으로 구분된다. 지배범은 범행이 일련의 과정을 거쳐 실행되며, 따라서 그러한 진행 과정을 지배함으로써 해당 범죄의 정범이 된다. 반면에, 의무범은 형법 외적으로 부과되는 의무의 불이행이 범죄성의 핵심적 내용이 된다. 따라서 정범의 자격에 '의무 있는 사람(의무적 지위)'이라는 요건이 추가되며, 실제 범행을 지배한 사람이라도 의무가 부과된 사람이 아니면 정범이 될 수 없다.

(2) 의무범의 예

191 독일의 의무범이론에서는 의무범의 예로서 진술강요죄(독형 § 343)[118]와 직무

---

116 행위지배설을 정립한 Roxin도 행위지배가 정범의 표지로 작용하는 것은 지배범(Herrschaftdelikte)에 한정되며, 의무범(Pflichtdelikte)은 '형법적 구성요건 이전에 행위자에게 이미 주어져 있던 특별한 의무(vortatbestandliche Pflicht)'의 위반이 더 중요한 정범지표라고 설명하였다(Claus Roxin, Täterschaft und Tatherrschaft 9. Aufl., Walter de Gruyter GmbH, 2015, § 34). Roxin의 의무범이론은 김동률, "부진정부작위범의 정범기준으로서의 의무범이론 - Roxin의 이론을 중심으로 -" 비교형사법연구 19-1, 한국비교형사법학회(2017), 57-62에 소개되어 있다.

117 원형식, "의무범에 있어서의 정범과 공범의 구분", 형사법연구 19, 한국형사법학회(2003), 221-240; 이수진, "의무범의 타당성과 그 성립요건에 대한 소고", 법학연구 54-4, 부산대학교 법학연구소(2013), 81-104; 한정환, "지배범, 의무범, 자수범", 형사법연구 25-2, 한국형사법학회(2013), 11-17.

118 독일형법 제343조(진술강요) ① 다음 각호의 1에 해당하는 절차에 참여하는 공무원으로서 그

상해죄(독형 § 340)[119]가 거론된다. 진술강요죄는 공무원이 형사절차 내지 징계절차 등에서 조사 대상자의 진술을 강요하기 위해 폭행이나 학대 등을 가하는 범죄이고, 직무상해죄는 공무원이 직무 수행 중 혹은 직무와 관련하여 타인에게 상해를 가하는 범죄이다. 두 죄 모두 행위의 주체가 공무원에 한정되어 있는데, 의무범이론은 두 죄의 범죄성이 공무원에게 요구되는 공법적 의무의 불이행에 있다고 설명한다.

192 의무범이론을 받아들이는 우리나라 학자들은 의무범의 예로서 공무원의 직무상 범죄를 들고 있다.[120] 공무원에게는 공법상 특별의무가 부과되며, 이를 전제로 공무원의 직무상 범죄가 규정되어 있다는 것이다. 구체적으로, 직무유기죄(§ 122), 불법체포·감금죄(§ 124), 폭행·가혹행위죄(§ 125), 피의사실공표죄(§ 126), 공무상비밀누설죄(§ 127), 선거방해죄(§ 128), 수뢰죄(§ 129), 허위공문서작성죄(§ 227) 등이 제시된다.

193 또한 조세범 처벌법 제10조(세금계산서의 발급의무 위반 등) 위반죄도 의무범의 일종으로 거론된다. 이 죄는 세금계산서 발급의무를 위반하는 죄인데, 주체가 사업자등록을 한 사람으로 제한된다. 따라서 사업자등록을 하지 않은 사람은 이 죄의 정범이 될 수 없는바, 그 이유가 세금계산서 발급과 관련하여 부과되는 의무가 없기 때문이라는 것이다. 판례에 의하면, 사업자등록을 한 사람의 위임을 받지 아니하고 사업자등록이 없는 피고인이 허위계산서를 발급하였다면, 피고인이 범행에 대한 직접적 지배를 하였더라도 세금계산서 발급의무 위반죄의 정

절차에서 일정한 사실을 진술하도록 또는 설명하도록 강요하거나 이를 하지 아니하도록 강요하기 위하여 타인을 신체적으로 학대하거나, 기타 폭행을 가하거나 폭행을 고지하여 협박하거나 정신적 고통을 가한 자는 1년 이상 10년 이하의 자유형에 처한다.

1. 형사소송절차, 관청의 유치명령절차
2. 과태료 부과절차
3. 징계절차 또는 명예법관이나 직업법관의 절차

② 그 행위가 중하지 아니한 경우에는 6월 이상 5년 이하의 자유형에 처한다.

119 독일형법 제340조(공무원에 의한 상해) ① 공무원이 직무 수행 중 또는 직무와 관련하여 상해를 가하거나 가하도록 한 경우에는 3월 이상 5년 이하의 자유형에 처한다. 제1문의 행위가 중하지 아니한 경우에는 5년 이하의 자유형 또는 벌금형에 처한다.

② 미수범은 처벌한다.

③ 제224조 내지 제229조(주: 위험한 상해, 피보호자에 대한 학대, 중상해, 상해치사, 과실치상)는 제1항 제1문의 범죄에 대해서 동일하게 적용한다.

120 김일수·서보학, 423.

범이 될 수 없다고 한다.[121]

(3) 의무범이론의 실익

194 의무범이론은 의무적 지위를 갖지 않은 사람의 정범 자격을 부정한다. 여기서 정범에는 단독정범뿐 아니라 공동정범도 포함된다. 따라서 의무가 부과되지 않은 사람은 의무범의 단독정범뿐 아니라 공동정범도 될 수 없다는 것이 의무범이론의 핵심이다. 따라서 의무범이론을 받아들이면, 공범과 신분에 관한 제33조의 적용이 제한되는 결과가 발생될 수 있다. 제33조는 신분 없는 사람이 신분자의 신분범에 가담하였을 때, 해당 신분범의 공동정범으로 처벌될 수 있음을 규정한다. 하지만 의무범이론에 의하면, 해당 신분범이 의무범의 성격까지 갖는 경우라면 비신분자가 의무적 지위를 갖지 않은 사람이 되어 해당 범죄의 공동정범이 될 수 없다. 이렇게 의무범이론은 제33조의 적용을 제한함으로써 범죄의 본질을 중시한 구성요건의 엄격한 해석에 기여한다는 것이 의무범이론 인정설의 주장이다.[122]

(4) 의무범이론에 대한 평가

195 앞에서 설명한 대로, 의무범이론은 독일에서 발전되었다. 독일형법은 비신분자가 신분자의 신분범에 가담하여 해당 범죄의 공동정범이 될 수 있다는 규정이 없다. 우리나라 제33조에 비견되는 독일형법 제28조 1항은 "정범의 가벌성을 근거하는 특별한 인적 요소(독형 § 14①)가 공범(교사범 또는 방조범)에 결여된 경우에는 제49조 1항에 의해 그 형이 감경된다."라고 하여, 특별한 인적 요소가 결여된 사람은 해당 범죄의 공범(교사범 또는 방조범)으로만 처벌될 수 있도록 규정하고 있는 것이다.

196 하지만 우리 형법 제33조 본문은 "신분이 있어야 성립되는 범죄에 신분 없

121 대판 2012. 5. 10, 2010도13433; 대판 2014. 7. 10, 2013도10554; 대판 2014. 11. 27, 2014도1700; 대판 2017. 6. 29, 2017도4548. 위 2010도13433 판결 평석은 한승, "재화를 공급한 자가 타인의 사업자등록을 이용하여 그 명의로 세금계산서를 작성·교부한 경우의 형사책임", 자유와 책임 그리고 동행: 안대희 대법관 재임기념, 사법발전재단(2012), 495-520.

122 예컨대, 김일수·서보학, 423-424. 「의무범의 특성은 형법 외적 특별의무의 침해만이 정범성을 근거지우고 범행지배와 같은 다른 표지의 존재는 필요로 하지 않는다는 점이다. 따라서 구성요건적으로 특별한 의무침해가 없는 한, 비록 범행지배가 있어도 행위자는 정범이 아니라 단지 방조범에 불과하다. (중략) 전(前)형법적인 특별의무를 부담하지 않는 자가 이 의무부담자를 이용하여 간접정범을 저지를 수 없음은 물론, 양자 사이에 공동정범의 성립도 원칙적으로 불가능하다. 이러한 의무 없는 자는 가담 정도에 따라 단지 공범이 될 수 있을 뿐이다.」

는 사람이 가담한 경우에는 그 신분 없는 사람에게도 제30조부터 제32조까지의 규정을 적용한다."라고 함으로써, 신분범에 대한 비신분자의 공동정범 성립 가능성을 열어 놓고 있다. 따라서 의무범이론을 받아들이면 33조의 입법 취지가(공동정범의 성립에 관한 한) 형해화될 우려가 있다. 이는 신분범과 의무범의 구별이 실제에 있어서 난해하다는 점을 고려하면 더욱 심각해진다. 의무범이론에서 거론하는 의무범의 예들은 모두 신분범의 범주를 벗어나기 어려운 것들이다. 그러한 범죄들이 요구하는 의무적 지위가 통상의 신분범에서는 요구되지 않는다고 설명할 수 없기 때문이다.

따라서 우리나라 형법 체계에서는 의무범이론을 받아들이기 곤란하다는 견 197
해가 제시되며, 최소한 수용하더라도 제33조의 규정 중에서 공동정범의 적용 범위가 공동화될 정도까지 이르러서는 안 된다는 견해도 제시된다.[123]

판례 역시 조세범 처벌법 제10조(세금계산서의 발급의무 위반 등) 위반의 죄와 198
관련하여, 의무 없는 사람은 당해 범죄의 단독정범은 될 수 없지만, 공동정범의 성립은 가능한 것으로 판시하고 있다. 판시내용을 소개하면 다음과 같다.

> "구 조세범 처벌법(2010. 1. 1. 법률 제9919호로 전부 개정되기 전의 것, 이하 199
> 같다) 제11조의2[124] 제4항 제1호 및 제3호의 내용과 입법 취지를 종합하면, 같은 항 제1호는 재화 또는 용역(이하 '재화 등'이라 한다)을 공급하지 아니한 자가 자신을 공급하는 자로 기재한 세금계산서를 교부하거나 재화 등을 공급받지 아니한 자가 자신이 공급받는 자로 기재된 세금계산서를 교부받은 행위를 대상으로 하고, 같은 항 제3호는 재화 등을 공급하거나 공급받지 아니한 자가 재화 등의 공급에 관한 세금계산서 합계표를 허위로 작성하여 정부에 제출한 행위를 대상으로 한다. 그런데 재화 등을 공급하거나 공급받은 자가 제3자의 위임을 받아 제3자의 사업자 등록을 이용하여 제3자를 공급하는 자로 기재한 세금계산서를 교부하거나 제3자가 공급받는 자로 기재된 세금계산서를 교부받은 경우 및 제3자 명의로 재화 등의 공급에 관한 세금계산서 합계표를 작성하여 정부에 제출한 경우에는, 제3자가 위 세금계산서 수수 및 세금계산서 합계표 작성·제출행위를 한 것으로 볼 수 있으므로 그가 재화 등을

123 이용식, "의무범 이론에 대한 소고", 서울대학교 법학 43-1(2002), 336.
124 2010년 1월 1일 법률 개정으로 조문이 제10조로 변경되고 내용도 일부 바뀌었다.

공급하거나 공급받지 아니한 이상 구 조세범 처벌법 제11조의2 제4항 제1호 및 제3호 범행의 정범이 되고, 재화 등을 공급하거나 공급받은 자는 가담 정도에 따라 그 범행의 공동정범이나 방조범이 될 수 있을 뿐 그 범행의 단독정범이 될 수 없다."[125]

〔이 승 호〕

125 대판 2012. 5. 10, 2010도13433.

〔총설 II〕 공범종속성과 공범독립성

I. 서 설

1 공범은 하나의 범죄 실현에 여러 사람이 관여하는 것을 말한다. 하나의 범죄 실현에 관여하는 여러 사람을 통칭하여 다수관여자라고 하며, 이 중에서 독립행위가 경합하는 경우를 제외한 나머지를 넓은 의미의 공범이라고 하는데, 형법 제1편 제2장 제3절의 제목에 사용된 '공범'은 이러한 의미의 공범을 가리킨다.

2 다수관여자를 어떻게 처벌할 것인가는 입법의 문제이다. 다수관여자를 동일하게 취급하는 방식으로서 단일정범개념을 사용하여 다수관여자를 전부 정범으로 취급하는 단일정범체계를 구성하거나,[1] 주된 역할을 수행한 사람을 정범으로, 나머지 사람을 공범으로 구분하는 이원적 체계로 구성하는 방식을 입법적으로 채택할 수 있다. 형법은 정범과 공범을 구분하는 이원적 체계를 입법적으로 선택하였다. 형법은 제1편 제2장 제3절의 제목으로 '공범'이라는 개념을 정범을 포함하는 넓은 의미로 사용하고 있으므로, 개념적 구별을 위하여 정범과 구별되는 '공범'은 좁은 의미의 공범으로 이해하고 있다. 좁은 의미의 공범인 교사범과 방조범을 통상 '공범'이라고 표현하고 있다.

3 다수관여자를 모두 정범으로 취급하지 않고 정범과 공범으로 구별하는 이원적 체계에서 정범과 공범의 관계설정을 살펴보는 것이 공범의 이해에 도움을 준다. 정범과 공범의 관계에 대해서는 확장적 정범개념과 제한적 정범개념이라

1 단일정범체계의 입법방식을 택하고 있는 나라로는 덴마크, 오스트리아, 아이슬란드, 이탈리아를 들 수 있다.

는 두 가지 접근방식이 제시되고 있다.

4 확장적 정범개념은 범죄실현에 관여한 다수관여자를 각자가 기여한 구체적 비중은 중요하지 않고 발생한 법익침해를 야기한 모두를 정범으로 파악한다. 이러한 이해는 단일정범체계와 인과관계이론으로서 조건설에 기반하고 있다. 확장적 정범개념에서 교사범과 방조범은 당연히 정범으로 평가되어야 하지만, 입법적으로 공범규정을 두고 있다면 그러한 공범규정은 정범으로 처벌하는 것을 제한하고자 하는 형벌제한사유로 이해된다.

5 제한적 정범개념은 다수관여자 각자가 가진 범죄실현의 동기나 이해관계를 고려하지 않고 범죄구성요건의 모든 요소를 실현한 사람만을 정범으로 파악한다.[2] 그리고 다수관여자 중 정범이 아닌 사람은 정범에 종속시켜 공범으로 처벌하므로, 정범이 아닌 공범을 처벌하는 규정은 형벌확장사유로 이해된다.

6 형법은 범죄를 범한 사람에 대해서는 정범개념을 사용하고, 이 정범개념을 전제로 교사범과 방조범의 처벌을 규정하고 있다. 즉, 제한적 정범개념을 토대로 공범에 대해 규정하는 방식을 택하고 있다.[3] 공범은 정범이 아니므로 형사처벌을 할 수 없는 사람이지만, 정범의 범죄실현에 종속적으로 관여하였다는 점에서 형사처벌의 대상으로 규정되었고, 공범에 대한 형사처벌을 규정한 제31조(교사범), 제32조(종범)는 형벌확장사유로 이해된다.

II. 공범의 처벌근거

7 제한적 정범개념에 의하면 정범은 범죄구성요건을 실현한 사람이므로 그 처벌근거에 대해서는 특별한 설명이 필요하지 않다. 구성요건을 직접 실현한 정범의 처벌을 원칙으로 하면서도 공범개념을 통해 형벌을 확장하는 제한적 정범개념에서는 공범의 처벌근거는 중요한 문제이다. 물론 현행 형법의 규정이 처벌근거라고 쉽게 이해할 수도 있으나, 공범의 처벌근거는 공범에 관한 이해를 위한 중요한 통로역할을 한다는 점에서 의미가 적지 않다.

---

2 이러한 제한적 정범개념은 구성요건을 직접 실현하지 않은 간접정범과 공동정범을 정범개념에 포함시켜서 정범개념을 확장하게 되었고, 이렇게 제한적 정범개념으로부터 확장된 정범개념이 오늘날 독일형법의 기초가 되었다(Schönke/Schröder/Heine/Weißer, Strafgesetzbuch, Vor § 25 Rn. 5).

3 신동운, 형법총론(14판), 644.

제한적 정범개념에서는 공범은 정범의 범죄실현에 기여하였다는 점에 본질이 있다. 구성요건을 실행하지 않은 공범이 정범의 범죄실현에 영향을 미쳤다는 처벌근거를 어떻게 실질적으로 근거지울 것인가에 대해서 다양한 관점이 제시되고 있는데, 개략적으로 가담설과 야기설이 대립하고 있다. 가담설은 정범과 공범의 연대성을 강조하는 반면, 야기설은 공범을 독립된 범죄유형으로 파악한다. 8

1. 가담설

가담설은 공범의 처벌근거를 공범자의 행위 그 자체에서 찾지 않고 공범자가 정범의 범죄행위에 가담하였다는 점에서 찾고 있다. 가담설은 교사행위나 방조행위와 같은 공범자의 행위 그 자체로 인한 위법상태의 야기를 전혀 인정하지 않고, 공범종속성을 인정하는 전제하에서 공범의 처벌근거를 설명하는 견해이다. 이 견해는 다시 책임가담설과 불법가담설로 나뉜다.[4] 9

(1) 책임가담설

공범이 정범의 행위에 가담하여 정범으로 하여금 유책한 범죄행위로 나아가도록 했기 때문에 처벌된다는 견해이다.[5] 10

(2) 불법가담설

공범이 정범으로 하여금 불법한 범행을 저지르게 함으로써 정범과 사회가 유지해왔던 일체성을 해체시켜 법적 평화를 침해했기 때문에 처벌된다고 한다. 이 견해는 정범의 구성요건에 해당하고 위법한 행위인 불법에 가담한 공범은 비록 정범이 책임무능력자인 경우에도 공범으로 처벌된다는 점에서 책임가담설과 구별된다. 11

2. 야기설

야기설은 공범자의 독자적인 불법요소를 인정하려는 점에서 가담설과 구별된다. 야기설은 공범은 정범의 행위를 야기한 점에서 독자적인 의미를 가진다고 12

4 신동운, 651. 우리 형법의 공범론 조문체계상 공범의 처벌근거로 검토할 여지가 있는 견해는 책임가담설과 불법가담설이라고 한다.

5 오영근·노수환, 형법총론(7판), 451-452. 다만 방조범과 교사범은 우리 형법이 극단적 종속형식(후술)을 따른다고 할 경우 책임가담설이 타당하지만, 제31조 제2항, 제3항의 경우에는 순수야기설로 설명이 가능하다고 한다.

한다. 야기설의 관점에서 공범의 독자적 불법요소 이외에도 정범의 불법요소를 공범처벌근거로 가미하거나, 가미한 경우에도 정범의 불법요소 중 어떤 내용요소를 가미하는가에 따라 견해가 나뉜다.

(1) 순수야기설

13 순수야기설은 공범이 정범의 불법에 가담했기 때문이 아니라 공범 자신의 불법에 공범처벌의 근거가 있다고 한다. 즉, 공범은 독자적으로 구성요건을 실현함으로써 불법을 야기하기 때문에 정범의 행위가 없더라도 처벌된다는 것이다. 이 견해는 공범이 정범의 행위를 야기하는 데 초점을 맞추면서도 공범의 행위 자체가 공범의 처벌을 근거지울 만한 충분한 불법적 요소를 가지고 있다고 본다.

(2) 종속적 야기설

14 종속적 야기설은 특히 공범의 처벌근거가 정범의 범행을 야기·촉진했다는 점에 있지만, 이러한 공범의 행위는 독자적인 의미를 가지는 것이 아니라 정범의 실행행위와 연계되어서만 처벌되는 것이므로, 공범의 불법은 필연적으로 정범의 불법에 종속되는 것이라고 한다.[6] 이 견해는 순수야기설의 기본적 입장을 공범종속성의 입장과 조화를 이룰 수 있도록 수정한 것으로서, 이런 이유로 수정된 야기설이라고도 부르기도 한다.

(3) 혼합적 야기설

15 혼합적 야기설은 공범의 불법이 일부는 정범의 행위에서, 일부는 공범의 독자적인 법익침해에서 도출된다고 한다. 즉, 순수야기설과 종속적 야기설을 혼합하여 공범자의 행위 자체에 고유하게 있는 공범의 독자적인 불법과 정범의 불법에 종속적으로 인정되는 종속적인 불법을 공범의 처벌근거로 제시한다. 혼합적 야기설은 공범의 독자적 불법과 종속적 불법의 내용과 관련하여 두 가지 견해가 제시되고 있다.

(가) 종속적 법익침해설

16 공범의 불법 일부는 정범의 행위(종속적 야기설)에서, 또 다른 일부는 공범의 독자적인 법익침해(순수야기설)에서 도출되며, 공범의 처벌근거는 종속적이면서도 동

---

6 김신규, 형법총론 강의, 436; 박상기·전지연, 형법학(총론·각론)(5판), 252; 배종대, 형법총론(17판), § 128/18; 이재상·장영민·강동범, 형법총론(11판), § 31/49; 이정원, 형법총론, 320; 정웅석·최창호, 형법총론, 496.

시에 독립된 법익침해에 있다고 보는 혼합적 야기설의 원형을 이루는 견해이다.[7]

(나) 행위반가치 · 결과반가치 구별설

공범의 불법 중 행위반가치는 공범 자신의 행위에서 독립적으로 인정되고, 17
결과반가치는 정범에 종속한다는 견해이다.[8]

3. 소 결

공범의 처벌근거에 관한 논의는 주로 형법규정과 조화로운 해석을 위한 전 18
제로서 구성하려는 접근방식을 취하고 있다. 이러한 논의방식은 제31조 제2항과 제3항의 기도된 교사 규정과의 조화로운 해석과 공범종속형식의 정합성을 위한 공범의 처벌근거로서 미시적 관점에서 접근하는 것이지, 공범의 본질을 규명하여 다수관여자 중 공범을 처벌하는 근거를 설명하기에는 충분하지 않다는 점을 고려하여야 한다.

공범의 처벌근거를 종속형식과 관련해서 설명하는 국내의 문헌들은 공범의 19
처벌근거보다 종속형식을 더 중요하게 생각하는 경향을 반영하고 있다. 공범의 종속형식을 변론하기 위한 취지로 공범의 처벌근거를 설명하는 것은 공범이론의 정립과 이해를 위해 적절하지 않은 태도이다. 공범이 처벌되고 그 근거가 정립된 후에 그에 맞는 종속형식을 전개하는 것이 적절한 이론 구성이라고 할 수 있다. 이러한 의미에서 공범의 처벌근거는 위 순수야기설의 관점에서 이해하는 것이 형법이론적 측면에서 공범의 이해에 가장 부합하는 것이라고 할 수 있다.

그러나 공범은 정범의 실행행위와 불가분의 관계에 놓여 있다는 점에서 정 20
범의 실행행위에 기여한 행위가 공범처벌의 근거가 될 수밖에 없다. 그러므로 공범은 정범의 실행행위를 야기 · 촉진하였다는 점에서 그 처벌근거를 도출하는 것이 논리적이다. 정범에 종속하여 공범을 처벌할 것인지, 독립적으로 공범을 처벌할 것인지는 입법적인 문제라고 보면, 공범의 처벌근거를 현행 형법의 해석론으로 공범의 처벌근거를 설명하는 것과 공범 그 자체의 처벌근거를 설명하는

7 김일수 · 서보학, 새로쓴 형법총론(13판), 477; 손동권 · 김재윤, 새로운 형법총론, § 30/28.

8 김성돈, 형법총론(8판), 629; 이주원, 형법총론(3판), 337(결과불법 종속설이라 한다); 임웅 · 김성규 · 박성민, 형법총론(14정판), 458; 정성근 · 박광민, 형법총론(전정2판), 522; 정성근 · 정준섭, 형법강의 총론(3판), 284(행위불법독립 · 결과불법종속설 또는 이원적 불법론이라 한다).

것은 분리하여 설명하는 것이 바람직하다.

Ⅲ. 공범의 종속성

1. 공범독립성설과 공범종속성설

21 제30조에서 정범을 설정하고 제31조 제1항과 제32조 제1항에서 죄를 실행한 정범을 전제로 교사범과 종범(방조범), 즉 공범을 규정함으로써 다수관여자를 정범과 공범으로 구별하고 있다. 여기에서 공범은 정범을 전제로 한 개념이라고 하더라도, 공범의 행위가 정범의 행위와는 별도로 독자적으로 범죄가 될 수 있는지, 아니면 공범의 행위는 반드시 정범의 실행행위에 종속해서만 범죄로 성립될 수 있는지가 문제가 된다.

(1) 학설의 대립

(가) 공범독립성설

22 공범독립성설의 입장에서는 타인으로 하여금 죄를 범하게 하려는 의사 자체가 외부로 표명된 이상, 정범의 실행행위와 상관 없이 독자적으로 공범의 가벌성이 인정되는 것이라고 한다. 공범독립성설은 종래 주관주의 범죄론의 입장에서 주장된 견해이다. 이러한 견해에 따르면, 교사행위나 방조행위는 그 자체가 이미 반사회적인 행위로서의 실질을 갖추고 있기 때문에 정범의 실행행위가 없더라도 공범의 행위 자체가 실행행위로서 독립하여 가벌성의 대상이 된다고 한다. 그러므로 정범을 단지 미수에 그치도록 하려는 고의를 가지고 교사행위를 하더라도 교사행위 자체의 미수범이 성립하며, 정범의 범죄와 무관하게 공범이 성립하기 때문에 정범에게 범죄성립요건이 결여되는 경우라 하더라도 공범행위 그 자체로 범죄가 성립할 여지가 있게 된다.

(나) 공범종속성설

23 통설인 공범종속성설에 의하면 정범의 실행행위가 있어야만 하고, 공범은 정범의 실행행위에 종속해서만 성립할 수 있다고 한다(통설).[9] 즉, 공범의 독자

9 김성돈, 619; 김일수·서보학, 478; 박상기·전지연, 248; 배종대, § 128/4; 신동운, 654; 오영근·노수환, 443; 이재상·장영민·강동범, § 31/37; 임웅·김성규·박성민, 453; 정성근·박광민, 515.

적인 성립가능성을 부정한다. 공범종속설은 객관주의 범죄론의 입장을 대변하고 있다. 객관주의 범죄론의 입장에서는 가벌성의 요건인 객관적인 구성요건을 실현한 주체인 정범과 무관한 사람은 처벌할 수 없는 것이며, 객관적 구성요건을 실현한 정범에 종속하여 관여된 사람을 공범으로 처벌하는 것이라고 본다.

(2) 판례의 태도

판례는 정범의 성립은 교사범, 방조범의 구성요건의 일부를 형성하고 교사범, 방조범이 성립함에는 먼저 정범의 범죄행위가 인정되는 것이 그 전제요건이 되는 것은 공범의 종속성에 연유하는 당연한 귀결이라고 함으로써 위 공범종속성설을 기반으로 하고 있다.[10] 이러한 기반 위에서 판례는 소송상으로 교사범, 방조범의 사실 적시에 있어서도 정범의 범죄구성요건이 되는 사실 전부를 적시하여야 하고, 이 기재가 없는 교사범, 방조범의 사실 적시는 죄가 되는 사실의 적시라고 할 수 없다고 한다.[11] 24

구체적으로 판례는 교사범의 경우, ① 피교사자에게 위증죄가 성립되지 않는 한 교사자인 피고인에게 위증교사죄가 되지 않고,[12] ② 허위진단서작성죄의 증명이 충분하지 않은 이상 이를 교사하였다 하여 허위진단서작성교사죄의 죄책을 물을 수 없다[13]고 각 판시하였다. 25

또한 종범의 경우에도, ① 정범의 사기 또는 사기미수의 증명이 없으면 사기방조죄도 성립할 수 없고,[14] ② 피고인이 스스로 단독으로 아들에 대한 징집을 면탈케 할 목적으로 사위행위를 한 경우, 아들의 범죄행위는 아무것도 없어 아들의 범죄행위를 방조한 것으로 볼 수 없고,[15] ③ 병원 원장인 피고인이 환자에게 허위의 입·퇴원확인서를 작성·교부하여 환자가 보험회사로부터 보험금을 편취하는 것을 방조하였다는 내용으로 기소된 사안에서, 환자에게 사기죄가 성립하지 않는 이상 피고인에 대하여 사기방조죄의 유죄를 인정한 원심판결은 법리를 오해한 잘못이 있고,[16] ③ 피고인이 납세의무자가 되기 전에 상가분양권 26

10 대판 1981. 11. 24, 81도2422.
11 대판 1981. 11. 24, 81도2422(밀항단속법위반의 방조); 대판 2020. 5. 28, 2016도2518(사기방조).
12 대판 1974. 6. 25, 74도1231.
13 대판 1998. 2. 24. 97도183.
14 대판 1970. 3. 10, 69도2492.
15 대판 1974. 5. 28, 74도509.
16 대판 2017. 5. 31. 2016도12865.

매매대금 중 4억 1,000만 원을 배우자에게 증여하였다고 하더라도 피고인에 대하여 조세범 처벌법상 체납처분면탈죄[17]가 성립하지 않는 이상 그 배우자를 방조범으로 처벌할 수 없다[18]고 각 판시하였다.

(3) 소결

27 공범종속성설과 공범독립성설은 객관주의와 주관주의라는 형법의 이론의 발전과정에서 나온 것이라고 할 수 있다. 입법자의 결단을 통한 형법규정의 구성은 형법이론의 과거와 현재를 반영하는 결과라고 할 수 있다. 이러한 의미에서 입법자가 다양한 이론적 결과들의 장점을 절충하여 선택하는 것은 당연한 입법과정이라고 이해할 수 있다.

28 형법은 공범종속성설을 기본입장으로 하고 있으면서 공범독립성설의 특성을 일정부분 채용한 입법적 태도를 취하고 있다고 할 수 있다. 기본적으로 교사범과 방조범의 성립요건을 규정한 제31조 제1항과 제32조 제1항은 범죄종속성설에 바탕을 두고 있으며, 제31조 제2항과 제3항을 통해 기도된 교사를 처벌하는 보완적 규정을 두고 있다는 점에서 우리 형법이 범죄종속성설에 따라 입법된 것이라고 이해하는 것이 타당하다. 통설과 판례도 위와 같은 입장이다.

2. 형법규정의 해석상 쟁점

29 공범종속성설이 통설이고 공범독립성설을 주장하는 견해를 현재의 문헌에서는 찾아 볼 수 없음에도 불구하고 공범독립성설과 공범종속성설을 대부분의 문헌에서 다루고 있는 것은 제31조 제2항과 제3항의 기도된 교사의 규정의 성격을 어떻게 볼 것인가와 관련이 있기 때문이다.[19]

---

17 조세범 처벌법 제7조(체납처분 면탈) ① 납세의무자 또는 납세의무자의 재산을 점유하는 자가 체납처분의 집행을 면탈하거나 면탈하게 할 목적으로 그 재산을 은닉·탈루하거나 거짓 계약을 하였을 때에는 3년 이하의 징역 또는 3천만원 이하의 벌금에 처한다.
② 「형사소송법」 제130조제1항에 따른 압수물건의 보관자 또는 「국세징수법」 제49조제1항에 따른 압류물건의 보관자가 그 보관한 물건을 은닉·탈루하거나 손괴 또는 소비하였을 때에도 제1항과 같다.
③ 제1항과 제2항의 사정을 알고도 제1항과 제2항의 행위를 방조하거나 거짓 계약을 승낙한 자는 2년 이하의 징역 또는 2천만원 이하의 벌금에 처한다.

18 대판 2022. 9. 29, 2022도5826.

19 제31조 제2항 및 제3항과 관련된 논의 이외에도, ① 자살관여죄(§ 252②)와 관련하여, 공범독립성설은 자살자와는 무관하게 자살관여자의 행위가 독자적으로 인정되는 당연규정이라고 함

공범독립성설에 의하면 교사를 받은 사람이 범죄의 실행을 승낙하고 실행의 착수에 이르지 아니한 때에는 교사자와 피교사자를 음모 또는 예비에 준하여 처벌한다는 규정(§ 31②) 및 교사를 받은 사람이 범죄의 실행을 승낙하지 아니한 때에도 교사자에 대하여는 음모 또는 예비에 준하여 처벌한다는 규정(§ 31③)이 타인에 대해 교사행위를 하였으나, 승낙은 하였더라도 실행의 착수단계로 나아가지 않거나, 그 상대방이 실행행위를 하려는 승낙조차 하지 않은 때에도 교사의 미수를 인정하므로, 제31조 제2항과 제3항을 보더라도 공범독립성설을 인정하고 있다고 한다. 이에 대해서, 공범종속성설은 정범이 실행의 착수에 나아가지 않거나 승낙조차 하지 않은 경우는 교사의 미수가 아니라 기도된 교사에 불과하고, 이러한 경우에도 교사자를 처벌하는 제31조 제2항과 제3항은 예외적인 특별규정이라고 한다. 30

제31조 제2항과 제3항에 대한 공범독립성설과 공범종속성설에 근거한 이해와 달리 형법은 양자의 절충적 입장을 입법화한 것으로 다수설은 이해하고 있다.[20] 이에 따르면 형법에서는 공범독립성설이나 공범종속성설 어느 하나만으로 해결할 수 없는 문제들이 적지 않은데, 이러한 문제들을 놓고 어느 일방의 이론만을 추종하는 경우에는 결국 원칙과 예외라는 도식적 구도로 설명할 수밖에 없는 한계를 갖는다고 한다. 따라서 공범독립성설과 공범종속성설은 택일 또는 대립관계가 아니라 혼합적 결정체로 보는 것이 타당하며, 중요한 것은 개개의 구체적인 문제 해결에서 어느 입장이 다른 입장보다 더 중추적인 기능을 담당한다고 이해하는 것이 타당하다고 한다. 31

에 반하여, 공범종속성설은 자살자는 처벌하지 않지만 자살관여자는 처벌하는 예외적인 특별규정이라고 하고, ② 공범과 신분(§ 33)과 관련하여, 공범독립성설은 제33조 단서가 신분 없는 공범의 처벌을 신분 있는 정범과 별도로 규정한 것이므로, 제33조 단서규정이 원칙규정이고 비신분자가 신분자의 행위에 종속하는 것으로 규정하고 있는 제33조 본문규정은 예외규정이라고 함에 반하여, 공범종속성설은 제33조 본문규정이 공범종속성의 원칙규정이고 비신분자인 공범과 신분자인 정범의 처벌을 개별화한 제33조 단서규정은 예외규정이라고 하고, ③ 간접정범(§ 34①)과 관련하여, 공범독립성설은 이용자의 이용행위나 교사자의 교사행위 모두 범죄적 의사의 표현으로서 동일하게 실행행위로 평가되므로 간접정범과 교사범의 구별을 부정함에 반하여, 공범종속성설은 정범의 실행행위가 있는 때에 공범의 실행행위를 인정하므로 간접정범의 경우 피이용자의 행위를 정범의 행위로 볼 수 없기 때문에 이용자를 공범이 아니라 정범으로 보게 된다고 한다.

20 김일수·서보학, 491; 배종대, § 144/7; 손동권·김재윤, § 31/35; 오영근·노수환, 443; 이재상·장영민·강동범, § 34/32.

32 통설인 공범종속성설은 제31조 제1항과 제32조 제1항이라는 공범규정의 이해를 통해서 공범종속성설을 원칙을 설명하고, 제31조 제2항과 제3항을 예외적인 특별규정이라고 이해한다. 즉 제31조 제1항의 '타인을 교사하여 죄를 범하게 한 자'와 제32조 제1항의 '타인의 범죄를 방조한 자'에 비추어 보면, 공범형태인 교사범과 방조범의 성립에 있어서 실행행위를 하는 타인인 정범을 전제로 하고 있을 뿐만 아니라 정범이 일정한 구성요건적 실행행위로 나아가는 것까지 전제로 하고 있다는 점에서, 공범은 정범의 존재 자체와 정범의 실행행위가 없이는 성립 불가능하므로 공범종속성설이 타당하다고 한다.[21]

33 제31조 제2항과 제3항과 관련한 공범독립성설과 공범종속성설의 논의는 형법이론사의 연장선상에서 의미를 가지고 있으나, 형법 전반에 걸쳐 나타나는 객관주의 형법이론과 주관주의 형법이론의 특성들이 반영된 흔적들 중 하나로 이해하는 것이 적절하다고 할 수 있다. 우리 형법의 입법과정에서 그러한 형법이론들의 궤적을 추정하는 것은 규정의 배경을 이해하는 정도에서 의미를 부여할 수 있지만, 공범과 관련한 형법규정의 해석론의 근거와 논리적으로 반드시 연결되어야 한다는 강박에서는 벗어날 필요가 있다. 오히려 공범의 처벌근거에 관한 다양한 이론들을 통해서 제31조 제2항과 제3항의 규정을 이해함으로써 타당한 해석론이 전개될 수 있다.

Ⅳ. 공범의 종속형식

34 공범종속성은 공범이 정범에 종속하여 성립한다는 성질을 의미한다. 공범종속성에 따라 공범은 정범에 종속되는 성질을 가졌다고 하더라도, 공범이 정범의 행위에 전적으로 종속된다는 의미로 이해할 수는 없다. 그래서 공범이 정범에 어느 정도 종속되어 성립하는 것인가라는 문제가 제기되는 것이며, 공범의 종속형식은 이 문제와 관련하여 논의되는 주제이다.

35 공범의 종속형식이란 범죄체계론에 따라서 정범의 행위가 범죄성립요건 가운데 어느 단계까지 충족되어야 정범의 행위에 관여한 사람에게 공범성립을 인정할 수 있는지에 대한 종속의 분류형식 또는 종속정도를 말한다. 문헌에서는

21 김성돈, 621; 이재상·장영민·강동범, § 31/39.

공범의 종속형식을 독일의 형법학자 마이어(M. E. Meyer)가 공범의 종속형식을 네 가지로 분류하여 사용했던 분류방식[22]과 동일한 방식으로 설명하고 있다. 이에 따르면 최소종속형식, 제한종속형식, 엄격종속형식 그리고 확장종속형식으로 분류된다. 이러한 종속형식과 관련된 논의는 주로 제31조 제1항과 제32조 제1항의 '죄' 및 '범죄'개념에 대한 해석문제와 관련되어 전개되고 있다(우리 형법에서의 공범의 종속 정도의 문제).

1. 종속성의 정도

(1) 확장종속형식(최극단종속형식)

정범의 실행행위가 구성요건해당성, 위법성, 책임이라는 세 가지 범죄성립 36
요건을 모두 충족시켜야 할 뿐만 아니라 인적 처벌조각사유의 부존재나 객관적 처벌조건 등 처벌조건까지 갖추어야 정범의 행위에 관여한 사람의 공범성립을 인정하는 종속형식으로서, 공범이 성립될 가능성이 가장 좁은 종속형식이다. 이러한 종속형식은 이론상의 의미만 있을 뿐 형법규정[23]과도 조화되지 않을 뿐만 아니라 이를 주장하는 견해도 없다.

(2) 엄격종속형식(극단종속형식)

정범의 행위가 범죄성립요건을 엄격하게 모두 충족해야만 공범이 성립할 37
수 있다는 종속형식으로서, 공범이 성립하기 위해서는 정범의 행위가 구성요건에 해당하고 위법하며 유책하여야 한다.[24] 이 종속형식에 의하면 공범이 성립하기 위해서는 정범의 행위가 범죄의 성립요건을 완전히 갖추어야 하므로, 책임능력자가 형사미성년자를 이용하여 범죄를 실행하게 한 경우에는, 정범에게 책임성이 없으므로 교사범이 성립되지 않고 간접정범의 성립을 인정하게 된다.[25]

---

22 Max Ernst Mayer, Der allgemeine Teil des deutschen Strafrechts: Lehrbuch, 2 unveränderte Auflage, 1923, S. 391.

23 정범의 일신전속적인 신분의 효과가 공범에게도 영향을 미치게 되므로 정범이 자신의 친족에 대해 재산범죄를 범한 경우 공범도 인적 처벌조각사유에 의하여 형이 면제된다[§ 328①. 다만, 위 규정은 헌재 2024. 6. 24, 2020헌마468 등에 따른 헌법불합치결정으로 적용중지(2025년 12월 31일 시한)됨]. 그러나 이러한 결론은 제328조 제3항 "신분관계 없는 공범에 대해서는 제1항의 규정을 적용하지 아니한다."는 것과 배치된다.

24 1943년 독일형법 개정 전까지 독일제국형법의 지배적인 견해였다.

25 신동운, 660; 오영근·노수환, 447.

(3) 제한종속형식

38 정범의 행위가 범죄성립요건을 엄격하게 모두 충족해야만 공범이 성립할 수 있다는 종속형식을 제한하여 정범의 실행행위가 구성요건해당성과 위법성까지만 충족하면 이에 종속하여 공범성립을 인정하는 종속형식이다.[26] 제한종속형식이라는 용어는 독일형법에서 1943년 개정 전까지 지배적인 종속형식이었던 엄격종속형식(극단종속형식)에 비해 그 엄격성을 제한하여 구성요건해당성과 위법성만으로 제한하였다는 의미에서 붙여진 것이다.[27] 현행 독일형법 제29조에 근거하여 정범에 대한 공범의 종속성은 정범의 책임에 대한 고려 없이 정범의 고의에 의한 불법에 제한된다.[28] 제한종속형식에 의하면 엄격종속형식과 달리 책임 없는 정범의 행위에 관여한 사람의 경우에도 공범이 성립될 수 있다.

(4) 최소종속형식

39 정범의 행위가 구성요건해당성만 충족시키면 공범이 성립할 수 있다는 견해이다.[29] 정범의 행위가 위법성이나 책임이라는 범죄성립요건을 갖추지 못하더라도 정범의 행위에 관여한 사람의 공범성립이 가능하게 된다는 의미에서 범죄성립요건 중 구성요건해당성을 공범 성립요건으로 한다는 점에서 '최소'라는 수식어가 붙여졌다. 이 형식에 의하면 정범에 가담한 대부분의 행위는 공범으로 처벌되므로 다른 종속형식보다 가장 넓게 공범의 성립이 인정되게 된다.

(5) 소결

40 종속의 정도를 강하게 요구하는 종속형식일수록 공범성립의 범위는 좁아지므로 상대적으로 정범과 공범의 관계에서 공범의 독립성은 약해진다. 이러한 구조에서 확장종속형식, 엄격종속형식, 제한종속형식, 최소종속형식의 순서로 설명하고, 기본적인 종속형식을 엄격종속형식으로 설정하여야만 제한종속형식의

---

26 김신규, 434; 김일수·서보학, 478; 박상기·전지연, 250; 배종대, § 128/10; 성낙현, 형법총론(3판), 668; 이재상·장영민·강동범, § 31/42; 이주원, 334; 이형국·김혜경, 형법총론(6판), 381; 임웅·김성규·박성민, 455; 정성근·박광민, 518; 정웅석·최창호, 493; 최호진, 형법총론(2판), 641; 한상훈·안성조, 형법개론(3판), 239; 주석형법 [총칙(2)](3판), 99(이상주).

27 독일형법 제29조는 "각 범죄참가자는 타인의 책임에 대한 고려 없이 자신의 책임에 따라 처벌된다"고 규정하고 있다.

28 Schönke/Schröder/Heine/Weißer, Strafgesetzbuch, Vor § 25 Rn. 22.

29 김성돈, 625.

의미가 이해될 수 있다.[30] 현재 문헌에서 종속형식과 관련하여 제한종속형식이 다수의 견해이며, 엄격종속형식과 최소종속형식은 소수의 견해라고 할 수 있다.

2. 판례의 태도

41 판례가 어느 형식의 종속형식을 취하고 있는지는 명확하지 않다. 다만 대법원은 삭제된 구 형법 제104조의2 제2항[31]의 국가모독죄가 외국인을 이용한 간접정범 처벌규정인지가 문제된 사안에서, "형법 제34조 제1항이 정하는 소위 간접정범은 어느 행위로 인하여 처벌되지 아니하는 자 또는 과실범으로 처벌되는 자를 교사 또는 방조하여 범죄행위의 결과를 발생케 하는 것으로 이 어느 행위로 인하여 처벌되지 아니하는 자는 시비를 판별할 능력이 없거나 강제에 의하여 의사의 자유를 억압당하고 있는 자, 구성요건적 범의가 없는 자와 목적범이거나 신분범일 때 그 목적이나 신분이 없는 자, 형법상 정당방위, 정당행위, 긴급피난 또는 자구행위로 인정되어 위법성이 없는 자 등을 말하는 것으로 이와 같은 책임무능력자, 범죄사실의 인식이 없는 자, 의사의 자유를 억압당하고 있는 자, 목적범, 신분범인 경우 그 목적 또는 신분이 없는 자 위법성이 조각되는 자 등을 마치 도구나 손발과 같이 이용하여 간접으로 죄의 구성요소를 실행한 자를 간접정범으로 처벌하는 것이다."라고 판시하였는데,[32] 위 판시사항 중에 간접정범의 성립요소인 '어느 행위로 처벌되지 않는 자'에 책임무능력자를 설시한 부분을 둘러싸고 논란이 있다.

---

30 이와 같은 순서로 서술하고 있는 문헌으로는 오영근·노수환, 444-445.

31 구 형법 제104조의2(국가모독등) ① 내국인이 국외에서 대한민국 또는 헌법에 의하여 설치된 국가기관을 모욕 또는 비방하거나 그에 관한 사실을 왜곡 또는 허위사실을 유포하거나 기타 방법으로 대한민국의 안전·이익 또는 위신을 해하거나, 해할 우려가 있게한 때에는 7년 이하의 징역이나 금고에 처한다.
② 내국인이 외국인이나 외국단체등을 이용하여 국내에서 전항의 행위를 한 때에도 전항의 형과 같다.
[단순위헌, 2013헌가20, 2015. 10. 21, 구 형법(1975. 3. 25. 법률 제2745호로 개정되고, 1988. 12. 31. 법률 제4040호로 개정되기 전의 것) 제104조의2는 헌법에 위반된다.]

32 대판 1983. 6. 14, 83도515(전)[삭제된 구 형법 제104조의2(국가모독) 소정의 외국인이나 외국단체 등은 국가모독죄의 주체가 아니어서 범죄의 대상이나 수단 또는 도구나 손발 자체는 될 수 있을지언정 이를 간접정범에서의 도구나 손발처럼 이용하는 것은 원칙적으로 불가능하므로 이 규정을 들어 간접정범을 정한 취지라고 볼 수 없다고 한 사례]. 본 판결 평석은 김일수, "국가모독죄", 법과 정의: 경사 이회창 선생 화갑기념논문집, 박영사(1995), 185-212.

42 이에 대하여, ① 책임무능력자를 이용하는 경우 교사범이나 방조범으로 처벌한다고 하지 않고 위와 같이 간접정범으로 처벌한다고 판시하고 있는 점에 비추어 위 판결의 태도는 엄격종속형식(극단종속형식)이라는 견해,[33] ② 위 판결이 책임무능력자를 이용하는 경우 그를 '도구나 손발과 같이 이용하여 간접적으로 죄의 구성요건을 실행'하여야 간접정범으로 처벌할 수 있다고 판시한 것은 '도구나 손발과 같이 이용'하는 우월적 의사지배가 없으면 공범의 성립 가능성을 열어두는 것이기 때문에 오히려 제한종속형식과 맥을 같이 하는 것이라는 견해[34]도 있다. 그러나 위 판시내용은 판결문에 부언되는 정도의 표현인 점으로 미루어 보아 판례가 어느 종속형식의 입장이라고 단정하기는 어렵다고 할 것이다.

〔류 전 철〕

33 신동운, 662.
34 김성돈, 624.

제30조(공동정범)

2인 이상이 공동하여 죄를 범한 때에는 각자를 그 죄의 정범으로 처벌한다.

Ⅰ. 연혁 및 의의

1. 연　혁

(1) 제정

(가) 의용형법 규정의 수정

본조의 공동정범 규정은 1953년 제정 당시에 입법한 규정의 문구가 이후 1
개정 없이 그대로 유지되고 있다. 주지하듯이, 우리 형법의 제정 작업에서 모델로 사용한 것은 일본의 개정형법가안이었다. 그런데 일본의 개정형법가안은 당시 일본형법의 공동정범에 관한 규정의 문구를 수정하였고, 이를 그대로 차용하여 우리 형법의 공동정범에 관한 본조의 규정이 만들어졌다. 당시 일본형법은 우리나라에도 의용형법의 형식으로 적용되었으므로, 공동정범 규정의 문구 수정은 의용형법의 규정에 대한 수정을 의미한다. 참고로, 의용형법과 일본의 개정형법가안 및 우리나라 제정 형법의 공동정범에 관한 규정을 비교하면 [표 1]과 같다.

[표 1] 공동정범 규정의 비교

의용형법	일본 개정형법가안	우리나라 제정 형법
第60조(공동정범) 2인 이상이 공동하여 범죄를 실행한 자는 모두 정범으로 한다.	第30조(공동정범) 2인 이상이 공동하여 죄를 범한 때에는 각자를 그 죄의 정범으로 처벌한다.	第30조(공동정범) 2인 이상이 공동하여 죄를 범한 때에는 각자를 그 죄의 정범으로 처벌한다.

2 위 [표 1]에서 보듯이, 의용형법은 공동정범의 요건으로 2인 이상이 공동하여 "범죄를 실행"할 것을 요구하였으나, 일본 개정형법가안과 우리나라 제정 형법은 공동정범의 요건에 관한 문구를 2인 이상이 공동하여 "죄를 범한 때"로 수정하였다. 그 이유는 일본과 우리나라의 판례가 일관되게 인정하여 온 공모공동정범의 실정법상 해석 근거를 마련하기 위한 것으로 설명된다. 의용형법의 조문처럼 공동의 내용을 "범죄의 실행"으로 설정하면 범죄의 객관 면에 대한 공동실행을 갖추지 못한 공모자를 공동정범으로 처벌하는 판례에 대한 설명이 궁색해진다는 것이다. 이를 해결하기 위해 "죄를 범한"이라는 표현으로 공동의 내용을 설명함으로써 공모공동정범의 인정 여지를 입법적으로 부여하려고 했다는 것이 문구 수정의 의미로 알려져 있다. 이는 일본의 개정형법가안에 대한 심의위원회의 이유서와 우리 형법 제정 당시에 중요한 역할을 수행하였던 엄상섭 의원의 설명에서도 확인된다.

3 즉 일본 개정형법가안은 "판례 또한 이(공모공동정범)를 인정하고 있는 바이다. 그런데 현행법(의용형법)의 규정에 의할 때에는 현실로 실행행위를 분담하지 않은 자는 공동정범이 아닌 것처럼 해석되는 의문이 있어 본안은 "범죄의 실행"으로 하지 않고 "죄를 범한"으로 고쳐서 이러한 의문을 피하려고 하였다."[1]고 그 이유를 제시하고 있다. 또한 엄상섭 의원은 "현행 형법 제60조에는 "2인 이상 공동하여 범죄를 실행한 사람은 다 정범으로 한다"고 되어 있으므로 실행에 가담하여야만 정범이 된다는 뜻으로 해석되기 쉬우므로 그래서는 정범의 범위가 너무 협소한 까닭에 신법에서는 "2인 이상 공동하여 죄를 범한 사람은 다 공동정범으로 한다"라고 규정할 예정이다."[2]라고 설명하고 있다.

1 일본 사법성, 형법개정안이유서(1931), 17[신동운, 형법총론(12판), 613에서 재인용].
2 신동운 편, 형법 제·개정 자료집, 한국형사정책연구원(2009), 22.

(나) 정부초안의 정돈

그런데 1949년에 성안되어 1951년에 국회에 제출된 형법 정부초안은 공동정범의 규정에 3개의 항을 두고 있었다. 그중 첫 번째 항은 공동정범에 관한 일반규정으로, 그 내용은 위에서 설명한 대로 의용형법의 표현('범죄를 실행')을 일본 개정형법가안의 표현('죄를 범한')으로 수정한 것이었다. 그리고 두 번째와 세 번째의 항은 범죄단체의 구성과 관련된 죄책 및 형에 관한 것이었다. 즉, 정부초안은 "① 2인 이상 공동하여 죄를 범한 때에는 각자(各自)를 그 죄의 정범으로 처벌한다. ② 범죄를 목적으로 한 단체의 조직자, 가입자 및 지도의 임무에 있는 자는 전항과 같다. ③ 전항을 적용할 죄는 각 본조에 정한다."고 규정하고 있다. 4

그런데 이후 국회의 법제사법위원회에서 제1항의 "2인 이상" 뒤에 "이"를 삽입하도록 하였으며, 제2항과 제3항은 삭제하였다. 이 중에서 제2항과 제3항의 삭제가 중요한 의미를 지니는데, 그 이유는 당시 법제사법위원회에서 제2항과 제3항이 지나친 연대주의 형사책임을 규정하고 있어서 세계적인 입법 추세에 맞지 않는다는 지적이 제기되었기 때문이었던 것으로 알려져 있다. 이에 관한 엄상섭 의원의 발언을 국회 속기록에 기재된 그대로 옮겨보면 다음과 같다. 5

> "여기에 법제사법위원회의 수정안이 있어서 「제2항과 제3항을 삭제한다」는 것입니다. 그러면 이 수정안을 낸 이유를 말씀드리겠[습]니다. 6
> 범죄를 목적으로 하는 단체, 가령 절도단이라든지 이런 단체를 하나 조직해 가지고 있을 것 같으면, 원안의 취지는 그런 것입니다. 그 단체를 조직해 가지고 있을 것 같으면 그 단체를 조직한 사람이나 단체에 가입한 사람이나 단체를 지도한 사람 이 사람은 그 단체원이 자기 모르는 사이에 어디 가서 저 혼자 모르게 범죄를 했다 하[더]라도 똑같은 벌을 받는다는 것입니다.
> 보통 우리가 공범이라고 하[면] 두 사람 이상이 사람을 죽인다든지 혹은 어디 가서 강도를 한다든지 [하는] 것을 똑같이 의논해 가지고, 적어도 갑하고 을하고 의논했다 할지라도 갑하고 을이 같이 가서 실행을 안하[더]라도 갑이 저러한 죄를 범하고 있는 것을 을이 인식하고 있어야 될 것이나, 그만한 정도가 되어야 소위 공동정범으로 처벌하는 것인데, 이것은 범죄단체에 가입한 사람이면 어디 가서 자기가 있[던]지 자기 단체원이 범죄행위를 하[면] 전부 똑같

이 처벌을 받는다 이러한 규정입니다.
그래서 혹은 범죄자를 근멸(根滅)을 시킨다는 그러한 입장에서 본다면 이러한 규정도 필요 할[는]지 모르나, 이것은 일종의 연계규정입니다. 자기도 모르는 사이에 범죄에 해서 자기도 책임을 진다 이러한 것에 해서 그 개인의 [자유권][3]을 보호하는 입장으로 보아서도 대단한 곤란이 있고, 또 이것이 집권자에 있어서 악용될 때에는 중대한 영향이 올 것이다 이러한 것으로 보아서 근대 형법에 있어서는 형사책임 개별화의 원리라는 것이 인식되어가지고 있[습]니다.
형사책임은 다른 사람 때문에 책임을 지지 못하고, 자기가 적어도 관여하고 자기가 알고 실행하고 그런 때만 책임을 [져]야 된다, 이런 것이 밝혀질 때에만 책임을 [져]야 된다 이러한 것이 형사책임 개별화의 원칙이라고 하는 것으로서 그런 점으로 보아서 이것을 깎자는 것입니다.
그러면 이것이, 원안에 이 세계 어느 나라에도 없는 이 제2항 원안을 집어넣게 되[었]느냐? 이 사실에 있어서는 이 원안을 만들고 있을 당시에 여순반란사건이 있어 [좌익]세력[4]의 일종의 대비도 된다는 느낌이 있었[던] 것입니다. 이래서 이것을 너무나 각 범죄에 적용하면 안된다 그래서 이 원안을 만들 적에 제2항을 적용하는 것은 각 본조에다 일일이 규정을 하자 이렇게끔 한 것입니다마는, 아무리 생각해 보아도 근대 형법의 불변의 철칙으로 되어 있는 형사책임 개별화의 원칙에 위반되어서, 이 형법을 내놓으면 다른 나라에서도 대한민국이 새로운 입법추세에 의해서 형법을 제정했다고 하면서 그런 것을 내[놓는]다고 하면 아무리 해도 재미없겠다, 또 실질상 운영에 있어서도 중한 위험이 따른다 그래서 이것을 삭제하자는 동 의를 내[놓은] 것입니다."[5]

(다) 완성된 문구

7 앞에서 설명한 취지와 입법 과정을 거쳐서 1953년에 제정된 형법은 제30조에서 공동정범의 규정을 "2인 이상이 공동하여 죄를 범한 때에는 각자를 그 죄의 정범으로 처벌한다."고 완성된 문구로 표현하게 되었다.

(2) 개정의 시도

8 공동정범에 관한 본조의 규정은 제정 당시의 문구를 개정함이 없이 지금까

3 원문은 자위권으로 되어 있음.
4 원문은 자위세력으로 되어 있음.
5 제16회 국회임시회의속기록 제10호(1953. 6. 26.) 엄상섭 의원의 발언(신동운 편, 형법 제·개정 자료집, 152-153).

지 그대로 유지하고 있다. 하지만 법무부가 성안한 1992년의 개정안과 2011년의 개정안에서는 약간의 문구 수정을 가한 바 있다. 그 내용을 간단히 정리하면 다음과 같다.

(가) 1992년의 개정안[6]

1992년의 개정안은 공동정범의 조문을 제31조로 변경하였으며, 내용에 있어서서도 의용형법의 표현인 "범죄를 실행한"이라는 문구를 다시 사용하였다. 조문의 순서를 제31조에 위치시킨 것은 제30조[7]에서 '정범'이라는 표제하에 직접정범과 간접정범을 규정하면서, 다음 조문인 제31조[8]에 '공동정범'을 규정하는 것이 논리적인 배열이라는 판단에 입각한 것으로 이해된다. 아울러 공동의 내용으로 "범죄를 실행한"이라는 문구를 사용한 것은 공모공동정범의 성립범위를 입법적으로 제한하려는 시도였던 것으로 설명된다. 9

(나) 2011년의 개정안[9]

2011년의 개정안은 정범에 관한 규정을 제31조[10]에, 공동정범에 관한 규정을 제32조[11]에 두었다. 그러면서 공동정범 규정의 내용에서는 현행 형법과 마찬가지로 2인 이상이 공동하여 "죄를 범한 때"라는 문구를 그대로 유지하기로 하였다. 당시에도 1992년의 개정안이 제시한 "범죄를 실행"이라는 문구가 검토되었는데, 그런 표현을 사용하게 되면 공동정범의 성립범위가 구성요건적 실행행위에 국한될 우려가 있는바, 기능적 행위지배를 근거로 공동정범의 성립을 인정하고자 하는 현재의 해석론에 따라 '죄를 범한'이라는 현행 형법의 표현을 유지하는 것이 낫다는 판단을 하였다고 한다.[12] 10

6 법무부, 형법개정법률안 제안이유서(1992. 10), 42-44.
7 안 제30조(정범) ① 스스로 범죄를 실행한 자는 정범으로 처벌한다.
② 정범으로 처벌되지 아니하는 자 또는 과실범으로 처벌되는 자를 이용하여 범죄를 실행한 자도 정범으로 처벌한다.
8 안 제31조(공동정범) 2인 이상 공동하여 범죄를 실행한 때에는 각자를 정범으로 처벌한다.
9 법무부, 형법(총칙)일부개정법률안 제안 이유서(2011. 4), 37-39.
10 안 제31조(정범) ① 스스로 죄를 범한 자는 정범으로 처벌한다.
② 어느 행위로 처벌되지 않는 자 또는 과실범으로 처벌되는 자를 이용하여 범죄행위의 결과를 발생하게 한 자도 정범으로 처벌한다.
11 안 제32조(공동정범) 2인 이상 공동하여 죄를 범한 때에는 각자를 정범으로 처벌한다.
12 법무부, 형법(총칙)일부개정법률안 제안 이유서(2011. 4), 39.

(다) 현행 규정의 유지

11 1992년의 정부 개정안과 2011년의 정부 개정안은 모두 국회에 상정은 되었으나, 국회의 회기만료로 폐기되었다. 그리하여 공동정범에 관한 본조는 제정 당시의 규정을 지금까지 유지하게 된 것이다.

2. 의 의

(1) 공동정범의 개념

12 공동정범이란 2인 이상이 공동으로 범행하는 것을 말한다. 본조는 공동정범을 '2인 이상이 공동하여 죄를 범한 때'라고 규정하고 있다. 즉, 수인이 범행에 관여하여 공동이라고 할 만큼 동등한 역할을 수행한 경우에 공동정범이 성립하는 것이다. 역할 수행의 방법은 다양할 수 있다. 공동행위자 각자가 모두 구성요건에 해당하는 행위를 중첩적으로 실행하는 경우도 있고, 각자가 분업적으로 구성요건에 해당하는 행위를 실행하는 경우도 있다. 전자를 부가적 공동정범, 후자를 기능적 공동정범이라고 부른다. 甲과 乙이 공동으로 살인죄를 범하는 사안에서, 두 사람 모두 칼로 찌른 경우가 전자의 예이고, 甲이 범행 장소로 유인하고 乙이 칼로 찌른 경우가 후자의 예이다.

(2) 공동정범의 본질

(가) 정범성

13 공동정범은 '정범'이다. 정범으로서의 본질은 ① 객관설에 따르면 구성요건적 실행행위를 직접 수행하거나 중요하게 기여한다는 측면에 있고, ② 주관설에 따르면 정범으로 행위하고자 하는 의사 내지 자기의 이익을 위한다는 이익정향(定向)에 있다고 설명하겠지만, ③ 오늘날의 일반적 견해인 행위지배설에 의하면 범죄에 대한 공동자 간의 분업적 실현을 전제로 각자가 범행 전체에 대하여 기능적 행위지배를 한다는 점에서 찾아지게 된다.

(나) 행위지배설의 의미

14 부가적 공동정범은 공동행위자 모두가 구성요건적 실행행위를 직접 수행하기 때문에 각자의 행위를 분리해서 고찰하더라도 정범의 죄책이 주어진다. 하지만 기능적 공동정범의 경우에는 구성요건적 실행행위를 직접 수행하지 않은 사람도 포함되므로 그들까지 정범으로 논책하는 것이 가능한지 문제되는데, 바로

이 점을 설명하는 것이 행위지배설이 제시하는 기능적 행위지배라는 표지이다.

(다) 일부 실행·전부 책임

공동정범은 가담한 수인이 모두 정범의 죄책을 지는 정범 유형이다. 하지만 범행은 수인에 의해 공동으로 수행되고, 공동의 작품이 된다. 따라서 가담한 수인은 자신의 행위에 대해서만이 아니라 공동으로 수행된 범행 전체에 대하여 책임을 지게 된다. 이를 강학상 '일부(부분) 실행·전부 책임'의 법리라고 한다. 이렇게 개별 행위자의 책임 범위를 확장하는 것이 공동정범의 법리이기 때문에, 공동정범의 확장은 형사사법이 강화됨을 의미한다. 15

(라) 소결

위의 설명을 종합해 보면, 공동정범은 정범으로서, 기능적 행위지배가 인정되면 구성요건적 행위를 일부만 실행하더라도 발생한 전부에 대하여 책임을 지는 범죄유형이라고 할 수 있다.[13] 16

(3) 공동정범과 다른 범죄유형과의 구별

(가) 단독정범 및 간접정범과의 구별

공동정범은 정범이라는 점에서 단독정범 및 간접정범과 계열을 같이 한다. 하지만 단독정범은 행위자가 1인이라는 점에서 행위자가 수인인 공동정범과 구별되고, 간접정범은 피이용자가 도구로 이용된다는 점에서 참가자 모두가 정범으로 취급되는 공동정범과 구별된다. 17

---

13 공동정범의 이러한 특성을 잘 설명한 문헌으로는 예컨대, 임웅·김성규·박성민, 형법총론(14정판), 461-462. 「공동정범을 규정한 제30조의 '존재의의'는 2인 이상이 실행행위의 '일부'를 '분담'한 경우에, 즉 '기능적 역할분담'이 있은 경우에 각자가 발생한 결과 '전부'에 대하여 '정범'으로서의 책임을 진다는 점에 있다. 공동정범의 이러한 특성을 「일부실행·전부책임」이라고 한다. 공동정범에 있어서도 공동자 모두가 각각 구성요건상의 정형적 행위 '전부'를 한 경우, 예컨대 甲과 乙이 공동으로 丙을 살해하고자 각각 칼로 찔러 사망케 한 경우에는 각자의 행위를 분리해서 고찰한다고 하더라도 정범으로서의 책임을 지울 수 있기 때문에 제30조의 의의는 그다지 크지 않다고 말할 수 있다. 그러나 공동자 각자가 분업적으로 구성요건상의 정형적 행위의 '일부'를 했다든가 비록 정형적 행위를 하지 않는다고 하더라도 기능적 관점에서 실행행위의 '분담'이 있다고 볼 수 있는 경우, 예컨대 甲과 乙이 공동으로 丙을 살해하기로 공모하여 甲은 丙을 으슥한 골목으로 유인하고 乙은 기다리고 있다가 丙을 칼로 찔러 사망케 한 경우에는 甲의 행위를 분리해서 고찰한다면 살해행위라고 하는 살인죄의 정형적 행위에 해당하지 않지만 기능적 관점에서는 행위의 분담이 있다고 보아 살인죄의 정범으로 처벌할 수 있다는 점에서 제30조의 존재의의를 발견할 수 있다.」

(나) 교사범 및 종범과의 구별

18 교사범과 종범(방조범)은 정범이 아니라 공범이다. 교사범은 실행행위에 대한 정범적 지배가 없는 공범이고, 종범도 범행을 단순히 도와주는 공범이기 때문에 정범인 공동정범과는 범죄성의 본질에서 구별된다. 실제에 있어서는 공동정범과 종범의 구별이 특히 문제되는데, 구별의 핵심적 표지는 기능적 행위지배의 여부에서 찾아진다는 것이 행위지배설의 설명이다.

(다) 필요적 공범 및 동시범과의 구별

19 공동정범은 필요적 공범 및 동시범과도 구별된다. 필요적 공범은 형법 구성요건 자체가 여러 사람의 범행을 전제로 한다는 점에서 한 사람도 행할 수 있는 범죄를 여러 사람이 공동으로 범하는 공동정범과 구별되며, 동시범은 행위자 간에 의사 연락이 없는 독립행위들의 경합이라는 점에서 여러 사람 간의 의사 연락을 요건으로 하는 공동정범과 구별된다.

(4) 기능적 행위지배의 인정 여부가 논란된 사안

20 판례에서 찾아지는 공동정범의 사안 중에서, 공동정범의 의의(기능적 행위지배)와 관련하여 특기할 사항을 살펴보면 다음과 같다.

(가) 문서죄의 공동정범

21 공동피고인 甲이 위조된 부동산임대차계약서를 피해자 A에게 담보로 제공하고(위조사문서행사) A로부터 돈을 빌려 편취할 것을 계획하면서 A가 계약서상의 임대인에게 전화를 하여 확인할 것에 대비하여 피고인 乙에게 미리 전화를 하여 임대인 행세를 하여 달라고 부탁한 사안이다. 이에 대하여 대법원은, 피고인 乙은 위와 같은 사정을 잘 알면서도 이를 승낙하여 실제로 A의 남편으로부터 전화를 받자 자신이 실제의 임대인인 것처럼 행세하여 전세금액 등을 확인함으로써, 甲과 乙은 역할을 분담하여 위조사문서행사죄(§ 234, § 231)를 실행하였으며, 특히 피고인 乙의 행위가 위조사문서행사에 있어서 기능적 행위지배의 공동정범 요건을 갖추었다고 판시하였다.[14]

---

14 대판 2010. 1. 28, 2009도10139. 원심은 피고인 乙이 甲과 공모하여 위조사문서행사죄를 범하였다고 인정할 만한 증거가 없다고 하여 피고인 乙에 대하여 무죄를 선고하였는데, 대법원은 원심판결에는 공동정범에 관한 법리를 오해하였거나 채증법칙에 위반하여 자유심증주의의 한계를 넘음으로써 판결결과에 영향을 미친 위법이 있다고 판시하였다.

(나) 뇌물죄 등의 공동정범

22 수인이 뇌물수수를 공모한 후 1인이 뇌물을 수수한 경우, 공모자 모두가 뇌물수수의 공동정범으로 처벌된다. 즉, 뇌물수수죄의 공범들 사이에 직무와 관련하여 금품이나 이익을 수수하기로 하는 명시적 또는 암묵적 공모관계가 성립하고 공모 내용에 따라 공범 중 1인이 금품이나 이익을 주고받았다면, 특별한 사정이 없는 한 이를 주고받은 때 금품이나 이익 전부에 관하여 뇌물수수죄(§ 129①)의 공동정범이 성립하고, 금품이나 이익의 규모나 정도 등에 대하여 사전에 서로 의사의 연락이 있거나 금품 등의 구체적 금액을 공범이 알아야 공동정범이 성립하는 것은 아니라는 것이 대법원의 판시이다. 판시내용을 소개하면 다음과 같다.

23 "뇌물수수의 공범자들 사이에 직무와 관련하여 금품이나 이익을 수수하기로 하는 명시적 또는 암묵적 공모관계가 성립하고 그 공모 내용에 따라 공범자 중 1인이 금품이나 이익을 수수하였다면, 사전에 특정 금액 이하로만 받기로 약정하였다든가 수수한 금액이 공모 과정에서 도저히 예상할 수 없는 고액이라는 등과 같은 특별한 사정이 없는 한, 그 수수한 금품이나 이익 전부에 관하여 특정범죄가중법위반(뇌물)죄 또는 뇌물수수죄의 공모공동정범이 성립하며, 수수할 금품이나 이익의 규모나 정도 등에 대하여 사전에 서로 의사의 연락이 있거나 수수한 금품 등의 구체적 금액을 공범자가 알아야 공모공동정범이 성립하는 것은 아니라고 할 것이다."[15]

24 그런데 문제는 공무원 甲과 비공무원 乙이 뇌물수수를 공모하였고, 비공무원 乙이 뇌물을 수수하여 사용한 경우이다. 이때에도 甲과 乙이 뇌물수수죄(§ 129①)의 공동정범으로 처벌되는지, 아니면 甲에게 제3자뇌물수수죄(§ 130)의 죄책이 주어지는지 다투어졌다. 대법원은 전원합의체에서 이 사안을 처리하였으며,[16] 다수의견은 甲과 乙에게 뇌물수수죄의 공동정범을 인정하였다. 다수의견의 판시내용은 다음과 같다.

15 대판 2014. 12. 24, 2014도10199.

16 대판 2019. 8. 29, 2018도13792(전). 같은 쟁점이 대판 2019. 8. 29, 2018도2738(전)에서도 다투어졌으며, 위 2018도13792 전원합의체 판결과 같은 내용(다수의견, 반대의견, 별개의견)으로 판시되었다. 각 의견의 차이를 분석한 문헌으로는 이숙연, "뇌물수수죄와 제3자뇌물수수죄의 법리에 관한 연구", 저스티스 177, 한국법학원(2020), 267-303 참조.

25 “신분관계가 없는 사람이 신분관계로 인하여 성립될 범죄에 가공한 경우에는 신분관계가 있는 사람과 공범이 성립한다(형법 제33조 본문). 이 경우 신분관계가 없는 사람에게 공동가공의 의사와 이에 기초한 기능적 행위지배를 통한 범죄의 실행이라는 주관적·객관적 요건이 충족되면 공동정범으로 처벌한다. 공동가공의 의사는 공동의 의사로 특정한 범죄행위를 하기 위하여 일체가 되어 서로 다른 사람의 행위를 이용하여 자기의 의사를 실행에 옮기는 것을 내용으로 한다. 따라서 공무원이 아닌 사람(이하 ‘비공무원’이라 한다)이 공무원과 공동가공의 의사와 이를 기초로 한 기능적 행위지배를 통하여 공무원의 직무에 관하여 뇌물을 수수하는 범죄를 실행하였다면 공무원이 직접 뇌물을 받은 것과 동일하게 평가할 수 있으므로 공무원과 비공무원에게 형법 제129조 제1항에서 정한 뇌물수수죄의 공동정범이 성립한다.”[17]

26 하지만 이에 대하여 반대의 소수의견이 제시된 바 있다. 이에 따르면 애초부터 뇌물을 비공무원이 수수하고 소비할 것이 명백한 사안은 공무원에게 제3자뇌물수수의 죄책을 물음으로써 충분하다는 것이다. 반대의견의 판시내용은 다음과 같다.

27 “공무원과 비공무원이 공동가공의 의사와 이를 기초로 한 기능적 행위지배를 통하여 공무원의 직무에 관하여 뇌물을 수수하는 범죄를 실행하였다면 공무원과 비공무원에게 형법 제129조 제1항에서 정한 뇌물수수죄의 공동정범이 성립할 수 있다. 그러나 공무원과 비공무원이 뇌물을 받으면 뇌물을 비공무원에게 귀속시키기로 미리 모의하거나 뇌물의 성질에 비추어 비공무원이 전적으로 사용하거나 소비할 것임이 명백한 경우에 공무원이 증뢰자로 하여금 비공무원에게 뇌물을 공여하게 하였다면 형법 제130조의 제3자뇌물수수죄의 성립 여부가 문제될 뿐이며, 공무원과 비공무원에게 형법 제129조 제1항의 뇌물수수죄의 공동정범이 성립한다고 할 수는 없다.”[18]

28 또한, 이 사안에서는 별개의견도 제시되었다. 별개의견은 뇌물의 귀속주체와 성질에 따라 뇌물수수죄의 공동정범과 제3자뇌물수수죄의 판단이 달라져야 한다고 주장하였다. 별개의견의 판시내용은 다음과 같다.

---

17 대판 2019. 8. 29, 2018도13792(전)의 다수의견.
18 대판 2019. 8. 29, 2018도13792(전)의 반대의견(대법관 3명).

“다수의견의 논리 중 공무원과 비공무원 사이의 뇌물수수죄의 공동정범 성립에 관한 일반론 부분에 대하여는 동의하지만, 뇌물을 비공무원에게 전적으로 귀속시키기로 모의하거나 뇌물의 성질상 비공무원이 사용하거나 소비할 것인데도 비공무원이 뇌물을 받은 경우까지도 뇌물수수죄의 공동정범이 성립한다고 하는 부분에 대하여는 동의하지 않는다. 우리 형법이 제129조 제1항 뇌물수수죄와 별도로 제130조에서 제3자뇌물수수죄를 규정하고 있는 이상 공무원이 아닌 비공무원인 제3자가 뇌물을 수수한 경우에는 뇌물의 귀속주체와 성질이 어떠한지에 따라 그 뇌물수수죄 또는 제3자뇌물수수죄가 성립하는지를 달리 평가하여야 한다.”[19] 29

(다) 기능적 행위지배가 부정된 사안

(a) **보라매 병원 사건**

일명 ‘보라매 병원 사건’에서는 보호자의 간청에 힘입어 치료중단을 허용한 의사들에게 환자의 사망이라는 결과발생에 대한 기능적 행위지배를 부정하여, 살인죄의 공동정범이 아니라 살인죄의 종범으로만 처벌하였다.[20] 이 사건은 작위와 부작위의 구별기준과 살인죄에서 고의의 인정기준 등을 비롯한 여러 가지 논제가 판단되었으나, 기능적 행위지배와 관련된 판시내용만 소개하면 다음과 같다. 30

“형법 제30조의 공동정범이 성립하기 위하여는 주관적 요건인 공동가공의 의사와 객관적 요건으로서 그 공동의사에 기한 기능적 행위지배를 통하여 범죄를 실행하였을 것이 필요하고, 여기서 공동가공의 의사란 타인의 범행을 인식하면서도 이를 제지함이 없이 용인하는 것만으로는 부족하고 공동의 의사로 특정한 범죄행위를 하기 위하여 일체가 되어 서로 다른 사람의 행위를 이용하여 자기의 의사를 실행에 옮기는 것을 내용으로 하는 것이어야 하는바, 기록에 의하여 드러난 사정들, 즉, 피고인들이 원심 공동피고인의 퇴원 조치 요구를 극구 거절하고, 나아가 꼭 퇴원을 하고 싶으면 차라리 피해자를 데리고 31

19 대판 2019. 8. 29, 2018도13792(전)의 별개의견(대법관 1명).

20 제1심 법원은 부작위의 공동정범으로 판단하였으나, 항소법원과 대법원은 작위의 종범으로 판단하였다. 공동정범을 부정하고 종범으로 판단하는 근거에 관하여, 항소법원은 정범의 고의가 인정되지 않는다고 함에 반하여, 대법원은 기능적 행위지배의 흠결을 제시하였다[이에 대한 분석은 이정원, “의학적 권고에 반한 퇴원으로 사망한 환자에 대한 형사책임 - 대판 2004. 6. 24, 2002도995: 소위 보라매병원사건 -”, 비교형사법연구 6-2, 한국비교형사법학회(2004), 371-373 참조].

몰래 도망치라고까지 말하였던 점, 퇴원 당시 피해자는 인공호흡 조절수보다 자가 호흡수가 많았으므로 일단 자발 호흡이 가능하였던 것으로 보이고, 수축기 혈압도 150/80으로 당장의 생명 유지에 지장은 없었던 것으로 보이는 점, 피해자의 동맥혈 가스 분석 등에 기초한 폐의 환기기능을 고려할 때 인공호흡기의 제거나 산소 공급의 중단이 즉각적인 호흡기능의 정지를 유발할 가능성이 적었을 것으로 보이는 점 등에 비추어 보면, 피고인들은 피해자의 처 원심 공동피고인의 간청에 못 이겨 피해자의 퇴원에 필요한 조치를 취하기는 하였으나, 당시 인공호흡장치의 제거만으로 즉시 사망의 결과가 발생할 것으로 생각하지는 아니하였던 것으로 보이고(피해자가 실제로 인공호흡장치를 제거한지 5분 정도 후에 사망하였다는 것만으로 그러한 결과가 사전에 당연히 예견되는 것이었다고 단정하기는 어렵다.), 결국 피고인들의 이 사건 범행은, 피해자의 담당 의사로서 피해자의 퇴원을 허용하는 행위를 통하여 피해자의 생사를, 민법상 부양의무자요 제1차적 보증인의 지위에 있는 원심 공동피고인의 추후 의무이행 여부에 맡긴 데 불과한 것이라 하겠고, 그 후 피해자의 사망이라는 결과나 그에 이르는 사태의 핵심적 경과를 피고인들이 계획적으로 조종하거나 저지·촉진하는 등으로 지배하고 있었다고 보기는 어렵다. 따라서 피고인들에게는 앞에서 본 공동정범의 객관적 요건인 이른바 기능적 행위지배가 흠결되어 있다고 보는 것이 옳다."[21]

(b) 영업장소 제공

32 게임산업진흥에 관한 법률(이하, 게임산업법이라 한다.)에 의하면, 청소년게임제공업을 영위하고자 하는 자는 문화체육관광부령이 정하는 시설을 갖추어 특별자치시장·특별자치도지사·시장·군수·구청장에게 등록하여야 하며, 등록을 하지 않고 영업을 하면 처벌된다. 이때 그러한 영업자에게 영업장소를 제공해준 사람이 게임산업법위반죄의 공동정범에 해당하는지 논란이 제기되었는데, 대법원은 기능적 행위지배의 인정이 어려우므로 공동정범으로 처벌되지 않는다고 판시하였다. 판시내용을 소개하면 다음과 같다.

33 "게임산업진흥에 관한 법률 제26조 제2항에서 '청소년게임제공업 등을 영위하

21 대판 2004. 6. 24, 2002도995. 본 판결 평석은 김성룡, "치료행위중단에 있어서 작위와 부작위의 구별", 형사판례연구 〔13〕, 한국형사판례연구회, 박영사(2005), 138-168.

고자 하는 자'란 청소년게임제공업 등을 영위함으로 인한 권리의무의 귀속주체가 되는 자(이하 '영업자'라고 한다)를 의미하므로, 영업활동에 지배적으로 관여하지 아니한 채 단순히 영업자의 직원으로 일하거나 영업을 위하여 보조한 경우, 또는 영업자에게 영업장소 등을 임대하고 사용대가를 받은 경우 등에는 같은 법 제45조 위반에 대한 본질적인 기여를 통한 기능적 행위지배를 인정하기 어려워, 이들을 방조범으로 처벌할 수 있는지는 별론으로 하고 공동정범으로 처벌할 수는 없다."[22]

(c) 납입가장죄

34 상법은 회사의 발기인, 이사 기타 임원 등이 납입 또는 현물출자의 이행을 가장하는 행위를 하면 납입가장등죄로 처벌한다(상 § 628). 이때 제3자가 납입가장을 행하는 대표이사에게 돈을 빌려준 경우, 제3자를 납입가장죄의 공동정범으로 처벌할 수 있으려면 제3자가 납입가장의 사실을 알고 있었다는 점만으로는 부족하고 기능적 행위지배가 인정되는 행위를 해야 한다는 것이 대법원의 판시이다. 이에 관한 판결요지를 소개하면 다음과 같다.

35 "(1) 상법 제628조 제1항에서 규정한 납입가장죄는 상법 제622조에서 정한 지위에 있는 자만이 주체가 될 수 있는 신분범이다. 한편 신분이 없는 자도 신분이 있는 자의 범행에 가공한 경우에 공범이 될 수 있으나, 그 경우에도 공동가공의 의사와 그 공동의사에 기한 기능적 행위지배를 통한 범죄의 실행이라는 주관적·객관적 요건이 충족되어야 공동정범으로 처벌할 수 있다.
(2) 피고인이 A 주식회사의 임원 등이 유상증자에 관한 납입가장을 위해 돈을 빌린다는 것을 알고 돈을 빌려줌으로써 이들과 공모하여 주금납입을 가장하였다는 내용으로 기소된 사안에서, 피고인이 상법 제622조에서 정한 지위에 있지 아니할 뿐만 아니라, 그와 같은 지위에 있는 자들이 가장납입을 하도록 범의를 유발한 것도 아니고 이미 가장납입을 하기로 마음먹고 있는 임원

22 대판 2011. 11. 10, 2010도11631(피고인이 甲, 乙의 부탁으로 자신이 운영하는 가게 옆에 크레인 게임기들을 설치할 장소와 이용할 전력을 제공하고 대가를 받음으로써 이들과 공모하여 무등록 청소년게임제공업을 영위하였다는 내용으로 기소된 사안에서, 원심이 게임산업법 제45조 제2호 위반죄를 진정부작위범으로 본 데에는 법리오해의 잘못이 있지만, 게임기들을 설치할 장소와 전력을 제공하고 대가를 받은 피고인은 영업상 권리의무의 귀속주체가 될 수 없고, 위와 같은 행위만으로 피고인을 게임산업법 제45조 위반죄의 공모공동정범으로 보기 어렵다고 판단하여 무죄를 인정한 결론은 정당하다고 한 사례).

등에게 그 대금을 대여해 준 것에 불과하므로, 피고인에게 납입가장죄에 대한 공동정범의 죄책을 물을 수 없다는 이유로 무죄를 선고한 원심판단을 수긍하였다."[23]

Ⅱ. 공동의 대상

36 공동정범이 공동으로 행하는 대상이 무엇인가 하는 문제는 공동정범의 본질에 관련된 논제일 뿐 아니라 공동정범의 요건과 관련된 논제이기도 하다. 전통적으로 ① 범죄공동설과 ② 행위공동설이 대립하고, 최근에는 양 견해를 조금씩 변형시킨 ③ 수정설로서 부분적 범죄공동설과 구성요건적 행위공동설이 제시되며, ④ 극단적인 견해로서 공동의사주체설과 공동행위주체설도 주장된다. 아울러 ⑤ 기능적 행위지배설도 공동의 대상에 관하여 나름의 설명을 추가한다.

1. 범죄공동설

(1) 논지

37 범죄공동설은 공동정범이 행하는 공동의 대상을 '범죄'로 설정한다. 즉, 공동정범이란 수인이 '범죄'를 공동으로 실행하는 정범 유형이라는 것이다. 범죄의 정형성을 중시하는 객관주의 범죄론에 입각한 이론이라고 할 수 있다.

38 범죄공동설은 본조의 규정 자체를 논거로 제시한다. 본조는 공동정범을 '2인 이상이 공동으로 죄를 범한 때'라고 표현하는데, 여기서 '죄'가 곧 '범죄'이므로 결국 공동정범은 '범죄'를 공동으로 하는 정범 유형이라는 설명이다.

(2) 성립 가능한 범죄유형

39 공동정범은 '범죄'를 공동으로 실행해야 하므로, 공동정범이 성립하려면 공동자들이 구성요건의 객관적 요소인 실행행위를 공동으로 할 뿐 아니라, 주관적 요소인 고의도 공동으로 가지고 있어야 한다. 따라서 고의범에 대해서만 공동정범의 성립이 가능하고, 과실범은 공동으로 가져야 하는 주관적 요소가 결여되므로 공동정범이 성립할 수 없다. 고의범과 과실범 간의 공동정범의 성립이 불가능함도 물론이다.

---

23 대판 2011. 7. 14, 2011도3180.

예를 들어, ① 甲과 乙이 A를 살해하기로 모의하고 공동하여 살해행위를 한 경우에는 양자가 살인죄(§ 250①)의 공동정범으로 처벌되지만, ② 甲과 乙이 3층에서 공동으로 물건을 운반하던 중 실수로 물건을 아래로 떨어뜨려 행인 A를 사망하게 한 경우, 양자는 동시범으로 취급될 뿐이지 과실치사죄(§ 267)의 공동정범이 되지 않는다. 또한 ③ 위의 두 번째 사례에서 甲에게 A에 대한 살해의 고의가 있었던 경우에도, 甲과 乙은 동시범으로 취급될 뿐이지 甲과 乙 사이에 공동정범이 성립할 여지가 없다. 위 ②와 ③에서 공동정범이 성립하지 않고 동시범으로 취급된다면, 행위와 결과 간의 인과관계가 개별적으로 검토되어야 함은 물론이다. 40

(3) 수개의 고의범 간의 공동정범

전통적인 범죄공동설은 과실범의 공동정범을 부정할 뿐 아니라 고의범에 있어서도 수개의 죄에 걸친 공동정범을 인정하지 않는다. 즉, 甲과 乙이 A를 혼내주기로 합의하고 칼로 찔러 A가 사망하는 결과가 발생하였지만, 甲은 살인의 의사를, 乙은 상해의 의사를 가지고 있었다면, 범죄공동설의 입장에서는 살인과 관련된 죄책을 져야 하는 甲과 상해와 관련된 죄책을 져야 하는 乙이 상호 공동정범으로 묶일 수 없게 된다. 따라서 양 범행은 동시범이 될 뿐이고, 그렇다면 인과관계의 확정이 개별적으로 이루어져야 한다. 따라서 甲의 범행으로 A가 사망하였다면 甲은 살인죄, 乙은 상해죄(§ 257①)의 죄책을 지고, 반대로 乙의 범행으로 A가 사망하였다면 甲은 살인미수죄(§ 254, § 250①), 乙은 상해치사죄(§ 259①)의 죄책을 지게 된다. 41

하지만 원인행위가 판명되지 않은 때에는 문제가 발생한다. 우선, 甲은 제19조(독립행위의 경합)에 의해 살인미수죄의 죄책을 지게 될 터이지만, 과연 乙의 죄책은 어떻게 되는지 논란이 생겨날 수 있다. ① 상해죄의 동시범에 관한 규정인 제263조의 적용범위를 상해치사죄로까지 넓히는 판례의 입장을 취하면[24] 乙에게 상해치사죄를 부담시킬 수 있겠지만, ② 그렇지 않은 일부 학설에 의하면 상해 부분에만 제263조가 적용되어 乙은 상해죄의 죄책을 지게 된다는 설명도 가능하다. 42

24 대판 1985. 5. 14, 84도2118.

2. 행위공동설

(1) 논지

43 행위공동설은 공동정범에서 공동으로 행하는 대상을 '행위'로 설정한다. 공동정범이란 수인이 '행위'를 공동으로 할 뿐이며 공동행위를 통해 각자는 자기의 범죄를 범하는 것이라고 설명한다. 여기서의 행위는 구성요건적 행위가 아니라 자연적 의미의 행위이다. 즉, '전(前) 구성요건적 행위'로서 일상생활상의 행위를 의미한다. 범죄를 각 행위자의 범죄적 의사의 징표로 이해하는 주관주의적 관점에 충실한 이론이다.

44 행위공동설에서는 본조의 해석이 문제된다. 규정 자체가 공동의 대상으로 '죄'를 설정하는 것처럼 표현하기 때문이다. 따라서 행위공동설은 본조를 색다르게 해석한다. '2인 이상이 공동으로 죄를 범한 때'라는 문구를 '2인 이상이 (행위를) 공동하여 (각자의) 죄를 범한 때'라고 새기는 것이다. 이와 같이 해석함으로써 현행 형법의 규정에서도 행위공동설의 채택이 가능하다고 주장한다.

(2) 성립 가능한 범죄 유형

45 행위공동설에 의하면, 공동정범은 자연적 의미의 행위만 공동으로 할 뿐이므로 범죄 의사의 공유가 요구되지 않는다. 따라서 공동하는 행위는 수개의 구성요건에 걸치더라도 무방하고, 이때 각자는 자기의 범죄에 따라 처벌된다. 그렇다면 고의범만이 아니라 과실범에 대해서도, 아울러 고의범과 과실범 간에도 공동정범이 성립할 수 있게 된다.

46 예를 들어, ① 甲과 乙이 A를 살해하기로 모의하고 공동하여 살해행위를 한 경우에 양자가 살인죄의 공동정범으로 처벌될 뿐 아니라, ② 甲과 乙이 3층에서 공동으로 물건을 운반하던 중 실수로 물건을 아래로 떨어뜨려 행인 A를 사망하게 한 경우에도 양자는 과실치사죄의 공동정범이 된다. 또한 ③ 위 ②의 사례에서, 甲에게 A에 대한 살해의 고의가 있었던 경우까지도 甲과 乙 사이에 공동정범의 성립이 가능해진다.

(3) 수개의 고의범 간의 공동정범

47 행위공동설은 과실범의 공동정범뿐 아니라 수개의 고의범에 대한 공동정범의 성립도 인정한다. 예컨대 甲과 乙이 A를 혼내주기로 합의하고 칼로 찔러 A

가 사망하였지만, 甲은 살인의 의사를, 乙은 상해의 의사를 가지고 있었던 경우에서도, 甲과 乙의 범행이 공동정범으로 묶일 수 있다. 따라서 인과관계의 확정을 개별적으로 할 필요가 없어지고, 그렇다면 원인행위의 판명 여부를 떠나서 甲에게는 살인죄, 乙에게는 상해치사죄의 죄책이 지워진다.

3. 수정설

(1) 부분적 범죄공동설

전통적인 범죄공동설은 공동정범의 성립범위를 지나치게 좁힌다는 인식을 바탕으로 이를 수정한 견해이다. 고의공동설이라고도 하는데, 범죄공동설의 기본 골격은 그대로 취하면서도 '공통의 죄질'을 지닌 수개의 고의범이 관련된 경우에 한해서는 구성요건상 중첩된 범위 내에서 공동정범의 성립을 인정하고자 한다. 그리하여 살인죄와 상해죄 혹은 강도죄와 절도죄 사이에서는 공동정범의 성립이 긍정된다. 즉 甲과 乙이 A를 혼내주기로 합의하고 칼로 찔러 A가 사망하는 결과가 발생하였지만, 甲은 살인의 의사를, 乙은 상해의 의사를 가지고 있었던 경우에, 부분적 범죄공동설은 전통적인 범죄공동설과 달리 甲과 乙을 공동정범으로 묶어서 처리하며, 그 결과 甲에게는 살인죄, 乙에게는 상해치사죄의 죄책이 부담된다. 하지만 과실범의 공동정범이라든지 고의범과 과실범 간의 공동정범은 부정한다. 48

(2) 구성요건적 행위공동설

구성요건적 행위공동설은 전통적인 행위공동설을 수정한 이론이다. 행위공동설의 결함은 자연적 의미의 행위를 공동의 대상으로 상정한 점에 있다고 한다. 그러면서 구성요건적 행위공동설은 공동정범의 대상으로 '구성요건적 행위'를 설정한다. 구성요건적 행위에는 고의행위뿐 아니라 과실행위도 포함된다. 따라서 구성요건적 행위공동설에 의하면 고의범뿐 아니라 과실범에 대해서도 공동정범의 성립이 가능하다. 하지만 고의범과 과실범 간에는 구성요건적 행위가 다르기 때문에 공동정범의 성립이 불가능해진다. 서로 다른 고의범 간에도 공동정범의 성립은 부정된다. 49

4. 극단적인 이론

(1) 공동의사주체설

50 범행을 공동으로 하겠다는 의사만 공유하면 공동정범이 된다는 견해이다. 즉, 공동정범에서의 공동성의 대상은 범행의 주관 면에 국한된다고 주장한다. 따라서 수인이 범행을 모의하고 그중 일부만 실행행위를 하는 경우에도, 모의자 모두에게 공동정범의 죄책이 주어진다. 이때 모의에만 가담하고 실행행위를 하지 않은 사람은 공모공동정범이 된다. 공동의사주체설은 범죄 의사의 공유를 범죄공동설에서보다 더욱 극단적으로 중시하는 견해라고 할 수 있다. 따라서 과실범의 공동정범이라든지 고의범과 과실범의 공동정범뿐 아니라 고의의 내용이 다른 고의범 상호 간에서도 공동정범을 인정할 수 없게 된다.

(2) 공동행위주체설

51 수인이 실행행위의 분담을 통하여 공동행위를 하는 경우, 하나의 행위주체로 묶여서 공동정범의 죄책을 지게 된다고 주장하는 이론이다. 공동의사주체설에 대항하여 나온 이론으로, 공동정범으로서의 행위주체를 범죄 의사의 공유가 아니라 실행행위의 공유에서 찾고자 한다. 공동행위주체설은 실행행위를 공동으로 하지 않은 공모공동정범을 공동정범으로 인정하지 않는다. 반면에 공동정범의 성립에 반드시 범의의 공유를 요구하지 않으므로, 과실범의 공동정범 내지 고의범과 과실범 간의 공동정범, 다른 종류의 고의범 간의 공동정범 등이 모두 인정된다.

5. 기능적 행위지배설[25]

(1) 이론

52 기능적 행위지배설은 공동정범의 본질이 행위지배에 있음을 강조한다. 공동의 대상이 범죄인지 행위인지는 중심 논제가 아니라고 주장한다. 그것보다 공동정범의 성립 여부를 판단함에는 범인들이 기능적으로 범행을 지배했는지를 따져보아야 한다는 것이다.

---

25 기능적 행위지배설이 통설이다[김일수·서보학, 새로쓴 형법총론(13판), 446; 배종대, 형법총론(17판), § 130/5; 손동권·김재윤, 새로운 형법총론, § 29/6; 이재상·장영민·강동범, 형법총론(11판), § 31/35; 이주원, 형법총론(3판), 347; 임웅·김성규·박성민, 465.].

기능적 행위지배에서 '기능적'이란 특정한 목표의 달성을 위해 유용한 수단이라는 의미를 지닌다. 따라서 기능적 행위지배는 특정 범죄의 실현이라는 목표의 달성을 위하여 수단으로 사용되는 행위를 수행함으로써 특정 범죄의 실현을 좌우할 수 있는 지위를 말하게 된다. 53

(2) 공동정범의 성립 범위

기능적 행위지배설은 논자에 따라 과실범의 공동정범을 긍정하기도 하고 부정하기도 한다. 긍정설에 따르면, 과실범에서도 기능적 행위지배가 인정될 수 있으며, 그런 경우에는 과실범의 공동정범이 인정될 수 있다고 한다. 반면에 부정설은 고의범에서만 기능적 행위지배가 인정될 수 있기 때문에, 과실범에서는 공동정범의 성립이 불가능하다고 주장한다. 고의범과 과실범 간이나 다른 종류의 고의범 간의 경우도 마찬가지이다. 54

(3) 전통적인 이론들과의 관계

기능적 행위지배설은 범행의 지배를 강조한다는 점에서 범죄공동설이나 행위공동설과 관점이 다르다. 이 점에 주목하여, ① 기능적 행위지배설은 범죄공동설이나 행위지배설과 결별하는 이론이라는 견해도 제시된다.[26] 반면에, ② 기능적 행위지배설을 기본적으로 범죄공동설에 입각하면서 행위공동설의 입장을 가미한 것으로 평가하는 견해도 제시되고 있다.[27] 덧붙여서, ③ 행위공동설과 55

---

26 예컨대, 김성돈, 형법총론(7판), 621. 「종래 형법 제30조의 '공동'이라는 요소에 대한 해석문제를 공동정범의 본질문제로 취급하여 왔다. 특히 이와 관련해서는 무엇을 공동으로 하는가 하는 물음과 관련하여 ① 공동의 객체가 '범죄'라고 하는 범죄공동설 및 ② 그 수정설인 고의공동설과 ③ 공동의 객체가 '행위'라고 하는 행위공동설 및 ④ 그 수정설인 구성요건적 행위공동설 등이 대립하여 왔다. 그러나 형법 제30조의 해석론에서는 공동의 '객체'문제뿐 아니라 어떻게 하는 것이 공동인가 하는 의미에서의 공동의 '방법'에 관해서도 초점을 맞추어야 한다. 이렇게 하는 것이 '2인 이상이 공동하여'라는 문구를 '공동정범'이라는 정범형태의 본질적 표지를 규정하고 있는 동시에 정범을 공범과 구별하게 해 주는 정범의 본질적 표지를 규정하고 있다고 이해하는 태도이다. 따라서 오늘날 정범과 공범의 구별기준으로서 행위지배설을 취하는 전제하에서 '2인 이상이 공동하여'라는 규정 내용을 '2인 이상이 기능적인 행위지배를 통하여'라고 해석하면서 공동정범의 본질을 - 특히 과실범의 공동정범의 인정근거로서 - 행위공동설이나 범죄공동설 혹은 그 수정설 가운데 어느 하나를 선택하는 태도는 기능적 행위지배설이 등장하기 전에 존재하였던 과거의 협소한 학설에 대한 위령제를 지내고 있는 태도에 지나지 않는다고 할 수 있다.」

27 예컨대, 오영근·노수환, 형법총론(7판), 423-424. 「이 견해는(기능적 범행지배설) 공동정범이 성립하기 위해서는 단순히 범죄나 행위를 공동으로 하였다는 것보다는 범인들이 기능적으로 범행을 지배하여야 한다고 한다. 범행지배를 강조한다는 점에서 범죄공동설이나 행위공동설과 다르지만, 기본적으로는 범죄공동설에 입각하여 행위공동설의 입장을 가미한 것이라고 할 수 있다.」

기능적 행위지배설을 결합하여 공동정범의 본질을 설명하는 견해도 발견된다. 공동정범에서 공동의 대상이 무엇인가 하는 문제와 성립의 범위가 어떻게 설정되는가 하는 문제는 구별해야 한다고 하면서, 전자에 대한 해답으로는 행위공동설을 제시하고, 후자의 해답으로 기능적 행위지배설을 제시하는 것이다.[28]

6. 판 례

(1) 종래의 판례

56 종래 판례는 과실범의 공동정범을 인정하면서, 본조의 '죄'는 고의범과 과실범을 불문한다고 판시하면서, 공동정범의 주관적 요건인 공동의 의사는 고의행위이든 과실행위이든 불문하고 행위를 공동으로 할 의사를 의미한다고 설명한다. 따라서 종래 판례의 입장은 행위공동설의 계열에 있는 것으로 이해된다. 이에 관한 판시내용을 소개하면 다음과 같다.

57 "형법 제30조에 「공동하여 죄를 범한 때」의 「죄」는 고의범이고 과실범이고를 불문한다고 해석하여야 할 것이고 따라서 공동정범의 주관적 요건인 공동의 의사도 고의를 공동으로 가질 의사임을 필요로 하지 않고 고의행위이고 과실

---

28 예컨대, 임웅·김성규·박성민, 464-465. 「공동정범의 본질론에 있어서 유의해야 할 점은 공동정범에 대한 사실과학으로서의 범죄학의 관점과 규범과학으로서의 형법학의 관점을 구별해야 한다는 것이다. 공동정범에 있어서 수인이 '무엇을' 공동으로 하느냐 하는 것은 '사실'의 세계에 속하는 문제인 반면, 수인의 공동이 있을 경우 어떠한 '범위'에 걸쳐서 공동정범의 '책임'을 인정하겠는가라는 공동정범의 '성립범위'에 관한 논의는 형법(학)의 '규범적' 문제에 속한다는 점을 분명히 통찰해야 한다. 양자를 구별해서 볼 때, 수인의 공동자가 무엇을 공동으로 하느냐 라는 질문에 대하여는 의문의 여지없이 '사실상의' 행위, '전구성요건적' 행위를 공동으로 하는 것이라는 대답이 나오게 되지만, 이러한 사실상의 공동에 대하여 어느 범위에 걸쳐 각자에게 공동정범으로서의 책임을 묻겠느냐라는 질문, 즉 공동정범의 성립범위 여하라는 질문에 대한 대답은 귀책관련의 문제로서 형법상 논의의 여지가 크다고 하겠다. (중략) 그러므로 공동정범이 무엇을 공동으로 하느냐라는 질문에 대하여는 당연히 '행위공동설'의 입장이 정답이라 하겠고, '공동정범의 성립범위'에 관한 논의, 예컨대 과실범의 공동정범 인정 여부 및 승계적 공동정범의 책임범위에 관한 논의 등은 행위공동설과는 별개의 귀책의 문제로서 행위공동설 안에서도 견해가 나누어질 수 있는 성질의 것이다. 이와 관련하여 공동정범의 성립범위를 적절히 해결할 수 있는 이론으로서 통설적 위치에 있는 것이 바로 '기능적 행위지배설'이다. 이 학설은 공동정범의 성립을 ① 공동실행하기로 한 의사의 범위와 ② 각자의 기능적 행위지배가 인정되는 범위 내에서 긍정한다. 결론적으로, 공동정범이 무엇을 공동으로 하느냐 하는 사실의 문제에 대하여는 '행위공동설'이 타당하고, 공동정범의 성립범위를 어떻게 결정할 것인가 하는 귀책의 문제에 대하여는 '기능적 행위지배설'이 타당하다.」

> 행위이고 간에 그 행위를 공동으로 할 의사이면 족하다고 해석하여야 할 것이므로 2인 이상이 어떠한 과실 행위를 서로의 의사연락 아래 하여 범죄되는 결과를 발생케 한 것이라면 여기에 과실범의 공동정범이 성립되는 것이다. 기록에 의하면 본건 사고는 경관의 검문에 응하지 않고 트럭을 질주함으로써 야기된 것인 바 제1심판결에서 본 각 증거를 종합하면 피고인은 원심 공동피고인과 서로 의사를 연락하여 경관의 검문에 응하지 않고 트럭을 질주케 하였던 것임을 충분히 인정할 수 있음이 명백하므로 피고인은 본건 과실치사죄의 공동정범이 된다고 할 것이므로 논지는 이유 있다."[29]

(2) 최근의 판례

최근 판례는 공동정범의 본질은 분업적 역할분담에 의한 기능적 행위지배에 있다고 하거나,[30] 공동정범이 성립하기 위해서는 주관적 요건으로서 공동가공의 의사와 객관적 요건으로서의 공동의사에 기한 기능적 행위지배를 통한 범죄의 실행사실이 필요하다[31]고 판시하여, 기능적 행위지배설을 따르고 있다. 이에 관한 판시내용을 소개하면 다음과 같다. 58

> "형법 제30조의 공동정범은 공동가공의 의사와 그 공동의사에 의한 기능적 행위지배를 통한 범죄실행이라는 주관적·객관적 요건을 충족함으로써 성립하므로, 공모자 중 구성요건행위를 직접 분담하여 실행하지 아니한 사람도 위 요건의 충족 여부에 따라 이른바 공모공동정범으로서의 죄책을 질 수도 있다. 한편 구성요건행위를 직접 분담하여 실행하지 아니한 공모자가 공모공동정범으로 인정되기 위하여는 전체 범죄에 있어서 그가 차지하는 지위·역할이나 범죄경과에 대한 지배 내지 장악력 등을 종합하여 그가 단순한 공모자에 그치는 것이 아니라 범죄에 대한 본질적 기여를 통한 기능적 행위지배가 존재하는 것으로 인정되어야 한다. (중략) 위 사실관계에서 보는 바와 같이 피고인이 위 회사를 유일하게 지배하는 자로서 회사 대표의 지위에서 장기간에 59

29 대판 1962. 3. 29, 4294형상598. 같은 취지의 판결로는 대판 1978. 9. 26, 78도2082; 대판 1979. 8. 21, 79도1249; 대판 1994. 3. 22, 94도35.

30 대판 1989. 4. 11, 88도1247; 대판 1995. 9. 5, 95도1269; 대판 2009. 1. 30, 2008도8138; 대판 2013. 1. 10, 2012도12732.

31 대판 2003. 3. 28, 2002도7477; 대판 2010. 7. 15. 2010도3544; 대판 2012. 8. 30, 2012도6027; 대판 2019. 8. 29, 2018도2738(전); 대판 2019. 8. 29, 2018도13792(전); 대판 2021. 3. 11, 2020도12583; 대판 2021. 3. 25, 2020도18285; 대판 2023. 1. 12, 2022도11245, 2022보도52.

결쳐 현장소장들의 뇌물공여행위를 보고받고 이를 확인·결재하는 등의 방법으로 현장소장들의 뇌물공여행위에 관여하였다면, 비록 피고인이 사전에 현장소장들에게 구체적인 대상 및 액수를 정하여 뇌물공여를 지시하지 아니하였다고 하더라도 이 사건 뇌물공여의 핵심적 경과를 계획적으로 조종하거나 촉진하는 등으로 현장소장들의 뇌물공여행위에 본질적 기여를 함으로써 기능적 행위지배를 하였다고 봄이 상당하다고 할 것이다. 그럼에도 원심은, 피고인이 직접 향응을 제공하거나 현금을 제공한 부분(원심유죄부분)에 관하여만 피고인의 뇌물공여를 인정하고, 현장소장들이 뇌물공여의 실행행위를 담당한 나머지 부분(원심무죄부분)에 관하여는 그 판시와 같은 사정을 들어 피고인에게 현장소장들의 뇌물공여행위에 대한 공동가공의 의사 및 기능적 행위지배가 인정되지 아니한다고 판단하였다. 그렇다면 원심무죄부분에 대한 원심의 위 판단에는 공모공동정범에 관한 법리를 오해하여 판결 결과에 영향을 미친 위법이 있다고 할 것이다."[32]

Ⅲ. 공동정범의 요건과 효과

60 본조에 의할 때 공동정범은 "2인 이상이 공동하여 죄를 범하는" 범죄유형이다. 여기서 공동하여 죄를 범하기 위해서는 어떤 요건이 갖추어져야 하는지 문제되는데, 공동범행의 의사라는 주관적 요건과 공동범행의 사실이라는 객관적 요건이 양대 축으로 설명된다. 판례 역시, "공동정범이 성립하기 위해서는 주관적 요건으로서 공동가공의 의사와 객관적 요건으로서 공동의사에 기한 기능적 행위지배를 통한 범죄의 실행사실이 필요하다."고 판시한다.[33]

61 본조는 공동정범에 대한 법적 효과로서 "각자를 그 죄의 정범으로 처벌한다."고 규정한다. 구체적인 내용은 항을 나누어 살펴본다.

1. 주관적 요건 – 의사의 공동

(1) 의사 공동의 의의

62 공동정범이 성립하기 위해서는 행위자 상호 간에 공동수행의 의사가 공유

32 대판 2010. 7. 15, 2010도3544.
33 대판 2015. 10. 29, 2015도5355; 대판 2023. 1. 12, 2022도11245, 2022보도52.

되어야 한다. 의사의 공동,[34] 즉 공모는 공동정범 성립의 출발이다. 공모를 통해 공동자는 일체가 된다. 공동정범의 가담자들은 '일부 실행·전부 책임'의 원리에 따라 처벌되는데, 그 근거는 주관적 측면의 의사 공동을 통해 수인의 행위자가 일체로 결합하기 때문이다.

의사 공동의 대상이 무엇인지에 관하여, 범죄공동설은 '공동범행의 의사'를, 행위공동설은 '공동실행의 의사'를 제시한다. 이렇게 구체적인 내용에서는 차이가 있지만, 어쨌든 공동정범이 성립하기 위해서는 타인과 일체가 되어 특정 범행(내지 특정 행위)을 공동으로 수행하겠다는 의사가 요구된다는 점에는 이견이 없다. 63

판례는 공동정범의 주관적 성립요건인 공동가공의 의사란 타인의 범행을 인식하면서도 이를 제지하지 아니하고 용인하는 것만으로는 부족하고, "특정한 범죄행위를 하기 위하여 일체가 되어 서로 다른 사람의 행위를 이용하여 자기의 의사를 실행에 옮기는 것"을 의미한다고 판시한다.[35] 64

(2) 의사 공동의 방법

의사 공동을 위한 연락 방법에는 제한이 없다. 결과적으로 공동자 전원에게 연락하면 충분하고, 전원이 동시에 합석하여 합의한다거나 공동자 상호 간에 각각 의사의 연락이 있어야 하는 것은 아니다. 의사표시의 방법 역시 명시적이든 묵시적이든 상관없으므로[36] 동작 등으로 상호의사를 알 수 있어도 된다. 65

판례 역시, "2인 이상이 범죄에 공동 가공하는 공범관계에 있어서 공모는 법률상 어떤 정형을 요구하는 것이 아니고 2인 이상이 공모하여 범죄에 공동가공하여 범죄를 실현하려는 의사의 결합만 있으면 되는 것으로서, 비록 전체의 모의과정이 없었다고 하더라도 수인 사이에 순차적으로 또는 암묵적으로 상통하여 그 의사의 결합이 이루어지면 공모관계가 성립한다."고 판시한다.[37] 이와 유사한 내용의 판례를 살펴보면 다음과 같다. 66

34 '의사의 공동'의 구체적 내용을 분석·제안한 문헌으로는 김성룡, "공동정범의 주관적 구성요건요소", 비교형사법연구 3-1, 한국비교형사법학회(2001), 89-114가 있다.

35 대판 1999. 9. 17, 99도2889; 대판 2019. 8. 29, 2018도13792(전).

36 대판 2017. 1. 25, 2016도10389.

37 대판 1998. 3. 27, 98도30; 대판 2006. 2. 23, 2005도8645.

(가) 미국문화원 방화 사건

67 부산에 소재하는 미국문화원에 방화하여 사망자가 발생한 사안에서, 피고인들의 공모가 인정되는지 문제되었다. 피고인들이 한자리에 모여 범죄를 모의한 것이 아니고 순차적으로 연락하여 범죄를 결의하였기 때문이다. 대법원은 공동정범의 공모 방법으로 순차적 모의가 인정된다고 판시하면서, 피고인들을 현주건조물방화치사죄(§ 164②)의 공동정범으로 처벌하였다. 이에 관한 판시내용을 소개하면 다음과 같다.

68 "수인이 공모하여 즉 공동범행의 인식으로 범죄를 실행하는 것을 공동정범이라 하나 이 공모와 범죄의 실행에 있어서는 범인 전원이 동일일시, 동일장소에서 모의하지 아니하고 순차로 범의의 연락이 이루어짐으로써 그 범의내용에 대하여 포괄적 또는 개별적 의사의 연락이나 인식이 있었으면 범인 전원의 공모관계가 있다고 할 것이며, (중략) 피고인 등이 상피고인 등과 순차 공모하여 즉 동일일시, 장소에서 관련 피고인 등이 범행을 모의하지는 아니하였으나 피고인 A, 동 W의 모의가 이루어지고 그 다음 순차로 동 W와 동 C, 동 W와 동 D, 동 W와 피고인 등(E, F) 및 동 G, 동 W와 동 I, 동 W와 동 H, 동 C와 동 G 등 간에 순차 또는 점 조직식으로 범행모의가 성립됨으로써 범의의 연락이 이루어져 그 범의 내용에 포괄적 의사의 인식하에 각 그 분담한 바에 따라 범행을 계획 총괄하고 방화용 휘발유를 구입 운반하고 이 휘발유를 부산 미국문화원 출입문 내부에 살포하여 이에 방화하고 이에 때맞추어 이 방화의 의의와 목적 및 그 방화선언 등의 뜻이 담긴 유인물 등을 살포한 사실을 그 의용증거에 의하여 인정하고 있는 것이고, (중략) 따라서 원심의 공모공동정범에 관한 법리 오해를 내세우는 상고논지는 그 입론 자체가 실당하여 채용의 여지가 없고 따라서 이 부분 상고이유는 모두 이유가 없다."[38]

(나) 딱지어음 유통 사건

69 딱지어음을 발행하여 매매한 사람이 이후 그 딱지어음으로 피해자에게 금원을 편취하여 사기죄(§ 347①)를 범한 사람들과 공동정범의 죄책을 지게 되는지 논란된 사안에서, 대법원은 딱지어음을 발행하여 매매한 이상 사기의 실행행위에 직접 관여하지 아니하였다고 하더라도 공동정범으로서의 책임을 면하지 못

38 대판 1983. 3. 8, 82도3248.

한다고 판시하였다. 딱지어음의 유통경로나 중간 소지인들 및 기망방법을 구체적으로 몰랐다고 하더라도 공모관계를 부정할 수는 없다는 것이다. 구체적인 판시내용을 소개하면 다음과 같다.

> "2인 이상이 범죄에 공동가공하는 공범관계에 있어서 공모는 법률상 어떤 정형을 요구하는 것이 아니고 2인 이상이 공모하여 범죄에 공동가공하여 범죄를 실현하려는 의사의 결합만 있으면 되는 것으로서, 비록 전체의 모의과정이 없다고 하더라도 수인 사이에 순차적으로 또는 암묵적으로 상통하여 그 의사의 결합이 이루어지면 공모관계가 성립하고, 이러한 공모가 이루어진 이상 실행행위에 직접 관여하지 아니한 자라도 다른 공범자의 행위에 대하여 공동정범으로서의 형사책임을 진다고 할 것이다. (중략) 피고인 甲, 乙, 丙이 부도가 예정된 이 사건 딱지어음들을 매도하고, 피고인 丁을 비롯한 그 최종사용자들이 사기범행을 실현하려는 점에 관하여 적어도 중간 소지인들을 통하여 순차적, 암묵적으로 의사가 상통하여 공모관계가 성립하였다고 보아야 할 것이고, 따라서 피고인 甲, 乙, 丙이 각 사기의 실행행위에 직접 관여하지 아니하였다고 하더라도 위 피고인들이 이 사건 딱지어음들을 발행하여 매매한 이상 사기범행에 관하여도 공동정범으로서의 책임을 면하지 못한다고 할 것이고, 위 피고인들이 이 사건 딱지어음들의 전전유통경로나 중간 소지인들 및 그 기망방법을 구체적으로 몰랐다고 하더라도 공모관계를 부정할 수는 없다고 할 것이다."[39] 70

(다) 밀수 사건

밀수 사건에서도 수인의 피고인들이 관세법위반 등의 죄를 릴레이식으로 모의한 경우, 모두 해당 범죄의 공동정범으로 처벌된다고 판시하였다. 구체적인 판시내용은 다음과 같다. 71

> "공동정범 또는 공모 공동정범의 경우에 범인 전원이 일정한 시간과 장소에 집합하여 모의하지 아니하고 그 중의 1인 또는 2인 이상을 통하여 릴레이식으로 범의의 연락이 있고 그 범의 내용에 대하여 포괄적 또는 개별적인 의사연락이나 인식이 있었다면 그들 전원이 공모관계가 있다고 보아야 할 것이다."[40] 72

39 대판 1997. 9. 12, 97도1706.
40 대판 1980. 11. 25, 80도2224.

(3) 의사 공동의 시기

73 의사 공동은 행위 시에 존재하면 충분하다. 따라서 실행착수 이전에 의사연락이 있는 경우(예모적 공동정범)뿐 아니라, 실행착수 당시에 우연히 만나서 의사연락이 이루어지는 경우(우연적 공동정범)도 가능하다.

74 판례도 "공동정범이 성립하기 위하여는 반드시 공범자 간에 사전에 모의가 있어야 하는 것은 아니며, 우연히 만난 자리에서 서로 협력하여 공동의 범의를 실현하려는 의사가 암묵적으로 상통하여 범행에 공동가공하더라도 공동정범은 성립된다."라고 판시한다.[41]

(4) 의사 공동의 수준

75 공동정범이 성립하기 위하여 요구되는 의사 공동은 형법적 책임의 부과에 있어서 가담자들을 일체로 결합하는 수준에 이르러야 한다. 따라서 타인의 범행을 인식하면서도 이를 제지하지 아니하고 용인하는 것만으로 부족하다. 이와 관련된 판례의 사안을 살펴보면 다음과 같다.

(가) 아무 말 없이 창밖을 바라본 사안

76 피고인 甲이 피고인 乙을 찾아가 이미 A 주식회사의 대표이사를 사임하고 회사의 고문으로 있던 乙에게, B의 문제를 해결하기 위해서는 B에게 금 3억 원을 주어 무마하는 수밖에 없다고 보고하자 乙이 아무런 말도 없이 창밖만 쳐다보았으므로 이에 동의한 것으로 알았다는 사안에서, 피고인 甲이 B에게 3억 원을 주어 횡령죄(§ 350①)로 처벌받더라도, 乙에게 횡령에 대한 공동가공의 의사를 인정할 수 없다고 판시하였다. 이에 관한 판시내용을 소개하면 다음과 같다.

77 "공동정범이 성립하기 위한 주관적 요건으로서 공동가공의 의사는 타인의 범행을 인식하면서도 이를 제지하지 아니하고 용인하는 것만으로 부족하고, 공동의 의사로 특정한 범죄행위를 하기 위하여 일체가 되어 서로 다른 사람의 행위를 이용하여 자기의 의사를 옮기는 것을 내용으로 하는 것이어야 한다. 원심은, 피고인 甲이 1997. 8. 초경 여의도 의원회관 사무실로 피고인 乙을

---

41 대판 1984. 12. 26, 82도1373(피고인들이 甲이 피해자를 강간하려고 제방으로 유인하여 가는 것을 알고서 그 뒤를 따라가 甲이 피해자를 강간한 후 이어서 윤간한 사안에서, 甲의 뒤를 따라갈 때까지는 강간의 모의가 있었다고는 할 수 없으나, 甲이 강간의 실행에 착수할 무렵에는 甲과 피고인들 사이에 암묵적으로 범행을 공동할 의사 연락이 있었다고 하여 공동정범을 인정한 사례).

찾아가 이미 A 주식회사의 대표이사를 사임하고 회사의 고문으로 있던 그에게, B의 문제를 해결하기 위해서는 B에게 금 3억 원을 주어 무마하는 수밖에 없다고 보고하자 피고인 乙이 아무런 말도 없이 창 밖만 쳐다보았으므로 이에 동의한 것으로 알았고, 그 후 피고인 乙에게 돈을 준 것을 보고하지 아니한 사실을 인정한 다음, 그 인정사실만으로는 피고인 乙이 피고인 甲과 공모하여 판시 범행을 저질렀다고 인정하기에 부족하다는 이유로 그 부분에 대하여 무죄를 선고하였다. 기록과 위에서 본 법리에 비추어 살펴보니, 원심의 그 인정 및 판단은 정당하고 거기에 공범에 관한 법리오해의 위법은 없다."[42]

(나) 밀수품 매각알선 승낙 사안

78 전자제품 등을 밀수입해 올 테니 팔아달라는 제의를 받고 승낙한 경우, 그 승낙은 물품을 밀수입해 오면 이를 취득하거나 그 매각알선을 하겠다는 의사표시로 볼 수 있을 뿐 밀수입 범행을 공동으로 하겠다는 공모의 의사를 표시한 것으로는 볼 수 없다고 판시한 사안이다. 따라서 밀수입 범죄의 공동정범으로 처벌할 수 없다는 것인데, 판시내용을 소개하면 다음과 같다.

79 "이 사건 밀수입 범행과 관련하여 피고인들이 한 행위가 A로부터 캠코더 등을 밀수입해 오면 팔아주겠느냐는 제의를 받고 팔아주겠다고 승낙하거나 B로부터 양주도 구입해보라는 권유를 받고 이를 승낙한 다음 선원들이 물품을 밀수입해 오면 대금을 지불하고 이를 인도받아 타에 처분해온 것에 불과하다면, 그것을 가지고 피고인들이 이 사건 밀수입 범행의 실행행위를 분담하였다거나 피고인들에게 공동정범의 성립을 인정하기 위하여 필요한 공동가공의 의사가 있었다고 보기 어렵다고 할 것이다. 피고인들이 밀수입해 오면 팔아주겠다고 한 것은 물품을 밀수입해 오면 이를 취득하거나 그 매각알선을 하겠다는 의사표시로 볼 수 있을 뿐 밀수입 범행을 공동으로 하겠다는 공모의 의사를 표시한 것으로는 볼 수 없다고 할 것이다."[43]

(다) 절취 오토바이 매입 제의 사안

80 오토바이를 절취하여 오면 사주겠다고 한 경우도, 절도죄(§ 329)에 대한 공

---

42 대판 1999. 9. 17, 99도2889.
43 대판 2000. 4. 7, 2000도576. 본 판결 평석은 천진호, "'공모'공동정범에 있어서 공모의 정범성", 형사판례연구 〔9〕, 한국형사판례연구회, 박영사(2001), 183-204.

동가공의 의사를 인정하기 어렵다고 한다. 판시내용은 다음과 같다.

81 "원심 공동피고인 甲 등이 절취하여 온 오토바이를 피고인이 인도받으면서 원심 공동피고인 甲 등에게 돈을 주는 관계는 피고인이 그들과 한패가 되어 공동으로 물건을 절취한 후 두목으로서 다른 가담자들에게 범죄로 취득한 이익을 나누어 주는 관계이거나, 자기의 일을 시켜놓고 일을 마친 데에 대하여 수고비를 지급하는 관계 또는 함께 오토바이를 절취한 후 피고인은 오토바이의 처분행위를 담당하는 관계라기보다는 오히려 피고인이 원심 공동피고인 甲 등으로부터 장물을 매수하면서 그 대금을 지급하는 관계라고 생각된다. 결국 공소장 제1., 제3. 기재 공소사실에 있어서 피고인이 원심 공동피고인 甲, 공소외 乙, 공소외 丙 등과 공모하였다는 내용은 "우리가 함께 오토바이를 훔치자. 다만 현장에서 훔치는 일은 너희들이 맡아서 해라. 그러면 장물은 내가 맡아서 처분하겠다."는 것이었다기 보다는 "너희들이 오토바이를 훔쳐라. 그러면 장물은 내가 사 주겠다."는 것이었다고 보인다. 사정이 이러하다면 피고인에게 공동정범의 성립을 인정하기 위하여 필요한 공동가공의 의사가 있었다고 보기 어려울 것이다."[44]

(라) 따라다닌 사안

82 피해자 일행을 한 사람씩 나누어 강간하자는 피고인 일행의 제의에 아무런 대답도 하지 않고 따라다니다가 자신의 강간 상대방으로 남겨진 A에게 일체의 신체적 접촉도 시도하지 않은 채 다른 일행이 인근 숲속에서 강간을 마칠 때까지 A와 함께 이야기만 나눈 경우, 피고인에게 다른 일행의 강간 범행에 대한 공동 가공의 의사가 인정되지 않는다는 사안이다. 판시내용은 다음과 같다.

83 "피고인은 자신의 강간 상대방으로 정해졌다는 A를 강간하거나, 원심 공동피고인 甲 및 원심 공동피고인 乙의 범행에 공동가공하여 피해자들을 폭행하거나 협박하는 등으로 실행행위를 한 바가 전혀 없다는 것이고, 나아가 원심 공동피고인 乙의 경찰에서의 진술에 의하면, 원심 공동피고인 甲의 제의에 따라 원심 공동피고인 乙은 피해자 B를, 원심 공동피고인 甲는 피해자 C를 각 강간하기로 하였으나, 피고인은 아무런 말도 하지 않았다는 것이며, 원심 공동

44 대판 1997. 9. 30, 97도1940. 본 판결 해설은 한기택, "공모공동정범이 성립하기 위한 공모의 내용", 해설 29, 법원도서관(1998), 649-659.

피고인 甲의 검찰에서의 진술에 의하면, 피고인은 처음부터 처벌이 두려워 강간할 마음이 없었던 것으로 알고 있다는 것이고, A의 검찰에서의 진술에 의하면, 원심 공동피고인 甲과 원심 공동피고인 乙이 피해자들을 강간하기 위하여 숲속으로 끌고 갈 때 피고인은 야산 입구에 앉은 채 "우리 그대로 가만히 앉아 있자"고 하면서 자신의 몸에 손도 대지 않았고, 이에 피고인 옆에 앉아 서로 각자 가지고 있던 담배를 피우면서 피고인의 물음에 대하여 "고향은 거제이고, 현재 마산 구암동 이모집에서 살고 있고, 마산 창동의 미용실에 근무하고 있다."라고 말하였고, 자신의 휴대폰으로 수차 전화를 걸어 온 피해자 B의 남자친구인 공소외 C와 통화를 하기까지 하였는데, 그때 피고인이 통화를 제지하지도 아니하였고, 자신이 피해를 당하고 있는 친구들에게 데려다 달라고 하거나, 피고인이 자신의 팔을 잡아 만류한 적은 없고 다만, 친구들이 애처로워 피고인에게 "우리 친구들을 좀 보내주면 안 되느냐"고 부탁하자, 피고인은 아무런 대꾸도 없이 그 자리에 앉아 있었다는 것인바, 이와 같은 전후 사정을 종합하여 볼 때, 피고인이 원심 공동피고인 甲 및 원심 공동피고인 乙로부터 피해자 일행을 강간하자는 제의를 받고 가부간에 아무런 의사표시를 하지 아니한 채 가만히 있었다는 점만으로는 피고인이 원심 공동피고인 甲 및 원심 공동피고인 乙과 강간 범행을 공모한 것으로 보기는 어렵다."[45]

(마) 여권위조와 밀항의 관계

연결되어 행해지는 범행에서는 전 단계의 범행에 가담하였더라도 후 단계 84
의 범행에 대한 가담의 의사가 확인되지 않은 경우라면, 후 단계의 범행에 관한 공동범행의 의사가 인정되지 않는다는 판례도 발견된다. 밀항단속법 제3조 제1항[46]에서 규율하는 밀항행위는 여권위조행위와 전혀 별개의 행위로서 밀항에 반드시 위조여권이 필요한 것도 아니고 위조여권을 반드시 밀항행위에만 사용할 수 있는 것도 아니므로, 여권위조행위에 가담한 것만으로는 공동가공의 의사로 밀항행위에까지 가담하였다고 볼 수 없다는 것이다. 판시내용은 다음과 같다.

---

45 대판 2003. 3. 28, 2002도7477. 본 판결 평석은 하태훈, "기능적 범행지배의 의미", 형사판례연구〔12〕, 한국형사판례연구회, 박영사(2004), 62-83.

46 밀항단속법 제3조(밀항·이선 등) ① 밀항 또는 이선·이기한 사람은 3년 이하의 징역 또는 3천만원 이하의 벌금에 처한다.

85 “원심은 ‘피고인이 여권 브로커인 A, 여권위조기술자인 공소외 성명불상자와 순차 공모하여 A로부터 B, C의 여권위조를 부탁받고 일본에 체류 중인 위 성명불상자를 통하여 동인들의 여권을 위조한 다음 A를 통하여 이를 동인들에게 전달하여 줌으로써 동인들의 밀항행위에 가담하여 밀항단속법 제3조 제1항을 위반하였다.’는 취지의 공소사실에 대하여, 밀항단속법 제3조 제1항에서 규율하는 밀항행위는 여권위조행위와는 전혀 별개의 행위로서 밀항에 반드시 위조여권이 필요한 것도 아니고 위조여권을 반드시 밀항행위에만 사용할 수 있는 것도 아니므로, 여권위조행위에 가담한 것만으로는 공동가공의 의사로 밀항행위에까지 가담하였다고 볼 수는 없고, 제출된 증거만으로는 달리 피고인이 B, C 등과 그들의 밀항에 대하여 사전에 그 계획·방법 등을 모의하였다거나 또는 출입국절차, 항공권구매절차 등을 대행하여 줌으로써 그들의 밀항행위에 직접 가담하였다는 사실을 인정할 수 없어 공소사실 자체로 죄가 되지 아니하거나 범죄의 증명이 없는 경우에 해당한다는 이유로 무죄를 선고하였는바, 앞서 본 법리에 비추어 볼 때, 원심의 위와 같은 판단은 수긍이 가고, 거기에 소론과 같이 여권위조와 밀항행위의 밀접성이나 공동정범의 주관적 요건에 관한 법리오인의 위법이 있다고 할 수 없다.”47

(바) 시위현장 촬영 사안

86 덕적도 핵폐기장 설치 반대 시위의 일환으로 행하여진 대학생들의 인천시청 기습점거 시위에 대하여 전혀 모르고 있다가 시위 직전에 주동자로부터 지시를 받고 시위현장 사진 촬영행위를 한 사람에 대하여, 시위행위에 대한 공동정범으로서의 범의를 부정한 판결도 있다. 물론 시위행위에 대한 방조범의 성립은 인정하였다. 판시내용을 정리하면 다음과 같다.

87 “원심은 (중략) 공동피고인이 이 사건 시위 당일 11:00경 인천 남구 용현동 소재 독쟁이고개 시내버스 정류소에서 A 등 9명에게 인천시청점거계획에 대한 설명을 마친 후, 그 현장을 사진 촬영하여 두었다가 나중에 이를 게시할 필요가 있다고 생각하여 인천대학교 총학생회 사무실로 전화를 걸어 마침 피고인이 전화를 받자 “지금 대원들을 데리고 인천시청사에 기습투쟁을 가고 있으니 누구든지 현장으로 카메라를 들고 내보내 사진 촬영을 할 수 있도록 하

47 대판 1998. 9. 22, 98도1832.

라"고 지시를 하였고, 이에 피고인은 자신이 직접 사진 촬영을 하기로 하고 같은 학교 불문과 3학년생인 B와 함께 인천시청사 내 주차장에서 시위개시를 기다리고 있다가 시위현장을 촬영한 사실을 인정한 다음, 피고인으로서는 이 사건 시위 이후 시위현장을 촬영해 두었다가 이를 게시할 의도였고 시위에 다소 동조하는 마음이 있었다고 보여지지만, 피고인은 이 사건 시위계획을 전혀 모르고 있다가 시위 직전에 공동피고인의 지시를 받고서야 비로소 시위사실을 알게 되었고 그 준비과정에 전혀 관여하지 않았으며 그 가담 정도도 시위현장의 촬영에 그친 점 등에 비추어 보면, 피고인이 공동피고인과 사이에서 이 사건 시위에 가담하여 폭력 등을 행사한다는 점에 대한 포괄적이거나 개별적인 의사의 연락이나 인식이 있었다고 보이지 않는다는 이유로 피고인에 대한 이 사건 주위적 공소사실에 대하여 무죄를 선고한 제1심을 유지하였다. 기록과 위에서 본 법리에 비추어 보면, 원심의 위 인정판단은 모두 수긍이 가고, 거기에 소론과 같이 채증법칙을 위반하여 사실을 오인하였거나 공모공동정범의 법리를 오해한 위법이 있다고 할 수 없다."[48]

(5) 의사 공동의 입증

의사 공동은 공동정범의 성립요건이기 때문에 그것은 엄격한 증명의 대상이 된다.[49] 하지만 의사 공동은 주관적 요건이므로, 피고인이 의사 공동을 부정하는 경우, 검사는 사물의 성질상 이와 상당한 관련성이 있는 간접사실 또는 정황사실을 증명하는 방법으로 의사 공동을 입증할 수밖에 없다. 이때 무엇이 상당한 관련성이 있는 간접사실에 해당할 것인가는 정상적인 경험칙에 바탕을 두고 치밀한 관찰력이나 분석력에 의하여 사실의 연결상태를 합리적으로 판단하는 방법으로 해야 한다는 것이 판례의 판시이다.[50] 아울러 공동정범이 성립한다고 판단하기 위해서는 범죄실현의 전 과정을 통하여 행위자들 각자의 지위와 역할, 다른 행위자에 대한 권유 내용 등을 구체적으로 검토하고 이를 종합하여 공동가공의 의사에 기한 상호 이용의 관계가 합리적인 의심을 할 여지가 없을 정도로 증명되어야 한다.[51] 88

48 대판 1997. 1. 24, 96도2427.

49 대판 2011. 12. 22, 2011도9721.

50 대판 2011. 12. 22, 2011도9721; 대판 2012. 8. 30, 2012도5220; 대판 2018. 4. 19, 2017도14322(전).

51 대판 2011. 12. 22, 2011도9721.

2. 객관적 요건 – 공동실행의 사실

(1) 공동실행의 의의

89 공동정범이 성립하려면 객관적으로 공동실행의 사실이 있어야 한다. 행위지배설에 따를 때, 공동실행의 사실은 역할분담에 입각한 기능적 행위면 충분하다. 따라서 구성요건적 행위 전체를 가담자들이 부가적으로 실행할 수도 있겠지만, 구성요건적 행위의 일부를 분담하여 실행하더라도 공동정범의 객관적 요건인 공동실행의 사실이 인정될 수 있다. 나아가 구성요건적 행위가 아닌 행위도 범죄수행에 불가결한 기여를 하는 것이면 실행행위의 분담으로 인정될 수 있다는 것이 행위지배설의 내용이다. 따라서 공동정범의 객관적 요건인 공동실행으로 인정될 수 있는지의 여부는 해당 행위가 범죄의 수행에 어느 정도의 기여를 하는가에 따라 결정되는 문제라고 할 수 있다. 판례도 공동의사에 의한 기능적 행위지배를 통한 범죄의 실행사실이 있어야 한다는 입장이다.[52]

(2) 공동실행의 장소

90 공동정범의 객관적 요건인 공동실행은 장소적 측면에서 제한이 없다. 대부분의 사안에서는 공동실행의 장소가 범행 현장이겠지만, 범행 현장이 아닌 곳에서도 범죄의 수행에 불가결한 기여를 할 수 있을 것이기 때문이다. 범행 현장으로부터 떨어진 곳에서 휴대폰 등을 통해 범죄수행에 개입하고 있는 경우라든지, 타인의 집에 침입하여 재물을 절취하는 범죄를 수행하면서 그 집의 가족을 사무실에 붙잡아 두는 경우 등이 대표적인 사례로 제시될 수 있다.

(3) 망보는 행위

91 '망보는 행위'가 공동정범의 객관적 요건인 공동실행으로 인정될 수 있는지 문제된다. 망보는 행위는 외형적으로는 구성요건적 행위가 아니다. 하지만 구체적인 사안을 검토하면, 망보는 행위가 범죄수행의 경과에서 기능적 지배를 하는 경우가 있다. 이때에는 망보는 행위도 공동정범의 객관적 요건인 공동실행의 자격을 갖는다는 것이 일반적인 견해이다. 물론 망보는 행위가 범죄수행에 불가결한 기여를 하는 것이 아니라 단순히 보조적 역할 내지 타인의 범행을 용이하게 해 주는 데 그친 경우라면, 이는 종범의 성립요건인 방조행위로 처리되어야 할

---

52 대판 2001. 11. 9, 2001도4792.

것이다. 관련 판례를 살펴보면 다음과 같다.

(가) 강도강간의 사안

92 3인조로 강도 범행을 저지른 후 2인이 피해자를 강간하고 1인이 피해자의 자녀들을 감시한 사안이다. 강간 범행에 직접 가담하지 않은 1인에게도 강간의 공동가공을 인정하여, 3인 모두를 강도강간죄(§ 339)의 공동정범으로 처벌하였다. 판시내용은 다음과 같다.

93 "피고인이 원심 공동피고인 甲, 원심 공동피고인 乙과 함께 강도범행을 저지른 후 피해자의 신고를 막기 위하여 원심 공동피고인 甲, 원심 공동피고인 乙이 묶여 있는 피해자를 옆방으로 끌고가 강간범행을 할 때에 피고인은 자녀들을 감시하고 있었다면 공범자들의 강도강간범죄에 공동가공한 것이라 하겠으므로 비록 피고인이 직접 강간행위를 하지 않았다 하더라도 강도강간의 공동죄책을 면할 수 없다 할 것이니, 피고인의 소위를 강도강간죄로 처단한 조치를 탓하는 논지도 이유없다."[53]

(나) 합동절도의 사안

94 합동절도인 특수절도죄(§ 331②)가 성립하기 위해서는 주관적 요건으로서 공모 외에 객관적 요건으로서 현장에서의 실행행위의 분담을 요하는데, 여기서 실행행위의 분담은 반드시 동시에 동일장소에서 실행행위를 특정하여 분담하는 것만을 뜻하는 것이 아니라 시간적으로나 장소적으로 서로 협동관계에 있다고 볼 수 있으면 충분하다(**본장 [총설 I] III. 2. 합동범** 부분 참조).[54] 이때, 망을 보는 행위는 시간적·장소적 협동관계에 있는 현장에서의 실행행위에 해당다는 것이 판례의 입장이다.[55] 이에 관한 판례를 소개하면 다음과 같다.

---

53 대판 1986. 1. 21, 85도2411.

54 대판 1992. 7. 28, 92도917.

55 대판 1986. 12. 23, 86도2256; 대판 2011. 5. 13, 2011도2021(피고인이 甲, 乙과 공모한 후 甲, 乙은 피해자 회사의 사무실 금고에서 현금을 절취하고, 피고인은 위 사무실로부터 약 100m 떨어진 곳에서 망을 보는 방법으로 합동하여 재물을 절취하였다고 하여 주위적으로 기소된 사안에서, 피고인이 비록 망을 본 일이 없다고 하더라도, 피고인이 합동절도의 범행을 현장에서 실행한 甲, 乙과 공모하였고, 범행을 직접 실행할 乙을 甲에게 소개하여 주었으며, 乙에게 범행 도구인 면장갑과 쇼핑백을 구입하여 건네 주었고, 甲, 乙이 범행을 종료할 때까지 기다려 그들과 함께 절취한 현금을 운반한 후 그중 일부를 분배받은 것만으로도 단순한 공모자에 그치는 것이 아니라, 위 범행에 대한 본질적 기여를 통한 기능적 행위지배를 하였다고 할 것이고, 따라서 피고

> "절도죄의 실행의 착수시기는 재물에 대한 타인의 사실상의 지배를 침해하는 데 밀접한 행위가 개시된 때라 할 것인바 피고인이 피해자 소유자동차 안에 들어 있는 밍크코트를 발견하고 이를 절취할 생각으로 A는 위 차옆에서 망을 보고 피고인은 위 차 오른쪽 앞문을 열려고 앞문 손잡이를 잡아당기다가 피해자에게 발각된 이 사건에 있어서 위 행위는 절도의 실행에 착수하였다고 봄이 상당하므로, 같은 견해에서 피고인을 특수절도미수죄로 처단한 원심판결에 절도죄의 실행의 착수에 관한 법리오해의 위법이 있다고 할 수 없다."[56]

(4) 실행내용의 수준

95 공동정범이 성립하기 위해서는 가담자의 실행내용이 범죄성을 갖추어야 한다. 대부분의 사안에서는 이에 대한 인정 여부에 논란이 제기되지 않는다. 하지만 특수 사안에서 실행내용의 범죄성이 갖추어지지 않아 공동정범이 부정되는 경우가 있다. 특기할 사안을 살펴보면 다음과 같다.

(가) 자기 무고의 사안

96 무고죄(§ 156)는 "타인으로 하여금 형사처분 또는 징계처분을 받게 할 목적으로 공무소 또는 공무원에 대하여 허위의 사실을 신고"하는 범죄이다. 따라서 자신을 무고하는 행위, 즉 자기 무고는 범죄가 되지 않는다. 문제는 제3자와 모의하여 자신을 무고하도록 한 경우에, 제3자의 무고죄에 자신이 공동정범으로 가담하게 되는가 여부이다. 판례는 부정한다. 실행내용이 자신에게는 자기 무고의 성격을 갖는 것이어서 범죄성을 갖추고 있지 못하므로, 제3자에게 무고죄가 성립하더라도 그에 대한 공동정범의 죄책이 자기에게 주어지지 않는다는 것이다.[57] 판례의 판시내용을 소개하면 다음과 같다.

97 "형법 제30조에서 정한 공동정범은 공동으로 범죄를 저지르려는 의사에 따라

인이 甲, 乙의 행위를 자기 의사의 수단으로 하여 합동절도의 범행을 하였다고 평가될 수 있는 정범성의 표지를 갖추었다는 이유로, 피고인에 대하여 甲, 乙의 위 합동절도의 범행에 대하여 공동정범으로서의 죄책을 면할 수 없다고 한 사례).

56 대판 1986. 12. 23, 86도2256.

57 이와는 별도로, 제3자에게 무고죄가 성립하는 경우 피무고자가 무고죄의 공범(교사범 내지 종범)은 성립할 수 있다는 것이 일반적인 설명이다. 판례 역시 피무고자에게 무고죄의 종범 성립을 인정한다(대판 2008. 10. 23. 2008도4852). 위 2008도4852 판결 평석은 정혁준, "자기무고 공범성립의 범위에 대한 검토", 형사판례연구 〔17〕, 한국형사판례연구회, 박영사(2009), 322-339 참조.

공범자들이 협력하여 범행을 분담함으로써 범죄의 구성요건을 실현한 경우에 각자가 범죄 전체에 대하여 정범으로서의 책임을 지는 것이다. 이러한 공동정범이 성립하기 위해서는 주관적 요건으로서 공동가공의 의사와 객관적 요건으로서 공동의사에 의한 기능적 행위지배를 통한 범죄의 실행사실이 필요하고, 이때 공동가공의 의사는 공동의 의사로 특정한 범죄행위를 하기 위하여 일체가 되어 서로 다른 사람의 행위를 이용하여 자기의 의사를 실행에 옮기는 것을 내용으로 하는 것이어야 한다. 따라서 범죄의 실행에 가담한 사람이라고 할지라도 그가 공동의 의사에 따라 다른 공범자를 이용하여 실현하려는 행위가 자신에게는 범죄를 구성하지 않는다면, 특별한 사정이 없는 한 공동정범의 죄책을 진다고 할 수 없다. 형법 제156조에서 정한 무고죄는 타인으로 하여금 형사처분 또는 징계처분을 받게 할 목적으로 허위의 사실을 신고하는 것을 구성요건으로 하는 범죄이다. 자기 자신으로 하여금 형사처분 또는 징계처분을 받게 할 목적으로 허위의 사실을 신고하는 행위, 즉 자기 자신을 무고하는 행위는 무고죄의 구성요건에 해당하지 않아 무고죄가 성립하지 않는다. 따라서 자기 자신을 무고하기로 제3자와 공모하고 이에 따라 무고행위에 가담하였다고 하더라도 이는 자기 자신에게는 무고죄의 구성요건에 해당하지 않아 범죄가 성립할 수 없는 행위를 실현하고자 한 것에 지나지 않아 무고죄의 공동정범으로 처벌할 수 없다."[58]

(나) 횡령죄와 배임죄의 수익자

횡령죄(§ 355①)와 배임죄(§ 355②)에서는 수익자의 공동정범 인정 여부에 대한 논란이 제기될 수 있다. 수익자가 횡령과 배임의 행위에 관여한 경우에 그를 해당 범죄의 공동정범으로 처벌할 수 있는지의 문제이다. 수익자의 행위 관여 수준, 즉 실행행위자의 행위를 교사하거나 그 행위의 전 과정에 관여하는 등으로 적극 가담하였는지 여부에 따라 공동정범의 인정 여부를 판단한다는 것이 판례의 입장이다.[59] 98

58 대판 2017. 4. 26, 2013도12592. 본 판결 해설과 평석은 배정현, "자기 자신을 무고한 행위에 가담한 자에게 무고죄의 공동정범이 성립할 수 있는지 여부", 해설 112, 법원도서관(2017), 336-355; 최준혁, "자기무고의 공동정범이 성립하는가? - 대법원 2017. 4. 26. 선고 2013도12592 판결의 평석을 겸하여 -", 형사정책 29-2, 한국형사정책학회(2017), 173-196.

59 이처럼 판례는 '적극 가담'을 공동정범의 성립요건으로 요구한다. 이에 대하여, ① '적극 가담'의 요건이 통상의 기능적 행위지배를 내용으로 하는 공동정범의 일반적인 성립기준과 크게 다르지 않다는 견해가 있는가 하면(김성돈, "대향범과 공범", 법조 65-9, 법조협회(2016), 564-565), ②

(a) 부동산 이중매매 사안

99 부동산의 이중매매는 배임죄에 해당한다.[60] 부동산 용지의 특별분양권을 이중매매하는 행위 역시 마찬가지이다. 여기서 이중매매의 매수인이 배임죄의 공동정범으로 처벌될 수 있는지의 문제가 제기되는데, 이에 대하여 판례는 매도인의 범행에 대한 '적극 가담'을 공동정범의 성립요건으로 요구한다. 판시사항을 소개하면 다음과 같다.

100 "업무상 배임죄의 실행으로 인하여 이익을 얻게 되는 수익자 또는 그와 밀접한 관련이 있는 제3자를 배임의 실행행위자에 대한 공동정범으로 인정하기 위하여는 우선 실행행위자의 행위가 피해자 본인에 대한 배임행위에 해당한다는 점을 인식하였어야 하고, 나아가 실행행위자의 배임행위를 교사하거나 또는 배임행위의 전 과정에 관여하는 등으로 배임행위에 적극 가담할 것을 필요로 한다. 원심이 인정한 사실과 기록에 의하면, 앞서 본 바와 같이 피고인이 원심 공동피고인으로부터 이 사건 수분양권을 매수할 당시에는 그 매매계약이 이중매매에 해당한다는 사실을 알지 못하였던 사실, 피고인이 그 후 이중매매 사실을 알고 원심 공동피고인으로부터 이미 지급한 매매대금을 반환받고자 하였으나 그중 8,200만 원을 돌려받지 못하게 되자, 공소외인 등을 상대로 소송을 제기하여 피고인과 공소외인을 대리한 원심 공동피고인 사이

'적극 가담'은 단순한 공모 이상의 별도의 반사회적 성격의 적극 가담을 의미하는바, 이렇게 공동정범의 일반적 성립요건에 덧붙여서 추가적인 불법을 요구하는 것은 형법총칙의 공동정범 규정을 무력화하는 것이라는 비판도 제기된다[강우예, "배임행위의 거래상대방의 공범성립 형태", 형사법연구 29-4, 한국형사법학회(2017), 263-266]. 또한, ③ 주관적 요건으로서 '정범의 범의'를 면밀하게 심사해야 한다는 견해도 제시되는바, 이 견해는 정범의 범의 여부를 판단함에 있어서 배임죄의 신분범으로서의 특성, 특히 타인의 사무처리자라는 신분의 규범적 의미, 임무에 위배하는 행위라는 실행행위의 규범적 의미를 고려해야 한다는 설명도 덧붙인다[강수진, "배임행위의 상대방에 대한 공범 성립기준에 대한 검토", 형사법의 신동향 65, 대검찰청(2019), 34-39].

60 대판 2018. 5. 17, 2017도4027(전). 위 판결은 부동산이 국민의 경제생활에서 차지하는 비중이 크고, 부동산 매매대금은 통상 계약금, 중도금, 잔금으로 나뉘어 지급되는데, 매수인이 매도인에게 매매대금 중 상당한 부분을 차지하는 계약금과 중도금까지 지급하고도 매도인의 이중매매를 방지할 충분한 수단이 마련되어 있지 않은 거래 현실의 특수성을 고려하여 부동산 이중매매의 경우 배임죄가 성립한다는 종래의 견해를 유지한 것이다[대판 2020. 6. 18, 2019도14340(전)(부동산 이중저당은 배임죄에 해당하지 않는다고 한 사례)]. 위 2017도4027 전원합의체 판결 평석은 김혜정, "부동산 이중매매에서 배임죄의 성립여부에 대한 판단", 법조 732, 법조협회(2021), 809-850; 배정현, "부동산 이중매매와 배임", 김신 대법관 재임기념 논문집, 사법발전재단(2018), 420-431; 홍진영, "법경제학의 시각에서 바라본 부동산 이중매매의 형사처벌", 자율과 공정: 김재형 대법관 재임기념 논문집 II, 사법발전재단(2022), 85-122.

에 임의조정이 이루어졌고, 이를 기초로 인천광역시를 상대로 한 소송을 거쳐 이 사건 토지에 대한 소유권이전등기까지 경료하게 된 사실 등을 알 수 있는 바, 이를 위 법리에 비추어 살펴보면, 이 사건 수분양권 매수 당시 그 매매계약이 이중매매에 해당한다는 사실을 알지 못했던 피고인이 자신의 민사상 권리를 실현하기 위하여 공소외인을 상대로 제기한 민사소송 중 임의조정이 이루어지는 과정에서, 원심이 인정한 바와 같이 피고인이 원심 공동피고인과 접촉한 정황 및 원심 공동피고인이 피고인에게 협조한 사실이 인정된다고 하더라도, 이는 피고인이 이 사건 수분양권에 대한 매수인으로서의 권리를 행사하는 과정에서 발생한 것에 불과하고, 피고인이 원심 공동피고인의 배임행위를 교사하거나 원심 공동피고인의 배임행위의 전 과정에 관여하는 등으로 원심 공동피고인의 배임행위에 적극 가담한 경우에 해당한다고 보기는 어렵다. 그럼에도 불구하고, 원심이 앞서 본 바와 같이 이 사건에서 피고인이 통상 사회적으로 용인할 수 있는 범위를 넘어 원심 공동피고인의 배임행위가 기수에 이르게끔 적극 관여하였다고 봄이 상당하다는 이유로 원심 공동피고인의 배임죄의 공동정범에 해당한다고 판단한 것은 배임죄의 공동정범에 관한 법리를 오해함으로써 판결에 영향을 미친 위법이 있고, 이를 지적하는 상고이유 주장은 이유 있다."[61]

(b) 배임 계약 등의 사안

회사의 임원이 임무에 위배하여 제3자에게 혜택을 주는 계약을 체결하거나 자금을 지원하면 업무상배임죄(§ 356, § 355②)로 처벌된다. 이때 혜택을 받은 제3자가 업무상배임죄의 공동정범이 되는지의 문제에 대해서도, 판례는 공동정범이 성립하려면 소극적인 편승만으로는 부족하고 배임행위에 대한 적극 가담이 필요하다고 판시한다. 대법원의 판시내용을 소개하면 다음과 같다. 101

61 대판 2009. 9. 10, 2009도5630(수분양권 매매계약과 관련하여 제2 매수인이 매수 당시에는 이중매매 사실을 몰랐으나 나중에 그 사실을 알고 매도인을 상대로 소송을 제기하던 중 오히려 매도인과 약정을 맺고 그의 도움으로 승소판결을 받고 분양권에 대한 소유권이전등기까지 마친 사안에서, 제2 매수인의 민사상 권리 행사가 매도인의 배임행위를 교사하거나 전 과정에 관여하는 등 배임행위에 적극 가담한 경우에 해당한다고 볼 수 없다는 이유로, 배임죄의 공동정범의 성립을 부정한 사례). 본 판결 평석과 해설은 강수진(주 59), 1-46; 강우예(주 59), 255-298; 김일연, "배임죄의 실행으로 인하여 이익을 얻게 되는 수익자 등을 배임의 실행행위자에 대한 공동정범으로 인정하기 위한 요건", 해설 88, 법원도서관(2011), 541-557.

102 "업무상배임죄의 실행으로 인하여 이익을 얻게 되는 수익자 또는 그와 밀접한 관련이 있는 제3자를 배임의 실행행위자와 공동정범으로 인정하기 위해서는 실행행위자의 행위가 피해자인 본인에 대한 배임행위에 해당한다는 것을 알면서도 소극적으로 그 배임행위에 편승하여 이익을 취득한 것만으로는 부족하고, 실행행위자의 배임행위를 교사하거나 또는 배임행위의 전 과정에 관여하는 등으로 배임행위에 적극 가담할 것을 필요로 한다."[62]

(c) 영업비밀 유출의 사안

103 영업비밀의 유출이 업무상배임죄에 해당하는 경우가 있다. 이때 영업비밀을 건네받은 사람이 업무상배임죄의 공동정범으로 처벌되는지의 문제에 관하여서도, 대법원은 적극 가담 여부를 기준으로 판단한다. 삼성전자의 영업비밀을 유출한 사건에서 이 점이 명확하게 적시되었는데, 사실관계와 판단기준에 대한 판시내용을 소개하면 다음과 같다.

104 "피고인 甲이 삼성전자의 영업비밀을 유출한 경위와 방법 및 피고인 乙의 관여 정도에 관한 증거로는 검사 작성의 피고인 甲에 대한 피의자신문조서가 있을 뿐인데, 그 진술이 일관되어 있지는 않지만 그 요지는, 피고인 甲은 2000. 4. 경 삼성전자를 퇴직하기로 마음먹고 퇴직 후에 삼성전자의 영업비밀과 관련된 벤처기업에 취업할 경우 업무에 활용할 목적으로, 같은 달 하순 경 삼성전자의 영업비밀을 씨디롬(CD-R)과 디스켓에 저장한 후 같은 해 5. 경 위 씨디롬을 회사 밖으로 반출하여 집으로 가져왔고, 그 후 같은 해 6. 경 피고인 乙을 만나 벨웨이브에 취업하고 싶다는 뜻을 표시하면서 삼성전자의 영업비밀에 관한 자료를 집에 보관하고 있다고 말하였는데, 피고인 乙을 알았다고 하면서 피고인 甲의 요구를 받아들여 연봉 6,500만 원 외에 벨웨이브의 주식 3만 주를 주기로 약정하였고, 그 후 피고인 甲은 같은 해 6. 말경 삼성전자에 사직서를 제출하면서 위 디스켓마저 집으로 가져와 보관하고 있다가, 같은 해 7. 1. 경 벨웨이브에 먼저 취업한 다음 같은 해 7. 19. 삼성전자를 퇴사한 후인 같은 해 10. 경 위 씨디롬 및 디스켓에 들어 있는 영업비밀을 벨웨이브의 서버컴퓨터에 제공하였다는 것이다. (중략) 한편 위 디스켓 역시 이를 피고인 甲이 삼성전자에서 반출한 때에 그에 담긴 영업비밀에 관한 업무상배임죄의 기수에 이르는

62 대판 1999. 7. 23, 99도1911(회사의 부당한 자금지원에 대한 회사 임원 등에 대한 집요한 요구행위 등에 대하여 업무상배임죄의 공동정범을 인정한 사례).

것이라고 할 것인데, 그 디스켓은 피고인 甲이 피고인 乙과 접촉하여 벨웨이브에 취업하기로 약정한 후에 삼성전자에서 피고인 甲의 집으로 반출하였지만, 그 당시까지 피고인 甲은 피고인 乙에게 삼성전자의 영업비밀에 관한 자료를 집에 보관 중이라고 말하였고 이를 들은 피고인 乙은 단순히 알았다고만 하였을 뿐 피고인 甲에게 삼성전자의 영업비밀에 관한 자료를 추가로 더 가지고 나오라고 요구한 것도 아니고 그 자료를 추가로 더 가지고 나오는 방법이나 수단 등에 관하여 상의한 것도 아니었으므로 피고인 乙의 행위는 피고인 甲이 위 디스켓에 담아 가지고 나온 영업비밀에 관한 한 소극적으로 피고인 甲의 업무상 배임행위에 편승하여 그 이익을 취득하려 한 것이라고는 할 수 있어도 거기에서 나아가 피고인 甲의 배임행위를 교사하거나 또는 배임행위의 전과정에 관여하는 등으로 적극 가담한 것으로 볼 수는 없다고 할 것이어서 이를 다른 죄로 의율하는 것은 별론으로 하고 피고인 乙을 위 디스켓에 담긴 영업비밀에 관한 피고인 甲의 업무상배임죄의 공동정범으로 의율할 수는 없다고 할 것이다."[63]

3. 공동정범의 처벌

105 본조는 공동정범 각자를 그 죄의 정범으로 처벌하도록 규정하고 있다. 즉, 부가적 공동정범뿐 아니라 구성요건적 실행행위를 각자 일부씩 분담하는 기능적 공동정범도 참가자 모두를 전체 범행의 정범으로 처벌하는 것이다. 따라서 참가자 전원의 법정형은 같아진다. 각자의 사정에 따라 처단형과 선고형이 달라질 수 있음은 물론이다.

4. 편면적 공동정범의 인정 여부

(1) 법리

106 공동실행의 의사가 행위자 쌍방에 있지 않고 일방에만 있는 경우에 이를 공동정범으로 인정할 수 있겠는지 문제된다. 긍정한다면 이를 편면적 공동정범(片面的 共同正犯)이라고 부를 수 있겠으나, 부정하는 것이 일반적인 견해이다.[64]

---

63 대판 2003. 10. 30, 2003도4382(회사 직원이 영업비밀을 경쟁업체에 유출하거나 스스로의 이익을 위하여 이용할 목적으로 무단으로 반출한 때 업무상배임죄의 기수에 이르렀다고 할 것이고, 그 이후에 위 직원과 접촉하여 영업비밀을 취득하려고 한 사람은 업무상배임죄의 공동정범이 될 수 없다고 한 사례).

64 김신규, 형법총론 강의, 457; 김일수·서보학, 447; 김혜정·박미숙·안경옥·원혜욱·이인영, 형법총론(5판), 361; 배종대, § 131/5; 성낙현, 형법총론(3판), 609; 손동권·김재윤, § 29/13; 오영근·

부정하는 경우에는 공동정범이 아니라 동시범이나 종범이 성립할 수 있을 뿐이다. 예를 들어, 甲이 혼자서 A을 살해하고 있는데 이를 목격한 乙이 甲에게 알리지 않고 甲의 범행에 가세했다면, 乙에게는 범행 개입의 내용에 따라 살인죄의 동시범 내지 종범의 죄책이 주어진다.

(2) 판례

107 판례도 편면적 공동정범을 부정한다.[65] 즉, "공동정범은 행위자 상호 간에 범죄행위를 공동으로 한다는 공동가공의 의사를 가지고 범죄를 공동실행하는 경우에 성립하는 것으로서, 여기에서의 공동가공의 의사는 공동행위자 상호 간에 있어야 하며 행위자 일방의 가공 의사만으로는 공동정범 관계가 성립할 수 없다."라고 판시한다.[66]

108 판례에서 논란된 사안을 정리하면 다음과 같다.

109 "피고인이 공동피고인 甲 등과 뱃놀이를 하면서 술을 마셔 만취된 상태에서 술을 더 마시자고 의논이 되어 사건현장 술집에 가게 되었다. 피고인이 피해자 앞을 지나면서 그의 발을 걸은 것이 발단이 되어 시비가 일어나자, (1) 화가 난 피고인이 손으로 피해자의 멱살을 잡아 흔들다 뒤로 밀어버려 피해자로 하여금 그곳 토방 시멘트 바닥에 넘어져 나무기둥에 뒷머리를 부딪치게 하였고, (2) 이때 뒤따라 들어오던 甲이 그 장면을 보고 들고 있던 쪽대(고기망태기)를 마당에 집어 던지고 욕설을 하면서 피해자에게 달려들어 양손으로 멱살을 잡고 수회 흔들다가 밀어서 피해자를 뒤로 넘어뜨려 피해자로 하여금 뒷머리를 토방 시멘트 바닥에 또다시 부딪치게 하였으며, (3) 甲은 이에 이어서 그곳 부엌 근처에 있던 삽을 손에 들고 피해자의 얼굴 우측부위를 1회 때려 피해자로 하여금 넘어지면서 뒷머리를 장독대 모서리에 부딪치게 하여, 그 결과 피해자가 뇌저부경화동맥파열상을 입고 사망하였다."

노수환, 428; 이상돈, 형법강론(4판), 276; 이정원·이석배·정배근, 형법총론, 295; 이재상·장영민·강동범, § 33/13; 이형국·김혜경, 형법총론(6판), 402; 임웅·김성규·박성민, 466; 정승환, 형법학 입문, § 14/20; 정영일, 형법총론(3판), 397; 최호진, 형법총론(2판), 650; 한상훈·안성조, 형법개론(3판), 245; 홍영기, 형법(총론과 각론), § 37/7; 주석형법 [총칙(2)](3판), 110(이상주).

65 일본 판례도 편면적 공동정범을 부정하는 부정설의 입장이다[大判 大正 11(1922). 2. 25. 刑集 1·79].

66 대판 1985. 5. 14, 84도2118.

이 사안에서 원심법원은 피고인을 상해치사죄(§ 259①)의 공동정범으로 처벌하였지만, 대법원은 이를 부정하였다. 甲에게 공동범행의 범의가 있었더라도 이는 편면적일 뿐 피고인에게까지 공동범행의 범위가 있었음이 입증되지 않았다는 것이 피고인에게 상해치사죄의 공동정범을 부정하는 가장 중요한 논거였다.[67] 이에 대한 판시내용을 소개하면 다음과 같다. 110

"공동정범은 행위자 상호 간에 범죄행위를 공동으로 한다는 공동가공의 의사를 가지고 범죄를 공동실행하는 경우에 성립하는 것으로서, 여기에서의 공동가공의 의사는 공동행위자 상호 간에 있어야 하며 행위자 일방의 가공 의사만으로는 공동정범 관계가 성립할 수 없다 할 것인바, 원심이 인정한 싸움의 경위와 내용에 의하면 피고인과 공동피고인의 각 범행은 우연한 사실에 기하여 우발적으로 발생한 독립적인 것으로 보일 뿐 양인 간에 범행에 관한 사전모의가 있었던 것으로는 보여지지 않고, 또 공동피고인이 피고인의 범행을 목격하고 이에 가세한 것으로는 인정되나 피고인이 공동피고인의 가세 사실을 미리 인식하였거나 의욕하였던 것으로 보기 어려우며, 범행내용에 있어서도 피고인의 위 (1) 범행에는 공동피고인이 가담한 사실이 없고, 공동피고인의 위 (2), (3) 범행에는 피고인이 이에 가담한 사실이 없을 뿐만 아니라 그 과정에서 피고인과 공동피고인 사이에 암묵적으로라도 공동실행의 의사가 형성된 것으로 보기도 어려우니, 그 판시내용과 같은 범죄사실을 인정하여 피고인을 상해치사죄의 공동정범으로 본 원심판단에는 공동정범의 법리를 오해하여 법률적용을 잘못한 위법이 있다고 할 것이다."[68] 111

5. 과실범의 공동정범

(1) 문제 제기

(가) 사안과 논제

본조는 공동정범을 "2인 이상이 공동하여 죄를 범한" 범죄유형으로 규정한다. 여기서 '죄'에 고의범뿐 아니라 과실범도 포함되는지 문제된다.[69] 직업사냥 112

67 물론 그렇더라도 피고인에게는 상해치사죄가 성립하는데, 이는 동시범의 특례를 규정한 제263조가 상해치사죄에도 적용되기 때문이다(대판 1985. 5. 14, 84도2118).

68 대판 1985. 5. 14, 84도2118.

69 현대사회에서 과실범의 발생 비중은 나날이 증가하고, 그중에서도 다수인 참가 형태가 늘어나는 추세이므로, 과실범의 공동정범을 인정할 것인지의 문제는 단순히 이론적인 과제가 아니라 실무

꾼인 甲과 乙이 공동으로 사냥을 하던 도중에 부주의하게 사람을 사슴으로 오인하고 총을 쏘아 사망하게 한 사안을 예로 들 수 있다. 이때 甲과 乙을 업무상과실치사죄(§ 268)의 공동정범으로 처벌할 수 있는지 여부가 논제이다.

(나) 논의의 실익

113 과실범의 공동정범은 결과발생의 원인된 행위가 판명되지 않았을 때 논의의 실익이 있다. 사안에서 사망한 사람이 甲과 乙 중에서 누가 쏜 총알을 맞고 사망하였는지 판명되지 않은 경우이다. 이때 과실범의 공동정범을 인정하면 甲과 乙은 공동정범으로서 업무상과실치사죄의 죄책을 지게 될 것이지만, 과실범의 공동정범을 부정하면 甲과 乙은 동시범으로 취급되어 제19조(독립행위의 경합)[70]가 적용되는바, 업무상과실치사죄에는 미수범 처벌규정이 없으므로 두 사람 모두 무죄가 된다. 이렇게 과실범의 공동정범 인정 여부에 관한 문제는 이론적으로뿐만 아니라 실무상으로도 중요한 실익을 지닌 논의영역을 이룬다. 학설과 판례의 내용을 정리하면 다음과 같다.

(2) 긍정설

114 과실범의 공동정범을 긍정하기 위해서는 고의의 공동을 공동정범의 요건으로 요구하지 않아야 하는데, 가장 전형적인 견해가 행위공동설이다. 또한 행위공동설을 수정한 구성요건적 행위공동설에서도 과실범의 공동정범이 인정되며, 공동의사주체설과 대립각을 세우며 제기된 공동행위주체설도 긍정설의 진영에 힘을 보탠다.

(가) 행위공동설

115 행위공동설은 공동정범에서의 공동성의 대상을 전법률적 의미의 행위, 즉 자연적 의미의 행위라고 한다. 따라서 과실범에서도 그러한 의미의 행위는 충분히 공동으로 행해질 수 있다.[71] 앞의 사례에서 甲과 乙은 살인의 고의는 가지고

의 중요한 과제가 된다.

70 이처럼 상호 의사의 연락이 있어 공동정범이 성립한다면, 이에는 독립행위경합 등의 문제는 제기될 여지가 없다(대판 1985. 12. 10, 85도1892; 대판 1997. 11. 28, 97도1740). 한편 이와는 달리, 공동의 과실이 경합되어 결과가 발생한 경우에는 적어도 각 과실이 결과의 발생에 대하여 하나의 조건이 된 이상은 그 공동적 원인을 제공한 사람들은 모두 과실범으로서의 책임을 면할 수 없다[대판 1983. 5. 10, 82도2279; 대판 2023. 3. 9, 2022도16120(담배꽁초를 버린 공동의 과실이 경합되어 공장에 화재가 발생한 경우 각자 실화죄(§ 170①)의 책임을 부담한다고 한 사례)].

71 정영일, 395; 한상훈·안성조, 255.

있지 않지만, 총을 쏘는 행위는 공동으로 하고 있다. 따라서 甲과 乙은 업무상과실치사죄의 공동정범으로 논책될 수 있다는 설명이 가능해진다.

(나) 구성요건적 행위공동설

공동성의 대상이 되는 행위를 구성요건적 행위로 제한하더라도 과실범의 공동정범을 인정함에는 무리가 없다. 과실행위도 구성요건적 행위이기 때문이다. 앞의 사례에서 甲과 乙에게는 주의의무를 위반하여 총을 쏜 행위의 공동, 즉 과실행위의 공동이 있고, 이 점에서 두 사람을 업무상과실치사죄의 공동정범으로 논책하는 근거가 마련된다. 116

(다) 공동행위주체설

공동정범의 성립을 위해서는 수인이 하나의 주체로 묶여야 하는데, 그 표지를 공동의 행위에서 찾는 것이 공동행위주체설이다. 이에 따르면, 과실범도 공동으로 행해질 수 있으므로 그에 대한 공동정범의 성립이 가능해진다. 앞의 사례에서, 甲과 乙은 사냥행위를 한다는 하나의 행위주체로 묶여지고, 따라서 부주의로 사람을 살해한 이상 업무상과실치사죄의 공동정범으로서 논책되는 것이다. 117

(3) 부정설

과실범에는 구성요건적 행위실행에 대한 고의가 결여된다. 따라서 고의의 공동을 공동정범의 성립요건으로 요구하면 과실범의 공동정범이 부인되는데, 범죄공동설이 대표적인 견해이다. 부분적 범죄공동설도 고의가 중첩되는 경우에는 공동정범을 인정하지만, 과실범에 대해서는 범죄공동설과 입장을 같이하여 공동정범의 성립을 부정한다. 공동행위주체설의 반대편에 있는 공동의사주체설이 과실범의 공동정범을 부정함은 물론이다. 118

(가) 범죄공동설

범죄공동설은 범죄의 객관적 요소뿐 아니라 주관적 요소인 고의의 공유가 있어야 공동정범이 성립할 수 있다고 주장한다. 따라서 애당초 고의를 결한 과실범에 대해서는 공동정범이 성립될 수 없다는 것이 범죄공동설의 설명이다. 앞의 사례의 甲과 乙은 범죄의 고의가 없으므로 공동정범으로 묶일 수 없고, 따라서 인과관계가 판명되지 않는 한 모두 무죄로 처리될 수밖에 없다. 119

(나) 부분적 범죄공동설

부분적 범죄공동설은 서로 다른 내용의 고의범들에서는 전통적인 범죄공동 120

설을 수정하여 공동정범의 인정 가능성을 열어 두지만, 과실범은 범죄 의사 자체가 없는 경우이므로 공동정범이 성립될 수 없다고 한다. 따라서 범죄공동설에서와 같이 앞의 사례의 甲과 乙은 공동정범이 될 수 없고, 인과관계가 판명되지 않으면 무죄로 처리된다.

(다) 공동의사주체설

121 후술하는 바와 같이, 공동의사주체설은 공모공동정범을 인정하기 위해서 주장된 이론이다. 그리하여 과실범의 공동정범 성립 여부에 관하여 적극적으로 논의의 장에 개입하는 것은 아니나, 범의의 공동에서 공동정범 성립의 핵심적 표지인 행위주체성을 찾아내므로 과실범의 공동정범을 인정하기는 어려워진다.

(4) 행위지배설

122 정범과 공범의 구별에 관한 이론인 행위지배설을 바탕으로 과실범의 공동정범 성립 여부를 논하는 문헌도 있다. 즉, 행위지배의 한 내용인 기능적 행위지배가 공동정범의 성립표지이므로 과실범의 공동에서 그러한 기능적 행위지배가 발견되면 공동정범의 성립이 긍정되고 발견되지 않으면 부정된다는 것이다. 하지만 결론에 있어서는 기능적 행위지배라는 같은 도구를 사용하면서도, ① 과실범의 공동정범을 긍정하는 견해,[72] ② 부정하는 견해[73]도 제시되고 있다.

(5) 판례

123 초기의 판례 중에는 과실범의 공동정범을 인정하지 않는 판시도 발견된다. 소위 태신호 사건의 판시가 대표적이다. 하지만 이후에 대법원은 판례 변경의 절차를 거치지 아니한 채 과실범의 공동정범을 인정하는 판결을 계속 선고하였

72 김일수·서보학, 460-462(단독으로는 결과 발생이 불가능한 수개의 과실행위가 누적적 인과관계 속에서 결과를 야기한 경우, 다수가 과실로 잘못된 의사결정을 내림으로써 법익침해가 발생한 경우는 과실의 공동정범을 인정할 필요성이 있음); 김혜정·박미숙·안경옥·원혜욱·이인영, 369(공동주의의무가 필요); 이용식, 형법총론, 88(공동주의의무, 공동행위와 공동주의의무의 인식이 필요); 이재상·장영민·강동범, §33/13(의사의 연락을 요하지 않고, 의무의 공동이 있고 행위의 공동이 있을 때 공동정범이 성립한다고 하는 과실공동·행위공동설); 정성근·정준섭, 형법강의 총론(3판), 304(주의의무에 대한 상호 양해와 과실행위의 대한 공동의 행위기여, 즉 기능적 공동과실이 있는 경우에 성립).

73 김신규, 461; 배종대, §131/21; 손동권·김재윤, §29/31; 오영근·노수환, 429; 이재상·장영민·강동범, §33/13; 이정원·이석배·정배근, §296; 이주원, 360; 이형국·김혜경, 405; 임웅·김성규·박성민, 472; 정승환, §14/44; 정웅석·최창호, 형법총론, 511; 최호진, 667; 홍영기, §37/21. 목적적 행위론의 입장에서 과실의 공동정범을 부정하는 견해로는 이보영, 과실공동정범의 이론에 관한 연구, 한국학술정보(주)(2007), 71.

다.[74] 주로 교통사고 사건과 건설사고 사건 등에서 과실범의 공동정범을 인정하는 판례가 발전되었으며, 그 이외에 의료사고 내지 식품사고 등에서도 소수이지만 같은 취지의 판례가 발견된다. 사건별로 나누어서 살펴보면 다음과 같다.[75]

(가) 태신호 사건

부산과 여수를 운항하는 야간 정기여객선인 태신호에서 물품판매원이 조명용 석유등에 주유하다 과실로 선박에 화재가 발생하여 64명이 사망하고 21명이 화상을 입게 된 사건이 발생하였다. 여기서 직접 행위자인 물품판매원 이외에 선내 등화정비사무 담당자인 3등 사무장과 선박의 모든 업무를 총괄하는 선장에게도 업무상실화죄(§ 171, § 170①) 및 업무상과실치사·상죄의 책임을 물을 수 있는지 여부가 문제되었는데, 대법원은 "과실에 있어서는 의사연결의 관념을 논할 수 없으므로 고의범과 같이 공동정범이 있을 수 없고 과실범에 교사방조도 있을 수 없다."고 판시하면서, 특히 선장에 대한 업무상실화죄의 공동정범의 죄책을 부정하였다.[76] 124

(나) 교통사고 사건

교통사고는 과실범의 전형이다. 따라서 과실범의 공동정범 인정 여부가 논란이 되는 대표적인 사례이다. 교통사고에서 과실범의 공동정범을 인정한 판례와 부정한 판례 중에서 대표적인 것을 살펴보면 다음과 같다. 125

① 1960년대 초반에 나온 화물차 과실치사의 사건은 과실범의 공동정범을 126

74 일본 판례도 과실의 공동정범을 인정하고 있다. 最判 昭和 28(1953). 1. 23. 刑集 7·1·30은 과실의 공동정범을 인정하였으나 그 성립요건에 대해서는 언급이 없었다. 이후 하급심 판결인 東京地判 平成 4(1992). 1. 23. 判時 1419·133은 여러 작업원이 토치램프를 사용한 공동작업을 중단·퇴거한 후에 발생한 화재사고에 관하여, 각 작업원은 공동작업종사자가 사용한 모든 토치램프를 확실하게 소화하고 이를 서로 확인하여 화재의 발생을 방지해야 할 업무상주의의무가 있음에도 공동으로 이를 위반하는 행위를 하였다는 이유로 과실의 공동정범을 인정하였고, 最決 平成 28(2016). 7. 12. 刑集 70·6·411은 불꽃놀이를 한 공원과 가장 가까운 역을 연결하는 보행 다리(步道橋)에서 사람들이 뒤엉켜 넘어지면서 사상자가 발생한 사고에 관하여, 경찰부서장에게 경찰서 지역담당자와의 업무상과실치사사·상죄의 공동정범의 성립을 부정하면서, "업무상과실치사·상죄의 공동정범이 성립하기 위해서는 공동의 업무상주의의무에 공동하여 위반하는 것이 필요하다고 해석된다."고 판시하였는데, 이는 위 하급심 판결의 이른바 '공동의무위반설'을 채용한 것으로 평가된다.

75 과실의 공동정범에 관한 판례들을 종합적으로 분석하고 평가한 문헌으로는 이승호, "과실범의 공동정범에 관한 판례의 검토와 학설의 정립", 형사법연구 23-2, 한국형사법학회(2011), 151-176.

76 대판 1956. 12. 21, 4289형상276.

명시적으로 인정한 최초의 판결로 소개된다. 사건의 내용은 장작을 가득 실은 트럭의 운전사가 검문경찰관의 정차신호를 보고 차를 정차하려던 중 옆에 앉아 있던 하주(荷主)가 '그대로 가자'고 해서 운전사가 다시 급속력을 내었는데 경찰관이 뒷바퀴에 치어 사망하였다는 것이다. 이에 대하여 대법원은, 운전사뿐 아니라 화주도 업무상과실치사죄의 공동정범으로 처벌하면서, "2인 이상이 어떠한 과실행위를 서로의 의사연락[77] 아래 하여 범죄되는 결과를 발생케 한 경우에는 과실범의 공동정범이 성립된다."고 판시하였다.[78]

127 ② 군용차 과실손괴의 사건에서도 대법원은 과실범의 공동정범을 인정하였다. 군용 짚차의 운전병이 주취로 인해 차량의 전조등에 현기를 느껴 사고를 발생시킨 사안에서, 해당 운전병과 함께 음주한 후에 술이 깨지 않은 운전병에게 운전하도록 시킨 선임탑승자를 공동정범으로 처벌한 것이다. "운전병이 운전하던 짚차의 선임 탑승자는 이 운전병의 안전운행을 감독하여야 할 책임이 있는데 오히려 운전병을 데리고 주점에 들어가서 같이 음주한 다음 운전케 한 결과 위 운전병이 음주로 인하여 취한 탓으로 사고가 발생한 경우에는 위 선임 탑승자에게도 과실범의 공동정범이 성립한다."는 것이 대법원의 판시이다.[79]

128 ③ 열차 충돌 사건 역시 과실범의 공동정범을 인정한 대표적인 판결이다. 다른 기차의 운행 여부를 살피지 않고 건널목을 퇴행하다가 다른 기차와 충돌한 사안에서, 퇴행열차의 정기관사뿐 아니라 부기관사에게도 공동정범의 죄책을 물었는데, 그 근거는 두 사람이 서로 의견을 교환하여 동의한 후 열차를 퇴행시켰기 때문이라는 것이다. 그러면서 대법원은, "공동정범은 고의범이나 과실범을 불문하고 의사의 연락이 있는 경우이면 그 성립을 인정할 수 있다. 따라서 피고인이 정기관사의 지휘감독을 받는 부기관사이기는 하나 사고열차의 퇴행에 관하여 서로 상론, 동의한 이상 퇴행에 과실이 있다면 과실책임을 면할 수 없

77 '의사연락'은 판례가 과실범의 공동정범을 인정하면서 중요하게 요구하는 요소이다. 하지만 그 수준은 사건별로 다소 차이를 보인다. 이를 유형화하여 정리한 문헌으로는 손여옥, "과실범의 공동정범에 관한 판례분석 - 의사연락을 중심으로 -", 비교형사법연구 23-2, 한국비교형사법학회(2021), 331-356 참조.

78 대판 1962. 3. 29, 4294형상598. 본 판결 평석은 문정민, "과실범의 공동정범", 법학논총 6, 조선대학교 법학연구소(2000), 205-224.

79 대판 1979. 8. 21, 79도1249.

다."고 판시하였다.[80]

④ 교통사고 사건에서 관련자가 단순한 동석자인 경우에는 과실범의 공동 정범을 부정하는 판례도 발견된다. 원래의 운전사가 오한이 들어 운전할 수 없는 상황에서 무면허의 차주가 자진하여 운전하다 행인에게 과실로 상해를 입힌 사안인데, 동석한 원래의 운전사를 공동정범으로 처벌할 수 없다고 판단하였다. 대법원은 그 이유를 실제 운전을 담당한 차주의 과실행위에 대하여 원래 운전사의 공동수행이 인정되지 않는다는 점에서 찾았다. "운전수가 불의의 발병으로 자동차를 운전할 수 없게 되자 동승한 운전경험이 있는 차주가 운전하다가 사고를 일으킨 경우에 차주의 운전상의 과실행위에 운전수와의 상호간의 의사연락이 있었다고 보거나 운전행위를 저지하지 않은 원인행위가 차주의 운전상의 부주의로 인한 결과발생에 까지 미친다고 볼 수 없다."는 것이 대법원의 판시이다.[81] 129

⑤ 운전자의 부탁으로 운전의 조언을 위해 조수석에 동승한 사람에게도 운전사고에 대한 공동정범의 죄책을 부정한 판결이 발견된다. 여기서도 역시 대법원은 동승한 조언자에게서 사고를 발생시킨 특정 운전행위에 대한 합의를 찾아낼 수 없다고 판단하였다. "피고인이 운전자의 부탁으로 차량의 조수석에 동승한 후, 운전자의 차량운전행위를 살펴보고 잘못된 점이 있으면 이를 지적하여 교정해 주려 했던 것에 그치고 전문적인 운전교습자가 피교습자에 대하여 차량운행에 관해 모든 지시를 하는 경우와 같이 주도적 지위에서 동 차량을 운행할 의도가 있었다거나 실제로 그같은 운행을 하였다고 보기 어렵다면 그같은 운행중에 야기된 사고에 대하여 과실범의 공동정범의 책임을 물을 수 없다."는 것이 대법원의 판시이다.[82] 130

⑥ 군용차 열차충돌 사건에서는 탑승자가 선임자임에도 불구하고 사고에 대한 공동정범의 책임을 묻지 않았다. 사건의 내용은 군용 짚차의 운전병이 철로를 무단횡단하다 운전부주의로 철로변의 배수로에 앞바퀴가 빠짐으로써 철로 쪽으로 돌출된 차량의 앞부분이 마침 그곳을 통과하던 화물열차와 부딪혀 손괴 131

80 대판 1982. 6. 8, 82도781.
81 대판 1974. 7. 23, 74도778.
82 대판 1984. 3. 13, 82도3136.

되었다는 것이다. 이 사건에서 탑승한 선임자는 운전병에게 무단횡단의 경로를 택하도록 지시했음에도 불구하고 열차와의 충돌사고에 대하여 공동정범의 죄책을 인정하지 않은 것이다. 선임자가 철로의 무단횡단을 지시하였더라도 사고 발생의 직접적인 원인은 운전병의 운전미숙이라는 다른 요인이기 때문에 무단횡단의 지시만으로 과실공동을 인정할 수는 없다는 것이 주된 논거이다. "군용차량의 운전병이 선임탑승자의 지시에 따라 철도선로를 무단횡단 중 운전부주의로 그 차량이 손괴된 경우, 그 손괴의 결과가 선임탑승자가 사고지점을 횡단하도록 지시한 과실에 인한 것이라고 볼 수 없고 선임탑승자가 운전병을 지휘감독할 책임있는 자라 하여 그 점만으로 곧 손괴의 결과에 대한 공동과실이 있는 것이라고 단정할 수도 없다."는 것이 대법원의 판시이다.[83]

(다) 건설사고 사건

132 판례상 과실범의 공동정범이 인정되는 또 다른 사고유형은 건설사고이다. 건설구조물의 붕괴로 사고가 발생한 경우 시공자와 관리자 등을 공동정범으로 엮어 과실범의 책임을 묻는 유형인데, 1990년대부터 이에 관한 판결이 집적되어 왔다. 대표적인 것들을 살펴보면 다음과 같다.

133 ① 청주의 우암상가 아파트가 붕괴된 사건에서 과실범의 공동정범이 인정되었다. 화재 발생으로 LP가스가 폭발하여 상가아파트 전체의 붕괴로까지 이어진 사안인데, 부실공사의 책임을 물어 시공사의 대표이사와 건물설계자를 업무상과실치사·상죄의 공동정범으로 처벌한 것이다. 건물설계자 이외에 시공사의 대표이사에게까지 과실을 인정한 근거는 부실시공이 쉽게 예견될 수 있었음에도 적절한 조치를 취하지 아니하였다는 것이 대법원의 판단이다. 반면에, 같이 기소된 시공사의 전무이사에게는 업무상과실치사죄의 공동정범을 부정하였는데, 전무이사는 건물의 신축공사 전반에 관한 업무를 총괄하였지만 부실시공으로 인한 건물붕괴에 대해서는 과실이 인정되지 않아서 공동정범으로 처벌될 수 없다고 판시하였다.[84]

134 ② 구포역 발파 사고에서도 과실범의 공동정범이 인정되었다. 구포역 부근에서 전선지중화 작업을 위해 터널굴착공사를 하던 도중 철로의 위치를 잘못

83 대판 1986. 5. 27, 85도2483.

84 대판 1994. 3. 22, 94도35.

파악하고 발파작업을 함으로써 운행 중인 열차를 전복시킨 사건인데, 터널굴착 공사를 도급받은 건설회사의 현장소장과 그 공사를 발주한 한국전력공사의 지소장을 업무상과실치사·상죄 및 업무상과실기차전복죄(§189②, §187)의 공동정범으로 처벌한 것이다. 하지만 같이 기소된 건설회사의 대표이사 등에게는 공동정범의 죄책을 부정하였다. 건설회사의 현장소장과 공사현장의 시공업무 전반을 관리·감독하는 한국전력공사 지중선사업처의 지소장에게 각기 막장의 위치를 잘못 파악하고 발파작업을 진행한 과실을 인정한 반면, 건설회사의 대표이사와 토목사업본부장 및 토목지원담당이사 등에게는 현장관리의 책임이 없다고 하여 사고에 대한 과실을 인정하지 않았으며, 재하청업체의 경영자 역시 현장의 시공에 참여하지 않았다는 점을 근거로 과실을 인정하지 않은 것이다.[85]

③ 삼풍백화점 붕괴 사건은 건설사고에서 과실범의 공동정범을 인정한 대표적인 사건이다. 여기서는 시공과 설계의 영역뿐 아니라 관리영역의 관련자들에게까지 붕괴에 대한 공동정범의 죄책을 부과함으로써 공동정범으로 논책되는 대상자의 범주를 한층 확대하였다. 즉, 해당 건축물의 안전을 위해서는 여러 영역에 걸친 주의의무 이행이 필요하다고 판시하면서, 건축계획의 수립과 건축설계 및 건축공사공정 그리고 건물완공 후의 유지관리의 업무에 책임 있는 사람들을 모두 업무상과실치사·상죄의 공동정범으로 처벌한 것이다.[86] 135

④ 성수대교 붕괴 사건 역시 마찬가지이다. 교량의 안전이 담보되기 위해서는 건설과 감독 및 관리의 각 부문에서 주의의무가 준수되어야 한다고 판시하면서, 성수대교 붕괴에 대한 과실의 죄책을 교량 건설회사의 트러스 제작 책임자와 교량공사 현장감독뿐 아니라 발주 관청의 공사감독 공무원 및 서울시의 유지·관리 담당 공무원 등을 모두 업무상과실치사·상죄 및 업무상과실일반교통방해죄(§189②, §185)와 업무상과실자동차추락죄(§189②, §187)의 공동정범으로 처벌하였다.[87] 136

85 대판 1994. 5. 24, 94도660. 본 판결 평석은 임성덕, "업무감독자의 주의의무 범위", 형사재판의 제문제(1권), 박영사(1997), 116-130.

86 대판 1996. 8. 23, 96도1231.

87 대판 1997. 11. 28, 97도1740. 「이 사건 성수대교와 같은 교량이 그 수명을 유지하기 위하여는 건설업자의 완벽한 시공, 감독공무원들의 철저한 제작시공상의 감독 및 유지·관리를 담당하고 있는 공무원들의 철저한 유지·관리라는 조건이 합치되어야 하는 것이므로, 위 각 단계에서의 과

(라) 그 밖의 사건

137 교통사고와 건설사고 이외에서도 과실범의 공동정범을 인정한 판결이 발견된다. 대표적인 것들을 살펴보면 다음과 같다.

138 ① 의료사고에서는 항소심 판결인 조산사 과실 사건이 눈에 띈다. 여기서는 자궁절개시술로 두 차례 출산의 경험이 있는 산모가 조산원에서 자연분만을 하다 자궁파열로 태아 사망의 결과가 발생하였는데, 자연분만에 관여한 조산사 2명이 업무상과실치사·상죄의 공동정범으로 처벌되었다.[88]

139 ② 식품사고에서도 과실범의 공동정범이 인정되었다. 1970년의 판결인 크림빵 사건이 대표적이다. 학교에 납품된 크림빵을 먹고 아동들이 식중독에 걸려 수명이 사망한 사안에서, 대법원은 크림빵을 제조한 식품회사의 공장장과 대표이사를 업무상과실치사·상죄의 공동정범으로 처벌하였다.[89]

140 ③ 화학제품의 제조·판매와 관련해서도 과실범의 공동정범이 인정된 사건이 있다. 대법원은 가습기살균제 사건에서, 폴리헥사메틸렌구아니딘의 인산염(PHMG) 등을 원료물질로 하는 가습기살균제의 개발·제조·판매에 관여한 사람들은 공동의 주의의무와 인식 아래 업무상과실로 결함 있는 가습기살균제를 각각 제조·판매하였고, 그 결함으로 그중 두 종류 이상의 가습기살균제를 사용한 피해자들에게 사망 또는 상해의 결과가 발생하였으므로, 특정 피해자가 중복 사용한 가습기살균제들의 제조·판매에 관하여 업무상과실이 있는 사람들 간에는 해당 피해자에 대한 업무상과실치사·상죄의 공동정범이 성립한다고 판단하였다.[90]

실 그것만으로 붕괴원인이 되지 못한다고 하더라도, 그것이 합쳐지면 교량이 붕괴될 수 있다는 점은 쉽게 예상할 수 있고, 따라서 위 각 단계에 관여한 자는 전혀 과실이 없다거나 과실이 있다고 하여도 교량붕괴의 원인이 되지 않았다는 등의 특별한 사정이 있는 경우를 제외하고는 붕괴에 대한 공동책임을 면할 수 없다고 봄이 상당하다 할 것이다. 이 사건의 경우, 피고인들에게는 트러스 제작상, 시공 및 감독의 과실이 인정되고, 감독공무원들의 감독상의 과실이 합쳐져서 이 사건 사고의 한 원인이 되었으며, 한편 피고인들은 이 사건 성수대교를 안전하게 건축되도록 한다는 공동의 목표와 의사연락이 있었다고 보아야 할 것이므로, 피고인들 사이에는 이 사건 업무상과실치사상등죄에 대하여 형법 제30조 소정의 공동정범의 관계가 성립된다고 보아야 할 것이다.」

본 판결 평석은 이용식, "과실범의 공동정범", 형사판례연구 [7], 한국형사판례연구회, 박영사(1999), 81-108; 허일태, "과실범의 공동정범에 대한 판례연구", 인권과 정의 275, 대한변호사협회(1999), 143-156.

88 서울북부지판 2007. 10. 25, 2007노767.

89 대판 1978. 9. 26, 78도2082.

90 대판 2018. 1. 25, 2017도12537. 본 판결 평석은 허황, "소위 '가습기살균제' 사건에서 귀속의 문

6. 결과적 가중범의 공동정범

(1) 문제 제기

141 결과적 가중범은 고의의 기본범죄와 과실의 파생범죄(중한 결과)가 결합한 범죄유형이다. 따라서 과실범의 공동정범이 성립할 수 있는지의 논란은 결과적 가중범을 대상으로 하여서도 계속된다. 과실범의 공동정범을 인정하는 견해는 결과적 가중범의 공동정범도 성립이 가능하다는 입장인 반면에, 과실범의 공동정범을 부정하게 되면 결과적 가중범 역시 공동정범의 성립이 불가능하게 되는 것이다.

142 甲과 乙이 공동으로 상해죄를 범하였는데 피해자가 사망한 경우가 대표적인 사안이다. 이때 甲과 乙의 죄책이 상해치사죄(§ 259)의 공동정범으로 될 수 있는지 문제된다. 상해치사죄의 공동정범이 된다면 피해자의 사망이 누구의 행위에 의한 것인지 인과관계를 판명할 필요가 없다. 하지만 결과적 가중범인 상해치사죄에는 공동정범이 성립할 수 없다는 견해를 취한다면, 누구의 행위로 피해자가 사망하였는지 판명해야 하고, 그에 따라 甲과 乙의 죄책은 각기 상해죄 혹은 상해치사죄가 되는 것이다. 항을 바꾸어 학설과 판례를 살펴본다.

(2) 긍정설[91]

143 과실범의 공동정범을 인정하는 대표적인 견해인 행위공동설은 결과적 가중범의 공동정범도 인정한다. 행위공동설은 전법률적·자연적 의미의 행위를 공동정범의 공동대상으로 설정하므로, 결과적 가중범의 두 부분인 고의의 기본범죄와 과실의 파생범죄가 모두 공동의 대상으로 인정될 수 있는 것이다.

144 구성요건적 행위공동설 역시 마찬가지이다. 공동의 대상을 구성요건적 행위로 제한하더라도, 결과적 가중범의 시작 부분인 고의의 기본범죄뿐 아니라 결말 부분인 과실의 파생범죄도 구성요건적 행위로 인정된다.

145 과실범의 공동정범을 인정하는 또 하나의 색다른 견해인 공동행위주체설에서는 결과적 가중범의 공동정범이 대단히 쉽게 인정된다. 결과적 가중범에 참가

제: 대법원 2018. 1. 25. 선고 2017도12537 판결 및 서울중앙지방법원 2021. 1. 12. 선고 2019고합142, 388, 501 판결에 대한 검토", 형사법연구 35-2, 한국형사법학회(2023), 137-174.

91 김혜정·박미숙·안경옥·원혜욱·이인영, 370; 손동권·김재윤, § 21/34(이를 부정하고 결과적 가중범의 동시정범만을 인정하게 되면 기본범죄행위를 공동으로 범하였다는 의미까지 사라지게 됨); 이재상·장영민·강동범, § 15/14(공동정범 전원이 중한 결과에 대하여 과실이 있는 때에만 성립).

한 수인의 행위자는 고의의 기본범죄를 공동으로 수행하는 주체이기 때문이다. 따라서 그로부터 발생한 과실의 파생범죄에 대해서도 공동행위주체로서의 지위를 갖게 된다.

146 결과적 가중범의 공동정범을 인정하면, 과실의 중한 결과에 대한 인과관계의 판명을 행위자별로 할 필요가 없어진다. 수인의 행위가 공동정범으로 묶여서 하나의 행위로 취급되기 때문이다. 따라서 각 행위자에게 중한 결과의 발생에 대한 예견가능성만 인정되면, 각 행위자는 결과적 가중범의 공동정범으로 처벌받게 되는 것이다.

(3) 부정설[92]

147 범죄공동설은 과실범의 공동정범을 부정하는 견해이므로 결과적 가중범에 대해서도 공동정범의 성립이 불가능해진다. 결과적 가중범의 기본범죄는 고의범이어서 범의의 공유가 가능하지만, 파생범죄인 과실의 중한 결과는 범죄의 주관적 요소인 범의가 없으므로 공동정범의 대상이 되지 못하기 때문이다.

148 이는 부분적 범죄공동설에서도 마찬가지이다. 부분적 범죄공동설은 서로 다른 내용의 고의범들에서는 공동정범의 인정 가능성을 열어두지만, 과실범의 공동정범은 범죄공동설과 마찬가지로 부정하기 때문이다.

149 공모공동정범의 법리를 만들기 위해 제시된 공동의사주체설에서도 사정은 마찬가지이다. 결과적 가중범의 파생범죄는 과실범이기 때문에 공동의사주체설이 요구하는 공동정범의 핵심 표지인 범의의 공동이 갖추어지지 못한다.

150 결과적 가중범의 공동정범이 부정되면, 과실의 중한 결과에 대하여 행위자별로 인과관계의 인정 여부를 판단하는 작업이 별도로 요구된다. 즉, 주관적인 예견가능성에 덧붙여서 객관적인 인과관계가 충족되어야 결과적 가중범의 처벌이 가능해지는 것이다.

(4) 판례

151 판례는 결과적 가중범의 공동정범을 인정한다.[93] 따라서 문제 제기에서 적

---

92 배종대, § 160/1(사후 평가개념인 과실행위 공동이란 있을 수 없음); 오영근·노수환, 178(과실범을 공동으로 범하는 것은 불가능함); 이형국·김혜경, 498(기능적 행위지배는 고의범에서만 성립); 임웅·김성규·박성민, 585(기능적 행위지배는 고의범에 한정).

93 일본 판례도 결과적 가중범의 공동정범을 인정하고 있다. 즉, 실행공동정범의 경우[最判 昭和 22(1947). 11. 5. 刑集 1·1(강도치상)]에는 물론, 공모공동정범의 경우[最判 昭和 23(1948). 10.

시한 사례에서처럼 여러 사람이 상해의 범의로 범행 중 한 사람이 중한 상해를 가하여 피해자가 사망에 이르게 된 경우, 나머지 사람들도 사망의 결과를 예견할 수 없는 때가 아닌 한 상해치사죄의 죄책을 면할 수 없게 된다. 판례의 내용을 결과적 가중범의 종류에 따라 살펴보면 다음과 같다.

(가) 상해치사죄의 결과적 가중범

다음은 판례가 피고인에게 상해치사죄의 공동정범을 인정한 사안들이다. 152

(a) 여동생 복수 사안

피고인은 친구인 甲으로부터 甲의 여동생을 강간한 피해자를 혼내주러 가자는 연락을 받고 피해자를 찾아가서 甲과 함께 피해자를 주먹과 발 및 각목으로 무수히 때리다가, 둘 중 누군가가 부엌칼로 피해자의 좌측 흉부를 1회 찔러 피해자를 사망에 이르게 하였다. 검사는 피고인이 피해자의 좌측 흉부를 찔렀다고 공소장에 기재하였으나, 법원은 피해자를 부엌칼로 찌른 사람을 피고인으로 단정할 수 없다고 판단하였다. 하지만 공소사실이나 법원의 인정 사실은 모두 피고인과 甲이 함께 피해자에게 폭력을 행사하여 상해를 가하고 그 과정에서 피해자가 사망에 이르게 되었다는 점에서는 동일하기 때문에, 공소장변경의 필요도 없이 피고인과 甲은 상해치사죄의 공동정범으로 처벌할 수 있다는 것이 대법원의 판단이다. 이에 관한 대법원의 판시를 소개하면 다음과 같다. 153

> "결과적 가중범인 상해치사죄의 공동정범은 폭행 기타의 신체침해 행위를 공동으로 할 의사가 있으면 성립되고 결과를 공동으로 할 의사는 필요 없으며, 여러 사람이 상해의 범의로 범행 중 한 사람이 중한 상해를 가하여 피해자가 사망에 이르게 된 경우 나머지 사람들은 사망의 결과를 예견할 수 없는 때가 아닌 한 상해치사의 죄책을 면할 수 없다."[94] 154

(b) 발등 동맥 절단 사안

피고인과 공동피고인 甲이 냄비뚜껑, 소주병, 과도, 식칼 등으로 피해자에게 상해를 가하였으며, 특히 甲이 식칼로 피해자의 발등 동맥을 절단하여 사망 155

6. 刑集 2·11·1267(상해치사)]나 승계적 공동정범의 경우[名古屋高判 昭和 47(1972). 11. 5. 刑裁月報 4·7·1284(상해치사)]에도 승계적 공범을 인정하고 있다.

94 대판 2000. 5. 12, 2000도745. 같은 취지의 판결로는 대판 1978. 1. 17, 77도2193; 대판 1993. 8. 24, 93도1674; 대판 2013. 4. 26, 2013도1222.

에 이르게 한 사안에서, 대법원은 피고인에게도 상해치사죄의 공동정범을 인정하였다. 판시사항을 소개하면 다음과 같다.

156 "원심이 그 판시와 같이 피고인이 냄비뚜껑을 피해자의 이마에 던지고 소주병이 깨질 때까지 피해자의 머리 부위를 수차례 가격한 점, 계속하여 흉기인 과도와 식칼을 이용하여 피해자의 머리 부위를 반복하여 때리거나 피해자를 협박한 점, 원심 공동피고인이 식칼로 피해자의 발등 동맥을 절단하는 것을 보고서도 이를 제지하지 아니한 점, 당시 피해자가 입은 상해의 부위가 전신에 걸쳐 광범위했고 상해 정도 또한 심히 중했던 점 등을 근거로 원심 공동피고인이 피해자에게 식칼로 상해를 가하는 과정에서 잘못하면 피해자를 사망에 이르게 할 수도 있다는 것을 피고인도 충분히 예견할 수 있었다고 본 것은 정당하고, 거기에 상고이유의 주장과 같이 경험의 법칙을 위반하여 사망의 결과에 관한 예견가능성을 잘못 인정하는 등의 위법이 없다."[95]

(나) 특수공무방해치사·상죄

157 특수공무방해치사죄(§ 144② 후문)와 특수공무방해치상죄(§ 144② 전문)는 결과적 가중범이다. 즉, 고의범인 특수공무방해죄(§ 144①)를 범하여 공무원에게 사망 내지 상해의 결과를 발생시키는 범죄인 것이다. 판례 역시 "특수공무집행방해치사상죄는 단체 또는 다중의 위력을 보이거나 위험한 물건을 휴대하고 직무를 집행하는 공무원에 대하여 폭행, 협박을 하여 공무원을 사상에 이르게 한 경우에 성립하는 결과적 가중범으로서 행위자가 그 결과를 의도할 필요는 없고 그 결과의 발생을 예견할 수 있으면 족하다."고 판시한다.[96]

158 따라서 결과적 가중범인 특수공무방해치사·상죄에 대해서도 공동정범 성립 여부의 문제가 제기되며, 판례는 결과적 가중범 일반에서와 마찬가지로 이를 인정한다. 특수공무집행방해치사·상죄의 공동정범에 관한 판례의 사안 중에서 중요한 것들을 살펴보면 다음과 같다.

(a) 연세대 종합관 점거 사안

159 한국대학총학생회연합(한총련)이 연세대학교 종합관을 점거하고 농성하던

95 대판 2013. 4. 26, 2013도1222.

96 대판 1990. 6. 22, 90도767; 대판 2002. 4. 12, 2000도3485; 대판 2008. 6. 26, 2007도6188; 대판 2012. 5. 24, 2010도11381.

중 이를 진압하려는 의경에게 보도블록 등을 던져서 사망에 이르게 한 사안이다. 대법원은 보도블록 등을 던진 사수대의 대원뿐 아니라 지휘부의 구성원들에게까지 모두 특수공무집행방해치사죄의 공동정범을 인정하였다. 판시사항을 소개하면 다음과 같다.

> "종합관 지휘부에 속하는 피고인 甲, 피고인 乙, 피고인 丙, 피고인 丁은 종합관 농성 학생들을 지휘하면서 옥상 사수대의 편성 및 배치 등에 관여하고, 피고인 戊는 옥상 사수대의 총지휘자로서 사수대원들로 하여금 종합관으로 진입하는 경찰관들을 향하여 돌 등을 던지도록 지시하고, 피고인 己는 사수대원으로서 직접 돌 등을 던진 사실이 인정되는 이상, 피고인들과 옥상에 위치한 사수대원들 사이에는 순차적 또는 암묵적으로 의사가 상통하여 이 사건 특수공무집행방해의 범행에 대한 공모관계가 성립하였다 할 것이고, 따라서 의경 김종희의 사망 당시 옥상에 있지 아니하였거나 그를 향하여 돌을 던지는 등의 실행행위를 직접 분담하지 아니하였다 하더라도 다른 공범자의 행위에 대하여 공동정범으로서 책임을 진다 할 것이며, 나아가 이 사건 종합관 옥상 사수대가 경찰 진입시 투척을 위하여 옥상에 쇠파이프, 보도블록, 벽돌 등을 미리 준비하고 있었던 사실을 잘 알고 있었던 피고인들로서는 6층 옥상에 위치한 사수대원들이 종합관으로 진입하는 경찰관들에게 준비된 보도블록, 벽돌 등을 던지리라는 점과 그로 인하여 종합관으로 진입하려는 경찰관이 맞아 사망에 이를 수도 있으리라는 점을 충분히 예견할 수 있었다 할 것이므로, 피고인들은 모두 다른 공범자의 한 사람인 성명불상의 사수대원이 보도블록을 던짐으로써 의경 A가 그에 맞아 사망에 이른 이 사건 특수공무방해치사의 죄책을 면할 수 없다."[97] 160

(b) 금속연맹 집회 사안

민주노총 산하 금속연맹이 '올바른 구조조정 촉구 금속산업연맹 결의대회' 161 라는 이름의 집회를 개최하는 과정에서 일부 참가자들이 각목 등을 사용하여 경찰관 10명에게 상해를 입힌 사안이다. 지휘부에 속하지 않은 피고인에게도 특수공무집행방해치상죄의 공동정범을 인정할 수 있는지 문제되었는데, 대법원은 이를 인정하였다. 대법원의 판시사항을 소개하면 다음과 같다.

97 대판 1997. 10. 10, 97도1720.

162 “비록 피고인은 금속연맹 본부의 간부는 아니어서 이 사건 집회 및 시위를 주최하는 지위에 있지는 않았고, 시위행렬의 선두에 서서 구호를 제창하는 등의 행위만을 하였으나, 그 시위 도중에 행렬의 중간과 후미에 있던 쌍용자동차와 대우자동차 노동조합원 등을 중심으로 한 일부 시위 참가자들이 시위진압 경찰관들과 대치하면서 몸싸움을 벌이고 각목 등을 경찰관들에게 휘두르는 등 폭력행위에 나아간 이상, 피고인은 금속연맹지역 본부장이라는 간부의 직책을 갖고 있어 그 지역 내 노동조합원 45명을 대동하고 상경하여 그 집회 및 시위에 적극적으로 참가하였고, 일부 노동조합원들이 각목을 휴대하고 있었던 사실을 알았거나 알 수 있었다고 보이며, 나아가 약 4,500명이나 되는 시위자들이 3시간 동안 도심 한복판의 차로를 점거한 채 행진을 하고 차로에 드러눕는 등으로 시위를 계속할 경우 시위진압 경찰관들이 이를 제지하려 할 것이고, 그 과정에서 상당수의 시위자들과 경찰관들 사이에 몸싸움이 벌어지고 특히 각목이나 깃대 등을 휴대한 일부 시위자들이 이를 휘두르는 등으로 경찰관들에게 상해를 입게 할 수 있으리라는 것도 충분히 예견할 수 있었을 것이므로, 피고인과 다른 시위 참가자들 사이에는 순차적 또는 암묵적으로 이 사건 특수공무집행방해의 범행에 대한 공모관계가 성립하고, 나아가 특수공무집행방해치상의 점에 대한 공모공동정범으로서의 책임도 면할 수 없다.”[98]

7. 공모공동정범

(1) 문제 제기

163 앞에서 살펴본 대로, 공동정범의 성립에는 주관적 요건으로서 ‘의사 공동’과 객관적 요건으로서 ‘실행 공동’이 모두 요구된다. 이 중에서 ‘실행 공동’은 역할 분담에 입각한 기능적 행위의 실행을 뜻한다. 범죄수행의 합의가 있더라도 분담된 행위의 실행을 하지 않으면 공동정범으로의 논책이 힘들어진다. 이 점은 ‘공동정범의 이탈’이라는 논제로 후술하기로 한다.

164 그런데 문제는 애당초 범행계획의 단계에서부터 범죄실행의 객관적 부분에 대한 분담이 일부 참여자에게 부과되지 않은 경우에 발생한다. 2인 이상이 사전에 범죄를 모의하였으나 그중 일부만 범죄실행에 참여하고 나머지는 참여하지 않도록 합의된 경우이다. 이때 범죄실행의 객관적 부분에 참여하지 않은 사람까지 공동정

98 대판 2002. 4. 12, 2000도3485.

범으로 처벌할 수 있는지 논란된다. 특히 실행에 참여하지 않은 사람이 조직범죄의 우두머리(수괴)와 같이 전체 범행을 지휘하는 위치에 있을 때 공동정범으로의 논책 필요성이 제기되는데, 인정하는 진영에서는 이러한 경우를 공모공동정범이라고 한다. 학설은 나뉘고, 판례는 인정하는데, 이를 살펴보면 다음과 같다.

(2) 긍정설

(가) 공동의사주체설

공모공동정범을 인정하는 견해의 출발은 일본의 초기 판례[99]가 공동정범의 공동대상에 관하여 소위 공동의사주체설을 제시하면서 비롯되었다는 것이 일반적인 설명이다.[100] 공동의사주체설에 의하면, 공동정범의 본질은 수인이 주관적으로 공동범죄의 의사를 가졌다는 점에 있는 것이고, 객관적인 실행행위는 수인 중 일부에 의해 행해져도 충분하다고 한다. 즉 앞에서 살펴본 공동정범의 두 요건 중에서 주관적 요건은 공동정범의 필수적 성립요건이지만, 객관적 요건은 '공동실행의 사실'처럼 엄격한 것이 아니라 (수인이 참여하든 1인에 의하든 불문하고) '범행의 실행'만 있으면 되는 것으로 완화된다고 설명한다. 따라서 공동의사주체설에 의하면, 공모공동정범의 사안은 수인이 공동의사주체를 형성할 정도로 일심동체가 되어 범행을 모의하고 그중 일부가 범행하는 경우이므로 충분히 공동정범으로 취급할 수 있게 된다. 165

일본의 초기 판례가 공동의사주체설을 고안한 의도는 자신이 배후에 있으면서 다른 사람을 전면에 내세워서 범행하는 사람을 처벌하기 위한 것이었다고 한다. 따라서 처음에는 사기죄 등의 지능범을 대상으로 발전하였으며, 이후 방화죄와 강도죄 등에도 확대된 것으로 알려진다.[101] 166

---

99 처음의 판결은 1896년의 일본 대심원 판결〔大判 明治 29(1986). 3. 3. 刑録 2·3·10〕으로 확인된다. 이후 1936년의 일본 대심원 형사연합부 판결〔大判 昭和 11(1936). 5. 28. 刑集 15·715〕에서 공모공동정범이 본격적으로 인정되었다고 한다. 이후 1958년에 일본 최고재판소가 선고한 일명 '네리마(練馬) 판결'(最判 昭和 33(1958). 5. 28 刑集 12·8·1718)과 1982년 일본 최고재판소가 선고한 일명 '대마밀수입 판결'(最判 昭和 57(1982). 7. 16 刑集 36·6·695) 등을 거치면서 공모공동정범의 법리를 발전시켰다.

100 일본은 판례뿐 아니라 학계에서도 공모공동정범을 인정하는 견해가 다수인 것으로 확인된다. 일본의 공모공동정범 이론에 대한 정리는 黃 士軒, "共謀共同正犯理論の形成に関する一考察", 法学協会雑誌 129-11·12, 法学協会(2012); 浅田和茂, "共謀共同正犯の拡張", 小田中聰樹先生古稀記念論文集 下巻, 日本評論社(2005); 青木孝之, "共謀共同正犯の理論と實務", 琉大法学 78(2000) 등 참조.

101 일본 판례 중에서, ① 공모공동정범을 처음 인정한 것으로 평가되는 大判 明治 29(1896). 3. 3.

167 하지만 공동의사주체설에 대해서는 단체책임을 인정하는 것이 되어 근대 형법의 개인책임 원칙에 반한다는 비판이 제기된다. 또한, 공동의사의 형성을 입증하기 위해 자백 강요의 수사 관행을 낳을 수 있다는 문제점도 지적된다.

(나) 간접정범유사설

168 공동으로 범죄를 모의하면서 실행행위가 분담되지 않은 가담자는 타인의 실행행위를 통하여 범죄를 실행하는 것이므로 간접정범과 유사하게 취급해야 한다는 견해이다.[102] 따라서 공범이 아니라 정범이라는 것이 간접정범유사설의 주장이다. 다만 간접정범은 처벌받지 않는 사람을 이용하여 자신의 범죄를 실행하는 것임에 반하여, 공모공동정범의 모의자는 처벌받는 다른 가담자를 이용하여 범죄를 실행하는 것이므로 간접정범과 구별되고, 이런 의미에서 간접정범의 '유사'한 유형이라고 한다.

刑録 2·3·10은 공모하여 실행한 이상 그 행위은 '공모자 일체의 행위'로서 실행에 참가하지 않는 사람도 공동정범이 된다는 취지로만 판시하였으나, ② 大判 昭和 11(1936). 5. 28. 刑集 15·715(절도 및 강도)는 당시 학설로 주장되었던 공동의사주체설을 반영한 것으로 평가된다. 위 ②의 판결은 공산당 지하조직의 자금부장인 피고인이 자금 획득을 위하여 은행 습격을 고안·계획하고 부하들에게 지시하여 실행한 사안으로, 대심원은 "무릇 공동정범의 본질은 2인 이상의 사람이 일심동체(一心同體)와 같이 서로 의지하고 도와 각자의 범의를 공동으로 실행함으로써 특정범죄를 실행하는 데 있다."고 판시하여, 종래 지능범에 대하여 인정되던 공모공동정범을 실력범(實力犯)에까지 확대 적용하였다.

102 일본 판례 중에서 간접정범유사설의 입장으로 대표되는 판례는 네리마(練馬) 사건 판결〔最判 昭和 33(1958). 5. 28. 刑集 12·8·1718〕이다. 최고재판소는 공산당 당원이자 지구군사위원장인 피고인이 당원인 甲과 함께 자신이 소속된 회사 노동조합의 조합원에 대한 상해 피의사건을 수사하고 있던 동경도(東京都) 네리마구(練馬区)에 있는 네리마경찰서 순사인 A를 폭행하기로 모의하고, 구체적 실행을 담당하기로 한 甲은 다시 乙 등 수명과 모의하여 乙 등이 직접 A를 구타하여 현장에서 사망에 이르게 한 사안에서, "공모공동정범이 성립하기 위해서는, 2인 이상의 사람이 특정범죄를 행하기 위하여 공동의사 아래 일체가 되어 서로 타인의 행위를 이용하여 각자의 의사를 실행에 옮기는 것을 내용으로 하는 모의를 하고, 그에 따라 범죄를 실행한 사실이 인정되어야 한다. 따라서 위와 같은 관계에서 공모에 참가한 사실이 인정되는 이상, 직접 실행행위에 관여하지 않은 사람도 타인의 행위를 말하자면 자기의 수단으로서 범죄를 행하였다는 의미에서, 그들 사이에 형사책임의 성립에 차이가 생긴다고 해석해야 할 이유는 없다. 그렇다면 그 관계에서 실행행위에 직접 관여하였는지 여부, 그 분담이나 역할이 어떤지 여부는 위 공범의 형사책임 자체의 성립을 좌우하는 것은 아니라고 해석함이 상당하다."고 판시하였다. 한편 위 판결은 순차적 공모가 이루어진 때에도 공모를 인정하였고, 最判 平成 15(2003). 5. 1. 刑集 57·5·507은 폭력단 두목이 자신의 보디가드들에게 권총을 휴대하고 경호하도록 직접 지시를 하지 않았더라도 그들이 경호를 위하여 권총을 휴대하고 있는 것을 확정적으로 인식·인용하면서 그들과 함께 행동을 한 이상, 묵시적인 의사연락이 없었더라도 총포도검류소지등단속법상의 권총소지죄의 공모공동정범이 인정된다고 판시하였다.

간접정범유사설은 공동의사주체설을 피하면서도, 실행행위의 분담이 없는 모의자를 정범으로 논책할 수 있다는 장점이 있다. 그러면서 정범으로 논책되는 모의자에게 간접정범에 유사한 수준의 영향력 행사를 요구하므로, 단순한 공동의사주체설보다는 공모공동정범의 범주를 제한할 수 있다는 실용성도 지닌다. 169

(다) 적극이용설

적극이용설 역시, 공모공동정범을 인정하면서도 요건을 엄격하게 설정하려는 이론이다. 범행의 과정을 전체적·실질적으로 고찰할 때, 범행의 단순한 모의를 넘어서 실행자들을 적극적으로 이용한 경우라면 공범이 아니라 정범의 자격을 갖춘다고 주장한다. 적극이용설에 의하면, 범행의 배후에서 실행정범을 조종한 수준에 이른 경우에 공모공동정범이 인정된다.[103] 170

(라) 수정된 행위지배설

행위지배설을 수정하여 공동정범의 성립범위를 확장함으로써 공모공동정범을 인정하려는 견해이다.[104] 이에 의하면, 공동정범의 객관적 성립요건인 공동실행의 범위가 현실적인 실행행위의 분담으로 제한될 필요가 없다고 한다. 즉, 현실적으로 실행행위의 일부를 분담하지 않더라도, 범행의 전체 계획안에서 공동하여 결과를 실현하는 데 불가결한 요건을 충족하는 경우에는 공동정범의 지표인 행위지배가 인정될 수 있다는 것이다. 따라서 다른 가담자들을 지휘·통제하는 역할을 담당한 사람은 현실적으로 실행행위를 분담하지 않더라도 공동정범의 자격을 갖춘다는 것이 수정된 행위지배설의 주장이다.[105] 171

---

103 신동운, 616. 「사회의 실정에 비추어 볼 때 다수인에 의한 범죄 가운데에는 실질상 주범이 배후에서 범죄를 계획하고 그 실행행위는 부하나 또는 주범의 지배력 하에 있는 사람으로 하여금 실행하게 하는 경우가 있다. 그런데 이러한 배후의 주범을 단순한 교사나 방조만으로써는 처리할 수 없는 경우가 있다. 공모공동정범은 이러한 애로사항을 타개하기 위하여 재판상 필요에서 나온 이론일 뿐이다. 공모공동정범의 원래의 취지에 충실하려면 공모공동정범의 성립범위는 배후의 주모자로 한정해야 한다.」

104 김신규, 462; 김혜정·박미숙·안경옥·원혜욱·이인영, 374; 오영근·노수환, 436; 이재상·장영민·강동범, §33/44; 이형국·김혜경, 413.

105 이원경, "판례에 나타난 공동정범의 정범성 판단기준", 형사법연구 26-3, 한국형사법학회(2014), 16. 「공동정범에 있어서 기능적 행위지배란 형식적으로 구성요건의 일부를 분담하지 않아도 전체 범죄실현에 필수불가결한 본질적 기여를 한 경우에 인정된다고 보는 것이 일반적이다. 즉, 구성요건적 실행행위의 일부분담은 본질적 기여의 판단자료에 불과할 뿐 절대적인 기준이 될 수 없다. 그러나 일부 견해들은 기능적 행위지배가 달성되기 위해서 적어도 실행단계에서의 객관적 기여가 필요하다고 주장하기도 한다. 실행단계에서의 기여를 어디까지 실행행위의 분담이라고 볼

(3) **부정설**[106]

172 공모공동정범을 부정하는 견해의 주요 논거는 공동실행의 사실이 없음에도 공동정범을 인정하게 되면 행위책임 및 개인책임의 원칙에 반하여 단체책임을 인정하는 결과가 된다는 점이다. 즉, 근대 형법은 개인의 행위책임을 범죄성립의 주요 근거로 설정하고 있는데, 범죄행위에 전혀 관여하지 않았음에도 모의과정에 가담했다는 이유만으로 공동정범을 인정하게 되면 결국 다른 사람의 행위에 대하여 책임을 부담시키는 것이 되어 근대 형법이 배척한 단체책임이 부활한다는 설명이다. 이때 공모공동정범을 인정하지 않는다면 조직범의 우두머리 등을 어떻게 처벌할 것인가라는 현실적인 문제가 제기되나, 이 경우 교사범으로 처벌하여도 우리의 형법 체계에서는 교사범의 법정형이 정범과 같으므로 문제없이 해결된다고 부정설은 주장한다.[107]

(4) **판례의 입장**

173 판례는 처음에는 사기죄 등의 지능범에 국한하여 공모공동정범을 인정하였으나 차츰 범위를 확대하여 오늘날에는 방화, 살인, 절도, 강도 등에까지 공모공동정범을 인정한다. 문제는 판례가 인정하는 공모공동정범의 법리적 근거가 무엇인가 하는 점인데, 공동의사주체설의 내용이 판시되기도 하고, 간접정범유사설의 법리가 적시되기도 한다.

(가) 공동의사주체설의 법리

174 판례가 공모공동정범을 인정하면서 처음에 의지한 법리는 공동의사주체설

것인가도 의문의 여지가 있을 뿐 아니라, 기능적 행위지배의 본질에 비추어 본다면 예비단계에서의 기여로도 충분히 기능적 행위지배가 인정될 수 있다고 보아야 한다. 그런데 예비단계에서의 기여를 실행행위의 분담으로 보기는 어렵기 때문에, 결국 실행행위의 분담이 없는 경우에도 기능적 행위지배설에 의하여 공동정범이 인정될 가능성이 있다고 할 것이다.」

106 김일수·서보학, 455; 배종대, § 131/39; 성낙현, 617; 손동권·김재윤, § 29/47; 임웅·김성규·박성민, 478; 정영일, 402; 정웅석·최창호, 515; 정성근·정준섭, 301; 정승환, § 14/29.

107 정성근·박광민, 형법총론(전정3판), 449. 「판례가 인정하는 공모공동정범은 정범·공범 구별에 관한 종래의 형식적 객관설이 지나치게 정범의 범위를 제한함으로써 집단범죄의 배후자를 중하게 처벌할 수 없다는 막후중벌론(幕後重罰論) 때문에 창안된 것이다. 그러나 공모공동정범을 인정한다 하여도 정범과 고사범의 법정형은 차이가 없으므로 배후자가 중하게 처벌되는 것도 아니고 실익도 없다. 오히려 공모공동정범을 부인하면 집단범죄의 배후거물은 형법 제34조 제2항에 의하여 특수간접정범 또는 특수교사범으로 가중처벌할 수 있다. 공동실행의 의사와 기능적 행위지배가 있으면 공동자 모두가 반드시 범죄현장에 직접 참가하지 않아도 공동정범으로 처벌할 수 있으므로 공모공동정범이라는 특수개념을 인정할 필요도 없다.」

인 것으로 확인된다. 허위공문서작성죄(§ 227) 사건에서 그러한 판시를 하였는데, 부하의 허위공문서 작성행위에 실행행위의 면에서 직접 가공하지 않은 상급자에게 '동심일체'를 인정함으로써 행해진 범죄에 대한 공동정범의 죄책을 부과한 것이다. 판시내용은 다음과 같다.

> "원심 판결이 인용하고 있는 제1심 판결 거시의 증거를 검토 종합하면 피고인 甲은 제1심 공동피고인 乙, 丙과 금원이 일정한 시일에 일정한 장소에 집합하여 모의한 바는 없었다 할지라도 직장의 상하관계와 직무를 통하여 무언 암시중에 또는 구두로나 「쪽지 기재」로 소요 금원의 걱정을 표시하므로써 공문서를 허위작성 행사하며 공금을 부정유용할 의사를 포괄적으로 또는 그시 그시 개별적으로 상호연락하였음을 충분히 인정할 수 있고 여사한 의사연락하에 동심일체가 되어 범죄가 수행된 이상 실행담당자는 부하인 제1심 공동피고인 등이고 가사 피고인 甲은 결재한 바 없어 현실로 허위공문서 작성 행위에 가공한 일이 없는 경우가 있었다 하드라도 전체에 대하여 공동정범으로서 허위공문서 작성 동 행사의 죄책을 면할 수 없을 것이고 또 일부 부정유용 금원이 피고인 甲 자신을 위하여 사용되지 않고 제1심 공동피고인인 전기 부하 등을 위하여 사용되었다 한들 전서 인정한 바와 같이 범행의 포괄적 또는 개별적 의사연락이 있었든 이상 피고인 甲을 위하여 사용된 부분에 위 乙 등이 죄책을 부담하는 것과 마치 한가지로 동인 등을 위하여 사용된 부분에 대하여 피고인 甲도 죄책을 부담하여야 할 것이므로 논지는 모다 이유없다."108 175

또한 판례는, 이른바 미국문화원 방화 사건에서도 공동의사주체설의 법리를 판시한 바 있다. 주모자들이 방화의 실행행위에는 참여하지 않았더라도 현장의 실행자들과 범행의 '공동의사주체'를 형성하였으므로, 현주건조물방화치상죄(§ 164② 전문)의 공모공동정범이 인정된다는 것이다. 판시내용은 다음과 같다. 176

> "공모공동정범은 공동범행의 인식으로 범죄를 실행하는 것으로 공동의사주체로서의 집단 전체의 하나의 범죄행위의 실행이 있음으로써 성립하고 공모자 모두가 그 실행행위를 분담하여 이를 실행할 필요가 없고 실행행위를 분담하지 않아도 공모에 의하여 수인 간에 공동의사주체가 형성되어 범죄의 실행행 177

108 대판 1959. 6. 12, 4290형상380.

위가 있으면 실행행위를 분담하지 않았다고 하더라도 공동의사주체로서 정범의 죄책을 면할 수 없다."[109]

(나) 간접정범유사설의 법리

178 판례는 등기부등본 위조 후 사기 사건에서 공모공동정범의 인정 근거로서 간접정범유사설의 법리를 제시하였다. 피고인과 법원 등기과 소속 공무원이던 A가 공모하여 국가 소유의 땅에 대한 등기부등본을 위조하여 지인 소유로 명의를 돌려놓은 후, 이를 A가 피해자에게 매매하여 금품을 사취한 사안이다. 여기서 피고인에게는 등기부등본의 위조에 대한 공범은 인정되지만, 사기죄(§ 347①)에 대해서는 공범(공모공동정범)이 인정되지 않는다고 판시하였다. 논거는 피고인이 A의 사기 피해자에 대한 행위를 자신의 범죄적 수단으로 이용하여 사기죄를 범하였다고 볼 수 없다는 것인데, 여기서 타인의 행위를 '자신의 범죄적 수단으로 이용'이라는 법리는 공모공동정범을 간접정범 유사의 형태로 파악하는 관점의 표현으로 이해된다. 이 판례에서 대법원이 명시하는 공모공동정범의 인정 법리를 옮겨보면 다음과 같다.

179 "공모공동정범이 성립되려면 두 사람 이상이 공동의 의사로 특정한 범죄행위를 하기 위하여 일체가 되어 서로가 다른 사람의 행위를 이용하여 각자 자기의 의사를 실행에 옮기는 것을 내용으로 하는 모의를 하여 그에 따라 범죄를 실행한 사실이 인정되어야 하고, 이와 같이 공모에 참여한 사실이 인정되는 이상 직접 실행행위에 관여하지 안했더라도 다른 사람의 행위를 자기 의사의 수단으로 하여 범죄를 하였다는 점에서 자기가 직접 실행행위를 분담한 경우와 형사책임의 성립에 차이를 둘 이유가 없다."[110]

(다) 기능적 행위지배의 요구

180 판례는 1990년대에 들어와 공모공동정범의 인정에도 공동정범 일반에 요구되는 표지인 '기능적 행위지배'가 필요하다고 판시한다.[111] 즉, 공모공동정범을

109 대판 1983. 3. 8, 82도3248.

110 대판 1988. 4. 12, 87도2368. 같은 취지의 판결로는 대판 1988. 8. 9, 88도839(미성년자유인); 대판 1988. 9. 13, 88도1114(강도강간). 위 87도2368 판결 해설은 유정주, "공모공동정범이 성립되지 아니한 사례", 해설 9, 법원행정처(1989), 435-442.

111 판례의 이러한 변화에 대한 분석과 평가에 대해서는, 김성규, "판례에 나타난 공모공동정범의 형

공동정범의 예외적인 유형이 아니라 공동정범의 공통 표지인 기능적 행위지배가 발현되는 일반유형의 하나로 파악하는 것이다. 판시내용은 다음과 같다.

> “공동정범이 성립하기 위하여는 2인 이상이 공동하여 죄를 범하여야 하는 것으로서 이에는 주관적 요건인 공동가공의 의사와 객관적 요건인 공동의사에 의한 기능적 행위지배를 통한 범죄의 실행 사실이 필요한데, 공동가공의 의사는 타인의 범행을 인식하면서도 이를 저지하지 아니하고 용인하는 것만으로는 부족하고 공동의 의사로 특정한 범죄행위를 하기 위하여 일체가 되어 서로 다른 사람의 행위를 이용하여 자기의 의사를 실행에 옮기는 것을 내용으로 하는 것이어야 할 것이므로 원심이 그 인정한 사실관계에 비추어 보면 위 피고인은 이 사건 영화의 제작이나 상영, 또는 그 준비행위에 관여하지 않았음은 물론, 위 영화가 상영될 것을 알면서 위 영화제작사측과 대관계약을 체결한 당사자도 아니고 단지 전 대표와 체결된 대관계약에 따라 영화가 상영되는 것을 적극적으로 제지하지 못하였을 뿐이므로 위 피고인을 공연윤리위원회의 심의 없이 위 영화를 상영한 공범이라고 볼 수는 없다고 판단한 조치는 그대로 수긍이 되고 거기에 소론과 같은 공범에 대한 법리를 오해한 위법이 있다고 할 수 없다.”[112] 181

나아가 2000년대 후반부터는 기능적 행위지배의 내용으로 범죄에 대한 ‘본질적 기여’를 요구하기 시작하였다. 즉, 공모공동정범이 인정되기 위해서는 단순한 공모에 그치는 것이 아니라 범죄에 대한 본질적 기여를 통한 기능적 행위지배의 존재가 확인되어야 한다는 것이다. 판시내용은 다음과 같다. 182

> “형법 제30조의 공동정범은 공동가공의 의사와 그 공동의사에 기한 기능적 행위지배를 통한 범죄 실행이라는 주관적·객관적 요건을 충족함으로써 성립하는바, 공모자 중 구성요건 행위 일부를 직접 분담하여 실행하지 않은 자라도 경우에 따라 이른바 공모공동정범으로서의 죄책을 질 수도 있는 것이기는 하나, 이를 위해서는 전체 범죄에 있어서 그가 차지하는 지위, 역할이나 범죄 경과에 대한 지배 내지 장악력 등을 종합해 볼 때, 단순한 공모자에 그치는 183

상과 문제점”, 성균관법학 24-2(2012), 278-283; 최호진, “기능적 행위지배와 공모공동정범”, 법학논고 32, 경북대학교 법학연구원(2010), 634-638 참조.

112 대판 1993. 3. 9, 92도3204.

것이 아니라 범죄에 대한 본질적 기여를 통한 기능적 행위지배가 존재하는 것으로 인정되는 경우여야 한다."[113]

(5) 공모공동정범 성립의 요건

184 공모공동정범을 인정하더라도 단순한 모의만으로 실행행위를 하지 않은 모든 사람에게 공동정범의 죄책을 지울 수 있는 것은 아니다. 실행에 가담하지 않았음에도 공동정범의 죄책을 지우기 위해서는 다음의 3가지 요건이 충족되어야 한다. 첫째, 범행의 모의에 깊숙이 참가하여 범행을 공동으로 행한다는 공동의사가 형성되어야 한다. 둘째, 애당초 범죄 실행에는 직접 가담하지 않는다는 것이 범행 모의의 내용이어야 한다. 셋째, 범행의 실질적 우두머리일 필요는 없지만, 모의에서의 역할이 범행의 기능적 지배가 인정될 정도는 되어야 한다. 이 중에서 특히 셋째의 요건과 관련된 판례의 판시사항을 정리하면 다음과 같다.

185 ① "공동정범에 있어서 범죄행위를 공모한 후 그 실행행위에 직접 가담하지 아니하더라도 다른 공모자가 분담, 실행한 행위에 대하여 공동정범의 죄책을 면할 수 없고, 공모공동정범에 있어서 공모는 2인 이상의 자가 협력해서 공동의 범의를 실현시키는 의사에 대한 연락을 말하는 것으로서 실행행위를 담당하지 아니하는 공모자에게 그 실행자를 통하여 자기의 범죄를 실현시킨다는 주관적 의사가 있어야 함은 물론이나, 반드시 배후에서 범죄를 기획하고 그 실행행위를 부하 또는 자기가 지배할 수 있는 사람에게 실행하게 하는 실질상의 괴수의 위치에 있어야 할 필요는 없다고 할 것이다."[114]

② "구성요건행위를 직접 분담하여 실행하지 아니한 공모자가 공모공동정범으로 인정되기 위하여는 전체 범죄에 있어서 그가 차지하는 지위·역할이나 범죄경과에 대한 지배 내지 장악력 등을 종합하여 그가 단순한 공모자에 그치는 것이 아니라 범죄에 대한 본질적 기여를 통한 기능적 행위지배가 존재

113 대판 2007. 4. 26, 2007도235(대법원 판례검색사이트 검색상 공모공동정범과 관련하여 '본질적 기여'를 처음 요구한 판결로, 건설노동조합의 조합원들이 행한 건조물 침입, 업무방해, 손괴, 폭행, 상해 등 범죄행위에 대하여, 위 조합의 상급단체 간부에게 공모공동정범의 죄책을 인정한 사례). 같은 취지의 판결로는 대판 2009. 8. 20, 2008도11138, 대판 2012. 1. 27, 2011도626, 대판 2013. 9. 12, 2013도6570, 대판 2017. 1. 12, 2016도15470; 대판 2021. 3. 11, 2020도12583 등.

114 대판 1980. 5. 20, 80도306(전)(10·26 사건). 본 판결 평석은 이용식, "공동정범의 실행의 착수와 공모공동정범", 형사판례연구 〔8〕, 한국형사판례연구회, 박영사(2000), 57-78.

하는 것으로 인정되어야 한다."[115]

③ "공모공동정범의 경우, 범죄의 수단과 태양, 가담하는 인원과 그 성향, 범행 시간과 장소의 특성, 범행과정에서 타인과의 접촉 가능성과 예상되는 반응 등 제반 상황에 비추어, 공모자들이 그 공모한 범행을 수행하거나 목적 달성을 위해 나아가는 도중에 부수적인 다른 범죄가 파생되리라고 예상하거나 충분히 예상할 수 있는데도 그러한 가능성을 외면한 채 이를 방지하기에 족한 합리적인 조치를 취하지 아니하고 공모한 범행에 나아갔다가 결국 그와 같이 예상되던 범행들이 발생하였다면, 비록 그 파생적인 범행 하나하나에 대하여 개별적인 의사의 연락이 없었다 하더라도 당초의 공모자들 사이에 그 범행 전부에 대하여 암묵적인 공모는 물론 그에 대한 기능적 행위지배가 존재한다고 보아야 한다."[116]

(6) 공모공동정범에서 공모의 입증

범행의 직접 실행에 가담하지 않은 공모자를 공모공동정범으로 처벌하기 위해서는 공모의 내용이 입증되어야 한다. 이에 대한 입증의 책임이 검사에게 있음은 물론이다. 그리고 입증의 정도는 일반적인 구성요건 해당 사실의 입증과 마찬가지로 합리적인 의심의 여지가 없을 정도에 이르러야 한다. 이에 관한 판례의 판시를 소개하면 다음과 같다. 186

"공모공동정범의 성립 여부는 범죄 실행의 전 과정을 통하여 각자의 지위와 역할, 공범에 대한 권유내용 등을 구체적으로 검토하고 이를 종합하여 위와 같은 상호이용의 관계가 합리적인 의심을 할 여지가 없을 정도로 증명되어야 187

115 대판 2010. 7. 15, 2010도3544(건설 관련 회사의 유일한 지배자가 회사 대표의 지위에서 장기간에 걸쳐 건설공사 현장소장들의 뇌물공여행위를 보고받고 이를 확인·결재하는 등의 방법으로 위 행위에 관여한 사안에서, 비록 사전에 구체적인 대상 및 액수를 정하여 뇌물공여를 지시하지 아니하였다고 하더라도 그 핵심적 경과를 계획적으로 조종하거나 촉진하는 등으로 기능적 행위지배를 하였다고 보아 공모공동정범의 죄책을 인정하여야 함에도 이를 인정하지 아니한 원심 판단에 법리 오해의 위법이 있다고 한 사례).

116 대판 2010. 12. 23, 2010도7412(피고인이 노조원들의 폭행, 상해, 특수공무집행방해치상 등 범행들에 대하여 구체적으로 모의하거나 이를 직접 분담·실행한 바 없었더라도, 피고인이 파업투쟁에 가담하게 된 경위, 위 파업투쟁 및 폭력사태의 경위와 진행 과정, 그 과정에서 피고인의 지위 및 역할, 피고인이 작성한 문건의 내용 및 성격 등을 종합할 때, 위 각 범행에 대하여 암묵적인 공모는 물론 본질적 기여를 통한 기능적 행위지배가 있었다고 보아 그 공동정범으로 의율한 원심 판단을 수긍한 사례).

하고, 그와 같은 증명이 없다면 설령 피고인에게 유죄의 의심이 간다고 하더라도 피고인의 이익으로 판단할 수밖에 없다."[117]

(7) 공모의 적시

(가) 공소장의 적시

188 공소장에는 피고인의 성명 기타 피고인을 특정할 수 있는 사항, 죄명, 공소사실, 적용법조를 기재하여야 하며(형소 § 254③), 공소사실의 기재는 범죄의 시일, 장소와 방법을 명시하여 사실을 특정할 수 있도록 하여야 한다(형소 § 254④). 공모공동정범의 경우 공모의 내용이 공소사실이 되는데, 그에 대한 기재에 관하여 판례는 구체적인 기재가 요구되지만, 공소사실의 특정이 인정된다면 개괄적인 기재도 허용된다고 판시한다.

189 "공모공동정범에 있어서 공모 또는 모의는 '범죄될 사실'의 주요부분에 해당하는 이상 가능한 한 이를 구체적이고 상세하게 특정하여야 할 뿐 아니라 엄격한 증명의 대상에 해당한다 할 것이나, 범죄의 특성에 비추어 부득이한 예외적인 경우라면 형사소송법이 공소사실을 특정하도록 한 취지에 반하지 않는 범위 내에서 공소사실 중 일부가 다소 개괄적으로 기재되었다고 하여 위법하다고 할 수는 없는 것이므로, 그 공모 또는 모의의 판시는 모의의 구체적인 일시, 장소, 내용 등을 상세하게 판시하여야만 할 필요는 없고 의사합치가 성립된 것이 밝혀지는 정도면 된다고 할 것이다."[118]

(나) 판결이유의 적시

190 법원이 유죄판결을 선고할 때에는 판결이유에 범죄될 사실과 증거의 요지 및 법령의 적용을 명시하여야 한다(형소 § 323①). 여기서 범죄될 사실은 피고인이 행한 범죄의 내용을 의미하는 것이므로 구체적으로 적시될 필요가 있다. 문제는 공모공동정범에서 실행에 참여하지 않은 공모자의 경우, 범죄의 내용이 공모에 머무르는 것이어서 이를 어느 정도 구체적으로 적시해야 하는지가 논란될

---

117 대판 2018. 9. 13, 2018도7658, 2018전도54, 55, 2018보도6, 2018모2593.

118 대판 2007. 4. 26, 2007도428. 본 판결 평석은 이창섭, "공모공동정범이론 유감", 비교형사법연구 9-2, 한국비교형사법학회(2007), 337-363; 하태훈, "공모공동정범 문제", 죄형법정원칙과 법원 I, 박영사(2023), 224-243.

수 있다. 이에 대하여 판례는 다음의 원칙을 제시한다.

첫째, 공동정범의 유형이 공모공동정범임을 설시해야 한다. 공동정범에는 실행행위를 분담하는 일반적인 공동정범과 실행행위 없이 인정되는 공모공동정범이 있는 것이므로, 후자를 인정하기 위해서는 판결이유에 피고인의 범행이 공모공동정범임을 명시해야 한다는 것이다. 191

둘째, 공범자들이 각자 어떠한 행동이나 입장을 취하고 있었는지 판별할 수 있을 정도의 기재가 요구된다. 유죄판결의 이유에 설시해야 하는 범죄사실의 적시는 양형 근거로서의 구체성과 정확성을 지녀야 하기 때문이다. 192

셋째, 공모공동정범으로 유죄판결을 선고하면서 공모나 모의가 이루어진 일시, 장소 또는 실행방법, 각자 행위의 분담, 역할 등을 구체적으로 상세하게 판시할 필요는 없지만, 적어도 공모나 모의가 성립되었다는 정도는 판결이유에서 밝혀야 한다. 193

이에 관한 판례의 판시내용을 옮겨보면 다음과 같다. 194

> "형법 제30조가 규정하는 공동정범은 직접적인 실행의 분담을 요하는 경우와 그러한 분담을 요하지 아니하는 경우(공모공동정범의 사례)가 있는 것이므로 범죄사실의 적시에 있어서는 위에서 본 어느 경우인가를 알 수 있게 설시해야 한다. 195
>
> 원래 유죄판결의 이유에 설시할 것이 요구하는 범죄사실의 적시는 주문의 양형이 도출된 이유가 되는 것인즉 사실의 구체성과 정확성을 무시하는 것은 허용되지 않는 것이며 따라서 공범자 각 개인이 현실적으로 어떠한 행동이나 입장을 취하고 있었는가를 판별할 수 있도록 하는 최소한도의 기재는 반드시 필요하다.
>
> 이 사건에 있어서 원심이 옳다고 한 제1심판결이유에 의하면, 제1심법원은 "피고인들(원심공동피고인 甲, 乙 및 제1심공동피고인 포함)은 공동하여" 그 설시범행을 한 것이라고만 기재하고 있을 뿐 위에서 본 공동정범의 어느 경우에 해당한가를 알 수 없게 하고 있을 뿐만 아니라 위에서 본 "피고인들은 공동하여"라는 기재부분을 빼놓고는 마치 피고인 한 사람이 그 설시범행을 한 경우와 같게 기재하고 있어서 공범자 전부가 실행의 분담을 하고 있는 공동정범의 경우에 관한 이유설시에도 적합하지 아니하여 이유불비의 위법이 있는 것이라고 하지 않을 수 없다.

그런데 이 사건에 있어서 공소장 기재사실에 의하면, 상고인들을 포함하는 피고인들은 공모공동정범으로 기소되고 있음이 분명하므로 이를 유죄로 인정한 바에는 마땅히 그러한 사실을 알 수 있도록 하는 이유를 구비해야 한다. 그리고 공모공동정범에 있어서의 공모나 모의는 두 사람 이상이 공동의 의사로 특정한 범죄행위를 하기 위하여 일체가 되어 서로가 다른 사람의 행위를 이용하여 각자 자기의 의사를 실행에 옮기는 것을 내용으로 하는 것으로 "범죄될 사실"에 해당하므로 법원이 공모나 모의사실을 인정하는 이상 당해공모나 모의가 이루어진 일시, 장소 또는 실행방법, 각자 행위의 분담 역할 등을 구체적으로 상세하게 판시할 것까지는 없다 하더라도 적어도 앞서 본 바와 같은 취지대로 공모나 모의가 성립되었다는 정도는 판결이유에서 밝혀야 한다. 그럼에도 불구하고 원심이 옳다고 한 제1심판결 이유에는 위에서 본 바와 같이 설시하고 있는데 그치고 있어서 이 점에서 보아도 이유불비의 위법을 남겼다고 하지 않을 수 없고 위와 같은 하자 있는 제1심판결을 옳다고 유지한 원심판결 또한 위법하다."[119]

(8) 판례의 사안

196 판례가 인정하는 공모공동정범의 사안 중에서 중요한 것들을 살펴보면 다음과 같다.

(가) 사기죄 사안

197 사기죄는 공모공동정범의 인정 필요성이 제기되는 대표적인 범죄유형이다. 실행행위에 직접 나서지 않는 배후의 주모자가 사기죄에서는 범행의 기획과 연출을 담당하기 때문이다. 다음은 대표적인 사안들이다.

(a) 국가장학금 사취 사안

198 A 대학교의 총장 등이 불법으로 장애인체육특기생을 모집하여 한국장학재단으로부터 국가장학금을 사취한 사안에서, 이를 직접 지시하였으나 실행행위에는 가담하지 않은 A 대학교의 이사장 내정자 등도 사기죄의 공모공동정범으로 처벌할 수 있는지 논란되었다. 대법원은 사기죄의 공모공동정범을 인정하면서, 공동정범과 공모공동정범에 관한 대법원의 전통적인 법리를 다음과 같이 반복하여 판시하였다.

119 대판 1989. 6. 27, 88도2381.

> “형법 제30조의 공동정범은 2인 이상이 공동하여 죄를 범하는 것으로서, 공동정범이 성립하기 위해서는 주관적 요건으로서 공동가공의 의사와 객관적 요건으로서 공동의사에 기한 기능적 행위지배를 통한 범죄의 실행사실이 필요하고, 공동가공의 의사는 공동의 의사로 특정한 범죄행위를 하기 위하여 일체가 되어 서로 다른 사람의 행위를 이용하여 자기의 의사를 실행에 옮기는 것을 내용으로 하는 것이어야 한다. 공모자 중 구성요건에 해당하는 행위 일부를 직접 분담하여 실행하지 않은 사람도 전체 범죄에서 그가 차지하는 지위, 역할이나 범죄 경과에 대한 지배나 장악력 등을 종합해 볼 때, 단순한 공모자에 그치는 것이 아니라 범죄에 대한 본질적 기여를 통한 기능적 행위지배가 존재하는 것으로 인정되는 경우 이른바 공모공동정범으로서의 죄책을 질 수 있다.”[120] 199

(b) 대출금 사취 사안

빌딩을 일반인들에게 분양하면서 수분양자들과 체결한 이면계약의 내용을 숨기고 은행으로부터 대출금을 수령하면 사기죄에 해당한다. 이때 빌딩의 실질적 소유주가 사기의 범행을 지휘하였다면, 실행행위에 가담하지 않았더라도 사기죄의 공모공동정범으로 처벌된다는 것이 판례의 판시이다. 판례가 적시하는 사실관계의 내용 및 공모공동정범 인정에 관한 법리를 옮겨보면 다음과 같다. 200

> “피고인 甲은 A 빌딩의 인수 및 이 사건 분양에 관련된 B 주식회사, C 주식회사 및 D 주식회사의 대표이사 또는 실질적 소유주로서 수분양자들에 대한 분양조건의 결정, 대출 저축은행들에 대한 계약금 납입의 가장 및 그로 인한 대출금의 수령을 주도하였고, 피고인 乙, 丙, 丁은 피고인 甲과 고교 및 대학 동창, 처남 등의 긴밀한 관계에 있으면서 B 주식회사, C 주식회사 및 D 주식회사의 대표이사 또는 회계담당 이사의 지위에서 위와 같은 분양조건의 결정 및 계약금 납입 가장을 모의하거나 또는 그와 같은 사실을 알면서 이 사건 분양 및 대출에 필수적인 역할을 수행하였다고 할 것이므로, 원심이 같은 취지에서 201

120 대판 2017. 1. 12, 2016도15470. 「① 피고인 甲이 2013. 11.경 이사장 내정자의 지위에서 장애인체육특기생 모집계획을 보고받고 직접 지시한 점, ② 피고인 乙, 피고인 丙(주: 각 담당 직원)이 위 계획에 따라 특기생들을 모집하고 출석과 시험 등 전반적인 학업이수를 관리해 온 점, ③ 신입생 모집 당시의 여건이나 준비상황에 비추어 정상적인 학사일정 진행이 어려운 상황이었고, 특기생들은 등록금이나 학비를 자비로 부담하지 않는 것을 조건으로 모집된 것으로 보이는 점, ④ 이후 학사관리가 파행적으로 이루어지는 가운데 특기생들이 국가장학금을 신청한 점 등을 종합하면, 위 피고인들에 대하여 사기죄의 공동정범을 인정한 원심의 판단은 정당하다.」

위 피고인들을 모두 사기죄의 공모공동정범으로 판단한 것은 정당하고, 거기에 상고이유에서 주장하는 공모공동정범에 관한 법리오해의 위법도 없다."[121]

(나) 내란목적살인죄 사안

202 1979년에 발생한 박정희 대통령 시해 사건의 재판에서 내란목적살인죄(§ 88)에 대한 공모공동정범의 인정 여부가 논란되었다. 살인의 범행을 직접 실행한 피고인 甲(당시 중앙정보부장)에게 주어진 내란목적살인죄에 대하여 범행의 직접 실행에는 가담하지 않은 피고인 乙(당시 대통령 비서실장)에게 내란목적살인죄의 공모공동정범을 인정할 수 있는지 여부였다. 대법원 전원합의체의 다수의견은 내란목적살인죄의 공모공동정범을 인정하였다. 판시한 법리의 내용은 다음과 같다.

203 "살피건대 원심은 피고인 乙에게 망 A(전 청와대 경호실장)에 대한 살인의 점에 관하여 공모공동정범으로 의율하고 있음이 그 판시에서 명백하다고 인정되므로 실행공동정범임을 전제로 한 소론들은 더 이상 판단할 필요가 없다. 공동정범에 있어서 범죄행위를 공모한 후 그 실행행위에 직접 가담하지 아니하더라도 다른 공모자의 분담 실행한 행위에 대하여 공동정범의 죄책을 면할 수 없다 함은 당원의 판례이고, 공모공동정범에 있어서 공모는 2인 이상의 자가 협력해서 공동의 범의를 실현시키는 의사에 대한 연락을 말하는 것으로 소론과 같이 실행행위를 담당하지 아니하는 공모자에게 그 실행자를 통하여 자기의 범죄를 실현시키는 주체적인 의사가 있어야 함은 물론이나, 반드시 배후에서 범죄를 기획하고 그 실행행위를 부하 또는 자기가 지배할 수 있는 사람에게 실행하게 하는 실질상의 괴수의 위치에 있어야 할 필요는 없다 할 것이다. (중략) (제출된 증거들에) 비추어 보면 피고인 乙과 공동피고인 甲은 서로 협력해서 공동으로 망 A에 대한 살의를 실현시키려는 의사의 연락이 이루어졌다고 아니할 수 없는 것이고, 또한 피고인 乙에게 공동피고인 甲을 통하여 그 자신의 위 A에 대한 살의를 실현시키려는 의사가 없었다고는 할 수 없으며, 특히 원설시의 범행시간 임박에 대한 용인 행위와 총격시 현장을 빠져나온 행위 등은 공동피고인 甲의 범죄실행을 위한 원조적인 행적으로 볼 수 있으므로 원심의 이점 사실인정이나 그 판단과정은 모두 정당하고, 거기에 소

121 대판 2006. 2. 23, 2005도8645.

론과 같은 위법들이 있다고 할 수 없으므로 논지는 이유 없다."[122]

하지만 피고인 乙에게 내란목적살인죄의 공동정범을 인정할 수 없다는 소수의견도 여러 건이 개진되었다. ① 첫 번째 소수의견은 다수의견이 설시한 공모공동정범의 성립요건에 대한 법리는 동의하면서도, 피고인 乙에게 살인의 모의를 인정할만한 증거가 없다고 판단하였다. 乙의 살인 모의를 입증할 수 없다는 첫 번째 소수의견의 판시내용을 소개하면 다음과 같다. 204

> "원심이 채택하고 있는 증거들을 아무리 정사 검토할지라도 피고인 乙이 위 甲과 더불어 의사 연락하여 대통령경호실장 A를 살해할 것을 상호공모하였다 함을 인정할 자료는 그 흔적조차 찾아볼 수 없다. 1심 및 원심법정에서의 피고인 乙 및 위 甲의 진술, 검찰관작성의 위 피고인에 대한 각 피의자신문조사 중의 각 진술기재에 의하면 사건 당일 17:50경 대통령 영접차 이건 중앙정보부 궁정동 식당에 미리 도착한 피고인 乙이 위 甲과 함께 위 식당 현관 앞 정원의 경계석에 앉아 대화 도중 피고인 乙이 "A 실장 그 친구 강경해서 야단이야"라고 말하자 위 甲이 "그 친구 오늘 해치워 버릴까"라고 말했다는 사실을 인정이 되는바 원심은 이를 피고인 乙이 동 甲으로부터 "그 친구 오늘 해치워 버리겠다"는 제의를 받고 위 A를 살해하겠다는 것인 정을 인식하면서도 이를 승낙하였으니 위 A를 살해할 것을 상호공모한 것으로 보아야 한다는 뜻인 듯하나 "해치워 버린다"는 말이 깡패사회도 아닌 피고인들과 같은 국가 고위적 인사 사이에서 죽여없앤다는 뜻의 말로는 도저히 새겨들어지지 아니한다 할 것이고 피고인 乙이 위 A를 살해하겠다는 것인 정을 인식하였다고 인정할만한 자료는 보여지지 아니한다. 검찰관 작성의 피고인 乙에 대한 피의자 신문조서 중의 진술기재 중에 피고인 乙이 그 당시 묵묵히 고개만 끄덕이었다는 진술 부분이 있기는 하나 이는 단순히 "아 - 그러냐"는 표정 이상으로 그렇게 할 것을 의욕하거나 "그렇게 하라"는 승낙의 의사표시로는 볼 수 없다고 함이 상당하다. 더욱이 대통령 영접차 위 식당에 미리 도착하여 대통령 도착(사건당일 18:05경)을 기다리고 있는 임박한 시간에 위 식당 현관 앞이요 식당을 관리하는 관계 직원이 왕래하는 정원 경계석이라는 장소에서 또 다른 대화(원시채택증거들에 의하면 정국에 관한 대화로 인정된다) 도중 불쑥 한마디 오고 간 말로 사람을 살해하는 모의가 이루어졌다고 본다는 것은 우리의 경험 및 논리칙에 어긋나는 일이 205

122 대판 1980. 5. 20, 80도306(전)의 다수의견.

라 아니할 수 없다. 피고인 乙이 위 A의 오만방자한 태도와 사무처리 상의 월권 등에 심한 불만을 품어왔고 이점에 대하여 위 甲과 상호입장이 같았다는 정도의 것으로서는 위 A의 살해를 공모할 동기는 되지 아니한다."[123]

206 ② 두 번째 소수의견은 공모공동정범의 성립요건에 대한 반론으로서, 실행행위를 담당하지 않은 공모자가 공모공동정범으로 인정되기 위해서는 그의 역할이 실질상 주범이어야 하는데, 乙의 역할은 그에 미치지 못하므로 내란목적살인죄의 공동정범이 될 수 없다는 것이다. 이 소수의견의 판시내용은 다음과 같다.

207 "공모공동정범이라는 것은 실행정범에 대한 개념으로서 사회의 실정으로 보아 다수인에 의한 범죄 가운데는 실질상 주범이 배후에서 범죄를 계획하고 그 실행행위는 부하 또는 주범의 지배를 받는 사람으로 하여금 실행케 하는 경우에 단순한 교사나 방조만으로써는 처리될 수 없는 경우가 있다는 재판상 필요에서 나온 이론일 뿐이고 그러한 경우에도 주범에게는 자기의 범죄를 행한다는 주관적인 의사가 있어야 하고 단지 타인의 범의를 유발하거나 타인의 범행을 용인 내지 이용하는 경우에는 이에 해당하지 않는다고 봄이 상당하다."[124]

208 ③ 세 번째 소수의견은 공모공동정범의 본질을 간접정범에 유사한 것으로 보는 관점을 전제로 한다. 공모공동정범에서 실행에 가담하지 않은 사람은 간접정범에 가까운 범죄의사를 가지고 있어야 하는데, 피고인 乙에게 이를 인정할 수 없으므로 내란목적살인죄의 공동정범이 성립하지 않는다는 의견이다. 이 소수의견의 판시내용은 다음과 같다.

209 "대저, 범죄행위를 공모 또는 모의에 가담한 자가 그 공모한 범죄행위에 직접 가담하지 아니하더라도 다른 공모자가 실행한 범죄행위에 대하여 공동정범의 죄책을 면할 수 없다 함은 다수의견이 적시한 판례에 의하지 않더라도 이론의 여지가 없으나, 원심과 다수의견은 공모공동정범에 관한 법리를 오해하여 실행공동정범과 공모공동정범의 구성요건을 혼동 또는 동일시 하거나 논리칙과 경험칙에 반하는 증거판단을 한 위법사유가 있다고 아니할 수 없다. 즉 실행공동정범의 경우에는 "공동범행의 의식"이라던가 "의사의 연락"과 같은 넓

123 대판 1980. 5. 20, 80도306(전)의 소수의견(대법관 양병호).
124 대판 1980. 5. 20, 80도306(전)의 소수의견(대법관 서윤홍).

은 의미의 합의만 있으면 공모관계가 있다고 할 수 있으나 공모공동정범이 인정되려면 위와같은 정도의 넓은 의미의 합의만으로는 공동정범관계에 있다고 볼수 없고 간접정범에 가까울 정도의 고도의 합의가 있어야만 공모공동정범이 인정되는 것이다."[125]

(다) 선거법위반 등의 사안

210 사안의 내용은 국가정보원의 원장인 피고인 甲과 3차장인 피고인 乙 및 심리전단장인 피고인 丙이 심리전단 산하 사이버팀 직원들과 공모하여 인터넷 게시글과 댓글의 작성, 찬반클릭, 트윗과 리트윗 행위 등의 사이버 활동을 하였다는 것이다. 피고인들은 국가정보원 직원의 직위를 이용하여 정치활동에 관여함과 동시에 제18대 대통령선거와 관련하여 공무원의 지위를 이용한 선거운동을 하였다고 하여 구 국가정보원법 위반 및 구 공직선거법 위반으로 기소되었다. 대법원 전원합의체가 판단하였는데, 다수의견은 甲, 乙, 丙 등에도 해당 범죄의 공모공동정범을 인정하였다. 판시내용은 다음과 같다.

211 "국가정보원의 정보기관으로서의 조직, 역량과 상명하복에 의한 업무수행 체계, 사이버팀 직원들이 범행을 수행한 구체적인 방법과 모습, 피고인들이 각각 국가정보원의 원장과 3차장, 심리전단장으로서 사이버팀을 지휘·감독하던 지위와 역할, 사이버 활동이 이루어질 당시 피고인들이 회의석상에서 직원들에게 한 발언 및 지시 내용 등 제반 사정을 종합하면, 사이버팀 직원들이 한 사이버 활동 중 일부는 구 국가정보원법상 국가정보원 직원의 직위를 이용한 정치활동 관여 행위 및 구 공직선거법상 공무원의 지위를 이용한 선거운동에 해당하며, 이러한 활동을 구 국가정보원법에 따른 직무범위 내의 정당한 행위로 볼 수 없고, 피고인들이 실행행위자인 사이버팀 직원들과 순차 공모하여 범행에 대한 기능적 행위지배를 함으로써 범행에 가담하였으므로, 피고인들에게 구 국가정보원법 위반죄와 구 공직선거법 위반죄를 인정한 원심판단이 정당하다."[126]

212 하지만 이에 대하여 반대의견도 개진되었다. 반대의견은 국가정보원장인 피고인 甲과 3차장인 피고인 乙의 공모공동정범을 부정하였는데, 판시내용은

125 대판 1980. 5. 20, 80도306(전)의 소수의견(대법관 임항준).
126 대판 2018. 4. 19, 2017도14322(전)의 다수의견.

다음과 같다.

213 "국가정보원의 원장 피고인 甲과 3차장 피고인 乙의 경우, 심리전단장으로서 사이버팀 직원들의 업무에 직접 관여한 피고인 丙과는 달리 실행행위자인 사이버팀 직원들과 사이에 제18대 대통령선거와 관련하여 구체적으로 어떠한 내용의 업무지시 및 보고가 이루어졌는지 알 수 있는 객관적인 자료가 없고, 피고인 甲, 乙이 순차적·암묵적으로라도 사이버팀 직원들과 선거운동을 공모하였다는 점을 증명할 직접증거가 없으며, 다수의견이 제시한 여러 간접사실 내지 정황사실은 이를 인정하기 위한 증거로 부족하고, 합리적 의심을 불러일으키기에 충분한 다른 사정이 있으므로, 피고인 甲, 乙에게도 구 공직선거법 위반죄를 인정한 원심판단에 공모에 관한 분명한 증거 없이 유죄를 인정함으로써 증거재판주의 등을 위반한 위법이 있다."[127]

(라) 뇌물죄 등의 사안

(a) 뇌물공여 결재 사안

214 뇌물죄의 공모공동정범은 수뢰죄뿐 아니라 뇌물공여죄(§ 133①)에도 인정된다. 따라서 건설회사의 대표이사가 현장소장들의 뇌물공여 행위를 지시하였다면, 대표이사는 뇌물공여죄의 공모공동정범이 된다. 문제는 대표이사가 뇌물공여를 구체적으로 제시하지 않았지만 현장소장들의 뇌물공여를 확인하고 결재한 경우에도 대표이사에게 뇌물공여죄의 공동정범이 성립하는지 여부이다. 대법원은 대표이사의 역할이 뇌물공여의 핵심적 경과를 계획적으로 조종하거나 촉진하는 등의 기능적 행위지배에까지 이르렀으면 공모공동정범이 인정된다고 판시하였다. 판시내용을 소개하면 다음과 같다.

215 "형법 제30조의 공동정범은 공동가공의 의사와 그 공동의사에 의한 기능적 행위지배를 통한 범죄실행이라는 주관적·객관적 요건을 충족함으로써 성립하므로, 공모자 중 구성요건행위를 직접 분담하여 실행하지 아니한 사람도 위 요건의 충족 여부에 따라 이른바 공모공동정범으로서의 죄책을 질 수도 있다. 한편 구성요건행위를 직접 분담하여 실행하지 아니한 공모자가 공모공동정범으로 인정되기 위하여는 전체 범죄에 있어서 그가 차지하는 지위·역할이나

127 대판 2018. 4. 19, 2017도14322(전)의 반대의견.

범죄경과에 대한 지배 내지 장악력 등을 종합하여 그가 단순한 공모자에 그치는 것이 아니라 범죄에 대한 본질적 기여를 통한 기능적 행위지배가 존재하는 것으로 인정되어야 한다. (중략) 건설 관련 회사의 유일한 지배자가 회사 대표의 지위에서 장기간에 걸쳐 건설공사 현장 소장들의 뇌물공여행위를 보고받고 이를 확인·결재하는 등의 방법으로 위 행위에 관여한 사안에서, 비록 사전에 구체적인 대상 및 액수를 정하여 뇌물공여를 지시하지 아니하였다고 하더라도 그 핵심적 경과를 계획적으로 조종하거나 촉진하는 등으로 기능적 행위지배를 하였다고 보아 공모공동정범의 죄책을 인정하여야 한다."[128]

(b) 금융회사 임직원의 수재 사안

216 뇌물죄의 공동정범에 관한 법리는 금융회사 임직원의 수재 등을 규정한 특정경제범죄 가중처벌 등에 관한 법률(이하, 특정경제범죄법이라 한다.) 위반의 죄(특경 § 5①)에도 적용된다. 따라서 수인의 금융회사 임직원들이 직무에 관하여 금품을 수수하기로 모의하고 그중 1인이 금품을 수수한 경우, 모의에 참가한 공모자 전체에게 해당 범죄의 공동정범이 성립하며, 수재의 금액도 총괄적으로 합산하여 계산되는 것이다. 실행행위에는 가담하지 않은 주모자에게 공모공동정범이 성립하는 것도 마찬가지이다. 이에 관한 판시내용을 소개하면 다음과 같다.

217 "구 특정범죄 가중처벌 등에 관한 법률 제3조와 특정경제범죄 가중처벌 등에 관한 법률 제7조 알선수재 및 구 변호사법 제90조 제2호 법률사건에 관한 화해·청탁 알선 등의 공모공동정범에서, 공범자들 사이에 그 알선 등과 관련하여 금품이나 이익을 수수하기로 명시적 또는 암묵적인 공모관계가 성립하고 그 공모 내용에 따라 공범자 중 1인이 금품이나 이익을 수수하였다면, 사전에 특정 금액 이하로만 받기로 약정하였다든가 수수한 금액이 공모 과정에서 도저히 예상할 수 없는 고액이라는 등과 같은 특별한 사정이 없는 한, 그 수수한 금품이나 이익 전부에 관하여 위 각 죄의 공모공동정범이 성립하는 것이며, 수수할 금품이나 이익의 규모나 정도 등에 대하여 사전에 서로 의사의 연락이 있거나 수수한 금품 등의 구체적 금액을 공범자가 알아야 공모공동정범이 성립하는 것은 아니고, 이와 같은 법리는 특정경제범죄 가중처벌 등에 관한 법률 제5조가 정한 수재의 공모공동정범에서도 마찬가지로 적용된다."[129]

128 대판 2010. 7. 15, 2010도3544.
129 대판 2010. 10. 14, 2010도387.

(마) 집회와 시위 과정에서의 행해지는 범죄의 사안

(a) 특수공무집행방해치사 · 상죄

218 집회와 시위의 과정에서 불법하게 경찰관에게 상해를 입힌 경우에는 특수공무집행방해치상죄로 처벌된다(경찰관이 사망한 경우에는 특수공무집행방해치사죄). 그런데 집회와 시위에는 다수의 참가자가 있게 되고, 그중 일부가 경찰관에게 상해를 입히게 될 것이므로, 과연 나머지의 참가자들에게도 특수공무집행방해치상죄의 (공모)공동정범이 성립하는지 문제가 제기된다. 이에 관한 주목할 판결들을 소개하면 다음과 같다.

219 ① 한국 대학생 총학생회 연합(일명 한총련)이 연세대학교 종합관을 점거하고 농성하던 중에 옥상에 있는 사수대의 학생 일부가 농성을 진압하려고 올라가는 의경에게 보도블록 등을 던져서 이를 맞은 의경이 사망한 사건이다. 이때 보도블록을 던진 사수대의 학생들이 특수공무집행방해치사죄로 처벌될 수 있는데, 이 농성에서 종합관의 농성을 지휘한 피고인들에게도 특수공무집행방해치사죄의 공모공동정범이 성립하는지 논란되었다. 대법원은 이를 인정하였는데, 판시내용을 소개하면 다음과 같다.

220 "종합관 지휘부에 속하는 피고인 甲, 피고인 乙, 피고인 丙, 피고인 丁은 종합관 농성학생들을 지휘하면서 옥상 사수대의 편성 및 배치 등에 관여하고, 피고인 戊는 옥상 사수대의 총지휘자로서 사수대원들로 하여금 종합관으로 진입하는 경찰관들을 향하여 돌 등을 던지도록 지시하고, 피고인 己는 사수대원으로서 직접 돌 등을 던진 사실이 인정되는 이상, 피고인들과 옥상에 위치한 사수대원들 사이에는 순차적 또는 암묵적으로 의사가 상통하여 이 사건 특수공무집행방해의 범행에 대한 공모관계가 성립하였다 할 것이고, 따라서 의경 김종희의 사망 당시 옥상에 있지 아니하였거나 그를 향하여 돌을 던지는 등의 실행행위를 직접 분담하지 아니하였다 하더라도 다른 공범자의 행위에 대하여 공동정범으로서 책임을 진다 할 것이며, 나아가 이 사건 종합관 옥상 사수대가 경찰 진입시 투척을 위하여 옥상에 쇠파이프, 보도블록, 벽돌 등을 미리 준비하고 있었던 사실을 잘 알고 있었던 피고인들로서는 6층 옥상에 위치한 사수대원들이 종합관으로 진입하는 경찰관들에게 준비된 보도블록, 벽돌 등을 던지리라는 점과 그로 인하여 종합관으로 진입하려는 경찰관이 맞아 사망에 이를 수도 있으리라는 점을 충분히 예견할 수 있었다 할 것이므로, 피고

인들은 모두 다른 공범자의 한 사람인 성명불상의 사수대원이 보도블록을 던짐으로써 의경 김종희가 그에 맞아 사망에 이른 이 사건 특수공무방해치사의 죄책을 면할 수 없다."[130]

② 민주노총 산하 금속연맹의 주최로 그 연맹 산하 노동조합원 5,000여 명이 참석한 집회에서 일부 참가자가 경찰관들과 몸싸움을 하면서 상해를 입힌 사건이다. 이 집회와 시위에서 피고인이 직접 경찰관들과 몸싸움을 하지 않았더라도, 피고인이 금속연맹 지역 본부장이라는 간부의 직책을 지닌 사람으로서 노동조합원 45명을 대동하고 상경하여 집회와 시위에 적극적으로 참가한 경우라면, 피고인에게도 특수공무집행방해치상죄의 공모공동정범이 성립한다는 것이 대법원의 판단이다. 판시내용은 다음과 같다. 221

"피고인은 금속연맹지역 본부장이라는 간부의 직책을 갖고 있어 그 지역 내 노동조합원 45명을 대동하고 상경하여 그 집회 및 시위에 적극적으로 참가하였고, 일부 노동조합원들이 각목을 휴대하고 있었던 사실을 알았거나 알 수 있었다고 보이며, 나아가 약 4,500명이나 되는 시위자들이 3시간 동안 도심 한복판의 차로를 점거한 채 행진을 하고 차로에 드러눕는 등으로 시위를 계속할 경우 시위진압 경찰관들이 이를 제지하려 할 것이고, 그 과정에서 상당수의 시위자들과 경찰관들 사이에 몸싸움이 벌어지고 특히 각목이나 깃대 등을 휴대한 일부 시위자들이 이를 휘두르는 등으로 경찰관들에게 상해를 입게 할 수 있으리라는 것도 충분히 예견할 수 있었을 것이므로, 피고인과 다른 시위 참가자들 사이에는 순차적 또는 암묵적으로 이 사건 특수공무집행방해의 범행에 대한 공모관계가 성립하고, 나아가 특수공무집행방해치상의 점에 대한 공모공동정범으로서의 책임도 면할 수 없으며, 또 집단적인 폭행·손괴 등으로 공공의 안녕질서에 직접적인 위해를 가할 것이 명백한 시위에 참가한다는 범의가 있었다고 보아야 할 것이다."[131] 222

③ 시위 도중에 경찰관에게 상해를 입힌 사안에서, 피고인이 체포된 후에 발생한 경찰관 상해에 대하여는 피고인에게 공모공동정범의 죄책을 물을 수 없다는 판결이 눈에 띈다. 주요 이유는 피고인이 단순 가담자여서 체포된 이후에 223

130 대판 1997. 10. 10, 97도1720.
131 대판 2002. 4. 12, 2000도3485.

발생한 범행에 대하여는 기능적 행위지배가 인정되지 않는다는 것이다. 판시내용은 다음과 같다.

224 "전국노점상총연합회가 주관한 도로행진 시위에 참가한 피고인이 다른 시위참가자들과 함께 경찰관 등에 대한 특수공무집행방해 행위를 하던 중 체포된 사안에서, 단순 가담자인 피고인에게 체포된 이후에 이루어진 다른 시위참가자들의 범행에 대하여는 본질적 기여를 통한 기능적 행위지배가 존재한다고 보기 어려워 공모공동정범의 죄책을 인정할 수 없다."[132]

(b) 그 밖의 범죄

225 ① 불법적인 집회와 시위는 경우에 따라 일반교통방해죄(§ 185)로 처벌될 수 있다. 그러나 이 경우에도 참가자 모두에게 당연히 일반교통방해죄가 성립하는 것은 아니고, 실제로 참가자가 집회·시위에 가담하여 교통방해를 유발하는 직접적인 행위를 하였거나, 참가자의 참가 경위나 관여 정도 등에 비추어 참가자에게 공모공동정범의 죄책을 물을 수 있는 경우라야 일반교통방해죄가 성립한다.[133] 세월호 관련 집회 사안의 판결이 대표적이다.

226 '세월호 국민대책회의'가 서울광장에서 '세월호 1주기 범국민행동' 추모제를 신고 없이 개최하여 추모제에 약 10,000명이 참석하였는데, 집회 참가자들은 서울광장에서 세종로 방면으로 행진하다가 경찰이 설치한 질서유지선을 넘어섰고, 세종대로의 10차로 전 차로를 점거하게 되었다. 이로 인해 교통의 흐름이 차단되었으며, 피고인은 그 이후에 집회에 참가하였다. 이렇게 다른 참가자들에 의해 이미 일반교통방해가 발생한 이후에 집회에 참가한 피고인까지도 일반교통방해죄의 공모공동정범이 성립하는지 논란이 되었는데, 대법원은 이를 인정하였다. 판시내용을 소개하면 다음과 같다.

227 "위와 같은 사실관계를 앞서 본 법리에 비추어 살펴보면, 피고인은 일반교통방해죄의 공모공동정범으로서 책임이 있다. 그 이유는 다음과 같다. (가) 피고인은 다른 집회 참가자들과 함께 경찰이 공공질서 유지 등을 위하여 설정

132 대판 2009. 6. 23, 2009도2994.
133 대판 2018. 5. 11, 2017도9146; 대판 2019. 4. 23, 2017도1056; 대판 2019. 12. 13, 2017도19737; 대판 2021. 7. 15, 2018도11349.

한 질서유지선을 넘어 세종대로 전 차로를 점거한 채 행진하였으므로 집회 참가자들 사이에 서로의 행위를 인식하며 암묵적·순차적으로 의사의 결합이 이루어졌다고 볼 수 있다. 따라서 피고인은 이 사건 집회의 위법성을 인식한 상태에서 이를 수용하여 도로 점거 등 교통을 방해하는 직접적 행위를 하였다고 보아야 한다. (나) 이 사건 집회 참가자들이 도로를 점거함으로써 차량의 통행이 전면적으로 제한되는 상태가 계속되었으므로, 도로 점거행위는 직접적인 교통방해 행위에 해당하거나 교통방해의 위법상태를 지속시켰다고 평가할 수 있다. (다) 이 사건 집회·시위의 내용과 진행 상황, 집회 참가자들이 질서유지선을 넘어 도로를 점거한 채 행진하는 등 구체적인 행위 모습, 도로 점거의 지속시간, 피고인이 다른 집회 참가자들과 함께 도로 점거를 계속한 점 등에 비추어 피고인은 위 범행에 대한 본질적 기여를 통한 기능적 행위지배가 있다고 볼 수 있다."134

② 집회와 시위의 과정에서 건조물침입, 업무방해, 손괴, 폭행, 상해 등이 행 228
해질 수 있다. 주식회사 포스코의 노동조합 조합원들이 2주일 동안 행한 집회와 시위에서 범한 여러 종류의 범죄에 대하여 노동조합의 간부들에게 공모공동정범의 책임을 물은 판결이 있는데, 사실관계와 판시내용을 소개하면 다음과 같다.

"원심판결 이유와 원심이 인용한 제1심법원이 적법하게 채택한 증거들에 의 229
하여 인정되는 다음과 같은 사정들 즉, 쟁의행위를 결의한 노조의 조합원 중 약 2,500명은 단체교섭에서 기도한 목적을 달성하기 위하여 조합장 또는 집행부 간부들인 피고인들의 주도 아래 원심 판시와 같이 포스코의 출입 통제, 포스코 본사 건물 점거를 행한 점, 그 과정에서 조합원들이 다중의 위력을 이용하여 원심 판시와 같은 감금, 시설물 손괴, 진입 경찰 등에 대한 폭행 및 상해 등의 범죄행위를 저지른 점, 피고인들은 노조의 집행부 간부들로서 위와 같은 출입 통제, 포스코 본사 건물 점거 등의 집단행동들을 결정하여 조합원들에게 지시하고, 그 지시의 이행 상황을 체계적으로 조직화된 지휘 계통을 통하여 지휘·통제해 왔던 점, 참여 인원의 규모나 과열된 당시의 분위기 등을 감안할 때 피고인들로서는 노조원들과 검문검색에 불응하는 출입자들 사이의 분쟁, 집단적인 점거농성 과정에서 표출될 노조원들의 과격한 행동, 진압을 위한 경찰과의 물리적 충돌과 그에 따른 집단적 폭행, 상해 및 손괴 행

134 대판 2018. 5. 11, 2017도9146.

위가 뒤따를 것을 충분히 예상할 수 있었다고 보임에도, 이를 방지하기에 충분한 합리적이고 적절한 조치도 없이 오히려 위 집단행동들을 독려하고 감행한 점과 그밖에 위 집단행동들의 성격과 경위, 그 규모와 형태, 구체적인 방법과 진행과정, 그 과정에서 피고인들의 지위 및 역할, 쟁의행위 중인 노동조합이라는 조직화된 단체에서 지휘계통을 통한 범죄 경과에 대한 지배 내지 장악력 등에 비추어 보면, 피고인들은 비록 노조 조합원들의 원심 판시 각 감금, 손괴, 폭행, 상해 등 범죄행위들 중 일부에 대하여 구체적으로 모의하거나 이를 직접 분담하여 실행한 바가 없었다 하더라도, 위 각 범행에 대한 암묵적인 공모는 물론 그 범행들에 대한 본질적 기여를 통한 기능적 행위지배가 존재하는 자들로 인정된다 할 것이므로, 노조 조합원들이 행한 위 각 범행에 대한 공모공동정범으로서의 죄책을 면할 수 없다고 할 것이다."[135]

8. 합동범의 공동정범

(1) 문제 제기

230 합동범에 대하여 외부자가 임의적 공범으로 참여할 수 있는가의 문제가 제기된다. 합동범의 행위자에게 외부에서 교사나 방조가 행해진다면 그에 대해서는 교사범 내지 종범이 성립한다는 점에 이견이 없다. 즉, 甲과 乙의 합동절도를 丙이 외부에서 교사 내지 방조할 수 있는데, 이때 丙에게는 합동절도교사죄 내지 합동절도방조죄가 성립하게 된다. 하지만 공동정범의 경우는 사정이 다르다. 합동범을 필요적 공범으로 보는 한, 필요적 공범의 범죄유형에 다시 형법 총칙의 공동정범 규정을 적용하는 것은 원칙적으로 이중 적용이 되기 때문이다. 이에 대한 학설과 판례를 살펴보면 다음과 같다.

(2) 학설

(가) 부정설[136]

231 합동범은 구성요건 자체가 '2인 이상이 합동하여' 범할 것을 규정하고 있는

---

135 대판 2007. 4. 26, 2007도428.

136 김혜정·박미숙·안경옥·원혜욱·이인영, 383(단순범죄의 공동정범과 합동범의 교사나 방조범의 상상적 경합); 배종대, §133/31; 오영근·노수환, 511(단순범죄의 공동정범); 임웅·김성규·박성민, 486(기본범죄의 공동정범); 정성근·정준섭, 307; 정영일, 407[특수교사·방조범(§34②)]; 최호진, 694(단순범죄의 공동정범 또는 단순범죄의 공동정범과 합동범의 교사 또는 방조의 상상적 경합).

범죄, 즉 필요적 공범의 일종이므로, 그에 대한 교사범 내지 종범은 성립할 수 있지만 공동정범은 성립할 수 없다는 것이 다수 학자들의 설명이다. 합동범의 요건을 충족시키는 경우 그 자체가 합동범으로 취급될 것이고, 그렇지 않음에도 불구하고 합동범의 공동정범이라는 범주에 포함시켜서 합동범의 법정형으로 처벌하는 것은 합동범 규정의 취지에 반한다는 점이 주된 논거이다.[137]

(나) 긍정설[138]

합동범의 본질을 현장적 공동정범으로 설명하는 견해는 합동범에도 형법 232
총칙의 공동정범 규정이 적용될 수 있다고 주장한다. 합동범은 주관적 요건인 공모 이외에 객관적 요건으로서 현장에서의 실행행위의 분담을 요구하는데, 후자는 기능적 범행지배로 대체될 수 있으므로 현장 밖에서도 현장의 범행을 주도적으로 지배한 경우에는 형법총칙의 공동정범이 성립할 수 있다는 것이다.[139]

(3) 판례

(가) 종전의 판례

판례는 합동범이 요구하는 합동성의 요건을 행위의 주체들이 범행 현장에 233
서 시간적·장소적으로 협동할 것을 의미하는 것으로 해석한다. 그리하여 처음

---

137 문채규, "합동범의 공동정범", 형사법연구 22, 한국형사법학회(2004), 37-38. 「합동범의 유일한 가중근거는 범행이 다수인의 시간적·장소적 협동에 의하여 집단적으로 실현될 때에 우려되는 위험성이다. 그리고 그 위험성은 일차적으로 다수주체가 현장적 협동을 하게 되면 '집단심리의 형성과 발현'으로 인하여 현장에서의 1인 주체일 경우보다 '주체의 위험성'이 더 커진다는 데에서 찾아야 한다. 현장적 협동에 의하여 범행의 실행가능성과 그 피해의 규모가 커질 우려가 있다는 점도 위험성의 한 요소가 될 수 있지만, 항상 그러한 것은 아니기 때문에 그것은 2차적인 의미를 갖는 것으로 보는 것이 타당하다. 그렇게 볼 때, 현장성 요건은 순수 행위관련적 불법가중표지라기보다는 행위자관련적 불법가중표지로서의 의미도 동시에 갖는 셈이다.

현장에서의 2인 이상의 무리지음에서 우려되는 위험성은 행위주체의 성질과 직접 관련되는 위험성이고 이 위험성이 합동범의 가중된 불법의 요소이기 때문에, 현장에 있지 아니함으로써 이러한 위험성의 형성에 참여하지 아니한 자는 합동범의 정범적 불법을 실현할 수 없다. 이런 측면에서 현장참여는 합동범을 일종의 자수범으로 만드는 역할을 한다. 자수범은 실행행위의 전부 또는 특정한 일부분을 스스로 직접 실행해야만 정범이 될 수 있는 것이다. 따라서 절취, 강취, 또는 도주에 기능적으로 역할분담을 하였다 하더라도 현장에 참여하지 아니한 자는 합동범의 (공동)정범이 될 수 없다 할 것이다.」

138 성낙현, 636; 손동권·김재윤, § 29/60.

139 김일수·서보학, 470. 「외부에서 공동정범의 방법으로 참가가 가능한가에 대해 현장설을 따르는 다수설은 이를 부인한다. 그러나 현장적 공동정범설에 의할 경우 이의 성립가능성을 제한적으로 인정할 수 있다. 즉 현장 밖에서 전체 합동범관계를 기능적 역할분담의 관점에서 주도적으로 지배한 배후거물이나 공범은 범행에 대한 공동지배가 있는 한 공동정범을 인정할 수 있다.」

에는 합동범의 대표적 범죄인 합동절도(§ 331②)와 합동강도(§ 334②)의 경우 시간적·장소적으로 협동관계에 있는 실행행위의 분담이 있어야 하고, 그렇지 않은 공범자는 단순절도·강도죄의 공동정범이나 합동절도·강도죄의 종범으로 처벌될 뿐이라고 판시하였다.

(a) 미군 피엑스(P.X) 물품 절취 사안

234 미군 P.X 물품을 절취하였다고 기소된 사안에서, 대법원은 실행행위의 분담이 없다면 특수절도죄(§ 331②)로 처벌할 수 없다고 판시하였다. 이는 합동절도죄에 제30조를 적용한 공동정범을 인정하지 않는 입장으로 이해된다. 사실관계와 판시 법리의 내용을 옮겨보면 다음과 같다.

235 "형법 제331조 제2항 후단에서 이른바 2인 이상이 합동하여 타인의 재물을 절취한 자라고 한 합동절도의 경우에는 주관적 요건으로서의 공모 외에 객관적 요건으로서의 실행행위의 분담이 있어야 할 것이고, 그 실행행위에 있어서는 시간적으로나 장소적으로 합동 관계가 있다고 볼 수 있는 것이라야 할 것인 바, 본건에 있어서 이를 보건대, 원심은 그 판결 이유에서 피고인은 미 제6315 교역처 본부창고 책임자이고, 원심 공동피고인 甲, 乙은 동 창고의 부책임자로 있는 자들인 바, A, B 등과 위 창고에서 산하 각 부대 피엑스(P.X)로 반출되는 물품을 중간에서 절취하기로 공모하고 1966.11.26 16:00경 위 교역처 본부창고에서 미 제15 비행대 피엑스(P.X)로 나가는 각종 커피 2280개 싯가 약 1,472,280원 상당을 비롯하여 그 외 원판결 판시 물품등을 동 교역처 운전수인 제1심 공동피고인이 운전하는 1-0113호 화물자동차에 적재하여 위 각 부대 피엑스(P.X)에 반출하는 양 운반케 하여 같은 날 19:00경 경기도 파주군 조리면 등원리 부락 입구 노상에서 위 각 물품을 하차시킨 후 동소에서 이를 외래품 암거래상인 C 등에게 각 산매함으로써 이를 절취한 것이다(공소장에는 합동 절취한 것으로 되어 있음)라는 사실을 인정하고 이에 대하여 위 형법 제331조 제2항을 적용하여 피고인을 유죄로 처단하였다. 그러나 위의 원심판결 판시 사실에 의하면 단순한 공모(합동 절도의 공모라고도 볼 수 없다)만을 인정하고 실행행위의 분담에 관하여는 피고인이 무엇을 분담하기로 하고 실제 분담한 것이 무엇인가에 대하여는 아무런 설시도 없으므로, 이것으로서는 형법 제331조 제2항 후단의 이른바 합동절도죄로 의률처단 할 수 없을 것임에도 불구하고, 원심이 위와 같은 사실에 합동절도에 관한 위 법조를

적용 처단하였음은 합동절도에 관한 형법 제331조 제2항 후단의 법리를 오해하여 심리를 다하지 아니하였거나 아니면 원심판결 판시사실에 법률적용을 잘못한 위법이 있어 원판결 결과에 영향을 미쳤다고 할 수 밖에 없으며, 상고논지는 이점에 있어서 이유 있음에 돌아가고, 원심판결은 파기를 면치 못할 것이다."[140]

(b) 택시강도 사안

택시강도 사안에서도 대법원은 실행행위의 분담이 없다면 특수강도죄(§ 334②)가 236
성립하지 않는다고 판시하였다. 판시내용은 다음과 같다.

"형법 제334조 제2항에 규정된 합동범은 주관적 요건으로서 공모가 있어야 237
하고 객관적 요건으로서 현장에서의 실행행위의 분담이라는 협동관계가 있어야 하는 것이므로 피고인이 다른 피고인들과 택시강도를 하기로 모의한 일이 있다고 하여도 다른 피고인들이 피해자에 대한 폭행에 착수하기 전에 겁을 먹고 미리 현장에서 도주해 버렸다면 다른 피고인들과의 사이에 강도의 실행행위를 분담한 협동관계가 있었다고 보기는 어려우므로 피고인을 특수강도의 합동범으로 다스릴 수는 없다."[141]

(나) 판례 변경 후의 판례

대법원은 그 후 전원합의체 판결을 통하여 입장을 변경하였는바, 2인 이상 238
이 시간적·장소적 협동관계를 이루어 합동절도를 구성할 때 그에 가담한 제3의 공모자가 합동절도의 공동정범으로 논책될 수 있다고 한 것이다. 즉, 직접 실행행위에 참여하지 않은 제3자도 합동절도의 수행에 대한 기여가 강력하여 정범으로서의 역할을 수행한 경우에는 합동절도의 공동정범으로 처벌해야 한다는 법리이다.[142]

(a) 속칭 삐끼주점 사안

사안의 내용은 속칭 삐끼주점의 지배인인 피고인 甲이 피해자로부터 신용 239
카드를 강취하고 신용카드의 비밀번호를 알아낸 후, 피해자를 주점에 계속 붙잡

140 대판 1969. 7. 22, 67도1117.
141 대판 1985. 3. 26, 84도2956.
142 판례는 공동범의 공동정범도 인정하고 있다(대판 1994. 4. 12, 94도128).

아 두면서, 공동피고인 乙(삐끼), 丙(삐끼주점 업주) 및 공소외인 丁(삐끼)으로 하여금 피해자의 신용카드로 현금 4,730,000원을 인출하도록 한 것이다. 여기서 乙과 丙 및 丁이 현금을 인출한 행위가 합동절도죄(§ 331②)에 해당됨을 전제로, 甲에게도 합동절도의 공동정범을 인정할 수 있는지 논란되었는데, 대법원은 비록 甲이 현금자동지급기가 있는 범행 현장에 간 일이 없다 하더라도 乙과 丙 및 丁의 행위를 수단으로 하여 합동절도의 범행을 하였다고 평가될 수 있는 합동절도 범행의 정범성의 표지를 갖추었으므로 합동절도 범행에 대하여 공동정범으로서의 죄책을 면할 수 없다고 판단하였다.[143] 대법원의 판시내용을 소개하면 다음과 같다.

240 "3인 이상의 범인이 합동절도의 범행을 공모한 후 적어도 2인 이상의 범인이 범행 현장에서 시간적, 장소적으로 협동관계를 이루어 절도의 실행행위를 분담하여 절도 범행을 한 경우에는 공동정범의 일반 이론에 비추어 그 공모에는 참여하였으나 현장에서 절도의 실행행위를 직접 분담하지 아니한 다른 범인에 대하여도 그가 현장에서 절도 범행을 실행한 위 2인 이상의 범인의 행위를 자기 의사의 수단으로 하여 합동절도의 범행을 하였다고 평가할 수 있는 정범성의 표지를 갖추고 있다고 보여지는 한 그 다른 범인에 대하여 합동절도의 공동정범의 성립을 부정할 이유가 없다고 할 것이다. 형법 제331조 제2항 후단의 규정이 위와 같이 3인 이상이 공모하고 적어도 2인 이상이 합동절도의 범행을 실행한 경우에 대하여 공동정범의 성립을 부정하는 취지라고 해석할 이유가 없을 뿐만 아니라, 만일 공동정범의 성립가능성을 제한한다면 직접 실행행위에 참여하지 아니하면서 배후에서 합동절도의 범행을 조종하는 수괴는 그 행위의 기여도가 강력함에도 불구하고 공동정범으로 처벌받지 아니하는 불합리한 현상이 나타날 수 있다. 그러므로 합동절도에서도 공동정범과 교사범·종범의 구별기준은 일반원칙에 따라야 하고, 그 결과 범행현장에 존재하지 아니한 범인도 공동정범이 될 수 있으며, 반대로 상황에 따라서는 장소적으로 협동한 범인도 방조만 한 경우에는 종범으로 처벌될 수도 있다."[144]

---

143 이러한 판례의 판단에 대하여, ① 찬성하는 평석으로는 정준섭, "합동범의 공동정범 - 대법원 1998. 5. 21. 선고 98도321 판결과 관련하여 -", 성균관법학 18-3(2006), 599-631, ② 반대하는 평석으로는 김봉수, "합동범의 공동정범에 대한 비판적 고찰", 형사정책 29-2, 한국형사정책학회(2017), 147-172 참조.

144 대판 1998. 5. 21, 98도321(전). 본 판결 평석은 이충상, "합동범의 공동정범의 성립가능성", 국

(b) 사무실 금고의 현금 절취 사안

대법원 전원합의체 판결이 위 삐끼주점 사안에서 합동절도죄의 공동정범을 인정한 이후, 합동범의 공동정범 법리와 공모공동정범의 주모자 법리를 결합하여 피고인에게 합동절도의 공동정범을 인정한 판결도 나왔다. 241

이 사안의 공소사실은 피고인 甲이 乙, 丙과 공모한 후 乙과 丙은 피해자 회사의 사무실 금고에서 현금을 절취하고, 甲은 위 사무실로부터 약 100m 떨어진 곳에서 망을 보는 방법으로 합동하여 재물을 절취하였다는 것이다. 이에 대하여 원심법원은, 피고인 甲이 乙로부터 절도 범행의 제안을 받고 이를 승낙한 후 범죄의 수행을 함께 하기 위해 丙을 乙에게 소개해 주고 범행 장소에서 200m 떨어진 곳까지 같이 갔지만, 망을 보는 방법으로 합동하여 절도 범행을 저질렀다는 점에 대해서는 증거가 부족하다고 판단하였다. 그러나 대법원은, 피고인 甲이 설령 망을 보지 않았더라도 절도 범행에 대한 본질적 기여를 통한 기능적 행위지배가 인정되므로 합동절도죄의 공동정범이 인정된다고 판시하였다. 이에 관한 판시내용을 소개하면 다음과 같다. 242

> "피고인(=甲)이 비록 망을 본 일이 없다고 하더라도, 피고인이 합동절도의 범행을 현장에서 실행한 원심 공동피고인 乙, 丙과 공모하였고, 이 사건 범행을 직접 실행할 원심 공동피고인 丙을 원심 공동피고인 乙에게 소개하여 주었으며, 원심 공동피고인 丙에게 이 사건 범행 도구인 면장갑과 쇼핑백을 구입하여 건네 주었고, 원심 공동피고인 乙, 丙이 이 사건 범행을 종료할 때까지 기다려 그들과 함께 절취한 현금을 운반한 후 그 일부를 분배받은 것만으로도 단순한 공모자에 그치는 것이 아니라 이 사건 범행에 대한 본질적 기여를 통한 기능적 행위지배를 하였다고 할 것이고, 따라서 피고인이 원심 공동피고인 乙, 丙의 행위를 자기 의사의 수단으로 하여 합동절도의 범행을 하였다고 평가될 수 있는 정범성의 표지를 갖추었다고 할 것이므로, 원심 공동피고인 乙, 丙의 위 합동절도의 범행에 대하여 공동정범으로서의 죄책을 면할 수 없다."[145] 243

민과 사법: 윤관 대법원장 퇴임기념, 박영사(1999), 768-770; 이호중, "합동절도의 공동정범", 형사판례연구 〔7〕, 한국형사판례연구회, 박영사(1999), 130-149; 하태훈, "합동절도의 공동정범 성립 여부", 형사재판의 제문제(2권), 박영사(2000), 137-156.

145 대판 2011. 5. 13, 2011도2021.

9. 실행착수 후의 공동정범 – 승계적 공동정범의 논제 포함

(1) 문제 제기

244 강도의 고의를 가진 甲이 피해자에게 폭행을 가하여 기절시켜 놓은 후 재물을 취거하려는 시점에 이를 발견한 乙이 재물 취거에 동참한 경우, 乙의 죄책이 어떻게 되는지 문제된다. 이를 해결하기 위해서는 일단 선행자인 甲의 전체 범행을 후행자인 乙에게도 승계시켜서 甲과 乙을 강도죄의 공동정범으로 논책할 수 있는지 검토해야 한다(승계적 공동정범). 이것이 부정된다면 선행자인 甲은 강도죄의 죄책을 지고 후행자인 乙은 절도죄의 죄책을 지게 될 것인데, 그러면서도 甲과 乙의 범행이 공동정범으로 논책될 수 있는지 살펴보아야 할 것이다. 논점을 구분하여 살펴보면 다음과 같다.

(2) 승계적 공동정범의 인정 여부[146]

245 전체 범행을 후행자에게 승계시킬 수 있다면, 이때 후행자에게는 승계적 공동정범의 죄책을 부담지우는 것이 된다. 이를 인정할 것인지에 관한 학설과 판례를 정리하면 다음과 같다.

(가) 긍정설

246 후행자가 선행자 단독으로 행한 범행까지 승계하면서 가담한 경우라면, 전체 범행에 대한 죄책을 후행자에게도 지울 수 있다는 견해이다.[147] 후행자가 전체 범행을 받아들였으므로 그에 대한 죄책을 부담지우더라도 무리가 없다는 점이 중심 논거이다. 긍정설을 취하는 경우, 이러한 공동정범의 유형을 승계적 공동정범으로 칭하게 된다.[148]

---

146 기존 문헌 중에는 승계적 공동정범의 성립 가능성과 후행자의 귀책 범위를 구별되는 논제로 취급하는 것들이 있다[대표적으로 이보영·송경석, "승계적 공동정범에 대한 검토", 경희법학 47-3(2012), 207]. 전자는 선행자가 실행에 착수한 이후에도 후행자의 공동정범 가담이 가능한가의 문제이고, 후자는 후행자가 가담하기 전에 선행자에 의해 행해진 범행까지도 후행자에게 귀책시킬 수 있는가의 문제라고 한다. 하지만 승계적 공동정범의 중심 논제는 전자가 아니라 후자이다. 전자는 우연적 공동정범의 특수유형으로서 당연히 인정되는 것이고, 후자의 귀책 범위에서 과연 후행자가 선행자의 죄책을 '승계'할 수 있는지가 승계적 공동정범에서 검토해야 할 논제가 된다. 여기서는 후자의 귀책 범위 논제를 '승계적 공동정범의 인정 여부'라는 제목으로 검토한다. 죄책의 승계를 부정하면 '승계적 공동정범'이라는 용어 자체가 불필요해질 것이므로, 이는 곧 승계적 공동정범 부정론이 된다는 인식을 바탕으로 한다.

147 정영석, 형법총론(5전정판), 253; 황산덕, 형법총론(7정판), 266.

148 긍정설의 법리를 잘 제시하고 있는 문헌으로는 김성돈, 626. 「적극설(긍정설)에 대해서는 ① 선

(나) 부정설

후행자가 승계의 의사를 가졌더라도 선행자 단독의 범행 부분은 후행자에게 부담지울 수 없다는 견해이다.[149] 후행자에게는 개입 이전의 범행에 대하여 기능적 행위지배가 없을 뿐 아니라, 주관적 의사의 측면에서도 소위 사후고의는 고의로 인정되지 않는다는 점이 주요 논거로 제시된다.[150] 부정설을 취하면, 승계적 공동정범이라는 개념 자체가 불필요해진다. 247

(다) 절충설

이미 행해진 범죄와 함께 행하는 범죄가 분할이 가능하면(예컨대, 포괄일죄, 연속범) 후행자는 함께 실행을 분담한 범죄에 대해서만 책임을 지고, 분할이 불가능하면(예컨대, 단순일죄의 결합범) 범죄의 전체계획에 동의했다는 점을 중시하여

행행위자의 행위부분에 대한 후행가담자의 기능적 행위지배가 없다고 하는 점, ② 사후고의를 인정하는 결과가 될 것이라는 점, ③ 선행결과를 후행가담행위의 탓으로 볼 수 없기 때문에 자기책임의 원칙에 반한다는 점 등이 비판점으로 제시되고 있다. 하지만 이러한 비판들은 실제로 선행행위자의 행위가 종료되고 '범죄도 기수에 도달'한 후에 후행가담자가 가담한 경우에 타당한 비판이 된다. 후행가담자가 선행행위자의 실행행위 도중에 개입한 경우라면 당해 '구성요건적 실행행위'는 여전히 계속되는 것이고, 따라서 후행가담자도 여전히 실행행위를 한 것이고, 결과가 발생하기 전이라면 후행가담자의 행위를 여전히 의미있는 실행행위라고 할 수 있기 때문이다. 이러한 조건이라면 후행가담자의 행위에 기능적 행위지배도 인정될 수 있고, 사후고의가 인정되는 결과가 되는 것도 아니며, 결과에 대한 인과력도 부정된다고 할 수도 없기 때문에 후행가담자에게도 공동정범의 성립을 인정하는 것이 타당하다.」

149 김신규, 459; 배종대, § 131/11; 손동권·김재윤, § 29/23; 오영근·노수환, 433; 이재상·장영민·강동범, § 33/20; 이주원, 355; 임웅·김성규·박성민, 468; 정성근·정준섭, 290; 정영일, 398; 정웅석·최창호, 506; 최호진, 663.

150 부정설의 의미와 논거를 잘 설명한 문헌으로는 신동운, 610-611「승계적 공동정범 부정설은 기존의 범행부분을 알면서 새로이 관여하는 자를 전체범죄에 대한 공동정범으로 볼 수 없다는 견해이다. 생각건대 승계적 공동정범의 이론은 이를 별도로 인정할 필요가 없다고 본다.

승계적 공동정범의 이론에 대해서는 우선 의사연락의 시점 이전에 일어난 범행부분에 대하여 사후의 의사연락이 소급하여 인과력을 가질 수는 없다는 점을 지적할 수 있다. 다음으로 형사정책적 필요성을 들어 의사연락이 없는 부분까지 소급하여 처벌하는 것은 책임주의에 반한다고 하지 않을 수 없다. 자신의 의사와 무관하게 타인이 실행한 범행부분에 대하여 책임을 묻는 것은 책임개별화의 원칙에 반한다. 책임개별화의 원칙은 각각의 구체적 행위자별로 비난가능성을 따져보아야 한다는 요청을 말한다. 한편, 승계적 공동정범 형태의 공동정범을 인정하면서 그 책임범위를 제한하려는 견해가 있다(김혜정·박미숙·안경옥·원혜욱·이인영, 365; 성낙현, 612). 이 입장에서는 승계 이후의 부분에 대해서만 공동정범으로서의 책임을 인정한다. 그런데 이러한 이론구성은 선행자가 실현한 범죄행위 부분에 대한 책임을 인정하지 않는다는 점에서 승계적 공동정범 부정설과 다름없다. 승계적 공동정범에서 '승계적'이란 선행자의 기(旣)실현부분을 이어받는다는 의미이기 때문이다. 따라서 무용한 혼란을 피하기 위하여 이러한 이론구성은 승계적 공동정범 부정설로 분류하는 것이 바람직하다고 생각된다.」

범죄 전체에 책임을 진다는 견해이다.[151]

(라) 판례

248 판례는 포괄일죄에서 범행 도중 가담자의 범행 승계를 인정하지 않는다.[152] 즉, "포괄일죄의 범행 도중에 공동정범으로 범행에 가담한 자는 비록 그가 그 범행에 가담할 때에 이미 이루어진 종전의 범행을 알았다 하더라도 그 가담 이후의 범행에 대하여만 공동정범으로 책임을 진다."라고 판시한다. 대법원은 이러한 법리에 따라 농업협동조합의 판매부장인 피고인 甲이 조합장인 피고인 乙, 전무인 丙과 공모하여 백미를 외상 판매하면서 내부규정 등을 준수하지 않아 결국 외상판매대금의 회수를 어렵게 하였다며 특정경제범죄법위반(배임)죄로 기소된 사안에서, 甲이 판매부장으로서 위 임무위배행위에 가담한 이후의 범행에 대해서만 공동정범으로 책임을 지는 것이라고 판시하였다. 판시내용은 다음과 같다.

249 "더욱이 원심판결이 1994. 8. 25.부터 같은 해 11. 15.까지의 위 A와의 거래행위까지 모두 업무상 배임행위로 본 취지라면, 원심이 인용한 제1심판결 기재 범죄사실에 의하더라도 피고인 甲이 1994. 10. 24.부터 1996. 3. 30.까지 위 조합의 판매부장으로 근무하였다는 것이고, 원심판결이 인용하고 있는 제1

151 이상돈, 276-277; 한상훈·안성조, 252-253.

152 일본 판례는 상해죄에 있어 승계적 공동정범을 부정하고 있다. 즉, ① 선행자 2명이 피해자 2명을 구타하여 상해를 가한 후에 뒤늦게 현장에 도착한 피고인이 선행자들과 공모하여 선행자들과 함께 피해자들을 구타하여 피해자들의 상해를 상당한 정도로 악화시킨 사안에서, 원심은 승계적 공동정범을 인정하였으나, 최고재판소는 피고인의 가담 전 상해에 대해서는 인과관계가 없어 그 책임을 부담하지 않고, 가담 후의 폭행에 의하여 상해의 발생에 기여한 것에 관해서만 상해죄의 공동정범으로서의 책임을 부담한다고 판시하여, 승계적 공동정범을 부정하였고[最決 平成 24((2012). 11. 6. 刑集 66·11·1281], ② 하급심 판례도 선행행위자의 폭행행위의 도중에 공모·가담하여 최종적으로 피해자에게 상해를 가하였으나 상해의 결과가 공모 전후의 어느 폭행행위로 발생한 것인지 밝혀지지 않은 사안에서, 피고인들의 승계적 공동정범의 성립을 부정하였다[大阪地判 平成 9(1997). 8. 20. 判タ 995·286(다만, 본 판결은 공모가 존재하는 경우에도 상해의 동시범 특례(일형 § 207)를 인정)]. 그러나 이와는 달리 사기죄와 관련하여, 승계적 공동정범을 인정한 판례가 있다. 즉, ③ 보이스피싱 등 특수사기사건에서 피해자로부터 송부된 현금 등의 수령인 역할을 하는 피고인이 피해자가 사기인 줄 알아차렸음에도 불구하고 경찰과 함께 계속 속은 척 하면서 모조지폐 등을 송부하고 이를 수령하면 검거하는 이른바 '속은 척 작전'을 개시하여, 객관적으로는 사기죄의 결과 불발생이 확실하게 된 후에 이를 인식하지 못하고 다른 사기범들과 공모하에 수령행위에만 관여한 사안에서, 사기를 완수함에 있어 기망행위와 일체로 예정되어 있는 수령행위에 관여한 이상, '속은 척 작전'이 개시되었는지 여부와 관계없이 피고인은 가공 전의 기망행위를 포함하여 전체 사기에 대하여 사기미수죄의 공동정범으로서 책임을 진다고 판시하였다[最決 平成 29(2017). 12. 11. 刑集 71·10·535].

심판결 이유에서 들고 있는 증거들을 기록에 의하여 검토하여 보아도, 위 피고인이 위 조합의 판매부장으로 부임하기 이전인 1994. 8. 25.부터 위 조합을 위하여 스스로 위 A와의 사이에 양곡외상거래를 한 사실을 인정할 자료가 없고, 다만 위 피고인은 1994. 10. 24.경 위 조합의 판매부장으로 부임한 이후에도 1994. 8. 24.자로 체결된 거래계약에 기하여 종전에 계속하여 온 위 A와의 거래를 계속한 사실을 인정할 수 있을 뿐이다(수사기록 24, 47면). 그런데 이와 같이 계속된 거래행위 도중에 공동정범으로 범행에 가담한 자는 비록 그가 그 범행에 가담할 때에 이미 이루어진 종전의 범행을 알았다 하더라도 그 가담 이후의 범행에 대하여만 공동정범으로 책임을 지는 것이라고 할 것이므로, 비록 이 사건에서 위 A와의 거래행위 전체가 포괄하여 하나의 죄가 된다 할지라도 위 피고인에게 그 가담 이전의 거래행위에 대하여서까지 유죄로 인정할 수는 없다 할 것이다."[153]

하지만 미성년자약취강도죄(특가 § 5의2②(i))에 대해서는 승계적 종범을 인정한 판례가 있어서, 사안에 따라 승계적 공동정범의 인정 여지가 전혀 없는 것은 아니라는 평가가 내려지기도 한다. 해당 판례의 판시를 옮겨보면 다음과 같다. 250

"특정범죄가중처벌등에 관한 법률 제5조의2 제2항 제1호 소정의 죄는 형법 제287조의 미성년자 약취, 유인행위와 약취 또는 유인한 미성년자의 부모 기타 그 미성년자의 안전을 염려하는 자의 우려를 이용하여 재물이나 재산상의 이익을 취득하거나 이를 요구하는 행위가 결합된 단순일죄의 범죄라고 봄이 상당하므로 비록 타인이 미성년자를 약취, 유인한 행위에는 가담한 바 없다 하더라도 사후에 그 사실을 알면서 약취, 유인한 미성년자를 부모 기타 그 미성년자의 안전을 염려하는 자의 우려를 이용하여 재물이나 재산상의 이익을 취득하거나 요구하는 타인의 행위에 가담하여 이를 방조한 때에는 단순히 재물등 요구행위의 종범이 되는데 그치는 것이 아니라 종합범인 위 특정범죄가중처벌등에 관한 법률 제5조의2 제2항 제1호 위반죄의 종범에 해당한다."[154] 251

153 대판 1997. 6. 27, 97도163. 같은 취지로는 대판 1982. 6. 8, 82도884(연속된 필로폰 제조행위 도중에 공동정범으로 범행에 가담한 사람은 비록 그가 그 범행에 가담할때에 이미 이루어진 종전의 범행을 알았다 하더라도 그 가담 이후의 범행에 대하여만 공동정범으로 책임을 진다는 사례).
154 대판 1982. 11. 23, 82도2024.

(3) 선행자와 후행자의 공동정범 성립 여부

(가) 일반적인 경우

252 후행자에게 개입 이전의 범행에 대한 죄책을 승계시킬 수 없다면, 선행자의 죄책은 전체 범죄가 되고 후행자에 대해서는 가담 부분의 죄책만 주어진다. 따라서 선행자와 후행자의 논책 범죄가 서로 다르게 되는데, 그럼에도 불구하고 두 사람이 공동정범으로 처벌될 수 있는지 문제된다. 이에 대해서는 서로 다른 고의범 간에 공동정범을 인정할 수 있는가에 관한 견해의 대립이 그대로 적용될 수 있을 것이다. 범죄공동설을 순수하게 주장하면 범죄 의사의 공유가 발견되지 않아서 공동정범의 성립이 부정됨에 반하여, 행위공동설은 실행행위를 공동으로 하였으므로 공동정범의 성립이 긍정된다. 다만 범죄공동설의 진영에서도 최근에 주장되는 부분적 범죄공동설은 중첩되는 구성요건 간의 공동정범을 인정하므로, 선행자와 후행자가 지는 죄책은 각자 가담한 범행 부분에 대한 것이더라도 두 사람의 관계는 공동정범으로 논책될 수 있을 것이다.

(나) 포괄일죄에서의 중도 가담

253 선행자의 범행이 포괄일죄로 논책되는 경우라면 선행자의 범죄 종류와 중도에 가담한 후행자의 범죄 종류가 같을 것이므로 두 사람의 죄책 범위가 다르더라도 공동정범이 성립됨에 이견이 없다. 즉, ① 甲이 세 차례에 걸쳐서 히로뽕을 제조하였는데 세 번째 제조공정에서만 乙이 가담하였다면, 甲은 전체 제조에 대한 죄책을 지고, 乙은 세 번째 제조에 대해서만 죄책을 지게 되며, 두 사람의 관계는 공동정범으로 처리되는 것이다. 배임죄의 경우도 마찬가지이다. ② 甲이 포괄일죄의 배임행위를 실행하고 있는 도중에 乙이 甲의 배임행위에 가담한 경우, 甲은 전체 배임행위에 대한 죄책을 지고, 乙은 가담 이후 배임행위에 대한 죄책을 지면서, 두 사람의 관계를 공동정범으로 처리된다. 위 ①의 사안에 대한 판례의 판시내용은 다음과 같다.

254 “원심이 인용한 제1심판결이 채택한 증거를 기록에 의하여 검토하여 보아도 피고인이 甲과 1981.1월 초순 경부터 히로뽕 제조행위를 하였다고 인정할 자료는 없고, 다만 甲이 이미 1981. 1월 초순 경부터 그 제조행위를 계속하던 도중인 1981. 2. 9. 경 피고인이 비로소 甲의 위 제조행위를 알고 그에 가담

한 사실이 인정될 뿐인바, 이와 같이 연속된 제조행위 도중에 공동정범으로 범행에 가담한 자는 비록 그가 그 범행에 가담할 때에 이미 이루어진 종전의 범행을 알았다 하더라도 그 가담 이후의 범행에 대하여만 공동정범으로 책임을 지는 것이라고 할 것이니, 비록 이 사건에서 甲의 위 제조행위 전체가 포괄하여 하나의 죄가 된다 할지라도 피고인에게 그 가담 이전의 제조행위에 대하여까지 유죄를 인정할 수는 없다고 할 것이다."[155]

10. 기수 이후의 공동정범

(1) 문제 제기

공동정범의 주관적 성립요건인 의사의 공동은 범행이 실행에 착수된 후에 이루어지더라도 상관없다. 다만 실행착수 후에 가담한 사람이 이미 행해진 범행의 부분까지 공동정범의 책임을 지게 되는지 문제될 뿐이며, 이에 대해서는 승계적 공동정범의 논제에서 살펴보았다. 문제는 한걸음 더 나아가, 범행이 기수에 이른 경우에도 공동정범의 성립이 가능한지 하는 것이다. 255

(2) 학설

(가) 긍정설

범행이 기수에 이른 이후일지라도 범죄가 완성(종료)되기 전이라면 공동정범의 성립이 가능하다는 견해이다.[156] 긍정설은 이 경우까지도 승계적 공동정범의 범주에 포함시키기도 한다.[157] 256

(나) 부정설

공동정범으로의 가담은 선행자의 범행이 실행착수 후 기수에 이르기 전까지만 가능하다는 견해이다.[158] 따라서 선행자의 범행이 기수에 이르면 후행자의 공동정범 가담은 불가하다고 주장한다. 257

155 대판 1982. 6. 8, 82도884.
156 손동권·김재윤, § 29/17.
157 이재상·장영민·강동범, § 33/17. 「승계적 공동정범도 공동정범이므로 공동정범의 다른 요건을 구비해야 한다. 따라서 선행자와 후행자에게는 공동하여 범죄를 완성한다는 공동의 의사가 있어야 한다. 이 경우에 공동의 의사가 성립할 수 있는 시기는 원칙적으로 범죄의 종료 시까지라고 할 수 있다. 나아가 후행자는 나머지 실행행위를 행하여 실행행위를 분담하여야 한다. 따라서 후행자의 개입 이전에 선행자에 의하여 범죄가 완성된 때에는 승계적 공동정범이 성립할 여지가 없다.」
158 하태훈, "승계적 공동정범", 고시계(1994. 3), 33.

(3) 판례

258 판례는 범죄의 종류에 따라 달리 판단한다. 즉 즉시범이나 상태범은 기수 이후의 공동정범 가담이 불가능하지만, 계속범은 기수 이후에도 공동정범의 가담이 가능하다고 판시한다.

(가) 횡령죄 사안

259 甲이 피해자의 재물을 횡령하였는데, 이를 알게 된 乙이 그 재물의 공동취득을 승낙한 사안이다. 乙에게 횡령죄(§355①)의 공동정범이 성립하는지 다투어졌는데, 甲의 횡령이 기수에 달한 이후이므로 乙의 횡령죄 공동정범은 성립될 수 없다는 것이 판례의 판시이다.

260 "원래 공동정범 관계는 범죄가 기수 되기 전에 성립하는 것이요 횡령죄가 기수가 된 후에 그 내용을 지실(知悉)하고 그 이익을 공동취득할 것을 승낙한 사실이 있더라도 횡령죄의 공동정범 관계는 성립할 수 없다."[159]

(나) 배임죄 사안

261 회사에서 휴대폰 기술개발 업무를 담당하는 甲이 영업비밀을 경쟁업체에 유출하거나 스스로의 이익을 위하여 이용할 목적으로 무단으로 반출한 단계에서, 乙이 甲에게 접근하여 그 영업비밀을 취득하려고 한 사건이다. 甲의 죄책은 업무상배임죄(§356, §355②)에 해당하는데, 乙도 그에 대한 공동정범이 되는지 다투어졌다. 대법원은 甲의 업무상배임죄가 영업비밀의 반출 시에 기수에 이르게 되므로, 그 이후에 행해진 乙의 행위는 업무상배임죄의 공동정범이 될 수 없다고 판시하였다.

262 "피고인 甲은 처음부터 A 회사의 영업비밀을 다른 벤처기업에 유출하거나 스스로의 이익을 위하여 이용할 목적으로 그 영업비밀을 씨디롬과 디스켓에 담아두었던 것이므로 피고인 甲이 그 중 씨디롬을 2000. 5.경 A 회사 밖으로 반출하여 집으로 가져와 보관한 때에 이미 위 씨디롬에 담긴 A 회사의 영업비밀에 관한 甲의 업무상배임의 범의가 외부에 표출되고 A 회사의 재산상 손해발생의 위험이 현실화되어 업무상배임죄의 기수에 이르렀다고 할 것이고, 피

159 대판 1953. 8. 4, 4286형상20.

> 고인 乙은 그 이후에 피고인 甲과 접촉하여 위 씨디롬에 담긴 A 회사의 영업비밀을 취득하려 하였던 것이므로 그 행위가 다른 죄에 해당하는지의 여부는 별론으로 하고 피고인 乙이 위 씨디롬에 담긴 영업비밀에 관한 甲의 업무상 배임죄의 공동정범이 될 수는 없다고 할 것이다."[160]

(다) 범인도피죄 사안

교통사고가 발생하자 甲이 실제 운전자를 대신하여 자신이 운전한 것으로 허위 자수를 함으로써 범인도피죄(§ 151①)를 범하였는데, 그 후 이를 알게 된 乙이 이러한 甲의 실행에 가세한 사안이다. 乙에게도 범인도피죄의 공동정범이 성립하는지 문제되었는데, 범인도피죄와 같은 계속범은 기수 후에도 범죄가 모두 끝나기 전에는 공동정범의 가담이 가능하다는 것이 대법원의 판시이다. 내용은 다음과 같다. 263

> "범인도피죄는 범인을 도피하게 함으로써 기수에 이르지만 범인도피행위가 계속되는 동안에는 범죄행위도 계속되고 행위가 끝날 때 비로소 범죄행위가 종료되고, 공범자의 범인도피행위의 도중에 그 범행을 인식하면서 그와 공동의 범의를 가지고 기왕의 범인도피상태를 이용하여 스스로 범인도피행위를 계속한 자에 대하여는 범인도피죄의 공동정범이 성립한다."[161] 264

11. 공동정범의 이탈(공모관계의 이탈)

(1) 실행착수 전의 이탈 - 일반적인 공동정범에서 가담자의 이탈

(가) 사례

수인이 공동범행을 모의하고 각자 행위를 분담한 상황에서, 범행의 실행착수 전에 1인이 공동정범의 관계에서 이탈할 수 있는지 문제된다. 甲이 乙과 함께 A를 살해하기로 공모하였는데, 실행착수 전에 이탈하고자 하는 경우를 예로 들 수 있다. 이때 甲의 이탈로 인해 乙도 범행의 실행에 나아가지 않았다면, 이탈은 쉽게 인정된다. 甲과 乙 모두 예비(음모)죄로 처리하면 충분할 것이기 때문이다. 하지만 甲의 범행 포기에도 불구하고 乙이 범행을 실행한 경우에, 甲에게 265

160 대판 2003. 10. 30, 2003도4382.
161 대판 1995. 9. 5, 95도577.

이탈이 인정될 수 있는지, 인정된다면 그 요건은 무엇인지 문제된다.

(나) 이탈의 인정 여부

266 공동정범은 '일부 실행·전부 책임'의 법리에 의해 논책된다. 즉, 공동범행에 가담한 행위자는 다른 가담자의 범행에 대해서도 전부 책임을 지게 되는 것이다. 따라서 일단 공동범행의 모의에 가담했더라도 그 후의 이탈을 허용해야 할 필요성이 제기된다. 그렇지 않으면 한 번의 가담으로 다른 가담자의 범행에 대한 책임을 끝까지 부담해야 하는 결과가 되고, 이는 개별책임의 원칙에 맞지 않기 때문이다. 판례 역시 공동정범의 이탈을 인정한다.[162]

267 문제는 이탈의 요건이다. 공동정범의 성립요건이 주관적 측면에서의 의사 공동과 객관적 측면에서의 실행 공동의 결합으로 구성된다면, 이탈의 요건 역시 이 두 측면에서 모두 찾아져야 할 것이다.

(다) 이탈의 주관적 요건

268 공동정범에서 이탈하고자 하는 가담자는 당연히 공동범행의 의사를 포기해야 한다. 문제는 이러한 포기의 의사를 다른 공모자에게 표시해야 하는지, 표시해야 하는 경우 다른 공모자의 승인이 필요한지 여부이다. 견해가 대립된다.

(a) 필요설

269 이탈을 위해서는 다른 공모자에게 공동범행 포기의 의사를 표시해야 한다는 견해이다.[163] 그렇지 않으면 이탈자의 공동범행 포기의사를 다른 공모자가 알지 못하여, 공동범행의 합의가 깨지지 않을뿐더러, 이탈자가 행한 기존의 기여가 다른 공모자의 범행 실행에 계속 영향을 미치게 되기 때문이다. 이때 포기의사는 묵시적인 의사표시로도 충분하므로, 이탈자가 범행현장에 나타나지 않거나, 현장에서 떠나는 것만으로도 포기의사는 표시되었다고 한다.[164]

270 한편 포기의 의사에 대하여 다른 공모자의 승인이 있어야 하는지에 대하여, 승인까지 받아야 할 필요는 없다는 것이 일반적인 견해[165]이나, 공모관계의 이탈을 인정하기 위해서는 공모관계를 해소하겠다는 의사의 합치를 필요로 하고, 기능적 행위지배의 제거는 공모자의 승인을 전제로 한다는 점을 근거로 다른

162 대판 1996. 1. 26, 94도2654.
163 김성돈, 633; 이주원, 365; 이재상, 형법기본판례 총론, 박영사(2011), 329.
164 이재상, 형법기본판례 총론, 329.
165 김성돈, 633; 이주원, 365(다른 공모자의 인식으로 충분).

공모자의 승인을 요하지만, 승인도 명시적일 필요 없이 다른 공모자가 이탈사실을 인식하면서 이탈자 없이 실행에 나아간 때는 승인을 인정할 수 있다는 견해[166]도 있다.

(b) 불요설

이탈자는 스스로 공동범행의 의사를 포기하면 되고, 다른 공모자에게 이탈의 의사를 표시하는 것이 필수적으로 요구되는 것은 아니라는 견해이다.[167] 실행착수 전에 범행을 포기하여 분담된 역할을 수행하지 않으면, 그것으로 기능적 범행 지배가 제거되는 것이므로, 굳이 이탈의 의사표시가 필요하지 않다고 한다. 271

(라) 이탈의 객관적 요건

공동정범에서 이탈하려면 자신에게 분담된 행위를 실행하지 않아야 한다. 그럼으로써 공동정범 성립의 객관적 요건이 충족되지 못하고, 바로 이 점이 공동정범 이탈의 핵심적 근거가 된다. 그런데 분담행위의 포기에서 한 단계 더 나아가 다른 가담자의 범행 수행에 대한 영향력 내지 인과성까지 제거해야 하는지 문제된다. 272

(a) 영향력(인과성) 제거 필요설

공동정범의 이탈이 인정되기 위해서는 범행 수행에 대한 영향력 내지 인과성을 제거해야 한다는 견해이다.[168] 이를 통해 공동범행의 결합 관계가 끊어지는 것이 공동정범 이탈의 중심 근거라고 설명한다. 영향력 내지 인과성의 제거는 공모관계의 주모자뿐 아니라 일반적인 공모자에게도 동일하게 요구된다는 것이 필요설의 내용이다. 273

(b) 영향력(인과성) 제거 불요설

공동정범의 이탈은 분담된 행위의 포기만으로 인정되며, 다른 가담자의 범행 수행에 대한 영향력 내지 인과성까지 적극적으로 제거해야 하는 것은 아니라는 견해이다.[169] 분담된 행위의 포기만으로도 범행에 대한 기능적 지배가 상 274

166 이재상, 형법기본판례 총론, 330.

167 임웅·김성규·박성민, 480; 손동권, "중지(미수)범의 특수문제", 형사판례연구 〔5〕, 한국형사판례연구회, 박영사(1997), 97; 이용식, "공동자 중 1인의 실행착수 이전 범행이탈: 공동정범의 처벌한계", 형사판례연구 〔11〕, 박영사(2006), 81-111.

168 손동권(주 167), 102.

169 이주원, 365; 임웅·김성규·박성민, 480.

실되기 때문이라고 설명한다.

(마) 이탈 후의 형사책임

275 공동정범에서 이탈한 사람은 다른 가담자의 범행 수행에도 불구하고 공동정범의 죄책을 부담하지 않는다. 분담된 행위를 수행하지 않음으로써 범행에 대한 지배가•상실되었기 때문이다. 하지만 그렇다고 하여 이탈자의 형사책임이 전부 면해지는 것은 아니다. 공동정범에서 이탈하였어도, 그 전에 행해진 모의 참여가 교사 내지 방조의 의미를 지니게 되면 교사범 내지 종범의 죄책을 지게 되고, 그러한 의미 자체가 인정되지 못하는 경우에도 예비(음모)죄로서의 죄책을 지는 것은 면할 수 없다.[170]

(바) 판례

276 판례는 공모자 중의 1인이 다른 공모자가 실행행위에 이르기 전에 그 공모관계에서 이탈하려는 경우, 이탈의 표시는 필요하지만 반드시 명시적일 필요는 없다는 입장을 취한다. 그리하여 폭행치사의 사건[171]과 살인의 사건[172]에서 범행을 공모한 피고인이 폭행과 살인의 실행착수 전에 자신의 분담행위를 포기하면 다른 공모자들에게 자신의 범행 포기에 대한 의사를 명시적으로 표시하지 않더라도 이후 행해진 범행에 대하여 공동정범의 죄책을 부담하지 않는다고 판시한다.

277 반면에, 객관적으로 자신의 영향력을 제거해야 하는지에 대하여는 일반적인 공동정범의 사안에서는 별다른 판단을 하지 않는다. 즉, 판례는 공모공동정범의 주모자가 공동정범에서 이탈하려면 범행을 저지하기 위하여 적극적으로 노력하는 등 실행에 미친 영향력을 제거해야 한다고 판시하지만,[173] 일반적인 공동정범 유형에서는 이탈을 위해 범행 수행에 대한 영향력 내지 인과성을 제거해야 하는지에 관해 명시적으로 판단하지 않는 것이다.

278 아울러 이탈이 인정된 사안에서 피고인은 이탈 후에 다른 피고인들에 의해 행해진 범죄에 대하여 죄책을 부담하지 않는다는 법리는 판례에 의해서도 당연히

170 예비(음모)죄의 죄책을 부정하는 견해도 있다(신동운, 522).

171 대판 1972. 4. 20, 71도2277.

172 대판 1986. 1. 21, 85도2371, 85감도347.

173 대판 2008. 4. 10, 2008도1274.

인정된다. 특히, 범행 현장에 가지 않음으로써 범행 가담을 포기한 행위자에게 다른 가담자의 범행 수행에 대한 공동정범이 성립하지 않는다[174]고 판시하였다.[175]

공동정범의 이탈에 관한 판례 중에서 중요한 것들을 살펴보면 다음과 같다. 279

① 폭행치사의 사건에서 공동정범의 이탈이 인정된 사안의 사실관계는, 피 280
고인이 다른 공동피고인들과 함께 피해자 B를 폭행하여 상해를 입힌 후 그를 약국에 데려간 사이에 다른 공동피고인들이 피해자 A를 폭행하여 사망에 이르게 하였다는 내용이다. 대법원은 피고인에게 피해자 B에 대한 폭행치상죄(§ 262, § 260①)의 죄책은 물었지만, 피해자 A에 대한 폭행치사죄(§ 262, § 260①)는 피고인이 다른 공동피고인들과의 공동정범 관계에서 이탈한 것이므로 피고인에게는 죄책을 물을 수 없다고 판시하였다. 판시내용을 소개하면 다음과 같다.

> "피고인은 피해자 A에 대한 치사의 범행이 있을 무렵 피해자 B를 데리고 인 281
> 근 부락의 약방에 가고 없었다는 것이고, 다시 원심이 인용한 제1심판결 적시의 증거들을 기록에 의하여 검토하면 피고인은 공소사실중의 (1)범죄사실(폭력행위등처벌에관한법률위반사실)로 인하여 피해자 B가 그 판시와 같은 상해를 입고 약방으로 가는 것을 보자 자기의 잘못을 깨닫고 다른 공모자들이 또 동인에게 폭행을 하려는 것을 제지하는 한편 동인을 데리고 그곳에서 약 400미터 떨어진 약국으로 가서 응급치료를 받게 하였고(그 후 피고인은 귀가하였다) 그 공소사실 (2)범죄사실(특수폭행치사)은 위와 같이 피고인이 위의 약국으로

---

174 대판 1989. 3. 14, 88도837; 대판 1996. 1. 26, 94도2654.

175 일본에서는 공동정범에서의 공모관계에서의 이탈을 포함하여 널리 교사범, 방조범까지 포함하여 '공범관계에서의 이탈(해소)'의 문제로 다루고 있는데, 판례의 주류는 원칙적으로 공범관계에서 이탈한다는 의사표시와 다른 공범자의 승인이 필요하다고 한다[東京高判 昭和 25(1950). 9. 14. 高刑集 3·3·407]. 그러나 사안에 따라서는 묵시적 이탈표시와 이에 대한 상대방의 인식이 있는 경우에도 공범관계가 해소된다고 한다[福岡高判 昭和 28(1953). 1. 12. 高刑集 6·1·1]. 그리고 이탈자가 평균적인 가담자가 아니라 주모자 등 공모관계에 대한 기여도가 높고 인과성이 강한 경우에는 공모관계가 없었던 상태로 복원시켜야 공범관계의 해소가 인정되는데[松江地判 昭和 51(1976). 11. 2. 判時 845·127], 판례 중에는 평균적인 가담자라도 단순히 이탈한 것만으로는 부족하고 범행방지조치를 강구하여야 한다고 판시한 것[最決 平成 21(2009). 6. 30. 刑集 63·5·3475(수인의 공범자가 주거침입 및 강도를 하기로 공모하고, 일부가 주거에 침입한 후 강도를 하기 전에, 망을 보기로 한 공범 甲이 집에 들어간 공범에게 전화로 범행 포기의 의사를 일방적으로 전한 상태에서, 자동차 내에서 대기하고 있던 피고인이 甲과 함께 이탈한 사안에서, 당초의 공모관계가 해소되었다고 할 수 없고, 공범자의 강도범행도 당초의 공모에 기하여 행하여졌다고 봄이 상당하다는 이유로 甲에 대하여 주거침입죄뿐 아니라 강도치상죄의 공동정범을 인정한 사례]이 있다.

간 뒤에 다른 공범자들만에 의하여 저질렀다는 사실을 엿볼 수 있는바 그렇다면 피고인이 공소사실 적시 (1)폭력행위등처벌에 관한 법률 위반의 범행에는 가담하였다 하여도 그 적시의 (2)사실인 특수폭행치사의 범행에 관하여는 피고인은 명시적 또는 묵시적으로 그 공모관계에서 이탈하였다고 볼 수 있을 것이므로 원심이 위와 같은 취지를 전제로 한 원심판단은 정당하다."176

282 ② 강도살인 사건에서도 피고인에게 공동정범의 이탈이 인정된 사안이 있다. 피고인이 다른 공동피고인들과 피해자를 살해하기로 모의하였으나, 구체적인 살해행위가 시작되기 전에 범행 장소를 벗어났다는 것이다. 이 사건에 관한 대법원의 판시내용은 다음과 같다.

283 "원심이 확정한 사실에 의하면 구체적인 살해방법이 확정되어 피고인을 제외한 나머지 공범들이 피해자의 팔, 다리를 묶어 저수지 안으로 던지는 순간에 피해자에 대한 살인행위의 실행의 착수가 있다 할 것이고 따라서 피고인은 살해모의에는 가담하였으나 다른 공모자들이 실행행위에 이르기 전에 그 공모관계에서 이탈하였다 할 것이고 그렇다면 피고인이 위 공모관계에서 이탈한 이후의 다른 공모자의 행위에 관하여는 공동정범으로서의 책임을 지지 않는다고 할 것이므로 위와 같은 취지의 원심판결은 정당하고 거기에 소론과 같은 실행의 착수와 공동정범에 관한 법리오해의 위법이 있다 할 수 없으므로 논지 이유 없다."177

284 ③ 절도를 모의한 피고인이 약속 장소로 가지 않은 사안에서, 대법원은 다른 피고인들에 의해 범해진 특수절도의 죄책을 피고인에게는 물을 수 없다고 판단하였다. 범행의 실행착수 전에 피고인이 자신의 범행을 포기하고 범행 장소에 가지 않음으로 인하여 공동정범 관계에서 이탈하였기 때문이다. 판시내용은 다음과 같다.

285 "피고인은 원심 공동피고인 甲, 乙과 함께 서울 동작구 상도동 616 소재 A 경영의 명진상사 창고에 몰래 들어가 피혁을 훔치기로 약속하였으나 피고인은

176 대판 1972. 4. 20, 71도2277.

177 대판 1986. 1. 21, 85도2371, 85감도347. 본 판결 평석은 조준현, "공범관계의 해소에 관한 사례연구", 형사판례연구 〔5〕, 한국형사판례연구회, 박영사(1997), 129-154.

절취할 마음이 내키지 아니하고 처벌이 두려워 만나기로 한 시간에 약속장소로 가지 아니하고 성남시 중동 소재 포장마차에서 술을 마신 후 인근 여관에서 잠을 잤으며 원심 공동피고인 甲 등은 약속장소에서 피고인을 기다리다가 그들끼리 모의된 범행을 결행하기로 하여 원심 공동피고인 甲은 그 창고 앞에서 망을 보고 원심 공동피고인 乙은 창고에 침입하여 가죽 약 1만 평을 절취한 것이라는 바 그렇다면 피고인은 특수절도의 공동정범이 성립될 수 없음은 물론 다른 공모자들이 실행행위에 이르기 이전에 그 공모관계로부터 이탈한 것이 분명하므로 그 이후의 다른 공모자의 절도행위에 관하여도 공동정범으로서 책임을 지지 아니한다고 할 것이다."[178]

④ 1990년대 초에 충청북도 청주시의 범죄조직인 '시라소니파'와 '파라다이 286
스파' 간에 보복 싸움이 일어나서 '시라소니파'의 조직원들이 '파라다이스파'의 두목을 살해한 사건이 있었다. 이와 관련하여 피고인이 살인죄의 공동정범으로 기소되었는데, 대법원은 피고인의 죄책을 인정하지 않으면서, 살인의 공모가 부정되거나, 공모가 인정되더라도 범행 전에 공동정범의 관계를 이탈하였으므로, 다른 조직원들에 의해 행해진 살인죄의 죄책을 피고인에게 부담지울 수 없다고 판시하였다. 판시내용은 다음과 같다.

"피고인은 공소외 甲 등과 같이 술을 마시고 있다가 같은 조직원으로부터 연 287
락을 받고 무심천 로울러 스케이트장에 가서 '파라다이스'파에게 보복을 하러 간다는 말을 듣고 다른 조직원들이 여러 대의 차에 분승하여 출발하려고 할 때 사태의 심각성을 실감하고 범행에 휘말리기 싫어서 그곳에서 택시를 타고 집에 왔으므로 피해자 A에 대한 폭력행위등처벌에관한법률위반 및 피해자 B에 대한 살인의 점에 대하여 다른 조직원들과의 사이에 '파라다이스'파 조직원들을 공격하여 상해를 가하거나 살해하기로 하는 모의가 있었다고 보기 어렵고, 가사 피고인에게도 그 범행에 가담하려는 의사가 있어 공모관계가 인정된다 하더라도 다른 조직원들이 각 이 사건 범행에 이르기 전에 그 공모관계에서 이탈한 것이라 할 것이므로 피고인은 위 공모관계에서 이탈한 이후의 행위에 대하여는 공동정범으로의 책임을 지지 않는다."[179]

178 대판 1989. 3. 14, 88도837.

179 대판 1996. 1. 26, 94도2654. 본 판결 평석은 이용식, "공동자 중 1인의 실행착수 이전 범행이탈: 공동정범의 처벌한계", 형사판례연구 〔11〕, 한국형사판례연구회, 박영사(2003), 81-111.

(2) 실행착수 전의 이탈 - 공모공동정범에서 주모자의 이탈

(가) 공모공동정범의 특수성

288 판례가 인정하는 공모공동정범은 행위가 분담되지 않은 사람에게도 공동정범의 성립 가능성을 열어 놓고 있다. 즉, 범행 수행을 주도한 주모자는 행위의 분담이 없더라도 공동정범의 가담자로 취급하는 것이다. 따라서 이 경우에는 공동범행의 의사 포기와 분담행위의 포기만으로 공동정범의 이탈을 인정하기 어려워진다. 일반적인 공동정범의 경우보다는 더 적극적인 이탈의 행위가 요구될 수밖에 없는 것이다.

(나) 주모자의 이탈

289 공모공동정범의 주모자는 범행을 기획하고 다른 가담자를 범행 수행에 끌어들이는 등 공동범행을 주도한다. 따라서 주모자가 공동정범에서 이탈하기 위해서는 이러한 자신의 주도적 역할을 제거하는 것이 요구되어야 한다. 판례 역시 마찬가지 입장이다. 판례의 내용을 살펴보면 다음과 같다.

290 ① 공모관계에서의 이탈은 공모자가 공모에 의하여 담당한 기능적 행위지배를 해소하는 것이 필요하므로 공모자가 공모에 주도적으로 참여하여 다른 공모자의 실행에 영향을 미친 때에는 범행을 저지하기 위하여 적극적으로 노력하는 등 실행에 미친 영향력을 제거하지 아니하는 한 공모관계에서 이탈하였다고 할 수 없다고 한다.

291 따라서 다른 3명의 공모자들과 강도 모의를 하면서 삽을 들고 사람을 때리는 시늉을 하는 등 그 모의를 주도한 피고인이 함께 범행 대상을 물색하다가 다른 공모자들이 강도의 대상을 지목하고 뒤쫓아 가자 단지 "어?"라고만 하고 비대한 체격 때문에 뒤따라가지 못한 채 범행 현장에서 200m 정도 떨어진 곳에 앉아 있었으나 위 공모자들이 피해자를 쫓아가 강도상해의 범행을 한 사안에서, 피고인에게 공동가공의 의사와 공동의사에 기한 기능적 행위지배를 통한 범죄의 실행사실이 인정되므로 강도상해죄의 공모관계에 있고, 다른 공모자가 강도상해죄의 실행에 착수하기까지 범행을 만류하는 등으로 그 공모관계에서 이탈하였다고 볼 수 없으므로 강도상해죄의 공동정범으로서의 죄책을 부담하게 된다. 판시내용은 다음과 같다.

“공모공동정범에 있어서 공모자 중의 1인이 다른 공모자가 실행행위에 이르기 전에 그 공모관계에서 이탈한 때에는 그 이후의 다른 공모자의 행위에 관하여는 공동정범으로서의 책임은 지지 않는다 할 것이나, 공모관계에서의 이탈은 공모자가 공모에 의하여 담당한 기능적 행위지배를 해소하는 것이 필요하므로 공모자가 공모에 주도적으로 참여하여 다른 공모자의 실행에 영향을 미친 때에는 범행을 저지하기 위하여 적극적으로 노력하는 등 실행에 미친 영향력을 제거하지 아니하는 한 공모관계에서 이탈되었다고 할 수 없다. 292

원심이 채용한 증거와 기록에 의하면, 피고인은 21세로서 이 사건 강도상해의 범행 전날 밤 11시경에 14세 또는 15세의 원심공동피고인 甲, 乙, 丙과 강도모의를 하였는데 이때 피고인이 삽을 들고 사람을 때리는 시늉을 하는 등 주도적으로 그 모의를 한 사실, 피고인은 위 원심공동피고인 甲 등과 이 사건 당일 새벽 1시 30분경 특수절도의 범행을 한 후 함께 일대를 배회하면서 새벽 4시 30분경 이 사건 강도상해 범행을 하기까지 강도 대상을 물색한 사실, 위 원심공동피고인 甲, 乙이 피해자를 발견하고 쫓아 가자 피고인은 “어?”라고만 하고 위 원심공동피고인 丙에게 따라가라고 한 후 자신은 비대한 체격 때문에 위 원심공동피고인 甲, 乙을 뒤따라가지 못하고 범행현장에서 200m 정도 떨어진 곳에 앉아 있었던 사실, 결국 위 원심공동피고인 甲, 乙은 피해자를 쫓아가 폭행하여 항거불능케 한 다음 피해자의 뒷주머니에서 지갑을 강취하고 피해자에게 약 7주간의 치료를 요하는 우측 무릎뼈골절 등의 상해를 입히는 이 사건 강도상해의 범행을 한 사실을 알 수 있는바, 그렇다면 피고인은 위 원심공동피고인 甲 등과 공동가공의 의사와 공동의사에 기한 기능적 행위지배를 통한 범죄의 실행사실이 인정되므로 판시 강도상해죄의 공모관계에 있다고 할 것이고, 이와 같이 공모관계에 있는 위 원심공동피고인 甲, 乙이 피해자를 강도의 대상으로 지목하고 뒤쫓아 갈 때 피고인이 단지 “어?”라고 반응하였을 뿐이라면 위 원심공동피고인 甲, 乙이 강도상해죄의 실행에 착수하기까지 범행을 만류하는 등으로 그 공모관계에서 이탈하였다고 볼 수도 없으므로, 피고인은 판시 강도상해죄의 공동정범으로서의 죄책을 면할 수 없다.”[180]

② 甲이 乙과 공모하여 가출 청소년 A(여, 16세)를 유인하고 성매매 홍보용 나체사진을 찍은 후, 자신이 별건으로 체포되어 수감 중인 동안 A가 乙의 관리 아래 성매수의 상대방이 된 대가로 받은 돈을 A, 乙 및 甲의 처 등이 나누어 사 293

180 대판 2008. 4. 10, 2008도1274.

용한 사안에서, 甲은 乙과 함께 미성년자유인죄(§ 287)와 구 청소년의 성보호에 관한 법률 위반죄의 공동정범이 된다고 판단하였다. 甲이 주모자이기 때문에 주도적 역할을 제거하지 않는 한, 단순히 수감 중이어서 범행에 현실적으로 참여할 수 없었다는 사실만으로 공동정범의 이탈이 인정되지 않는다는 것이다.[181]

(3) 실행착수 후의 포기

294 공동정범에 가담한 사람이 실행착수 후에 자신의 분담행위를 포기하는 경우도 있을 수 있다. 이때 공동정범의 이탈이 인정될 수 있는가? 그렇지 않다는 것이 일반적인 견해이다. 판례 역시 마찬가지다.[182] 자신의 분담행위를 수행하지 않았더라도, 이미 범행의 수행이 시작되었으므로 '전부 책임'의 법리에 따라 행해진 범행에 대한 공동정범의 죄책을 면할 수 없게 되는 것이다. 다만 범행이 미수로 끝나면서 분담행위 포기자에게 중지미수의 요건이 충족된다면, 그에 따라 포기자의 처벌이 감면될 뿐이다.

295 실행착수 후의 포기에 관한 판례를 소개하면 다음과 같다.

296 ① 피고인은 공동피고인들과 피해자의 금품을 강취할 것을 공모하고 피고인은 피해자의 집 밖에서 망을 보기로 하였다. 그런데 공동피고인들이 피해자의 집에 침입한 후 피고인은 망을 보지 않고 담배를 사러 간 사안이다. 피해자의 집에 침입한 공동피고인들은 강도상해죄를 범하였는데, 과연 피고인에게 강도상해죄의 공동정범의 이탈이 인정되는지 논란되었다. 대법원은 피고인이 범행현장을 떠난 시점이 공동피고인들의 범행 실행착수 후라는 이유로, 피고인의 공동정범 이탈을 부정하였다. 이에 관한 판시내용은 다음과 같다.

297 "공동정범은 범죄행위 시에 그 의사의 연락이 묵시적이거나 간접적이거나를 불문하고 행위자 상호 간에 주관적으로 서로 범죄행위를 공동으로 한다는 공동가공의 의사가 있음으로써 성립하는 것이며 범죄의 실행을 공모하였다면 다른 공모자가 이미 실행행위에 착수한 이후에는 그 공모관계에서 이탈하였다고 하더라도 공동정범의 책임을 면할 수 없는 것이므로 설사 소론 주장과

---

181 대판 2010. 9. 9, 2010도6924. 본 판결 평석은 최준혁, "이탈과 중지미수, 그리고 인과성", 형사판례연구 〔30〕, 한국형사판례연구회, 박영사(2022), 63-92.

182 대판 1984. 1. 31, 83도2941; 대판 2011. 1. 13, 2010도9927; 대판 2018. 1. 25, 2017도12537(가습기 살균제 사건과 관련하여, 퇴직 후의 거짓 표시행위에 대한 표시광고법위반죄의 공동정범을 인정한 사례).

같이 피고인이 원심공동피고인 甲, 乙, 공소외 丙, 丁 등과 합동하여 부산직할시 영도구 대교동 소재 피해자 A, B 부부의 집밖에서 금품을 강취할 것을 공모하고 피고인은 집밖에서 망을 보기로 하였으나 상피고인들이 위 피해자 A의 집에 침입한 후 담배 생각이 나서 담배를 사기 위하여 망을 보지 않았다고 하더라도 피고인은 판시 강도상해죄의 죄책을 면할 수가 없다."[183]

② 다단계 금융 판매의 사기 범행을 공모하고 투자금의 대부분을 받아 편취한 단계라면, 판매조직의 이사직을 사임하더라도 사임 이후 공범들에 의해 행해진 투자금 편취의 부분까지 공동정범의 죄책을 지게 된다. 실행착수 후의 범행포기는 이탈로 인정되지 않기 때문이다. 판시내용은 다음과 같다. 298

"피고인이 공범들과 다단계금융판매조직에 의한 사기범행을 공모하고 피해자들을 기망하여 그들로부터 투자금명목으로 피해금원의 대부분을 편취한 단계에서 위 조직의 관리이사직을 사임한 경우, 피고인의 사임 이후 피해자들이 납입한 나머지 투자금명목의 편취금원도 같은 기망상태가 계속된 가운데 같은 공범들에 의하여 같은 방법으로 수수됨으로써 피해자별로 포괄일죄의 관계에 있으므로 이에 대하여도 피고인은 공범으로서의 책임을 부담한다."[184] 299

③ 피고인이 투자금융회사에 입사하여 같은 직원인 공범들과 시세조정 주문을 내기로 공모한 후 시세조정행위의 일부를 실행하였으나 중간에 해고를 당하여 공범관계로부터 이탈하였더라도, 그 이후 다른 공범들의 나머지 시세조정행위에 대해서도 공동정범의 죄책[구 증권거래법(2007. 8. 3. 자본시장과 금융투자업에 관한 법률 부칙 § 2로 폐지)상의 불공정거래행위금지위반의 포괄일죄]을 부담한다. 판시내용은 다음과 같다. 300

"주식시세조종의 목적으로 허위매수주문행위, 고가매수주문행위 및 통정매매행위 등을 반복한 경우, 이는 시세조종 등 불공정거래의 금지를 규정하고 있는 구 증권거래법 제188조의4에 해당하는 수개의 행위를 단일하고 계속된 범의 하에서 일정기간 계속하여 반복한 범행이라 할 것이고, 이 범죄의 보호법 301

183 대판 1984. 1. 31, 83도2941.

184 대판 2002. 8. 27, 2001도513. 본 판결 해설은 민유숙, "공범관계로부터의 이탈: 실행 착수 전과 실행 착수 후", 해설 43, 법원도서관(2003), 702-720.

익은 유가증권시장 또는 협회중개시장에서의 유가증권 거래의 공정성 및 유통의 원활성 확보라는 사회적 법익이고 각각의 유가증권 소유자나 발행자 등 개개인의 재산적 법익은 직접적인 보호법익이 아닌 점에 비추어 위 각 범행의 피해법익의 동일성도 인정되므로, 구 증권거래법 제188조의4 소정의 불공정거래행위금지 위반의 포괄일죄가 성립하는 것이고, 피고인이 포괄일죄의 관계에 있는 범행의 일부를 실행한 후 공범관계에서 이탈하였으나 다른 공범자에 의하여 나머지 범행이 이루어진 경우, 피고인이 관여하지 않은 부분에 대하여도 죄책을 부담한다."[185]

12. 공동정범의 착오

302 공동정범의 착오란 공동정범 간에 합의된 것과 다른 내용의 범죄가 발생한 경우를 말한다. 이러한 불일치는 공동정범 가담자의 일부가 범죄행위의 실행 중에 사실의 착오를 범함으로써 발생할 수도 있고, 아예 다른 내용의 범죄를 의도함으로써 야기될 수도 있다. 이때 공동정범 각자의 죄책이 어떻게 되는지 문제되는데, 경우를 나누어 살펴본다.

(1) 일부 가담자가 사실의 착오를 일으킨 경우

303 공동정범에 가담한 사람 중의 일부가 범행 수행의 과정에서 사실의 착오를 일으키면 당초의 범행계획과 다른 결과가 발생할 수 있다. 甲과 乙이 A를 살해하기로 결의하고 총을 쏘았으나 乙이 객체의 착오 내지 방법의 착오를 일으켜서 B가 사망하게 된 사안이 그러하다. 이러한 유형의 착오는 사실의 착오 일반이론에 따라 해결하면 된다. 아울러 착오를 일으킨 행위자뿐 아니라 그렇지 않은 행위자도 같은 죄책을 지게 되는데, 이는 가담자들이 '일부 실행·전부 책임'을 부담하는 공동정범이기 때문이다.

(2) 일부 가담자가 독자적 범행을 행한 경우

304 공동정범의 착오는 일부 행위자가 합의된 계획과는 다른 범행을 독자적으로 실행함으로써 야기될 수도 있다. 이때에는 해당 범죄의 실행자가 공동정범의

---

185 대판 2011. 1. 13, 2010도9927. 본 판결 평석과 해설은 박상기, "포괄일죄와 연속범 및 공동정범성: 주식시세조종행위 판결을 중심으로", 저스티스 129, 한국법학원(2012), 330-358; 박영호, "포괄일죄의 관계에 있는 범행의 일부 실행 후 공범관계에서 이탈한 공범자가 관여하지 않은 범죄에 대한 책임 여부", 해설 88, 법원도서관(2011), 558-570.

틀을 깨고 독자적으로 범행한 것이므로 실행된 결과에 대한 죄책을 나머지 가담자에게도 부담지울 수 있는지 논란이 제기된다. 합의된 계획과 실행된 범죄가 어떤 범위에서 불일치하는가에 따라 양적으로 다른 경우(양적 과잉)와 질적으로 다른 경우(질적 과잉)로 다시 구별되는데, 나누어서 살펴보면 다음과 같다.

(가) 양적으로 다른 경우 – 초과 실행의 일반적인 경우

甲과 乙이 함께 절도하기로 하였는데, 乙이 강도를 범한 경우가 대표적인 305 사례이다. 절도와 강도는 중첩될 수 있는 범죄이므로 중첩되는 범위 내에서는 공동정범이 성립한다. 하지만 강도 자체는 乙이 甲과의 의사연락 없이 독자적으로 범행한 것이므로 그에 대한 죄책은 乙만 부담하게 된다. 결국 甲은 절도죄(혹은 합동절도죄), 乙은 강도죄가 되고, 두 사람은 공동정범의 관계에 놓이게 된다.

(나) 양적으로 다른 경우 – 초과 실행의 특수한 경우로서의 결과적 가중범

甲과 乙이 A를 상해하기로 하였는데, ① 乙이 상해행위 도중에 과실을 범 306 하여 A가 사망한 경우라든지, ② 乙이 마음을 바꾸어 A를 살해한 경우[186]가 있을 수 있다. 이러한 사안은 초과로 실행된 부분이 합의된 범죄의 결과적 가중범으로 취급될 수 있는 것이어서, 일반적인 초과 실행의 경우와 달리 처리될 수 있는 여지가 발생한다. 우선 기본범죄인 상해에 대해서는 공동정범이 당연히 성립한다. 문제는 초과 실행 부분에 대한 죄책인데, 공동정범을 인정하는 견해와 부정하는 견해가 제시된다.

(a) **인정설**[187]

초과 실행자뿐 아니라 나머지의 가담자들에게도 초과 실행 부분에 대한 과 307 실이 있는 때에는 결과적 가중범에 대한 공동정범을 인정할 수 있다는 견해이다. 따라서 甲에게 피해자의 사망에 대한 과실이 있다는 전제라면, 사례 ①의 甲과 乙은 상해치사죄의 공동정범으로 처벌되고, 사례 ②에서는 甲에게 상해치사죄, 乙에게는 살인죄의 죄책이 주어지면서, 두 사람은 공동정범으로 처리된다.

---

186 이 문제는 '공동정범의 과잉'이라는 논제로 논의되기도 한다[김봉수, "「공동정범의 과잉」에 대한 비판적 고찰 - 준강도 및 (준)강도상해죄의 공동정범 성립에 관한 대법원의 태도를 중심으로 -", 형사법연구 20-4, 한국형사법학회(2008), 221-246; 이용식, "공동정범의 초과실행과 결과적 가중범의 성립", 서울대학교 법학 48-3(2007), 29-59].

187 손동권·김재윤, § 29/61; 이주원, 370-371; 정웅석·최창호, 520.

(b) 부정설[188]

308 과실범의 공동정범을 부정하면 결과적 가중범에 대해서도 공동정범의 성립이 불가능해진다. 따라서 가담자들은 초과 실행 부분에 관한 한 공동정범으로의 논책이 불가능하고 동시범으로 취급된다. 결국 초과 실행 부분에 대한 인과관계 결정의 문제가 논제로 제기되고, 위의 사례에서는 제263조의 상해죄 동시범 특례규정이 상해치사죄에도 적용되는지 여부가 논란될 것이다. 그에 대한 해답 여하에 따라 甲에게는 상해죄 혹은 상해치사죄의 죄책이 주어지고, 乙에게는 사례 ①에서는 상해치사죄, 사례 ②에서는 살인죄의 죄책이 주어지게 될 것이다.

(c) 판례

309 판례는 행위공동설에 입각하여 결과적 가중범의 공동정범을 인정한다.[189] 문제는 각 행위자에게 중한 결과에 대한 과실이 요구되는가 하는 점인데, 중한 결과에 대한 인식까지는 요구하지 않더라도 예견가능성은 있어야 한다고 판시한다. 그 내용은 다음과 같다.

310 "결과적 가중범인 상해치사죄의 공동정범은 폭행 기타의 신체침해 행위를 공동으로 할 의사가 있으면 성립되고 결과를 공동으로 할 의사는 필요 없으며, 여러 사람이 상해의 범의로 범행 중 한 사람이 중한 상해를 가하여 피해자가 사망에 이르게 된 경우 나머지 사람들은 사망의 결과를 예견할 수 없는 때가 아닌 한 상해치사의 죄책을 면할 수 없다."[190]

(다) 양적으로 다른 경우 – 초과 실행의 특수한 경우로서 결합범

(a) 법리

311 甲과 乙이 함께 강도를 결의하였는데, 乙이 강도에 덧붙여서 살인까지 저지른 경우이다. 초과 실행의 범죄가 결과적 가중범을 넘어서 강도살인죄(§ 338 전문)라는 결합범으로 진전된 사례라고 할 수 있다. 이때 乙에게 강도살인죄의 죄책이 주어짐은 당연하다. 문제는 甲의 죄책인데, 후행 범죄인 살인에 대해서는 甲

188 임웅·김성규·박성민, 482.

189 대판 2000. 5. 12, 2000도745. 일본 판례도 같은 입장이다[最決 昭和 54(1979). 4. 13. 刑集 33·3·179(위 사례 ②에서 살인의 고의가 없는 공범에 대하여 상해치사죄의 공동정범을 인정한 사례)].

190 대판 2000. 5. 12, 2000도745.

에게 고의가 없으므로 甲에게 강도살인죄의 죄책을 지울 수는 없다. 그렇더라도 甲의 죄책이 단순히 강도죄에 국한되는 것만은 아니고, 후행 범죄인 살인에 대하여 甲에게 예견가능성이 인정된다면, 甲이 강도치사죄(§ 338 후문)로 처벌될 수 있음에 주의를 요한다.

(b) 판례

판례 역시 앞에서 설명한 법리에 의해 사안을 해결한다. 판례의 판시내용은 다음과 같다. 312

> "강도살인죄는 고의범이고 강도치사죄는 이른바 결과적가중범으로서 살인의 고의까지 요하는 것이 아니므로, 수인이 합동하여 강도를 한 경우 그 중 1인이 사람을 살해하는 행위를 하였다면 그 범인은 강도살인죄의 기수 또는 미수의 죄책을 지는 것이고 다른 공범자도 살해행위에 관한 고의의 공동이 있었으면 그 또한 강도살인죄의 기수 또는 미수의 죄책을 지는 것이 당연하다 하겠으나, 고의의 공동이 없었으면 피해자가 사망한 경우에는 강도치사의, 강도살인이 미수에 그치고 피해자가 상해만 입은 경우에는 강도상해 또는 치상의, 피해자가 아무런 상해를 입지 아니한 경우에는 강도의 죄책만 진다고 보아야 할 것이다."[191] 313

(라) 양적으로 다른 경우 – 과소 실행의 경우

甲과 乙이 함께 강도를 결의하였는데, 직접 실행행위를 수행한 乙이 절도에 그친 경우이다. 이는 실행된 범죄사실이 범행계획에서 축소된 것이면서 중첩된 부분을 지니고 있으니 실행된 결과에 대하여 공동정범이 성립함에 무리가 없다. 아울러 처음의 범행계획은 실행착수가 없는 것으로 취급되어 예비죄로 처리된다. 따라서 甲과 乙은 절도죄의 공동정범(사안에 따라서는 합동절도)이 되며, 그에 덧붙여서 강도예비죄(§ 343, § 333)가 추가되는 것이다. 314

191 대판 1991. 11. 12, 91도2156. 본 판결 평석과 해설은 박상기, "결과적 가중범의 공동정범", 형사판례연구 〔1〕, 한국형사판례연구회, 박영사(1993), 83-94; 이용식, "공동정범과 예견가능성 문제", 죄형법정원칙과 법원 I, 244-261; 홍성무, "강도살인죄와 공동정범", 해설 16, 법원행정처(1992), 731-741.

(마) 질적으로 다른 경우

(a) 법리

315 甲과 乙이 강도를 함께 계획하고 범행하였으나, 직접 실행행위를 수행한 乙이 강간을 범한 경우가 대표적인 사례이다. 이때에는 범행계획과 실행 사실에 중첩되는 부분이 없으므로 공동정범으로의 논책이 불가능해진다. 따라서 실행된 범죄사실에 대해서는 실행자에게만 죄책이 주어지고, 범행계획의 수립은 예비죄로 처리될 뿐이다. 그리하여 甲은 강도예비죄, 乙은 강간죄(§ 297)의 단독정범과 강도예비죄의 죄책이 주어지는 것이다.

(b) 판례

316 공동정범의 일부 행위자가 모의한 범행과 질적으로 다른 범행을 범한 경우, 행해진 다른 범행의 죄책은 실행자에게만 부과할 수 있다는 법리는 판례에 의해서도 인정되고 있다. 이와 관련한 판례의 사안들을 살펴보면 다음과 같다.

317 ① 피고인이 다른 공동피고인들과 함께 강도를 모의하고 피해자의 집에 침입하였는데, 피고인이 강도 범행을 하고 있는 동안에 다른 공동피고인들이 피해자를 강간한 사안이다. 대법원은 피고인에게 특수강도죄에 대해서만 유죄를 선고하였을 뿐, 다른 공동피고인들의 강간 범행에 대해서는 피고인에게 죄책을 물을 수 없다고 판단하였다. 강간은 피고인의 범행 모의에 들어 있지 않은 범행이라는 것이 대법원이 제시한 논거이다. 판시내용은 다음과 같다.

318 "피고인은 원심공동피고인의 강간사실을 알게 된것은 이미 실행의 착수가 이루어지고 난 다음이었음이 명백하고 강간사실을 알고나서도 암묵리에 그것을 용인하여 그로 하여금 강간하도록 할 의사로 강간의 실행범인 원심공동피고인 甲과 강간 피해자의 머리 등을 잡아준 원심공동피고인 乙과 함께 일체가 되어 원심공동피고인들의 행위를 통하여 자기의 의사를 실행하였다고는 볼 수 없다 할 것이고 따라서 결국 강도강간의 공모사실을 인정할 증거가 없다고 하지 않을 수 없다."[192]

319 ② 학생들이 건물을 점거하고 농성하는 과정에서 진압을 시도하는 경찰들에게 폭력을 사용하여 대항하면서 일부 학생들이 화염병으로 건물에 방화하고

192 대판 1988. 9. 13, 88도1114.

경찰들에게 사상의 결과를 발생시킨 사안이다. 이때 경찰들에게 폭력을 행사한 학생들에게 특수공무집행방해치사·상의 죄책을 부과할 수는 있지만, 현존건조물방화치사·상죄는 건물에 방화한 일부 학생들에게만 부과할 수 있다는 것이 판례의 내용이다. 건물 방화는 농성 학생들이 사전에 모의한 범행내용이 아니기 때문이다. 이에 관한 판시사항을 소개하면 다음과 같다.

> "특수공무집행방해치사상과 같은 부진정결과적가중범은 예견 가능한 결과를 예견하지 못한 경우뿐만 아니라 그 결과를 예견하거나 고의가 있는 경우까지도 포함하는 것이므로, 공무집행을 방해하는 집단행위의 과정에서 일부 집단원이 고의로 방화행위를 하여 사상의 결과를 초래한 경우에 다른 집단원이 그 방화행위로 인한 사상의 결과를 예견할 수 있는 상황이었다면 특수공무집행방해치사상의 죄책을 면할 수 없으나 그 방화행위 자체에 공모 가담한 바 없는 이상 방화치사상죄로 의율할 수는 없다고 할 것이다. 이와 같은 취지에서 원심이 피고인 甲에 대하여 특수공무집행방해치사상의 책임을 인정하면서 방화치사상 부분은 무죄라고 판단한 것에 소론과 같은 이유모순이나 법리 오해의 위법이 없다."193 320

〔이 승 호〕

193 대판 1990. 6. 26, 90도765.

第31條(敎唆犯)

① 타인을 교사하여 죄를 범하게 한 자는 죄를 실행한 자와 동일한 형으로 처벌한다.

② 교사를 받은 자가 범죄의 실행을 승낙하고 실행의 착수에 이르지 아니한 때에는 교사자와 피교사자를 음모 또는 예비에 준하여 처벌한다.

③ 교사를 받은 자가 범죄의 실행을 승낙하지 아니한 때에도 교사자에 대하여는 전항과 같다.

Ⅰ. 서 설

1. 교사범의 의의

1 본조 제1항은 '타인을 교사하여 죄를 범하게 한 자'를 교사범이라고 한다. 교사범이 성립하기 위해서는 교사자의 교사행위와 교사행위에 의해 교사된 피교사자의 실행행위가 필요하다. 따라서 교사행위만 있고 피교사자의 실행행위가 없는 경우에는 특별히 본조 제2항, 제3항의 적용을 받는 경우에 해당한다. 교사자에게는 피교사자로 하여금 범죄를 결의하게 한다는 자체의 불법을 가지고 있지만, 피교사자가 실현한 불법 여부에 따라 종속되는 공범에 해당한다.[1]

2 교사범은 타인을 교사하여 죄를 범하게 하는 가담형식이므로 스스로 행위지배에 관여하지 않는다는 점에서 공동정범(§ 30)과 구별된다.

---

1 김성돈, 형법총론(8판) 694.

교사범은 타인을 이용하여 죄를 범한다는 점에서는 간접정범(§ 34①)과 같은 구조를 가지고 있다. 그러나 간접정범은 어느 행위로 인하여 처벌되지 않거나 과실범으로 처벌되는 직접정범인 도구를 의사지배하는 정범이지만, 교사범은 정범의 가벌적인 범죄를 전제로 하는 공범이라는 점에서 구별된다. 3

교사범은 방조범(§ 32①)과 공범이라는 점에서 같은 속성을 지니고 있지만, 교사범은 존재하지 않았던 범죄를 타인으로 하여금 야기시킨다는 점에서 방조범과는 질적으로 구별된다.[2] 즉, 타인에게 범죄의 결의를 생기게 하는 교사범은 타인의 범죄결의의 존재를 전제로 해서 그 실행을 유형·무형의 방법으로 돕는데 지나지 않은 방조범과 구별된다. 4

2. 본조의 연혁

형법 제정 당시에 교사범에 관한 규정인 본조는 조문의 문자상 자구 조정만 있었을 뿐 논란 없이 통과되어 현행 형법의 교사범 규정에 이르고 있다. 형법초안 이유설명서에서 본조 제2항, 제3항과 관련해서, 교사범이 독립적으로 처벌되는 경우에 관한 규정이 "종래 형법학에서 교사범의 종속설과 독립설의 대비가 있었던 바, 이를 입법적으로 해결한 것이다."고 하면서 동 규정들이 "교사범 종속설을 취하는 논자는 예외규정이라고 할 것이고, 교사범 독립설을 고집하는 사람들은 임의적 규정이라고 할 것이다."고 밝혀 놓고 있다.[3] 5

비교법적 관점에서 살펴보면, 독일형법의 교사범은 독일형법 제26조에서 "고의로 타인으로 하여금 고의의 불법행위를 결의하게 한 자는 교사범으로 정범과 동일하게 처벌한다."고 규정하고 있다. 그리고 독일형법 제30조(공범의 미수) 제1항은 실패한 교사를 "타인에게 중죄의 실행 또는 중죄의 교사를 결의하도록 시도한 자는 중죄의 미수에 대한 규정에 의해 처벌된다. 다만, 제49조 제1항에 의해 그 형을 감경한다. 제23조 제3항(불능미수규정)은 동일하게 적용한다."고 규정하고 있고, 제2항은 효과없는 교사를 "중죄의 실행 또는 중죄의 교사의 의사표시를 한 자, 타인의 이와 같은 제안을 수락한 자 또는 타인과 이를 약속한 자도 동일하게 처벌한다."고 규정하고 있다. 6

2 이재상·장영민·강동범, 형법총론(11판), § 34/2.
3 한국형사정책연구원, 형법제정자료집(1990), 89.

7 일본형법의 교사범은 일본형법 제31조에서 "① 사람을 교사해서 범죄를 실행하게 한 자에게는 정범의 형을 부과한다. ② 교사자를 교사한 자에 대하여도 전항과 같다.[4]"고 규정하고 있다. 그리고 제64조에서 "구류 또는 과료만으로 처해야 할 죄의 교사자 및 종범은 특별한 규정이 없으면 벌하지 않는다."는 규정을 두고 있다.

3. 교사범의 관할과 공소시효

(1) 범죄지

8 형사소송법 제4조 제1항은 범죄지, 피고인의 주소·거소 또는 현재지를 토지관할로 한다고 규정하고 있다. 여기서 범죄지란 범죄구성요건에 해당하는 사실의 전부 또는 일부가 발생한 장소를 말한다. 교사범의 경우에는, 정범의 실행행위지 및 결과발생지뿐만 아니라 교사가 이루어진 곳도 범죄지에 해당한다.

(2) 공소시효 기산점

9 형사소송법 제252조 제2항은 공범은 최종행위가 종료한 때로부터 모든 공범에 대한 시효기간을 기산한다고 규정하고 있다. 여기서 공범이란 공동정범과 교사범·방조범뿐만 아니라 필요적 공범도 포함된다. 따라서 교사범의 경우에는, 정범의 범죄행위의 종료시점으로부터 공소시효가 기산된다.

Ⅱ. 교사범의 성립요건

10 '타인을 교사하여 죄를 범하게 한 자'로서 교사범의 성립요건은, 먼저 객관적 구성요건으로서 교사자의 교사행위와 주관적 구성요건으로서 교사자의 고의가 요구되며, 여기에 공범종속성에 의해 정범의 실행행위가 전제되어야 하므로 피교사자인 정범의 구성요건적 실행행위가 필요하다.[5]

---

4 간접교사에 관한 규정을 별도로 두고 있다.

5 대판 2022. 9. 15, 2022도5827(피고인이 자신이 관리하는 건물에 입주하고 있는 피해자를 쫓아내기 위하여 아들 甲을 시켜 피고인 소유의 현관 도어락의 비밀번호를 변경하였다고 하더라도 권리행사방해죄가 성립할 수 없고, 정범인 甲의 권리행사방해죄가 인정되지 않는 이상 교사자인 피고인에 대하여 권리행사방해교사죄도 성립할 수 없다고 한 사례). 「교사범이 성립하려면 교사자의 교사행위와 정범의 실행행위가 있어야 하므로, 정범의 성립은 교사범 구성요건의 일부이고 교사범이 성립하려면 정범의 범죄행위가 인정되어야 한다.」

1. 교사자의 교사행위

(1) 교사행위의 의의

교사행위란 타인에게 범행의 결의를 가지게 하는 일체의 행위를 말한다. 범행의 결의(決意)란 일정한 범죄를 실행하겠다는 마음을 굳게 가지는 것을 의미한다. 그러므로 교사행위가 되기 위해서는 단순히 범죄를 유발할 수 있는 상황을 만든 경우[6]나, 선동에 불과한 경우는 교사행위로 볼 수 없다. 예컨대, ① 피고인이 그 자녀들로 하여금 조총련의 간부로 있는 피고인의 형(兄)에게 단순한 신년인사와 안부의 편지를 하게 한 것만으로서는 반국가단체의 구성원과 그 이익이 된다는 사정을 알면서 통신연락을 하도록(구 반공법 §5① 위반) 교사하였다고 할 수 없고,[7] ② 나이 어린 사람에게 "밥값을 구하여 오라."고 말한 것이 절도범행을 교사한 것이라고 볼 수 없으며,[8] ③ 피고인이 조직폭력배 조직원들에게 "야, 돈 가져 와라."라고 소리친 것을 가리켜 조직원들에 대하여 직접 상대방을 공격하도록 지시를 내려 상해를 교사한 것이라고 단정하기 어렵다.[9] 11

또한, 피교사자를 특정하지 않고 막연히 일반인에게 특정한 범죄를 교사하거나 피교사자를 특정하였으나 결의하게 할 범죄를 특정하지 않는 경우에는 교사행위로 인정될 수 없다. 12

범죄의 특정과 관련하여 교사자는 범행의 일시, 장소, 방법 등의 세부적인 사항까지를 특정하여 교사할 필요는 없는 것이고, 정범으로 하여금 일정한 범죄의 실행을 결의할 정도에 이르게 할 정도이면 된다.[10] 예컨대, ① 소나무를 도벌하여 상자를 만들어 달라고 말하면서 도벌자금을 교부한 경우에 산림절도의 교사라고 할 수 있고,[11] ② 피고인이 상대방에게 피해자를 "정신차릴 정도로 때려주라."고 하였다면 상해의 교사라고 할 수 있으며,[12] ③ 대리응시자들에게 시험장에 입장하도록 한 이상 주거침입교사죄가 성립하고,[13] ④ 피고인이 甲, 乙, 13

6 대판 1971. 2. 23, 71도45; 대판 1984. 5. 15, 84도418.
7 대판 1971. 2. 23, 71도45.
8 대판 1984. 5. 15, 84도418.
9 대판 2006. 2. 24, 2005도955.
10 대판 1967. 12. 19, 67도1281; 대판 1991. 5. 14, 91도542.
11 대판 1969. 4. 22, 69도255.
12 대판 1997. 6. 24, 97도1075.
13 대판 1967. 12. 19, 67도1281.

丙이 절취하여 온 장물을 상습으로 19회에 걸쳐 시가의 3분의 1 내지 4분의 1의 가격으로 매수하여 취득하여 오다가, 甲, 乙에게 일제 드라이버 1개를 사주면서 "丙이 구속되어 도망다니려면 돈도 필요할 텐데 열심히 일을 하라(도둑질을 하라)."고 말하였다면, 이는 종전에 丙과 같이 하던 범위의 절도를 다시 계속하면 그 장물은 매수하여 주겠다는 것으로서 절도의 교사가 있었다고 보아야 한다.[14] 그러나 막연히 "범죄를 하라."거나 "절도를 하라."고 하는 등의 행위만으로는 교사행위라고 할 수 없다.

14 교사범이란 타인(정범)으로 하여금 범죄를 결의하게 하여 그 죄를 범하게 한 때에 성립하는 것이고, 피교사자는 교사범의 교사에 의하여 범죄실행을 결의하여야 하는 것이므로, 피교사자가 이미 범행의 결의를 가지고 있을 때에는 교사행위가 성립할 수 없다.[15]

15 이미 범행결의가 있는 사람에 대해서 교사행위가 이루어진 경우에는 교사범이 성립할 수 없지만, 기본범죄 대신에 가중유형의 범죄를 범하게 하거나 전혀 다른 범죄로 나아가도록 하는 것처럼 정범이 이미 가진 범행결의를 변경하게 하는 한 경우에도 교사행위로 볼 수 있는지에 대해서는, ① 가중범죄에 대한 교사를 인정하는 견해[16]와 ② 피교사자가 이미 결의하고 있는 것을 제외하고 나머지 부분에 대해서만 교사를 인정하는 견해[17]가 있다.

16 판례는 상해나 중상해를 교사하였는데 피교사자가 살인을 실행한 경우, 교사자에게 피해자의 사망이라는 결과에 대하여 과실 내지 예견가능성이 있는 때에는 상해치사죄의 교사범을 인정한다.[18]

(2) 교사행위의 수단과 방법

17 교사행위의 수단과 방법에는 제한이 없다. 범행결의에 영향을 미칠 수 있는 것이면 명령, 지시, 설득, 애원, 유혹, 감언, 이익제공 등의 수단도 가능하다. 교

---

14 대판 1991. 5. 14, 91도542. 본 판결 해설은 홍성무, "교사범에 있어서 교사행위의 특정정도 및 실행행위와 사이의 인과관계", 해설 15, 법원행정처(1992), 653-662.

15 대판 1991. 5. 14, 91도542; 대판 2012. 8. 30, 2010도13694.

16 김성돈, 697; 김일수·서보학, 새로쓴 형법총론(13판), 484; 배종대, 형법총론(17판), § 142/9; 이재상·장영민·강동범, § 34/5; 임웅, 형법총론(13정판), 515.

17 박상기·전지연, 형법학(총론·각론)(5판), 291; 손동권·김재윤, 새로운 형법총론, § 31/8.

18 대판 1993. 10. 8, 93도1873; 대판 2002. 10. 25. 2002도4089.

사는 명시적·직접적 방법뿐만 아니라 묵시적·간접적인 방법으로도 가능하다.

피교사자는 반드시 한 사람임을 요하지 않으며 다수인이라도 가능하다(공동교사).[19] 그러나 교사행위에 의해서 실행행위를 하게 되는 피교사자는 특정되어야 한다. 그렇기 때문에 특정되지 않은 다수인에 대하여는 교사가 성립할 수 없다. 피교사자가 특정되어야 하지만 교사자는 피교사자가 누구인지를 알 필요가 없다. 피교사자가 일차적으로 교사자로부터 교사를 받았으나 자신이 직접 실행행위로 나아가지 않고 다시 제3자를 교사하여 실행행위로 나아가게 한 경우에도, 제1교사자의 교사행위를 형법상 교사행위로 볼 수 있는지가 문제가 된다. 18

(가) 연쇄교사

교사가 수인을 거쳐 순차적으로 계속된 경우를 연쇄교사라고 한다. 간접교사와는 제1교사자가 최종 실행행위자를 알지 못하는 점에서 차이가 있다.[20] 연쇄교사의 경우, ① 피교사자가 특정되지 않았다는 점에서 교사자가 연쇄교사를 인식 내지 인용한 경우가 아니라면 교사범이 성립하지 않는다는 견해가 있으나,[21] ② 통설은 연쇄교사의 경우에도 제1교사자는 최초의 교사행위를 하면서 피교사자를 특정한 것으로 보아 교사행위와 최종적인 피교사자의 실행행위 간에 인과관계가 인정되는 한 교사범의 성립이 인정된다[22]고 한다. 연쇄교사를 교사행위로 인정하는 입장에서는 중간에 연쇄된 사람의 수가 아무리 많아도 상관없고, 제1교사자가 연쇄된 사람의 수를 알 필요도 없다. 즉 어디까지 연쇄되어 교사가 이루어지는지가 문제가 되지 않는다면, 제1교사자는 최종 실행행위자가 누구인지를 알지 못하여도 상관없다. 19

(나) 간접교사

간접교사란 교사자가 피교사자에게 다른 사람을 교사하여 범죄를 실행할 것을 교사한 경우를 말한다. 예를 들어 甲이 乙에게 丙을 시켜 A를 살해하도록 교사한 경우를 말하고, 이를 교사의 교사라고도 한다. 간접교사에서도 피교사자 20

---

19 일본 판례는 공동교사범을 인정하고 있다[最判 昭和 23(1948). 10. 23. 刑集 2·11·1386].

20 김성돈, 699; 이재상·장영민·강동범, § 34/29.

21 오영근, 형법총론(5판), 394.

22 김성돈, 699; 박상기·전지연, 298; 손동권·김재윤, § 31/38; 신동운, 형법총론(14판), 670; 이재상·장영민·강동범, § 34/29; 임웅, 522; 정성근·박광민, 형법총론(전정2판), 590; 한상훈·안성조, 형법개론(3판), 280.

및 범죄행위가 특정되어야만 교사행위에 해당하고, 나아가 간접교사행위와 실행행위 사이에 인과관계가 인정되어야 한다. 타인을 교사하였는데 피교사자가 직접 실행행위를 하지 않고 제3자를 교사하여 실행하게 한 경우를 간접교사에 포함시키는 견해[23]가 있으나, 최초 교사자의 입장에서 최종 실행행위자를 알 수 없다는 점에서 연쇄교사의 유형이라고 하여야 할 것이다.

21 교사범을 교사한 간접교사의 책임에 관하여 형법상 일본형법 제31조 제2항과 같은 규정은 없으나, 통설[24]은 간접교사를 교사행위로 인정하고 있다. 형법은 교사범의 요건으로 '타인을 교사하여 죄를 범한 자'라고만 규정하고 있을 뿐 그 방법에는 제한이 없다. 따라서 피교사자가 반드시 정범이어야 하는 것은 아니므로 간접교사도 타인을 교사하여 죄를 범한 사람에 해당한다고 보는 것이 타당하다.

22 판례도 간접교사를 교사행위로 인정하고 있다. 즉 판례는, ① 피고인의 교사를 받은 의사 아닌 甲이 피고인이 교사한 대로 의사인 乙과 공모하여 허위진단서를 작성하였다면 제33조에 의하여 피고인은 허위진단서작성(§ 233)의 교사죄의 죄책을 지고,[25] ② 피고인이 甲이 乙에게 군용물을 부정인출하여 처분해 줄 것을 요청한다는 것을 알면서 甲의 부탁을 받고 甲의 요청을 乙에게 전달하여 乙로 하여금 군용물을 부정인출하여 처분케 한 것은 군용물사기(군형 § 75①)의 교사에 해당한다[26]고 판시하였다.

(다) 부작위에 의한 교사[27]

23 부작위에 의한 교사가 가능한지에 대해서는 견해가 나뉘고 있다. ① 다수설은 부작위에 의해서는 주된 행위자의 결의를 방해하지 않을 수는 있어도 주된 행위자의 결의를 야기할 수 없기 때문에 부작위에 의한 교사는 인정될 수 없다고 한다.[28] ② 소수설은 선행행위를 방지해야 할 의무가 있다고 할 수 있으므

23 이재상·장영민·강동범, § 34/27.
24 이재상·장영민·강동범, § 34/28; 한상훈·안성조, 280.
25 대판 1967. 1. 24, 66도1586.
26 대판 1974. 1. 29, 73도3104.
27 한편, 부작위범에 대한 교사가 인정되는지 문제된다. 이에 대하여, 통설은 작위의무를 가진 사람에게 부작위를 결의토록 하는 것은 가능하므로 부작위범에 대한 교사는 가능하다고 한다[김성돈, 697; 이주원, 형법총론(3판), 396].
28 강동욱, 강의 형법총론(2판), 324; 김성돈, 696; 김성천·김형준, 형법총론(6판) 420; 김신규, 형법

로 부작위에 의한 교사범도 인정할 수 있다고 한다.[29] 이 문제와 관련된 판례는 아직 없다.

(라) 과실에 의한 교사[30]

과실에 의한 교사에 관하여는, ① 행위공동설의 입장에서 적나라한 행위(사실)의 공동이 있으면 충분하므로 과실에 의한 교사도 인정된다거나, ② 공범의 인과성을 중시하는 야기설의 입장에서 인과성이 인정되는 한 긍정된다는 견해가 있으나,[31] ③ 통설은 교사는 타인에게 범죄 결의를 일으키게 하는 것이므로 과실에 의한 교사는 있을 수 없다고 한다.[32] 24

2. 피교사자의 범행결의와 실행행위

피교사자는 교사자의 교사행위에 의하여 범행결의를 하여야 한다. 따라서 피교사자가 이미 범죄의 결의를 가지고 있거나, 피교사자가 교사를 받고 있다는 것을 알지 못하는 '편면적 교사'의 경우는 교사범이 성립할 여지가 없다.[33] 그리고 피교사자가 범행결의를 하여야 하므로 당연히 피교사자의 행위는 고의행위만을 의미한다고 하여야 한다.[34] 피교사자가 교사자의 교사에도 불구하고 범행을 승낙하지 않는 경우나 피교사자의 범행결의가 교사자의 교사행위에 의하여 생긴 것으로 보기 어려운 경우에는, 본조 제3항에 의하여 교사자는 예비 또는 음모에 준하여 처벌된다. 25

총론 강의, 468; 김일수·서보학, 485; 김형만, 형법총론, 285; 김혜정·박미숙·안경옥·원혜욱·이인영, 형법총론(5판), 401; 박상기·전지연, 289; 배종대, § 141/3; 성낙현, 형법총론(3판), 677; 이상돈, 형법강론(4판), 291; 이재상·장영민·강동범, § 34/7; 이정원·이석배·정배근, 형법총론 307; 이주원, 396; 이형국·김혜경, 형법총론(6판), 436; 임웅, 511; 정성근·박광민, 583; 정성근·정준섭, 형법강의 총론(3판), 310; 정승환, 형법학 입문, § 14/67; 정웅석·최창호, 형법총론, 546; 최호진, 형법총론(2판), 718.

29 안동준, 형법총론강의, 296; 오영근, 393; 정영일, 형법총론(3판), 417.

30 한편, 과실범에 대한 교사가 인정되는지도 문제된다. 이에 대하여, 통설은 과실범의 이용행위로서의 교사는 간접정범이 될 뿐이라고 한다(이주원, 396; 이재상·장영민·강동범, § 34/15; 정성근·정준섭, 311).

31 이건호, 형법학개론, 188.

32 김신규, 468; 김일수·서보학, 485; 김형만, 285; 김혜정·박미숙·안경옥·원혜욱·이인영, 401; 배종대, § 141/3; 성낙현, 677; 이재상·장영민·강동범, § 34/7; 이주원, 396; 정성근·박광민, 583; 정성근·정준섭, 310; 정승환, 형법학 입문, § 14/67; 최호진, 718.

33 이주원, 398; 정성근·정준섭, 313; 최호진, 720; 홍영기, 형법(총론과 각론), § 40/8.

34 김성돈, 704; 김일수·서보학, 486; 이재상·장영민·강동범, § 34/15.

26 피교사자는 적어도 범죄의 실행행위에 착수하여야 한다.[35] 피교사자가 실행행위에 착수하지 않은 경우에는 공범의 종속성의 전제요건이 결여되어 교사범이 성립할 수 없으며, 범죄의 실행을 승낙하고 실행의 착수에 이르지 않는 경우에는 본조 제2항에 의해 교사자와 피교사자 모두 예비 또는 음모에 준하여 처벌할 수 있을 뿐이다.

(1) 교사자의 교사행위와 범행결의 간의 인과관계

27 교사자의 교사행위와 피교사자의 범행결의 사이에는 인과관계가 있어야 한다.[36] 인과관계가 없는 경우에는 교사범은 성립하지 않는다. 피교사자가 범죄의 실행에 착수한 경우 그 범행결의가 교사자의 교사행위에 의하여 생긴 것인지는 교사자와 피교사자의 관계, 교사행위의 내용 및 정도, 피교사자가 범행에 이르게 된 과정, 교사자의 교사행위가 없더라도 피교사자가 범행을 저지를 다른 원인의 존부 등 제반 사정을 종합적으로 고려하여 사건의 전체적 경과를 객관적으로 판단하는 방법에 의하여야 하고, 이러한 판단 방법에 의할 때 피교사자가 교사자의 교사행위 당시에는 일응 범행을 승낙하지 아니한 것으로 보여진다 하더라도 이후 그 교사행위에 의하여 범행을 결의한 것으로 인정되는 이상 교사범의 성립에는 영향이 없다.[37]

28 교사범의 교사행위가 정범이 죄를 범하게 된 유일한 조건일 필요는 없다. 따라서 교사행위에 의하여 피교사자가 범죄 실행을 결의하게 된 이상, 피교사자에게 다른 원인이 있어 범죄를 실행한 경우에도 교사범의 성립에는 영향이 없다.[38] 예를 들어, 교사행위에 의하여 정범이 실행을 결의하게 된 이상 비록 정

35 대판 2000. 2. 25, 99도1252.

36 대판 2013. 9. 12, 2012도2744.

37 대판 2013. 9. 12, 2012도2744. 피고인이 결혼을 전제로 교제하던 여성 甲의 임신 사실을 알고 수회에 걸쳐 낙태를 권유하였다가 거부당하자, 甲에게 출산 여부는 알아서 하되 더 이상 결혼을 진행하지 않겠다고 통보하고, 이후에도 아이에 대한 친권을 행사할 의사가 없다고 하면서 낙태할 병원을 물색해 주기도 하였는데, 그 후 甲이 피고인에게 알리지 아니한 채 자신이 알아본 병원에서 낙태시술을 받은 사안에서, 피고인은 甲에게 직접 낙태를 권유할 당시뿐만 아니라 출산 여부는 알아서 하라고 통보한 이후에도 계속 낙태를 교사하였고, 甲은 이로 인하여 낙태를 결의·실행하게 되었다고 보는 것이 타당하며, 甲이 당초 아이를 낳을 것처럼 말한 사실이 있다는 사정만으로 피고인의 낙태교사행위와 甲의 낙태결의 사이에 인과관계가 단절되었다고 볼 수 없다고 하여, 피고인에게 낙태교사죄를 인정하였다.

38 대판 2012. 11. 15, 2012도7407.

범에게 범죄의 습벽이 있어 그 습벽과 함께 교사행위가 원인이 되어 정범이 범죄를 실행한 경우에도 교사행위에 해당한다.[39]

(2) **공범관계의 이탈**[40]

교사범이란 정범인 피교사자로 하여금 범죄를 결의하게 하여 그 죄를 범하게 한 때에 성립하는 것이고, 교사범을 처벌하는 이유는 이와 같이 교사범이 피교사자로 하여금 범죄 실행을 결의하게 하였다는 데에 있다. 29

당초 피교사자가 범죄를 결의하게 된 사정을 제거하는 등 제반 사정에 비추어 객관적·실질적으로 보아 교사범에게 교사의 고의가 계속 존재한다고 보기 어렵고, 당초의 교사행위에 의하여 형성된 피교사자의 범죄 실행의 결의가 더 이상 유지되지 않는 것으로 평가할 수 있다면, 설사 그 후 피교사자가 범죄를 저지르더라도 이는 당초의 교사행위에 의한 것이 아니라 새로운 범죄 실행의 결의에 따른 것이므로 교사자는 본조 제2항에 의한 죄책을 부담함은 별론으로 하고, 본조 제1항에 의한 교사범으로서의 죄책을 부담하지는 않는다고 할 수 있다. 30

구체적인 기준으로, ① 교사자의 교사행위 철회의사표시와 피교사자의 동의가 있는 경우에는 철회의 의사표시만으로 이탈이 인정되지만(엄밀하게 말하면, 교사자와 피교사자 사이 공범관계의 결속력의 해소를 인정하지만), ② 피교사자의 동의를 구하지 못한 경우에는 교사범이 명시적으로 교사행위를 철회하여야 할 뿐만 아니라 피교사자가 범죄를 결의하게 된 사정을 제거하는 등 제반 사정에 비추어 객관적·실질적으로 보아 교사범에게 교사의 고의가 계속 존재한다고 보기 어렵고, 당초의 교사행위에 의하여 형성된 피교사자의 범죄 실행의 결의가 더 이상 유지되지 않는 것으로 평가할 수 있을 정도로 피교사자의 범죄의 실행을 방지하기 위한 진지한 노력이 있어야 한다.[41] 31

---

39 대판 1991. 5. 14, 91도542.

40 교사자의 교사행위와 피교사자의 실행행위 사이의 인과성은 그 인정 여부뿐만 아니라, 이미 형성된 인과성을 사후에 해소함으로써도 단절시킬 수 있다.

41 대판 2012. 11. 15, 2012도7407. 피고인이 피교사자 甲에게 피해자 A의 불륜관계를 이용하여 공갈할 것을 교사하였고, 이에 甲이 A를 미행하여 A의 불륜현장을 카메라로 촬영한 후 피고인에게 이 사실을 알리자 피고인이 甲에게 A를 공갈하는 것을 단념하라고 말하면서 공갈의 범행으로 나아가는 것을 만류하였으나, 甲이 피고인의 제안을 거절하면서 촬영한 동영상을 A의 핸드폰에 전송하여 공갈한 사안에서 대법원은, "피고인은 甲으로 하여금 이 사건 공갈 범죄의 실행을 결의하게 하였고, 피고인의 교사에 의하여 범죄 실행을 결의하게 된 甲이 그 실행행위에 나아가기 전에 피고인으로부터 범행을 만류하는 전화를 받기는 하였으나 이를 명시적으로 거절함으로

3. 교사자의 고의

(1) 고의의 내용

32 교사자의 고의는 피교사자에게 범행결의를 가지게 하여 피교사자로 하여금 범죄의 기수까지 실행하게 할 고의를 의미한다. 따라서 교사자의 고의가 인정되기 위해서는 교사자에게는 자신의 교사행위에 대해서뿐만 아니라 피교사자의 실행행위와 관련해서도 고의가 있어야 한다. 즉, 교사자의 고의는 교사의 고의와 정범의 고의라는 이중의 고의로 구성되어 있다. 그리고 교사자의 고의는 미필적 고의로도 충분하다.[42]

33 교사자의 고의는 교사행위를 인식하고 의욕하는 것이겠지만, 특별하게 이중의 고의를 말하는 것은 교사범의 객관적 요건으로서 교사행위에 대한 고의 이외에 정범에 대한 고의가 중요하기 때문이다. 정범의 고의와 관련해서 교사자의 고의는 구체적인 것이어야 한다. 즉, 특정한 범죄와 특정한 정범에 대한 인식이 있어야 한다.

34 정범의 고의와 관련해서 교사자에게 어느 정도를 요구하는지에 대해서, 통설은 교사자의 고의는 기수의 고의, 즉 구성요건적 결과를 실현할 의사라고 한다.[43] 따라서 교사한 범죄가 미수에 이르게 하려는 의도는 교사자의 고의로 충분하지 않다.

35 교사자가 고의로 교사행위를 하였으나, 피교사자에 의한 범죄를 완성시키

써 여전히 피고인의 교사 내용과 같은 범죄 실행의 결의를 그대로 유지하였으며, 그 결의에 따라 실제로 피해자를 공갈하였음을 알 수 있다. 이를 앞서 본 법리에 비추어 보면, 피고인의 교사행위와 甲의 공갈행위 사이에는 상당인과관계가 인정된다 할 것이고, 피고인의 만류행위가 있었지만 甲이 이를 명시적으로 거절하고 당초와 같은 범죄 실행의 결의를 그대로 유지한 것으로 보이는 이상, 피고인이 공범관계에서 이탈한 것으로 볼 수도 없다."고 판시하면서, 피고인에 대하여 공갈교사죄의 유죄를 인정한 원심의 판단을 수긍하였다. 본 판결 평석은 김정환, "교사범의 공범관계이탈과 관련한 대법원의 판단에 대한 비판", 서울법학 22-1, 서울시립대학교 법학연구소(2014), 105-138.

42 고의 외의 주관적 구성요건과 관련하여, 교사하려는 범죄가 목적범인 경우, ① 교사자에게도 그러한 목적이 있어야 목적범에 대한 교사범이 성립한다는 견해(정성근·박광민, 584; 정성근·정준섭, 311; 정영일, 414), ② 피교사자와 동일한 내용의 목적이 있을 필요는 없고 피교사자가 일정한 목적하에 행위를 한다는 것을 아는 것만으로 충분하다는 견해[김성돈, 699; 김일수·서보학, 485; 성낙현, 678; 주석형법 [총칙(2)](3판), 155(하태한)]의 대립이 있다.

43 김성돈, 698; 김일수·서보학, 485; 박상기·전지연, 290; 배종대, § 141/6; 신동운, 672; 오영근, 394; 이재상·장영민·강동범, § 34/12; 임웅, 513; 정성근·박광민, 584.

려는 의도가 아니라 단지 미수에 그치게 하려는 의도가 있었던 경우를 '미수의 교사'라고 한다. 미수의 교사는 교사자가 피교사자에게 교사행위로 인해 범행결의와 실행의 착수에 이르게 할 의도만 가지고 행하는 모든 경우를 가정할 수 있지만, 범인의 검거를 위하여 본래 범의를 가지지 아니한 사람에 대하여 수사기관이 사술이나 계략 등을 써서 범의를 유발케 하여 범죄가 기수에 이르기 전에 체포하는 수사방법을 일컫는 함정수사의 경우가 현실적인 예로서 제시된다. 이와 같이 교사자가 처음부터 피교사자의 행위가 기수에 이르지는 못하게 할 의사로 교사한 경우인 '미수의 교사'의 가벌성 여부가 문제된다.

(2) 미수의 교사

36 교사자의 고의 내용을 어떻게 정의하느냐에 따라 미수의 교사에 대한 가벌성 여부는 달라진다. ① 정범이 실행에 착수할 것을 인식·인용하면 교사의 고의를 인정할 수 있다고 보는 견해는 미수의 교사의 경우에도 교사자의 고의를 인정할 수 있고, 미수범에 대한 교사와 동일하게 처벌할 수 있다고 한다.[44] ② 통설은 교사자의 고의는 적어도 결과발생을 인식·인용하는 기수의 고의여야 하므로, 미수의 교사의 경우는 고의가 조각되어 교사자의 가벌성이 부정된다고 한다.[45]

37 피교사자의 범행결의가 유발되어 결과발생에 대한 고의를 가지고 행위하였으나 미수에 그친 경우에는, 피교사자에게 원칙적으로 미수범이 성립한다. 문제는 함정수사와 관련하여 피교사자의 미수의 실행행위를 어떻게 평가할 것인가이다. 범의를 유발하여 실행에 나아가게 하는 이른바 범의유발형 함정수사는 국가가 일반시민에게 범행의 결의를 유발시키고 범죄자로 만든다는 점에서 신의칙에 반하는 수사에 해당하므로 이론상의 미수의 교사에서 피교사자와 다르게 취급되어야 한다. ① 실체법상 무죄라는 견해도 있으나,[46] ② 피교사자의 행위의 범죄성립요건을 배제시킬 만한 근거가 없기 때문에 실체법상 유죄에 해당하는 것은 분명하지만 소송법상으로 해결을 제시하는 견해가 다수설이다.[47] 판례

44 김종원, 교사범(上), 고시계(1975. 1), 39.

45 김성돈, 700; 김일수·서보학, 485; 박상기·전지연, 297; 배종대, § 141/7; 신동운, 673; 오영근, 394; 이재상·장영민·강동범, § 34/12; 이주원, 399; 이형국·김혜경, 434; 임웅, 514; 정성근·박광민, 584; 정영일, 416.

46 신동운, 675. 범의유발형 함정수사의 경우, 피교사자가 일종의 위난상태에 빠진 것으로 보아 적법행위의 기대가능성이 없다는 이유로 무죄 선고를 하는 것이 타당하다고 한다.

47 김성돈, 701; 손동권·김재윤, § 31/21; 정성근·박광민, 585.

도 함정수사로 인해 기소된 피교사자에게 공소기각의 판결을 한다.[48]

38 미수의 교사에도 불구하고 피교사자의 실행행위가 기수에 이른 경우에, 교사자의 형사책임과 관련하여 문제가 된다. ① 교사자가 피교사자의 실행행위가 기수에 이를 수 있다는 사실을 인식은 하지 못하였으나 인식할 가능성이 있었던 경우, 즉 교사자에게 인식 없는 과실만 인정되는 경우에 교사자를 과실 유무에 의해서 과실범으로 처벌하자는 견해[49]와 ② 교사자의 교사행위가 범행을 촉발하였고 결국 기수에 이르게 한 점에서 결과적으로 방조범에 해당하므로 방조의 예에 의해서 처벌하자는 견해[50] 등으로 나누어진다.[51] 피교사자가 교사자의 예견과는 달리 실제로 기수에 이른 경우라면, 피교사자는 고의 기수범으로 인정된다.

Ⅲ. 착오 관련 문제

1. 교사자의 피교사자에 대한 착오

39 (1) 교사자가 피교사자를 책임능력자로 생각하고 교사행위를 하였으나 실제로 피교사자가 책임무능력자로서 도구와 다를 바 없이 행위를 한 경우, 또는

---

48 대판 2005. 10. 28, 2005도1247. 「범의를 가지지 아니한 사람에 대하여 수사기관이 범행을 적극 권유하여 범의를 유발케 하고 범죄를 행하도록 한 뒤 범행을 저지른 사람에 대하여 바로 그 범죄행위를 문제 삼아 공소를 제기하는 것으로서 적법한 소추권의 행사로 볼 수 없으므로, 형사소송법 제327조 제2호에 규정된 공소제기의 절차가 법률의 규정에 위반하여 무효인 때에 해당하여 공소기각 판결을 선고한 것은 정당하다.」

본 판결 해설은 박이규, "위법한 함정수사에 기하여 제기된 공소의 처리", 해설 59, 법원도서관(2006), 440-461.

49 김성돈, 701; 김일수·서보학, 486; 손동권·김재윤, § 31/19; 신동운, 673; 오영근, 395; 이재상·장영민·강동범, § 34/14; 정성근·박광민, 585.

50 박상기·전지연, 297; 배종대, § 141/8.

51 그 밖의 견해로는 임웅, 514. 「먼저 기수라고 하더라도 종국적인 법익침해가 있기 이전 단계인 형식적 기수와 법익이 종국적으로 침해된 단계인 실질적 종료를 구별한다. 그리고 교사자의 고의는 "피교사자의 실행행위가 실질적 종료단계에 이를 것을 인식·인용"해야 한다고 보아, 미수의 교사에 있어서 피교사자의 행위가 실질적으로 종료하지 아니하고 형식적 기수에 이를 것을 인식한 경우에는 교사자의 고의를 부정하여 불가벌이며, 다만 교사자의 예상과 달리 피교사자의 행위가 실질적 종료에 이르지 못할 것으로 인식하고 교사한 경우에 교사자의 고의가 부정되어 불가벌이라고 한다. 이 견해에 따르면 피교사자의 절취행위가 재물에 대한 점유의 취득으로 기수에 도달하더라도 범행현장에서 체포됨으로써 절취의 실질적 종료에 이르지 못할 것을 인식하고 교사한 경우에 교사자의 고의가 부정되어 불가벌이라고 한다.」

피교사자가 책임무능력자인 줄로 알고 교사하였으나 사실은 책임능력자였던 경우에, 교사자의 착오가 인정되어 고의가 인정될 수 있는지 문제가 된다.

이 문제는 한편으로는 교사자의 인식대상에 대한 착오이므로 교사자의 고의 인정 여부와 관련되지만, 다른 한편으로는 피교사자의 책임능력 여부는 책임요건의 충족 여부와도 관련되므로 공범의 종속형식에 관한 입장에 따른 해결도 제시되고 있다. 40

(2) 교사자가 책임능력자인 줄 알고 교사하였으나 사실은 책임무능력자인 경우에는, 피교사자의 책임능력에 대한 인식은 교사자의 고의 내용에 포함되지 않으므로 교사자의 착오는 인정될 여지가 없다. 그러나 이러한 문제상황에서 교사자의 고의가 인정되더라도 공범의 종속성과 관련하여 극단적 종속형식에 의하면 정범의 책임이 충족되지 않으면 공범이 성립할 수 없으므로 교사범이 성립할 수 없으며, 제34조 제1항의 간접정범이 인정될 수 있다고 한다.[52] 물론 제한종속형식은 책임의 충족 없이도 공범은 정범에 종속될 수 있으므로 교사범이 성립한다. 41

(3) 교사자가 책임무능력자인 줄 알고 교사하였으나 사실은 책임능력자인 경우에도, 마찬가지로 피교사자의 책임능력에 대한 인식은 교사자의 고의 내용에 포함되지 않으므로 교사자의 착오는 인정될 여지가 없다. 피교사자가 책임능력자로서 행위한 경우이므로, 제한종속형식에 의하거나 극단종속형식에 의하더라도 공범의 종속형식을 갖추게 되어 교사범이 성립한다는 결론은 동일하게 된다. 42

2. 실행행위와 관련된 피교사자의 착오와 교사자의 착오와의 관계

(1) 구체적 사실의 착오

피교사자가 실행행위 시에 구체적 사실에 대한 방법의 착오를 일으킨 경우에는, 교사자에게도 방법의 착오가 된다는 것에는 이견이 없다. 그러나 피교사자가 구체적 사실에 대한 객체의 착오를 일으킨 경우에는, 교사자의 착오유형에 대해서 견해의 대립이 있다. 43

① 객체의 착오설은 피교사자가 객체의 착오를 일으켰다면 교사자에게도 44

52 신동운, 682. 극단종속형식의 입장인 취하면서도 교사범의 성립을 인정하는 견해로 오영근, 399.

일어날 수 있는 착오이므로 객체의 착오로 취급하여야 한다는 견해이다.[53] 즉, 공범종속성의 관점에서 정범에게 중요하지 않은 객체의 착오는 교사자에게도 그 착오의 효과가 동일한 것으로 평가되어야 한다고 한다.

45 ② 방법의 착오설은 피교사자의 객체의 착오는 교사자에게는 방법의 착오가 된다는 견해로서,[54] 피교사자의 객체의 착오를 교사자의 입장에서 보면 행위수단 또는 행위방법의 잘못으로 대상이 빗나가게 된 방법의 착오와 동일한 구조를 갖는다고 한다. 방법의 착오설에 의하면, 교사자의 고의 인정 여부는 착오이론인 법정적 부합설과 구체적 부합설에 따라서 달라진다〔착오 일반론에 대해서는 **주해 I(총칙 1) §15(사실의 착오)** 부분 참조〕.

46 ③ 인과과정의 착오설은 교사행위와 실행행위 사이에 불일치가 있지만 양자의 불일치가 일반적인 생활경험에 따라 예견가능한 범위 내에 있는 경우에는, 그 불일치가 중요하지 않기 때문에 이를 고려함이 없이 교사자의 고의가 그대로 인정된다는 견해이다.[55]

(2) 추상적 사실의 착오

(가) 교사내용보다 적게 실행한 경우

47 피교사자가 교사받은 내용에 미달한 행위를 한 경우, 교사자는 공범의 종속성에 따라서 피교사자가 실제로 행위한 부분에 대해서만 책임을 지는 것이 원칙이다.

48 다만, 형법 해석론상 예외를 인정해야 하는 경우가 있다. 본조 제2항의 효과없는 교사의 경우에 교사자는 예비·음모에 준하여 처벌되기 때문에 피교사자가 교사자의 교사내용보다 적게 실행한 경우라 하더라도 교사한 범죄의 예비·음모의 형이 더 무거운 경우에는, 피교사자가 교사내용보다 적게 실행한 범죄의 형과 교사한 범죄의 예비·음모의 형이 상상적 경합에 의해 후자의 형이 적용된다.[56] 예를 들어 강도를 교사했는데 피교사자가 절도를 실행한 경우에, 교사자

---

53 김성돈, 274; 김혜정·박미숙·안경옥·원혜욱·이인영, 405; 배종대, §142/4; 손동권·김재윤, §31/32; 주석형법 〔총칙(2)〕(3판), 168(하태한).

54 김일수·서보학, 488-489; 이형국·김혜경, 441.

55 박상기·전지연, 292(불일치가 중요한 경우에는 교사자에게는 방법의 착오가 된다).

56 김성돈, 707; 김신규, 471; 김일수·서보학, 487; 박상기·전지연, 292; 배종대, §142/7; 손동권·김재윤, §31/28; 이재상·장영민·강동범, §34/19; 임웅, 520; 정성근·박광민, 592.

는 절도죄(§ 329)의 교사범과 강도예비·음모죄(§ 343)의 상상적 경합범이 된다.[57]

(나) 교사내용을 초과하여 실행한 경우

49 피교사자가 교사받은 이상으로 실행한 경우에, 교사자는 초과한 부분에 대해 원칙적으로 책임을 부담하지 않는다. 교사자는 피교사자의 실행행위가 교사자의 고의와 일치하는 범위 안에서만 책임을 부담하기 때문이다.

(a) 질적 초과의 경우

50 질적 초과는 교사자의 교사내용과 피교사자의 실행행위가 완전히 다른 구성요건에 해당하는 경우를 말한다. 교사자의 교사내용과 피교사자의 실행행위는 본질적인 면에서 일치해야 한다. 따라서 교사자는 질적 초과에 대해서는 원칙적으로 책임을 지지 않는다.[58] 다만 예외적으로 질적 초과의 경우의 경우라 할지라도 피교사자의 실행행위와 교사자의 교사내용의 질적 차이가 본질적이지 않는 경우에는, 피교사자의 실행행위에 대한 교사자의 책임이 인정될 수 있다. 예를 들어 사기를 교사하였는데 피교사자가 공갈죄를 범한 경우에는, 교사자는 공갈죄(§ 350)의 교사범이 인정된다.[59]

51 질적 초과의 경우는 피교사자가 전혀 다른 구성요건을 실현하였으므로 피교사자가 교사행위에 대해 승낙은 하였으나 실행의 착수에 이르지 않는 경우라고 할 수 있어, 본조 제2항에 의하여 교사자를 교사한 범죄의 예비·음모에 준하여 처벌할 수 있다.

(b) 양적 초과의 경우

52 양적 초과란 피교사자가 교사자의 고의내용을 넘어서는 실행행위를 한 경우를 말한다. 양적 초과의 경우에도 교사자는 자신의 고의범의 내에서만 책임을 지는 것이 원칙이다. 예를 들어 교사자가 절도를 교사하였는데 피교사자가 강도죄를 범한 경우에, 교사자는 절도교사의 책임만 진다.

53 문제가 되는 경우는 교사자가 기본행위만을 교사하였는데 피교사자가 중한 결과를 발생시킨 결과적 가중범을 범한 경우이다. ① 통설은 결과적 가중범의

---

57 법조경합에 해당한다는 견해로는 오영근, 398.

58 김성돈, 706; 김일수·서보학, 488; 박상기·전지연, 291; 배종대, § 142/10; 손동권·김재윤, § 31/30; 신동운, 679; 오영근, 398; 이재상·장영민·강동범, § 34/21; 임웅, 521; 정성근·박광민, 592.

59 김성돈, 706; 배종대, § 142/10; 이재상·장영민·강동범, § 34/21.

경우, 교사자에게 중한 결과에 대한 예견가능성이 있는 경우에는 교사자에게 결과적 가중범의 책임이 인정된다고 한다.[60] 판례도 공동정범의 경우와 마찬가지로 교사자가 중한 결과에 대한 예견가능성이 있을 것을 요건으로 하여 교사자에게 결과적 가중범의 교사범을 인정한다.[61]

54 이에 대하여, ② 결과적 가중범의 총칙규정(§ 15②)은 정범에 관한 규정이므로 이를 공범인 교사범에게 적용하면 피고인에게 불리한 유추적용이 되기 때문에 교사범의 경우에는 결과적 가중범의 성립을 부정하고 양적 초과의 기본원칙을 적용하여 기본범죄에 대해서만 교사범을 인정하고, 다만 교사자에게도 중한 결과에 대한 예견가능성이 인정되는 경우에는 중한 결과에 대한 과실범의 책임을 부담지우면 된다는 견해가 있다.[62]

Ⅳ. 교사범의 처벌

55 피교사자를 교사하여 죄를 범하게 한 교사자는 죄를 실행한 사람과 동일한 형으로 처벌된다(§ 31①). 교사범을 피교사자인 정범과 동일한 형으로 처벌하는 것은 교사범이 비록 범죄의 실행에 가담하지는 않았지만, 정범에게 범죄의 결의를 일으키게 하여 범행에 대한 결정적 영향을 미쳤다는 점을 고려한 것이다.[63] 본조 제1항에서 '죄를 실행한 자와 동일한 형'이란 피교사자가 범한 범죄에 정해진 법정형의 동일함을 의미하므로, 동일한 법정형 내에서 교사자와 피교사자의 선고형은 각각 다를 수 있게 된다. 또한 공범종속성은 성립상의 종속을 의미하는 것이지 처벌의 종속성을 의미하는 것은 아니므로, 피교사자인 정범이 책임조각 등의 사유로 처벌되지 않는 경우에도 교사자는 처벌된다. 자기의 지휘·감독을 받는 자를 교사한 때에는 제34조 제2항에 의하여 정범의 형의 2분의 1까지

60 김성돈, 708; 김일수·서보학, 488; 박상기·전지연, 291; 배종대, § 142/9; 손동권·김재윤, § 31/31; 신동운, 679; 이재상·장영민·강동범, § 34/22; 임웅, 521; 정성근·박광민, 592.

61 대판 1993. 10. 8, 93도1873. 「교사자가 피교사자에 대하여 상해 또는 중상해를 교사하였는데 피교사자가 이를 넘어 살인을 실행한 경우 일반적으로 교사자는 상해죄 또는 중상해죄의 교사범이 되지만 이 경우 교사자에게 피해자의 사망이라는 결과에 대하여 과실 내지 예견가능성이 있는 때에는 상해치사죄의 교사범으로서의 죄책을 지울 수 있다.」

62 오영근, 399.

63 이재상·장영민·강동범, § 34/25.

가중한다.

교사자에 대해서 정범과 동일한 법정형이 적용되므로, 정범의 법정형에 몰수나 추징이 부과되어 있으면 교사자에 대해서도 몰수나 추징을 부과할 수 있다. 판례도 범인으로부터 몰수한다고 할 때 그 범인의 범위에는 공동정범자뿐만 아니라 종범 또는 교사범도 포함된다고 본다.[64] 56

V. 교사의 미수

(1) 교사의 미수는 일반적으로 교사자의 교사에 의해 피교사자가 실행에 착수했으나 미수에 그치면 교사자에게 미수의 교사에 대한 책임을 지는 것을 의미한다. 그러나 교사에 의해 피교사자가 범죄의 실행을 승낙은 하였지만 실행에 착수하지 않은 경우나 교사자의 교사에 대해서 피교사자가 범죄의 실행을 승낙하지 않거나 이미 범행실행의 결의를 하고 있던 경우에 교사자의 처벌이 문제가 된다. 일반적으로 ① 교사자의 교사에 의한 피교사자의 실행행위가 미수에 그친 경우를 '좁은 의미의 교사의 미수', ② 교사행위에 의한 피교사자의 승낙만 있고 실행의 착수가 없는 경우를 '효과 없는 교사', ③ 교사자의 교사 자체가 실패한 경우를 '실패한 교사'라고 한다.[65] 여기서 위 ②의 효과없는 교사와 위 ③의 실패한 교사를 합하여 '기도된 교사'라고 한다. 57

(2) 기도된 교사도 교사의 미수로 처벌할 수 있는냐에 대해서 공범종속성설과 공범독립성설은 결론을 달리한다. ① 공범독립성설에 의하면, 교사행위 그 자체가 교사자의 실행행위가 되므로 효과 없는 교사와 실패한 교사도 교사의 미수가 되어 미수범 처벌규정이 있는 한 가벌적 미수가 된다. 이에 대해서, ② 공범종속성설은 피교사자의 실행행위가 있어야 교사자의 실행행위를 인정할 수 있으므로 효과없는 교사와 실패한 교사는 교사의 미수가 될 수 없고, 단지 기도된 교사로서 교사의 미수범으로 처벌할 수 없다고 한다. 58

(3) 형법은 피교사자가 범죄의 실행을 승낙하고 실행에 착수하지 않은 효과 59

64 대판 1985. 6. 25, 85도652.
65 김성돈, 703; 김일수·서보학, 490; 박상기·전지연, 295; 배종대, § 144/4; 손동권·김재윤, § 31/35; 신동운, 676; 오영근, 395; 이재상·장영민·강동범, § 34/31; 임웅, 517; 정성근·박광민, 587.

없는 교사의 경우에는 교사자와 피교사자를 예비·음모에 준하여 처벌하도록 규정하고 있으며(§ 31②), 피교사자가 범죄의 실행을 승낙하지 않은 실패한 교사의 경우에는 교사자만 예비·음모에 준하여 처벌하도록 규정하고 있다(§ 31③). 이러한 형법의 규정에 대해서는, ① 공범독립성설에 근거를 두고 있다는 견해도 있고, ② 공범종속성설의 당연한 귀결이라는 견해[66]도 있지만, ③ 다수설은 공범독립성설과 공범종속성설을 절충한 것으로 이해하고 있다.[67]

Ⅵ. 관련 문제

1. 교사범과 중지미수[68]

60 피교사자의 실행행위가 미수에 그친 경우에는 교사자도 미수의 교사범으로 처벌된다. 보통은 정범이 장애미수이면 교사자도 장애미수의 교사가 인정된다. 만일 피교사자가 자의로 실행행위를 중지 또는 결과발생을 방지한 때에는 피교사자만이 중지미수로 되고, 교사자는 장애미수의 교사범이 된다. 반대로 교사자가 실행에 착수한 피교사자의 행위를 자의로 중지시키거나 결과발생을 방지한 경우, 교사자와 피교사자가 합의하여 중지한 경우가 아닌 한 피교사자는 장애미수가 되고, 교사자는 중지미수의 교사범이 된다.[69]

2. 공범의 경합

61 타인을 교사한 사람이 실행행위까지 분담한 경우에는, 협의의 공범은 정범

---

66 신동운, 655; 임웅, 518; 정성근·박광민, 588.
67 김일수·서보학, 491; 배종대, § 144/7; 손동권·김재윤, § 31/35; 이재상·장영민·강동범, § 34/32.
68 독일형법 제31조는 '공범의 중지미수'라는 표제로 별도의 규정을 두고 있다.
독일형법 제31조(공범의 중지미수) ① 다음 각호의 1에 해당하는 자는 제30조(주: 공범의 미수)에 의해 처벌되지 않는다.
1. 타인에게 중죄를 결의하게 하려는 시도를 자의로 포기하고 타인이 범죄를 실행하는 현존하는 위험을 자의로 방지한 자
2. 중죄를 범할 의사표시를 한 후 자의로 그 계획을 포기한 자
3. 중죄를 범할 것을 약속하거나 또는 중죄 범행의 제안을 수락한 후 자의로 범행을 중지한 자
② 중지자의 관여 없이도 범행이 발생되지 않은 경우 또는 그의 선행행위와 독립하여 범행이 실행된 경우에 범행을 방지하려고 자의로 진지하게 노력한 경우에는 처벌되지 아니한다.
69 김성돈, 709; 손동권·김재윤, § 31/34; 임웅, 517.

에 대하여 법조경합 중 보충관계에 있으므로 공동정범이 성립하고, 교사는 별도로 성립하지 않는다. 또한 종범은 교사범에 대하여 법조경합 중 보충관계에 있으므로, 교사자가 정범의 실행을 방조하여도 보다 무거운 교사범만 성립한다.[70]

3. 신분범과 교사범

62 신분 없는 사람이 신분 있는 사람으로 하여금 신분범죄를 범하도록 교사한 경우, 제33조가 적용되어 교사자도 신분범죄의 교사범이 성립하고, 신분범죄의 법정형으로 처벌될 수 있다〔이에 대한 상세는 § 33(**공범과 신분**) **주해** 참조〕.

〔류 전 철〕

70 이형국·김혜경, 442; 주석형법 〔총칙(2)〕(3판), 171(하태한).

제32조(종범)

① 타인의 범죄를 방조한 자는 종범으로 처벌한다.

② 종범의 형은 정범의 형보다 감경한다.

Ⅰ. 서 설

1. 방조범의 의의

1 본조 제1항은 "타인의 범죄를 방조한 자"를 종범(방조범)이라고 한다. 여기서 방조행위란 정범의 구체적인 범행준비나 범행사실을 알고 그 실행행위를 가능·촉진·용이하게 하는 지원행위 또는 정범의 범죄행위가 종료하기 전에 정범에 의한 법익침해행위를 강화·증대시키는 행위로서, 정범의 범죄 실현과 밀접한 관련이 있는 행위를 말한다.[1]

2 방조범은 협의의 공범의 일종으로서 자신이 스스로 실행행위를 하거나 범행을 지배하지 않는다는 점에서 공동정범 내지 간접정범과 구별된다.[2] 또한, 방

---

1 대판 2021. 9. 9, 2017도19025(전)(정범이 공중송신권을 침해하는 게시물을 인터넷 웹사이트 서버 등에 업로드하여 공중의 구성원이 개별적으로 선택한 시간과 장소에서 접근할 수 있도록 이용에 제공한 후 침해 게시물을 서버에서 삭제하는 등으로 게시를 철회하지 않는 경우 정범의 범죄행위가 방조의 대상이 될 수 있고, 공중송신권을 침해하는 게시물인 영상저작물에 연결되는 링크를 자신이 운영하는 사이트에 영리적·계속적으로 게시한 행위가 전송의 방법으로 공중송신권을 침해한 정범의 범죄를 방조한 행위에 해당한다고 한 사례).

2 대판 1989. 4. 11, 88도1247. 「공동정범의 본질은 행위자들이 공동의 의사로 역할을 분담하여 기능적 행위지배를 하고 있는 것임에 반하여, 종범은 그러한 행위지배가 없다는 점에서 양자가 구별된다.」

조는 피방조자가 이미 범죄의 결의를 하고 있다는 점에서 교사와 구별된다.[3] 공범으로서 방조범은 구성요건을 실현하는 피방조자(정범)의 존재가 전제되어야 하고, 피방조자인 정범에 종속하여 성립할 수 있다.

2. 본조의 연혁

방조범에 관한 규정인 본조는 형법 제정 시에 특별한 논란없이 규정되었으며, 개정없이 현행 형법으로 이어져 오고 있다. 2011년 국회에 제출된 형법총칙 전면 개정안에서는 조문을 제34조로 이동하여 표제를 "종범"에서 "방조범"으로 고치고 "타인의 범죄를 방조한 자는 정범의 형보다 감경하여 처벌한다."고 하여 현행 본조 제1항과 제2항을 통합한 간결한 개정안을 제시한 바 있다.[4] 3

독일형법에서 방조범의 규정은 제27조(방조범)에 규정되어 있다. 독일형법 제27조 제1항은 고의로 타인의 고의 불법행위에 조력을 제공한 자는 방조범으로 처벌된다고 규정하고, 제2항은 방조범의 형은 정범의 형에 따르고, 그 형은 독일형법 제49조 제1항에 의해 감경된다고 규정하고 있다. 4

일본형법에서 방조범에 관한 규정은 제62조(방조), 제63조(종범 감경) 그리고 제64조(교사 및 방조의 처벌 제한)에 규정하고 있다. 일본형법 제62조 제1항은 "정범을 방조한 자는 종범으로 처벌한다고 규정하고, 제2항은 종범을 교사한 자에게는 종범의 형을 부과한다고 규정하고 있다. 그리고 일본형법 제63조는 종범의 형은 정범의 형을 감경한다고 규정하고, 제64조는 구류 또는 과료만으로 처해야 할 죄의 교사자 및 종범은 특별한 규정이 없으면 벌하지 않는다고 규정하고 있다. 5

같은 취지의 판결로는 대판 2017. 5. 17, 2017도2573.

3 일본 판례 중에서 방조인지 교사인지가 문제된 사안으로는 아래 사안이 있다. 즉, A 회사 대표이사인 피고인 甲은 탈세조사를 받게 되어 그 체포와 처벌을 면하기 위하여 피고인 乙에게 상담하자, 乙은 탈세액을 줄이기 위해 가짜계약서를 작성하는 방안을 제시하였고, 甲은 乙의 제안을 받아들여 乙 등에게 가짜계약서를 작성토록 하여 증거인멸교사죄로 기소되었는데, 甲은 위 의뢰행위는 이미 범죄실행의 의사를 굳히고 있었던 乙에 대한 교사에 해당하지 않는다고 주장하였다. 이에 대하여 최고재판소는, "乙은 甲의 의향에 관계 없이 이 사건 범죄를 수행하려고 하는 의사까지를 형성하고 있었던 것은 아니므로, 乙의 이 사건 증거위조의 제안에 대하여 甲이 이를 승낙하여 제안에 따른 공작의 실행의 의뢰함으로써, 그 제안대로 범죄를 수행하려고 하는 乙의 의사를 확정시킨 것으로 인정되고, 甲의 행위는 사람에게 특정한 범죄를 실행하는 결의를 생기게 한 것으로서 교사에 해당한다고 할 것이다."고 판시하여[最決 平成 18(2006). 11. 21. 刑集 60·9·770], 방조가 아닌 교사를 인정하였다.

4 법무부, 형법(총칙)일부개정법률안 제안 이유서, 법무부(2011. 4), 40.

3. 방조범의 관할과 공소시효

(1) 범죄지

6 형사소송법 제4조 제1항은 범죄지, 피고인의 주소·거소 또는 현재지를 토지관할로 한다고 규정하고 있다. 여기서 범죄지란 범죄구성요건에 해당하는 사실의 전부 또는 일부가 발생한 장소를 말한다. 방조범의 경우에는 정범의 실행행위지 및 결과발생지뿐만 아니라 방조행위가 이루어진 곳도 범죄지에 해당한다.

(2) 공소시효 기산점

7 형사소송법 제252조 제2항은 공범은 최종행위가 종료한 때로부터 모든 공범에 대한 시효기간을 기산한다고 규정하고 있다. 여기서 공범이란 공동정범과 교사범·방조범뿐만 아니라 필요적 공범도 포함된다. 따라서 방조범의 경우에는 정범의 범죄행위의 종료시점으로부터 공소시효가 기산된다.

Ⅱ. 방조범의 성립요건

1. 방조자의 방조행위

(1) 방조행위의 방법

8 형법상 방조행위는 정범이 범행을 한다는 사정을 알면서 그 실행행위를 용이하게 하는 직접·간접의 모든 행위를 가리킨다. ① 직접적인 방조행위는, ⓐ 도구를 주선하는 행위나 범행장소를 제공하는 행위 또는 범행자금을 제공하는 것과 같은 유형적·물질적 방조행위(거동방조)와 ⓑ 실행방법의 조언이나 필요한 정보의 제공 또는 기술적 조언이나 범행결의 강화 등과 같이 언어적 방법을 통한 무형적·정신적 방조행위(언어방조)를 말한다.[5] ② 간접방조란 방조자가 정범의 실행행위를 직접 방조하지 않고 정범이 아닌 사람을 통하는 등의 방법으로 정범의 실행행위에 대해 방조행위를 하는 경우를 말한다.

9 이와 같이 방조행위는 직접·간접의 행위태양을 모두 포함하고 있으므로, 다른 한편으로는 그 한계에 관한 논의 또한 활발하게 전개되고 있다.

---

5 대판 1995. 9. 29, 95도456; 대판 2018. 9. 13, 2018도7658, 2018전도54, 55, 2018보도6, 2018모2593.

(가) 유형적·물질적 방조행위

판례가 인정한 유형적·물질적 방조행위로는, ① 의사가 사무장병원에 고용 10
되어 진료는 하지 않고 진료부만을 작성해 준 행위,[6] ② 대학교수 채용에 관한 청탁의 중개를 부탁받고 심사위원 등 관계자에게 청탁을 전달하고 나중에 사례방법 등을 알려준 행위,[7] ③ 자동차운전면허가 없는 사람에게 승용차를 제공하여 무면허운전을 하게 한 행위,[8] ④ 도박장소를 제공한 행위,[9] ⑤ 금괴를 부가가치세 영세율이 적용되는 수출원자재 명목으로 구입한 후 실제로는 시중에 판매·처분하고 허위로 수출신고를 하여 이를 근거로 관세를 부정환급받은 위장수출회사에서 직원으로 근무하면서 관련 사무를 처리한 행위,[10] ⑥ 청부살인을 해 줄 사람을 소개해 주고 범행방법을 논의하는 자리에 참석하여 범행이 실현될 수 있도록 하는 취지의 발언을 한 행위,[11] ⑦ 회원들이 불법 저작물이나 음란물을 업로드하거나 다운로드할(복제권 침해행위) 수 있도록 인터넷사이트를 개설·운영한 행위,[12] ⑧ 감정평가사가 부정대출 용도로 부실한 내용의 감정평가서를 작성해 준 행위,[13] ⑨ 불법게임장의 업주에게 경품으로 사용될 상품권을 발행·판매한 행위,[14] ⑩ 불법 다단계유사수신업체의 운영을 위한 전산프로그램을 제작·공급해 준 행위,[15]

---

6 대판 1982. 4. 27. 82도122(진료부는 환자의 계속적인 진료에 참고로 제공되는 진료상황부이므로 간호보조원의 무면허 진료행위가 있은 후에 이를 의사가 진료부에다 기재하는 행위는 정범의 실행행위종료 후의 단순한 사후행위에 불과하다고 볼 수 없고, 무면허 의료행위의 방조에 해당한다고 한 사례).

7 대판 1999. 3. 12, 98도473(배임증재방조).

8 대판 2000. 8. 18, 2000도1914[도로교통법위반(무면허운전)방조]. 같은 취지로는 대판 2014. 5. 16, 2014도943[도로교통법위반(음주운전)방조](음주운전하려는 사람에게 자신의 승용차의 키를 건네주고 뒷좌석에 동승하여 승용차의 시동을 걸어 운행할 수 있는 방법을 알려준 사례).

9 대판 2004. 6. 10, 2003도6964(도박개장방조행위에 해당하나, 검사가 기소한 도박개장죄를 무죄로 선고하고 직권으로 도박개장방조죄를 인정하지 않는 것이 위법이 아니라고 한 사례).

10 대판 2005. 4. 29, 2003도6056(관세법위반방조). 본 판결 해설은 강윤구, "가. 방조범의 성립요건으로서 고의의 의미 및 판단 방법, 나. 피고인에게 방조범의 고의를 인정할 여지가 있다고 한 사례", 해설 56, 법원도서관(2005), 221-234.

11 대판 2005. 12. 23, 2005도6111(살인방조)

12 대판 2007. 12. 14, 2005도872(저작권법위반방조)(소리바다 사건). 본 판결 평석과 해설은 김혜경, "방조범의 성립범위", 형사판례연구 [17], 한국형사판례연구회, 박영사(2009), 64-93; 박성수, "저작권법상 복제, 배포의 개념 및 복제방조죄의 요건", 해설 74, 법원도서관(2008), 73-103.

13 대판 2008. 4. 10, 2008도653(사기방조).

14 대판 2010. 3. 25, 2008도1141(사행행위등규제및처벌특례법위반방조).

15 대판 2011. 12. 8, 2010도9500(유사수신행위의규제에관한법률위반방조).

⑪ 회사자금을 담보 등으로 제공하여 사채를 빌린다는 사실을 인식하면서 사채업자를 소개하고 사채업자와 중개하는 역할을 한 행위,[16] ⑫ 도박자금을 빌려준 행위,[17] ⑬ 공무원이 제3자뇌물수수를 함에 있어 제3자가 자신의 물품을 구입하게 하고 대금 지급 계좌로 지인 명의의 계좌 등을 제공한 행위,[18] ⑭ 보이스피싱 사기 범행에 사용된다는 사정을 알면서도 유령법인 설립, 그 법인 명의 계좌 개설 후 그 접근매체를 텔레그램 대화자에게 전달·유통한 행위,[19] ⑮ '탈법행위'에 해당하는 무등록 환전 영업을 하기 위하여 타인 명의로 금융거래를 하려는 것을 인식하였음에도 자신 명의의 금융계좌 정보를 제공한 행위,[20] ⑯ 해외 스포츠 도박 사이트를 이용하여 도박을 하는 사람에게 환전을 해주고 도박사이트 아이디를 제공한 행위,[21] ⑰ 비의료인이 의료기관을 개설하여 운영함에 있어 자금을 투자하거나 별다른 업무 수행 없이 급여 명목으로 급여를 지급받은 행위[22] 등이 있다.

(나) 무형적·정신적 방조행위

11 방조행위는 유형적·물질적 방조행위뿐만 아니라 정범에게 범행의 결의를 강화하도록 하는 것과 같은 무형적·정신적 방조행위까지도 해당한다.[23] 정신적 방조행위란 피해자의 습관이나 범행장소를 감시하는 감시자의 근무계획을 알려

---

16 대판 2012. 6. 28, 2012도2628(횡령방조).

17 대판 2015. 10. 29, 2015도13444(도박방조). 같은 취지의 판결로는 대판 1982. 9. 28, 82도1669(상습도박방조).

18 대판 2017. 3. 15, 2016도19659(제3자뇌물수수방조).

19 대판 2022. 4. 14, 2022도649(사기방조).

20 대판 2022. 10. 27, 2020도12563(금융실명거래및비밀보장에관한법률위반방조).

21 대판 2022. 11. 30, 2022도6462[국민체육진흥법위반(도박등)방조].

22 대판 2023. 10. 26, 2022도90(사기방조 및 의료법위반방조).

23 강동욱, 강의 형법총론(2판), 336; 김성돈, 형법총론(8판), 710; 김성천·김형준, 형법총론(6판), 429; 김신규, 형법총론 강의, 476; 김일수·서보학, 새로쓴 형법총론(13판), 492; 김혜정·박미숙·안경옥·원혜욱·이인영, 형법총론(5판), 410; 박상기·전지연, 형법학(총론·각론)(5판), 301; 배종대, 형법총론(17판), §146/2; 성낙현, 형법총론(3판), 693; 손동권·김재윤, 새로운 형법총론, §32/6; 신동운, 형법총론(14판), 689; 오영근, 형법총론(5판), 402; 이상돈, 형법강론(4판), 301; 이용식, 형법총론, 107; 이재상·장영민·강동범, 형법총론(11판), §35/6; 이정원·이석배·정배근, 형법총론, 323; 이주원, 형법총론(3판), 408; 이형국·김혜경, 형법총론(6판), 444; 임웅, 형법총론(13정판), 526; 정성근·박광민, 형법총론(전정2판), 596; 정성근·정준섭, 형법강의 총론(3판), 323; 정승환, 형법학 입문, §14/80; 정영일, 형법총론(3판), 430; 정웅석·최창호, 형법총론, 557; 최호진, 형법총론(2판), 731; 한상훈·안성조, 형법개론(3판), 282; 홍영기, 형법(총론과 각론), §41/2; 주석형법 [총칙(2)](3판), 174(하태한).

주는 것과 같은 기술적 조언이나 격려 등을 통해 범행결의를 강화하여 피방조자의 실행행위를 용이하게 하는 행위를 말한다.[24] 다른 한편으로 이러한 무형적·정신적 방조행위를 폭 넓게 인정하게 되면 가벌성이 지나치게 확장되는 결과를 가져온다는 점에서 방조행위의 인과관계를 통한 제한이 필요하다는 견해가 있다.[25]

판례가 인정한 무형적·정신적 방조행위로는, ① 아파트 지하실의 소유자가 임차인의 무단용도변경행위를 묵시적으로 승인한 행위,[26] ② 주식의 입·출고 절차 등 주식의 관리에 관한 일체의 절차를 정확하게 알고 있는 증권회사의 중견직원들이 피해자의 주식을 인출하여 오면 관리하여 주겠다고 하고, 나아가서 부정한 방법으로 인출해 온 주식을 자신들이 관리하는 증권계좌에 입고(入庫)하여 관리·운용해 준 행위,[27] ③ 불법 점거시위 주동자의 지시를 받고 그 시위현장 사진을 촬영해 준 행위,[28] ④ 강도죄를 범하려는 범인들에게 범행 대상의 위치, 영업시간 등을 알려준 행위,[29] ⑤ 정신요양시설의 장이 수용 중인 사람이 기를 꺾는다는 이유로 신입 수용자에 대하여 폭력을 행사하는 것을 은근히 부추기거나 용인한 행위,[30] ⑥ 노동조합 임원은 아니지만 상황실장 또는 상황팀장의 직함을 사용하면서 노동조합의 불법시위를 변명하는 내용의 보도자료를 배포하는 등 그 주장의 정당성을 홍보한 행위,[31] ⑦ 도주차량죄를 범한 피고인이 자신의 도피를 도와누는 처에게 사고발생 경위, 도주 경위 등 정보를 알려주고 심리적 안정을 찾을 수 있도록 한 행위.[32] ⑧ 인터넷 커뮤니티를 통해 알게 된 12

24 백원기, “무형적·정신적 방조행위”, 형사판례연구 〔8〕, 한국형사판례연구회, 박영사(2000), 89.

25 이용식, “무형적·정신적 방조행위와 인과관계”, 형사판례연구 〔9〕, 한국형사판례연구회, 박영사(2001), 209. 정신적 방조행위로 인정되기 위해서는 이미 존재하고 있는 피방조자의 범행결의에 방조행위가 작용하여 범행실현에 실제로 영향을 미쳐야 한다고 한다.

26 대판 1985. 11. 26, 85도1906(건축법위반방조).

27 대판 1995. 9. 29, 95도456(일련의 부정한 주식 인출절차에 관련된 출고전표인 사문서의 위조, 동행사, 사기 등 상호 연관된 일련의 범행 전부에 대하여 방조행위가 된다고 한 사례). 본 판결 평석은 이용식(주 25), 205-234.

28 대판 1997. 1. 24, 96도2427(위 사진촬영행위가 위 폭력행위, 시위, 공용물건손상 등 범행의 방조행위가 된다고 한 사례).

29 대판 1999. 7. 23, 99도2299(특수강도방조).

30 대판 2001. 12. 24, 2001도5222(상해치사방조).

31 대판 2006. 4. 27, 2006도539(특수공용물건손상방조 등).

32 대판 2008. 11. 13, 2008도7674(범인도피방조).

피고인 甲이 살인을 의미하는 '사냥'을 나간다고 하면서 셀프카메라 방식으로 촬영한 변장사진을 보내는 등 실제로 살인행위를 한다는 것을 미필적으로나마 인식하면서 甲이 살인 범행 대상을 용이하게 선정하도록 하고 계속 대화하면서 살인 범행의 결의를 강화하거나 유지할 수 있도록 한 행위,[33] ⑨ 보이스피싱 조직원의 제안에 따라 이른바 '전달책' 역할을 승낙한 행위[34] 등이 있다.

(다) 부작위에 의한 방조행위

13 부작위에 의한 방조행위에 대해서는, ① 부작위에 의한 교사행위가 부정되듯이 부작위에 의한 방조도 부정하여야 한다는 견해가 있지만,[35] ② 통설은 방조행위는 반드시 작위뿐만 아니라 부작위에 의해서도 가능하다[36]고 한다. 한편, 부진정부작위범의 경우는 정범과 공범을 구별하지 않는 단일정범개념이 전제되어 있다는 입장에서 부작위로써 타인의 부작위범죄에 가담하는 사람은 모두 정범이 되어야 한다는 견해[37]가 있으나, 정범이 작위범인 경우 그 범행결과를 방지할 의무 있는 사람이 부작위로써 정범의 범행을 용이하게 하거나 정범의 범행을 촉진하는 경우, 그 행위 기여가 공동정범으로 평가될 수 없는 때에는 방조로써 평가될 수밖에 없으므로 부작위에 의한 방조행위가 인정되어야 한다.

14 정범이 작위범에 해당하는 경우, 부작위에 의한 방조범이 성립하기 위해서는 방조자에게 보증인지위가 인정되어야 한다. 여기서 타인의 범행에 부작위로 가담한 사람의 보증의무위반이 어떤 경우에 정범과 방조범으로 구별될 수 있는지가 문제가 된다.

15 이에 대하여, ① 언제나 부작위에 의한 방조범의 성립만 인정하는 견해[38]도 있지만, ② 기본적으로 정범과 공범의 구별기준인 행위지배에 의해 결정되어야 한다는 견해[39]도 있다. 원칙적으로 범죄의 결과발생을 방지할 보증인이 결과발

33 대판 2018. 9. 13, 2018도7658, 2018전도54, 55, 2018보도6, 2018모2593(살인방조). 본 판결 평석은 최병각, "공동정범과 방조범", 형사판례연구 〔27〕, 한국형사판례연구회, 박영사(2019), 115-147.
34 대판 2022. 4. 14, 2022도649(사기방조).
35 김성룡, "부진정부작위범의 한국적 해석으로서 단일정범개념", 비교형사법연구 5-2, 한국비교형사법학회(2003), 109.
36 김성돈, 711; 김일수·서보학, 492; 박상기·전지연, 301; 배종대, §146/4; 손동권·김재윤, §32/7; 신동운, 688; 오영근, 402; 이재상·장영민·강동범, §35/8; 임웅, 526; 정성근·박광민, 597.
37 김성룡(주 35), 109.
38 이재상·장영민·강동범, §35/8.
39 이정원, 형법총론, 389.

생을 방지하지 아니한 경우에는 범죄 실현에 대한 행위지배가 긍정되는 부작위로 평가된다. 다만, 순수한 형식범이나 특수한 행위정형을 요하는 범죄에서는 단순한 부작위만으로 작위에 의한 범죄 실현과 실질적으로 동일한 가치가 인정되지 않기 때문에 행위지배도 인정되지 않는다. 예를 들어 경비원이 주거침입행위를 저지하지 아니한 경우는, 주거침입죄(§ 319①)의 방조범이 성립할 뿐이다. 이와 같이 보증의무위반이 방조행위로 평가되기 위해서는 실현된 범죄에 대한 행위지배가 부정되어야 한다. 즉, 부작위에 의한 방조는 결과발생을 방지할 보증인이 아니라 제3자인 정범의 범죄행위를 방지할 보증인으로서 부작위만이 부작위에 의한 방조행위에 해당한다고 한다.

이에 대해서 행위지배 여부에 따라 구별하는 것은 타당하지 않다고 하면서 부작위에 의한 방조범의 성립을 인정하되, 정범이 성립하기 위한 구성요건으로서 부작위에 의한 결과발생방지의무를 넘어서는 추가적인 조건이 규정된 경우에만 예외적으로 방조범이 성립할 수 있다는 견해[40]도 있다. 16

결론적으로 부작위에 의한 방조행위는 정범의 범죄행위를 방지할 보증인지위에 있는 사람이 그 범죄행위를 방지하지 않는 경우에만 성립할 수 있다.[41] 17

판례도 부작위에 의한 방조를 인정하고 있다.[42] 즉 판례는 형법상 방조행위는 작위에 의한 경우뿐만 아니라 부작위에 의하여도 성립되는데,[43] 형법이 금지하고 있는 법익침해의 결과발생을 방지할 법적인 작위의무를 지고 있는 사람이 그 의무를 이행함으로써 결과발생을 쉽게 방지할 수 있었음에도 불구하고 그 결과의 발생을 용인하고 이를 방관한 채 그 의무를 이행하지 아니한 경우에, 그 부작위가 작위에 의한 법익침해와 동등한 형법적 가치가 있는 것이어서 그 범죄의 실행행위로 평가될 만한 것이라면, 작위에 의한 실행행위와 동일하게 부작위범으로 처벌할 수 있고, 여기서 작위의무는 법령, 법률행위, 선행행위로 인한 경우는 물론, 그 밖의 신의성실의 원칙이나 사회상규 혹은 조리상 작위의무가 18

40 박상기·전지연, 302.

41 신양균, "부작위에 의한 방조", 형사판례연구 〔6〕, 한국형사판례연구회, 박영사(1998), 146.

42 일본 하급심 판례 중에도, 내연의 남편인 甲이 유아(幼兒) A(3세)에게 폭행을 가하여 사망에 이르게 한 상해치사 사건에서, A의 친권자인 피고인이 甲의 범행을 인식하면서 이를 제지하지 않고 방치한 행위는 부작위에 의한 방조범에 해당한다고 판시한 것[札幌高判 平成 12(2000). 3. 16. 判時 1711·170]이 있다.

43 대판 1984. 11. 27, 84도1906; 대판 1995. 9. 29, 95도456; 대판 2006. 4. 28, 2003도4128.

기대되는 경우에도 인정된다고 한다.[44]

19 이러한 법리에 따라 판례는, ① 은행장이 부하 직원의 부정대출사실을 발견하고도 손해보전을 위해 필요한 조치를 취하지 않은 행위,[45] ② 법원의 입찰사건에 관한 제반 업무를 주된 업무로 하는 공무원이 자신이 맡고 있는 입찰사건의 입찰보증금이 사무원의 횡령행위로 계속적으로 횡령되고 있는 사실을 알면서도 이를 제지하고 즉시 상관에게 보고하지 않고 방치한 행위,[46] ③ 백화점 담당직원이 매장 내에서 위조상표가 부착된 상품의 판매사실을 알고도 묵인한 행위,[47] ④ 인터넷 포털사이트 담당직원이 사이트 내 성인오락물 채널에 음란만화가 지속적으로 게재되는 사실을 알면서도 그 제공업체들에게 삭제를 요구하지 않는 행위,[48] ⑤ 정범이 공중송신권을 침해하는 게시물을 인터넷 웹사이트 서버 등에 업로드하여 공중의 구성원이 개별적으로 선택한 시간과 장소에서 접근할 수 있도록 이용에 제공한 후 침해 게시물을 서버에서 삭제하는 등으로 게시를 철회하지 않는 행위[49] 등에서 부작위에 의한 방조를 인정하였다.

---

44 대판 1992. 2. 11, 91도2951; 대판 1997. 3. 14, 96도1639; 대판 2003. 12. 12, 2003도5207; 대판 2005. 7. 22, 2005도3034; 대판 2006. 4. 28, 2003도4128.

45 대판 1984. 11. 27, 84도1906(업무상배임방조).

46 대판 1996. 9. 6, 95도2551(업무상배임방조). 본 판결 평석은 허일태, "부진정부작위범에서 작위의무의 발생근거와 한계 문제", 죄형법정원칙과 법원 I, 한국형사법학회, 박영사(2023), 121-136.

47 대판 1997. 3. 14, 96도1639(상표법위반 및 부정경쟁방지법위반방조). 본 판결 평석은 김성룡, "부진정부작위범의 정범표지: 보증인의 부작위", 형사판례연구 〔12〕, 한국형사판례연구회, 박영사(2004), 84-106; 신양균(주 41), 137-152; 전지연, "부작위범에서 정범과 공범의 구별", 형사판례연구 〔13〕, 박영사(2005), 95-137.

48 대판 2006. 4. 18, 2003도4128(전기통신기본법위반방조). 본 판결 평석은 김영기, "사이버 공간 범죄와 온라인서비스제공자(OSP)의 형사책임", 형사판례연구 〔20〕, 한국형사판례연구회, 박영사(2012), 322-349; 동, "사이버범죄에 대한 온라인서비스제공자의 책임", 특별형법 판례100선, 한국형사판례연구회·대법원 형사법연구회, 박영사(2022), 347-350.

49 대판 2021. 9. 9, 2017도19025(전)(저작재산권자의 이용허락 없이 전송되는 공중송신권 침해 게시물로 연결되는 링크를 이른바 '다시보기' 링크 사이트 등에서 공중의 구성원에게 제공하는 행위가 공중송신권 침해의 방조가 되는지 여부가 문제된 사례). 「(가) 링크 행위가 어떠한 경우에도 공중송신권 침해의 방조행위에 해당하지 않는다는 종전 판례는 방조범의 성립에 관한 일반 법리 등에 비추어 볼 때 재검토할 필요가 있다. 이는 링크 행위를 공중송신권 침해의 방조라고 쉽게 단정해서는 안 된다는 것과는 다른 문제이다.

(나) 정범이 침해 게시물을 인터넷 웹사이트 서버 등에 업로드하여 공중의 구성원이 개별적으로 선택한 시간과 장소에서 접근할 수 있도록 이용에 제공하면, 공중에게 침해 게시물을 실제로 송신하지 않더라도 공중송신권 침해는 기수에 이른다. 그런데 정범이 침해 게시물을 서버에서 삭제하는 등으로 게시를 철회하지 않으면 이를 공중의 구성원이 개별적으로 선택한 시간과 장소에서 접근할 수 있도록 이용에 제공하는 가벌적인 위법행위가 계속 반복되고 있어 공중송신권 침

(라) 과실에 의한 방조행위

교사의 경우와 마찬가지로 방조도 고의행위에 국한되고, 과실행위에 의한 방조는 인정될 수 없다. 방조 개념의 본질상 피방조자의 범행을 조장하고 촉진하기 위해서는 피방조자의 실행행위와 관련해서는 물론이고 자신이 스스로 방조행위를 한다는 사실을 인식하고 그것을 인용하여야 하기 때문이다.[50] 20

(마) 중립적 행위에 의한 방조행위

중립적 행위에 의한 방조는 일상적인 거래나 직업에 따른 통상적인 활동의 경우처럼 외형상 전혀 범죄와 무관해 보이는 행위가 구체적인 사건에서는 범죄행위의 수행을 가능하게 하거나 용이하게 하는 경우에 해당한다.[51] 예를 들어, 철물점에서 칼이나 드라이버를 판매하면서 구매자가 그것을 흉기로 사용할 지도 모른다고 생각했는데 실제로 범행도구로 사용하는 경우나 은행원의 통상의 은행업무처리가 고객의 경제범죄에 도움을 준 경우를 들 수 있다. 21

해의 범죄행위가 종료되지 않았으므로, 그러한 정범의 범죄행위는 방조의 대상이 될 수 있다. (다) 저작권 침해물 링크 사이트에서 침해 게시물에 연결되는 링크를 제공하는 경우 등과 같이, 링크 행위자가 정범이 공중송신권을 침해한다는 사실을 충분히 인식하면서 그러한 침해 게시물 등에 연결되는 링크를 인터넷 사이트에 영리적·계속적으로 게시하는 등으로 공중의 구성원이 개별적으로 선택한 시간과 장소에서 침해 게시물에 쉽게 접근할 수 있도록 하는 정도의 링크 행위를 한 경우에는 침해 게시물을 공중의 이용에 제공하는 정범의 범죄를 용이하게 하므로 공중송신권 침해의 방조범이 성립한다. 이러한 링크 행위는 정범의 범죄행위가 종료되기 전 단계에서 침해 게시물을 공중의 이용에 제공하는 정범의 범죄 실현과 밀접한 관련이 있고 그 구성요건적 결과 발생의 기회를 현실적으로 증대함으로써 정범의 실행행위를 용이하게 하고 공중송신권이라는 법익의 침해를 강화·증대하였다고 평가할 수 있다. 링크 행위자에게 방조의 고의와 정범의 고의도 인정할 수 있다.

(라) 저작권 침해물 링크 사이트에서 침해 게시물로 연결되는 링크를 제공하는 경우 등과 같이, 링크 행위는 그 의도나 양태에 따라서는 공중송신권 침해와 밀접한 관련이 있는 것으로서 그 행위자에게 방조 책임의 귀속을 인정할 수 있다. 이러한 경우 인터넷에서 원활한 정보 교류와 유통을 위한 수단이라는 링크 고유의 사회적 의미는 명목상의 것에 지나지 않는다. 다만 행위자가 링크 대상이 침해 게시물 등이라는 점을 명확하게 인식하지 못한 경우에는 방조가 성립하지 않고, 침해 게시물 등에 연결되는 링크를 영리적·계속적으로 제공한 정도에 이르지 않은 경우 등과 같이 방조범의 고의 또는 링크 행위와 정범의 범죄 실현 사이의 인과관계가 부정될 수 있거나 법질서 전체의 관점에서 살펴볼 때 사회적 상당성을 갖추었다고 볼 수 있는 경우에는 공중송신권 침해에 대한 방조가 성립하지 않을 수 있다.」

본 판결 평석과 해설은 김대원, "방조범의 인과관계", 형사판례연구 〔30〕, 한국형사판례연구회, 박영사(2022), 127-153; 이한상, "침해 게시물에 연결되는 링크를 제공하는 행위와 공중송신권 침해의 방조 여부", 해설 130, 법원도서관(2022), 377-407.

50 김성돈, 711.

51 신양균, "중립적 행위에 의한 방조", 형법판례 150선(3판), 박영사(2021), 130.

22 중립적 행위에 의한 방조란 이와 같이 일상생활에서 이루어지는 중립적인 행위를 일반적으로 범죄행위와 연관하여 평가할 수는 없지만 중립적인 행위를 통해서 정범의 범죄행위를 객관적으로 촉진한 것으로 평가할 수 있는 경우라면 방조범이 성립할 수 있는지를 논의하고자 하는 주제이다.[52] 우리나라에서는 아직 이 문제에 대한 논의가 활발하지는 않지만, 문헌의 일부에서는 이와 같은 경우를 중립적 방조행위라는 주제로 논의하고 있다.[53]

23 이에 대해서는, ① 중립적 행위에 의한 경우를 일반적인 방조와 구별하여 특별히 주관적 혹은 객관적 측면에서 방조범의 성립을 제한하여야 한다는 견해와 ② 중립적 행위에 의한 경우도 일반적인 방조와 구별하지 않고, 다만 위험증가와 같은 객관적 귀속척도에 따라 방조범의 성립을 제한하려는 견해[54]가 있다.

24 판례는 ① 이른바 '소리바다' 사건[55]에서, 중립적 행위에 의한 방조 여부에 대해 특별한 의미를 부여하지 않고 방조범의 일반적인 성립요건의 충족 여부에 따라 판단하고,[56] 저작권법위반죄의 방조범 성립을 인정하였다.[57] 또한 판례는,

52 BGHSt 46, 112. 독일에서 직업에 따른 통상적인 행위로서 중립적 방조 여부가 실무적으로 중요한 사례에서는 정범의 행위가 배타적으로 범죄의 실행에 지향되었는지 또는 그러한 것을 방조자가 알고 있었는지가 문제라고 한다(Schönke/Schröder/Heine/Weißer, StGB Vor § 27 Rn. 10).

53 손동권·김재윤, § 32/8.

54 신양균(주 51), 131.

55 피고인들이 사용자가 선접속자 5,000명과 서버를 통해 연결되어 해당 음악파일 보유자로부터 복제, 전송받아 직접 듣거나 자신의 디렉토리에 저장하여 전송할 수 있도록 하는 소리바다 프로그램을 개발한 다음, 2000년 5월 20일경부터 서버 3대를 설치하고, 음악파일 공유 서비스 제공 목적으로 인터넷 사이트 '소리바다'를 개설한 후 소리바다 프로그램을 홈페이지를 통하여 무료로 배포한 사건이다.

56 대판 2007. 12. 14, 2005도872. 「저작권법이 보호하는 복제권의 침해를 방조하는 행위란 정범의 복제권 침해를 용이하게 해주는 직접·간접의 모든 행위로서, 정범의 복제권 침해행위 중에 이를 방조하는 경우는 물론, 복제권 침해행위에 착수하기 전에 장래의 복제권 침해행위를 예상하고 이를 용이하게 해주는 경우도 포함하며, 정범에 의하여 실행되는 복제권 침해행위에 대한 미필적 고의가 있는 것으로 충분하고 정범의 복제권 침해행위가 실행되는 일시, 장소, 객체 등을 구체적으로 인식할 필요가 없으며, 나아가 정범이 누구인지 확정적으로 인식할 필요도 없다.」

57 이와는 달리 일본 판례는, 피고인이 인터넷에서 파일 교환을 쉽게 할 수 있는 소프트웨어 위니(Winny)를 개발하여 자신의 홈페이지에 공개하고, 버전의 업데이트를 반복하면서 불특정 다수인에게 소프트웨어를 제공한 이른바 '위니 사건'에서 저작권법위반죄의 방조범 성립을 부정하였다. 즉 일본 최고재판소는 "피고인에 의한 본건 Winny(가치중립소프트)의 공개, 제공행위는 객관적으로 보아 예외적이라고는 할 수 없는 범위의 사람이 이를 저작권침해에 이용할 개연성이 높은 상황에서의 공개, 제공행위였다는 것은 부정할 수 없지만, 피고인에게 본건 Winny를 공개, 제공한 경우에 예외적이라고는 할 수 없는 범위의 사람이 이를 저작권침해에 이용할 개연성이 높다는 것을 인식, 인용하고 있었다는 것까지 인정하는 것은 곤란하고, 피고인은 저작권법위반

② 거래상대방의 대향적 행위의 존재를 필요로 하는 유형의 배임죄에 있어서 거래상대방의 관여에 대하여, 그 정도가 법질서 전체적인 관점에서 '사회적 상당성'을 갖춘 경우에는 비록 정범의 행위가 배임행위에 해당한다는 점을 알고 거래에 임하였다는 사정이 있어 외견상 방조행위로 평가될 수 있는 행위가 있었다 할지라도 범죄를 구성할 정도의 위법성은 없다고 판단하였다.[58]

(바) 간접방조 · 연쇄방조

방조행위는 정범의 실행행위에 직접적으로 관련되어야만 하는 것은 아니다. 25
정범이 아닌 타인에 대한 방조행위가 정범의 범행을 조장하거나 촉진한 경우에도 방조행위로 평가된다.[59] 즉, 타인을 방조하는 사람을 방조하는 방조행위는 단순히 방조범에 대한 방조에 그치는 것이 아니라 정범에 대한 간접방조가 된다.[60] 그리고 정범에 이르는 연결고리가 다수 존재하는 방조를 연쇄방조라고 한다.[61]

이와 같이 타인의 방조행위를 방조하는 것을 방조의 방조라고 부르며, 방조 26
의 방조가 처벌되기 위해서는 제1의 방조범에 대한 방조행위 그 자체가 정범의 방조행위로 인정되어야 한다. 그러므로 제2의 방조행위가 정범의 실행행위에

죄의 방조범의 고의를 결하였다고 하지 않을 수 없어, 피고인에 관하여 저작권법위반죄의 방조범의 성립을 부정한 원판결은 결론에 있어 정당하다."고 판시하였다[最判 平成 23(2011). 12. 19. 刑集 65 · 9 · 1380].

58 대판 2005. 10. 28, 2005도4915. 「거래상대방의 대향적 행위의 존재를 필요로 하는 유형의 배임죄에 있어서 거래상대방으로서는 기본적으로 배임행위의 실행행위자와는 별개의 이해관계를 가지고 반대편에서 독자적으로 거래에 임한다는 점을 감안할 때, 거래상대방이 배임행위를 교사하거나 그 배임행위의 전 과정에 관여하는 등으로 배임행위에 적극가담함으로써 그 실행행위자와의 계약이 반사회적 법률행위에 해당하여 무효로 되는 경우 배임죄의 교사범 또는 공동정범이 될 수 있음은 별론으로 하고, 관여의 정도가 거기에까지 이르지 아니하여 법질서 전체적인 관점에서 살펴볼 때 사회적 상당성을 갖춘 경우에 있어서는 비록 정범의 행위가 배임행위에 해당한다는 점을 알고 거래에 임하였다는 사정이 있어 외견상 방조행위로 평가될 수 있는 행위가 있었다 할지라도 범죄를 구성할 정도의 위법성은 없다고 봄이 상당하다 할 것이다. 위와 같은 법리에 비추어 살피건대, 원심이 인정한 바와 같이 피고인 甲 등은 상속세 납부자금 마련을 주된 목적으로 하는 주식매매계약이라는 개인적 거래에 수반하여 독립된 법인 소유의 이 사건 부동산을 피고인 乙에게 담보로 제공하였고 피고인 乙은 이러한 사정을 알면서 이 사건 가등기의 설정을 요구하고 그 등기를 경료한 것에 불과하다면, 거래상대방의 지위에 있는 피고인 乙에게 배임행위의 교사범 또는 공동정범의 책임뿐만 아니라 방조범의 책임도 물을 수 없다 할 것이다.」

59 방조범에 대한 방조가 언제나 정범에 대한 방조를 의미한다고 할 수 없다는 입장으로 오영근, 406.

60 김일수 · 서보학, 496; 박상기 · 전지연, 310; 배종대, § 148/2; 손동권 · 김재윤, § 32/28; 신동운, 696; 이재상 · 장영민 · 강동범, § 35/20; 임웅, 533; 정성근 · 박광민, 603.

61 신동운, 696; 이재상 · 장영민 · 강동범, § 35/20.

영향을 미치지 못하고 제1의 방조자의 행위에만 영향을 미쳐서는 안 되며, 적어도 제2의 방조행위가 간접적으로나마 제1의 방조자를 도와 정범의 실행행위에 영향을 미쳐야만 한다. 이러한 경우에 방조의 방조가 정범의 방조행위로 인정되어 제2의 방조범이 성립한다.[62] 판례는 정범이 범행을 한다는 점을 알면서 그 실행행위를 용이하게 한 이상 그 행위가 간접적이거나 직접적이거나를 가리지 않으며, 이 경우 정범이 누구에 의하여 실행되어지는가를 확정적으로 인식할 필요는 없다고 판시함으로써[63] 간접방조를 인정하고 있다.[64]

27 방조의 방조와 마찬가지로 교사범에 대한 방조가 정범의 실행행위에 영향을 미친 경우에는 방조범이 성립할 수 있다.[65] 다만, 기도된 방조는 불가벌이기 때문에 정범이 실행에 착수하였을 것을 요한다. 또한 타인의 범행에 방조행위를 하도록 교사한 방조의 교사의 경우에, 방조를 교사한 사람도 방조자를 도와 정범의 실행행위에 영향을 미쳤다는 점이 인정되면, 실질적으로 정범을 방조한 것이 되어 방조범이 인정될 수 있다.[66]

(2) 방조행위의 시기

28 방조행위는 정범의 실행의 착수의 전·후와 관계없이 가능하다. 즉 방조행위는 정범의 실행행위 시에 수반하여 행해질 수도 있고, 정범의 실행행위 도중에 가담하여 남은 실행행위의 부분을 방조하는 것도 가능하며, 정범의 실행행위 이전에도 방조행위는 가능하다.[67] 다만, 이 경우에는 공범의 종속성의 원칙상

---

62 김성돈, 711.

63 대판 1977. 9. 28, 76도4133(외국상품을 수입 통관함에 있어 자기명의로 외국물품을 수입판매하는 것으로 위장하여 수입하였다면, 그 명의로 영업세 및 소득세의 원천징수가 있었다 할지라도 이는 외국상품을 국내에서 판매하는 실수요자들의 상품판매에 따른 영업세 및 소득세라고 할 수 없으므로 실수요자들의 영업세 등을 포탈하도록 한 조세범처벌법위반방조범이 성립한다고 한 사례)(이 판례가 간접방조를 인정했다기 보다는 간접적인 방조를 인정하는 것으로 보는 견해도 있음); 대판 2007. 12. 14, 2005도872(P2P 프로그램을 운영하고 서버를 운영하여 그 이용자들로 하여금 저작권법상 복제권의 침해행위를 할 수 있도록 한 것은 그 방조범에 해당한다고 한 사례).

64 일본 판례도 간접방조를 인정하고 있다〔最判 昭和 44(1969). 7. 17. 刑集 23·8·1061〕.

65 김성돈, 712; 김일수·서보학, 496; 배종대, § 148/3; 손동권·김재윤, § 32/28; 이재상·장영민·강동범, § 35/21; 임웅, 533; 정성근·박광민, 604.

66 김성돈, 712; 김일수·서보학, 496; 배종대, § 148/4; 손동권·김재윤, § 32/28; 이재상·장영민·강동범, § 35/22; 임웅, 533; 정성근·박광민, 604.

67 대판 1983. 3. 8, 82도2873; 대판 1996. 9. 6, 95도2551; 대판 2004. 6. 24, 2002도995; 대판 2007. 12. 14, 2005도872; 대판 2022. 4. 14, 2022도649.

정범의 실행행위가 있어야만 방조범이 성립할 수 있다.

29 방조행위는 피방조자가 기수에 이를 때까지 가능하고, 기수에 이른 후에도 그 범죄행위가 종료되기 전까지 성립할 수 있다는 것이 통설[68]과 판례[69]의 입장이다. 방조행위는 정범의 범행을 용이하게 하거나 기회를 촉진시키는 행위에 그치지 않고 정범의 법익침해를 강화하는 것도 포함하는 것이므로, 예를 들어 계속범에 있어서 기수에 이른 정범의 실행행위가 종료되지 않고 계속되는 한 방조범이 성립할 수 있다. 이에 대해서, 종료는 범행단계로서 일반화할 수 없는 개념이라는 점에서 기수 이후 종료를 인정하고 이 시점까지 방조범을 일반화시켜 인정하는 것은 타당하지 않다는 견해[70]가 있다.

30 한편 정범의 실행행위가 종료한 후에는 방조범이 성립할 수 없으므로, 정범의 실행행위가 종료한 이후 이루어지는 사후방조는 방조라고 할 수 없다.[71] 따라서 범죄행위가 종료된 이후에 외견상 방조와 같이 보이지만 범인은닉죄(§ 151①), 증거인멸죄(§ 155①), 장물취득죄(§ 362①)와 같이 별도의 독립된 범죄구성요건을 충족시키는 행위는 독립된 범죄의 정범으로 처벌될 뿐이다.[72]

(가) 승계적 방조

31 정범이 실행행위의 일부를 행하였으나 남은 실행행위가 종료되기 전에, 타인이 중도에서 가담하여 정범의 나머지 실행행위를 방조한 경우를 승계적 방조라고 한다. 이러한 승계적 방조에 있어서 정범의 실행행위 전부에 대하여 방조범이 성립한다고 볼 것인가, 아니면 중도에 가담한 이후 부분의 실행행위에 대해서만 방조범이 성립한다고 볼 것인가[73] 문제가 된다.[74]

68 김성돈, 713; 김일수·서보학, 493; 배종대, § 146/5; 손동권·김재윤, § 32/10; 오영근, 402; 이재상·장영민·강동범, § 35/7; 임웅, 527; 정성근·박광민, 598.

69 대판 1982. 4. 27, 82도122(진료부는 환자의 계속적인 진료에 참고로 이용되는 진료상황부이므로 간호보조원의 무면허 진료행위가 있은 후에 이를 의사가 진료부에다 기재하는 행위는 정범의 실행행위종료 후의 단순한 사후행위에 불과하다고 볼 수 없고, 무면허 의료행위의 방조에 해당한다고 한 사례); 대판 2021. 9. 9, 2017도19025(전).

70 박상기·전지연, 308.

71 대판 1982. 4. 27, 82도122; 대판 2022. 4. 14, 2022도649.

72 김성돈, 714.

73 임웅, 527.

74 승계적 방조범을 정범의 범행이 기수에 이르렀으나 종료되기 이전에 방조한 사람을 의미한다고 보는 견해에 의하면, 승계적 방조범을 사후종범과 동일한 것으로 취급한다(박상기·전지연, 308).

32 예를 들어, 결합범인 강도살인죄에 있어서 甲이 강도살인의 의사로 먼저 피해자를 살해하였는데, 마침 지나가던 乙이 이를 보고 甲의 절취행위에 조력한 경우에, 乙이 강도살인죄의 방조범이 된다고 볼 것인지 절도죄의 방조범이 된다고 볼 것인지가 문제된다. 승계적 방조범을 인정하는 것이 일반적이지만,[75] 승계적 공동정범에서 논의와 유사한 논거에 의하여 가담한 이후 부분에 대해서만 방조범이 성립한다는 견해도 있다.

33 판례는 정범의 실행행위 이후에 가담한 방조자에 대해서 전체범죄의 방조범이 성립한다는 태도를 보이고 있다. 미성년자를 약취, 유인하는 행위에 피고인이 가담한 바 없더라도 사후에 그 사실을 알면서 타인의 재물 등 요구행위에 가담하여 이를 방조한 때에는, 단순히 재물 등 요구행위의 방조범이 아니라 결합범인 특정범죄 가중처벌 등에 관한 법률 제5조의2 제2항 제1호 위반죄(약취 또는 유인한 미성년자의 부모나 그 밖에 그 미성년자의 안전을 염려하는 사람의 우려를 이용하여 재물이나 재산상의 이익을 취득하거나 이를 요구한 경우)의 방조범에 해당한다고 하였다.[76]

(나) 예비단계에서 방조

34 방조행위는 피방조자의 실행의 착수 전·후를 불문하고 가능하지만, 피방조자가 범행의 예비단계에만 그친 경우에도 방조범이 성립할 수 있는지 문제가 된다.

35 이에 대하여, ① 긍정하는 견해[77]도 있으나, ② 예비행위는 구성요건적 정형성을 갖추지 못하므로 예비죄에 대한 방조범을 처벌하면 처벌의 범위가 부당하게 확대될 위험이 있다는 점과 공범종속성설에 의하면 방조범이 성립하려면 정범의 실행행위가 있어야 하는데 정범의 예비행위는 아직 실행행위성이 없으므로 이에 대한 방조범이 성립할 수 없으며, 더 나아가 기도된 교사와는 달리 기도된 방조를 처벌하지 않는 형법의 취지를 고려하여 예비단계에서 방조는 처벌하지 않는 것이 타당하다는 부정설이 다수설이다.[78] 이러한 다수설에 따르면, 예비단계에서 피방조자를 방조한 경우는 피방조자의 실행의 착수 여부에 따라

75 정영일, 431.

76 대판 1982. 11. 23, 82도2024. 본 판결 평석은 이용식, "승계적 종범의 성립범위", 형사판례연구〔15〕, 한국형사판례연구회, 박영사(2007), 101-123.

77 김일수·서보학, 495. 예비죄의 성립을 전제로 예비단계의 방조 처벌가능성을 인정하고 있다.

78 김성돈, 719; 박상기·전지연, 309; 배종대, § 146/12; 손동권·김재윤, § 26/23; 신동운, 689; 오영근, 353; 이재상·장영민·강동범, § 30/23; 임웅, 534; 정성근·박광민, 604.

방조범의 성립 여부가 결정된다고 할 수 있다.

36 판례도 방조범이 처벌되기 위해서는 정범의 실행의 착수가 있는 경우에만 가능하고, 형법 전체의 정신에 비추어 정범이 실행의 착수에 이르지 않고 예비단계에만 그친 경우에는, 이에 가공하는 행위가 예비의 공동정범이 되는 경우를 제외하고는 방조범의 성립을 부정하고 있다.[79]

37 다만 방조행위는 이미 범행결의를 한 사람의 행위를 조장 또는 촉진하는 행위이기 때문에 피방조자의 실행착수 이전인 예비단계에서 피방조자를 방조한 경우라도, 피방조자가 그 후에 실행의 착수로 나아갔고, 방조자의 행위기여가 정범의 실행행위에도 미쳤다면 방조범이 성립한다. 판례도 종범은 정범의 실행행위 중에 이를 방조하는 경우는 물론이고, 실행의 착수 전에 장래의 실행행위를 예상하고 이를 용이하게 하는 행위를 하여 방조한 경우에도 정범이 그 실행행위에 나아갔다면 성립한다고 하여[80] 이를 인정한다.

(3) 방조행위와 피방조자의 실행행위의 인과관계

38 어떤 행위가 방조행위가 되기 위해서는 그것이 반드시 피방조자의 실행행위의 원인이 된 경우이어야 하는지, 만일 방조행위와 피방조자의 실행행위 사이에 어떤 관계가 있어야 한다면 어느 정도의 인과성이 필요한지에 대해서 견해가 대립되고 있다.

---

79 대판 1976. 5. 25, 75도1549(강도예비방조). 「형법 제32조 제1항의 타인의 범죄를 방조한 자는 종범으로 처벌한다는 규정의 타인의 범죄란 정범이 범죄를 실현하기 위하여 착수한 경우를 말하는 것이라고 할 것이므로 종범이 처벌되기 위하여는 정범의 실행의 착수가 있는 경우에만 가능하고 정범이 실행의 착수에 이르지 아니한 예비의 단계에 그친 경우에는 이에 가공하는 행위가 예비의 공동정범이 되는 경우를 제외하고는 이를 종범으로 처벌할 수 없다고 할 것이다. 왜냐하면 범죄의 구성요건 개념상 예비죄의 실행행위는 무정형 무한정한 행위이고 종범의 행위도 무정형 무한정한 것이고 형법 제28조에 의하면 범죄의 음모 또는 예비행위가 실행의 착수에 이르지 아니한 때에는 법률에 특별한 규정이 없는 한 벌하지 아니한다고 규정하여 예비죄의 처벌이 가져올 범죄의 구성요건을 부당하게 유추 내지 확장해석하는 것을 금지하고 있기 때문에 형법각칙의 예비죄를 처단하는 규정을 바로 독립된 구성요건 개념에 포함시킬 수는 없다고 하는 것이 죄형법정주의의 원칙에도 합당하는 해석이라 할 것이기 때문이 다. 따라서 형법전체의 정신에 비추어 예비의 단계에 있어서는 그 종범의 성립을 부정하고 있다고 보는 것이 타당한 해석이라고 할 것이다.」

같은 취지의 판결로는 대판 1979. 11. 27, 79도2201(무면허 금괴 수입에 관한 특정범죄가중처벌등에관한법률위반죄의 예비).

80 대판 1983. 3. 8, 82도2873.

(가) 인과관계의 필요 여부

(a) **인과관계 불요설**

39 방조행위가 피방조자의 범죄실행을 사실상 촉진시키거나 용이하게 할 정도이면 그것으로 충분하고, 방조행위 자체가 피방조자의 실행행위의 원인이 될 필요는 없다는 입장이다(촉진설).[81] 그 근거로서 형법이 '타인의 범죄를 방조한 자'라고만 규정하고 인과관계를 요한다는 규정을 두지 않고 있으며, 피방조자에 의하여 야기된 결과를 방조범에게 귀속시킬 수 없으므로 방조범의 가벌성은 반드시 정범의 영역에서 요구되는 인과관계와 관련이 없다는 것을 든다. 따라서 인과관계 불요설의 입장에서는 절도범에게 열쇠를 건네주었지만 문이 이미 열려 있었기 때문에 그 절도범이 방조범이 건네준 열쇠를 사용하지 않은 경우에도 열쇠를 건네준 행위만으로 절도죄의 방조범이 성립된다고 한다.

40 방조범은 정범에 대한 결과발생의 위험성을 증대시키는 행위에 불과하다는 위험증대설, 방조범을 위험범으로 이해하여 방조행위가 구성요건에 의하여 보호되는 법익에 대한 추상적·구체적 위험을 야기하면 방조범으로 처벌된다는 위험범설도 인과관계 불요설과 궤를 같이하는 것으로 볼 수 있다.[82]

(b) **인과관계 필요설**

41 공범의 처벌근거가 타인의 불법을 야기하거나 촉진시키는 것에 있으므로 방조행위가 피방조자의 실행행위에 아무런 영향을 끼치지 못한 경우에는 처벌근거가 상실된다는 이유에서 방조행위와 피방조자의 실행행위 사이에는 인과관계가 필요하다는 입장이다.[83] 따라서 방조범의 성립을 위해서는 피방조자의 실행행위를 촉진하거나 용이하게 할 정도의 방조행위가 존재하기만 할 것이 아니라, 방조행위가 실제로 영향을 미쳐 피방조자의 실행행위를 촉진시키거나 용이하게 하여야만 한다.[84]

---

81 김성천·김형준, 428.

82 독일 판례는 인과관계 불요설의 입장이다(BGHSt 2, 130; BGHSt 54, 140).

83 김성돈, 716; 김일수·서보학, 493; 박상기·전지연, 307; 배종대, § 146/8; 손동권·김재윤, § 32/11; 신동운, 692; 오영근, 404; 이재상·장영민·강동범, § 35/11; 임웅, 528; 정성근·박광민, 602. Schönke/Schröder/Heine/Weißer, StGB § 27 Rn. 3. 독일의 통설도 인과관계 필요설의 입장이다.

84 이용식(주 25), 234. 방조행위의 인과관계를 방조행위의 개념과 구분하여 독자적인 판단영역으로 접근하여야 한다는 입장에서, 방조행위가 피방조자의 실행행위의 결과에 촉진적이거나 인과적인 영향을 미쳤을 경우에 한하여 방조자에 대한 귀책이 가능하다고 한다.

판례는 방조범은 정범에 종속하여 성립하는 범죄이므로 방조행위와 정범의 범죄 실현 사이에는 인과관계가 필요하다고 한다.[85] 저작재산권자의 이용허락 없이 전송되는 공중송신권 침해 게시물로 연결되는 링크를 이른바 '다시보기' 링크 사이트 등에서 공중의 구성원에게 제공하는 행위가 공중송신권 침해의 방조가 되는지 여부가 문제된 사건에서 대법원은, 방조범의 고의 또는 링크행위와 정범의 범죄실현 사이의 인과관계가 부정되지 않는 경우에는 방조범이 성립할 수 있다고 한다. 방조범이 성립하려면, 방조행위가 정범의 범죄 실현과 밀접한 관련이 있고, 정범으로 하여금 구체적인 위험을 실현시키거나 범죄 결과를 발생시킬 기회를 높이는 등으로 정범의 범죄 실현에 현실적인 기여를 하였다고 평가할 수 있어야 한다. 따라서 정범의 범죄 실현과 밀접한 관련이 없는 행위를 도와준 데 지나지 않은 경우에는 방조범이 성립하지 않는다. 42

(나) 인과관계의 내용

인과관계가 필요하다는 입장에 의하더라도 구체적으로 인과관계의 내용을 어떻게 볼 것인가에 대해서는 견해가 나뉘고 있다. 43

(a) 결과야기설

이 견해는 방조행위가 정범의 실행행위의 결과를 공동으로 야기해야 하므로 방조행위가 정범에 의한 법익침해를 가능 또는 강화하거나 정범의 실행행위를 용이하게 한다는 의미에서 합법칙적 조건관계가 있으면 된다고 한다.[86] 44

(b) 기회증대설

이 견해는 방조행위가 정범의 실행행위의 기회를 증대시킨 경우에 방조범이 성립한다고 한다. 즉 방조행위와 주된 행위 사이에 인과관계가 존재하여야 함을 전제로 하여, 인과관계는 결과귀속의 필요조건이지만 충분조건은 아니므로, 규범적으로 제한하여 방조범의 결과귀속을 위해서는 법적으로 허용되지 않은 결과발생의 위험을 증대시킨 행위만 귀속된다는 귀속이론의 일반원칙에 따라 범죄실행의 기회를 증대시켜야 한다는 것이다.[87] 그러므로 방조행위와 피방 45

85 대판 2021. 9. 9, 2017도19025(전). 이 판결을 통해서 저작권자의 공중송신권을 침해하는 웹페이지 등으로 링크를 하는 행위만으로는 어떠한 경우에도 공중송신권 침해의 방조행위에 해당하지는 않는다는 종전 판례인 대판 2015. 3. 12, 2012도13748은 변경되었다.

86 이재상·장영민·강동범, § 35/11; 이형국·김혜경, 447; 정영일, 429.

87 김성돈, 716; 김일수·서보학, 493; 박상기·전지연, 307; 손동권·김재윤, § 32/11; 신동운, 693; 이

조자의 실행행위 사이에 인과관계가 있어야 하지만, 구성요건적 결과발생을 가능하고 용이하게 하거나 강화하거나 확실하게 하는 사정이 있어야 방조행위가 될 수 있으며, 오히려 결과발생의 기회를 감소시키거나 위험을 감소한 경우에는 방조행위로 평가될 수 없다고 한다.[88]

(c) 상당인과관계설

46 이 견해는 방조행위가 정범의 실행행위에 대한 엄격한 조건인지를 묻지 않고 상당히 개연적인 원인행위가 되었으면 인과관계가 인정된다고 한다.[89] 즉, 방조행위가 정범의 범행을 정신적·물질적으로 용이하게 해 줌으로써 결과발생에 기여한 부분이 있으면 인과관계가 인정되지만, 정범의 범죄행위와 직접 관련 없는 사항을 도와주는 데 그쳤다면 방조행위가 성립하지 않는다고 한다.

(다) 판례

(a) 판례의 변경

47 대법원은 종래 방조는 정범의 실행행위를 용이하게 하는 직접·간접의 모든 행위로서,[90] 특히 정범의 실행행위와 직접적이고도 밀접한 관련성이 있다고 객관적으로 인정되는 행위만이 방조에 해당한다고 판시하여,[91] 방조와 정범의 실행행위 사이의 관련성 내지 인과관계가 필요하다는 입장이었다. 그런데 최근에 전원합의체 판결을 통하여 견해를 변경하여, "방조범이 성립하려면 방조행위가 정범의 범죄 실현과 밀접한 관련이 있고 정범으로 하여금 구체적 위험을 실현시키거나 범죄 결과를 발생시킬 기회를 높이는 등으로 정범의 범죄 실현에 현실적인 기여를 하였다고 평가할 수 있어야 하고, 정범의 범죄 실현과 밀접한 관

주원, 412; 임웅, 528; 주석형법 〔총칙(2)〕(3판), 182(하태한).

88 정성근·박광민, 602.

89 배종대, §146/8.

90 대판 1986. 12. 9, 86도198; 대판 1995. 9. 29, 95도456; 대판 2006. 4. 28, 2003도4128; 대판 2018. 9. 13, 2018도7658, 2018전도54, 55, 2018보도6, 2018모2593 등.

91 대판 1965. 8. 17, 65도388. 「피고인 甲에 대한 공소사실은 상피고인 乙이 북괴의 지령에 의하여 접선하려고 1955. 2월경 피고인 집에 찾아와서 간첩임무에 협력하여 달라고 요청하였으나 피고인은 이를 기절하였으나 乙이 간첩인 사실을 알면서 그에게 1박 2식을 제공하고 그 익일 아침에 보냈다는 사실인바, 무릇 범죄의 방조행위라고 함은 정범의 실행행위에 가담할 의사로서 객관적으로 실행행위와 직접적으로 밀접한 관계에 있는 행위를 함을 말한다 할 것인바, 본건에 있어서와 같이 상피고인의 협력요청을 거절한 점이라던가 피고인의 주거지가 여신숙도 없는 시골인 점 그 익일 아침에 바로 떠났다는 사실 등으로 보아 이러한 피고인의 행위는 상피고인 乙의 간첩행위에 가담하기 위한 간첩, 일반이적 또는 국가보안법위반행위의 방조라고 보기는 어렵다고 할 것이다.」

련이 없는 행위를 도와준 데 지나지 않는 경우에는 방조범이 성립하지 않는다."는 취지로 판시하여,[92] 방조행위와 정범의 '실행행위' 사이가 아니라 정범의 '범죄 실현' 사이에 인과관계가 필요하다는 입장을 명백히 하면서, 방조의 성립범위를 확대하였다. 이러한 판례의 입장은 인과관계에 관한 필요설, 그중에서도 위 (b)의 기회증대설의 입장으로 볼 수 있다.

이러한 법리에 따라 판례는, 지적재산권자의 이용허락 없이 전송되는 공중송신권 침해 게시물로 연결되는 링크를 이른바 '다시보기' 링크 사이트 등에서 공중의 구성원에게 제공하는 행위가 저작권법상 공중송신권 침해의 방조가 되는지 여부가 문제된 사안에서, "저작권 침해물 링크 사이트에서 침해 게시물에 연결되는 링크를 제공하는 경우 등과 같이, 링크 행위자가 정범이 공중송신권을 침해한다는 사실을 충분히 인식하면서 그러한 침해 게시물 등에 연결되는 링크를 인터넷 사이트에 영리적·계속적으로 게시하는 등으로 공중의 구성원이 개별적으로 선택한 시간과 장소에서 침해 게시물에 쉽게 접근할 수 있도록 하는 정도의 링크 행위를 한 경우에는 침해 게시물을 공중의 이용에 제공하는 정범의 범죄를 용이하게 하므로 공중송신권 침해의 방조범이 성립한다. 이러한 링크 행위는 정범의 범죄행위가 종료되기 전 단계에서 침해 게시물을 공중의 이용에 제공하는 정범의 범죄 실현과 밀접한 관련이 있고 그 구성요건적 결과 발생의 기회를 현실적으로 증대함으로써 정범의 실행행위를 용이하게 하고 공중송신권이라는 법익의 침해를 강화·증대하였다고 평가할 수 있다. 링크 행위자에게 방조의 고의와 정범의 고의도 인정할 수 있다."고 판시하여,[93] 저작권자의 공중송신권을 48

---

92 대판 2021. 9. 9, 2017도19025(전)(저작권법위반방조). 방조행위와 정범의 '범죄 실현' 사이에 인과관계가 필요하다는 다수의견에 대해서는, "다수의견은 '범죄행위가 종료되기 전'까지 행해진 행위도 방조의 개념에 포함될 수 있다고 하여 정범의 실행행위 종료 이후의 행위로 인한 방조 성립 가능성을 열어두고 있다. 특히 '범죄 실현'은 '범죄 실행'뿐만 아니라 그로 인한 '결과 발생'까지 포함하는 개념임에도, 다수의견은 정범의 '실행행위'가 아닌 정범의 '범죄 실현'과의 관련성만 있어도 방조가 성립할 수 있다고 보고 있다. 따라서 다수의견의 태도는 형법상 방조의 성립범위를 예측 가능한 범위를 넘어 광범위하게 확장하는 결과를 초래하고, 방조의 개념에 관한 기존 판례 전부를 실질적으로 변경하는 것에 해당한다. 특수한 영역에서의 처벌 공백을 보충해야 한다는 필요성 때문에 형법 총칙상의 개념인 방조의 의미에 관한 견해를 변경하여 방조의 성립범위를 확장하는 것은 본말이 전도된 것으로서 그로 인해 초래될 다양한 영역에서의 파장은 현재의 단계에서 그 범위를 예측할 수 없을 정도로 매우 심각하다고 하지 않을 수 없다."는 반대의견이 있다.

93 대판 2021. 9. 9, 2017도19025(전). 같은 취지의 판결로는 대판 2021. 9. 30, 2016도8040; 대판

침해하는 웹페이지 등으로 링크를 하는 행위만으로는 어떠한 경우에도 공중송신권 침해의 방조행위에 해당하지 않는다고 한 종래 판결[94]을 변경하였다. 다만 위 전원합의체 판결은, "행위자가 링크 대상이 침해 게시물 등이라는 점을 명확하게 인식하지 못한 경우에는 방조가 성립하지 않고, 침해 게시물 등에 연결되는 링크를 영리적·계속적으로 제공한 정도에 이르지 않은 경우 등과 같이 방조범의 고의 또는 링크 행위와 정범의 범죄 실현 사이의 인과관계가 부정될 수 있거나 법질서 전체의 관점에서 살펴볼 때 사회적 상당성을 갖추었다고 볼 수 있는 경우에는 공중송신권 침해에 대한 방조가 성립하지 않을 수 있다."고 판시하여, 링크 행위가 사회적 상당성을 갖춘 경우에는 방조범의 성립을 제한하였다.[95]

(b) 위 전원합의체 판결 이후의 사례

49 ① 전국금속노동조합(이하, 금속노조라 한다.) 미조직비정규국장인 피고인이 금속노조 A 회사 비정규직지회 조합원들의 생산라인 점거 농성에 참가하여 지원·독려하고(독려행위) 금속노조의 공문을 전달하여(공문전달행위) 위 조합원들의 A 회사 자동차생산업무방해를 방조하였다고 기소된 사안에서, 위 독려행위는 방조행위에 해당하지만, 위 공문전달행위는 위 생산라인 점거로 인한 범죄 실현과 밀

2021. 11. 25, 2021도10903.

94 대판 2015. 3. 12, 2012도13748.

95 대판 2021. 9. 9, 2017도19025(전). 링크 행위만으로 방조범이 성립한다는 다수의견에 대하여, "첫째, 다수의견은 규제와 처벌의 필요성을 내세워 저작권 침해물 링크 사이트에서 침해 게시물에 연결되는 링크를 제공하는 링크 행위를 처벌하고자 형법 총칙상 개념인 방조에 대한 확장해석, 링크 행위 및 방조행위와 정범의 범죄 사이의 인과관계에 관한 확장해석을 통해 형사처벌의 대상을 확대하고 있는데, 이는 형사처벌의 과잉화를 초래하고 사생활 영역의 비범죄화라는 시대적 흐름에 역행하는 것이다. 둘째, 다수의견은 방조범 성립 범위의 확대로 말미암아 초래될 부작용을 축소하고자 영리적·계속적 형태의 링크 행위만을 방조범으로 처벌할 수 있다고 하나, 이는 일반적인 방조범의 성립과 종속성, 죄수 등의 법리에 반하고, 법원으로 하여금 방조범의 성립이 문제 될 때마다 그 성립 요건을 일일이 정해야만 하는 부담을 지우며, 죄형법정주의 원칙에 따른 법적 안정성과 예측가능성에 커다란 혼란을 가져올 수밖에 없다. 셋째, 저작권 침해물 링크 사이트에서 침해 게시물에 연결되는 링크를 제공하는 링크 행위에 대하여 종전 판례를 변경하여 유죄로 판단할 정당성은 인정되기 어렵다. 비록 저작권 침해물 링크 사이트에서의 영리적·계속적 링크 행위의 폐해가 증가하고 있다고 하더라도 이에 대해서는 입법을 통해 대처하는 것이 바람직하다. 링크 행위의 유형화와 그에 따른 처벌의 필요성 및 근거 조항 마련을 위한 입법 논의가 이루어지고 있는 현시점에서 대법원이 구성요건과 기본 법리를 확장하여 종전에 죄가 되지 않는다고 보았던 행위에 관한 견해를 바꾸어 형사처벌의 범위를 넓히는 것(사실상 소급처벌에 해당한다)은 결코 바람직하지 않다. 충분한 논의를 통해 사회적 합의를 끌어내고, 그에 따른 입법적 결단을 기다려주는 것이 올바른 제도 도입을 위해서도 필요하다. 결론적으로 쟁점에 관한 종전 판례의 견해는 여전히 타당하므로 유지되어야 한다."는 반대의견이 있다.

접한 관련성이 있다고는 단정하기 어려워 인과관계가 있다고 볼 수 없다고 판시하였다.[96]

② 철도노조 간부인 피고인들이 철도노조 조합원 2명이 조명탑 점거 농성을 함에 있어 위 농성을 지지하고자 조명탑 아래 천막을 설치하고, 지지집회를 개최하고, 음식물·책 등 위 조합원이 필요로 하는 물품을 제공하거나 조명탑에 올라 이들을 위로함으로써 한국철도공사의 야간입환업무방해를 방조하였다고 기소된 사안에서, 방조범의 성립을 인정할 정도로 업무방해행위와 인과관계가 있다고 볼 수 없다고 판시하였다.[97] 50

③ 박사방 운영진이 음란물 배포 목적의 텔레그램 그룹(미션방)을 만들고 특정 시간대에 미션방 참여자들이 인터넷포털사이트에 일제히 특정 검색어를 입력함으로써 실시간 급상승 검색어로 노출되도록 하는 이른바 '실검챌린지'를 지시하여 불특정 다수의 텔레그램 사용자들로 하여금 정해진 시간에 미션방에 참여하게 한 다음 특정 시점에 미션방에 피해자 A(여, 18세)에 대한 음란물을 게시한 것과 관련하여, 피고인이 박사방 운영진의 지시에 따라 4회에 걸쳐 검색어를 입력하고 미션방과 박사방 관련 채널에 검색사실을 올려 인증함으로써 박사방 운영진에 의한 아동·청소년이용 음란물 배포행위를 방조하였다는 내용으로 기소된 사안에서, 위 실검챌린지 등에 단순히 이용된 것으로 볼 여지가 있을 뿐, 정범의 범죄 실현 사이에 밀접한 관련성 등 인과관계를 인정하기 어렵다고 판시하였다.[98] 51

(라) 소결

방조행위와 피방조자의 실행행위 사이에 인과관계가 필요한지 여부는 방조의 공범으로서 본질, 방조의 개념 그리고 인과관계를 통한 방조범의 성립 제한이라는 목적 등이 결부되어 다소 복잡한 논의구조를 보여주고 있다. 방조를 정범의 범행을 촉진하는 것으로 이해하는 입장에서는, 방조행위와 정범의 실행행위 사이에 인과관계를 필요로 한다고 보기 어렵다고 한다. 필요설의 입장에서 정범의 실행행위를 촉진하고 용이하게 한 방조자의 방조행위가 정범의 실행행 52

96 대판 2021. 9. 16, 2015도12632.
97 대판 2023. 6. 29, 2017도9835.
98 대판 2023. 10. 18, 2022도15537.

위에 어떤 형태라도 드러나야 한다는 의미로 인과관계가 필요하다고 한다면, 결과야기설의 입장을 취하는 것이 타당하다. 판례는 인과관계가 필요하다는 입장에서 방조행위와 정범의 범죄 실현의 밀접관련성, 정범의 범죄 실현에 방조행위의 현실적 기여를 제시하고 있어서 기회증대설의 입장으로 평가할 수 있다.[99]

2. 피방조자의 실행행위

(1) 정범의 실행행위의 요건

53 공범종속성의 원칙에 따라 피방조자인 정범의 실행행위가 있어야만 방조범이 성립할 수 있다.[100] 다수설인 제한적 종속형식에 의하면, 정범의 실행행위가 구성요건에 해당하고 위법한 행위일 것을 요하고, 극단적 종속형식에 의하면 정범의 행위는 유책성을 갖추어야 한다.

54 정범의 행위는 고의범이어야 한다. 따라서 정범의 행위가 과실범인 경우에는 간접정범이 성립할 여지는 있으나 방조범이 성립할 수는 없다.[101]

55 피방조자의 실행행위가 부작위인 경우 방조범이 성립할 수 있는지에 대해서, ① 부진정부작위범은 보증인지위에 있는 사람만이 주체로 될 수 있는 진정신분범이고, 신분범에 가담한 공범자는 비신분자라도 제33조의 규정에 따라 신분범의 공범이 되어 방조자는 보증인적 지위가 없더라도 부작위범인 정범의 방조범이 될 수 있다는 견해가 있다.[102] 이에 대해서, ② 부진정부작위범에서는 어떠한 형태로 의무를 위반하든 보증인의 의무위반은 정범으로 평가되는 반면에, 보증의무 없는 사람의 부작위는 어떠한 불법행위로도 평가될 수 없으므로 타당하지 않다고 하면서, 부진정부작위범은 단일정범형태로 파악되는 범죄형태

99 대판 2021. 9. 9, 2017도19025(전). 「(전송의 방법으로 공중송신권을 침해하는 게시물이나 그 게시물이 위치한 웹페이지 등에 연결되는) 링크 행위는 정범의 범죄행위가 종료되기 전 단계에서 침해 게시물을 공중의 이용에 제공하는 정범의 범죄 실현과 밀접한 관련이 있고 그 구성요건적 결과 발생의 기회를 현실적으로 증대함으로써 정범의 실행행위를 용이하게 하고 공중송신권이라는 법익의 침해를 강화·증대하였다고 평가할 수 있다.」

100 대판 2017. 5. 31, 2016도12865(병원 원장인 피고인 甲 등이 乙 등에게 허위의 입·퇴원확인서를 작성한 후 교부하여, 乙 등이 보험회사로부터 보험금을 편취하는 것을 방조한 경우, 정범인 乙 등의 범죄가 성립되지 않는 이상 방조범에 불과한 피고인 甲 등의 범죄도 성립될 수 없다고 한 사례); 대판 2020. 5. 28, 2016도2518; 대판 2022. 9. 29, 2022도5826.

101 이재상·장영민·강동범, § 35/15.

102 김성돈, 718; 이주원, 409.

라고 보아야 한다는 견해가 있다.[103]

(2) 정범의 실행행위의 단계

정범의 실행행위는 적어도 실행의 착수에 이르러야 한다. 정범이 실행의 착수에 이르지 않고 예비단계에만 그친 경우에는, 방조자는 예비죄의 공동정범이 되는 경우 이외에는 방조범이 성립하지 않는다. 피방조자의 실행행위가 있는 이상 기수·미수를 불문하고 방조범이 성립할 수 있으나, 피방조자의 실행행위가 미수에 그친 경우에는 방조자는 미수죄의 방조범이 된다. 56

피방조자가 방조자의 방조를 거부하면서 실행행위에 나아가지 않는 경우(실패한 방조)나, 피방조자가 방조자의 방조를 받아들였으나 실행행위에 나아가지 않은 경우(효과 없는 방조)는 제31조 제2항, 제3항의 교사의 미수와 달리 처벌규정이 없으므로 방조범의 미수는 불가벌이다. 57

(3) 방조관계로부터 방조자의 이탈

피방조자의 실행의 착수 전에 방조범이 자신의 방조행위로 인한 결과를 제거함으로써 정범과의 방조관계로부터 이탈할 수 있다. 이를 위해서는 방조자는 피방조자에게 이탈의 의사표시를 하고, 방조자는 피방조자의 범행을 용이하게 하거나 촉진시켰던 영향의 인과성을 단절시키는 것이 필요하다. 유형적·물질적 방조행위의 경우에는 인과성을 제거하는 것을 확인할 수 있으나, 무형적·정신적 방조행위로 인한 영향을 배제하는 것은 현실적으로 확인가능하지 않다는 점에서 이탈을 인정하기는 쉽지 않을 것이다. 58

정범의 실행의 착수 이후에는 방조자가 정범의 실행행위를 중지시킴으로써 중지미수에 이르게 한 경우에는 중지미수의 방조범이 되고, 정범은 장애미수가 된다. 59

3. 방조자의 고의

(1) 이중의 고의

방조자는 피방조자의 범죄실행을 방조한다는 인식, 즉 방조의 고의와 정범의 행위가 구성요건에 해당하는 행위라는 인식, 즉 정범의 고의가 있어야 한다.[104] 60

103 이정원, 389; 김성룡(주 35), 133.

104 대판 2003. 4. 8, 2003도382; 대판 2022. 10. 27, 2021도1965; 대판 2023. 10. 18, 2022도15537.

이러한 의미에서 방조범의 고의도 교사범의 고의와 같이 이중의 고의를 요하므로 과실에 의한 방조는 있을 수 없다.[105] 과실에 의한 방조는 경우에 따라 과실범의 정범으로 처벌될 수 있을 뿐이다.

61 방조범이 정범의 고의도 있어야 한다면, 그 고의의 구체적 내용이 문제가 된다. 방조범에서 정범의 고의는 정범에 의하여 실현되는 범죄의 구체적 내용을 인식할 것을 요하는 것은 아니고 미필적 인식 또는 예견으로 충분한데,[106] 이는 정범의 범행 등의 불법성에 대한 인식이 필요하다는 점과 모순되지 않는다.[107] 그리고 방조범은 정범이 실행하는 범죄의 일시·장소·객체 또는 구체적 상황 등 범죄의 구체적 내용까지 인식할 필요는 없고,[108] 피방조자인 정범이 누구인지 확실하게 인식할 필요도 없다.[109]

62 정범이 실행하는 범죄가 목적범인 경우, 방조범에게도 정범이 범죄성립요건인 목적을 가지고 실행행위를 한다는 점에 관한 고의가 있어야 하나, 그 목적의 구체적인 내용까지 인식할 것을 요하는 것은 아니다.[110]

---

105 김성돈, 716; 김일수·서보학, 494; 박상기·전지연, 310; 배종대, § 146/9; 손동권·김재윤, § 32/16; 신동운, 693; 오영근, 403; 이재상·장영민·강동범, § 35/12; 임웅, 529; 정성근·박광민, 595.

106 대판 2005. 4. 29, 2003도6056; 대판 2022. 10. 27, 2021도1965.

107 대판 2022. 6. 30, 2020도7866. 「정범의 마약거래방지법상 '불법수익 등의 은닉 및 가장' 범행의 방조범 성립에 요구되는 방조의 고의와 정범의 고의에 관하여 보면, 예컨대 마약매수인이 정범인 마약매도인으로부터 마약을 매수하면서 마약매도인의 요구로 차명계좌에 제3자 명의로 마약매매대금을 입금하면서 그 행위가 정범의 범행 실행을 방조하는 것으로 불법성이 있다는 것을 인식해야 한다는 것을 뜻한다. 물론 방조범에서 요구되는 정범 등의 고의는 정범에 의하여 실현되는 범죄의 구체적 내용을 인식해야 하는 것은 아니고 미필적 인식이나 예견으로 충분하지만, 이는 정범의 범행 등의 불법성에 대한 인식이 필요하다는 점과 모순되지 않는다.」

본 판결 해설은 김홍섭, "정범의 마약류 불법거래 방지에 관한 특례법 제7조 제1항의 '불법수익 등의 출처 또는 귀속관계를 숨기거나 가장하는 행위'에 가담하는 행위에 관하여 형법 총칙의 공범 규정 적용 여부", 해설 132, 법원도서관(2023), 395-420.

108 대판 2007. 12. 14, 2005도872.

109 대판 1977. 9. 28, 76도4133.

110 대판 2022. 10. 27, 2020도12563(피고인이 성명불상자로부터 불법 환전 업무를 도와주면 대가를 지급하겠다는 제안을 받고 자신의 금융계좌번호를 알려주었는데, 성명불상자가 전기통신금융사기 편취금을 은닉하기 위하여 피고인의 금융계좌로 편취금을 송금받은 경우, 피고인이 성명불상자의 탈법행위 목적 타인 실명 금융거래를 용이하게 하였다는 금융실명법위반죄의 방조범이 성립한다고 한 사례). 「구 금융실명법 제6조 제1항 위반죄는 이른바 초과주관적 위법요소로서 '탈법행위의 목적'을 범죄성립요건으로 하는 목적범이므로, 방조범에게도 정범이 위와 같은 탈법행위를 목적으로 타인 실명 금융거래를 한다는 점에 관한 고의가 있어야 하나, 그 목적의 구체적인 내용까지 인식할 것을 요하는 것은 아니다.」

같은 취지의 판결로는 대판 2022. 10. 27, 2021도1965.

이러한 방조범의 고의는 내심적 사실이므로 피고인이 이를 부정하는 경우 63
에는 사물의 성질상 고의와 상당한 관련성이 있는 간접사실을 증명하는 방법에 의하여 입증할 수밖에 없고, 이 때 무엇이 상당한 관련성이 있는 간접사실에 해당할 것인가는 정상적인 경험칙에 바탕을 두고 치밀한 관찰력이나 분석력에 의하여 사실의 연결상태를 합리적으로 판단하는 외에 다른 방법이 없다고 할 것이다.[111]

(2) 기수의 고의

방조범의 고의는 교사범의 고의와 마찬가지로 피방조자의 실행행위가 기수 64
에 이른다는 기수의 고의여야 한다.[112] 따라서 처음부터 미수에 그치게 할 의사로 방조하는 미수의 방조나 결과발생이 불가능한 수단을 제공하여 주된 행위가 불능미수가 되는 경우에는 방조의 고의를 인정할 수 없다.

방조자가 미수의 고의로 방조행위를 하였으나 피방조자의 실행행위가 기수 65
에 이른 경우에는, 교사의 경우와 마찬가지로 방조자는 고의가 조각되어 불가벌이 되고, 피방조자는 기수범으로 처벌될 수 있다. 물론 이 경우에도 방조자에게 과실이 있으면, 과실에 의한 방조범이 아니라 발생된 결과에 대해 과실범 자체는 성립할 수 있다.[113]

(3) 정범과 방조범 사이의 의사합치 여부

방조범이 성립하기 위해서는 방조범에게 방조의 고의와 정범의 고의만 있 66
으면 충분하고, 방조범과 정범 사이의 의사의 합치를 요건으로 하지 않는다. 따라서 피방조자가 방조자의 방조행위를 인식하지 못하고 실행행위를 한 경우라도, 방조자에게는 이른바 편면적(片面的) 방조범이 성립된다.[114] 물론 편면적 방조범이 성립하기 위해서는 당연히 정범의 실행행위가 전제되어야 한다.[115]

---

111 대판 1999. 1. 29, 98도4031; 대판 2005. 4. 29, 2003도6056; 대판 2022. 4. 14, 2022도649.

112 김성돈, 717; 김일수·서보학, 494; 박상기·전지연, 310; 배종대, §146/10; 손동권·김재윤, §32/17; 신동운, 694; 오영근, 403; 이재상·장영민·강동범, §35/13; 임웅, 530; 정성근·박광민, 595.

113 김성돈, 701.

114 대판 1974. 5. 28, 74도509. 일본 판례도 편면적 종범을 인정하고 있다[東京高判 昭和 63(1988). 7. 27. 判時 1300·153].

115 대판 1974. 5. 28, 74도509. 「원래 방조범은 종범으로서 정범의 존재를 전제로 하는 것이다. 즉 정범의 범죄행위 없이 방조범만이 성립될 수는 없다. 이른바 편면적 종범에 있어서도 그 이론은 같다. 이 사건에서 볼 때 피고인은 스스로가 단독으로 자기 아들인 A에 대한 징집을 면탈케 할 목적으로 사위행위를 한 것으로서 위 A의 범죄행위는 아무것도 없어 피고인이 위 A의 범죄행위

Ⅲ. 착오 관련 문제

1. 피방조자의 착오와 방조자의 고의

67 피방조자가 실행행위 시에 구체적 사실에 대한 객체의 착오를 일으킨 경우에, ① 피방조자의 객체의 착오이든 방법의 착오이든 방조자에게는 모두 방법의 착오라고 보는 견해와 ② 객체의 착오와 방법의 착오를 분리하는 견해가 있다.

68 위 ①의 경우, 피방조자의 방법의 착오에 대해 법정적 부합설을 적용하면 정범이 발생사실의 기수의 책임을 지지만, 방조자에게 발생사실의 고의를 인정하기 어려우므로 인식사실의 미수죄에 대한 방조범의 죄책을 지고, 구체적 부합설을 적용하면 방조자는 인식사실에 대한 미수범과 발생사실에 대한 과실범의 상상적 경합의 죄책을 진다.[116] 위 ②의 견해에 의하면, 피방조자가 객체의 착오를 한 경우에는 방조자에게는 발생사실의 방조범이 성립하고, 피방조자가 방법의 착오를 한 경우에는 구체적 부합설의 입장에서 발생사실의 방조범은 성립하지 않고, 방조자에게 결과에 대한 과실이 있는 경우에는 과실범으로 처벌될 수 있다.[117]

2. 방조자의 고의와 피방조자의 실행행위가 불일치하는 경우

69 방조범과 착오의 문제는 주로 방조자의 고의와 피방조자의 실행행위가 불일치하는 경우이다. 이 문제의 해결은 원칙적으로 교사의 착오에 관한 이론이 적용되지만, 기도된 교사와 달리 기도된 방조에 대한 규정이 없다는 점을 고려하여야 한다.

(1) 질적 초과

70 방조자는 피방조자가 자신이 방조한 실행행위와 전혀 다른 범죄행위로 나아간 경우에는, 방조행위에 대한 책임을 지지 않는다. 교사의 경우와 달리 기도된 방조에 관한 규정도 없기 때문에 예비·음모로 처벌되지도 않는다.

에 가공하거나 또는 이를 방조한 것이라고 볼 수 없음이 명백하니, 피고인을 방조범으로 다스릴 수 없다고 한 원심판결은 정당하다.」

116 오영근, 405.

117 배종대, §148/1.

(2) 양적 초과

방조자의 인식과 피방조자의 실행행위 간에 불일치가 있고 양자가 서로 다른 구성요건인 경우에는 원칙적으로 방조자의 고의는 조각되나, 그 구성요건이 중첩되는 부분이 있는 경우에는 그 중복되는 한도 내에서 방조자의 죄책이 인정된다.[118] 따라서 피방조자의 실행행위가 방조자의 인식보다 적게 실행된 경우에는 피방조자의 실행행위의 범위 안에서 방조범이 성립하고, 초과하여 실행된 경우에는 방조자의 인식범위 안에서 방조범이 성립한다. 71

피방조자가 방조자의 고의의 대상인 기본범죄보다 중한 결과적 가중범을 범한 경우에는 기본범죄에 한하여 방조범이 성립하고, 방조자에게 중한 결과에 대하여는 예견가능성이 없는 경우에는 중첩되는 부분인 기본범죄에 대한 방조범의 책임을 진다.[119] 그러나 방조자에게 중한 결과에 대하여는 예견가능성이 있는 경우에는, 결과적 가중범의 방조범이 성립될 수 있다.[120] 72

Ⅳ. 방조자의 처벌

본조 제2항은 방조범의 형은 정범의 형보다 감경한다고 규정하고 있다. 방조범은 이미 범행을 결의한 정범의 실행행위를 용이하게 하는 조력에 불과하기 때문에 정범의 불법에 비하여 정범보다 현저히 낮다고 보아 정범에 대한 형의 필요적 감경사유로 규정한 것이다. 73

필요적 감경의 대상이 되는 형은 피방조자가 실행한 범죄구성요건의 법정형을 의미하고, 선고형이 아니다. 따라서 책임의 차이로 인하여 방조범의 선고형이 정범의 선고형보다 무거울 수도 있다. 그리고 정범의 실행행위가 미수에 74

118 대판 1985. 2. 26, 84도2987(관세포탈행위에 가담하였으나 그 내용물이 무엇인지 그 물품의 가액이 얼마인지를 인식하거나 예견하지도 못한 채 다만 밀수입품일 것이라는 막연한 인식만을 가지고 범행에 가담한 경우, 특정범죄가중처벌등에관한법률위반의 방조범이 아니라 구성요건이 중복되는 관세법위반의 방조범으로만 처벌해야 한다고 판단한 사례).

119 김성돈, 708; 김일수·서보학, 495; 박상기·전지연, 311; 배종대, § 148/1; 손동권·김재윤, § 32/26; 오영근, 405; 이재상·장영민·강동범, § 35/19; 임웅, 532; 정성근·박광민, 605.

120 대판 1998. 9. 4, 98도2061(甲이 상급자에게 무례한 행동을 하는 피해자 A를 교육시킨다는 정도로 가볍게 생각하고 甲에게 각목을 건네주었는데 A가 甲의 구타로 사망한 사안에서, 사망의 결과에 대한 예견가능성이 없다는 이유로 특수폭행치사죄의 방조가 아니라 특수폭행죄의 방조가 된다고 한 사례).

그친 경우에는, 미수범에 대한 방조범으로서 이중으로 감경될 수 있다. 그 밖에 자기의 지휘·감독을 받는 사람의 범죄실행을 방조한 경우에는, 특수방조로서 정범으로 처벌된다(§34②).

V. 관련 문제

1. 독립적 방조죄의 방조범

75 도주원조죄(§147)와 같이 방조적 성격을 지닌 행위를 처벌하는 독립적 규정을 두고 있는 경우, 이에 대한 방조범이 성립될 수 있는지 문제가 된다. 도주원조행위 중에는 구금자를 탈취하는 행위와 같이 독립범죄로서의 성격을 지닌 경우에는 그에 대한 방조죄를 인정할 여지가 있으나, 도주죄(§145, §146)의 방조행위로서의 성격만을 지닌 도주원조행위에 대해서는 방조범을 인정할 것이 아니라 도주원조죄(§147)의 정범으로 처벌해야 한다는 견해가 있다.[121]

2. 공범의 경합

76 동일한 사람이 동일한 범죄에 정범과 교사범으로 관여하거나 교사범과 방조범으로 관여하는 경우가 있다. 이러한 경우를 공범의 경합이라고 한다.[122] 공범이 경합하는 경우에는 가벼운 관여형태는 무거운 관여형태의 배후로 밀려난다. 예를 들어 방조범이 방조행위를 넘어서서 정범의 실행행위를 분담하였다든가 교사자가 방조행위를 한 경우에는, 방조범의 성립은 공동정범 또는 교사범에 흡수된다.[123] 또한, 방조범은 보다 무거운 형태인 공동정범 및 교사범에 대하여 법조경합 중 보충관계에 있다.

〔류 전 철〕

121 오영근, 406.
122 신동운, 696.
123 임웅, 533.

제33조(공범과 신분)

신분이 있어야 성립되는 범죄에 신분 없는 사람이 가담한 경우에는 그 신분 없는 사람에게도 제30조부터 제32조까지의 규정을 적용한다. 다만, 신분 때문에 형의 경중이 달라지는 경우에 신분 없는 사람은 무거운 형으로 벌하지 아니한다. [전문개정 2020. 12. 8.]

구 조문

제33조(공범과 신분) 신분관계로 인하여 성립될 범죄에 가공한 행위는 신분관계가 없는 자에게도 전3조의 규정을 적용한다. 단 신분관계로 인하여 형의 경중이 있는 경우에는 중한 형으로 벌하지 아니한다.

Ⅰ. 취 지

신분이 범죄의 성립요소가 되거나 형의 가중 또는 감경의 요소가 되는 범죄에서 신분 없는 사람이 이러한 범죄에 가담한 경우 그 법적 취급이 문제된다. 이를 '공범과 신분'의 문제라고 한다. 본조는 '공범과 신분'이라는 표제 아래 "신분이 있어야 성립되는 범죄에 신분 없는 사람이 가담한 경우에는 그 신분 없는 사람에게도 제30조부터 제32조까지의 규정을 적용한다. 다만, 신분 때문에 형의 경중이 달라지는 경우에 신분 없는 사람은 무거운 형으로 벌하지 아니한다."라고 규정하고 있다. 다른 입법례와 달리 우리 형법 제33조는 공범과 신 1

분의 문제에 대해 이와 같이 '본문과 단서'의 구조로 되어 있다. 또한, 신분자에 가담한 협의의 공범(교사·방조범) 이외에 공동정범에 대해서까지 신분을 확대적용함으로써 정범적격 없는 비신분자를 (공동)정범으로 처벌할 가능성을 규정하고 있다. 본조 본문과 단서의 해석방법을 둘러싸고 특히 많은 해석론적 논란이 있다.

Ⅱ. 신분과 신분범

1. 신분범

2 신분범이란 신분이 범죄의 성립 여부나 형사처벌의 경중에 영향을 미치는 범죄를 말한다. 신분범에 여러 사람이 관여한 경우에 대하여 규정하고 있는 본조는 본문과 단서의 구조로 되어 있다.[1] 신분범에는 진정신분범과 부진정신분범의 2가지 형태가 있다.

(1) 진정신분범

3 진정신분범은 신분 있는 사람(=신분자)의 행위만이 범죄로 성립하고 신분 없는 사람(=비신분자)의 행위는 범죄가 되지 않는 형태의 범죄를 말한다. 여기서 '진정'이라 함은, 신분이 범죄의 성립 여부를 결정하는 중요한 역할을 수행한다는 점에서 신분범의 전형적인 형태라는 것을 표상한다. 진정신분범에서 요구되는 신분을 '구성적 신분'이라 한다. 신분이 있어야만 비로소 범죄가 성립한다는 점에서 '구성적'이라고 표현한다.

4 본조 본문이 예정하고 있는 신분범은 '신분이 있어야 성립되는 범죄'이다.

(2) 부진정신분범

5 부진정신분범은 신분의 유무와 관계없이 누가 행위하던 범죄가 성립하지만, 신분의 유무에 따라 형이 가중되거나 감경되는 형태의 범죄를 말한다. 여기

---

1 일본형법 제65조 제1항 참조. 본문·단서의 구조인 우리 형법과 달리 제1항, 제2항의 구조이다. 일본형법 제65조(공범과 신분) ① 범인의 신분으로 인하여 구성될 범죄행위에 가공한 때에는 그 신분 없는 자라 할지라도 또한 공범으로 한다.
② 신분으로 인하여 특별히 형의 경중이 있는 때에는 그 신분이 없는 자에게는 통상의 형을 과한다.

서 '부진정'이라 함은 신분이 범죄의 성립 여부를 결정하지 않고 단지 형벌의 경중만을 결정한다는 점에서 신분범의 비전형적 형태라는 것을 표상한다. 부진정 신분범에서 요구되는 신분을 '가감적 신분'이라 한다. 여기서 '가감적'이라 함은 형의 가중 또는 감경을 의미한다.

본조 단서가 규정하고 있는 신분범은 '신분 때문에 형의 경중이 달라지는 경우'이다. 6

2. 신분의 의의와 종류

(1) 신분의 의의

(가) 신분의 개념

신분의 의의에 대해 '특별한 인적 표지'(독형 § 28) 또는 '특별한 일신적 자격 또는 관계'(오스트리아형법 § 14)라고 정의규정을 둔 입법례도 있으나, 우리 형법 제33조는 '공범과 신분'이라는 표제하에 신분범에 관한 규정을 두고 있을 뿐 정작 신분 자체에 대해서는 아무런 규정을 두지 않고 있다. 신분의 개념 정의는 학설과 판례에 맡겨져 있으며, 결국 본조에 근거하여 신분의 개념을 파악할 수 밖에 없다.[2] 7

통설은 신분이란 범죄의 성립이나 형의 가중·감경에 영향을 미치는 범인의 인적 표지로서, 행위자의 일신전속적인 특별한 성질·지위·상태를 말하며, 이러한 신분개념은 본조 본문과 단서의 신분에 공통하는 것이라고 한다.[3] 8

---

2 신분범에서 핵심적 표지는 신분관계인데, 신분관계를 줄여서 단순히 신분이라고도 한다. 원래 신분관계란 중세의 봉건사회에서 계급이나 계층을 나타내는 징표였으나, 시민사회가 대두하면서 신분관계는 종래의 계급사회에서의 의미를 넘어서서 새로운 의미를 가지게 되었으며, 법익보호를 실현하기 위한 형법의 영역에서는 다시 그 의미내용을 넓혀가고 있다[신동운, 형법총론(9판), 718].

3 이러한 1원적 신분 개념에 대하여 종래 공범독립성설의 일부 학자에 의하여 본조 본문의 신분과 단서의 신분을 구별하는 2원적 신분 개념이 주장된 바 있었다[염정철, "공범과 신분의 그 법적 구조에 관한 연구", 동국대학교 박사학위논문(1975), 183]. 이에 따르면, 본문의 신분은 "사회적 법적으로 인적 관계에서 특정한 의무를 부담하는 지위 또는 자격"으로서 계속적 성질을 가진 것(예: 공무원, 선서한 증인, 타인재물 보관자, 타인사무 처리자 등)인 반면, 단서의 신분은 "형을 가중·감경하는 원인이 되는 일신적 상태"이면 족하고, 영리목적, 모해목적과 같은 일시적 심리상태도 단서의 신분이 된다고 한다. 단서의 신분에만 계속적 성질을 부인하는 이유는 공범과 신분에 관한 규정을 통하여 공범독립성설을 관철하려는 데 근본이유가 있었다. 이와 같이 2원적 신분개념은 공범독립성설의 취지에 부합한 단서의 적용범위를 확대하기 위해 주장되었으나, 이미 소멸된 학설이다.

9 판례는 "신분이라 함은 남녀의 성별, 내·외국인의 구별, 친족관계, 공무원인 자격과 같은 관계뿐만 아니라 널리 일정한 범죄행위에 관련된 범인의 인적 관계인 특수한 지위 또는 상태를 말한다."[4]라고 하여, 신분의 개념을 넓게 정의하고 있다.

10 그런데 여기서 신분 개념의 파악에 독일형법 제28조가 규정하는 '특별한 인적 표지'(besondere persönliche Merkmale)의 해석론이 소개되기도 한다.[5] 우리 형법 제33조의 '신분관계'에 대응하는 독일형법 제28조의 '특별한 인적 표지'는 '특별한 인적 성질·관계·상태'라고 정의된다(독형 § 14①). 여기서 '인적'이란 표현은 '그 사람에게만 인정되는'이라는 의미, 즉 '일신전속적'이라는 의미를 갖는다.[6]

11 우리 판례가 제시하는 ① 특수한 '인적 성질'은 정신적·육체적·법적으로 사람의 본질적 표지가 되는 것을 말한다. 예컨대, 성별(남자 또는 여자), 연령(14세 미만자), 내·외국인의 구별(상호주의에 의해 처벌되지 않는 외국인) 등이다. 이는 행위자에게 일신전속적인 성질 즉, 행위자에게 불가분적으로 결합된 성질을 뜻한다. ② 특수한 '인적 관계인 지위'는 사람이 타인이나 국가 또는 사물에 대하여 갖는 사회적 지위 또는 관계를 말한다. 예컨대, 직계존속·직계비속·친족관계, 공무원·의사·약사·조산사·변호사인 지위, 타인재물 보관자, 타인사무 처리자, 선서한 증인, 보증인지위[7,8] 등이다. ③ 특수한 '인적 상태'는 앞서 언급한 신분적 성질이나 신분적 관계에 포함되지 않는 행위자의 일신상의 특별한 상태를 말한다. 예컨대, 업무성, 상습성,[9] 누범, 임부(妊婦) 등이 포함된다.

(나) 신분의 요소와 특성

12 우선, 신분은 일신상 구비된 것, 즉 일신전속적인 것이라야 한다. 이를 신분의 '일신전속성'이라 한다. 또한 신분은 일정 범위의 사람만이 갖고 다른 사람

---

4 대판 1994. 12. 23, 93도1002.

5 신동운, 719.

6 신동운, 719.

7 부진정부작위범에서 보증인지위도 신분이라는 것이 우리나라 통설이다. 독일에서는 신분이라는 견해와 신분이 아니라는 견해가 대립한다[박상기, 형법총론(9판), 492; 임웅, 형법총론(10정판), 523; 정성근·박광민, 형법총론(전정2판), 607].

8 반면, 판례는 진정부작위범에서 작위의무자와 작위의무 없는 사람 사이의 공범 성립을 부정한다(대판 2008. 3. 27, 2008도89). 이는 작위의무자를 신분으로 보지 않는다는 취지이다.

9 대판 1984. 4. 24, 84도195.

은 갖지 못하는 것이라야 하며, 모두 다 갖고 있는 지위나 상태는 신분이라고 할 수 없다. 이를 신분의 '특수성'이라 한다.[10] 물론 신분은 원칙적으로 구성요건요소이지만, 누범자 등과 같이 구성요건요소가 아닌 것도 있다.[11] 그런데 신분의 요소와 관련하여 특히 문제되는 것은 '계속성'과 '행위자표지'이다.

(a) 계속성

계속성이 신분의 요소인지 여부에 대해서는 견해가 일치하지 않는다. 이는 주로 특별한 '인적 상태'와 관련하여 논의되는 것이다. '인적 성질'이나 '인적 지위'에서는 모두 본질적으로 계속성이 전제되어 있는 반면, '인적 상태'에서는 반드시 계속성이 전제되어 있는 개념은 아니기 때문이다. 이에 대해서는, ① 신분의 요소로서 계속성이 필요 없다는 견해(불요설),[12] ② 계속성이 필요하다는 견해(필요설)[13]가 있다. 13

물론 인적 상태 가운데서도 '상습성'과 같은 일신적 상태는 일시적 습벽이 아니라 그 속성상 계속성이 있음에 의문이 없고, '업무성'과 같은 일신적 상태 역시 '일회적인 업무라도 업무자가 계속적으로 반복할 의사를 가진 경우'라는 점에서 (주관적으로나마) 계속성이 있음에 의문이 없다. 따라서 일시적·우발적인 성격의 것도 신분에 포함될 수 있는지 여부는 '인적 상태' 가운데서도 주로 행위의 목적, 일시적인 심정·동기 등과 관련하여 문제되고 있다. 그러나 다음과 같은 이유에서 본조의 신분 개념에는 '계속성이 필요하다'고 보는 것이 타당하다 (위 ②의 필요설). 14

첫째, 우리 형법과 독일형법(독형 § 28)[14]은 신분에 관한 규정과 기능이 상이하 15

---

10 오영근, 형법총론(4판), 424.

11 정성근·박광민, 607.

12 김일수·서보학, 새로쓴 형법총론(13판), 498; 김혜정·박미숙·안경옥·원혜욱·이인영, 형법총론(5판), 422; 배종대, 형법총론(17판), § 149/4; 성낙현, 형법총론(3판), 705; 손동권·김재윤, 새로운 형법총론, § 33/2; 이재상·장영민·강동범, 형법총론(11판), § 36/2; 이정원·이석배·정배근, 형법총론, 331; 정성근·박광민, 607; 정영일, 형법강의 총론(3판), 309; 한상훈·안성조, 형법개론(3판), 289.

13 김성돈, 형법총론(8판), 725; 신동운, 721; 오영근, 424; 이상돈, 형법강론, 598; 이주원, 형법총론(3판), 419; 임웅, 521; 홍영기, 형법(총론과 각론), § 43/2.

14 독일형법 제28조(특별한 인적 표지) ① 정범의 가벌성을 근거하는 특별한 인적 표지(제14조 제1항)가 공범(교사범 또는 방조범)에게 결여된 경우에는 제49조(주: 특별한 법률상의 감경사유) 제1항에 의해 그 형이 감경된다.
② 법률이 특별한 인적 표지를 형의 가중, 감경 또는 조각사유로 규정한 경우에는 그 규정은 그와 같은 인적 표지가 존재하는 범죄참가자(정범 또는 공범)에 대하여서만 적용된다.

다는 점이다. 독일형법에서는 일시적 인적 상태도 '특수한 인적 표지(요소)'에 포함된다고 해석하는 것에 이견이 없으나, 이렇게 새기게 되는 배경에는 '특별한 인적 표지'(즉, 신분)의 정의영역을 좀 더 넓게 잡음으로써, 비신분자에게 형사처벌을 완화하려는 배려가 깃들어 있다. 즉, 독일형법 제28조 제1항을 보면 신분 없는 사람에게 공범과 신분의 규정을 적용하여 형사처벌을 확장하는 경우에 비신분자에게 필요적으로 형을 감경하도록 규정되어 있는데, 형의 감경이라는 법적 효과에 착안하여 독일 형법학계에서는 일시적 사정까지도 '특별한 인적 상태'에 포함시키는 해석론이 유력하게 전개되고 있는 것이다. 반면, 우리 형법의 경우에는 독일형법과 달리 신분이 형사처벌을 확장하는 계기로 작용하고 있음에도, 독일형법 제28조 제1항이 규정한 바와 같은 형의 필요적 감경은 전혀 인정되지 않는다. 그렇다면 목적론적 관점에서 우리 형법상 신분의 정의영역은 가능한 한 축소해석할 필요가 있다.[15]

16 둘째, 독일형법 제28조의 '특별한 인적 표지'는 '특별한 인적 성질·관계·상태'(독형 § 14①)라고 정의되어 있지만, 우리 형법 제33조는 '특별한 인적 표지'라는 용어 대신 특히 '신분'이라는 용어를 독자적으로 사용하고 있다는 점이다. 우리 형법이 비록 신분 개념 자체에 대한 아무런 정의규정이 없으나, 본조는 굳이 '신분'이라는 용어를 사용하고 있는 것이다. 이러한 용어의 차이를 고려한다면, 적어도 신분이라는 개념은 '계속적 성질'을 띠는 것으로 이해함이 사전적 의미나 일상적 어법에도 맞는 것이다.[16]

17 셋째, 신분의 개념요소로 계속성을 부정한다면, 심신상실상태, 흥분상태 등도 신분이 될 수 있고 나아가 목적도 신분이라고 하는 문제점이 있으며,[17] 준강도죄(§ 335)의 주체인 '절도자'나 강도상해·살인죄(§ 337, § 338)의 행위의 주체인 '강도자' 등도 신분자로 보아야 하는 해석상의 문제가 생긴다.[18]

18 요컨대, 우리 형법상 신분 개념은 어느 정도 계속성이 필요하다고 보는 것

---

15 신동운, 720-721.

16 임웅, 521. 2020년 12월 8일 개정 전 본조는 '신분관계'라는 용어를 사용하고 있었으며, 여기에 규정된 신분관계는 '관계'라는 표현상 어느 정도 지속성이 내포되어 있었다. 즉, 우리 형법의 경우 본조의 해석론으로 신분의 계속성을 요구할 수 있는 실정법적 근거가 전혀 없는 것은 아니었다.

17 오영근, 424.

18 김성돈, 725.

이 타당하다. 즉, 일회적 또는 우발적인 인적 상태는 신분 개념에서 배제된다고 보아야 한다. 물론 여기서의 계속성은 상대적 개념이므로, 부진정부작위범에서의 작위의무의 존재는 단기적인 경우에도 신분성을 가지게 된다.

(b) 행위자표지

신분의 인적 표지는 행위자표지에 국한하고 행위표지는 여기에 포함되지 않는다. 예컨대, 보증인지위 내지 작위의무는 행위자표지로서 신분에 포함된다. 반면, 고의·동기·목적·불법영득의사와 같은 주관적 불법요소는, 단순히 행위에 관련된 표지이기 때문에, 비록 그것이 행위자의 인적 불법(즉, 행위자의 내부적·심리적 태도)과 연관된 것일지라도, 신분개념에 포함되지 않는다(통설[19]).[20] 제한종속형식에 의하면 이러한 행위관련표지는 당연히 공범에게도 귀속될 수 있기 때문이다. 19

그러나 판례는 목적범의 목적을 신분요소로 파악하고 있다. 즉, 신분에는 계속성이 필요 없다는 전제에서, 통설과 달리 계속성이 없는 일시적 심리상태인 '모해할 목적' 등과 같은 주관적 불법요소도 본조의 신분개념에 포함시키고 있다. 20

[대판 1994. 12. 23, 93도1002(모해위증교사)][21] 21

형법 제152조 제1항과 제2항은 위증을 한 범인이 형사사건의 피고인 등을 '모해할 목적'을 가지고 있었는가 아니면 그러한 목적이 없었는가 하는 범인의 특수한 상태의 차이에 따라 범인에게 과할 형의 경중을 구별하고 있으므로, 이는 바로 형법 제33조 단서 소정의 "신분관계로 인하여 형의 경중이 있는 경우"에 해당한다.[22]

---

19 김성돈, 722-723; 김일수·서보학, 499; 박상기·전지연, 형법학(총론·각론 강의)(4판), 312; 배종대, § 149/4; 오영근, 423; 이재상·장영민·강동범, § 36/2; 임웅, 520; 정성근·박광민, 607.

20 모해목적뿐 아니라 그 외의 목적, 동기 또는 고의는 행위관련적 요소이면서도 동시에 행위자관련적 요소이며, 행위자관련적 요소 가운데 행위자의 주관적(내부적·심리적) 요소를 제외한 '객관적(외부적)' 행위자관련적 요소만이 신분에 해당한다는 견해로는, 김성돈, 723.

21 본 판결 평석과 해설은 백원기, "신분과 공범의 성립", 형사판례연구 〔6〕, 한국형사판례연구회, 박영사(1998), 153-165; 신동운, "모해위증죄의 교사범과 신분관계", 형사재판의 제문제(1권), 박영사(1997), 55-75; 전병식, "목적범의 목적과 형법상 신분", 해설 22, 법원행정처(1995), 606-613; 정영일, "목적범에 관한 판례연구", 형사판례연구 〔9〕, 박영사(2001), 235-256.

22 이 판례의 사안은 甲이 모해목적으로 모해목적 없는 증인 乙을 교사하여 위증하게 한 경우이다. 통설과 같이 모해목적을 신분이 아니라고 한다면, 甲은 단순위증죄의 교사범이 되지만, 판례는 모해목적을 신분(특히, 가중적 신분)이라고 하여 본조 단서를 적용하여 甲에게 모해위증죄의 교사범을 인정하였다. 이러한 판례의 태도에 대해, ① '모해목적'은 '행위자의 특수한 위험심정'을 나타내는 요소이므로 신분개념에 해당하는 것으로 보는 견해(손동권·김재윤, § 33/4)가 있으나,

(2) 신분의 종류

22 신분을 분류하는 방법에는 형식적 분류방법과 실질적 분류방법이 있다. 신분의 분류방법은 후술할 공범과 신분에 관한 본조 본문과 단서 규정의 해석과 직결되어 있으므로, 본조 해석론의 전제가 된다.[23]

(가) 형식적 분류방법

23 이는 본조의 형식적 규정에 따라 그 본문과 단서의 문언을 기준으로 하는 것으로, 신분이 범죄에 미치는 영향에 따라 구성적 신분, 가감적 신분(양자를 총칭하여 적극적 신분이라 함)으로 분류하고, 이와 별도로 소극적 신분을 인정하는 전통적 분류방법이다. 우리나라의 통설이다.

(a) 구성적 신분

24 범죄의 구성요건요소로 되어 있는 신분(본조 본문의 신분)을 구성적 신분이라 한다. 구성적 신분에서는 신분 있는 사람(=신분자)만이 그 범죄를 범할 수 있고, 신분 없는 사람(=비신분자)은 단독으로 그 범죄의 주체가 될 수 없다. 신분이 범죄의 성립 여부를 결정하게 된다는 점에서 범죄구성적 신분이라고도 한다.

25 진정신분범에서의 신분이 구성적 신분이다. 예컨대, ① 수뢰죄(§ 129 등)와 허위공문서작성죄(§ 227)의 공무원, ② 위증죄(§ 152①)의 선서한 증인, ③ 횡령죄(§ 355①)의 타인재물 보관자, ④ 배임죄(§ 355②)의 타인사무 처리자 등이 이에 해당한다.

26 구성적 신분은 범죄의 구성(성립)요소이므로 신분이 결여되면 구성요건해당성이 부정되어 범죄는 성립할 수 없고, 신분의 착오는 고의를 조각하게 된다.

(b) 가감적 신분

27 법정형을 가중 또는 감경하는 사유로 되어 있는 신분(본조 단서의 신분)을 가감적 신분이라 한다. 가감적 신분에서는 그러한 신분이 있건 없건 범죄 자체는

---

② 비계속적인 주관적 불법요소는 본조의 신분이 될 수 없다는 비판이 제기되고 있다. 즉, ⓐ 모해목적은 행위자에게 특유한 성질이 아니라 불법(구성요건에 해당하고 위법한 행위)에 영향을 미치는 사유에 불과하므로 행위관련적 요소이고(신동운, 721), ⓑ 목적을 신분이라고 하는 것은 신분이라는 언어의 가능한 의미를 넘어서는 유추해석이며(오영근, 424), ⓒ 목적과 같은 일시적 심리관계를 신분개념에 포함시킨다면, '목적 있는 자'와 '목적 없는 자'가 공동하여 진정목적범(예: 통화위조죄)을 범한 경우에도 본조 본문을 적용함으로써 '목적 없는 자'도 진정목적범의 공동정범이 되는 매우 곤란한 문제점이 발생한다(임웅, 521)는 점 등이다.

23 김일수·서보학, 500.

성립하지만, 신분 있는 사람(=신분자)이 범죄를 범할 경우에는 특히 법정형이 가중 또는 감경될 뿐이다. 신분이 범죄의 성립 여부에는 영향을 미치지 못하고 형벌의 가중·감경에만 영향을 미친다는 점에서 형벌가감적 신분이라고도 한다.

부진정신분범에서의 신분이 가감적 신분이다. 예컨대, ① 가중적 신분에는, ⓐ 존속살해죄(§ 250②)의 직계비속, ⓑ 업무상과실치사·상죄(§ 268)의 업무자,[24] ⓒ 업무상횡령·배임죄(§ 356, § 355) 등의 업무자, ⓓ 상습도박죄(§ 246②)의 상습자 등이 있고, ② 감경적 신분에는, 2023년 8월 8일 개정(2024. 2. 9. 시행)으로 삭제되기 전의 구 영아살해죄(§ 251)와 구 영아유기죄(§ 272)의 직계존속이 있다.[25] 28

가감적 신분은 범죄 성립과 관계가 없으므로 가감적 신분에 대한 착오는 고의를 조각하지 않으며, 제15조 제1항에 따라 가벼운 죄로 처벌된다. 29

(c) 소극적 신분

신분 없는 일반인(=비신분자)이 그 행위를 하면 범죄가 되지만, 일정한 신분 있는 사람(=신분자)이 그 행위를 하면 범죄가 되지 않는 경우가 있다. 예컨대, 의사 아닌 사람이 의료행위를 하면 무면허의료행위로 범죄가 되지만, 의사가 의료행위를 하면 범죄가 되지 않는데, 이 경우 의사라는 신분이 소극적 신분이다. 이와 같이 신분으로 인하여 범죄의 성립 또는 형벌이 조각되는 경우의 신분을 소극적 신분이라 한다. 소극적 신분에는 구성요건해당성을 조각하는 불구성적 신분, 위법성을 조각하는 위법조각적 신분, 책임을 조각하는 책임조각적 신분, 인적 처벌조각사유에서의 형벌조각적 신분이 있다. 소극적 신분에 관해서는 후술한다. 30

(나) 실질적 분류방법

이는 불법은 공범에게 연대작용을, 책임은 정범과 공범 사이에 개별작용을 한다는 제한종속형식의 취지에 따라 '불법의 연대성'과 '책임의 개별성'을 고려한 분류이다. 신분의 법적 성질이 위법요소인가 책임요소인가에 따라 위법신분, 책 31

24 업무상과실치사죄는 단순과실치사죄에 대한 관계에서 가중적 부진정신분범이라는 취지의 판례로는, 대판 1962. 3. 29, 4294형상598(일명 '그대로 가자' 사건). 같은 취지에서 교통사고처리특례법위반죄도 가중적 부진정신분범이라는 견해로는, 이주원, "교통사고처리 특례법상 처벌특례의 인적 적용범위", 형사판례연구 〔26〕, 한국형사판례연구회, 박영사(2018), 521.

25 아래에서는 2023년 8월 8일 형법 개정으로 삭제되기 전의 구 영아살해죄와 구 영아유기죄를 예로 들 경우, 단순히 '구 영아살해죄', '구 영아유기죄'로만 표기한다.

임신분으로 구분하고, 이와 별도로 소극적 신분을 인정하는 새로운 분류방법이다. 즉 신분이 갖는 법적 성질이 위법요소이면 연대작용을 하는 본조 본문의 신분이고, 책임요소이면 개별작용을 하는 본조 단서의 신분이 된다는 견해이다.[26] 일찍이 침멀(Zimmerl)에 의하여 주창된 이래 스위스형법 제26조의 해석론에 도입되고 다시 오스트리아형법 제14조에서 입법적으로 채택된 것을, 우리 형법 제33조의 해석론에 도입하려는 시도이다. 그러나 해석은 법률을 기준으로 해야 하며,[27] 이러한 분류방법은 본조의 내용과 일치하지 않는다는 문제점이 있다.[28] 참고로 해당 학설의 내용을 보면 다음과 같다.

(a) 위법신분

32 위법신분이란 행위의 결과반가치를 근거지우거나 조각시키는 신분을 말한다. 즉 신분자만 그 범죄의 법익을 침해할 수 있거나 법익침해에 영향을 주는 신분으로, 그 신분은 공범에게 연대작용을 한다는 것이다.[29] 형식적인 분류방법에서 말하는 구성적 신분뿐만 아니라 가감적 신분도 행위의 결과반가치에 영향을 미치는 한 위법신분이 될 수 있다고 한다. 설령 신분이 가감적일지라도 그 법적 성질이 위법신분이라면 본조 본문의 연대작용을 받게 된다는 것이다. 예컨대, ① 구성적 위법신분의 예로는 수뢰죄의 공무원, 위증죄의 선서한 증인, 횡령죄의 타인재물 보관자, 배임죄의 타인사무 처리자 등이 있고, ② 가감적 위법신분의 예로는, ⓐ 가중적 위법신분으로, 불법체포감금죄(§ 124①)와 폭행·가혹행위죄(§ 125)의 특수공무원, 간수자도주원조죄(§ 148)의 간수자 등의 공무원이 여기에 포함되며, ⓑ 감경적 위법신분으로, 자기낙태죄(§ 269)의 임신부녀 등이 있다고 한다.

26 정성근·박광민, 609-612.

27 본조는 신분을 위법요소와 책임요소로 해체하는 방식을 취하지 않고, 신분이 범죄체계론상의 어느 요소인지와 상관 없이 '구성적 신분'과 '가감적 신분'으로 분류하는 방식을 채택하고 있을 뿐이다(김성돈, 727).

28 형법상의 신분을 불법신분·책임신분으로 분류하는 소수설에 대해서는, 불법연대와 책임개별화라는 양대 원칙을 근거로 신분관계를 개별적으로 파악하려고 하지만, ① 본조의 독자성을 설명해 주지 못하고, ② 불법신분과 책임신분의 구별이 분명하지 않아 법적 안정성을 해치며, ③ 신분관계에 관한 총론적 검토를 포기하고 개별조문의 해석문제로 후퇴하는 문제점이 있다는 비판이 제기되고 있다(신동운, 725-726). 또한, ④ 가중적 위법신분의 경우 그러한 신분자(정범)에게 가공한 비신분자에 대해 본조 '본문'을 적용하기 때문에 (가중적 신분범에 대해서는) "형의 경중이 달라지는 경우에 신분 없는 사람은 무거운 형으로 벌하지 아니한다."는 본조 '단서'규정에 정면으로 배치된다는 문제점도 아울러 지적되고 있다(임웅, 523-524, 526).

29 정성근·박광민, 609.

(b) 책임신분

33 책임신분이란 행위자의 책임비난(비난가능성)에 영향을 주거나 이를 조각시키는 신분을 말한다. 즉, 행위자의 신분 때문에 책임이 가중·감경되는 신분으로, 그 신분은 정범과 공범 사이에 개별작용을 한다는 것이다.[30] 형식적인 분류방법에서 말하는 구성적 신분뿐 아니라 가감적 신분도 행위의 비난가능성에 영향을 미치는 한 책임신분이 될 수 있다고 한다. 설령 신분이 구성적일지라도 그 법적 성질이 책임신분이라면 본조 단서의 개별적 작용을 받게 된다는 것이다. 예컨대, '가감적 책임신분'의 예로는 존속범죄에 대한 직계비속, 구 영아살해죄와 구 영아유기죄의 직계존속, 상습범의 상습성, 업무상과실범의 업무자 등이 여기에 속한다. 다만, '구성적 책임신분'의 예는 아직 제시하지 못하고 있다. 구성적 책임신분이 실제 우리 입법례에서는 발견되지 않기 때문이다.[31]

Ⅲ. 제33조의 해석 일반론

1. 문제의 소재 - 제33조 본문과 단서의 관계

34 신분범의 경우 비신분자가 넓은 의미의 공범으로 관여하는 경우에 이러한 비신분자를 어떻게 처리해야 할 것인가? 신분범에서 동일한 범죄실현에 다수관여자가 관여한 경우에 신분자와 비신분자를 어떻게 처리해야 할 것인가 하는 논의를 가리켜서 '공범과 신분'의 문제라고 한다. 신분범의 실현에 비신분자가 관여한 경우에 그 처리방법에 대해 본조가 규정하고 있다.

35 공범과 신분에 관한 본조는 본문과 단서로 구성되어 있다. 본조가 진정신분범 및 부진정신분범과 공범에 관한 규정임은 명백하지만, 본문과 단서의 관계에 대해서는 다양한 견해가 대립된다. 본조에 대한 해석론은 본문의 '신분이 있어야 성립되는 범죄'의 의미를 어떻게 이해할 것인가와 이를 전제로 '본문과 단서의 관계'를 어떻게 설정한 것인가에 따라 크게 2가지(진정·부진정신분범 구별설, 성립·과형 구별설)로 나뉜다.[32]

30 정성근·박광민, 610.
31 김일수·서보학, 501.
32 그밖에 제3의 견해인 위법신분·책임신분 구별설은, 신분을 위법신분과 책임신분으로 나누고, 행

2. 학설과 판례

(1) 학설

(가) 진정·부진정신분범 구별설

36 이는 본문의 '신분이 있어야 성립되는 범죄'는 '진정신분범'을, 단서의 '신분 때문에 형의 경중이 달라지는 경우'는 '부진정신분범'을 의미하는 것으로 이해하는 견해이다. 즉 본문은 '진정신분범의 성립 및 과형'에 관한 규정이고, 단서는 '부진정신분범의 성립 및 과형'에 관한 규정이라고 한다. 즉 본문의 신분은 구성적 신분이고, 단서의 신분은 가감적 신분이라고 한다. 종래 다수설의 입장이다.[33]

37 그리하여 본문은 '구성적 신분의 연대적 작용'을, 단서는 '가감적 신분의 개별적 작용'을 각각 규정한 것이라고 본다. 이 견해는 본조에서의 구성적·가감적이라는 신분의 구별이 위법(요소로 되는)신분·책임(요소로 되는)신분과 완전히 대응하는 것으로 이해하는 데 특색이 있다.

38 이에 따르면, 진정신분범의 경우에는, '신분의 연대적 작용'에 의하여, 비신분자도 신분자와 함께 '진정신분범'의 공범(공동정범, 교사·방조범)으로 처벌되는 반면, 부진정신분범의 경우에는, 비신분자에게 신분관계가 확장되는 것이 아니므로 '신분의 개별적 작용'에 의하여, 비신분자는 '통상의 기본범죄'에 대한 공범(공동정범, 교사·방조범)으로 처벌된다. 예컨대, 진정신분범인 수뢰죄에 가담한 비신분자(공무원 아닌 사람)에 대해서는, 본문이 적용되기 때문에 수뢰죄의 공범(공동정범, 교사·방조범)이 성립하고 그 법정형에 따라 처벌되는 반면, 부진정신분범인 존속살해죄에 가담한 비신분자(직계비속이 아닌 사람)에 대해서는, 단서가 적용되기 때문에 단지 통상의 기본범죄인 보통살인죄의 공범(공동정범, 교사·방조범)이

위의 위법성(불법)에 관련되는 신분은 연대작용을 하며, 행위자의 책임에 관련되는 신분은 개별작용을 한다는 견해이다(정성근·박광민, 613). 즉 본문은 가담자 전원에게 연대작용을 하는 위법신분에 관한 규정이며, 단서는 다른 참가자에게 영향을 주지 않고 개별작용을 하는 책임신분에 관한 규정으로, 본문과 단서에서 각각 구성적 신분 또는 가감적 신분의 여하를 가릴 필요가 없는 것이다. 가감적 신분이라도 위법신분이면 본문이 적용되어 연대작용을 하게 되고, 반대로 구성적 신분이라도 책임신분이라면 단서가 적용되어 개별작용을 하게 된다는 것이다.

이 견해에 대해서는 앞서 II. 2. (2) **신분의 종류** 가운데 '**(나) 실질적 분류방법**'에서 검토한 바와 같이 본조와 일치하지 않는다는 비판이 제기되고 있다.

33 김신규, 형법총론 강의, 487-488; 김일수·서보학, 502; 박상기, 495; 배종대, § 150/4; 성낙현, 712; 손동권·김재윤, § 33/12; 이상돈, 602; 이재상·장영민·강동범, § 36/8; 이형국·김혜경, 형법총론(6판), 456.

성립하고 그 법정형에 따라 처벌된다는 것이다.

(나) 성립 · 과형 구별설

이는 본문의 '신분이 있어야 성립되는 범죄'에는 '진정신분범'뿐만 아니라 '부진정신분범'도 포함되고, 단서의 "'신분 때문에 형의 경중이 달라지는 경우'에 신분 없는 사람은 '무거운 형으로 벌하지 아니한다.'"를 부진정신분범의 과형을 규정한 것으로 이해하는 견해이다. 즉, 본문은 '진정신분범 · 부진정신분범'의 구별 없이 '신분범 일반에 대한 공범의 성립'에 관한 규정이고, 단서는 '부진정신분범의 과형'에 관한 규정이라고 한다. 이에 따르면, 본문은 신분범 일반에 대한 '공범의 성립 문제'를, 단서는 특히 '부진정신분범의 과형 문제'를 규정한 것이므로, 본문의 적용은 단서의 적용을 위한 전제로 된다. 종래 소수설의 입장이다.[34] 39

그리하여 본문은 구성적 신분이건 가감적 신분이건 불문하고 일단 비신분자에게 신분관계를 확장하는 '신분의 종속성 내지 연대성' 자체를 선언한 것이고,[35] 단서는 부진정신분범에 가담한 비신분자의 '과형(처벌)의 개별화'를 규정한 것이라고 본다. 특히 단서는 부진정신분범에 가담한 비신분자에게 본문에 의한 신분의 효과(종속성 내지 연대성)가 그대로 관철되어 무거운 형으로 처벌되는 것을 방지하기 위한 일종의 '완충장치'로서, 이 경우 굳이 통상의 기본범죄보다 형사처벌을 가중할 필요가 없다는 것을 의미한다. 이 견해는 공범과 신분에 관한 규정인 우리 형법 제33조가 독일형법이나 일본형법의 경우와는 달리 본문 · 단서의 구조를 취하고 있다는 것에 주목하는 데 특색이 있다.[36] 40

이에 따르면, 예컨대 진정신분범인 수뢰죄에 가담한 비신분자(공무원 아닌 사람)에 대해서는, 본문이 적용되기 때문에 수뢰죄의 공범(공동정범, 교사 · 방조범)이 성립하고 그 법정형에 따라 처벌되는데, 진정신분범의 경우에는 진정 · 부진정신분범 구별설의 입장과 다를 바 없다. 반면, 부진정신분범인 존속살해죄에 가담한 비신분자(직계비속이 아닌 사람)에 대해서는, 일단 본문이 적용되어 '존속살해죄'의 41

34 김성돈, 730-731; 신동운, 726; 오영근, 431-432; 이주원, 424.

35 이를 종속성으로 표현한 견해로는 김성돈, 731, 연대성으로 표현한 견해로는 오영근, 429.

36 이와 같이 본조를 본문 · 단서의 구조로 규정한 것은 우리 입법자의 고유한 결단이다. 일본개정형법가안은 일본형법(의용형법)의 조문을 그대로 답습하고 있다. 반면, 독일형법 제28조(특별한 인적 표지)도 ①, ②항의 구조이고, 일본형법 제65조(공범과 신분)도 ①, ②항의 구조로 되어 있다.

공범(공동정범, 교사·방조범)이 성립하되, 부진정신분범 가운데 가중적 신분범(존속살해죄)에 가담한 비신분자의 과형에 관해서는 단서가 적용되기 때문에, 단지 '통상의 기본범죄인 보통살인죄'의 법정형에 따라 처벌된다는 것이다(부진정신분범에서 '죄명과 과형의 분리'). 진정·부진정신분범 구별설의 입장과 비교할 때, 부진정신분범의 경우에 한정하여 그 성립에는 일단 본문이 적용된다는 점에서 그 과정이 다를 뿐이며, 결과적으로 귀착되는 법정형은 그 어느 학설에 의하더라도 같다.

(다) 학설의 차이와 그 실익

42 진정신분범의 경우 양자는 전혀 차이가 없다. 진정신분범의 경우에는 어느 학설에 의하더라도 본문이 적용되어 비신분자에게 진정신분범의 공범(공동정범, 교사·방조범)이 성립하고, 그 법정형에 따라 처벌된다.

43 양자의 차이는 부진정신분범의 경우 죄명에서만 차이가 있을 뿐이다. 부진정신분범의 경우에는 어느 학설에 의하든 구성적 또는 가감적 신분에 가담한 공범이 결과적으로 귀착되는 법정형은 같은 것이며, 다만 그 과정이 다를 뿐이다. 즉 부진정신분범(예: 존속살해죄)에 가담한 비신분자에 대하여, 다수설(진정·부진정신분범 구별설)은 단서가 적용되어 통상의 기본범죄(예: 보통살인죄)가 성립한다는 것이고, 소수설(성립·과형 구별설)은 본문이 적용되어 부진정신분범(예: 존속살해죄)이 성립한다는 것이다.

44 그리하여 특히 '일반사면의 범위'와 '공소시효의 계산'에서 차이가 발생한다는 점에 학설 대립의 실익이 있다. ① 우선, 일반사면의 대상 여부에서 그 실익이 있다. 즉, 일반사면은 죄의 종류를 정하여 행하는 사면인데(사면법 § 8 전문), 예컨대, 존속상해죄(§ 257②), 단순상해죄(§ 257①) 등과 같은 죄명이 일반사면에서는 특히 중요한 의미를 갖는다. 만일 죄의 종류를 '단순상해죄'로 정하여 일반사면을 한다면 '존속상해죄'라는 죄명의 범인은 그 사면의 혜택을 받지 못한다. ② 다음으로, 공소시효의 계산과 관련하여 의미가 크다. 공소시효는 문제된 범죄에 규정된 법정형을 기준으로 시효기간을 계산한다. 형법에 의하여 형을 가중 또는 감경할 경우에는 가중 또는 감경하지 아니한 형에 의하여 공소시효의 기간을 계산한다(형소 § 251 참조).[37]

---

37 신동운, 727-728. 예컨대 甲녀가 장남 乙과 함께 남편 A를 '상해'한 경우, 다수설(진정·부진정신분범 구별설)에 따르면 甲은 단순상해죄의 죄명(7년 이하의 징역 등) 및 단순상해죄의 법정형으

다수설(진정·부진정신분범 구별설)은 법문에 충실한 장점이 있고, 소수설(성립·과형 구별설)은 논리성이 강한 장점을 가지고 있는 것으로 평가된다. 45

(2) 판례 - 성립·과형 구별설

판례는 소수설(성립·과형 구별설)의 입장을 따르고 있다.[38] 예컨대, 부진정신분범인 존속살해죄와 관련하여, 비신분자인 아내와 신분자인 아들이 공동하여 아버지를 살해하여 존속살해죄가 문제된 경우에, 비신분자인 아내에 대해서는 일단 본조 본문을 적용하여 존속살해죄의 공동정범이 성립하되, 과형에 관해서는 단서를 적용하여 보통살인죄의 법정형에 따라 처단한다는 것이다.[39] 46

[대판 1961. 8. 2, 4294형상284(존속살해)] 47

"처가 실자(實子)와 더불어 그 남편을 살해할 것을 공모하고 자로 하여금 남편을 (중략) 질식사에 이르게 한 경우에 그 처와 실자를 존속살해죄의 공동정범으로 인정한 것은 적법하다."

[대판 1997. 12. 26, 97도2609(상호신용금고법위반 등)][40] 48

"신분관계가 없는 자가 그러한 신분관계에 있는 자와 공모하여 위 상호신용금고법위반죄[41]를

로 처벌되므로 공소시효가 7년이지만, 소수설(성립·과형 구별설)에 따르면 甲은 존속상해죄의 죄명(10년 이하의 징역 등) 및 단순상해죄의 법정형으로 처벌되므로 공소시효가 10년이 되는 점에서 차이가 있다.

38 일본 판례는 일본형법 제65조 제1항은 진정신분범에 관하여 성립과 과형을 규정하여 신분의 연대적 작용을 인정하고, 동조 제2항은 부진정신분범에 관하여 성립과 과형을 규정하여 신분의 개별적 작용을 인정한 것이라고 하여, 위 진정·부진정신분범 구별설의 입장이다[大判 大正 2(1913). 3. 18. 刑録 19·353(도박의 상습성이 없는 사람에 대하여 도박죄의 공범의 성립을 인정한 사례); 最判 昭和 42(1967). 3. 7. 刑集 21·2·417(영리 목적 마약밀수입죄에 있어 영리의 목적이 없는 공동정범자에 대해서는 통상의 마약밀수입죄의 조항을 적용하여 처벌한 사례]. 한편 일본 판례는 횡령죄에서의 비점유자(비보관자)에 대하여, 동조 제1항을 적용하여 업무상횡령죄의 공범의 성립을 인정한 다음, 동조 제2항을 적용하여 횡령죄의 형을 과한다고 판시하였는데[最判 昭和 32(1957). 11. 19. 刑集 11·12·3073], 업무상횡령죄가 비점유자와의 관계에서는 진정신분범으로 이해되고, 동조 제2항의 횡령죄로 처단한 것은 단순한 점유자가 업무상횡령행위에 관여한 경우와의 균형을 고려한 것으로 볼 수 있다[内田幸隆, "共犯と身分(2)", 刑法 判例百選 I (総論)(8版), 有斐閣(2020), 95]. 일본의 학설 및 판례에 대해서는 大塚 外, 大コン(3版)(5), 779-813(川端 博) 참조.

39 대판 1961. 8. 2, 4294형상284; 대판 1997. 12. 26, 97도2609 등.

40 본 판결 평석은 임한흠, "국회의원의 금품수수와 뇌물죄의 성부" 형사재판의 제문제(3권), 박영사(2000), 50-60.

41 단순배임죄에 비하여 형이 가중된 업무상배임죄의 일종이다. 상호신용금고법은 2001년 3월 28일 상호저축은행법으로 변경되었다.
구 상호신용금고법(법률 제5050호, 시행 1996. 6. 30.) 제39조(벌칙) ① 다음 각호의 1에 해당하는 자는 1년이상 10년이하의 징역 또는 1천만원이상 1억원이하의 벌금에 처한다.

저질렀다면, 그러한 신분관계가 없는 자에 대하여는 형법 제33조 단서에 의하여 형법 제355조 제2항에 따라 처단하여야 할 것인바, 그러한 경우에는 신분관계가 없는 자에게도 일단 업무상 배임으로 인한 상호신용금고법 제39조 제1항 제2호 위반죄가 성립한 다음 형법 제33조 단서에 의하여 중한 형이 아닌 형법 제355조 제2항(주: 단순배임죄)에 정한 형으로 처벌되는 것이다."

3. 검 토

(1) 학설에 대한 비판

(가) 진정·부진정신분범 구별설에 대한 비판

49 다수설(진정·부진정신분범 구별설)에 대해서는 다음과 같은 비판이 있다.

50 첫째, 다수설처럼 본문이 진정신분범에만 적용되고 부진정신분범에는 적용되지 않는다고 해석한다면, 부진정신분범에 대해서는 공범의 '성립'에 관한 근거 규정이 없게 된다.

51 둘째, 단서는 부진정신분범의 '과형'에 대해서만 규정한 것이 명백하다. 단서가 "무거운 '형'으로 벌하지 아니한다"는 표현을 사용한 것은 구성요건적 착오에 관한 제15조 제1항이 "무거운 '죄'로 벌하지 아니한다"는 표현을 사용한 것과 대비된다. 단서를 부진정신분범의 '성립'에 관한 규정으로도 해석하는 것은 문리해석에 반한다.

52 셋째, 진정·부진정신분범 구별설은 본문·단서의 구조로 되어 있는 본조의 구성방식을 도외시하는 문제점이 있다. 이는 공범과 신분에 관한 입법형식이 '진정신분범과 부진정신분범을 제1항과 제2항으로 나누어 별도의 조문으로 규정'하는 경우(독일형법이나 일본형법)에서나 가능한 해석방법이다. 우리 형법은 이와 달리 본문·단서의 방식을 취하여, 본문에서 비신분자에게도 신분관계를 확장하는 원칙(신분의 연대성)을 천명하고, 단서에서 양형의 과중을 방지하는 예외(완충장치)를 규정하는 형태의 조문구성방식을 채택하고 있다.[42]

---

2. 상호신용금고의 발기인·임원·관리인·청산인·지배인 기타 상호신용금고의 영업에 관한 어느 종류 또는 특정한 사항의 위임을 받은 사용인으로서 그 업무에 위배한 행위로 재산상의 이익을 취득하거나 제3자로 하여금 이를 취득하게 하여 상호신용금고에 손해를 가한 자

42 신동운, 725.

(나) 성립·과형 구별설에 대한 비판

소수설(성립·과형 구별설)에 대해서는 다음과 같은 비판이 있다. 53

첫째, 소수설처럼 본문을 진정신분범 및 부진정신분범의 성립에 관한 규정으로 보게 되면, 진정신분범에 대하여 적용할 과형의 근거가 없게 된다. 54

둘째, 본문은 '신분이 있어야 성립되는 범죄'라고 규정하고 있는데, 부진정신분범은 신분이 있어야 '성립'되는 범죄가 아니다. 55

셋째, 부진정신분범의 경우 형의 가감의 원인이 되는 개인적 사정을 공범에까지 확대할 수는 없으며, 확대 후 다시 개별화하는 것도 무의미하다. 행위자 개인이 일신상 구비하는 일신적 성질의 신분에 대하여 종속적 성질을 인정하는 것은, 신분 본래의 성질과 배치되는 개념 모순이며, 또한 신분의 종속성을 인정하면 비신분자에 대해 공동정범의 종속성도 인정할 수밖에 없다.[43] 56

넷째, 단서의 신분자에 가담한 비신분자의 죄명과 과형(처벌)이 각각 다르게 되어, 비신분자는 죄명에 부합하는 처벌을 할 수 없으며, 죄명이 갖는 법적·사회적 평가를 부정하게 된다.[44] 57

(2) 결론 - 성립·과형 구별설

생각건대, 본조는 본문·단서의 구조에 맞게 성립·과형 구별설에 따라 해석하는 것이 타당하다고 본다.[45] 즉 본조의 본문은 구성적·가감적 신분을 불문하고 일단 비신분자에게 신분을 확장하는 '신분의 연대성'을 선언한 것이고, 단서는 특히 가중적 신분의 경우에 형사처벌의 완화 내지 합리화를 위하여 일종의 완충장치로서 신분의 효과가 비신분자에게 작용하는 것은 제한하는 '과형의 개별화'를 선언하고 있는 규정이라고 해석해야 한다. 성립·과형 구별설은, 신분의 분류 및 신분범의 종류에 관한 형식적인 기준을 유지하면서도, 본조를 그 문언에 맞추어 간명하게 문리해석할 수 있는 강점도 있다.[46] 58

---

43 정성근·박광민, 613.
44 정성근·박광민, 613, 615.
45 이주원, 424.
46 김성돈, 731.

(가) 성립 · 과형 구별설의 타당성

(a) 본문 · 단서의 구조와 문언

59 우리 형법은 독일형법이나 일본형법과 달리 공범과 신분에 관한 규정을 본문·단서의 방식으로 규정해 놓고 있다. 단서는 본문의 성립을 전제로 그 적용을 일부 제한하는 내용으로 해석하는 것이 자연스러운 해석방법이다.[47]

60 또한 본조 단서는 "무거운 '형'으로 벌하지 아니한다"는 표현을 사용하고 있는데, 이는 "무거운 '죄'로 벌하지 아니한다"는 제15조 제1항의 표현과 명백히 대비된다. 단서는 부진정신분범의 '과형'만을 규정한 것이 명백하다.

(b) 본문의 '성립'될 범죄

61 '신분이 있어야 성립되는 범죄'는 기본적으로 진정신분범을 의미하는 것이지만, 여기에 진정신분범은 물론 부진정신분범을 포함하더라도 본조의 문리해석에 반하는 것은 아니다. 부진정신분범(가감적 신분)도 행위자에게 신분이 있어야 '성립'하고, 행위자에게 신분이 없는 경우에는 '성립하지 않'으므로, "신분이 있어야 '성립'되는 범죄"라고 할 수 있기 때문이다.[48] 또한, 단서를 적용하여 '무거운 형'으로 벌하지 않기 위해서는, 먼저 무거운 신분범, 즉 무거운 '죄'가 일단 '성립'하고 있어야 함은 당연한 전제이기도 하다.[49]

(c) 진정신분범에서 과형의 근거

62 본문을 진정신분범 및 부진정신분범의 성립에 관한 규정으로 해석하더라도, 진정신분범의 과형에 대한 규정이 별도로 필요한 것은 아니다. 진정신분범이 성립한다면 그 법정형으로 처벌하는 것은 당연하므로, 진정신분범의 처벌에 대해 별도로 규정할 필요가 없기 때문이다.[50] 즉, 진정신분범의 경우에서 본조 본문은 비신분자에게 신분을 확장함으로써 '성립'의 문제와 함께 '과형'의 문제도 동시에 해결하는 이중적 의미가 있는 것이다. 본조 본문이 "제30조부터 제32조까지의 규정을 적용한다."고 표현한 것은 바로 진정신분범에 대한 과형의 근거

---

47 본조 본문이 신분관계로 인하여 성립될 '범죄'라는 용어를 쓰는 데 비해, 단서는 신분관계로 인하여 형의 경중이 있는 '경우'라는 표현을 쓰고 있다. 이는 본문이 범죄의 종류로서 신분범을 규정하고 있고, 단서는 신분범 안에서 신분관계로 인하여 '범죄가 성립하는 경우'와 '형의 경중이 있는 경우' 가운데 '형의 경중이 있는 경우'를 규정하고 있는 것이라 할 수 있다(오영근, 431 참조).

48 오영근, 432.

49 신동운, 726.

50 오영근, 431.

까지도 제시하는 것이다.[51]

(d) 죄명과 과형의 괴리

63 소수설에 의하면 신분은 본문에 의해 죄명에서는 연대작용을, 단서에 의해 과형의 문제에서는 개별작용을 함으로써, 동일한 신분이 서로 다른 작용을 하는 일응의 모순이 발생하게 된다. 그런데 이는 일단 본문에 의해 발생하는 신분의 효과(연대성)를 비신분자에게 확장하는 과정에서, 단서가 특히 가중적 신분의 경우에 형사처벌의 완화 내지 합리화를 위한 완충장치이기 때문에 발생하는 불가피한 결과이다. 신분범에서 '신분의 연대'를 인정할 것인지 여부가 형법정책 내지 입법정책의 문제라면, 그러한 비신분자에게 보다 가벼운 형으로 벌하는 것 또한 입법정책의 문제이다.[52] 따라서 가중적 신분범에서 비신분자에게 '무거운 형으로 벌하지 아니한다'라는 '과형의 개별화' 역시 마찬가지로 입법적 결단에 의해 정해질 수 있는 성질의 것이다. 즉 본조는 가중적 신분범에서 신분자에게 가담한 비신분자에 대하여, 공범의 성립 및 과형과 관련하여 '신분의 연대'와 '과형의 개별화'를 특별히 규정하고 있는 것이다.

(나) 본조의 법적 성격 및 부진정신분범에서 본조의 적용범위(사견)

(a) 본문의 법적 성격 – 특별규정

64 신분범에서 비신분자가 신분범의 공범(공동정범, 교사·방조범)이 될 수 있는지의 문제는 공범종속성과 관계없는 형법정책의 문제이다. 본조 본문은 비신분자는 단독으로는 신분범을 범할 수 없으나 신분자와 공동으로는 신분범의 공동정범이 될 수 있고, 비신분자가 신분자를 교사·방조한 경우에는 신분범의 교사·방조범이 될 수 있다는 내용이다. 이는 형법정책적 관점에서 비신분자일지라도 신분자와 함께라면 오히려 공범(교사범·방조범은 물론 공동정범)이 성립할 수 있다고 함으로써, 신분의 효과를 비신분자에게도 인정하는 '신분의 연대성'을 선언한 점에 그 의의가 있다.[53]

65 우선, 공동정범과 관련하여 비신분자는 정범적격이 없음에도 신분자와 함께라면 진정신분범의 공동정범이 될 수 있다는 점이다. 본조가 공범의 종속성과는

51 김성돈, 730-731; 신동운, 727.
52 오영근, 432 참조.
53 오영근, 429.

무관한 규정이라는 것은 애당초 협의의 공범(교사·방조범)이 아닌 공동정범에 대해서까지 신분관계의 확장을 규정하고 있다는 점에서 찾을 수 있다.[54] 다만 본조 본문이 공동정범에 대해서도 신분관계 확장을 못박아 놓음으로써 해석론적 논란을 없앤 측면이 있으나, 이에 대해서는 ① 당연규정[55]이라는 견해와 ② 예외적 특별규정[56]이라는 견해가 대립하고 있다. 그러나 공동정범의 경우 이론적으로 논란이 있을 수 있음에도,[57] 이를 당연규정으로 보는 것은 무리이다. 또한, 본조가 공범종속성과는 무관한 규정이라는 것은 부진정신분범의 공동정범 성립에서도 확인된다. 즉, 성립·과형 구별설에 따를 때 감경적 신분이 아닌 가중적 신분의 경우(예: 존속살해죄의 직계비속)에는 그 본질이 책임신분임에도 불구하고 공동정범의 '성립'에서 '그 신분의 연대'까지도 인정한다(과형만 개별화)한다는 점이다.

66 둘째, 교사·방조범과 관련하여 비신분자는 가중적 신분이 없음에도 신분자에게 가담한 경우라면 가중적 신분범의 교사·방조범이 될 수 있다는 점이다. 즉 성립·과형 구별설에 따르면, 원래 공범종속성이 적용되는 협의의 공범(교사·방조

54 우리 형법은 독일형법과 달리 공동정범에 대해서도 신분관계의 확장을 인정하고 있다. 공동정범을 포함하는 조문구성 때문에 우리 형법은 독일형법과 전혀 다른 입법적 결단을 내리고 있다. 그 입법취지에 대하여, 공동정범에 관여하는 비신분자에게도 형사처벌을 가함으로써 다수관여자의 범죄실현에 강력히 대처하고자 한 것이라고 추론하고 있는 견해로는, 신동운, 731.

55 정성근·박광민, 615.

56 박상기, 466; 손동권·김재윤, § 33/15.

57 공동정범의 경우에는 이론적으로 논란이 있을 수 있다. 진정신분범에서 신분 없는 사람은 정범적격이 없고, 공동정범은 어디까지나 정범이기 때문에 진정신분범의 공동정범이 되기 위해서는 원칙적으로 각자에게 정범적격이 있어야 한다. 여기서 정범적격이란 정범이 될 수 있는 자격, 즉 신분을 말한다. 우선 비교법적으로 볼 때, 독일형법은 진정신분범의 경우에 신분관계가 바로 정범적격을 나타내는 표지라고 본다. 공범과 신분을 규정한 독일형법 제28조는 진정신분범을 규정한 제1항에서 교사범과 방조범의 경우에 한하여 비신분자에게 신분관계를 확장하고, 공동정범은 그 대상에서 제외하고 있다. 즉, '정범적격 없는 자'를 공범과 신분의 규정을 통하여 '정범적격 있는 자'로 만들 수는 없다는 발상이다(신동운, 728-729). 그런데 우리 형법 제33조는 '전3조' 가운데 공동정범을 포함시킴으로써 입법적으로 해결하고 있다. 원래 1951년 형법전 정부원안 제33조 본문은 그 적용범위를 '전2조'라고 하여 '교사범·방조범'만을 그 적용대상으로 삼았고, 정부원안은 1953년 국회 본회의에서 수정 없이 의결되었다. 국회 본회의는 의결된 형법안의 자구수정 작업을 법제사법위원회에 위임하였는데, 자구수정 과정에서 '전3조'로 변경됨으로써, 정부원안에 비해 공동정범이 제33조의 적용대상으로 추가된 것이다(신동운, 729). 비신분자가 신분자와 공동가공하더라도 신분이 획득되는 것은 아니므로, 비신분자를 진정신분범의 공동정범으로 처벌하는 것은 얼마든지 결론을 달리할 수 있는 문제이다. 그러나 우리 형법 제33조는 경위야 어찌되었든 이 문제를 입법적으로 해결하고 있는 것이다. 따라서 우리 법제에서는 '비신분자도 진정신분범의 공동정범이 될 수 있다'.

범)의 경우에도 그와 배치되는 내용의 본조 본문이 적용될 수 있다는 것이다. 가감적 신분은 책임신분이고 책임신분은 극단종속형식을 제외하고는 책임개별화 원칙을 인정하는 것이 합리적임에도, 가감적 신분범 가운데 비신분자가 가중적 신분자에 가담한 경우 비신분자에 대해 (과형의 개별화를 인정한다는 점에서는 책임개별화 원칙의 반영이지만) 나아가 그 '성립'에서 '가중적 신분의 연대'까지도 인정한다는 점에서, 협의의 공범(교사·방조범)에서도 본조는 공범의 종속성과는 무관한 규정이라는 점이 확인된다. 즉 성립·과형 구별설에 따르면, 가중적 신분자에 가담한 비신분자에 대하여 본문을 적용하여 일단 가중적 신분범의 교사·방조범 성립을 인정하게 된다는 점에서, 본조가 공범종속성설의 제한종속형식과는 무관한 규정이 되는 것이다. 다시 말하면, 가중적 책임신분의 경우에는 본조가 협의의 공범(교사·방조범)의 '성립'에서 신분의 연대까지도 인정하는 것으로 해석할 수 있는데, 이렇게 해석하게 되면 본조 본문은 가중적 신분범에서 비신분자가 신분자에게 교사·방조의 형태로 가담한 경우에(또한 이 경우에 한하여), 책임개별화 원칙의 예외를 입법에 의해 명시적으로 규정한 예외적 특별규정이 된다는 점이다.

셋째, 이러한 공범과 신분에 관한 특별규정이 헌법에 위반되는 것은 아니라 67
는 점이다. 헌법 제13조 제3항은 "모든 국민은 자기의 행위가 아닌 친족의 행위로 인하여 불이익한 처우를 받지 아니한다."라고 규정하고 있고, 이는 연좌제 금지 규정으로 이해되고 있다. 헌법 제13조 제3항은 불이익한 처우의 근거로 '자기의 행위가 아닌 친족의 행위'를 규정하고 있으나, 그 외에 자기의 행위와 무관한 '타인의 행위'로 인하여 불이익한 처우를 받는 것도 금지된다고 보아야 한다.[58] 그런데 이러한 신분의 연대는 비신분자의 행위를 통하여 인정되는 것이므로, 연좌제를 인정하는 것도 아니다.[59]

요컨대, 본조는 공범종속성에 관한 일반원칙과 무관하게 비신분자인 공범 68
의 형사책임문제와 관련하여 신분의 효과가 비신분자에게 미치는가에 관한 특

58 형사처벌과 관련한 책임주의 원칙은 그 헌법상 근거를 헌법 제10조에서 도출하는데(헌재 2007. 11. 29, 2005헌가10; 헌재 2013. 12. 26, 2010헌가90 등), 헌법 제13조 제2항의 연좌제금지 규정도 헌법 제10조를 구체화한 것으로, 책임주의를 내재하고 있다[헌법 제10조에 따라 행위자의 책임과 무관한 타인의 행위에 대하여 책임을 부담하도록 규정한 양벌규정에 대하여 위헌결정이 이루어진 예로는 헌재 2010. 10. 28, 2010헌가14, 15, 21, 27, 35, 38, 44, 70(병합) 등].

59 오영근, 429.

별규정이라고 해석하는 것이 타당하다.[60]

(b) 본조의 적용범위 – 가중적 신분범에서 비신분자가 신분자에게 가담한 경우에 한정

69 부진정신분범에서 신분자와 비신분자가 교사·방조의 형태로 가담하는 경우는 모두 4개 유형을 상정할 수 있다. 부진정신분범은 가중적 신분범과 감경적 신분범으로 나뉘고, 여기에는 각각 비신분자가 가담하는 경우와 신분자가 가담하는 경우가 있는데, 이를 유형화하면 ① 가중적 신분범에서 ⓐ 비신분자가 신분자에게 가담하는 경우(제1유형), ⓑ 반대로 신분자가 비신분자에게 가담하는 경우(제2유형), ② 감경적 신분범에서 ⓐ 비신분자가 신분자에게 가담하는 경우(제3유형), ⓑ 반대로 신분자가 비신분자에게 가담하는 경우(제4유형)로 분류된다.

70 여기서 본조의 적용범위는, 사견에 의하면, 요컨대 4개 유형 가운데 제1유형에 한정된다고 해석하는 것이 타당하다. 교사·방조의 형태로 가담하는 경우는 물론 공동정범의 형태로 가담하는 경우에도 차이는 없다고 본다. 다만 여기에서는 결론만 언급하고, 학설 대립 및 그 자세한 논증은 후술하기로 한다.

71 첫째, 본조는 비신분자가 신분자의 신분범에 가담한 경우만을 규정하고 있을 뿐 반대로 신분자가 비신분자의 행위에 가담한 경우에 대해서는 아무런 언급이 없다. 따라서 본조는 신분자가 가담하는 경우에는 적용이 없다. 예컨대, 존속살해죄에서 가중적 신분자인 직계비속이 비신분자에게 교사·방조한 경우에, 그 신분자는 (본조의 적용 여부와 관계 없이 해석상 인정되는) '책임개별화 원칙이 적용되어' 존속살해죄의 교사·방조범이 성립·처벌된다는 것이다(비신분자는 보통살인죄의 정범이 성립하고, 그 법정형으로 처벌됨은 물론이다).

72 둘째, 본조 단서의 '무거운 형으로 벌하지 아니한다'는 것은 가중적 신분범(예: 존속살해죄)에서 비신분자는 통상의 형으로 처벌된다는 것을 의미한다. 반면, 감경적 신분범(예: 구 영아살해죄)에서 신분자에 가담한 비신분자(예: 직계존속 아닌 사람)의 경우는 본조가 명시적으로 규정하지 않고 있다. 따라서 이 경우에도 본조는 본문이든 단서든 그 적용이 없다. 예컨대, 구 영아살해죄에서 감경적 신분자인 직계존속에 대하여 비신분자가 교사·방조의 형태로 가담한 경우에, 그 비

60 김성돈, 730.

신분자는 (본조의 적용 여부와 관계 없이 해석상 인정되는) '책임개별화 원칙이 적용되어' 구 영아살해죄가 아니라 보통살인죄의 교사·방조범이 성립·처벌된다는 것이다(감경적 신분자는 구 영아살인죄의 정범이 성립하고, 그 법정형으로 처벌됨은 물론이다).

4. 제33조의 적용 및 한계

(1) 본조의 적용

(가) 본문

성립·과형 구별설에 의하면, 중요한 것은 원칙에 해당하는 본조 본문이다. 73
본문은 "신분이 있어야 성립되는 범죄에 가담한 경우에는 그 신분 없는 사람에게도 제30조부터 제32조까지의 규정을 적용한다."고 규정하고 있다.

첫째, 여기서 '신분이 있어야 성립되는 범죄'란 진정신분범과 부진정신분범 74
을 모두 포함하는 의미로 해석해야 한다는 점은 앞에서 살펴보았다.

둘째, 여기서 '가담'이란 하나의 신분범죄의 실현에 여러 사람이 관여하는 75
것을 말한다. 즉, '가담'이란 다수관여자의 행위라는 뜻이다. 본문은 그 법적 효과에 대해 비신분자에게도 '제30조부터 제32조까지의 규정을 적용한다'고 규정하고 있다.

셋째, 여기서 '제30조부터 제32조까지의 규정'은 공동정범(§ 30), 교사범(§ 31), 76
방조범(§ 32)의 규정을 가리킨다. 특히, 본조는 정범의 일종인 '공동정범의 경우에도' 비신분자에게 '신분을 확장'하는 입법적 해결을 명시적으로 규정하고 있다.

(나) 단서

단서는 "다만, 신분 때문에 형의 경중이 달라지는 경우에 신분이 없는 사람 77
은 무거운 형으로 벌하지 아니한다."고 규정하고 있다. 성립·과형 구별설에 의하면, 단서는 부진정신분범, 그중에서도 특히 가중적 신분범의 과형에 관한 규정이라는 점은 앞에서 살펴보았다.

(2) 본조 적용의 한계 문제

본조의 적용과 관련하여 다음의 쟁점이 여전히 문제된다. 78

(가) 진정신분범에서 비신분자의 간접정범 여부

첫째, 본문의 '제30조부터 제32조까지의 규정을 적용한다'는 규정과 관련하 79
여, '제30조부터 제32조까지의 규정'에 포함되지 않은 간접정범(§ 34)의 경우에도 본조의 규정을 확대적용할 수 있는지 여부가 문제된다. 즉, 진정신분범(예: 수뢰죄)에서 비신분자(=공무원 아닌 사람)가 진정신분범의 구성적 신분자에게 가담한 경우 비신분자도 진정신분범의 간접정범이 될 수 있는지, 다시 말해 비신분자가 단독으로 진정신분범의 간접정범이 될 수 있는지 여부가 문제된다(간접정범 불가).

(나) 부진정신분범 가운데 감경적 신분범의 경우

80 둘째, 단서의 '무거운 형으로 벌하지 아니한다'는 규정과 관련하여, 부진정신분범 가운데 감경적 신분범(예: 구 영아살해죄)의 경우가 문제된다. 여기서 '무거운 형으로 벌하지 않는다'는 문언의 의미가 비신분자(=직계존속 아닌 사람)에 대해서 통상범죄의 형으로 처벌한다는 것인지, 아니면 항상 가벼운 범죄의 형으로 처벌한다는 것인지 여부가 문제된다.

81 이는 감경적 신분범 전반에 관련된 문제로서, ① 비신분자(=직계존속 아닌 사람)가 감경적 신분자에게 가담한 경우는 물론, 반대로 ② 감경적 신분자(=직계존속)가 비신분자에게 가담한 경우에서도 마찬가지로 문제된다(통상범죄의 형).

(다) 신분자가 비신분자에게 가담한 경우

82 셋째, 본조는 비신분자가 신분자의 신분범에 가담한 경우만을 규정하고 있을 뿐 반대로 신분자가 비신분자의 행위에 가담한 경우에 대해서는 아무런 언급이 없다.[61] 특히 신분자가 '교사·방조'의 형태로 가담한 경우, 진정신분범 및 부진정신분범에서 각각 어떻게 해결할 것인지 문제된다.

83 (a) 진정신분범의 경우

우선, 진정신분범(예: 수뢰죄)에서는 구성적 신분자가 비신분자에게 교사·방조의 형태로 가담한 경우 비신분자(=공무원 아닌 사람)는 단독으로 정범이 될 수 없는 관계로 범죄가 성립하지 않고, 따라서 구성적 신분자(=공무원)는 그 교사·방조범이 성립할 수 없다. 이러한 경우 구성적 신분자에게 간접정범이 성립할 수 있는지 여부가 문제된다(간접정범).

---

61 이와 같은 문제는 신분자가 비신분자의 행위에 협의의 공범(교사·방조범)으로 가담한 경우에 문제되는 것이고, 신분자와 비신분자가 '공동정범'의 성립요건을 갖춘 경우에는 문제되지 않는다. 신분자와 비신분자가 공동정범이 성립하는 경우에는 양자가 공동하여 범죄를 범하고 있는 경우이므로, 신분자가 비신분자의 행위에 가담하였는가 또는 비신분자가 신분자의 행위에 가담하였는가의 구별이 없기 때문이다. 따라서 공동정범의 경우에는 구별 없이 본조를 적용해야 한다(김성돈, 732-733; 신동운, 733-734).

(b) 부진정신분범의 경우

다음, 부진정신분범에는 가중적 신분범과 감경적 신분범이 있으므로, 가중적 신분범에서 가중적 신분자가 비신분자에게 가담한 경우는 물론, 감경적 신분범에서 감경적 신분자가 비신분자에게 가담한 경우도 마찬가지로 문제된다. 84

우선, ① 가중적 신분범(예: 존속살해죄)에서 가중적 신분자가 비신분자에게 교사·방조의 형태로 가담한 경우 비신분자(=직계비속 아닌 사람)는 신분이 없는 관계로 통상범죄의 정범이 의문이 없으나, 가중적 신분자(=직계비속)는 가중범죄의 교사·방조범이 성립하는 것인지, 아니면 통상범죄의 교사·방조범이 성립하는 것인지 여부가 문제된다(가중범죄의 교사·방조범). 85

또한, ② 감경적 신분범(예: 구 영아살해죄·영아유기죄)에서 감경적 신분자가 비신분자에게 교사·방조의 형태로 가담한 경우 비신분자(=직계비속 아닌 사람)는 신분이 없는 관계로 통상범죄의 정범이 성립하는지 여부, 감경적 신분자(=직계비속)에 대해서는 감경범죄의 교사·방조범이 성립하는 것인지, 아니면 통상범죄의 교사·방조범이 성립하는 것인지 여부가 문제된다(통상범죄 교사·방조범). 86

(라) 그 밖의 이중적 신분·필요적 공범·소극적 신분의 경우

그밖에 이중적 신분의 경우, 필요적 공범의 경우, 소극적 신분의 경우에도 본조를 적용할 수 있는지 여부가 문제된다. 87

(a) 이중적 신분

우선, 이중적 신분이란 구성적 신분과 가중적 신분이 함께 존재하는 신분범죄(예: 업무상횡령죄)인데, 만약 비신분자(=보관자도 업무자도 아닌 사람)가 이러한 이중적 신분범죄에 가담한 경우 본조 본문과 단서의 적용과 관련하여 비신분자에 대해서 그 성립과 과형 등이 문제된다(성립은 본문, 과형은 단서). 88

(b) 필요적 공범

다음, 필요적 공범에도 본조가 적용되는지 여부가 문제된다. 집합범과 대향범 사이에 차이가 있을 것인데, 대향범(예: 상습도박죄, 수뢰죄)의 경우에서 특히 문제된다(대향범에서는 적용)(예: 상습도박방조). 89

(c) 소극적 신분

마지막으로, 소극적 신분과 공범의 관계에 대해 우리 형법은 아무런 규정을 두고 있지 않다. 소극적 신분(예: 무면허의료행위에서 의사인 신분)에 관해서도 본조 90

가 적용되는지 여부가 문제된다.

91 **[서술의 순서]** 아래에서는 설명의 편의상 본조의 구체적 적용에 대해 다음과 같은 순서로 서술하고자 한다. 이로써 판례의 태도이기도 한 '성립·과형 구별설'의 입장에서 비로소 일목요연한 이해가 가능하리라고 본다.

첫째, "1. 진정신분범의 경우"와 "2. 부진정신분범의 경우"로 분류하고, 후자는 '(1) 가중적 신분범의 경우'와 '(2) 감경적 신분범의 경우'를 구분한다.

둘째, 각 해당 부분은 먼저 "(가) 비신분자가 가담하는 경우"를 우선 설명하고, 이어서 "(나) 신분자가 가담하는 경우"를 순차 설명한다.

셋째, 각 해당 부분마다 '(a) 공동정범의 경우'와 '(b) 교사·방조범의 경우'를 빠짐 없이 언급한다.

넷째, 이중적 신분, 필요적 공범, 소극적 신분의 경우는 별도의 항목에서 설명한다.

Ⅳ. 제33조의 구체적 적용

1. 진정신분범과 공범

(1) 비신분자가 진정신분범에 가담한 경우

92 진정신분범에서 비신분자가 구성적 신분자에 가담한 경우 비신분자에게 본조 본문이 적용된다는 점에 대해서는, 다수설(진정·부진정신분범 구별설)이나 소수설(성립·과형 구별설) 및 판례의 해석론 사이에 기본적으로 차이가 없다. 즉, 이 경우에는 진정신분범에 가담한 비신분자도 그 가담형태에 따라 진정신분범의 공동정범, 교사·방조범이 성립하고, 그 법정형에 따라 처벌된다.

(가) 공동정범

93 비신분자는 진정신분범의 정범적격이 없지만, 구성적 신분자와 공동하여 범죄를 범하는 경우에는 본조 본문이 적용되어 "비신분자도 진정신분범의 공동정범이 될 수 있다"(견해 일치). 예컨대 수뢰죄에서 공무원과 비공무원이 공동하여 뇌물을 받은 경우에, 비공무원도 수뢰죄의 공동정범이 성립하고, 수뢰죄의 형으로 처벌된다.[62]

62 이에 대해서는, ① 당연한 규정이라는 견해(다수설), ② 예외적으로 공동정범을 인정한 특별규정이라는 견해(손동권·김재윤, § 33/15), ③ 본조 본문이 비신분자의 공동정범 성립을 명시하고

물론 이 경우에도 공동정범이 성립하기 위해서는 공동정범의 성립요건, 즉 공동가공의 의사와 공동의사에 기한 기능적 행위지배를 통한 범죄의 실행이라는 주관적·객관적 요건이 충족되어야 함은 당연하다.[63] 94

판례도 같다. 예컨대, ① 공무원이 아닌 사람이 공무원과 공동하여 허위공문서작성죄를 범한 때에는 공무원이 아닌 사람도 허위공문서작성죄의 공동정범이 된다.[64] ② 정부관리기업체의 과장대리급 이상이 아닌 직원도 다른 과장대리급 이상인 직원들(뇌물죄 적용 시 공무원으로 봄)과 함께 뇌물수수죄의 공동정범이 될 수 있다.[65] ③ 점포의 임차인이 임대인의 배임행위에 적극가담한 경우에는 배임죄의 공동정범에 해당한다.[66] ④ 발행명의인이나 직접 발행자가 아니라 하더라도 공모에 의하여 부정수표 단속법 제2조 제2항 소정 범죄의 공동정범이 될 수 있다.[67] ⑤ 병가 중이어서 직무유기죄(§ 122)의 주체로 될 수는 없다 하더라도, 직무유기죄의 주체가 되는 다른 조합원들과의 공범관계가 인정되는 경우에는 그 쟁의행위에 참가한 조합원들 모두 직무유기죄로 처단되어야 한다.[68] ⑥ 비거주자가 거주자 간의 대상지급행위에 공모하여 가담하였다면 비거주자라 하더라도 거주자의 지급방법 위반행위에 대하여 공동정범으로 처벌될 수 있다.[69] ⑦ 아동복지법에서 정한 보호자(동법 § 3(iii))가 아닌 사람이 연인관계에 있던 보호자인 피해 아동의 친모와 공모하여 피해아동을 지속적으로 학대하여 사망에 이르게 한 때는 아동학대범죄의처벌등에관한특례법위반(아동학대치사)죄[70]의 공 95

있으므로 의미 없는 논쟁이라는 견해(정성근·박광민, 615) 등이 있다.

63 예컨대, "물건의 소유자가 아닌 사람은 형법 제33조 본문에 따라 소유자의 권리행사방해 범행에 가담한 경우에 한하여 그의 공범이 될 수 있을 뿐이다. 그러나 권리행사방해죄의 공범으로 기소된 물건의 소유자에게 고의가 없는 등으로 범죄가 성립하지 않는다면 공동정범이 성립할 여지가 없다"(대판 2017. 5. 30, 2017도4578) 등.

64 대판 1971. 6. 8, 71도795; 대판 2006. 5. 11, 2006도1663.

65 대판 1992. 8. 14, 91도3191. 같은 취지로 대판 2024. 3. 12, 2023도17394(공무원이 아닌 피고인 甲이 공무원으로 간주되는 도시개발조합장인 피고인 乙과 공모하여 뇌물을 수수한 것으로 기소된 사례).

66 대판 1983. 7. 12, 82도180.

67 대판 1993. 7. 13, 93도1341.

68 대판 1997. 4. 22, 95도748.

69 대판 2004. 6. 11, 2001도6177(구 외국환관리법위반).

70 구 아동학대범죄의 처벌 등에 관한 특례법(2021. 3. 16. 법률 제17932호로 개정되기 전의 것) 제4조(아동학대치사) 제2조제4호가목부터 다목까지의 아동학대범죄(주: 아동복지법 제3조제3호에 따른 보호자의 아동학대)를 범한 사람이 아동을 사망에 이르게 한 때에는 무기 또는 5년 이상의

동정범이 성립한다.[71]

96 다만, 자수범의 경우에는 행위자의 신체를 수단으로 하거나 행위자의 인격적 요소가 중요한 의미를 가지는 것이기 때문에 본조를 통하여도 공동정범은 성립하지 않는다.[72]

(나) 교사·방조범

97 비신분자가 구성적 신분자를 교사·방조하여 진정신분범을 범하게 한 때에는 본조 본문이 적용되어 "비신분자도 진정신분범의 교사·방조범이 성립한다"(견해 일치). 예컨대, 수뢰죄에서 비공무원이 공무원의 수뢰행위를 교사·방조한 경우에, 비공무원(비신분자)도 수뢰죄의 교사·방조범이 성립하고, 교사범·방조범의 형으로 처벌된다.

98 판례도 같다. 예컨대, 피고인(비공무원)이 건축물조사 및 가옥대장 정리업무를 담당하는 지방행정서기를 교사하여 무허가 건물을 허가받은 건축물인 것처럼 가옥대장 등에 등재케 하여 허위공문서 등을 작성케 한 사실이 인정된다면, 허위공문서작성죄의 교사범으로 처단한 것은 정당하다.[73]

(다) 비신분자의 간접정범 여부

99 비신분자도 진정신분범의 간접정범이 될 수 있는가? 예컨대, 비공무원이 공무원을 이용하여 수뢰죄의 간접정범이 될 수 있는가의 문제이다. 본조 본문의

징역에 처한다.

71 대판 2021. 9. 16, 2021도5000. 다만, 본조 단서에 의하여 제259조 제1항의 상해치사죄에서 정한 형으로 처단된다.

72 예컨대, ① "농업협동조합법 제50조 제2항 소정의 호별방문죄는 '임원이 되고자 하는 자'라는 신분자가 스스로 호별방문을 한 경우만을 처벌하는 것으로 보아야 하고, 비록 신분자가 비신분자와 통모하였거나 신분자가 비신분자를 시켜 방문케 하였다고 하더라도 비신분자만이 호별방문을 한 경우에는 신분자는 물론 비신분자도 같은 죄로 의율하여 처벌할 수는 없다"(대판 2003. 6. 13. 2003도889). 본 판결 해설은 윤인성, "수산업협동조합중앙회의 임원 선거에 출마한 후보자의 위법한 선거운동이 구 수산업협동조합법 제154조 제1항에 의하여 당선을 취소할 사유에 해당하기 위한 요건", 해설 72, 법원도서관(2008), 614-631. ② "지방공무원법 제58조 제1항 본문이 그 주체를 지방공무원으로 제한하고 있기는 하지만, 위 법조항에 의하여 금지되는 '노동운동이나 그 밖에 공무 외의 일을 위한 집단행위'의 태양이 행위자의 신체를 수단으로 하여야 한다거나 행위자의 인격적 요소가 중요한 의미를 가지는 것은 아니므로, 위 행위를 처벌하는 같은 법 제82조가 지방공무원이 스스로 위 행위를 한 경우만을 처벌하려는 것으로 볼 수는 없다. 따라서 지방공무원의 신분을 가지지 아니하는 사람도 (지방공무원법) 제58조 제1항을 위반하여 같은 법 제82조에 따라 처벌되는 지방공무원의 범행에 가공한다면 형법 제33조 본문에 의해서 공범으로 처벌받을 수 있다"(대판 2012. 6. 14, 2010도14409).

73 대판 1983. 12. 13, 83도1458.

'제30조부터 제32조까지의 규정'에 간접정범은 포함되어 있지 않음이 분명하다. 그럼에도 본조 본문이 해석상 간접정범의 경우에도 적용될 수 있는지 여부의 문제이다.

이에 대해서는 ① 형법은 간접정범을 교사 또는 방조의 예에 의하여 처벌하도록 규정하고(§ 34①), 교사 또는 방조에는 당연히 본조 본문이 적용되기 때문에, 결국 간접정범도 우회적으로 본조의 적용을 받아야 한다는 이유로, 비신분자도 진정신분범의 간접정범이 될 수 있다는 견해(본조 본문적용 긍정설),[74] ② 비신분자는 단독으로 진정신분범의 정범이 될 수 없으므로, 비신분자는 본조 본문에 의하여 공동정범은 될 수 있어도, 진정신분범의 간접정범은 될 수 없다는 견해(본조 본문적용 부정설)[75] 등이 있다. 100

본조 본문의 '제30조부터 제32조까지의 규정'은 공동정범, 교사·방조범만을 의미한다. 본조 본문은 비신분자가 진정신분범의 공동정범이 될 수 있다는 것을 규정한 것일 뿐, 비신분자가 단독으로 진정신분범의 정범이 될 수 있다는 의미는 아니다. 간접정범의 본질은 공범이 아니라 정범이며, 제34조는 간접정범을 교사 또는 방조로 취급하려는 것이 아니라 처벌만을 교사·방조범의 규정에 따르게 하려는 것에 불과하다. 따라서 본조 본문은 공동정범, 교사·방조범의 경우에만 적용될 뿐, 단독정범의 한 형태인 간접정범에는 적용되지 않는다고 해석하는 것이 타당하다(본조 본문적용 부정설). 즉, "비신분자는 진정신분범의 간접정범이 될 수 없다"(통설). 따라서 수뢰죄에서 비공무원이 공무원의 수뢰행위를 교사·방조한 경우에도, 비공무원(비신분자)는 수뢰죄의 간접정범이 될 수 없다. 101

판례도 같다.[76] 예컨대, 공무원이 아닌 사람은 제228조(공정증서원본 등의 부실 102

---

74 신동운, 732. 이는 간접정범을 정범이 아닌 공범의 일종으로 보는 견해이다. 즉, 제34조 제1항은 전형적인 교사범이나 방조범으로 처벌할 수 없는 경우를 대비하기 위해 마련된 보완장치(소위 확장적 공범개념)라는 입장이다.

75 김성돈, 735; 김일수·서보학, 504; 배종대, § 150/7; 손동권·김재윤, § 33/16; 이재상·장영민·강동범, § 36/12; 이주원, 426-427; 정성근·박광민, 616; 정웅석·최창호, 형법총론, 574; 최호진, 758.

76 그 밖에 비신분자의 간접정범 성립을 부정한 판례로는, ① 수표발행인이 아닌 사람은 부정수표 단속법 제4조(거짓 신고자의 형사책임)의 허위신고죄의 주체가 될 수 없고, 허위신고의 고의가 없는 발행인을 이용하여 간접정범의 형태로 허위신고죄를 범할 수 없다고 한 사례[대판 1992. 11. 10, 92도1342; 대판 2014. 1. 23, 2013도13804. 위 92도1342 판결 해설은 김이수, "부정수표 단속법 제4조의 허위신고죄의 주체", 해설 18, 법원행정처(1993), 891-899], ② 부동산의 매매중개인 내지 대리인에 불과한 사람은 소유권이전과 관련하여 타인의 사무를 처리할 지위에 있다고

기재)의 경우를 제외하고는 허위공문서작성죄의 간접정범으로 처벌할 수 없다.[77]

103 다만 판례는, 예외적으로 공문서의 작성권한 있는 공무원의 직무를 보좌하는 자에 대해서는 간접정범의 성립을 인정하며,[78] 이에 공모가담한 비신분자(공무원 아닌 사람)도 간접정범의 공동정범이 성립한다[79]고 한다.

(2) 구성적 신분자가 비신분자의 범죄에 가담한 경우

104 본조 본문은 진정신분범에서 비신분자가 신분자에게 가담한 경우에 적용되는 규정이다. 반대로 구성적 신분자가 비신분자에게 가담한 경우에도 본조 본문을 적용할 수 있는지 여부가 문제된다.

(가) 공동정범

105 이 경우는 앞에서 설명한 '비신분자가 구성적 신분자의 범죄에 가담한 경우'와 다를 바 없다. 구성적 신분자와 비신분자가 공동정범이 성립하는 경우에는 양자가 공동하여 범죄를 범하고 있는 경우이므로, 신분자가 비신분자의 행위에 가담하였는가 또는 비신분자가 신분자의 행위에 가담하였는가의 구별이 없기 때문이다. 따라서 본조 본문이 적용되어 구성적 신분자는 물론, "비신분자도 진정신분범의 공동정범이 될 수 있다"(견해 일치).

볼 수 없으므로, 고의가 없는 매도인을 이용하여 이중매도 행위를 하였더라도 배임죄로 처벌할 수는 없다고 한 사례(대판 2011. 12. 8, 2011도2467), ③ 사업보고서를 금융위원회와 거래소에 제출할 당시 대표이사나 제출업무를 담당하는 이사가 아닌 사람은 자본시장과 금융투자업에 관한 법률 위반죄의 주체가 될 수 없고, 고의 없는 대표이사나 제출업무를 담당하는 이사를 이용하여 간접정범의 형태로 위 죄를 범할 수도 없다고 한 사례(대판 2012. 8. 23, 2011도14045), ④ 건설업자 아닌 사람은 한국산업표준 등에 적합하지 않은 레미콘임을 알지 못하는 건설업자 등을 이용하여 간접정범의 형태로 '건설업자'라는 일정한 신분을 요하는 구 건설기술관리법상의 부적합 건설자재 사용죄(동법 § 42(i의3), § 24의2②)를 범할 수 없다고 한 사례(대판 2011. 7. 28, 2010도4183) 등이 있다.

77 대판 2006. 5. 11, 2006도1663.

78 대판 1992. 1. 17, 91도2837; 대판 2011. 5. 13, 2011도1415.

79 대판 1992. 1. 17, 91도2837. 「공문서의 작성권한이 있는 공무원의 직무를 보좌하는 자가 그 직위를 이용하여 행사할 목적으로 허위의 내용이 기재된 문서 초안을 그 정을 모르는 상사에게 제출하여 결재하도록 하는 등의 방법으로 작성권한이 있는 공무원으로 하여금 허위의 공문서를 작성하게 한 경우에는 간접정범이 성립되고, 이와 공모한 자 역시 그 간접정범의 공범으로서의 죄책을 면할 수 없는 것이고, 여기서 말하는 공범은 반드시 공무원의 신분이 있는 자로 한정되는 것은 아니라고 할 것이다.」

본 판결 평석은 백원기, "허위공문서작성죄의 간접정범에 대한 공범의 성립여부: 예비군훈련 확인서 허위작성사건", 형사판례연구 〔10〕, 한국형사판례연구회, 박영사(2002), 254-271.

(나) 신분자의 교사·방조 방법에 의한 간접정범

106 신분이 교사·방조자에게만 있고 피이용자에게는 신분이 없는 경우에도 본조 본문이 적용되는지 여부가 문제된다. 예컨대, 공무원이 비공무원을 교사·방조하여 뇌물을 받게 한 경우에도 본조 본문이 적용되어 구성적 신분자인 공무원을 수뢰죄의 교사·방조범으로 처벌할 수 있는가의 문제이다.

107 이에 대해서는 ① 소위 행위공동설의 입장에서 본조 본문이 적용되어 신분자는 진정신분범의 교사·방조범이 성립한다는 견해(본조 본문적용 긍정설), ② 진정신분범의 신분은 구성요건요소이고 비신분자의 행위는 구성요건해당성이 없으므로 공범종속성 원칙 및 제한종속형식에 따르면 교사·방조범이 성립할 수 없고, 본조 본문은 신분이 정범에게 있는 경우에만 적용되는 규정이고 신분자가 비신분자에게 가담한 경우에는 본문의 적용이 없으므로, 비신분자는 교사·방조범이 아니라 단지 '신분 없는 고의 있는 도구'를 이용한 간접정범이 성립한다는 견해(본조 본문적용 부정설)[80] 등이 있다.

108 신분자가 비신분자를 교사·방조하여 진정신분범을 범하게 한 경우에는 비신분자의 가담행위를 전제로 하고 있는 본조 본문은 적용되지 않는다. 이 경우에도 본문을 적용하게 되면 정범 없는 공범(교사·방조범)의 성립만 인정하게 되어 공범종속성 원칙에 반한다. 결국 이 문제는 통설과 같이 이론적으로 해결할 수밖에 없다(본조 본문적용 부정설). 제한종속형식에 따르면, 비신분자인 피이용자의 행위는 신분범의 구성요건요소인 신분이 없기 때문에 구성요건해당성조차도 없다. 즉, 신분자는 '신분 없는 고의 있는 도구'를 이용한 사람으로서 간접정범으로, 그 정을 알고 있는 피이용자는 그 방조범이 된다고 보는 것이 타당하다. 특히, 제34조 제1항은 '어느 행위로 인하여 처벌되지 아니하는 자'를 교사·방조한 경우에 간접정범이 된다는 것을 명문으로 규정하고 있다는 점에서도 신분자를 간접정범으로 논의하는 것이 타당하다. 따라서 수뢰죄에서 공무원이 비공무원의 수뢰행위를 교사·방조한 경우에 공무원은 수뢰죄의 간접정범이 성립하고, 본조 본문은 적용되지 않는다. 즉, 교사·방조범이 성립하는 것은 아니다. 본문은 신분이 정범에게 있는 경우에만 적용되는 규정이 되는 것이다.

80 김성돈, 732; 김일수·서보학, 504; 배종대, § 150/8; 손동권·김재윤, § 33/7; 신동운, 734; 오영근, 433; 이재상·장영민·강동범, § 36/13; 이주원, 427; 정성근·박광민, 617.

2. 부진정신분범과 공범

(1) 가중적 신분 - 가중적 부진정신분범의 경우

(가) 비신분자가 가중적 신분범에 가담한 경우(제1유형) - 본조 적용

109 부진정신분범, 특히 가중적 신분범에서 비신분자가 가중적 신분자에게 가담한 경우 본조 본문과 단서의 적용 여부에 대한 견해의 대립은 앞에서 살펴보았다. 요약하면, 다수설(진정·부진정신분범 구별설)은 부진정신분범에 대해서는 본문은 적용되지 않고 그 성립·처벌에 '단서'가 적용되어, 비신분자는 가중적 신분범이 아닌 통상의 범죄가 성립하고 그 법정형으로 처벌된다. 반면, 소수설·판례(성립·과형 구별설)는 부진정신분범의 성립에는 일단 '본문'이 적용되어 비신분자도 부진정신분범이 성립하되, 그 과형에는 '단서'가 적용되어 통상 범죄의 형으로 처벌된다. 본문·단서의 구조인 본조의 해석론으로는 성립·과형 구별설이 타당함은 앞서 본 바와 같다.

(a) 공동정범

110 성립·과형 구별설에 따르면, 이 경우에는 가중적 신분범에 가담한 비신분자도 그 가담형태에 따라 가중적 신분범의 공범(공동정범, 교사·방조범)이 성립하되, 다만 통상 범죄의 형으로 처벌된다.[81]

111 예컨대, 가중적 신분범인 존속살해죄에서 신분자(직계비속) 甲과 비신분자 乙이 공동하여 신분자 甲의 직계존속을 살해한 경우, 신분자 甲은 존속살해죄의 공동정범이 성립하고 그 법정형으로, 비신분자 乙은 일단 존속살해죄의 공동정범이 성립하되, 단서에 의하여 보통살인죄의 법정형으로 처벌된다. 앞서 서술한 것처럼 판례도 같다.[82]

112 특히 판례에 따르면, 예컨대 업무상과실치사죄에서, 트럭운전사 甲은 화주 乙과 함께 트럭을 운전하던 중 검문소 순경이 정차신호를 하자, 운전석 옆에 앉아 있던 乙이 '그냥 가자'고 하고 甲은 트럭을 가속하여, 검문을 하려던 순경을 사망에 이르게 한 경우에, (업무자가 아니라서 비신분자인) 乙에 대하여 乙의 행위가

---

81 이주원(주 24), 537-538. 교통사고와 관련된 과실범의 공동정범에서, 교통사고처리특례법위반죄는 가중적 부진정신분범, 도로교통법위반죄(§ 151)는 진정신분범으로 분류하여, 신분이 그 성립 및 과형에 미치는 영향에 대해 다양한 가능성을 설명하고 있다.

82 대판 1961. 8. 2, 4294형상284; 대판 1997. 12. 26, 97도2609 등.

"형법 제33조 본문, 제268조(업무상과실치사죄)에 해당하는바 범인의 신분에 의하여 특히 형의 경중이 있는 경우에 해당하고, 乙에게는 그 신분이 없으므로 형법 제33조 단서에 의하여 형법 제267조의 단순 과실치사죄의 형에 따라" 처벌하였는바, 그 대표적인 사례라고 할 수 있다.[83]

(b) 교사·방조범

예컨대, 가중적 신분범인 존속살해죄에서 비신분자 乙이 신분자(직계비속) 甲을 교사·방조하여 신분자 甲이 그의 직계존속을 살해한 경우, 신분자 甲은 존속살해죄의 정범이 성립하고 그 법정형으로, 비신분자 乙은 일단 존속살해죄의 교사·방조범이 성립하되, 단서에 의하여 보통살인죄의 법정형으로 처벌된다. 113

(나) 가중적 신분자가 비신분자의 범죄에 가담한 경우(제2유형) – 책임개별화(교사·방조)

본조는 일단 신분범을 전제로 이에 비신분자가 가담하는 경우를 상정하여 마련된 조문이다. 본조는 '신분이 있어야 성립되는 범죄에 신분 없는 사람이 가담한 경우'라고 규정하고 있는데, 이는 문언상 비신분자가 신분자에게 가담한 경우만을 의미하고, 반대로 신분자가 비신분자에게 가담한 경우는 적용할 여지가 없다.[84] 그런데 이러한 경우에도 본조가 적용되는지 여부에 대해 논란이 있다. 114

(a) 공동정범

이 경우는 앞서 설명한 '비신분자가 가중적 신분자의 범죄에 가담한 경우'(제1유형)와 다를 바 없다. 신분자와 비신분자 사이에 공동정범이 성립하는 경우에는, 신분자가 비신분자의 범행에 가담하였는지 또는 반대로 비신분자가 신분자의 범행에 가담한 것인지의 구별이 없기 때문이다. 이 경우에는 본조를 적용할 수 있다(견해 일치). 115

(b) 교사·방조범

문제는 가중적 신분범에서 신분자가 비신분자에게 교사·방조의 형태로 가담한 경우이며, 본조 단서가 적용될 여지가 있는지 여부가 문제된다. 예컨대, 존속살해죄에서 가중적 신분자인 아들 甲(직계비속)이 친구 乙을 교사하여 乙로 116

83 대판 1962. 3. 29, 4294형상598(일명 '그대로 가자' 사건). 그 밖에 같은 취지의 판결로는, 업무상횡령죄에 대한 대판 1965. 8. 24, 65도493; 대판 1989. 10. 10, 87도1901 등 및 업무상배임죄에 대한 대판 1986. 10. 28, 86도1517; 대판 1997. 12. 26, 97도2609 등 다수 참조.

84 본조 본문과 단서를 유기적으로 해석한다면, 본문은 원칙, 단서는 예외의 관계에 있고, 단서는 본문의 적용범위 안에서 예외를 인정하는 취지이기 때문이다.

하여금 甲 자신의 아버지를 살해하게 한 경우에, 정범인 乙은 비신분자이므로 통상 범죄인 보통살인죄가 성립하고 그 법정형으로 처벌하는 데는 의문이 없다. 이 경우 교사자인 가중적 신분자 甲에 대해서는 통상 범죄인 보통살인죄의 교사범이 성립하는지, 아니면 신분범죄인 존속살해죄의 교사범이 성립하는지 여부가 문제된다.

117 이에 대해서는, ① 우선, 공범종속성의 일반원칙이 적용되지 않고, 본조 단서가 적용된다는 견해(본조 단서적용 긍정설)가 있다(다수설).[85] 본조 단서는 책임개별화 원칙을 규정한 것이며, 단서가 '신분 때문에 형의 경중이 달라지는 경우'라고 규정할 뿐 신분이 정범과 공범 중 어디에 있는가를 묻지 않는다는 것을 근거로 한다.[86] 본조 단서에 따르면, 비신분자는 신분자에 비하여 무겁게 처벌되지 않아야 하므로, 신분자인 교사범은 비신분자인 정범에 비하여 무겁게 처벌된다. 즉, 가중적 신분자 甲은 가중적 신분범인 존속살해죄의 교사범이 성립한다는 것이다. ② 반면, 본조 단서가 적용되지 않고, 공범종속성의 일반원칙에 의해 해결해야 된다는 견해(본조 단서적용 부정설)도 있다(소수설).[87] 본조는 비신분자가 신분자에게 가담하는 경우에 한하여 적용되기 때문에 그 반대인 경우에는 본조 본문이건 단서건 적용될 수 없으며, 공범종속성 원칙은 예외를 인정하는 명문의 규정이 없는 한 함부로 완화할 수 없고, 단서를 확대적용하면 피고인에게 불리한 유추해석이 된다는 것이다. 이에 따르면, 가중적 신분자 甲은 통상 범죄인 보통살인죄의 교사범이 성립하게 된다.[88]

118 판례는 위 ①의 본조 단서적용 긍정설의 입장이다.[89] 예컨대, ① '모해할

85 김일수·서보학, 505; 박상기, 498; 배종대, § 151/3; 손동권·김재윤, § 33/22; 이재상·장영민·강동범, § 36/17; 임웅, 530; 정성근·박광민, 620.

86 예컨대, 김성돈, 733; 정성근·박광민, 620 등.

87 예컨대, 신동운, 736; 오영근, 434. 이에 대해서는 공범종속설설의 입장에 서더라도 극단종속형식을 적용한 결과이고, 제한종속형식과는 맞지 않는다는 비판이 있다(임웅, 530).

88 이 경우 정범이 교사내용보다 적게 실행한 경우로서 공범의 착오에 불과하다는 것이다(신동운, 736; 오영근, 435). 이에 대해서는 공범의 착오 문제로 보는 것은 잘못된 이해라는 반론이 있다(손동권·김재윤, § 33/23). 즉, 공범의 착오는 乙(비신분자)이 존속살해죄를 범하겠다고 일단 응하고서 - 甲(가중적 신분자)이 예상하지 않게도 - (타격 또는 객체의 착오로) 그보다 적은 보통살인죄를 범한 경우에 문제되는 것이 때문이다. 물론 甲과 乙에게 그러한 착오는 전혀 없다.

89 판례의 입장에 대해서는, 이를 넓은 의미의 신분범의 일종(반전된 부진정신분범)이라고 보고, 단서가 공범종속성의 원칙을 해체하는 힘이 있다고 보는 것이라는 설명이 있다(신동운, 736).

목적'을 신분이라고 해석하는 전제에서, "형법 제31조 제1항은 협의의 공범의 일종인 교사범이 그 성립과 처벌에 있어서 정범에 종속한다는 일반원칙을 선언한 것에 불과하고, 신분관계로 인하여 형의 경중이 있는 경우에 신분이 있는 자가 신분이 없는 자를 교사하여 죄를 범하게 한 때에는 형법 제33조 단서가 형법 제31조 제1항에 우선하여 적용됨으로써 신분이 있는 교사범이 신분이 없는 정범보다 중하게 처벌된다."고 한다.[90] 또한, ② "상습도박의 죄나 상습도박방조의 죄에 있어서의 상습성은 행위의 속성이 아니라 행위자의 속성으로서 도박을 반복해서 거듭하는 습벽을 말하는 것인바, 도박의 습벽이 있는 자가 타인의 도박을 방조하면 상습도박방조의 죄에 해당한다."는 것이다.[91]

사견으로는, 본조 단서는 적용되지 않지만, 본조 단서의 적용 내지 원용 여부와 관계 없이 해석상 인정되는 책임개별화 원칙에 의하여 위 ①의 본조 단서 적용 긍정설과 동일한 결론이 가능하다고 본다(책임개별화원칙 적용설). 즉, 가중적 신분자 甲은 가중적 신분범인 존속살해죄의 교사범이 성립한다고 해석하는 것이 타당하다. 이러한 해석론은 본조에 관한 성립·과형 구별설의 입장에서도, 책임개별화 원칙의 적용을 통하여 이론적 해결이 가능하다는 것을 의미한다.[92] 119

첫째, 이 경우 본조 단서가 적용된다는 해석은 부당하다는 점이다. 본조 문언에 비추어 본문과 단서를 유기적으로 해석한다면, 본조 단서도 비신분자가 부진정신분범(가중적 신분범)에 가담한 경우에만 적용된다고 해석해야 한다.[93] 즉, 단서는 가중적 신분범에 비신분자가 가담한 경우 비신분자에 대해 과형의 개별화를 규정한 것에 불과하다는 것이다. 단서의 독자성을 지나치게 강조하여 단서는 부진정신분범에 대해 책임개별화 원칙을 규정한 것이라는 해석, 또는 단서는 신분이 정범과 공범 중 어디에 있는가를 묻지 않는다는 해석은, 모두 문리해석의 한계를 벗어난 것이 된다. 따라서 단서는 신분이 정범에게 있는 경우에만 적용되고, 신분이 공범(교사·방조범)에게만 있는 경우에는 적용되지 않는다고 해석하는 것이 타당하다. 한편, 진정신분범에서 구성적 신분자가 비신분자에게 교사·방조의 형태로 가담한 경우에도 본조는 적용되지 않는다는 점은 앞서 본 120

90 대판 1994. 12. 23, 93도1002.
91 대판 1984. 4. 24, 84도195.
92 이주원, 432.
93 오영근, 434.

바와 같은데, 이러한 해석은 부진정신분범의 경우에도 다르지 않다.

121 둘째, 본조 단서가 적용되지는 않지만, 해석상 가중적 신분자에게 책임개별화 원칙의 적용을 인정할 수 있다면 가중적 신분자에게는 가중적 신분범의 교사·방조범의 성립을 충분히 인정할 수 있다는 점이다. ① 제한종속형식을 전제로 한 책임개별화 원칙은 다수인이 가담한 범죄의 성립과 관련하여 불법요소까지는 타인과 연대할 수 있으나 책임요소는 연대할 수 없다는 원칙을 말한다. 이는 공범종속성에 관한 형법상의 일반원칙으로, 근본적으로 본조가 없어도 인정되어야 할 형법의 대원칙이다.[94] ② 가감적 신분은 가중적 신분이든 감경적 신분이든 모두 구성적 신분과 달리 별도의 특별구성요건으로 반영되어 있다. 따라서 특별구성요건에 대해서는 본조 단서와 관계없이 이론적으로도 그 요소를 갖춘 사람과 그렇지 않는 사람 사이에 구성요건의 적용을 달리하는 것이 타당하다.[95] ③ 특히 가감적 책임신분의 경우 책임개별화라는 형법의 대원칙에 의해서 반드시 그러하여야 하는 것이며,[96] 존속살해죄에서 가중적 신분인 직계비속, 구 영아살해죄에서 감경적 신분인 직계존속 등의 가감적 신분은 모두 책임요소라는 것이 일반적 견해이다.[97] ④ 본조 단서가 적용되지 않는다면 결국 공범종속성의 일반원칙에 의하여 이론적으로 해결하여야 하는데, 공범종속성설에 의하더라도 존재론적으로나 이론적으로 정범행위와 공범행위는 구별될 필요가 있다. 책임신분을 요소로 하는 기본적 구성요건과 공범규정이 결합된 공범구성요건은 정범의 구성요건과 구별되므로, 자연히 공범행위와 정범행위도 다르게 된다. 정범의 기본적 구성요건과 공범의 수정구성요건이 구별되어 있는 이상,[98] 본조 단서의 적용 여부와 관계없이 가감적 신분요소는 개별적 작용을 하므로,[99] 각 관여자는 각자의 신분 유무에 따라 각자의 구성요건을 실현한 것이고 동시에 각자는 자기 책임을 진다고 해야 한다.

---

94 김성돈, 730.
95 손동권·김재윤, § 33/23.
96 손동권·김재윤, § 33/23.
97 예컨대, ① 존속살해죄에 대해서는 주석형법 [각칙(3)](4판), 198(유남석), ② 구 영아살해죄에 대해서는 같은 책, 210(유남석).
98 정성근·박광민, 619.
99 박상기·전지연, 613(제한종속설의 입장에서 보더라도 이러한 결론이 타당하다); 손동권·김재윤, § 33/22.

122 따라서 본조 단서의 적용 여부와 관계없이(본조 단서는 과형의 개별화를 규정한 것에 불과한 것), 해석상 인정되는 책임개별화라는 형법의 대원칙에 의해서, 가감적 신분자와 비신분자는 얼마든지 개별적 취급이 가능하다는 것이다. 즉, 가중적 신분자 甲은 가중적 신분범인 존속살해죄의 교사범이 성립한다고 해석하는 것이 타당하다.

(2) 감경적 신분 - 감경적 부진정신분범의 경우100

(가) 비신분자가 감경적 신분범에 가담한 경우(제3유형) – 책임개별화(교사·방조)

123 또 하나의 해석상 문제는 가중적 신분범이 아니라 감경적 신분범(예: 구 영아살해죄)에서, 신분자에 가담한 비신분자(예: 직계존속 아닌 사람)를 어떻게 처벌할 것인지의 문제이다. 여기에도 본조가 적용되는지에 대해 논란이 있다.

(a) 공동정범

124 감경적 신분범(예: 구 영아살해죄)에서 비신분자가 신분자에게 공동정범의 형태로 공동가공한 경우에, 신분자는 감경적 신분범의 공동정범이 성립하고 그 형으로 처벌되며(구 영아살해죄의 공동정범), 비신분자는 통상 범죄의 공동정범이 성립하고 그 형으로 처벌되게 된다(보통살인죄의 공동정범).

125 이는 공동정범의 성립범위에 관한 종래의 논의에 비추어 충분히 해명될 수 있다. 즉 공동정범의 경우에 행위공동설이나 부분적 행위공동설을 취하면, 본조의 적용 여부와 전혀 관계없이 공동정범 사이에 죄명이 당연히 상이하게 된다는 결론이 나온다. 구성요건공동설(완전범죄공동설)을 취하는 경우에도, 구 영아살해죄의 직계존속과 같은 책임요소(감경적 책임신분)는 개별적 작용이 가능하게 된다. 이와 같이 범죄공동설 중 고의공동설을 제외한 부분적 범죄공동설이나 구성요건공동설의 입장에서도 행위공동설과 마찬가지로 공동정범 사이에 죄명이 얼마든지 상이하게 성립할 수 있는 것이다.

126 이 경우에는 본조가 적용되지 않는다고 해석된다. 이는 특히 성립·과형 구별설에 따른다 하더라도 다르지 않다고 생각된다. 만일 이 경우에도 본조가 적용된다면, (성립·과형 구별설에 따를 때) 비신분자에 대해서도 '제33조 본문이 적용되어 구 영아살해죄가 성립한다'는 결과가 되는데, 이는 단독으로 범하면 보통

100 종래 감경적 신분범이었던 영사살해죄와 영아유기죄가 2023년 8월 8일 형법개정(2024. 2. 9. 시행)으로 삭제되었지만, 본조의 이해를 위해 구 영아살해죄를 소재로 이를 살펴본다.

살인죄인데도 공동가공하면 구 영아살해죄라는 사리에 반하는 불합리한 결과가 되기 때문이다. 한편, 만일 이 경우를 일종의 '반전된 가중적 신분범'의 경우으로 보아,[101] 이 경우에도 본조가 적용되는 것으로 해석한다면, 성립·과형 구별설에 따른다 하더라도, 감경적 신분자(가중적신분범의 비신분자)에 대해서 '그 성립에서는 본문이 적용되어 보통살인죄가 성립하고, 그 과형에서는 무거운 형이 아닌 구 영아살해죄의 형으로 처벌된다'는 결과가 되는데, 이는 가중적 신분범의 경우와 비교할 때 일응은 부합하는 측면이 있으나, 공동정범은 누가 누구에게 가담하든지 같은 논리가 적용되어야 한다는 점에서 앞서 본 바와 같은 반대의 경우, 즉 비신분자가 신분자에게 가담한 경우와 비교하여 볼 때, 결론이 달라지게 되어 불합리하다. 이러한 결과는 가중적 신분범의 경우에서는 이러한 문제가 발생하지 않는 것과 비교할 때 명백히 대비된다. 따라서 감경적 신분범에서 신분자와 비신분자 사이의 공동정범의 경우에는 성립·과형 구별설에 의하더라도 본조가 적용된다라고 하기보다는, 차라리 공동정범 일반이론에 따라 이론적으로 처리하는 것이 더욱 간명하다고 할 것이다. 즉, 이 경우에는 본조가 적용되는 것은 아니라고 해석하여야 한다.

(b) **교사·방조범**

127 문제는 감경적 신분자에 교사·방조의 형태로 가담한 비신분자의 죄책 여부이며, 이는 단서의 '무거운 형으로 벌하지 아니한다'는 규정의 의미와도 관련된 문제이다. 예컨대, 구 영아살해죄에서 감경적 신분자 甲(직계존속)에 대하여 친구 乙이 교사의 형태로 가담한 경우에, 정범인 감경적 신분자 甲는 구 영아살해죄의 정범이 성립하고 그 법정형으로 처벌하는 데는 의문이 없다. 이 경우 교사자인 비신분자 乙에 대해서는 신분범죄인 구 영아살해죄의 교사범이 성립하는지, 아니면 통상 범죄인 보통살인죄의 교사범이 성립하는지 여부가 문제된다.

128 우선, 감경적 신분자에 교사·방조의 형태로 가담한 비신분자 乙의 죄책이 무엇인지의 문제이다. 이에 대해서는, ① 진정·부진정신분범 구별설의 입장에서 이 경우 본조 본문이 적용되지 않고 단서가 적용된다는 견해(다수설).[102] ② 성

101 이 경우 감경적 신분자는 가중적 신분범의 비신분자, 비신분자는 가중적 신분범의 신분자에 각각 대응하는 것이 된다.

102 이 견해 중에서 본조 단서가 책임개별화를 규정한 것이라고 보는 입장에서는 비신분자 乙은 보

립·과형 구별설의 입장에서 이 경우에도 본문이 적용되어 구 영아살해죄의 교사범이 성립하되, 처벌에 대해서는 단서가 적용된다는 견해(소수설)[103] 등 다양한 견해가 있다. 이들 견해는 모두 이 경우에도 본조의 적용을 전제로 한다.

다음, 단서의 '무거운 형으로 벌하지 아니한다'는 문언의 의미가 무엇인지의 문제이다. 이에 대해서는 ① '무거운 형으로 벌하지 아니한다'는 '통상' 범죄의 형으로 처벌하는 것을 금지하는 것은 아니어서 '가중된 형으로 벌하지 아니한다'는 의미로 해석된다는 이유로, 신분자는 신분범의 형, 비신분자는 통상 범죄의 형의 형으로 처벌한다는 견해(통상범죄설)(다수설),[104] ② '무거운 형으로 벌하지 아니한다'는 '비신분자를 신분자보다 무거운 형으로 벌하지 아니한다'는 의미로 문리해석된다는 이유로, 신분자는 신분범의 형, 비신분자는 항상 가벼운 범죄의 감경된 형으로 처벌한다는 견해(감경형설)(소수설)[105]가 대립한다. 129

판례는 성립·과형 구별설을 취하면서도, 가중적 신분범에서 '비신분자가 가중적 신분자의 범죄에 가담한 경우'(제1유형: 교사·방조)에서 살펴본 바와 같이 단서가 책임개별화 원칙을 선언한 것이라는 입장이다. 130

사견으로는, 이 경우 본조는 적용되지 않으며, 성립·과형 구별설에 입각하더라도, 본조의 적용 내지 원용 여부와 관계 없이 해석상 인정되는 책임개별화 원칙에 의하여 통상범죄설의 결론이 가능하다고 본다(책임개별화원칙 적용설).[106] 즉, 비신분자 乙은 통상 범죄인 보통살인죄의 교사범이 성립한다고 해석하는 것이 타당하다. 이러한 해석론은 본조에 관한 성립·과형 구별설의 입장에서도, 책임개별화 원칙의 적용을 통하여 이론적 해결이 가능하다는 것을 의미한다. 131

첫째, 이 경우 본조가 적용된다는 해석은 부당하다는 점이다. 본조 문언에 비추어 본문과 단서를 유기적으로 해석한다면, 본조는 비신분자가 부진정신분 132

통살인죄의 교사범의 죄책을 지고, 그에 의해 처벌된다고 한다. 이 견해 중에서 본조 단서를 문리해석하는 견해에 의하면, 乙은 구 영아살해죄의 교사범이 성립하고, 그에 의해 처벌된다고 한다(자세한 것은 오영근, 431 참조).

103 이 견해들 중 단서가 책임개별화규정이라고 보는 견해는 비신분자 乙은 보통살인죄의 교사범의 형으로 처벌된다고 한다. 이 견해들 중 단서를 문리해석하는 견해에 의하면, 乙은 구 영아살해죄의 교사범으로 처벌된다고 한다(자세한 것은 오영근, 431 참조).

104 김일수·서보학, 505; 박상기, 498; 배종대, § 151/2; 손동권·김재윤, § 33/21; 이재상·장영민·강동범, § 36/17; 임웅, 530; 정성근·박광민, 619.

105 김성돈, 731, 오영근, 433.

106 이주원, 433.

범(가중적 신분범)에 가담한 경우에만 적용된다고 해석해야 한다. 즉, 본조 단서의 "무거운 형으로 벌하지 아니한다"는 것은 우선 가중적 신분범(예: 존속살해죄)에서는 비신분자가 통상의 형으로 처벌된다는 것을 의미한다. 반면, 감경적 신분범(예: 구 영아살해죄)의 경우는 본조가 문언상 명시적으로 규정하지 않고 있다. 만일 본조가 이 경우에도 적용된다면, 성립·과형 구별설에 따를 때 비신분자가 감경적 신분범에 가담한 경우 본조 본문이 적용되어 일단 '감경적 신분범(예: 영아살해죄)'이 성립하되, 그 과형은 본조 단서에 의해 무거운 '통상의 범죄의 형(예: 보통살인죄의 형)'으로 처벌한다는 것이 될 수 있는데, 이는 성립된 범죄보다 무거운 형벌을 과하는 것으로서 책임주의 원칙에 반하게 되는 논리적 모순이 생긴다.[107] 본문·단서의 구조로 되어 있는 본조의 입법취지가 이러한 불합리한 해석의 결과까지 의도한 것이라고 볼 수는 없다. 입법이 그렇게까지 불합리하게 정교할 리는 없을 것이기 때문이다. 만일 그렇다고 한다면 이는 사리에 반하는 것이 됨은 자명하다. 그렇다고 하여 비신분자는 항상 '무거운 범죄의 형(예: 구 영아살해죄의 형)'으로 처벌된다고도 할 수 없다는 것은, 본조의 문언이 '가벼운 형으로 벌한다'라고 규정되어 있지 않다는 점이 이를 뒷받침한다. 여기에서 부득이 단서를 고려하여 본문의 해석에 제한을 가하여 본문은 오로지 가중적 신분범의 경우에만 적용되는 것으로 제한하여 해석할 필요성이 제기된다. 따라서 '감경적 신분범에서는' 비신분자가 교사·방조의 형태로 가담하는 경우라도 '본조는 본문이든 단서든 그 적용이 없다'고 해석하는 것이야말로 가장 합리적인 해석방법이라고 본다(사견). 그렇다면 본조는 가중적 신분범에서 '비신분자가 가중적 신분자의 범죄에 가담한 경우'(제1유형)에 한하여 적용된다는 것을 의미한다.

133 둘째, 그런데 이와 같은 해석이 피고인에게 불리한 유추해석이 되는 것은 아니라는 점이다. 설령 본조가 적용된다고 하더라도, 비신분자인 공범의 경우에는 본조 단서의 '무거운 형으로 벌하지 아니한다'는 문언의 의미에 관한 통상범죄설에 따른다면, 어차피 통상범죄인 '보통살인죄의 교사·방조범'의 성립이 인정될 수 있기 때문이다. 즉 '무거운 형으로 벌하지 아니한다'는 문언은 가중적 구성요건을 적용하지 말하는 것일 뿐, 기본적 구성요건을 적용하여 처벌하는 것까지 금

107 오영근, 435.

지하는 것(또는 반드시 감경적 구성요건을 적용하여 처벌하라는 것)은 아니라는 점이다.[108] 본조 단서에 관한 이러한 통상범죄설의 타당성은 2011년의 법무부의 형법(총칙)일부개정법률안에서도 확인되고 있다. 형법(총칙)일부개정법률안 제33조 제2항은 부진정신분범에 가담한 비신분자에 대하여 "신분범죄로 인하여 가중되거나 감경되지 아니한 형으로 처벌한다."고 규정하여 통상범죄설을 명백히 하고 있다.[109] 비신분자인 공범의 경우에 비록 본조 단서가 적용되는 것은 아니지만, 본조 단서가 '무거운 형으로 벌하지 아니한다'라고 규정한 취지를 충분히 감안하는 것이 우리 형법의 해석론으로는 균형잡힌 해석이 될 수 있을 것이다.

134 셋째, 본조 본문 및 단서가 적용되지는 않지만, 해석상 비신분자에게 책임개별화 원칙의 적용을 인정할 수 있다면 비신분자에게는 통상 범죄의 교사·방조범의 성립을 충분히 인정할 수 있다는 점이다. 여기에는 앞서 본 바와 같은 가중적 신분범에서 '가중적 신분자가 비신분자의 범죄에 가담한 경우'(제2유형: 교사·방조)에서의 논증이 그대로 적용될 수 있을 것이다. 즉, ① 제한종속형식을 전제로 한 책임개별화 원칙은 형법상의 일반원칙으로, 근본적으로 본조가 없어도 인정되어야 할 형법의 대원칙이다. ② 가감적 신분은 가중적 신분이든 감경적 신분이든 모두 구성적 신분과 달리 별도의 특별구성요건으로 반영되어 있다. 따라서 특별구성요건에 대해서는 본조 단서와 관계 없이 이론적으로도 그 요소를 갖춘 사람과 그렇지 않는 사람 사이에 구성요건의 적용을 달리하는 것이 타당하다. ③ 특히 가감적 책임신분의 경우 책임개별화라는 형법의 대원칙에 의해서 반드시 그러하여야 하는 것이며, 존속살해죄에서 가중적 신분인 직계비속, 구 영아살해죄에서 감경적 신분인 직계존속 등의 가감적 신분은 모두 책임요소라는 것이 일반적 견해이다. 가감적 신분에서 형의 가중 또는 감경사유[110]나 책

108 손동권·김재윤, 618.

109 법무부, 형법(총칙)일부개정법률안 제안 이유서(2011. 4), 40-41. 「이 개정법률안은 판례와 학계의 다수설의 해석방법이 달라 많은 논란이 있는 현행 형법 제33조(공범과 신분)를 수정하면서, 본문과 단서를 분리하여, 제1항에서는 진정신분범에 가담한 비신분자의 공범 성립과 처벌을, 제2항에서는 부진정신분범과 공범에 관한 규정을 만들었다. 그리고 제1항에서 비신분자에 대해서는 임의적 감경조항을 추가하고, 제2항에서 처벌의 합리화를 기하기 위하여 '통상의 죄에 정한 형'이라는 용어를 선택하였는데, 이는 법제처 심사과정에서 우리말로 순화하여 "신분으로 인하여 가중되거나 감경되지 아니한 형"으로 최종 결정되었다.」

110 예컨대, 이재상·장영민·강동범, § 36/17.

임신분[111]은 언제나 신분자의 일신에 한하고 공범에게는 미치지 않는다는 것이다. ④ 본조 단서가 적용되지 않는다면 결국 공범종속성의 일반원칙에 의하여 이론적으로 해결하여야 하는데, 공범종속성설에 의하더라도 존재론적으로나 이론적으로 정범행위와 공범행위는 구별된다. 정범의 기본적 구성요건과 공범의 수정구성요건이 구별되어 있는 이상, 본조 단서의 적용 여부와 관계 없이 가감적 신분요소는 개별적 작용을 하므로, 각 관여자는 각자의 신분 유무에 따라 각자의 구성요건을 실현한 것이고 동시에 각자는 자기책임을 진다고 해야 한다. 따라서 본조의 적용 여부와 관계 없이, 해석상 인정되는 책임개별화라는 형법의 대원칙에 의해서, 가감적 신분자와 비신분자는 얼마든지 개별적 취급이 가능하다. 즉, 신분자인 정범의 가감적 신분요소는 정범에게 국한되며, 비신분자인 공범에게는 신분범죄가 아니라 통상 범죄의 구성요건이 적용되어야 한다.

135 요컨대, 감경적 신분자 甲은 신분범죄인 구 영아살해죄의 정범으로, 비신분자 乙은 통상 범죄인 보통살인죄의 교사범이 성립한다고 해석하는 것이 타당하다.

(나) 감경적 신분자가 비신분자의 범죄에 가담한 경우(제4유형) – 책임개별화(교사·방조)

136 신분자가 비신분자에게 가담한 경우 본조는 적용할 여지가 없다는 점은 앞서 제2유형에서 본 바와 같다. 다만 여기서는 감경적 신분이 문제된다는 점에 차이가 있을 뿐이므로, 기본적인 내용은 모두 다를 바 없다.

(a) 공동정범

137 이 경우는 앞서 설명한 '비신분자가 감경적 신분자의 범죄에 가담한 경우'(제3유형)와 다를 바 없다. 신분자와 비신분자 사이에 공동정범이 성립하는 경우에는, 신분자가 비신분자의 범행에 가담하였는지 또는 반대로 비신분자가 신분자의 범행에 가담한 것인지의 구별이 없기 때문이다. 이 경우에도 본조가 적용되는 것은 아니다.

(b) 교사·방조범

138 문제는 감경적 비신분자가 신분자에게 교사·방조의 형태로 가담한 경우이다, 예컨대, 구 영아살해죄에서 감경적 신분자 甲(직계존속)이 친구 乙을 교사하

111 예컨대, 정성근·박광민, 619.

여 乙로 하여금 甲 자신의 영아를 살해하게 한 경우에, ① 정범인 乙은 비신분자이므로 통상 범죄인 보통살인죄가 성립하는지 아니면 비신분자라도 구 영아살해죄가 성립라는지 여부, ② 교사자인 감경적 신분자 甲에 대해서는 통상 범죄인 보통살인죄의 교사범이 성립하는지 아니면 신분범죄인 구 영아살해죄의 교사범이 성립하는지 여부가 문제된다.

이에 대해서는 ① 공범종속성의 일반원칙에 따라 비신분자 乙에 대해 보통살인죄가 성립하고, 신분자 甲에 대해서도 보통살인죄의 교사범이 성립하고 보통살인죄로 처벌해야 한다는 견해,[112] ② 본조 단서적용 긍정설의 입장에서 신분자 甲뿐만 아니라 비신분자 乙도 무거운 형으로 처벌할 수 없기 때문에 모두 구 영아살해죄의 법정형으로 처벌해야 한다는 견해[113] 등이 있다. 139

앞서 살펴본 '가중적 신분자가 비신분자의 범죄에 가담한 경우'(제2유형)와 다를 바 없다. 해석상 인정되는 책임개별화라는 형법의 대원칙에 의해서, 가감적 신분자와 비신분자는 얼마든지 개별적 취급이 가능하다는 점이다. 즉, 가감적 신분자 甲은 감경적 신분범인 구 영아살해죄의 교사범이 성립하고, 정범인 乙은 비신분자이므로 통상 범죄인 보통살인죄가 성립한다고 해석하는 것이 타당하다.[114] 140

이상에서 살펴본 부진정신분범에서의 교사·방조의 내용을 정리하면 아래 [표 1]과 같다. 141

112 이용식, 형법총론, 113 참조.
113 김성돈, 734.
114 이주원, 420.

[표 1] 부진정신분범에서 교사·방조[115]

	비(非)신분자가 가담	신분자가 가담
가중신분	존속 (1) 유형 身(비속) (정범) ← 非 ★공범?	존속 (2) 유형 身(비속) ★공범? → 非 (정범)
	[**비신분자**] '존속'살해죄의 교사·방조범 '성립'(본문), '보통'살인죄의 형(단서)(**성립·과형 구별설**). 단, 진정·부진정신분범 구별설은 비신분자는 '보통'살인죄 성립(단서) (가중적 신분자: 존속살해죄의 정범)	**책임개별화** [가중적 **신분자**] '**존속**'살해죄의 교사·방조범 (비신분자: '보통'살인죄의 정범)
감경신분	(정범) 身(존속) ← ★공범? 非 (3) 유형 영아	★공범? 身(존속) → (정범) 非 (4) 유형 영아
	책임개별화 [**비신분자**] '**보통**'살인죄의 교사·방조범 (감경적 신분자: 구 '영아'살해죄의 정범)	**책임개별화** [감경적 **신분자**] 구 '**영아**'살해죄의 교사·방조범 (비신분자: '보통'살인죄의 정범)

3. 이중적 신분과 공범

(1) 이중적 신분과 제33조

142 이중적 신분이란 구성적 신분과 가중적 신분이 함께 존재하는 경우를 말하며, 이러한 신분범죄를 이중적 신분범(예: 업무상횡령죄)이라 한다. 예컨대, 업무상횡령죄는 단순 보관자에 대한 관계에서는 업무자라는 가중적 신분요소만을 갖

115 이주원, 434 [정리 : 부진정교사범에서 교사·방조] 참조.

는 부진정신분범(가중적 신분범)이 되지만, 일반인에 대한 관계에서는 보관자라는 진정신분범의 요소(구성적 신분)도 갖는 이중적 신분범이 된다. 여기서 구성적 신분자(단순 보관자) 및 일반인(보관자도 업무자도 아닌 사람)은 모두 이중적 신분자(업무상 보관자)에 대한 관계에서 비신분자가 된다. 그런데 본조는 이러한 이중적 신분범에 대해서는 직접적으로 규정하지 않고 있다.

특히, 일반인이 이중적 신분자에게 가담한 경우 본조 본문과 단서의 적용과 143
관련하여 일반인에 대해서 그 성립과 과형이 문제된다.

(2) 이중적 신분과 공범 문제의 구체적 해결

이중적 신분에서도 비신분자가 이중적 신분자의 범죄에 가담한 경우와 반 144
대로 이중적 신분자가 비신분자의 범죄에 가담한 경우가 마찬가지로 문제된다.

우선, 구성적 신분자(단순 보관자)와 이중적 신분자의 관계는 부진정신분범 145
(가중적 신분)의 관계에 있으므로, 구성적 신분자가 이중적 신분자에 가담한 경우이든, 반대로 이중적 신분자가 구성적 신분자에게 가담한 경우이든, 부진정신분범 가운데 가중적 신분의 예에 따라 해결하면 충분하다.[116] 이에 대해서는 앞에서 자세히 살펴보았다.

다음, 일반인(보관자도 업무자도 아닌 사람)과 이중적 신분자의 관계에 대해서 146
도, 그 가운데 신분자가 비신분자에게 교사·방조의 형태로 가담한 경우는 별도의 논의가 필요 없다. 이중적 신분자에 대해서는 '신분자의 교사·방조의 방법에 의한 간접정범'으로 논의하는 것으로 충분하기 때문이다(IV. 1. '**진정신분범과 공범**' (2) (b)**의 본조 본문적용 부정설** 참조).

결국, 일반인이 이중적 신분자에게 가담한 경우 본조 본문과 단서의 적용과 147
관련하여 일반인에 대해서 그 성립과 과형의 문제만이 별도로 남게 된다. 이에 대해서는 ① 진정·부진정신분범 구별설의 입장에서, 보관자라는 신분은 구성적 신분이므로 본조 본문을 적용하여 단순횡령죄의 공범이 성립하고, 다시 업무자라는 가중적 신분을 근거로 단서에 의해 업무상횡령죄의 공범이 성립할 수 없으므로, 비신분자는 '단순'횡령죄의 공범만이 성립한다는 견해(단순범죄 성립), ② 성립·과형 구별설의 입장에서, 비신분자에게도 일단 본조 본문이 적용되어

116 후자의 경우에 대해 '부진정신분범 중 가중적 신분범에서 가중적 신분자가 비신분자에게 가담한 경우'의 해석론을 구체적으로 적용한 것으로 보이는 설명으로는 김성돈, 734.

'업무상'횡령죄의 공범이 성립하되, 다만 업무자라는 가중적 신분이 없기 때문에 단서에 의하여 과형에서 '단순'횡령죄의 형으로 처벌될 뿐이다는 견해(가중범죄 성립·통상범죄의 형) 등[117]이 있다.

148 판례는 위 ②의 성립·과형 구별설의 입장에서, 신분자에게 가담한 일반인에 대해서, 부진정신분범의 요소는 본조 본문을 적용하여 예컨대 일단 '업무상' 횡령죄에 대한 공범(공동정범, 교사·방조범)의 성립을 인정하되, 다만 본조 단서를 적용하여 그 과형에서만 '단순'횡령죄의 형으로 처벌할[118] 뿐이다.[119] 업무상배임죄의 경우에서도 같다.[120]

4. 필요적 공범과 제33조

(1) 집합범

149 필요적 공범에도 공범과 신분에 관한 본조가 적용되는가 문제된다. 내란죄·소요죄·합동범 등의 집합범의 경우에는 어차피 신분이 필요한 범죄가 아니므로 본조의 적용 여부가 문제되지 않는다. 다만, 특수절도(§ 332②)에서 그중

---

117 그밖에 위법신분·책임신분 구별설의 입장에서는, 위법신분과 책임신분의 구별을 전제로, '보관자'라는 위법신분의 연대성에 따라 '본조 본문을 적용하여' '단순'횡령죄의 공범이 성립하고, '업무자'라는 책임신분은 그 개별성으로 인해 '단서가 적용되어' 비업무자는 '단순'횡령죄의 형으로 처벌된다고 해석하게 된다(정성근·박광민, 624-625).

118 예컨대, ① "비점유자가 업무상점유자와 공모하여 횡령한 경우에 비점유자도 형법 제33조 본문에 의하여 공범관계가 성립되며 다만 그 처단에 있어서는 동조 단서의 적용을 받는다"(대판 1965. 8. 24, 65도493), ② "면의 예산과는 별도로 면장이 면민들로부터 모금하여 그 개인명으로 예금하여 보관하고 있던 체육대회성금의 업무상 점유보관자는 면장뿐이므로, 면의 총무계장이 면장과 공모하여 '업무상'횡령죄를 저질렀다 하여도 업무상 보관책임있는 신분관계가 없는 총무계장에 대하여는 형법 제33조 단서에 의하여 형법 제355조 제2항('단순'횡령죄)에 따라 처단하여야 한다"(대판 1989. 10. 10, 87도1901) 등.

119 일본 판례도 같다[最判 昭和 32(1957). 11. 19. 刑集 11·12·3073](주 38 참조).

120 예컨대, ① "은행원이 아닌 자가 은행원들과 공모하여 '업무상' 배임죄를 저질렀다 하여도, 이는 업무상 타인의 사무를 처리하는 신분관계로 인하여 형의 경중이 있는 경우이므로, 그러한 신분관계가 없는 자에 대하여서는 형법 제33조 단서에 의하여 형법 제355조 제2항('단순'횡령죄)에 따라 처단하여야 한다"(대판 1986. 10. 28, 86도1517). ② "신분관계가 없는 자가 그러한 신분관계에 있는 자와 공모하여 위 상호신용금고법위반죄(단순배임죄에 비해 형이 가중된 업무상 배임죄의 일종)를 저질렀다면, 그러한 신분관계가 없는 자에 대하여는 형법 제33조 단서에 의하여 형법 제355조 제2항에 따라 처단하여야 할 것인바, 그러한 경우에는 신분관계가 없는 자에게도 일단 '업무상배임으로 인한 상호신용금고법 제39조 제1항 제2호 위반죄'가 성립한 다음 형법 제33조 단서에 의하여 중한 형이 아닌 형법 제355조 제2항('단순'배임죄)에 정한 형으로 처벌되는 것이다"(대판 1997. 12. 26, 97도2609) 등.

1인에게 상습 또는 친족 등의 신분이 있을 경우 본조 및 제328조(친족간의 범행과 고소) 제3항(신분관계 없는 공범에 대한 부적용)이 적용된다(§ 344). 이 경우 상습성은 가중적 신분에 속한다.

(2) 대향범

도박죄·뇌물죄 등의 대향범의 경우에는 필요적 공범의 내부자 상호 간에는 본조가 적용될 여지가 없지만,[121] 외부의 제3자가 필요적 공범의 일방에 가담하는 경우에는 본조가 적용될 가능성이 있다. 150

(가) 상습도박죄

상습자는 신분자이다. 상습인 신분은 가중적 신분이며, 상습도박죄는 가중적 신분범에 해당한다. 도박죄의 경우 내부자 상호 간에는 본조가 적용될 여지가 없지만, 외부의 제3자가 도박죄의 일방에 가담한 경우에는 본조가 적용될 여지가 있다. 151

성립·과형 구별설에 따르면, 비상습자가 상습자에게 교사·방조의 형태로 가담한 경우에 비상습자(비신분자)에 대해서 일단 본문이 적용되어 상습도박죄의 교사·방조범이 성립하되, 다만 단서에 의해 '단순'도박죄의 형으로 처벌될 뿐이다. 반대로 상습자가 비상습자에게 가담한 경우에 신분자(상습자)에 대해서 '상습'도박죄의 교사·방조죄가 성립한다는 점은 이미 서술하였다. 판례도 같다.[122] 152

(나) 뇌물죄

뇌물죄의 경우 내부자 상호 간에는 본조가 적용될 여지가 없지만, 진정신분 153

121 예컨대, ① "2인 이상의 서로 대향된 행위의 존재를 필요로 하는 대향범에 대하여는 공범에 관한 형법총칙 규정이 적용될 수 없다"(대판 2011. 4. 28, 2009도3642). ② "매도, 매수와 같이 2인 이상의 서로 대향된 행위의 존재를 필요로 하는 관계에 있어서는 공범이나 방조범에 관한 형법총칙 규정의 적용이 있을 수 없고, 따라서 매도인에게 따로 처벌규정이 없는 이상 매도인의 매도행위는 그와 대향적 행위의 존재를 필요로 하는 상대방의 매수범행에 대하여 공범이나 방조범관계가 성립되지 아니한다"(대판 2001. 12. 28, 2001도5158) 등. ③ "신분관계가 없는 자가 그러한 신분관계에 있는 자와 공모하여 위 상호신용금고법위반죄(단순배임죄에 비해 형이 가중된 업무상 배임죄의 일종)를 저질렀다면, 그러한 신분관계가 없는 자에 대하여는 형법 제33조 단서에 의하여 형법 제355조 제2항에 따라 처단하여야 할 것인바, 그러한 경우에는 신분관계가 없는 자에게도 일단 '업무상배임으로 인한 상호신용금고법 제39조 제1항 제2호 위반죄'가 성립한 다음 형법 제33조 단서에 의하여 중한 형이 아닌 형법 제355조 제2항('단순'배임죄)에 정한 형으로 처벌되는 것이다"(대판 1997. 12. 26, 97도2609).

122 예컨대, "도박의 습벽이 있는 자가 타인의 도박을 방조하면 상습도박방조의 죄에 해당하는 것이며, 도박의 습벽이 있는 자가 도박을 하고 또 도박방조를 하였을 경우 상습도박방조의 죄는 무거운 상습도박의 죄에 포괄시켜 1죄로서 처단하여야 한다"(대판 1984. 4. 24, 84도195).

범인 수뢰죄의 경우 공무원인 신분은 구성적 신분이므로, 비신분자인 외부의 제3자가 신분자에 가담한 경우에는 본조 본문에 따라 수뢰죄의 공범(공동정범, 교사·방조범)이 성립한다. 판례도 같다.[123] 앞서 서술하였다.

V. 관련문제 - 소극적 신분과 공범

1. 소극적 신분과 제33조

(1) 소극적 신분의 의의

154 소극적 신분이란 신분이 존재하면 범죄가 성립되지 않거나 형벌이 조각되는 경우의 신분을 말한다. 즉 일반인이 그 행위를 하면 범죄가 성립되거나 처벌되지만, 일정한 신분을 가진 사람이 그 행위를 하면 신분으로 인하여 구성요건해당성 및 위법성, 책임 또는 형벌이 조각되어 행위자를 처벌할 수 없게 되는 경우 그 신분은 소극적 신분이 된다. 예컨대, 의료인면허가 있는 사람은 처음부터 의료법위반죄의 주체가 되지 않으며,[124] 변호사는 처음부터 변호사법위반죄(변 § 109(i))의 주체가 되지 않는다. 이 경우, 의료인, 변호사라는 신분이 소극적 신분이다. 여기서 '소극적'이라 함은 범죄의 성립이나 처벌이 가능하기 위해서는 문제의 신분이 '존재하지 아니하여야 한다'는 의미를 나타내고 있다. 소극적 신분이 규정되어 있는 범죄유형을 소극적 신분범이라고 부를 수 있다.

155 소극적 신분에는 불구성적 신분, 위법조각적 신분, 책임조각적 신분, 형벌조각적 신분이 있다. ① 불구성적 신분이란 처음부터 구성요건해당성 자체를 조각하는 특수한 자격을 말한다. 이는 국가의 면허시스템에 따라 면허(허가)를

---

123 예컨대 공동정범과 관련하여, "공무원이 뇌물공여자로 하여금 공무원과 뇌물수수죄의 공동정범 관계에 있는 비공무원에게 뇌물을 공여하게 한 경우에는 공동정범의 성질상 공무원 자신에게 뇌물을 공여하게 한 것으로 볼 수 있다. 공무원과 공동정범 관계에 있는 비공무원이 뇌물을 받은 경우에는 공무원과 함께 뇌물수수죄의 공동정범이 성립하고 제3자뇌물수수죄는 성립하지 않는다"[대판 2019. 8. 29, 2018도2738(전); 대판 2019. 8. 29, 2018도13792(전). 위 2018도2738 전원합의체 판결 평석은 이근우, "재산국외도피죄의 성립요건", 특별형법 판례100선, 한국형사판례연구회·대법원 형사법연구회, 박영사(2022), 198-201]. 한편, 의무범적 진정신분범인 수뢰죄에 비신분자의 공동정범 성립가능성은 배제되도록 제한해석하는 것이 타당하다는 견해로는, 김일수·서보학, 506.

124 의료인면허 없는 사람이 무면허의료행위를 한 경우 의료법위반죄가 성립한다(의료법 § 87의2②(ii), § 27①).

얻은 경우의 신분으로, 예컨대 의료법상 의료행위를 할 수 있는 의사인 신분, 변호사법상 법률사무 취급을 할 수 있는 변호사인 신분, 도로교통법상 자동차 운전행위를 할 수 있는 면허소지자인 신분 등이 이에 해당한다.[125] ② 위법조각적 신분이란 일반인에게 금지된 특정한 행위가 특정 신분자에게는 허용되어 있는 경우의 신분을 말하고, 예컨대, 범인체포행위에서 경찰관인 신분, 직무수행과 관련된 무기휴대행위에서 경찰관인 신분 등이 이에 속한다. ③ 책임조각적 신분이란 신분자의 행위도 구성요건에 해당하고 위법한 행위로 되지만 특정한 신분 때문에 책임이 조각되는 경우의 신분을 말한다. 예컨대, 범인은닉죄(§ 151②), 증거인멸죄(§ 155④)에서 친족 또는 동거의 가족인 신분 및 14세 미만의 형사미성년자(§ 9)인 신분 등이 여기에 해당한다. ④ 형벌조각적 신분이란 범죄 자체는 성립하지만 특정한 신분의 존재로써 형벌만을 면제(조각)시키는 신분을 말하며, 인적 처벌조각신분 또는 처벌조각적 신분이라고도 한다. 예컨대, 각칙상 친족상도례(§ 328①, § 344, § 354, § 361, § 365)[126]에 의하여 형이 면제되는 친족관계가 이에 해당한다. 이 경우의 신분은 가족적인 정의(情誼)를 고려하여 형벌만을 면제시킬 뿐이다.

소극적 신분과 관련하여 입법례에 따라서는 명문의 규정을 두고 있는 경우도 있으나, 우리 형법은 이에 대해 아무런 규정을 두고 있지 않다. 즉, 소극적 신분자의 행위에 비신분자가 가담한 경우나 그 반대로 소극적 신분자가 비신분자에 가담한 경우 공범관계는 어떻게 되는가에 대해 형법상 아무런 규정이 없다. 156

(2) 본조의 적용 여부

소극적 신분과 공범의 관계에 대해 형법상 아무런 규정이 없으므로, 본조가 소극적 신분에 관해서도 적용되는지 여부가 문제된다. 이에 대해서는, ① 본조 157

125 김성돈, 736.

126 헌법재판소는 2024년 6월 24일 ① 친족상도례 규정 중 '직계혈족, 배우자, 동거친족, 동거가족 또는 그 배우자 간의 형면제 조항(§ 328①)'에 대하여, 경제적 이해를 같이하거나 정서적으로 친밀한 가족 구성원 사이에서 발생하는 수인 가능한 수준의 재산범죄에 대한 형사소추 내지 처벌에 관한 특례의 필요성을 긍정하면서도, 일률적 형면제로 인하여 구체적 사안에서 형사피해자의 재판절차진술권을 형해화하는 경우가 발생할 수 있는 점을 인정하여 입법자에게 입법개선을 명하는 적용중지(2025년 12월 31일 시한) 헌법불합치결정을 하고(헌재 2024. 6. 24, 2020헌마468 등), ② 위 친족 이외의 친족 간의 상대적 친고죄 조항(§ 328②)에 대하여, 형사피해자의 재판절차진술권 침해 여부가 문제되지 않으므로 합헌결정을 하였다(헌재 2024. 6. 24, 2023헌바449).

는 일정한 신분이 적극적으로 존재하는 경우에만 적용되는 규정이기 때문에 소극적 신분에 대해서는 본조가 적용되지는 않으며, 이 경우 공범의 일반이론(공범종속성의 원칙)에 따라 해결하면 된다는 견해(공범종속성설 내지 본조 적용배제설),[127] ② 본조가 구성적 신분·가감적 신분이라는 용어를 쓰지 않고 '신분이 있어야 성립되는 범죄', '신분 때문에 형의 경중이 달라지는 경우'라는 표현을 쓰고 있기 때문에 소극적 신분의 경우에도 본조가 적용될 수 있다는 견해(본조 적용설)[128] 등이 있다.[129]

158 생각건대, 본조는 적극적 신분에 대해서만 규정하고, 소극적 신분에 대해서는 규정이 없다. 이는 2020년 12월 8일 형법개정으로 문언상 더욱 분명해졌다(즉, 본조는 "'신분이 있어야 성립되는 범죄'에 신분 없는 사람이 가담한 경우"만을 그 대상으로 한다).[130] 본조는 구성적 신분이 있는 진정신분범과 가감적 신분이 있는 부진정신분범에 대한 것이므로, 소극적 신분과 공범의 문제는 형법규정이 존재하지 않는 이상 공범의 일반이론(공범종속성의 원칙 및 제한종속형식)에 따라 해결하는 것이 타당하다.[131] 판례는 적어도 협의의 공범(교사·방조범)의 성립 여부에 관해서는 기본적으로 같은 입장으로 이해된다.[132]

---

127 김성돈, 738; 김일수·서보학, 507; 박상기, 498; 배종대, § 152/1; 손동권·김재윤, § 33/27; 이재상·장영민·강동범, § 36/19; 임웅. 530; 정성근·박광민, 621; 정영일, 312.

128 오영근, 436. 무면허의료행위를 진정신분범이라고 할 수는 없지만, 의료인이라는 '신분관계로 인하여 성립될 범죄'라고는 할 수 있다는 것이다.

129 한편, 본조 적용설에 의하더라도 소극적 가감신분이 존재하지 않는 이상 본조 본문만 적용되고 이는 결국 공범종속성의 관철과 다르지 않다는 점에서 논의의 실익이 없다는 견해도 있다(이용식, 115).

130 이주원, 436.

131 본조 적용설은 다음과 같은 문제점이 있다. 즉, ① 이 견해에 따르면 소극적 신분자를 본조의 비신분자로 취급하고 소극적 비신분자를 본조의 신분자로 취급해야 하는데, 이러한 해석은 본조의 문언의 한계를 넘으며, ② 이 견해를 취하더라도 소극적 가감신분은 인정되지 않기 때문에 결국 본조의 본문만 적용해야 하는데, 책임조각적 신분의 경우에는 본조 본문을 적용하게 되면 신분의 종속성을 인정하는 결과가 되며 이를 피하기 위해 본조를 적용하는 대신 결국 공범종속성의 일반원칙으로 되돌아가게 되며, ③ 소극적 신분 가운데 처벌조각적 신분은 처음부터 본조가 적용될 수 없는 한계를 가진다(김성돈, 738).

132 대판 1986. 7. 8, 86도749(치과의사가 환자의 대량유치를 위해 치과기공사에게 내원환자들에게 진료행위를 하도록 지시하여 동인들이 각 단독으로 진료행위를 하였다면 무면허의료행위의 교사범에 해당한다); 대판 2007. 1. 25, 2006도6912(의사인 피고인이 그 사용인 등을 교사하여 의료법 위반행위를 하게 한 경우 피고인은 의료법의 관련 규정 및 형법총칙의 공범규정에 따라 의료법 위반 교사의 책임을 지게 된다).

(3) 소극적 신분과 공동정범

159 문제는 공동정범의 경우이다. 판례는, 무면허의료행위에 공동가공한 의사(소극적 신분자)[133]나 무자격자에 의한 약국개설행위(약사법 § 93(ii), § 20①)에 공동가공한 한약사(소극적 신분자)[134]에 대해서도 공동정범의 성립을 인정하고 있다. 이에 대해서는, ① 본조 적용설을 취한 것이라는 견해[135]가 있다. 이는 의사임에도 무면허의료행위의 죄책을 지는지에 대해 본조 적용배제설이 이를 분명하게 설명하지 않는 반면, 오히려 본조 적용설은 소극적 신분자에 대해 협의의 공범뿐만 아니라 공동정범의 성립도 인정할 수 있다는 점에 근거한 것으로 보인다. 한편, ② 위 판례 사안에서 정범인 간호사의 범죄는 실질적으로 신분범죄가 아니고, 모두 기능적 행위지배를 근거로 공동정범을 인정한 사안들이라는 이유로 굳이 본조와 관련지어 이해할 필요가 없다는 견해[136]도 있다.

160 공범의 일반이론에 따라 해결하면 된다는 다수설에 따르면, 소극적 신분자가 비신분자에 가담한 경우 공범종속성의 원칙에 따라 그 소극적 신분자에게 협의의 공범(교사·방조범)의 성립을 인정할 수 있음은 물론이다. 그럼에도 불구하고 그 소극적 신분자에게 협의의 공범을 넘어 공동정범의 성립까지 인정할 수 있는지 여부의 문제는 여전히 남는다.

161 이에 대해서는 ① 기능적 범행지배의 표지를 갖춘 경우에는 공동정범까지 인정할 수 있다는 견해(공동정범 긍정설),[137] ② 비신분자만 정범이 될 수 있다는 것은 비신분성이 '정범'표지로 되는 것이므로, 비신분자만 정범이 되고 소극적 신분자는 정범이 될 수 없는 것이어서 공동정범의 성립을 인정할 수 없다는 견

---

133 대판 1986. 2. 11, 85도448(의료인일지라도 의료인 아닌 자의 의료행위에 공모하여 가공하면 의료법 제25조 제1항이 규정하는 무면허의료행위의 공동정범으로서의 책임을 진다); 대판 2012. 5. 10, 2010도5964[의사가 이러한 방식으로 (무면허)의료행위가 실시되는 데 간호사와 함께 공모하여 그 공동의사에 의한 기능적 행위지배가 있었다면, 의사도 무면허의료행위의 공동정범으로서의 죄책을 진다]; 대판 2001. 11. 30, 2001도2015(의료인이 의료인이나 의료법인 아닌 자의 의료기관 개설행위에 공모하여 가공하면 의료법 제66조 제3호, 제30조 제2항 위반죄의 공동정범에 해당되는 것이다). 위 2010도5964 판결 평석은 김성돈, "의료법상 무면허의료행위의 의미", 특별형법 판례100선, 402-405.

134 대판 2019. 3. 21, 2017도16593-1(전).

135 오영근, 435.

136 이용식, 115.

137 김일수·서보학, 507; 손동권·김재윤, § 33/29; 이재상·장영민·강동범, § 36/20; 정성근·박광민, 621.

해(공동정범 부정설)[138] 등이 있다.

162 물론 구성요건단계에서 행위의 주체로 포섭될 수 없는 신분의 경우 정범표지를 갖추지 못한 것으로 해석하는 것이 이론적으로 타당하며, 정범표지를 결여한 경우에는 공동정범의 성립을 부정하는 것이 이론적으로는 타당하다. 그러나 의사의 의료행위가 허용된다고 해서 법이 허용하지 않는 불법의료행위에 가담하는 것까지 정당화되는 것은 아니다. 즉, 비신분자의 위법행위에 가담하는 것은 신분지위를 남용한 것이고 법에 의해 허용되지 않는 행위가 된다. 또한, 본조 본문은 이와 같이 정범표지를 결여한 경우에도 비신분자에게 공동정범의 성립을 긍정하고 있다. 정범표지의 결여에도 불구하고 공동정범의 성립을 인정하는 본조 본문의 취지에 따른다면, 소극적 신분자가 비신분자의 위법행위에 공동실행으로 가담한 경우에도 공동정범의 성립을 긍정하는 것이 우리 형법에서는 균형잡힌 해석이 될 수 있을 것이다(공동정범 긍정설).[139] 이에 대해서는 적극적 신분범의 경우에 비신분자도 공동정범이 될 수 있는 것은 본조의 입법적 결단을 통해서만 가능하며, 소극적 신분범의 경우 본조와 무관하고 소극적 신분자는 정범표지인 비신분성을 갖추지 못하였기 때문에 결코 공동정범이 될 수 없다는 유력한 비판이 있다.[140]

2. 소극적 신분과 공범 문제의 구체적 해결

(1) 불구성적 신분 · 위법조각적 신분의 경우

(가) 소극적 신분자의 행위에 비신분자가 가담한 경우

163 예컨대, 의사의 의료행위에 '의사 아닌 사람'이 가담하는 경우이다.

(a) 교사 · 방조

164 소극적 신분자의 행위에 비신분자가 단순히 교사 · 방조한 경우에는, 소극적 신분자에 대해서는 범죄가 성립하지 않으며, 여기에 가담한 비신분자에 대해서도 신분자의 적법행위에 관여한 것이 되어 범죄가 성립하지 않는다. 이는 제한

---

138 이때 소극적 신분자는 ① 정범이 될 수 없어 무죄라는 견해(임웅, 531)도 있고, ② 무조건 무죄는 아니고 그 가담 정도에 따라 교사범이나 방조범의 성립은 인정할 수 있다는 견해(김성돈, 739)로 나뉜다.

139 손동권 · 김재윤, § 33/29.

140 김성돈, 739.

종속형식의 당연한 귀결이다.

(b) 공동가공

소극적 신분자의 행위에 비신분자가 공동가공한 경우에는, 앞서 본 바와 같이 견해의 대립이 있으나 판례는 소극적 신분자와 비신분자의 공동정범이 성립한다는 입장이다. 165

(나) 소극적 신분자가 비신분자에게 가담한 경우

예컨대, 의사가 의사 아닌 사람의 무면허의료행위에 가담하는 경우이다. 166

(a) 교사·방조

소극적 신분자가 비신분자에게 단순히 교사·방조한 경우에는, 소극적 신분자도 교사·방조범이 성립한다. 소극적 신분자라도 비신분자의 범죄에 가담하는 경우 비신분자의 불법에 종속되기 때문이다. 앞서 본 바와 같이 판례는 기본적으로 같은 입장이다.[141] 다만 판례는 '변호사(소극적 신분자)가 변호사 아닌 사람(비신분자)의 변호사법위반행위〔비변호사의 법률사무소 개설·운영행위(변 § 109(ii), § 34④)〕에 가담한 경우'에는 예외적으로 '변호사를 공범으로 처벌할 수 없다'고 하여, 모순된 태도를 보이고 있다.[142] 167

(b) 공동가공

소극적 신분자가 비신분자와 공동가공한 경우에는, 앞서 본 바와 같이 견해의 대립이 있으나 판례는 소극적 신분자와 비신분자의 공동정범이 성립한다는 입장이다. 기능적 범행지배의 표지를 충족하여야 함은 물론이다. 168

---

141 대판 1986. 2. 11, 85도448; 대판 2012. 5. 10, 2010도5964. 그 밖에 대판 2001. 11. 30, 2001도2015(의료인이 의료인이나 의료법인 아닌 자의 의료기관 개설행위에 공모하여 가공하면 의료법 제66조 제3호, 제30조 제2항 위반죄의 공동정범에 해당되는 것이다)도 참조.

142 대판 2004. 10. 28, 2004도3994. 「변호사 아닌 자에게 고용되어 법률사무소의 개설·운영에 관여한 변호사의 행위가 일반적인 형법 총칙상의 공모, 교사 또는 방조에 해당된다고 하더라도 변호사를 변호사 아닌 자의 공범으로서 처벌할 수는 없다.」

이에 대해서는, 대향범의 논리를 지나치게 확대적용한 것으로, '공범과 신분에 관한 문제'와 '대향범'을 혼동한 중대한 하자가 있는 판례라는 비판이 있다(김성돈, 739; 손동권·김재윤, § 33/29; 정성근·박광민, 622). 즉, 만약 변호사가 고용만 된 상태에서 사건이 종료되었다면 대향범의 문제만 발생하고, 이 경우에는 처벌규정 없는 변호사는 불가벌이라는 판례태도가 정당성을 가질 수 있지만, 여기서 문제되는 것은 고용계약 자체가 아니라, 비변호사의 불법적인 법률사무소 운영을 공동으로 함에 있고, 이는 대향범의 문제를 넘어서 공범과 (소극적) 신분의 문제라는 것이다. 왜냐하면, 대향적 고용관계를 형성한 이후 '법률사무소를 개설 운영하는 행위'는 공동의 목적을 향해 함께 나아가는 공범의 관계이기 때문이라는 것이다.

(2) 책임조각적 신분의 경우

(가) 책임조각적 신분자에게 비신분자가 가담한 경우

169 예컨대, 아버지 甲(책임조각적 신분자)이 살인죄의 범인인 아들 A를 은닉하는 행위에 '제3자 乙(비신분자)'이 가담하는 경우이다.

(a) 교사·방조

170 책임조각적 신분자는 책임이 조각되어 처벌받지 않지만, 비신분자에 대해서는 해당 범죄의 공범이 성립한다. 이는 제한종속형식의 당연한 귀결이다. 만약 배후의 비신분자가 책임조각적 신분자를 의사지배한 경우라면, 간접정범의 성립도 가능하다.[143]

(b) 공동가공

171 책임조각적 신분자와 비신분자가 공동가공한 경우에는, 각자의 책임에 따르게 되므로 책임조각적 신분자는 무죄, 비신분자는 정범이 된다.

(나) 책임조각적 신분자가 비신분자에게 가담한 경우

172 예컨대, 책임조각적 신분자 甲이 '제3자 乙(비신분자)'을 교사하여 범인인 甲의 아들 A를 은닉하도록 한 경우이다. 이 경우 신분자는 상대적 신분자이다.[144]

(a) 교사·방조

173 비신분자(정범)의 범죄 성립에는 의문이 없지만, 책임조각적 신분자에 대해서는 견해가 나뉘고 있다. 책임조각적 신분자에 대해서는, ① 책임개별화 원칙에 따라 책임이 조각된다는 견해(책임조각설),[145] ② 책임신분으로 인한 불가벌의 범위를 일탈한 것이기 때문에 공범이 성립한다는 견해(책임긍정설)[146] 등이 있다.

174 판례는 "책임조각적 신분자인 친족이 타인을 이용하여 범인을 은닉한 경우

---

143 김성돈, 740; 김일수·서보학, 508; 배종대, § 152/3; 손동권·김재윤, § 33/30; 이재상·장영민·강동범, § 36/21; 임웅, 532; 정성근·박광민, 622; 정영일, 313.

144 신분자가 절대적 신분자인 경우(예컨대, 형사미성년자가 성년자를 교사하여 범죄를 범하게 한 경우)에는 신분자는 책임이 조각되어 교사범 성립이 부정된다는 데에 의문이 없다(김성돈, 740; 배종대, § 152/3; 손동권·김재윤, § 33/30; 오영근, 437; 이재상·장영민·강동범, § 36/21; 임웅, 532; 정성근·박광민, 622; 정영일, 313).

145 김일수·서보학, 508; 배종대, § 152/3; 박상기·전지연, 318; 손동권·김재윤, § 33/30; 이재상·장영민·강동범, § 36/21; 임웅, 532; 정성근·박광민, 622; 정영일, 313.

146 김성돈, 740.

는, 형법 제151조 제2항에 정한 친족이 본인(범인)을 도피하게 한 경우에 해당하지 아니하므로, 범인도피의 교사범으로서의 죄책을 진다."고 하는데,[147] 이는 위 ②의 책임긍정설의 입장으로 이해된다. 이 경우는 책임조각적 신분자가 직접 범인인 친족을 은닉하는 경우와 달리, 제3자와의 관계가 특히 문제되는데, 범인은닉죄의 정범인 제3자에 대한 관계에서는 책임조각적 신분자로 되는 것이 아닌 이상 책임조각을 인정받을 사유(기대불가능성)를 상실한 것이기 때문이다.[148]

(b) 공동가공

공동정범의 형태인 경우에는, 앞서 본 바와 같이 각자의 책임에 따르게 되므로 책임조각적 신분자는 무죄, 비신분자는 정범이 된다. 175

(3) 형벌조각적 신분의 경우

(가) 형벌조각적 신분자에게 비신분자가 가담한 경우

형이 면제되는 형벌조각적 신분자(친족상도례의 근친족)[149]의 범행에 비신분자가 가담한 경우이다. 예컨대, 비신분자 乙이 형벌조각적 신분자 甲에게 甲의 아버지 집에서 재물을 절도하도록 교사한 경우 또는 甲과 乙이 공동하여 甲의 아버지 집에서 절도한 경우이다. 176

신분자·비신분자 모두 범죄가 성립하나, 형벌조각적 신분자에 대해서만 형이 면제된다. 즉 형벌조각적 신분자 甲은 그 형이 면제되지만(§ 344, § 328①), 비신분자 乙의 공범성립에는 영향이 없으며 처벌된다. 이는 제한종속형식(또는 극단종속형식)의 당연한 귀결이다. 공동정범의 형태인 경우에도 마찬가지다. 177

(나) 형벌조각적 신분자가 비신분자에게 가담한 경우

예컨대, 형벌조각적 신분자 甲이 비신분자 乙에게 甲의 아버지 집에서 절도하라고 교사한 경우이다. 178

형벌조각적 신분은 범죄성립에 영향을 미치지 아니하므로, 형벌조각적 신 179

---

147 대판 1996. 9. 24, 96도1382. 「피고인이 그 동생이 벌금 이상의 형에 해당하는 범죄를 저지른 자임을 알면서 제3자로 하여금 수사기관에 허위의 진술을 하도록 교사한 것이라면, 이러한 경우(주: 친족이 타인을 이용하여 범인을 은닉한 경우)는 형법 제151조 제2항에 정한 친족이 본인(범인)을 도피하게 한 경우에 해당하지 아니하므로, 피고인은 범인도피의 교사범으로서의 죄책을 면할 수 없다.」

148 김성돈, 740.

149 해당 조항(§ 328①)은 헌재 2024. 6. 24, 2023헌바449로 헌법불합치 결정되었다(주 126 참조).

분자 甲은 절도교사범, 비신분자 乙은 절도죄가 성립한다. 그런데 문제는 이 경우 형벌조각적 신분자 甲에 대해 형벌조각까지 인정되는지 여부이다. 이에 대해서는, ① 처벌조각적 신분자가 단독으로 실행한 때에는 형벌이 면제되지만 타인을 교사한 때에는 새로운 범인을 창조한 것이기 때문에 형벌조각적 신분자라도 형벌이 조각되지 않는다는 견해(신분자처벌 긍정설),[150] ② 제한종속형식에 의하는 한, 범죄가 직접적인가 간접적인가는 중요한 것이 아니기 때문에 형벌조각적 신분자는 여전히 형이 면제된다는 견해(신분자처벌 부정설)[151] 등이 있다.

180 형벌조각사유는 정범에 종속되지 않고 각자 개별화되어야 하며, 제328조 제3항과 제한종속형식의 취지에 비추어, 형벌조각적 신분자의 형을 면제함이 타당하다(위 ②의 신분자처벌 부정설).

〔이 주 원〕

---

150 김성돈, 742; 김종원, "공범과 신분", 법정(1976. 1), 57.

151 김일수·서보학, 508; 배종대, § 152/4; 손동권·김재윤, § 33/31: 이재상·장영민·강동범, § 36/21: 임웅, 532; 정성근·박광민, 623; 정영일, 314.

제34조(간접정범, 특수한 교사, 방조에 대한 형의 가중)

① 어느 행위로 인하여 처벌되지 아니하는 자 또는 과실범으로 처벌되는 자를 교사 또는 방조하여 범죄행위의 결과를 발생하게 한 자는 교사 또는 방조의 예에 의하여 처벌한다.

② 자기의 지휘, 감독을 받는 자를 교사 또는 방조하여 전항의 결과를 발생하게 한 자는 교사인 때에는 정범에 정한 형의 장기 또는 다액에 그 2분의 1까지 가중하고 방조인 때에는 정범의 형으로 처벌한다.

Ⅰ. 연혁 및 의의

1. 연 혁

(1) 의용형법과 간접정범

의용형법에는 간접정범에 관한 규정이 없었다. 그러나 이론적으로는 간접정범의 개념이 사용되었다. 단독정범의 범주 안에서 직접정범에 대응하는 개념으로 간접정범이 제안되었으며, 그 내용은 법률상 형사책임을 지울 수 없는 사람을 이용하여 죄가 되는 사실을 실현하는 범죄유형으로 설명되었다.[1] 1

또한 당시 조선고등법원도 간접정범의 개념을 사용하였는데, 이에 따르면 2

1 이건호, 형법강의(총론), 청구문화사(1949), 212-123. 「단독정범 또는 단독범이라고 하는 것은 자기의 행위 또는 도구를 사용하여 범죄를 범하는 자를 마라는 것이다. 보통 범죄는 원칙적으로 단독정범인 것이다. 단독정범자가 타인의 행위를 도구로 사용하는 경우가 있는데, 그것은 책임능력 없는 타인의 행위 또는 고의 없는 타인의 행위를 이용하는 경우라고 하는 설이 있다. 보통 여하할 경우를 특히 간접정범이라고 하고 간접정범에 대응하는 것을 직접정범이라고 칭하고 있다.」

간접정범은 책임무능력자 또는 고의 없는 사람을 이용하여 간접적으로 죄의 구성요소를 시행하는 사람이고, 이용당하는 사람이 책임능력자로서 고의 있는 사람인 때에는 이용자에게 간접정범의 책임을 부담지울 수 없다고 하였다. 조선고등법원이 1914년에 내린 판결의 내용은 다음과 같다.

3 "이 판결[2]의 사실관계는 다음과 같다. 甲은 평양을 향하여 출발한 A와 B가 민사소송 사건의 구두변론기일에 증인으로 출정하지 못하도록 철도역원 乙에게 사정설명과 함께 중간역에서 헌병으로 하여금 잡아달라고 의뢰하고, 乙은 이를 승낙하고 전화하여, 헌병 丙이 A와 B를 체포·감금하였다.

원판결은 甲에게 체포·감금죄를 인정하였다. 여기에 대해 甲이 상고하였고, 조선고등법원은 乙은 丙에게 단지 A와 B를 붙잡아 둘 것을 위탁한 것에 지나지 않고, 丙은 이러한 위탁에 기초하여 사람을 체포·유치할 수 없으므로 丙의 행위를 고의 없는 것이라고 할 수 없다고 하여, 乙이 丙으로 하여금 직무 또는 법규에 기초하여 체포·유치하여야 할 의무가 있다고 믿게 한 사실이 있는지를 분명히 하지 않으면 甲을 간접정범으로 책임지게 할 수 없으므로 원판결은 이유불비의 위법이 있다고 하여 원판결 중 甲에 대한 부분을 파기하였다."[3]

(2) 간접정범 규정의 도입

(가) 일본의 개정형법가안

4 우리 형법의 제정에 큰 영향을 미친 것으로 알려진 일본의 개정형법가안에는 간접정범의 조문이 다음과 같이 명문으로 규정되었다. 그 내용은, 피이용자의 범주를 "처벌되지 않는 자 또는 과실범으로 처벌됨에 그치는 자"로 설정하고, 이용자의 죄책을 전4조(공동정범, 교사범, 종범, 공범과 신분)에 따라 정한다는 것이다.[4]

5 **제29조** 전4조의 규정은 자기의 행위에 대하여 처벌되지 않는 자 또는 과실범으로 처벌됨에 그치는 자를 행위에 가공시킨 경우에도 또한 이를 적용한다.

---

2 朝鮮高等法院 大正 3年(1914) 刑上 第99號.

3 이창섭, "형법 제34조의 입법연혁과 해석의 기초", 법사학연구 32, 한국법사학회(2005), 331-332.

4 일본의 현행 형법에는 간접정범에 관한 규정이 없다. 일본은 간접정범이 학설과 판례로만 인정되고 있을 뿐이다.

(나) 정부초안

1949년에 성안되어 1951년에 국회에 제출된 형법 정부초안은 간접정범의 규정을 신설하였다. 그런데 그 내용은 3가지 점에서 특색을 지닌다. 첫째, 피이용자의 범주에 "자기의 행위에 대하여 처벌되지 않는 자, 과실범으로 처벌될 자"뿐 아니라 "자기의 지휘감독에 복종하는 자"를 포함시켰다. 둘째, 간접정범을 범하는 사람의 행위태양을 "교사 또는 방조"로 표현하였다. 셋째, 형의 범위를 "정범에 정한 형의 장기 또는 다액의 2분의 1 가중"으로 상향하였다. 정부초안의 해당 규정은 다음과 같다. 6

제34조 자기의 행위에 대하여 처벌되지 않는 자, 과실범으로 처벌될 자 또는 자기의 지휘감독에 복종하는 자의 행위를 교사 또는 방조한 자는 정범에 정한 형의 장기 또는 다액의 2분의 1을 가중한다. 7

(다) 법제사법위원회의 수정안

형법 정부초안이 국회에 제출되자 국회 법제사법위원회는 정부초안을 검토하여 수정안을 작성하였다. 수정안은 내용에 있어서 현행 형법의 간접정범 규정과 동일하게 작성되었는데, 정부초안과 비교하여 달라진 점은 단순한 간접정범과 특수한 간접정범을 구분하였다는 점이다. 수정안의 해당 규정은 다음과 같다. 8

제34조 ① 어느 행위로 인하여 처벌되지 아니할 자 또는 과실범으로 처벌될 자를 교사 또는 방조하여 범한 행위의 결과를 발생하게 한 자는 교사 또는 방조의 예에 의하여 처벌한다. 9
② 자기의 지휘감독에 복종하는 자를 교사 또는 방조하여 전항의 결과를 발생하게 한 자는 교사인 때에는 정범에 정한 형의 장기 또는 다액에 그 2분지1을 가중하고 방조인 때에는 정범의 형으로 처벌한다.

법제사법위원회의 수정안의 수정취지에 대하여, 엄상섭 의원은 다음과 같이 설명하고 있다. 10

"여기에서 이렇게 수정한 이유는 소위 형법학상 용어로 간접정범이라는 것, 범의를 가지고 있지 않[은] 사람 그런 사람[을], 甲이라는 사람이 乙이라는 사람을 이용해가지고 죄를 [짓습]니다. 乙이라는 사람은 전연 행위를 한 줄을 모르고, 甲이 乙을 일종의 도구의 「연장」으로 사용하고 죄를 짓는 일이 있[습]니 11

다. 그런데 그럴 때에 종래에 규정이 없어서 해석에 의해서 적용을 하고 있었는데, 이것을 요번에 우리 형법에 명문으로 정해서 이 간접정범이고 하는 것을 규정해 두게 되었[습]니다. 그러면서도 원안에서는 거기에다가 또 하나 자기 지휘감독에 복종하는 자, 가령 회사 사장이 자기 마음대로 쓸 수 있는 비서를 시켜서 했다든지 그런 경우에 있어서는 좀 그 정상이 가증(可憎)하니 더 형을 중하게 하자 [하는]) 이 두 개를 한[데]다 규정했어요. 그[렇]기 때문 에 도리[어] 형을 중하게 안 받[아]도 좋다, 당연히 제3자를 도구로 이용해서 [한] 단순한 간접정범하고 자기의 지휘감독에 복종할 수 있는 그 지위를 이용한 간접정범하고 형을 혼돈해서 가중하게 되는 이런 결과가 나타나는 것입니다. 그래서 법제사법위원회에서는 제1[항]과 제2항으로 나누어, 교사는 정범형의 2배로 하고 종범은 정범의 행위를 가지고 [하]는, 형을 가중하는 정도를 명확화하고 명백히 만드는 그 점이 수정안의 취지입니다."[5]

(라) 완성된 문구

12 1953년의 제정 형법은 법제사법위원회의 수정안과 거의 같다. 다만 약간의 자구수정을 거쳤고, 그 결과 현행 형법의 간접정범 규정이 만들어진 것이다. 완성된 문구는 다음과 같다.

13 **제34조(간접정범, 특수한 교사, 방조에 대한 형의 가중)**

① 어느 행위로 인하여 처벌되지 아니하는 자 또는 과실범으로 처벌되는 자를 교사 또는 방조하여 범죄행위의 결과를 발생하게 한 자는 교사 또는 방조의 예에 의하여 처벌한다.

② 자기의 지휘, 감독을 받는 자를 교사 또는 방조하여 전항의 결과를 발생하게 한 자는 교사인 때에는 정범에 정한 형의 장기 또는 다액에 그 2분의 1까지 가중하고 방조인 때에는 정범의 형으로 처벌한다.

(3) 개정의 시도

14 간접정범에 관한 본조의 규정은 제정 당시의 문구를 개정함이 없이 지금까지 그대로 유지하고 있다. 하지만 법무부가 성안한 1992년의 개정안과 2011년의 개정안에서는 본조에서 특수교사·방조의 항을 삭제하려는 시도가 있었다. 그 내용을 간단히 정리하면 다음과 같다.

---

5 신동운 편, 형법 제·개정 자료집, 한국형사정책연구원(2009), 154.

(가) 1992년의 개정안

1992년의 개정안은 간접정범에 관한 조문의 위치를 제30조로 변경하였다. 그러면서 조문의 표제를 '정범'으로 통합하고, 제1항에 직접정범을 제2항에 간접정범을 규정하는 식으로 정돈하였다.[6] 문구도 수정하였는데, ① 피이용자의 범주 중에서 "어느 행위로 처벌되지 아니하는 자"를 "정범으로 처벌되지 아니하는 자"로 바꾸었으며,[7] ② 이용자의 행위태양인 "교사 또는 방조하여 범죄행위의 결과를 발생하게 한 자"를 "이용하여 범죄를 실행한 자"로 변경하고,[8] ③ 형의 범위도 "교사 또는 방조의 예에 의하여 처벌한다"를 "정범으로 처벌한다"로 수정한 것이다. 1992년 개정안 제30조의 내용은 다음과 같다. 15

제30조(정범) ① 스스로 범죄를 실행한 자는 정범으로 처벌한다. 16
② 정범으로 처벌되지 아니하는 자 또는 과실범으로 처벌되는 자를 이용하여 범죄를 실행한 자도 정범으로 처벌한다.

(나) 2011년의 개정안

2011년의 개정안 역시 대부분의 사항에서 1992년의 개정안을 따랐다. 조문의 표제를 '정범'으로 표현하여 제1항에 직접정범, 제2항에 간접정범을 규정하였으며,[9] 이용자의 행위태양과 처벌범위도 1992년의 개정안과 동일하게 "이용"이라는 표현을 사용하면서 "정범으로 처벌"하도록 수정한 것이다. 다만 피이용자 17

6 현행 형법상 본조의 규정내용이 복잡하여 이를 간결하게 하면서 정범으로 처벌됨을 밝힌 것으로, 공범은 정범의 개념을 전제로 성립될 수 있으므로 독일형법 제25조 제1항, 일본형법초안 제26조 제1항과 같이 제1항에 정범에 관한 규정을 신설한 것이라고 한다[법무부, 형법개정법률안 제안이유서(1992. 10), 43-44].

7 수정이유는, 예컨대 의사가 간호사를 이용하여 허위의 진단서를 작성하게 한 경우, 즉 소위 신분없는 고의 있는 도구를 이용한 경우에, 의사는 물론 간접정범이 되겠으나, 간호사는 허위진단서작성죄로서는 "처벌되지 아니하는 자"에 해당하겠지만 방조의 의사가 있는 한 종범으로서 처벌되는 자가 되는 것이 아닌가 하는 문제가 생기게 되기 때문이라고 한다[법무부, 형법개정법률안 제안이유서(1992. 10), 43-44].

8 수정이유는, 현행 조항의 교사는 교사범 규정에서의 교사보다 광의로 해석해야 하는 난점이 있고, 또한 정범으로 처벌할 바에는 굳이 관여태양을 두 가지로 나누어 규정할 필요가 없기 때문이라고 한다[법무부, 형법개정법률안 제안이유서(1992. 10), 43].

9 현행 형법 제34조 제2항은 해석론상 그 본질이 정범인지 공범인지에 관해 이론상 혼란이 많았고, 만약 공범이라면 공범을 정범자보다 가중처벌함이 상당한지에 관한 의문을 불식시키기 어렵과 실제로 적용된 사례도 없었으며, 가중처벌할 특별한 이유도 없어서 삭제하였다고 한다[법무부, 형법(총칙)일부개정법률안 제안 이유서(2011. 4), 38].

의 범위는 기존의 "어느 행위로 인하여 처벌되지 아니하는 자"를 "어느 행위로 인하여 처벌되지 않는 자"로 문구만 수정함으로써,[10] "정범으로 처벌되지 아니하는 자"로 변경한 1992년의 개정안과 차이를 보인다. 조문의 위치 또한 제31조로 변경하였다. 2011년 개정안의 제31조는 다음과 같다.

18 **제31조(정범)** ① 스스로 죄를 범한 자는 정범으로 처벌한다.
② 어느 행위로 처벌되지 않는 자 또는 과실범으로 처벌되는 자를 이용하여 범죄행위의 결과를 발생하게 한 자도 정범으로 처벌한다.

(다) 현행 규정의 유지

19 1992년의 정부 개정안과 2011년의 정부 개정안은 모두 국회에 상정은 되었으나, 국회의 회기만료로 폐기되었다. 그리하여 간접정범에 관한 본조는 제정 당시의 규정을 지금까지 유지하게 되었다.

2. 간접정범의 의의

(1) 개념

20 간접정범은 타인을 도구로 이용하여 범행하는 범죄유형이다. 타인을 도구로 이용하기 때문에, 구성요건적 실행행위를 직접 행한 사람은 타인이지만 주된 죄책은 이용자에게 주어지고, 이용된 타인은 도구로서의 취급을 받게 된다. 형법은 본조 제1항에서 간접정범을 "어느 행위로 인하여 처벌되지 아니하는 자 또는 과실범으로 처벌되는 자를 교사 또는 방조하여 범죄행위의 결과를 발생하게 한 자"라고 규정한다. 즉 이용한 사람은 간접정범으로서의 죄책을 지게 되지만, 이용된 타인은 처벌되지 않거나 과실범으로 처벌될 뿐이라고 명시한다. 간접정범의 사례로는, 성인이 유치원에 다닐 나이의 어린이를 시켜서 상점의 물건을 절취해 오도록 하는 경우라든지, 의사가 사정을 모르는 간호사에게 독약이 든

10 간접정범의 피이용자의 범위를 독일형법 제25조 제1항과 같이 "타인을 통하여 죄를 범한 자"로 바꾸어 간접정범의 인정범위를 넓힐 수 있도록 함으로써 이른바 '정범 배후의 정범'도 인정하자는 의견이 있었으나, 교사범도 정범과 동일하게 처벌하도록 되어 있으므로 현행형법상 적용이 배제되었던 정범 배후의 정범 사례까지 포섭될 수 있도록 규정을 변화시킬 필요가 없다는 의견에 따라, 피이용자의 요건은 그대로 두었다고 한다〔법무부, 형법(총칙)일부개정법률안 제안 이유서(2011. 4), 38〕.

약물을 환자에게 주사하도록 하여 환자를 살해하는 경우 등이 거론된다.

(2) 본질

간접정범은 명칭 그대로 '정범'이라는 것이 다수 학설의 견해이다. 즉, 구성요건적 행위를 직접 실행하지 않더라도 타인의 의사를 지배하여 그를 도구로 써서 범행하는 것이므로 정범으로 처리하기에 충분한 범죄성을 갖추고 있다는 것이다. 하지만 간접정범의 범죄적 본질을 공범으로 설명하는 소수 견해도 제시된다. 21

(가) 정범설

간접정범의 구조에서, 직접 구성요건적 실행행위를 행하는 피이용자는 원칙적으로 당해 범죄의 죄책을 부담하지 않는다. 따라서 공범종속성설에 의하면 이용자를 공범으로 처벌하는 것이 불가능해진다. 피이용자를 당해 범죄의 정범으로 처벌할 수 없으므로 이용자를 공범으로 처벌할 근거가 찾아지지 못하는 것이다. 그래서 이용자의 죄책을 설명하기 위한 방법으로 소위 정범론이 제시되는 것인데, 간접정범의 정범성은 다음의 점에서 찾아질 수 있다고 한다. 22

(a) **도구론**(생명 있는 도구)

간접정범은 타인을 생명 있는 도구로 이용하여 자기의 범죄을 실행하는 범죄유형으로 파악될 수 있다고 한다. 도구는 모든 범죄에서 이용될 수 있는데, 생명 있는 도구를 이용하는 간접정범은 생명 없는 도구를 이용하는 직접정범과 비교하여 규범평가의 면에서 차이가 없으므로 정범으로 인정하여도 무방하다는 설명이다. 23

(b) **의사지배**

간접정범의 정범성은 이용자가 범죄실행과 관련하여 피이용자의 의사를 지배한다는 점에서도 발견된다고 한다. 정범의 본질에 관한 주류적 이론인 행위지배설에서 주장하는 견해인데, 간접정범에서는 소위 이용행위가 이용자의 피이용자에 대한 의사지배의 수준으로까지 심화되어 있으므로 그러한 형태의 의사지배에서 정범성의 표지인 행위지배가 인정될 수 있다는 설명이다. 24

(나) 공범설

공범독립성설의 관점을 견지하면 간접정범을 공범으로 파악할 여지가 생겨난다. 공범독립성설은 정범의 범죄성 및 가벌성과는 무관하게 공범의 죄책을 설 25

정하므로, 피이용자가 정범으로 처벌되지 못하더라도 이용자의 행위는 공범으로 처리될 수 있는 것이다. 그리고 이렇게 간접정범을 공범으로 논책할 수 있다면 직접 구성요건적 실행행위를 담당하지 않은 이용자의 행위에서 정범성을 찾아내기 위해 노력할 필요가 없어진다고 한다.

(3) 현행 형법상의 간접정범

26 현행 형법은 본조 제1항에서 표제를 '간접정범'이라고 하여 간접정범이 정범임을 밝히고 있다. 하지만 규정의 내용을 보면 간접정범의 법적 처리를 "교사 또는 방조의 예에 의하여 처벌한다."라고 함으로써 마치 공범으로 취급하는 것 같은 메시지를 주고 있다. 따라서 현행 형법의 해석론을 둘러싸고 간접정범의 본질에 관하여 정범론과 공범론이 모두 제기될 수 있다. 실제로도 정범론과 공범론이 주장되며, 그에 덧붙여서 공범형 정범설과 부진정공범설까지 제시된다.

(가) 정범설

27 정범설에도 ① 직접적·적극적이든 간접적·소극적이든 묻지 않고 구성요건적 결과발생에 대하여 조건을 준 사람은 모두 정범이므로 간접정범도 정범이라는 확장적 정범론, ② 물적 도구나 생명 없는 타인을 도구로 이용하거나 생명 있는 타인을 도구로 이용하거나 모두 도구를 이용하여 범죄를 실행하자는 점에서 법적 평가의 차이가 없으므로 간접정범도 정범이라는 도구이론, ③ 간접정범도 행위지배(의사지배)를 하므로 정범이라는 행위지배설[11] 등이 있다. 위 ③의 행위지배설의 논거는 다음과 같다.

28 ⓐ 간접정범이 정범인지 공범인지는 간접정범의 본질에서 찾아져야 한다. 따라서 형법이 간접정범의 처벌을 교사 또는 방조의 예에 의하도록 했더라도,

---

11 강동욱, 강의 형법총론(2판), 306; 김성돈, 형법총론(8판), 671; 김성천·김형준, 형법총론(6판), 405; 김신규, 형법총론, 439; 김일수·서보학, 새로쓴 형법총론(13판), 431; 김형만, 형법총론, 278; 김혜정·박미숙·안경옥·원혜욱·이인영, 형법총론(5판), 387; 박상기, 형법총론(9판), 432; 박상기·전지연, 형법학(총론·각론)(5판), 275; 배종대, 형법총론(17판), § 135/6; 성낙현, 형법총론(3판), 645; 손동권·김재윤, 새로운 형법총론, § 28/6; 이상돈, 형법강론(4판), 266; 이용식, 형법총론, 96; 이재상·장영민·강동범, 형법총론(11판), § 31/4; 이정원·이석배·정배근, 형법총론, 278; 이주원, 형법총론(3판), 378; 이형국·김혜경, 형법총론(6판), 421; 임웅·김성규·박성민, 형법총론(14정판), 490; 정성근·박광민, 형법총론(전정2판), 523; 정성근·정준섭, 형법강의 총론(3판), 330; 정승환, 형법학 입문, § 정영일, 형법총론(3판), 438; 정웅석·최창호, 형법총론, 532; 최호진, 형법총론(2판), 696; 한상훈·안성조, 형법개론(3판), 257-258

간접정범의 본질이 정범이면 정범의 유형으로 분류해야 한다. ⓑ 간접정범은 이용자가 피이용자의 의사를 지배하여 범죄를 실행하는 범죄유형이므로, 그 본질은 정범이다. 다만, 형법이 그 처벌을 교사 또는 방조의 예에 따르도록 규정하고 있을 뿐이다.[12]

(나) 공범설[13]

공범설의 주장은 다음과 같이 요약된다. 우리 형법은 독일형법과는 다른데, 29
첫째, 독일형법은 간접정범을 "정범으로 처벌"하지만,[14] 우리 형법은 간접정범을 "교사 또는 방조의 예"에 의하여 처벌하도록 규정하고 있기 때문이다. 특히, 방조의 예에 의할 때에는 형이 필요적으로 감경된다. 그럼에도 불구하고 간접정범을 정범으로 취급하여 처벌한다면, 이는 피고인에게 불리한 유추해석이 된다. 따라서 간접정범은 우리 형법의 해석에서 정범으로 취급하는 것이 허용되지 않는다. 둘째, 우리 형법은 체계적인 면에서도 간접정범의 조문을 교사범과 방조범의 뒤에 위치시키고 있다. 이는 우리 형법이 간접정범을 공범의 마지막 형태로 규정하고 있음을 의미한다.[15]

---

12 정범설의 대표적 문헌으로는 이재상·장영민·강동범, § 32/4-7. 「간접정범이 정범인가 공범인가는 (중략) 간접정범의 본질이 정범성을 갖추었는가에 의하여 결정되어야 한다. (중략) 따라서 형법 제34조의 규정에도 불구하고 간접정범이 공범이 아니라 정범이라고 해석하는 정범설이 통설이며, 타당하다. 문제는 간접정범의 정범성을 어디서 찾을 것인가에 있다. … 이용자가 피이용자를 조종하여 사건의 진행을 지배함으로써 피이용자의 행위는 이용자의 조종의사의 결과가 되고 이용자는 피이용자를 조종하여 행위를 지배하게 된다. 요컨대 간접정범에 있어서 피이용자의 행위는 이용자의 의사의 실현에 자나지 아니하며, 실행행위자에 대한 의사지배로 인하여 간접정범은 정범성을 가지는 것이다. 여기서 의사지배란 우월적 의사와 인식으로 인한 행위지배를 의미한다고 할 수 있다.」

13 신동운, 형법총론(14판), 699.

14 독일형법은 제25조에서 '정범(Taeterschaft)'이라는 표제하에 제1항이 "자기 또는 타인을 통하여 범죄를 실행한 자를 정범으로 처벌한다."라고 규정한다. 여기서 "타인을 통하여 범죄를 실행한 자"가 간접정범이다.

15 공범설의 대표적 문헌으로는 신동운, 603. 「우리 입법자는 간접정범의 경우에 독일의 입법자와 다른 결단을 내리고 있다. 우리 입법자는 간접정범에 대해서 설사 우월한 의사지배가 인정된다고 하더라도 아직 이를 정범으로 인정하지 않는다. 우리 입법자는 형법 제34조 제1항을 통하여 간접정범을 "교사 또는 방조의 예에 의하여 처벌한다."라고 규정하고 있다. 독일 형법상 간접정범은 '정범'으로 명시되어 있다. 그러나 우리 형법으로 오게 되면 간접정범은 정범이 아니다. 간접정범이 정범이라면 공동정범의 경우처럼 "정범으로 처벌한다."고 규정해야 할 것이기 때문이다. 요즈음 우리 형법학계를 보면 간접정범을 독일 형법의 경우처럼 '정범'으로 파악하려는 견해가 유력하다. 이 견해에 따르면 간접정범은 공동정범과 마찬가지로 '정범'으로 처벌해야 한다. 그런데 우리 입법자는 형법 제34조 제1항을 통하여 간접정범을 '교사 또는 방조의 예에 의하여'

(다) 공범형 정범설[16]

30 공범형 정범설의 주장을 요약하면 다음과 같다. 간접정범은 교사범이나 종범과 달리 타인을 도구로 이용하는 범죄유형이기 때문에 본질적으로 정범의 특징을 지닌다. 하지만 본조 제1항은 간접정범의 요건으로 피이용자가 '처벌되지 않거나 과실범으로 처벌'될 것을 요구할 뿐, 이용자에게 우월적 의사지배가 있어야 함을 적극적으로 요구하지 않는다. 즉, 본조 제1항의 간접정범에서는 피이용자의 도구적 성격이 약화되어 준도구의 역할로도 간접정범의 성립이 가능하게 된다. 뿐만 아니라, 본조 제1항은 간접정범의 처벌을 "교사 또는 방조의 예"에 의하도록 규정한다. 따라서 본조 제1항의 간접정범은 정범이면서도 공범의 성격을 아울러 지니는 범죄유형으로 파악함이 적절하다. 즉, 공범형 정범이라는 것이다.

31 덧붙여서, 공범형 정범설은 간접정범의 유형으로 순수한 도구형 간접정범도 인정한다.[17] 즉, 본조 제1항과는 별개로 행위자가 피이용자에 대한 우월절 의사지배를 갖고 있어서 피이용자가 순수하게 도구로 이용되는 간접정범이 존재한다는 것이다. 이러한 간접정범은 당연히 정범으로 취급된다.[18]

(라) 판례

32 판례는 위 (가)의 정범설을 취하는 것으로 파악된다. 즉, 본조 제1항의 간

처벌하도록 명시하고 있다. 독일 형법처럼 우리 형법상의 간접정범을 정범으로 파악한다면 특히 '방조의 예'에 의하여 얻을 수 있는 형의 필요적 감경이라는 법적 효과를 포기하지 않으면 안 된다. 이러한 해석은 피고인에게 분명히 불리한 것이다.」

16 오영근·노수환, 형법총론(7판), 486.

17 참고로, 형법의 간접정범을 공범형 정범으로 설명하면서, 형법의 규정과 별개로 도구형 간접정범을 인정함에 소극적인 견해도 있다. 도구형 간접정범은 입법적 근거가 없다는 것이다. 이 견해는 형법의 간접정범을 '공범형 간접정범' 내지 '한국형 간접정범'으로 표현한다[허일태, "간접정범의 규정과 그 본질", 형사법연구 33-3, 한국형사법학회(2021), 30].

18 공범형 정범설의 대표적 문헌으로는 오영근·노수환, 486. 「공범형 간접정범을 공범으로 파악하게 되면 정범성을 논할 필요가 없지만, 형법이 간접정범이라고 규정하고 있기 때문에 공범형 간접정범은 정범이라고 해야 한다. 제34조는 "교사 또는 방조의 예에 의하여 처벌한다."라고 규정하고 있다. 이는 공범형 간접정범이 교사·방조범은 아니지만 교사·방조범과 동일하게 처벌한다는 의미이다. 이는 간접정범이 공범이 아니라 정범이라는 의미이다. 공범형 간접정범의 경우 피교사·방조자에 대한 우월적 의사지배를 인정하기 어려운 점이 있기 때문에 도구형 간접정범과 동일한 근거에서 정범성을 발견하기는 어렵다. 그러나 공범형 간접정범도 도구형 간접정범과 유사한 점이 있다. 준사기죄의 경우 지려천박이나 심신장애를 이용하기 때문에 사기죄와 동일하게 처벌한다. 공범형 간접정범도 유사한 점이 있다.」

접정범은 정범의 한 유형이라는 것이다. 특히 그중에서도 어느 행위로 인하여 처벌되지 아니하는 자를 이용하는 경우는, 그를 "마치 도구나 손발과 같이 이용하여 간접으로 죄의 구성요소를 실행한 자"라고 설명한다. 판례의 판시내용은 다음과 같다.

> "형법 제34조 제1항이 정하는 소위 간접정범은 어느 행위로 인하여 처벌되지 아니하는 자 또는 과실범으로 처벌되는 자를 교사 또는 방조하여 범죄행위의 결과를 발생케 하는 것으로 이 어느 행위로 인하여 처벌되지 아니하는 자는 시비를 판별할 능력이 없거나 강제에 의하여 의사의 자유를 억압당하고 있는 자, 구성요건적 범의가 없는 자와 목적범이거나 신분범일 때 그 목적이나 신분이 없는 자, 형법상 정당방위, 정당행위, 긴급피난 또는 자구행위로 인정되어 위법성이 없는 자 등을 말하는 것으로 이와 같은 책임무능력자, 범죄사실의 인식이 없는 자, 의사의 자유를 억압당하고 있는 자, 목적범, 신분범인 경우 그 목적 또는 신분이 없는 자 위법성이 조각되는 자 등을 마치 도구나 손발과 같이 이용하여 간접으로 죄의 구성요소를 실행한 자를 간접정범으로 처벌하는 것이므로 (후략)"[19] 33

(4) 그 밖의 범죄유형과의 구별

(가) 협의의 공범과의 구별

간접정범은 정범의 한 유형이라는 점에서 공범인 교사범 및 종범과 구별된다. 특히 간접정범과 교사범의 구별이 중요한데, 양자는 애당초 범죄의사 없는 타인으로 하여금 구성요건적 실행행위를 수행하도록 한다는 점에서 공통점을 지니지만, 타인의 범행에 대한 개입의 내용이 질적으로 다르다. 즉 교사범에서 34

19 대판 1983. 6. 14, 83도515(전)[1988. 12. 31. 삭제 전 형법 제104조의2(국가모독) 제2항 소정의 외국인이나 외국단체 등은 국가모독죄의 주체가 아니어서 범죄의 대상이나 수단 또는 도구나 손발 자체는 될 수 있을지언정 이를 간접정범에서의 도구나 손발처럼 이용하는 것은 원칙적으로 불가능하므로 이 규정을 들어 간접정범을 정한 취지라고 볼 수 없다고 판단한 사례]. 본 판결에 대해서는 ① 피교사자나 피방조자의 도구성을 전면에 등장시킴으로써 간접정범의 정범성을 인정하는 것이 본조 제1항의 규율 태도임을 함축하고 있는 듯하다는 견해(김성돈, 670), ② 도구이론을 전제로 간접정범의 정범성을 인정한 것으로 볼 수 있다는 견해(정성근·박광민, 523), ③ '책임능력이 없거나 책임조각사유가 인정되는 사람을 이용하는 경우'에도 간접정범의 성립을 인정하는 이상 우리 형법이 극단적 종속형식을 채택하고 있다는 인식을 보여주고 있다는 견해[주석형법 [총칙(2)](2판), 274(신동운)] 등이 있다.

의 교사는 대상자의 주체적인 의사결정에 영향을 주어 범행을 수행하도록 하는 수준의 개입임에 반하여, 간접정범은 이용자가 피이용자의 의사를 지배하고 이를 통하여 사람(피이용자)을 지배함으로써 결국 피이용자의 행위까지 지배하는 형태의 개입인 것이다. 따라서 교사범은 공범인 반면, 간접정범은 정범으로 처리된다.

(나) 다른 정범 유형과의 구별

35 간접정범은 타인을 도구로 이용한다는 점에서 스스로 직접 범행하는 직접정범과 구별된다. 물론 직접정범도 도구를 사용하는 경우가 있지만, 이때의 도구는 생명 없는 도구라는 점이 간접정범과 다르다.

36 또한, 간접정범은 공동정범과도 구별된다. 간접정범은 의사지배를 표지로 하는 정범임에 반하여, 공동정범은 기능적 행위지배를 표지로 하는 정범인 것이다.

(5) 공범에 대한 간접정범의 우위성 문제

37 '정범 개념의 우위성'이란 정범의 개념 표지가 먼저 정립되고 난 후, 그 나머지 영역에서 공범의 범주가 설정된다는 관점이다. 이를 간접정범에도 적용하면, 간접정범 역시 공범보다 우위의 개념이기 때문에 간접정범과 공범의 구별이 문제되는 경우, 간접정범의 성립요건을 먼저 검토하여 성립 여부를 확정지은 후에 간접정범의 성립이 부정되는 사안에 한하여 공범의 성립 여부를 판단해야 한다는 것이 일반적인 견해이다.[20]

38 이에 대하여, '정범 개념의 우위성'이 간접정범과 공범(특히, 교사범)과의 관계에서도 지켜져야 하는가에 대해서는 면밀한 검토가 필요하다는 주장도 제기된다. 그 논거는 다음과 같다.

39 ① 간접정범은 구성요건적 실행행위에 직접 가담하지 않았으면서도 정범으로 처벌하는 범죄유형이다. 따라서 간접정범의 성립은 엄격히 제한될 필요가 있으며, 이를 위해 공범으로의 처리가 가능한 사안에서는 간접정범으로의 논책을 자제하는 것이 바람직하다.

40 ② 현행 형법은 간접정범보다 교사범과 종범을 선순위 개념으로 규정하고

---

20 임웅·김성규·박성민, 492.

있다. 교사범과 간접정범의 관계를 예로 들어보면, 제31조가 '타인을 교사하여 죄를 범하게 한 자'를 교사범으로 설정하고, 본조 1항이 '처벌되지 아니하는 자 또는 과실범으로 처벌되는 자를 교사하여 범죄행위의 결과를 발생하게 한 자'를 간접정범으로 규정하여 대상자가 어떤 논책을 받는가에 따라 양자를 구별하고 있는데, '죄를 범한 자'의 범주가 '처벌되지 않거나 과실범으로 처벌되는 자'의 범주보다 먼저 확정되어야 할 개념이기 때문에 교사범이 간접정범보다 선순위 개념이라는 것이다. 제32조의 종범 규정도 마찬가지이다.

3. 자수범 – 간접정범의 한계

(1) 자수범의 의의

(가) 자수범의 개념

41 자수범이란 행위의 주체가 직접 자신의 신체로 구성요건적 행위를 실행할 것이 요구되는 범죄를 말한다. 위증죄(§ 152)가 대표적인 예로 거론된다. 위증죄는 '선서한 증인이 허위의 진술을 하는' 범죄로서, 법정 등에서 선서를 한 행위자가 선서의 약속을 어기고 허위의 진술을 하였다는 점에 범죄성의 본질이 주어진다. 따라서 행위의 주체는 선서와 허위 진술을 직접 실행해야 한다. 자수(自手)의 실행이라는 행위반가치가 위증죄의 핵심 요소이기 때문이다.

(나) 자수범과 정범 유형

42 자수의 실행을 범죄성립의 필요적 요소로 요구한다면, 자수범에서는 구성요건적 행위를 직접 실행하지 않은 사람은 범행에 가담했더라도 정범이 될 수 없다. 따라서 자수범의 성립 가능한 정범 유형은 직접정범에 한정된다. 단독의 직접정범이 대표적인 유형이다.

43 문제는 공동정범도 가능한지 여부인데, ① 자수범은 공동정범으로 범할 수 없다는 견해도 제시되지만,[21] ② 수인의 가담자가 모두 직접 구성요건적 행위를 공동으로 실행하는 경우라면 공동정범의 자수범도 가능하다는 것이 다수 견해이다. 물론 다수 견해에 의하더라도, 직접정범 형태의 공동정범이 아니라 수인의 가담자가 분담된 역할이나 기능을 수행하는 실행하는 방법으로는 자수범의

21 신동운, 722는 자수범을 '간접정범 또는 공동정범의 형태로는 범할 수 없는 범죄'로 정의한다.

공동정범이 성립하지 않는다. 자수범에는 단독정범이든 공동정범이든 자수(自手)의 실행이 필수적으로 요구되기 때문이다.

44 이렇게 자수범의 정범에 구성요건적 행위의 직접 실행이 필수적으로 요구된다는 것은 자수범이 간접정범의 성립 한계로서의 성격을 지님을 의미한다. 즉, 구성요건적 행위를 직접 실행하지 않았다면 범행에 관여했더라도 정범이 될 수 없는 것이다.

(2) 인정 여부

45 자수범이라는 범죄유형을 인정할 것인지에 관해 부정설과 긍정설이 대립한다.

(가) 부정설[22]

46 부정설은 모든 범죄에서 간접정범이 가능하다고 주장한다. 논거는 공범과 신분에 관한 제33조의 확대 적용에서 찾아진다. 자수범은 신분범의 일종인데, 제33조는 공범에 관한 규정(§ 31, § 32)을 징검다리로 하여 간접정범에 관한 규정인 본조에도 적용된다고 설명한다. 따라서 자수범 역시 신분 없는 사람이 신분자에 가담하는 방식으로 간접정범의 성립이 가능해진다는 것이다.

(나) 인정설[23]

47 인정설은 우선, 제33조가 자수범을 부정하는 근거 규정으로 사용될 수 없다고 설명한다. 제33조는 신분범에 관한 규정이지 자수범 본래의 규정이 아니라는 것이다. 그러면서 자수범은 해당 범죄의 구성요건 내용에서 나오는 본질적 특성이라고 주장한다. 즉, 형법각칙의 개별 구성요건이 갖는 특수성으로 인하여 범행의 주체가 직접 실행자로 제한된다고 설명하는 것이다.

(3) 자수범의 판단기준

48 자수범을 인정한다면 그것의 성립 표지가 무엇인지 설명해야 할 필요성이 제기되는데, 다음의 견해들이 제시된다.

(가) 형식설(문언설)

49 개별 구성요건의 규정을 검토하여 직접 행위자 이외의 제3자는 구성요건에

---

22 차용석, "간접정범", 형사법강좌 II, 박영사(1984), 717.

23 김성돈, 616; 손동권·김재윤, § 28/62; 신동운 729; 오영근·노수환, 484; 이재상·장영민·강동범, § 32/39; 임웅·김성규·박성민, 506;

해당하는 행위를 할 수 없도록 규정된 범죄가 자수범이라는 견해이다.[24] 이 견해는 강간죄(§ 297)를 자수범의 대표적인 예로 거론한다.

(나) 거동범설

범죄를 결과범과 거동범으로 나누고, 결과발생이 필요하지 않은 거동범은 행위자의 신체적 동작을 범죄의 내용으로 하므로 자수범에 해당한다는 견해이다.[25] 50

(다) 보호대상 구별설(진정자수범 · 부진정자수범설, 법익보호표준설)

해당 범죄의 보호대상이 법익이면 행위자가 누구이든 그 법익침해를 야기한 사람이 모두 정범이 될 수 있으므로 자수범이 성립될 여지가 거의 없지만(부진정자수범), 해당범죄가 인격적 악성의 표현을 문제삼는 행위자 형법적 범죄라든지 행위 자체의 반윤리적 성격을 문제삼는 행위 관련적 범죄라면 자수범이 인정될 수 있다(진정자수범)고 설명하는 견해이다.[26] 통상 음행매개죄(§ 242)는 행위자 형법적 범죄의 실례로 거론되고, 2016년 1월 6일 삭제된 간통죄(구 § 241)는 행위 관련적 범죄의 예로서 거론된다. 51

(라) 3유형설

자수범은 범죄성의 본질이 행위의 주체에서 찾아지는 범죄인데, 행위의 주체의 어떤 측면을 조망하는가에 따라, ① 행위자의 신체가 구성요건적 실행행위를 범하였음을 문제삼는 유형(일부 성범죄), ② 행위자의 인격적 태도가 표현되었음을 문제삼는 유형(음행매개죄), ③ 소송법 및 그 밖의 법률이 행위자 스스로의 실행행위를 요구하는 유형(위증죄) 등으로 구분된다는 견해이다.[27] 52

---

24 배종대, § 138/13; 손동권 · 김재윤, § 28/62; 오영근 · 노수환, 484. 그러나 이 견해에 대해서는 어떤 범죄가 자수범인가는 형식적인 규정만으로 결정할 수 없을 뿐만 아니라 언어의 의미는 다양하므로 이를 일의적(一義的)으로 해석하여 정범성 여부를 판단하는 기준으로 삼을 수 없다는 비판(정성근 · 박광민, 538)이 있다.

25 독일에서 주장되는 학설이다. 이에 대해서는, 거동범의 불법내용이 행위 자체에 있는 것은 사실이나 거동범은 태도 자체가 사회적으로 유해하거나 법익침해를 가져올 위험성이 있는 결과가 간접적으로 연결될 때에만 처벌되므로 모든 거동범이 자수범이 되는 것은 아니며, 결과범 중에도 자수범이 있을 수 있다는 비판(오영근 · 노수환, 483; 정성근 · 박광민, 538)이 있다.

26 신동운, 729. 그러나 이 견해에 대해서는 진정자수범과 부진정자수범의 구별실익이 없고, 법익침해가 중시되는 한 간접정범의 형태로도 그 범죄를 범할 수 있다는 비판(오영근 · 노수환, 483)이 있다.

27 김성돈, 616; 배종대, § 138/13; 이재상 · 장영민 · 강동범, § 32/39; 임웅 · 김성규 · 박성민, 506; 정성근 · 박광민, 540. 그러나 이 견해에 대해서는 행위자를 중시하는 범죄인가 아니면 법익침해를

(4) 판례

(가) 자수범 개념의 인정

53 판례는 자수범의 개념을 인정한다. 간접정범의 형태로 범할 수 없는 범죄가 있다고 하면서, 부정수표 단속법의 허위신고죄를 들고 있다. 부정수표 단속법의 허위신고죄(거짓 신고죄)는 "수표 금액의 지급 또는 거래정지처분을 면할 목적으로 금융기관에 거짓 신고를 한 자"를 10년 이하의 징역 또는 20만 원 이하의 벌금에 처하도록 규정한다(부수 § 4). 여기서 수표 금액의 지급 또는 거래정지의 처분을 받는 사람은 오로지 발행인이므로, 허위신고죄는 발행인만 범할 수 있고, 더 나아가 발행인이 직접 허위신고를 해야 성립하는 자수범이라는 것이다. 이에 관한 판시내용을 소개하면 다음과 같다.

54 "부정수표단속법의 목적이 부정수표 등의 발행을 단속 처벌함에 있고(제1조), 허위신고죄를 규정한 위 법 제4조가 "수표 금액의 지급 또는 거래정지처분을 면하게 할 목적"이 아니라 "수표 금액의 지급 또는 거래정지처분을 면할 목적"을 요건으로 하고 있는데 수표 금액의 지급책임을 부담하는 자 또는 거래정지처분을 당하는 자는 오로지 발행인에 국한되는 점에 비추어 볼 때 발행인 아닌 자는 위 법조가 정한 허위신고죄의 주체가 될 수 없고, 허위신고의 고의 없는 발행인을 이용하여 간접정범의 형태로 허위신고죄를 범할 수도 없다."[28]

(나) 자수범의 인정 여부가 논란된 사안

(a) 자수범 긍정 사례

55 ① 주민등록법은 "거짓의 주민등록번호를 만들어 자기 또는 다른 사람의 재물이나 재산상의 이익을 위하여 사용한 자"를 처벌한다(동법 § 37(i)). 그런데 피고인은 2002. 12. 6. 온라인 게임 '뮤'에 회원으로 가입하면서, 이전에 허위의 주민등록번호를 알려 주는 인터넷 카페에서 알게 된 성명불상자가 주민등록번호 생성 프로그램으로 만든 주민등록번호를 입력하여 허위의 주민등록번호를 재산상 이익을 위해 사용하였다.

중시하는 범죄인가의 구별기준이 분명하지 않다는 비판(오영근·노수환, 483)이 있다.

28 대판 1992. 11. 10, 92도1342. 본 판결 해설과 평석은 김이수, "부정수표단속법 제4조의 허위신고죄의 주체", 해설 18, 법원행정처(1993), 891-899; 이윤제, "부수법 제4조의 허위신고죄의 주체", 특별형법 판례100선, 한국형사판례연구회·대법원 형사법연구회, 박영사(2022), 368-372.

그래서 검사는 피고인을 주민등록법위반죄로 기소하였고, 심리 과정에서 과연 이 죄가 거짓의 주민등록번호를 직접 만들어야 하는 자수범인지 여부가 다투어졌다. 대법원은 자수범으로 판단하였는데, 판시내용은 다음과 같다. 56

> "형벌법규의 해석은 엄격하여야 하고 명문규정의 의미를 피고인에게 불리한 방향으로 지나치게 확장해석하거나 유추해석하는 것은 죄형법정주의의 원칙에 어긋나는 것으로서 허용되지 않는다. 주민등록법은 (중략) 허위의 주민등록번호를 생성하여 자기 또는 다른 사람의 재물이나 재산상의 이익을 위하여 이를 사용한 자를 처벌한다고 규정하고 있으므로, 위 공소사실과 같이 피고인이 이 사건 허위의 주민등록번호를 생성하여 사용한 것이 아니라 타인에 의하여 이미 생성된 주민등록번호를 단순히 사용한 것에 불과하다면, 피고인의 이러한 행위는 피고인에게 불리한 유추해석을 금지하는 위 법리에 비추어 위 법조 소정의 구성요건을 충족시켰다고 할 수 없다. 따라서 원심판결이 같은 취지에서 위 공소사실 부분에 대하여 무죄를 선고한 제1심을 그대로 유지한 조치는 정당한 것으로 수긍이 가고, 거기에 상고이유에서 주장하는 바와 같은 주민등록법이나 자수범에 관한 법리 오해 등의 위법이 있다고 할 수 없으며, 또한 피고인이 허위의 주민등록번호를 생성한 자와 공범임을 전제로 하는 상고이유의 주장은 피고인이 공범으로 기소되지도 않았음이 위 공소사실 자체로 보아 명백할 뿐 아니라 기록상 주민등록번호를 생성한 자와 공범 관계에 있다고 볼 수도 없으므로 이유 없다."[29] 57

② 농업협동조합법은 제50조 제2항에서 "임원이 되려는 사람은 임기만료일 전 90일(보궐선거 등에 있어서는 그 선거의 실시사유가 확정된 날)부터 선거일까지 선거운동을 위하여 조합원을 호별(戶別)로 방문하거나 특정 장소에 모이게 할 수 없다."고 규정하고, 이를 위반하면 처벌하는 규정(동법 § 172②(i))을 두고 있다. 그런데 피고인들이 A 축산업협동조합의 조합장선거 공고일 이후에 선거인 5인의 집을 방문하였다. 그래서 검사는 피고인들을 피고인 甲을 조합장으로 당선되게 할 목적으로 호별방문하였다고 기소하였는데, 대법원은 위 호별방문죄가 자수범임을 전제로 일부 유죄로 판단하였다(선거인 3인에 대해서는 공모 부정). 판시내용은 다음과 같다. 58

29 대판 2004. 2. 27, 2003도6535.

"농업협동조합법 제50조 제2항은 "임원이 되고자 하는 자는 정관이 정하는 기간 중에는 선거운동을 위하여 조합원을 호별로 방문하거나 특정장소에 모이게 할 수 없다."고 규정하여 그 호별방문죄의 주체를 '임원이 되고자 하는 자'로 제한하고 있는바, 선거의 공정을 기하기 위하여 함께 규정된 같은 조 제1항, 제3항, 제4항의 선거운동 제한 규정이 "누구든지 …… 할 수 없다."고 하여 그 주체에 관하여 아무런 제한을 두고 있지 않음에 비하여(공직선거및선거부정방지법 제106조 제1항 소정의 호별방문죄도 행위 주체의 제한이 없다), 위의 호별방문죄는 그 주체를 '임원이 되고자 하는 자'로 특별히 제한하고 있어서 '임원이 되고자 하는 자'가 아닌 자의 호별방문은 금지되지 아니하고 있는 점, '방문'이라는 행위의 태양은 행위자의 신체를 수단으로 하는 것으로 행위자의 인격적 요소가 중요한 의미를 가지는 점, 형벌법규는 죄형법정주의 원칙상 문언에 따라 엄격하게 해석·적용하여야 하고 피고인에게 불리한 방향으로 확장해석하거나 유추해석하여서는 아니되는 점 등에 비추어 보면, 농업협동조합법상의 호별방문죄는 '임원이 되고자 하는 자'라는 신분자가 스스로 호별방문을 한 경우만을 처벌하는 것으로 보아야 하고, 비록 신분자와 비신분자와 통모하였거나 신분자가 비신분자를 시켜 방문케 하였다고 하더라도 비신분자만이 호별방문을 한 경우에는 신분자는 물론 비신분자도 같은 죄로 의율하여 처벌할 수는 없다고 봄이 상당하다."[30]

(b) 자수범 부정 사례

59 ① 강제추행죄(§ 298)가 자수범인지에 관하여 논란이 제기되었는데, 사안의 내용은 다음과 같다.

60 ⓐ 피고인은 스마트폰 채팅 애플리케이션을 통하여 알게 된 피해자들로부터 은밀한 신체 부위가 드러난 사진을 전송받은 사실이 있고, 피해자들의 개인정보나 피해자들의 지인에 대한 인적사항을 알게 된 것을 기화로 피해자들에게 시키는 대로 하지 않으면 기존에 전송받았던 신체 사진과 개인정보 등을 유포하겠다고 하는 방법으로 피해자들을 협박하였다. ⓑ 피고인은 2015. 5. 3.경 피고인의 협박으로 겁을 먹은 피해자 A로 하여금 스스로 가슴 사진, 성기 사진, 가슴을 만지는 동영상을 촬영하도록 한 다음, 그와 같이 촬영된 사진과 동영상을 전송받은 것을 비롯하여, (중략) 2015. 12. 22.경까지 7회에 걸쳐 피해자 A로

30 대판 2003. 6. 13, 2003도889.

부터 가슴 사진이나 나체사진, 속옷을 입고 다리를 벌린 모습의 사진, 가슴을 만지거나 성기에 볼펜을 삽입하여 자위하는 동영상 등을 촬영하도록 하여 이를 전송받았다. 또한 ⓒ 피고인은 2014. 4.경 피고인의 협박으로 겁을 먹은 피해자 B로 하여금 회사 화장실에서 얼굴이 나오게 속옷만 입은 사진을 촬영하도록 한 다음, 그와 같이 촬영된 사진을 전송받은 것을 비롯하여, (중략) 2015. 12. 25.경까지 총 11회에 걸쳐 피해자 B로부터 나체사진, 속옷을 입고 있는 사진, 성기에 볼펜을 삽입하거나 자위하는 동영상 등을 촬영하도록 하여 이를 전송받았다.

이에 대해 검사는 피고인을 강제추행죄의 간접정범으로 기소하였고, 심리 61
과정에서 강제추행죄가 자수범인지에 관하여 법리 다툼이 벌어졌는데, 대법원은 강제추행죄가 자수범이 아니라고 판단하였다.[31] 그 결과 피고인은 강제추행죄의 간접정범으로 처벌되었는데,[32] 판시내용은 다음과 같다.

"(가) 강제추행죄는 사람의 성적 자유 내지 성적 자기결정의 자유를 보호하기 62
위한 죄로서 정범 자신이 직접 범죄를 실행하여야 성립하는 자수범이라고 볼 수 없으므로, 처벌되지 아니하는 타인을 도구로 삼아 피해자를 강제로 추행하는 간접정범의 형태로도 범할 수 있다. 여기서 강제추행에 관한 간접정범의 의사를 실현하는 도구로서의 타인에는 피해자도 포함될 수 있다고 봄이 타당하므로, 피해자를 도구로 삼아 피해자의 신체를 이용하여 추행 행위를 한 경우에도 강제추행죄의 간접정범에 해당할 수 있다. (나) 피고인이 피해자들을 협박하여 겁을 먹은 피해자들로 하여금 어쩔 수 없이 나체나 속옷만 입은 상태가 되게 하여 스스로를 촬영하게 하거나, 성기에 이물질을 삽입하거나 자위

---

31 쟁점은 ① 강제추행죄가 자수범인가? ② 피해자가 피이용자로 되는 간접정범이 가능한가?이다. 대법원은 위 ①에 대해서는 부정, ②에 대해서는 긍정의 판단을 내린 것이다. 대법원의 판단을 지지하는 평석으로는, 김종구, "직접정범과 간접정범의 구별 및 자수범에 관한 고찰 - 피해자를 피이용자로 하는 강제추행죄와 관련하여-", 홍익법학 21-4(2020), 237-261 참조.

32 같은 취지의 판결로는 대판 2018. 1. 25, 2017도1844(피고인이 아동·청소년인 피해자를 협박하여 스스로 아동·청소년의 성보호에 관한 법률 제2조 제4호의 어느 하나에 해당하는 행위 또는 그 밖의 성적 행위에 해당하는 아동·청소년 자신의 행위를 내용으로 하는 화상·영상 등을 생성하게 하고 이를 인터넷 사이트 운영자의 서버에 저장시켜 피고인의 휴대전화기에서 재생할 수 있도록 한 경우, 간접정범의 형태로 같은 법 제11조 제1항에서 정한 아동·청소년이용음란물을 제작하는 행위에 해당한다고 한 사례); 대판 2021. 3. 25, 2020도18285(아동·청소년으로 하여금 스스로 자신을 대상으로 하는 음란물을 촬영하게 하고 직접 촬영행위를 하지 않았더라도 구 아동·청소년의 성보호에 관한 법률 제11조 제1항의 처벌 대상인 아동·청소년이용음란물 '제작'에 해당한다고 한 사례).

를 하는 등의 행위를 하게 하였다면, 이러한 행위는 피해자들을 도구로 삼아 피해자들의 신체를 이용하여 그 성적 자유를 침해한 행위로서, 그 행위의 내용과 경위에 비추어 일반적이고도 평균적인 사람으로 하여금 성적 수치심이나 혐오감을 일으키게 하고 선량한 성적 도덕 관념에 반하는 행위라고 볼 여지가 충분하다. (다) 따라서 원심이 확정한 사실관계에 의하더라도, 피고인의 행위 중 위와 같은 행위들은 피해자들을 이용하여 강제추행의 범죄를 실현한 것으로 평가할 수 있고, 피고인이 직접 위와 같은 행위들을 하지 않았다거나 피해자들의 신체에 대한 직접적인 접촉이 없었다고 하더라도 달리 볼 것은 아니다."[33]

63 ② 양곡관리법은 제9조 제4항에서 "농림부장관은 제1항의 규정에 의하여 정부관리양곡을 농림부장관으로부터 매입하는 자에 대하여 당해 양곡의 용도를 지정하고, 지정된 용도외의 사용·처분을 제한할 수 있다."고 규정하고, 이를 위반하면 처벌하는 규정(동법 § 32(i). 2005. 3. 31. 개정 전 § 33(i)에 해당)을 두고 있다. 그런데 피고인은 양곡관리법 제9조 제4항 소정의 '정부관리양곡을 농림부장관으로부터 매입하는 자'에 해당하는 A 등을 포함한 공동피고인들과 공모하여, 지정된 용도 외로 양곡을 처분하였다는 내용으로 기소되었는데, 대법원은 위 처벌규정을 위반한 죄는 "정범 자신이 직접 범죄를 실행하여야 하는 자수범(自手犯)이라고 볼 수도 없다."고 판시하였다.[34]

64 ③ 국가공무원법은 제66조(집단행위의 금지) 제1항 본문에서 "공무원은 노동운동이나 그 밖에 공무 외의 일을 위한 집단 행위를 하여서는 아니 된다."고 규정하고, 이를 위반하면 처벌하는 규정(동법 § 84의2)을 두고 있다. 그런데 피고인은 공무원에서 파면당한 후에도 A 노동조합의 쟁의행위 찬반투표와 관련하여

33 대판 2018. 2. 8, 2016도17733. 본 판결 평석은 이상민, "'성적 의사결정의 자유'의 의미와 간접정범 형태의 강제추행죄의 성부", 형사판례연구 〔27〕, 한국형사판례연구회, 박영사(2019), 207-233; 이승준, "간접정범에 의한 강제추행죄의 성부", 법조 734, 법조협회(2019), 538-560; 이용식, "피해자의 자손행위를 이용한 간접정범의 인정여부: 간접정범과 자수범의 이해구조: 하나의 이단적 고찰, 간접정범과 자수범에 관한 독일이론의 맹신적 추종에 대한 참을 수 없는 저항, 동일과 비동일의 동일/동일과 비동일의 비동일, 자수범론에서 말하는 '간접정범'과 간접정범론에서 말하는 '간접정범'의 의미차이와 간극, 자수범과의 작별: 아듀 자수범!", 형사판례연구 〔30〕, 박영사(2022), 1-61.

34 대판 2005. 10. 28, 2005도2754.

투표실시 사실을 인터넷으로 전파하고 이를 사전에 준비하는 등 주도적인 역할을 함으로써 다른 공무원들과 공모하여 국가공무원법위반죄를 위반하였다는 내용으로 기소되었는데, 대법원은 위 처벌규정을 위반한 죄는 자수범이 아니라는 취지로 판시하였다. 판시내용은 다음과 같다.

> "국가공무원법 제66조 제1항 및 지방공무원법 제58조 제1항은 "공무원은 노동운동기타 공무 이외의 일을 위한 집단적 행위를 하여서는 아니된다"고 규정하여 그 주체를 공무원으로 제한하고 있긴 하지만, 위 법조항에 의하여 금지되는 노동운동이나 공무이외의 일을 위한 집단적 행위의 태양이 행위자의 신체를 수단으로 하여야 한다거나 행위자의 인격적 요소가 중요한 의미를 가지는 것으로 볼 수 없어 공무원이 스스로 위와 같은 행위를 한 경우만을 처벌하고자 하는 것으로 볼 수는 없고, 한편 형법 제33조는 "신분관계로 인하여 성립될 범죄에 가공한 행위는 신분관계가 없는 자에게도 전3조의 규정을 적용한다."고 규정하고 있으므로 신분범에 있어서 비신분자라 하더라도 신분범의 공범으로 처벌될 수 있다 할 것이다. 원심이 그 판시와 같은 이유로, 피고인 甲이 파면당하여 공무원의 신분을 가지고 있지아니하였다 하더라도 A의 쟁의행위 찬반투표 행위에 대하여 국가공무원법위반죄의 공동정범으로 처벌될 수 있다고 판단한 것은 정당하고, 거기에 상고이유에서 주장하는 바와 같은 자수범에 관한 법리오해 등의 위법이 있다고 할 수 없다."[35] 65

Ⅱ. 간접정범(제1항)

1. 개 관

본조 제1항은 간접정범을 "어느 행위로 인하여 처벌되지 아니하는 자 또는 과실범으로 처벌되는 자를 교사 또는 방조하여 범죄행위의 결과를 발생하게 한 자"라고 규정한다. 따라서 간접정범이 성립되기 위해서는 ① 피이용자가 처벌되지 아니하는 자 또는 과실범으로 처벌되는 자이어야 하고, ② 이용자의 교사 또는 방조행위, 즉 이용행위가 있어야 하며, ③ 범죄행위의 결과가 발생해야 한다. 그리고 간접정범에 대한 처벌은 "교사 또는 방조의 예"에 의한다는 것이 본 66

35 대판 2005. 10. 13, 2004도5839.

조 제1항의 내용이다. 아래에서 간접정범의 성립요건과 처벌범위 및 그 밖의 관련 문제를 살펴본다.

2. 피이용자의 범위

67 본조 제1항에 의할 때 간접정범에서 피이용자는 "어느 행위로 인하여 처벌되지 아니하는 자 또는 과실범으로 처벌되는 자"이다.

(1) 처벌되지 아니하는 자

(가) 범주 - 공범종속성과의 관계

68 간접정범의 전형적인 유형은 어느 행위로 인하여 '처벌되지 아니하는 자'를 이용하여 자신의 범죄를 수행하는 경우이다. 그런데 여기서 '처벌되지 아니하는 자'의 범주가 어디까지인지에 관하여 논란이 제기된다. 범죄성립요건인 구성요건해당성과 위법성 및 책임성의 하나가 탈락하여도 처벌되지 않게 되고, 인적 처벌조각사유나 객관적 처벌조건이 개입되어도 처벌되지 않을 것이기 때문이다. 이는 공범종속성의 정도에 관한 논의와도 연결된다.

69 ① 공범종속성의 정도에 관하여 제한적 종속형식을 취하면, '처벌되지 아니하는 자'는 원칙적으로 구성요건해당성이나 위법성을 결하여 처벌되지 않는 사람을 의미하게 된다. 왜냐하면, 구성요건해당성과 위법성을 충족하는 경우에는 이용자에게 교사범 내지 종범의 죄책을 묻는 것이 가능해지기 때문이다. 따라서 이용자를 간접정범으로 처벌해야 할 필요성이 그만큼 줄어든다.

70 ② 반면에 극단적 종속형식을 취하면, 피이용자의 행위가 구성요건해당성이나 위법성뿐 아니라 책임성을 결한 경우에도 이용자를 간접정범으로 처벌해야 할 필요성이 현실적으로 생겨난다. 극단적 종속형식에서는 이용자에게 교사범 내지 종범의 죄책을 묻기 위하여 실행자의 행위가 구성요건해당성과 위법성 및 책임성을 모두 충족해야 하기 때문이다. 따라서 실행자의 행위가 책임성을 결한 경우, 이용자가 교사범 내지 종범이 될 수 없으므로, 간접정범을 인정하지 않으면 처벌의 공백이 발생한다.

71 ③ 하지만 간접정범의 본질을 '의사지배'에 바탕을 둔 정범으로 파악하면, '처벌되지 아니하는 자'의 범주가 공범종속성의 정도에 관한 논의와 반드시 논리필연적으로 연결되는 것은 아니다. 공범의 종속성에 관하여 제한적 종속형식

을 취하더라도, 책임성을 결한 피이용자의 행위를 이용자가 '의사지배'를 통해 유발하였다면 간접정범의 성립이 가능해지기 때문이다. 실행자의 행위가 책임성을 결한 경우에 제한적 종속형식에서는 교사범 내지 종범의 성립이 가능해질 뿐이지, 이용자의 죄책이 반드시 교사범 내지 종범에 국한되어야 하는 것은 아니라는 이야기다. 이 경우에도 '의사지배'가 인정되면 이용자를 간접정범으로 처벌하는 것이 충분히 가능해지는 것이다.

④ 실행자의 행위가 구성요건해당성과 위법성 및 책임성을 모두 충족하는 경우에는 처벌조건이 결여되어도 간접정범이 성립하지 않는다. 실행자가 범죄성립요건을 모두 충족하여 유죄가 되는 사안에서는 이용자의 '의사지배'가 인정될 수 없을 것이기 때문이다. 그리고 이 경우에는 공범종속성의 정도에 관하여 초극단적 종속형식을 취하지 않는 한, 이용자는 교사범 내지 종범으로의 처벌이 가능해지므로 간접정범의 성립을 부정하더라도 이용자에 대한 처벌의 공백은 발생하지 않는다. 72

(나) 피이용자에게 행위 수행이 인정되지 않는 경우

피이용자의 신체 동작이 형법의 행위론상 행위로도 인정되지 않는 경우를 생각해 볼 수 있다. 이용자가 피이용자에게 최면을 걸어서 사람을 살해하게 하는 경우가 그러하다. 이때 피이용자에게는 행위개념의 주관적 요소가 아예 없으므로 피이용자의 신체 동작은 행위론상의 행위로 인정되지 않는다. 따라서 이용자는 피이용자의 신체 동작을 이용하여 범죄를 실현한 간접정범으로 처리되는 것이다. 73

(다) 피이용자의 행위가 객관적 구성요건에 해당하지 않는 경우

피이용자의 행위가 객관적 구성요건에 해당하지 않으면 피이용자는 당연히 '처벌되지 아니하는 자'가 된다. 이때 이용자가 간접정범으로 처벌되는 경우가 생길 수 있는데, 논란되는 사안을 살펴보면 다음과 같다. 74

(a) 자상하게 하는 사안

강요나 기만으로 자상(自傷)하게 하는 사안이 대표적인 예로 거론된다. 이때 자상은 형법상 범죄가 안 되고(병역법위반은 제외), 이용자는 상해죄의 간접정범으로 처벌된다. 이에 관한 판례도 발견된다. 판례의 사안은, 피고인이 동거한 사실이 있는 피해자에게 피고인을 탈영병이라고 헌병대에 신고한 이유와 다른 남자 75

와 정을 통한 사실들을 추궁하였으나 이를 부인하자 하숙집 뒷산으로 데리고 가 계속 부정을 추궁하면서 상대 남자를 말하자 대답을 하지 못하고 당황하던 피해자에게 소지 중인 면도칼 1개를 주면서 "네가 네 코를 자르지 않을 때는 돌로 죽인다."는 등 위협을 가해 자신의 생명에 위험을 느낀 피해자가 자신의 생명을 보존하기 위하여 위 면도칼로 콧등을 길이 2.5센치, 깊이 0.56센치 절단함으로써 전치 3개월을 요하는 상처를 입혀 불구가 되게 하였다는 것이다. 이에 대해 대법원은, 피고인을 중상해죄(§ 258②)로 처벌하였다. 판시내용은 다음과 같다.

76 "피고인이 피해자를 협박하여 그로 하여금 자상케 한 경우에 피고인에게 상해의 결과에 대한 인식이 있고 또 그 협박의 정도가 피해자의 의사결정의 자유를 상실케 함에 족한 것인 이상 피고인에게 대하여 상해죄를 구성한다."[36]

(b) 자살하게 하는 사안

77 자살하게 하는 사안도 간접정범의 성립이 가능한지 문제된다.

78 ① 형법은 자살관여죄(§ 252②)와 위계·위력살인죄(§ 253)를 규정하고 있다. 따라서 타인을 자살하게 하는 사안의 대부분은 이 규정으로 처리될 것이며, 이 경우에는 피해자로 하여금 자살하게 하는 행위가 살인죄의 간접정범으로 처리되지 않는다.

79 ② 피이용자가 자살의 의미조차 모르면서 이용자에 의해 자살하게 된 경우, 이용자에게 살인죄(§ 250)의 간접정범이 성립될 수 있다는 견해[37]가 제시된다[이에 대한 논의는 **주해 VIII(각칙 5) § 252(촉탁, 승낙에 의한 살인 등)** 부분 참조]. 하지만 이 사안에서도 이용자를 살인죄의 직접정범으로 처벌하는 법리가 제시될 수 있다.

80 판례는 "피고인이 7세, 3세 남짓된 어린 자식들에 대하여 함께 죽자고 권유하여 물속에 따라 들어오게 하여 결국 익사하게 하였다면 비록 피해자들을 물속에 직접 밀어서 빠뜨리지는 않았다고 하더라도 자살의 의미를 이해할 능력이 없고 피고인의 말이라면 무엇이나 복종하는 어린 자식들을 권유하여 익사하게 한 이상 살인죄의 범의는 있었음이 분명하다."고 판시한 바 있다.[38] 이 판결을 분석

36 대판 1970. 9. 22, 70도1638.
37 김성돈, 673.
38 대판 1987. 1. 20, 86도2395.

해 보면, 우선 피고인을 자살관여죄나 위계·위력살인죄로 논책하지 않았음을 알 수 있다. 피이용자가 자살의 의미를 이해할 능력이 없다는 점에 주목한 판단으로 이해된다. 문제는 피고인의 죄책을 살인죄의 직접정범으로 보았는지 간접정범으로 보았는지 하는 것인데, 분명한 판시가 없다는 견해도 제시되지만,[39] 참조 조문(법원 종합법률정보 판례란)에 본조가 제시되지 않은 점을 감안하면, 살인죄의 직접정범으로 보았다고 해석하는 것도 가능하다.

(c) 스스로 추행하게 하는 사안

81 자수범의 항목에서 살펴본 바 있듯이, 판례는 강제추행죄(§ 298)를 정범이 직접 범죄를 실행해야 성립하는 자수범이 아니라고 판단한다. 따라서 타인을 도구로 이용한 간접정범도 성립할 수 있는데, 대표적인 사안이 피해자를 도구로 이용한 강제추행이다. 피해자를 강박하여 스스로 추행의 행위를 하도록 하는 것인데, 이 경우 피해자에게는 강제추행죄의 객관적 구성요건요소가 충족되지 않고, 강박한 사람이 강제추행죄의 간접정범에 해당한다. 판례 역시 마찬가지 입장인데, 이에 관한 판시내용은 다음과 같다.

> 82 "강제추행죄는 사람의 성적 자유 내지 성적 자기결정의 자유를 보호하기 위한 죄로서 정범 자신이 직접 범죄를 실행하여야 성립하는 자수범이라고 볼 수 없으므로, 처벌되지 아니하는 타인을 도구로 삼아 피해자를 강제로 추행하는 간접정범의 형태로도 범할 수 있다. 여기서 강제추행에 관한 간접정범의 의사를 실현하는 도구로서의 타인에는 피해자도 포함될 수 있으므로, 피해자를 도구로 삼아 피해자의 신체를 이용하여 추행행위를 한 경우에도 강제추행죄의 간접정범에 해당할 수 있다."[40]

(라) 피이용자의 행위에 고의가 없는 경우

83 피이용자에게 고의가 없는 경우 피이용자의 행위는 범죄 구성요건에 해당하지 않게 된다. 이때 이를 이용하여 범죄를 실행한 이용자는 해당 범죄의 간접정범으로 처벌될 수 있다.

---

39 김성돈, 673(주 178).

40 대판 2018. 2. 8, 2016도17733. 같은 취지로는 대판 2018. 1. 25, 2017도1844; 대판 2021. 3. 25, 2020도18285.

(a) 절도죄의 사안

84 타인의 재물이라는 사정을 모르는 사람에게 그 재물을 가져오도록 한 경우, 절도죄(§ 329)의 간접정범이 성립한다. 甲의 지시를 받고 책상 위에 놓여 있는 A의 시계를 취거하여 甲에게 가져다가 준 乙이 그 시계의 주인을 甲으로 생각하고 있었던 경우인데, 이때 乙에게는 절도의 고의가 없을 뿐 아니라 설령 과실이 있다 하더라도 과실절도는 처벌되지 않으므로 乙은 처벌되지 않는 사람에 해당하고, 甲이 절도죄의 간접정범이 된다.

(b) 감금죄의 사안

85 감금의 고의 없는 사람을 이용하여 타인을 감금하도록 하면, 감금죄(§ 276①)의 간접정범이 성립한다. 같은 맥락에서, "재판, 검찰, 경찰 기타 인신구속에 관한 직무를 행하는 자 또는 이를 보조하는 자가 그 직권을 남용하여 사람을 체포 또는 감금"하는 직권남용체포·감금죄(§ 124①)도 간접정범의 형태로 범할 수 있다.

86 이에 관한 판례가 있는데, 경찰관인 피고인들은 상해죄만으로는 구속되기 어려운 피해자에 대하여 허위의 진술조서를 작성하고, 피해자의 혐의없음이 입증될 수 있는 유리한 사실의 확인 결과, 참고자료 및 공용서류인 A에 대한 참고인 진술조서 등을 구속영장 신청기록에서 누락시키는 한편, 피해자에게 사문서위조 및 동행사, 360만 원 상당의 신용카드대금 편취, 200만 원 갈취, 4,000만 원 상당의 PC방 갈취의 혐의가 인정된다는 허위내용의 범죄인지보고서를 작성한 다음, 2001. 8. 8. 위와 같은 범죄사실로 구속영장을 신청하여 그 정을 모르는 담당 검사로 하여금 구속영장을 청구하게 하고, 같은 해 8. 9. 수사서류 등이 허위작성되거나 누락된 사실을 모르는 부산지방법원 영장전담판사로부터 구속영장을 발부받아 같은 날부터 피해자가 검사의 구속취소에 의하여 석방된 같은 해 9. 4.까지 구속·수감되게 하였다.

87 이에 대하여 검사는 피고인들을 직권남용감금죄로 기소하였는데, 대법원은 직권남용감금죄의 간접정범으로 피고인들에게 유죄의 판결을 선고하였다. 판시 내용은 다음과 같다.

88 "감금죄는 간접정범의 형태로도 행하여질 수 있는 것이므로, 인신구속에 관한 직무를 행하는 자 또는 이를 보조하는 자가 피해자를 구속하기 위하여 진술

> 조서 등을 허위로 작성한 후 이를 기록에 첨부하여 구속영장을 신청하고, 진술조서 등이 허위로 작성된 정을 모르는 검사와 영장전담판사를 기망하여 구속영장을 발부받은 후 그 영장에 의하여 피해자를 구금하였다면 형법 제124조 제1항의 직권남용감금죄가 성립한다고 할 것이다."[41]

(c) 사기죄의 사안

사기의 고의 없는 타인을 이용하여 사기 피해자로부터 재물을 받아오도록 89
하면, 사기죄(§ 327)의 간접정범이 성립한다.

① 보이스피싱 사안에서 사기죄의 간접정범을 인정한 판례가 있다. 보이 90
스피싱 사기의 범인 甲이 피이용자 乙과 피해자 A에게 자신이 금융감독원 직원이라고 사칭한 후, A에게 乙의 계좌로 1,400만 원을 입금하도록 하고, 乙에게 1,400만 원을 인출하여 가지고 오라고 한 사안이다. 여기서 대법원은 甲의 죄책을 乙을 도구로 이용한 A에 대한 사기죄로 판시하였다. 그러면서 乙에 대한 사기죄가 되는 것은 아니라는 법리도 덧붙인다. 판시내용을 소개하면 다음과 같다.

> "간접정범을 통한 범행에서 피이용자는 간접정범의 의사를 실현하는 수단으 91
> 로서의 지위를 가질 뿐이므로, 피해자에 대한 사기범행을 실현하는 수단으로서 타인을 기망하여 그를 피해자로부터 편취한 재물이나 재산상 이익을 전달하는 도구로서만 이용한 경우에는 편취의 대상인 재물 또는 재산상 이익에 관하여 피해자에 대한 사기죄가 성립할 뿐 도구로 이용된 타인에 대한 사기죄가 별도로 성립한다고 할 수 없다."[42]

② 소송사기도 간접정범으로 범해질 수 있다는 판례가 있다. 자기에게 유리 92
한 판결을 얻기 위하여 소송상의 주장이 사실과 다름이 객관적으로 명백하거나 증거가 조작되어 있다는 사정을 인식하지 못하는 제3자를 이용하여 그로 하여금 소송의 당사자가 되게 하고 법원을 기망하여 소송 상대방의 재물 또는 재산상

41 대판 2006. 5. 25, 2003도3945. 본 판결 평석은 윤병철, "인신구속에 관한 직무를 행하는 자 또는 이를 보조하는 자가 피해자를 구속하기 위하여 진술조서 등을 허위로 작성한 후 검사와 영장전담판사를 기망하여 구속영장을 발부받아 피해자를 구금한 행위가 직권남용감금를 구성하는지 여부", 형사재판의 제문제(6권): 고현철 대법관 퇴임기념 논문집, 박영사(2009), 124-141.

42 대판 2017. 5. 31, 2017도3894. 본 판결 평석은 원혜욱, "전기통신금융사기에 사용된 계좌에서 현금을 인출한 행위에 대한 횡령죄 성립여부", 법조 724, 법조협회(2017), 580-610.

이익을 취득하려 한 사안에서, 판례는 간접정범의 형태에 의한 소송사기죄가 성립한다고 판시한 것이다. 관결요지는 다음과 같다.

93 "甲이 乙 명의 차용증을 가지고 있기는 하나 그 채권의 존재에 관하여 乙과 다툼이 있는 상황에서 당초에 없던 월 2푼의 약정이자에 관한 내용 등을 부가한 乙 명의 차용증을 새로 위조하여, 이를 바탕으로 자신의 처에 대한 채권자인 丙에게 차용원금 및 위조된 차용증에 기한 약정이자 2,500만 원을 양도하고, 이러한 사정을 모르는 丙으로 하여금 乙을 상대로 양수금 청구소송을 제기하도록 한 사안에서, 적어도 위 약정이자 2,500만 원 중 법정지연손해금 상당의 돈을 제외한 나머지 돈에 관한 甲의 행위는 丙을 도구로 이용한 간접정범 형태의 소송사기죄를 구성한다고 판시하였다."[43]

(d) 식품위생법위반죄의 사안

94 보건범죄 단속에 관한 특별조치법(이하, 보건범죄단속법이라 한다.)과 식품위생법은 허가 없이 식품제조의 영업을 한 사람을 처벌한다. 따라서 튀김용 기름의 제조를 영업으로 하려면 허가를 받아야 하는데, 사안에서는 튀김용 기름의 제조허가를 취득하지 못한 피고인이 튀김용 기름을 제조할 범의하에 공동피고인 甲과 乙에게 의뢰하여 대두유 폐유를 가지고 각 27드럼 및 53드럼의 튀김용 기름을 제조케 하여 이를 타에 판매하였다. 검사는 피고인 및 공동피고인 甲과 乙을 보건범죄단속법과 식품위생법 위반으로 기소하였는데, 심리 결과 식용유의 직접 제조행위자인 공동피고인 甲과 乙은 범의가 없는 것으로 판단되었다. 이에 대법원은 피고인에게만 보건범죄단속법과 식품위생법 위반죄의 간접정범이 성립한다고 판시한 것이다. 판시내용을 소개하면 다음과 같다.

95 "튀김용 기름의 제조허가도 없이 튀김용 기름을 제조할 범의하에 식용유 제조의 범의 없는 자를 이용하여 튀김용 기름을 제조케 한 자는 그 직접제조행위자가 식용유 제조의 범의가 없어 그 제조에 대한 책임을 물을 수 없다고 하여도 처벌되지 아니하는 그 행위를 이용하여 무허가제조행위를 실행한 자로서

43 대판 2007. 9. 6, 2006도3591. 본 판결 평석은 유용봉, "간접정범에 의한 소송사기미수의 성립요건", 법학논총 16-2, 조선대학교 법학연구소(2009), 283-309; 이창섭, "소송사기의 구조와 간접정범", 법학연구 51-3, 부산대학교 법학연구소(2010), 163-186.

보건범죄 단속에 관한 특별조치법 제2조 제1항, 식품위생법 제23조 제1항 위반죄의 간접정범에 해당하게 된다."[44]

(e) 공정증서원본 등 부실기재죄의 사안

형법은 공정증서원본 등의 부실기재죄(§ 228)를 규정하고 있다. 이는 공무원에 대하여 허위신고를 하여 공정증서원본 등에 부실의 사실을 기재하게 하는 범죄이다. 그런데 허위신고를 받은 공무원이 부실사실 기재에 대한 고의를 가지면, 공무원은 허위공문서작성죄(§ 227)로 논책되고, 허위신고자는 그에 대한 공범 내지 공동정범의 죄책을 지게 된다. 따라서 공정증서원본 등의 부실기재죄는 공무원에게 부실사실 기재에 대한 고의가 없어서 공무원의 행위가 무죄로 처리되는 경우에 적용되는 범죄라고 할 수 있다. 즉, 공정증서원본 등의 부실기재죄는 허위공문서작성죄의 간접정범을 형법각칙이 특별히 규정한 경우라고 할 수 있다. 96

(f) 허위공문서작성죄의 사안

① 형법이 허위공문서작성죄의 간접정범 유형으로 공정증서원본 등의 부실기재죄를 특별히 규정한 것은 공정증서원본 등에 해당하지 않는 공문서라면 그 사정을 모르는 공무원을 이용하여 허위로 작성하더라도 허위공문서작성죄로 처벌하지 않는다는 입법 취지로 이해된다. 따라서 일반인이 사정을 모르는 공무원에게 허위 신고를 하여 공정증서원본 등의 문서 이외의 공문서를 허위로 작성하게 한 경우, 허위공문서작성죄의 간접정범에 해당하지 않는 것이다.[45] 판례 역시 마찬가지이다. 이에 관한 판시내용은 다음과 같다. 97

> "기록에 의하여 공소장에 기재된 피고인에 관한 범죄사실을 찾아보건대 피고인은 4288년 12월 1일경 전주 경찰서장을 거쳐서 전라북도지사에게 피고인의 도민증 발급 신청을 함에 있어서 도민증 용지 한 장에 징집 해당자가 아닌 피고인의 동생 A의 성명과 생년월일 4272년 12월 17일 낳음이라고 쓴 후 그 사진란에 피고인의 사진을 부쳐서 도민증 발급 신청을 하여서 그 정을 모르는 전주경찰서장 및 전라북도 지사로 부터 4288년 12월 31일경 전라북도지사 명 98

---

44 대판 1983. 5. 24, 83도200.

45 공무원의 보조자가 공무원을 도구로 이용하여 허위공문서를 작성하도록 하는 경우에 허위공문서작성죄의 간접정범에 해당하는 문제는 또 다른 논제이다(이에 대한 상세는 **공범과 신분에 관한 § 33** 부분 참조).

의의 위 도민증 한 장을 발급 받어 이를 위조하였다고 함에 있는바, 이는 결국 형법 제227조의 범죄의 간접정범으로서 기소된 것으로 볼 것이나 형법은 소위 무형위조에 관하여서는 공문서에 관하여서만 이를 처벌하고 일반 사문서의 무형위조를 인정하지 아니할 뿐 아니라(다만 형법제233조의 경우는 예외) 공문서의 무형위조에 관하여서도 동법 제227조 이외에 특히 공무원에 대하여 허위의 신고를 하고 공정증서 원본 면허장 감찰 또는 여권에 사실 아닌 기재를 하게 할 때에 한하여 동법 제228조의 경우의 처벌규정을 만들고 더구나 위 227조의 경우의 형벌보다 현저히 가볍게 벌하고 있음에 지나지 아니하는 점으로 보면 공무원이 아닌 자가 허위의 공문서 위조의 간접정범이 되는 때에는 동법 제228조의 경우 이외에는 이를 처벌하지 아니하는 취지로 해석함을 상당하다고 할 것이다."[46]

99 ② 하지만 그렇더라도 허위공문서작성죄의 간접정범이 전혀 성립하지 않는 것은 아니다. 일반인이 아니라 공무원이 행위의 주체인 경우에는 허위공문서작성죄의 간접정범이 성립할 수 있다. 판례 역시 마찬가지이다. 이에 관한 판시내용은 다음과 같다.

100 "경찰서 보안과장인 피고인이 A의 음주운전을 눈감아주기 위하여 그에 대한 음주운전자 적발보고서를 찢어버리고, 부하로 하여금 일련번호가 동일한 가짜 음주운전 적발보고서에 B에 대한 음주운전 사실을 기재케 하여 그 정을 모르는 담당 경찰관으로 하여금 주취운전자 음주측정처리부에 B에 대한 음주운전 사실을 기재하도록 한 이상, B가 음주운전으로 인하여 처벌을 받았는지 여부와는 관계없이 허위공문서작성 및 동 행사죄의 간접정범으로서의 죄책을 면할 수 없다."[47]

(마) 진정신분범에서 피이용자에게 신분이 없는 경우

101 진정신분범은 신분 없는 사람(=비신분자)이 (단독)정범이 될 수 없는 범죄이다. 따라서 신분자가 비신분자의 행위에 가담하여 진정신분범을 범하도록 한 경우, 비신분자가 직접 범행을 했더라도 그에게 정범의 죄책을 지울 수 없는 것은 당연하고, 대부분의 사안에서 비신분자의 죄책은 종범으로 처리될 것이다. 문제는 비

46 대판 1961. 12. 14, 4292형상645.
47 대판 1996. 10. 11, 95도1706.

신분자에게 범행을 하도록 한 신분자의 죄책인데, 이에 대해서는 견해가 대립된다.

(a) 간접정범설

신분자가 비신분자의 행위에 가담하여 진정신분범을 범하도록 하였다면 이는 곧 신분자가 비신분자를 도구로 이용하여 자기의 범죄를 범한 것으로 파악할 수 있고, 따라서 신분자의 죄책은 당해 신분범의 간접정범이 된다는 견해이다.[48] 즉 비신분자는 비록 해당 범행에 대하여 고의를 가지고 있더라도 신분이 없어서 도구의 역할에 머물게 된다는 것인데, 이러한 비신분자의 역할을 '신분 없는, 고의 있는 도구'라고 설명한다. 이 견해에 따르면, 공무원 甲이 비공무원 乙을 교사하여 뇌물을 받아오게 한 경우, 甲은 뇌물수수죄(§ 129①)의 간접정범이 되고 乙은 뇌물수수죄의 종범이 된다. 간접정범설을 채택하기 위해서는 다음의 두 가지 점에 대한 설명이 추가적으로 요구된다. 102

① 피이용자에게 고의가 있기 때문에 과연 이용자가 피이용자의 의사를 지배하여 도구로 이용한 사례로 볼 수 있는지 의문이 제기된다. 이에 대하여 간접정범설은, 의사지배와 도구성의 개념을 규범적으로 파악하면 이 사례에서도 간접정범의 표지인 의사지배와 도구성이 인정될 수 있다고 주장한다. 즉, '신분 없는, 고의 있는 도구'가 가능하다는 것이다. 103

② 본조 제1항은 간접정범의 성립요건으로서 피이용자가 '처벌되지 아니하는 자'여야 한다고 규정하는데, 위 사안에서처럼 종범으로 처벌될 가능성이 발생한다면 그에 대해 간접정범을 인정할 수 있는지 의문이 제기된다. 하지만 이에 대해서도 본조 제1항을 '정범으로 처벌되지 아니하는 자'로 국한하여 해석하면 나름의 답변이 가능해진다. 104

(b) 교사범설

비신분자는 범행에 대한 고의를 가지고 있으므로 그에 가담한 신분자에게 비신분자에 대한 의사지배를 인정하기 힘들다는 주장이 교사범설의 출발점이다. 따라서 신분자의 죄책은 간접정범이 될 수 없고, 당해 신분범의 교사범으로 처리되어야 한다는 견해이다.[49] 이 견해에 따르면, 공무원 甲이 비공무원 乙을 105

48 김성돈, 676; 김일수·서보학, 433(진정신분범은 의무범); 배종대, § 136/7; 신동운, 704; 오영근·노수환, 474; 이재상·장영민·강동범, § 32/12; 이형국·김혜경, 422; 정성근·정준섭, 335(진정신분범은 의무범).

49 임웅·김성규·박성민, 498.

교사하여 뇌물을 받아오게 한 경우, 甲은 뇌물수수죄의 교사범이 되고 乙은 뇌물수수죄의 종범이 된다.

106 교사범설에 대해서는 정범이 존재하지 않는데 어떻게 교사범이 성립할 수 있는지 의문이 제기된다. 이에 대해 교사범설은 피이용자가 법률상 정범은 아니지만 고의 있는 행위를 범한 사실상의 정범이므로 이용자를 교사범으로 취급하는데 지장이 없다고 설명한다.

(c) 공동정범설

107 제33조 본문은 진정신분범에서 신분 없는 사람에게도 공동정범의 성립을 인정하고 있고, 판례는 실행행위에 관여하지 않은 사람에게도 공동정범을 인정하는 공모공동정범이론을 취하고 있기 때문에, 이용자와 피이용자를 공동정범으로 처리할 수 있다는 견해이다.[50]

(d) 판례

108 판례는 신분자가 신분 없는 사람을 이용하여 진정신분범을 범한 경우에, 간접정범의 성립을 긍정한다(위 (a)설). 즉, "형법 제34조 제1항이 정하는 소위 간접정범은 어느 행위로 인하여 처벌되지 아니하는 자 또는 과실범으로 처벌되는 자를 교사 또는 방조하여 범죄행위의 결과를 발생케 하는 것으로 이 어느 행위로 인하여 처벌되지 아니하는 자는 (중략) 목적범이거나 신분범일 때 그 목적이나 신분이 없는 자 (중략) 등을 말하는 것으로 (중략) 목적범, 신분범인 경우 그 목적 또는 신분이 없는 자 (중략), 등을 마치 도구나 손발과 같이 이용하여 간접으로 죄의 구성요소를 실행한 자를 간접정범으로 처벌하는 것이다."라고 판시한다.[51]

109 이러한 법리에 따라 대법원은, 경찰서 보안과장인 피고인이 A의 음주운전을 눈감아주기 위하여 그에 대한 음주운전자 적발보고서를 찢어버리고, 부하로 하여금 일련번호가 동일한 가짜 음주운전 적발보고서에 B에 대한 음주운전 사

50 손동권·김재윤, § 28/17.

51 대판 1983. 6. 14, 83도515(전)[구 형법 제104조의2 제2항(내국인이 외국인이나 외국단체등을 이용하여 국내에서 전항의 행위를 한 때에도 전항의 형과 같다) 소정의 국가모독죄에서 외국인이나 외국단체 등은 국가모독죄의 주체가 아니어서 범죄의 대상이나 수단 또는 도구나 손발 자체는 될 수 있을지언정 이를 간접정범에서의 도구나 손발처럼 이용하는 것은 원칙적으로 불가능하므로 이 규정을 들어 간접정범을 정한 취지라고 볼 수 없다고 한 사례].

실을 기재케 하여 그 사정을 모르는 담당 경찰관으로 하여금 주취운전자 음주측정처리부에 B에 대한 음주운전 사실을 기재하도록 한 사안에서, B가 음주운전으로 인하여 처벌을 받았는지 여부와는 관계없이 허위공문서작성죄(§ 227) 및 허위작성공문서행사죄(§ 229)의 간접정범으로서의 죄책을 면할 수 없다고 본 원심판결을 수긍하였다.[52]

(바) 부진정신분범에서 피이용자에게 신분이 없는 경우[53]

110 부진정신분범은 신분으로 인해 형벌이 가중·감경되는 범죄로서 비신분자의 일반범죄를 전제한 개념이므로 비신분자도 당해 구성요건의 범행을 실행하였다면 마땅히 일반범죄의 정범으로 처벌될 수 있다. 즉 신분자가 비신분자의 행위에 가담하여 부진정신분범을 범하도록 한 경우라면, 일단 비신분자는 일반범죄의 정범으로 논책되는 것이다. 문제는 신분자의 죄책인데, 견해가 대립된다.

(a) 신분범의 공범설

111 비신분자의 범행에 가담한 신분자의 죄책은 당해 부진정신분범의 공범이 된다는 견해이다. 제33조 단서가 책임의 개별화 원칙을 규정하고 있다는 점을 논거로 하며, 제33조 단서의 적용을 받아서 신분자의 죄책은 신분범에서, 비신분자의 죄책은 일반범죄에서 찾아져야 한다고 주장한다. 이 견해에 따르면, 甲이 乙을 교사하여 자신(甲)의 부친을 살해하도록 한 경우, 甲의 죄책은 존속살해죄(§ 250②)의 교사범, 乙의 죄책은 보통살인죄(§ 250①)의 정범이 된다.[54]

(b) 일반범죄의 공범설

112 비신분자가 일반범죄의 정범이 되므로 그것에 가담한 신분자의 행위는 당해 일반범죄의 공범으로 처리된다는 견해이다. 이 견해는 우선, 제33조 단서가 정범이 신분자인 경우에 한정하여 적용되는 규정이라는 논거를 제시한다. 따라서 신분자가 비신분자에게 가담하여 부진정신분범을 범하도록 한 경우에는 제33조 단서가 적용되지 않고 이론으로 해결할 수밖에 없는데, 공범의 범죄성은 정범의 범죄성을 차용하는 것이라는 공범종속성설에 의할 때 비신분자의 죄책

52 대판 1996. 10. 11, 95도1706.

53 이 사안은 간접정범의 성립 여부와는 직접 관련이 없다. 다만, 앞에서 진정신분범의 사안을 설명하였으니 덧붙여 부진정신분범의 사안도 설명하는 것이라고 이해하면 된다.

54 정성근·박광민, 620.

이 일반범죄의 정범이므로 신분자의 범행 역시 일반범죄의 공범이 된다는 것이다. 이에 따르면, 위의 사례에서 甲은 보통살인죄의 교사범, 乙은 보통살인죄의 정범이 된다.[55]

(c) 판례

113 판례는 신분자가 신분 없는 사람을 이용하여 부진정신분범을 범한 경우, 이용자를 신분범의 공범으로 처리한다(위 (a)설). 대표적으로, 상습도박죄(§ 246②)의 사안이 예로 제시될 수 있다. 판례는 상습성을 신분으로 취급하므로 도박의 습벽이 있는 사람이 그렇지 않은 사람의 도박에 가담하면 상습도박죄의 공범으로 처리되는 것이다. 판시내용은 다음과 같다.

114 > "상습도박의 죄나 상습도박방조의 죄에 있어서의 상습성은 행위의 속성이 아니라 행위자의 속성으로서 도박을 반복해서 거듭하는 습벽을 말하는 것인 바, 도박의 습벽이 있는 자가 타인의 도박을 방조하면 상습도박방조의 죄에 해당하는 것이며, 도박의 습벽이 있는 자가 도박을 하고 또 도박방조를 하였을 경우 상습도박방조의 죄는 무거운 상습도박의 죄에 포괄시켜 1죄로서 처단하여야 한다."[56]

(사) 진정목적범에서 피이용자에게 목적이 없는 경우

115 진정목적범에서 목적 있는 사람이 목적 없는 사람을 이용하여 범행하는 경우, 이용자를 해당 목적범의 간접정범으로 논책할 수 있는지 문제된다. 행사의 목적을 지니고 있는 사람이 행사 목적이 없는 인쇄기술자에게 기념용이라고 이야기하며 위조지폐를 인쇄하도록 하는 경우를 예로 들 수 있다. 이에 대해서는 견해가 대립하고 있다.

(a) 간접정범 긍정설

116 구성요건적 실행행위를 직접 담당한 사람은 목적이 없으므로 해당 목적범의 정범이 될 수 없다. 따라서 정범의 지위는 목적을 가진 이용자에게서 찾아질 수밖에 없고, 그 이용자는 직접 실행행위를 한 것이 아니라 피이용자의 실행행위를 통해서 자신의 범행을 수행한 것이므로 간접정범으로 논책되어야 한다는

---

55 오영근·노수환, 502.

56 대판 1984. 4. 24, 84도195.

견해이다.[57]

간접정범설에 대해서는 피이용자에게 목적은 없더라도 고의가 있다면, 과연 이용자가 피이용자의 의사를 지배하여 도구로 이용한 사례로 볼 수 있는지 의문이 제기된다. 이에 대하여 간접정범설은 '신분 없는, 고의 있는 도구'의 사안에서와 마찬가지로, 의사지배와 도구성의 개념을 규범적으로 파악하면 이 사례에서도 간접정범의 표지인 의사지배와 도구성이 인정될 수 있다고 주장한다. 즉, '목적 없는, 고의 있는 도구'가 가능하다는 것이다.[58] 117

(b) **간접정범 부정설**

피이용자는 고의를 지니고 있으므로 자신의 범행을 자제할 수 있는 의사의 형성도 가능한 상황이어서, 이용자의 의사지배를 표지로 하는 간접정범이 성립될 수 없다는 견해이다.[59] 이때 이용자를 어떻게 논책할 것인지 문제되는데, 직접정범 내지 교사범으로 처리해야 한다는 것이 이 견해의 주장이다.[60] 118

(c) **판례**

판례는 간접정범을 인정한다(위 (a)설). 대표적으로 내란죄(§ 87)의 사안에서, 범죄는 '어느 행위로 인하여 처벌되지 아니하는 자'를 이용하여서도 이를 실행할 수 있으므로, 내란죄의 경우에도 '국헌문란의 목적'을 가진 사람이 그러한 목적이 없는 사람을 이용하여 이를 실행할 수 있다고 판시하였다. 판시내용은 다음과 같다. 119

---

57 김성돈, 675; 배종대, § 136/7; 손동권김재윤, § 28/18; 신동운, 707; 오영근·노수환, 477; 이재상·장영민·강동범, § 32/12; 이형국·김혜경, 422; 정성근·박광민, 527.

58 대표적인 문헌으로는 정성근·박광민, 527. 「행위지배를 순수한 사실적 지배라고 한정하면 이용자는 간접정범뿐만 아니라 목적의 결여로 구성요건해당성도 부정되는 피이용자의 공범도 처벌할 수 없다. 이러한 처벌의 공백을 메우기 위해서는 예외적으로 사실상의 행위지배 대신에 법적 우위성을 인정하는 규범적 행위지배 개념을 인정하여 피이용자에게 목적을 제공함으로써 목적 없는 자를 이용하여 자기의 목적을 실현한다는 의미의 규범적 행위지배가 있는 간접정범이라고 해석하는 것이 형법 제34조 제1항의 취지에 부합된다고 본다.」

59 김일수·서보학, 435(직접정범 또는 공범); 임웅·김성규·박성민, 498-499(교사범).

60 대표적인 문헌으로는 김일수·서보학, 435. 「생각건대 일반 지배범에 있어서 의사지배를 간접정범의 정범성표지로 인정하는 한 목적 없는 고의 있는 도구를 이용한 간접정범의 법형상은 부인하는 것이 옳다. 이용자의 우월한 의사를 통한 행위지배가 사실상 불가능하기 때문이다. 우히려 이런 경우는 개개 목적범의 구성요건을 해석하면서 범죄참가인 중 누구에게 초과된 내적 경향, 즉 목적이 있느냐를 가려 그 자에게 간접정범 아닌 직접정범을 인정하고, 그 외의 참가인에 대하여는 가공 여부에 따라 공범 여부를 살펴야 할 것이다.」

120 "앞서 본 사실관계에 의하면, 피고인들은 12·12군사반란으로 군의 지휘권을 장악한 후, 국정 전반에 영향력을 미쳐 국권을 사실상 장악하는 한편, 헌법기관인 국무총리와 국무회의의 권한을 사실상 배제하고자 하는 국헌문란의 목적을 달성하기 위하여, 비상계엄을 전국적으로 확대하는 것이 전군지휘관회의에서 결의된 군부의 의견인 것을 내세워 그와 같은 조치를 취하도록 대통령과 국무총리를 강압하고, 병기를 휴대한 병력으로 국무회의장을 포위하고 외부와의 연락을 차단하여 국무위원들을 강압 외포시키는 등의 폭력적 불법수단을 동원하여 비상계엄의 전국확대를 의결·선포하게 하였음을 알 수 있다. 사정이 이와 같다면, 위 비상계엄 전국확대가 국무회의의 의결을 거쳐 대통령이 선포함으로써 외형상 적법하였다고 하더라도, 이는 피고인들에 의하여 국헌문란의 목적을 달성하기 위한 수단으로 이루어진 것이므로 내란죄의 폭동에 해당하고, 또한 이는 피고인들에 의하여 국헌문란의 목적을 달성하기 위하여 그러한 목적이 없는 대통령을 이용하여 이루어진 것이므로 피고인들이 간접정범의 방법으로 내란죄를 실행한 것으로 보아야 할 것이다."[61]

(아) 부진정목적범에서 피이용자에게 목적이 없는 경우

121 목적이 범죄구성적 요소로서가 아니라 형벌가중적 요소로 작용하는 목적범(부진정목적범)의 경우에는, 목적 있는 사람이 목적 없는 사람을 이용하여 범행하였을 때, 피이용자의 죄책은 목적 없는 범죄의 정범이 된다. 예를 들어, 모해위증죄(§ 152②)에서 이용자로부터 지시를 받고 모해 목적 없이 위증한 피이용자는 위증죄(§ 152①)의 정범의 죄책을 지며, 내란목적살인죄(§ 88)에서 이용자로부터 지시를 받고 내란 목적 없이 살인한 피이용자는 살인죄(§ 250①)의 정범의 죄책을 지게 되는 것이다. 이때 이용자의 죄책이 문제되는데, 이에 대해서는 견해가 대립된다(부진정신분범에서의 논의 참조).

(a) 목적범의 간접정범설

122 이용자는 피이용자와 달리 목적을 지니고 있으므로 당해 목적범으로 처벌되어야 하는데, 이용자가 직접 범죄를 실행한 것이 아니라 피이용자를 통하여 범죄를 실행하였으므로, 이용자의 죄책은 당해 목적범의 간접정범이 된다는 견

61 대판 1997. 4. 17, 96도3376(전). 본 판결 평석은 김병운, "12·12 군사반란과 5·18 내란", 국민과 사법: 윤관 대법원장 퇴임기념, 박영사(1999), 776-782; 오영근, "내란죄의 간접정범과 간접정범의 본질", 형사판례연구 〔10〕, 한국형사판례연구회, 박영사(2002), 285-303.

해이다. 따라서 피이용자는 이용자의 범죄실행에서 진정목적범의 사안에서와 마찬가지로 '목적 없는, 고의 있는 도구'가 된다. 덧붙여서, 피이용자가 목적 없는 범죄의 정범으로 처벌됨에도 불구하고 이용자가 간접정범이 될 수 있는가의 물음에 대해서는, 진정신분범의 사안에서처럼, 본조 제1항의 '처벌되지 아니하는 자'를 '당해 범죄(목적범)의 정범으로 처벌되지 아니하는 자'로 국한하여 해석함으로써, 이중의 정범(이용자는 목적범의 간접정범, 피이용자는 목적 없는 범죄의 직접정범)을 인정하고자 한다.

(b) 목적범의 교사범설

123 목적을 신분의 일종으로 보면, 이 사안은 부진정신분범에서 신분자가 비신분자를 교사하여 범죄를 수행한 경우가 된다. 따라서 이용자를 신분범의 교사범으로 논책하는 법리가 구성될 수 있으며, 이 사안에서는 신분범의 내용이 곧 목적범이므로, 이용자의 죄책은 목적범의 교사범으로 처리된다는 것이다.

(c) 목적 없는 범죄의 교사범설

124 간접정범을 공범에 대한 보충의 범죄유형으로 보는 관점은, 위 사안에서 이용자의 죄책을 '목적 없는 범죄'의 교사범이라고 한다.[62] 본조 제1항은 간접정범의 성립요건으로 피이용자가 '처벌되지 아니하는 자 또는 과실범으로 처벌되는 자'일 것을 요구하는바, 위 사안에서는 피이용자가 목적 없는 범죄의 정범으로 처벌되므로, 이용자에게 간접정범의 죄책이 주어질 수 없다고 한다. 그러면서 피이용자가 정범으로 처리되므로, 이용자는 그 범죄의 교사범으로 처리하면 된다는 것이 이 견해의 주장이다.

(d) 판례

125 판례는 목적범의 교사범으로 처리한다(위 (b)설). 모해위증죄의 사안이 대표적인 사안이다. 피고인 A에 대한 재판에서 甲이 乙에게 위증을 교사하였는데, 甲에게는 A를 모해하려는 목적이 있고 乙에게는 모해의 목적이 없는 사안이다. 이 경우 甲의 죄책은 제33조 단서의 규정에 의해 모해위증교사죄가 된다는 것이 대법원의 판단이다. 판시내용은 다음과 같다.

126 "형법 제33조 소정의 이른바 신분관계라 함은 남녀의 성별, 내 외국인의 구

62 신동운, 707.

별, 친족관계, 공무원인 자격과 같은 관계뿐만 아니라 널리 일정한 범죄행위에 관련된 범인의 인적관계인 특수한 지위 또는 상태를 지칭하는 것인 바, 형법 제152조 제1항은 '법률에 의하여 선서한 증인이 허위의 공술을 한 때에는 5년 이하의 징역 또는 2만 5천원 이하의 벌금에 처한다'고 규정하고, 같은 법조 제2항은 '형사사건 또는 징계사건에 관하여 피고인, 피의자 또는 징계혐의자를 모해할 목적으로 전항의 죄를 범한 때에는 10년 이하의 징역에 처한다'고 규정함으로써 위증을 한 범인이 형사사건의 피고인 등을 '모해할 목적'을 가지고 있었는가 아니면 그러한 목적이 없었는가 하는 범인의 특수한 상태의 차이에 따라 범인에게 과할 형의 경중을 구별하고 있으므로, 이는 바로 형법 제33조 단서 소정의 "신분관계로 인하여 형의 경중이 있는 경우"에 해당한다고 봄이 상당하다. 따라서 피고인이 위 A를 모해할 목적으로 乙에게 위증을 교사한 이상, 가사 정범인 甲에게 모해의 목적이 없었다고 하더라도, 형법 제33조 단서의 규정에 의하여 피고인을 모해위증교사죄로 처단할 수 있다고 할 것이므로 이와 같은 취지로 보여지는 원심의 판단은 정당하고, 거기에 소론과 같이 교사범 및 공범과 신분에 관한 법리를 오해한 위법이 있다고 할 수 없다."[63]

(자) 재산죄에서 피이용자에게 불법영득의사가 없는 경우

127 판례는 불법영득의사를 재산죄의 특수한 주관적 구성요건요소로 설정한다.[64] 따라서 피이용자에게 재산죄의 고의가 있더라도 불법영득의사가 없으면, 피이용자는 당해 재산죄로 처벌되지 않는다. 반면에 불법영득의사를 지닌 이용자가 그러한 피이용자를 이용하여 재산죄를 수행하면, 피이용자는 '고의 있는, 불법영득의사 없는 도구'가 되고, 이용자가 당해 재산죄의 간접정범으로 처벌된다.

(차) 피이용자의 행위가 위법하지 않은 경우

128 피이용자의 행위가 위법성이 조각되는 경우, 이를 이용하여 범죄를 수행한 이용자는 당해 범죄의 간접정범이 된다.

---

63 대판 1994. 12. 23, 93도1002. 본 판결 평석과 해설은 김혜정, "소극적 신분과 모해목적의 신분(형법 제33조)규정 적용 문제", 죄형법정원칙과 법원 I, 박영사(2023), 262-279; 전병식, "목적범의 목적과 형법상 신분", 해설 22, 법원행정처(1995), 606-613; 정영일, "목적범에 관한 판례연구", 형사판례연구 〔9〕, 한국형사판례연구회, 박영사(2001), 235-256.

64 대판 1966. 3. 15, 66도132(사기) 등.

(a) 정당행위

피해자를 폭행할 의사로 사정을 모르는 징계권자를 도구로 이용하여 징계하도록 하는 경우가 예로서 거론된다. 이때 피이용자의 행위는 정당행위로 취급되지만, 이용자는 폭행죄(§ 260①)의 간접정범으로 처벌될 가능성이 생긴다. 129

판례는 법령에 의한 행위와 관련하여, ① 인신구속에 관한 직무를 행하는 사람 또는 이를 보조하는 사람이 피해자를 구속하기 위하여 진술조서 등을 허위로 작성한 후 이를 기록에 첨부하여 구속영장을 신청하고, 진술조서 등이 허위로 작성된 사정을 모르는 검사와 영장전담판사를 기망하여 구속영장을 발부받은 후 그 영장에 의하여 피해자를 구금한 사안에서, 직권남용감금죄(§ 124①)의 간접정범의 성립을 인정하였고,[65] ② 수표발행인인 피고인이 은행에 지급제시된 수표가 위조되었다는 내용의 허위의 신고를 하여 그 사정을 모르는 은행직원이 수사기관에 고발을 함에 따라 수사가 개시되고, 피고인이 경찰에 출석하여 수표위조자로 특정인을 지목하는 진술을 한 사안에서, 이는 피고인이 위조수표에 대한 부정수표 단속법 제7조의 고발의무가 있는 은행원을 도구로 이용하여 수사기관에 고발을 하게 하고 이어 수사기관에 대하여 특정인을 위조자로 지목함으로써 자발적으로 수사기관에 대하여 허위의 사실을 신고한 것, 즉 무고죄(§ 156)로 평가하여야 한다[66]는 취지로 판시하였다.[67] 130

(b) 정당방위

정당방위를 이용하는 간접정범도 가능하다. 甲이 A를 상해할 목적으로 A로 하여금 乙을 공격하게 하고, 乙의 정당방위를 이용하여 A를 상해하는 사안이다. 乙의 행위는 정당방위로 취급되지만, 甲은 상해죄(§ 257①)의 간접정범으로 처벌될 수 있을 것이다. 131

65 대판 2006. 5. 25, 2003도3945.
66 대판 2005. 12. 22, 2005도3203.
67 정당행위와 관련된 일본 판례로는, 마약사범의 수사기법인 통제배달(controlled delivery)이 실시되어 운송업자가 수사당국과 협조하여 화물을 배송하여 피고인이 이를 수취한 사안에서, "배송업자가 수사기관으로부터 사정을 듣고 수사협력을 요청받아 그 감시하에 있었다고 하여 그것이 피고인들로부터의 의뢰에 기한 운송계약상의 의무이행이라는 성격을 잃어버리는 것은 아니고, 피고인들은 그 의도한 대로 제3자의 행위를 자기의 범죄실현을 위한 도구로서 이용한 것이다."라는 이유로, 관세법상의 금제품수입기수죄의 간접정범의 성립을 인정한 것[最決 平成 9(1997). 10. 30. 刑集 51·9·816]이 있다.

(카) 피이용자가 책임무능력자인 경우

132 이용자가 형사미성년자나 심신상실자를 이용하여 범죄를 수행하는 경우이다. 심신미약자를 이용하는 경우에는 간접정범이 성립하지 않음에 주의를 요한다. 심신미약자는 형이 감경될 뿐 '처벌되지 아니하는 자'가 아니기 때문이다.

133 책임무능력자를 이용하는 경우, 앞에서 살펴본 바 있듯이, 극단적 종속형식뿐 아니라 제한적 종속형식에서도 이용자가 간접정범으로 논책될 수 있다는 것이 다수 견해의 설명이다. 아주 어린 나이의 소아나 고도의 정신병자 등을 이용한 경우에는, 이용자에게 피이용자에 대한 우월절 의사지배가 인정되어 제한적 종속형식의 입장에서도 이용자의 간접정범 성립을 인정하는 것이다.

134 문제는 12-13세의 미성년자를 이용하여 범죄를 행하는 경우이다. 이때에는 피이용자인 미성년자가 사리분별의 능력을 갖출 수 있고, 따라서 간접정범의 표지인 이용자의 우월적 의사지배 내지 피이용자의 도구성이 부정될 수 있기 때문이다. 이 점을 지적하면서, 사리분별의 능력을 갖춘 미성년자를 이용한 경우에는 간접정범의 성립을 부정하는 견해[68]도 있다.[69]

(타) 피이용자가 법률의 착오에 빠진 경우

135 피이용자가 법률의 착오에 빠진 경우, 이용자에게 간접정범의 성립 가능성이 생긴다. 이용자가 의도적으로 피이용자를 법률의 착오에 빠지도록 한 경우뿐 아니라, 이미 법률의 착오에 빠져 있는 피이용자를 알고 이를 이용하는 경우도 마찬가지이다. 피이용자가 법률의 착오에 빠진 경우에는 정당한 이유가 인정되는지 여부에 따라 이용자의 죄책에 대한 논의가 달라진다. 나누어 살펴보면 다음과 같다.

(a) 피이용자에게 정당한 이유가 인정되는 경우

136 피이용자가 법률의 착오에 빠진 경우에 정당한 이유가 인정되면, 피이용자

---

68 김성돈, 677; 배종대, § 136/13; 손동권·김재윤, § 26/26; 이재상·장영민·강동범, § 32/19; 이주원, 385.

69 일본 판례 중에는, 술집 여종업원인 피고인이 아들(당시 12세 10개월, 중 1)에게 술집 주인으로부터 금품을 강취하도록 지시·명령하여 금품을 강취토록 한 사안에서, 실행범인 아들이 형사미성년자이지만 시비법별능력이 있고, 피고인의 지시·명령은 아들의 의사를 억압하기에 충분할 정도는 아니었다는 이유로, 강도죄의 간접정범이 아니라 공동정범의 성립을 인정한 것[最決 平成 13(2001). 10. 25. 刑集 55·6·519]이 있다.

는 처벌되지 않는다(§ 16). 이때 이용자는 해당 범죄의 간접정범이 될 가능성이 생기는데, 간접정범의 성립을 위한 요건에 관해서는 견해의 대립이 있다.

① 전면적 인정설

피이용자에게 착오의 정당한 이유가 인정되어 피이용자가 불법로 되면, 이용자는 해당 범죄의 간접정범이 된다는 견해이다.[70] 추가적인 요건을 요구하지 않는다. 137

② 우월적 의사지배 필요설

피이용자에게 착오의 정당한 이유가 인정되어 피이용자가 불법로 처리되더라도, 이용자가 해당 범죄의 간접정범이 되기 위해서는 이용자에게 피이용자에 대한 우월적 의사지배가 인정되어야 한다는 견해이다.[71] 그렇지 않으면 이용자의 죄책은 교사범이 된다고 한다. 138

③ 착오 인식 필요설

피이용자의 착오를 이용자가 인식하고 이용한 경우에만, 이용자의 간접정범이 인정된다는 견해이다.[72] 그렇지 않으면 이용자의 죄책은 교사범이 된다고 한다. 139

(b) 피이용자에게 정당한 이유가 부정되는 경우

피이용자가 법률의 착오에 빠졌더라도 정당한 이유가 부정되면, 피이용자는 처벌된다. 따라서 이때에는 이용자에게 간접정범이 성립될 수 없고, 교사범의 죄책이 주어질 뿐이라는 것이 다수의 견해이다.[73] 하지만 이 경우에도 피이용자의 착오를 이용자가 인식하고 이용한 경우에만 이용자의 간접정범이 인정된다는 견해도 있다. 140

(파) 피이용자의 행위가 강요된 행위에 해당하거나 기대가능성이 부정되는 경우

강요된 행위(§ 12)를 이용하여 범행하는 사안에서, 피강요자는 책임이 조각되고 강요자에게 당해 범죄의 간접정범의 죄책이 주어진다. 예를 들어, 군대와 같이 강력한 명령복종체계를 갖춘 기관에서 상관의 위법한 명령을 수행하여 구 141

70 오영근·노수환, 487; 이형국·김혜경, 425; 주석형법 〔총칙(2)〕(3판), 226(송병훈).
71 김성돈, 678; 이주원, 385; 정성근·박광민, 532.
72 배종대, § 136/14; 이재상·장영민·강동범, § 32/20.
73 이주원, 385-386; 주석형법 〔총칙(2)〕(3판), 226-227(송병훈).

성요건적 실행행위를 행한 부하에게 경우에 따라 책임조각이 인정될 수 있는데, 이때 당해 범죄에 대한 죄책은 간접정범의 유형으로 상관에게 논책될 수 있을 것이다.

(하) 피이용자의 행위가 형벌조각사유에 해당하는 경우

142 형벌조각사유에 해당하여 처벌되지 않는 사람을 이용하여 범죄를 범하는 경우도 있을 수 있다. 甲이 乙을 시켜서 乙의 부친인 A의 물건을 절취하게 하는 경우를 예로 들 수 있다. 본조 제1항은 피이용자를 어느 행위로 인하여 '처벌되지 않는 자'로 규정하기 때문에 이 때에도 간접정범의 성립이 가능하다는 해석이 제시될 수 있다. 하지만 이런 견해는 기존의 문헌에서 찾아볼 수 없다. 이는 간접정범의 본질적 표지인 이용자의 '우월적 의사지배' 내지 피이용자의 '도구성'이 형법조각사유의 사안에서는 충족되지 않기 때문인 것으로 이해된다. 본조에서 규정하는 어느 행위로 인하여 '처벌되지 않는 자'란 '범죄성립이 인정되지 않는 자'로 축소 해석되어야 한다는 것이 일반적인 견해이다. 앞의 사례에서는 乙에게 절도죄가 성립하므로, 甲의 죄책은 절도죄의 간접정범이 아니라 교사범이 된다.

(2) 과실범으로 처벌되는 자

143 피이용자가 과실범으로 처벌되는 경우에도 이용자에게 간접정범이 성립할 수 있다. 본조 제1항은 이러한 유형의 간접정범도 규정하고 있기 때문이다. 가장 전형적인 사례는 의사가 사정을 모르면서 부주의한 간호원을 이용하여 환자에게 독약주사를 놓아 살해한 경우이다. 이때 간호원은 업무상과실치사죄(§ 268)의 죄책을 지게 되며, 의사에게는 살인죄의 간접정범의 성립 가능성이 생겨난다.

3. 이용행위

(1) 의의

144 간접정범이 성립하기 위해서는 이용자의 이용행위가 있어야 한다. 이용행위의 핵심적 표지는 피이용자의 의사를 지배하여 도구로 이용함에 있다. 이러한 이용자의 이용행위가 있을 때 간접정범의 실행의 착수가 있다고 볼 것인지에 대해서는 다툼이 있는데, 판례 중에는 피고인이 피해자들을 협박하여 피해자들로 하여금 피해자들의 가슴 등을 촬영하게 하려고 하였으나 피해자들이 이를

거부하여 미수에 그친 사안에서, 피고인의 이용행위 시에 실행의 착수가 있다고 본 원심의 판단을 수긍한 것[74]이 있다〔간접정범의 실행의 착수시기에 대해서는 II. 6. (2) **간접정범의 미수** 부분 참조〕.

한편, 이용행위의 방법과 관련하여 본조 제1항은 '교사 또는 방조'라는 표현을 쓰고 있어서 이를 어떻게 이해해야 할 것인지에 관하여 논란에 제기된다. 나아가 이용행위가 부작위나 과실로도 행해질 수 있는지도 특수한 논의영역을 구성한다. 145

(2) 의사지배

(가) 내용

이용자가 피이용자의 의사를 지배하여 도구로 이용하는 구조여야 한다. 이러한 의사지배력은 간접정범의 성립되기 위한 본질적 요소이다. 따라서 피이용자가 제31조 내지 제32조의 '죄를 범한 자'에 해당하지 않아서 이용자에게 교사범 내지 종범의 죄책이 주어지지 않는 경우라 할지라도 그것만으로 간접정범이 성립하는 것이 아니라, 이용자에게 본조 제1항의 죄책이 주어지기 위해서는 피이용자에 대한 의사지배가 확인되어야 한다. 146

(나) 정도

문제는 의사지배의 정도인데, 판례는 이용자가 피이용자의 의사를 부당하게 억압하는 정도여야 할 필요는 없다고 한다. 즉, 내막을 알지 못하는 직원들을 동원하여 정치자금법위반의 기부를 하게 하였다는 공소사실로 정치자금법위반의 간접정범으로 기소된 사안에서, "처벌되지 아니하는 타인의 행위를 적극적으로 유발하고 이를 이용하여 자신의 범죄를 실현"하면 간접정범이 성립하는 것이지, "그 과정에서 타인의 의사를 부당하게 억압하여야만 간접정범에 해당하는 것이 아니다."라고 판시하였다.[75] 147

---

74 대판 2019. 9. 9, 2019도9315(피고인이 피이용자인 피해자들로 하여금 스스로 추행행위를 하게 할 의도로 '신체 사진을 찍어 보내지 않으면 피해자들의 신체가 촬영된 사진을 SNS에 게시하겠다'는 등의 내용이 담긴 메시지를 전송한 것은 '피해자들의 항거를 곤란하게 할 정도의 폭행 또는 협박을 개시한 때'에 해당한다고 보아 강제추행죄의 실행의 착수를 인정한 사례).

75 대판 2008. 9. 11, 2007도7204〔정유회사 경영자의 청탁으로 국회의원이 위 경영자와 지역구 지방자치단체장 사이에 정유공장의 지역구 유치와 관련한 간담회를 주선하고 위 경영자는 정유회사 소속 직원들로 하여금 위 국회의원이 사실상 지배·장악하고 있던 후원회에 후원금을 기부하게 한 사안에서, 국회의원에게는 정치자금법 제32조(특정행위와 관련한 기부의 제한) 제3호 위

(3) '교사 또는 방조'의 의미

148 본조 제1항이 규정하는 '교사 또는 방조'는 교사범과 종범에서의 그것으로 새길 것이 아니라 '사주 내지 이용'의 의미로 넓게 이해해야 한다는 것이 일반적인 견해이다.[76] 좀 더 구체적으로는, 교사는 우월한 의사지배를 통한 조종행위이고, 방조는 우월한 의사지배에 의한 원조행위라고 한다. 그러나 본조는 협의의 공범에 관한 규정들에 뒤이어 위치하는 것이므로, 본조 제1항은 이용행위가 공범적 행위인 '교사 또는 방조'이지만 피이용자의 성격이 특수한 경우에 관해 마련된 특별규정인 점에 비추어, '교사 또는 방조'의 본래의 의미로 이해해야 한다는 견해[77]도 있다.

(4) 부작위에 의한 간접정범

149 이용행위의 태양과 관련하여, 부작위에 의한 간접정범이 성립할 수 있는가에 대해 논란이 있다.

150 ① 긍정설은 피이용자의 불법행위를 저지할 작위의무 있는 사람이 동 의무의 불이행을 통하여 피이용자의 불법행위를 야기하였다면 이용자는 부작위 간접정범을 범하게 된다고 주장한다.[78] ② 부정설은 이 경우 이용자에게 피이용자에 대한 의사지배가 있었다고 말하기 곤란하므로 이용자의 부작위를 간접정범으로 파악할 수는 없고, 이용자는 부작위 직접정범을 범한 것으로 이해해야 한다고 주장한다.[79]

151 즉 정신병원의 간호사가 환자 甲이 환자 A를 상해하는 것을 보고도 고의적으로 방치한 경우, 간호사의 죄책에 대하여 위 ①의 긍정설은 부작위에 의한 상해죄의 간접정범이라고 하나, ②의 부정설은 부작위에 의한 상해죄의 직접정범이라 하는 것이다.

반죄가, 경영자에게는 정치자금법위반죄의 간접정범이 성립한다고 한 사례].

76 김성돈, 679; 배종대, § 136/22; 이재상·장영민·강동범, § 32/25.

77 정영일, 443.

78 김성돈, 691; 정영일, 444[A가 자기 아이 B(6세)가 놀이터에서 날카로운 쇠붙이를 갖고 철없이 놀면서 이웃집 아이 C(5세)를 다치게 하는 것을 보고도 C의 모친에 대한 악감정 때문에 B를 단속하지 않고 그냥 놓아둔 경우, A는 부작위에 의한 이용행위를 통한 상해죄의 간접정범으로 인정된다고 볼 수 있다].

79 배종대, § 136/23; 이형국·김혜정, 426; 주석형법 [각칙(2)](3판), 230(송병훈).

(5) 과실에 의한 간접정범

앞에서 살펴본 바와 같이 과실범에 대한 간접정범은 인정된다. 본조 제1항이 '과실범으로 처벌되는 자'를 간접정범에 있어서 피이용자의 범위에 포함시키고 있기 때문이다. 그러나 이용행위가 과실행위일 수 있는지, 즉 과실에 의한 간접정범이 성립될 수 있는지는 별개의 문제이다. 152

이에 대하여, ① 부정설은 과실행위를 통해서는 간접정범의 핵심적 표지인 의사지배가 인정될 수 없어서 과실에 의한 간접정범은 불가능하다고 하고(다수설),[80] ② 긍정설은 간접정범도 정범이므로 과실에 의한 간접정범이 인정될 수 있다고 주장한다. 153

구체적인 사례를 통해서 검토하면 다음과 같다.

ⓐ 甲이 7세의 아동에게 말실수를 하였는데 이를 친구에게 실제로 상해를 가하라는 이야기로 알아들은 아동이 실행에 옮긴 경우, 위 ①의 부정설은 甲에게 과실치상죄(§ 266①)의 간접정범이 인정될 수 없다고 한다. 하지만 과실이 있으므로 甲의 죄책은 과실치상죄의 직접정범이 된다. 이에 대하여, 위 ②의 긍정설은 甲의 죄책을 과실치상죄의 간접정범이라고 한다. 154

ⓑ 의사가 과실로 간호원에게 독약이 든 주사기를 건네서 부주의한 간호원이 이를 환자에게 주사하여 사망하게 한 경우, 위 ①의 부정설은 의사와 간호원이 모두 과실치상죄의 직접정범(동시범)이라고 함에 반하여, ②의 긍정설은 의사에게는 과실치상죄의 간접정범, 간호원에게는 과실치상죄의 직접정범이 성립한다고 한다. 양자의 관계가 문제되는데, 이는 과실범의 공동정범을 인정하는가에 따라 달라질 것이다. 즉 범죄공동설의 관점에서 과실범의 공동정범을 부정하면 양자의 관계는 동시범이 되고, 판례의 견해를 따르면 공동정범이 성립한다〔이에 대한 상세는 § 30(**공동정범**) **주해** 참조〕. 155

4. 범죄행위의 결과 발생

(1) 결과발생의 의미

본조 제1항은 간접정범의 성립요건으로 '범죄행위의 결과를 발생'하게 할 156

80 임웅·김성규·박성민, 504; 주석형법 〔각칙(2)〕(3판), 230(송병훈).

것을 요구한다. 그런데 여기서 범죄행위의 결과란 결과범에서 말하는 결과가 아니라, 넓은 의미의 범죄 발생을 의미한다.[81] 객관적 구성요건이 실현되었다는 의미에서 '구성요건적 결과'를 의미한다고 설명하는 견해[82]도 같은 취지로 이해된다.

157 따라서 간접정범은 결과범뿐 아니라 거동범에서도 행해질 수 있다. 이용자의 이용행위로 유발된 피이용자의 행위가 거동범의 구성요건을 충족하면, 이용자가 해당 거동범의 간접정범으로 처벌되는 것이다.

(2) 인과관계

158 범죄행위의 결과는 피이용자의 이용행위로 발생한 것이어야 한다. 이는 본조가 간접정범의 성립요건으로 범죄행위의 결과를 발생"하게 한 자"라고 표현함에서도 확인된다. 범죄행위의 결과는 피이용자의 신체로 수행되지만, 그것을 발생하게 한 사람은 이용자인 것이다. 그래서 이용자의 이용행위와 범죄행위의 결과발생 간에 요구되는 인과관계 역시 간접정범의 성립요건이 된다.

5. 처 벌

159 본조 제1항은 간접정범을 '교사 또는 방조의 예에 의하여' 처벌한다고 규정한다. 즉 이용의 수준이 교사에 준하면 정범과 동일한 형으로 처벌하고(§ 31①), 방조에 준하면 정범의 형보다 감경한다(§ 32①)는 것이다.

160 이렇게 처벌을 공범의 예에 따라 하도록 규정한 것은 간접정범의 본질을 공범으로 보는 근거가 되기도 한다. 하지만 간접정범의 본질을 정범으로 보는 다수의 견해는 '교사 또는 방조의 예'에 따르는 것은 처벌범위에 관한 기준일 뿐이고, 이 문언이 간접정범의 본질을 입법적으로 규정한 것은 아니라고 한다.

81 김성돈, 681; 오영근·노수환, 479.
82 신동운, 701; 이재상·장영민·강동범, § 32/26.

6. 관련 문제

(1) 간접정범의 착오

(가) 이용자의 범의와 피이용자의 실행행위 간의 불일치

(a) 착오의 내용

간접정범에서는 이용자가 피이용자를 도구로 이용하여 자신의 범죄를 행하게 된다. 따라서 이용자의 범의와 피이용자의 실행행위가 일치하지 않는 착오가 발생할 수 있다. 甲이 乙을 이용하여 A를 살해하려고 하였으나 乙이 B를 살해한 경우라든지, 甲이 乙을 이용하여 A를 상해하려고 하였으나 乙의 행위로 A가 사망한 경우 등이 그러하다. 161

(b) 착오의 범위에 따른 해결

이용자의 범의와 피이용자의 실행행위는 같은 구성요건 내에서 불일치가 발생할 수도 있고, 다른 구성요건에 걸쳐서 불일치가 발생할 수도 있다. 즉, 동일 구성요건 내의 착오, 동종구성요건 간의 착오, 이종구성요건 간의 착오 등의 착오 유형이 발생하는 것이다. 이러한 착오의 범위 문제는 착오의 일반이론에 따라 해결된다. 따라서 피이용자의 실행행위가 이용자의 범의를 초과하여 실행된 경우에 이용자는 초과한 부분에 대하여 원칙적으로 책임을 지지 않는다. 하지만 이 경우에도, 이용자에게 초과 부분에 대해 미필적 고의가 있다거나 피이용자의 실행행위가 결과적 가중범에 해당하면서 이용자에게 중한 결과에 대한 예견가능성이 있었던 때에는, 이용자가 발생한 결과에 대해 책임을 지게 될 것이다. 162

(c) 착오의 원인에 따른 해결

피이용자의 실행행위가 이용자의 범의와 어긋나는 경우, 그 원인은 피이용자가 객체의 착오에 빠졌기 때문일 수도 있고, 피이용자가 방법의 착오에 빠졌기 때문일 수도 있다. 甲이 8세의 乙을 이용하여 A를 살해하려고 시도한 사안에서, 乙이 B를 A로 오인하고 살해한 경우가 전자의 사례이고, 乙이 A를 살해하려고 하였는데 그 옆에 있던 B가 살해된 경우가 후자의 사례이다. 경우를 나누어 이용자의 죄책을 살펴보면 다음과 같다[착오 일반론에 대해서는 **주해 I(총칙 1) § 15(사실의 착오)** 부분 참조]. 163

① 전자의 사례, 즉 피이용자가 객체의 착오를 일으킨 경우, 이용자의 착오 164

는 어떤 유형이 되는지에 관하여 견해가 대립된다. ⓐ 이용자의 착오 역시 객체의 착오라는 견해는 이용자의 죄책을 발생사실에 대한 고의 기수로 인정한다.[83] 하지만 ⓑ 피이용자의 객체의 착오는 이용자에게 방법의 착오가 된다는 견해[84]도 제시되는데, 이에 의하면 이용자의 죄책이 구체적 부합설을 취하는지 법정적 부합설을 취하는지에 따라 달라진다. 구체적 부합설을 취하면, 인식사실의 미수와 발생사실의 과실 간의 상상적 경합으로 처리할 것이고, 법정적 부합설은 발생사실에 대하여 고의 기수의 죄책을 인정하게 된다.

165 ② 후자의 사례, 즉 피이용자가 방법의 착오를 일으킨 경우는 이용자의 착오도 방법의 착오로 처리된다는 점에 견해가 일치된다.[85] 따라서 방법의 착오 일반이론에 따라 이용자의 죄책이 정해진다. 즉 구체적 부합설은 인식사실의 미수와 발생사실의 과실 간의 상상적 경합으로 처리할 것이고, 법정적 부합설은 발생사실에 대하여 고의 기수의 죄책을 인정하게 된다.

166 ③ 판례는 사실의 착오를 법정적 부합설에 의해 처리한다.[86] 따라서 피이용자가 객체의 착오를 일으킨 경우이든 방법의 착오를 일으킨 경우이든, 이용자의 죄책은 발생사실에 대한 고의 기수가 된다.

(나) 피이용자의 성질에 대한 이용자의 착오

(a) 착오의 내용

167 간접정범이 성립하기 위해서는 피이용자가 '처벌되지 아니하거나 과실범으

83 이재상·장영민·강동범, § 32/30.

84 김일수·서보학, 440; 손동권·김재윤, § 28/54; 오영근·노수환, 481; 이주원, 390; 이형국·김혜경, 429.

85 김성돈, 684; 김일수·서보학, 440; 배종대, § 138/3; 손동권·김재윤, § 28/54; 오영근·노수환, 481; 이재상·장영민·강동범, § 32/30; 이주원, 390; 이형국·김혜경, 429.

86 대판 1984. 1. 24, 83도2813. 「피해자 A인 피고인의 형수의 등에 업혀 있던 피고인의 조카 피해자 B(남 1세)에 대하여는 살인의 고의가 없었으니 과실치사죄가 성립할지언정 살인죄가 성립될 수 없다는 주장을 살피건대, 피고인이 먼저 피해자 A를 향하여 살의를 갖고 소나무 몽둥이(증 제1호, 길이 85센티미터 직경 9센티미터)를 양손에 집어들고 힘껏 후려친 가격으로 피를 흘리며 마당에 고꾸라진 동녀와 동녀의 등에 업힌 피해자 B의 머리부분을 위 몽둥이로 내리쳐 피해자 B를 현장에서 두개골절 및 뇌좌상으로 사망케 한 소위를 살인죄로 의율한 원심조처는 정당하게 긍인되며 소위 타격의 착오가 있는 경우라 할지라도 행위자의 살인의 범의성립에 방해가 되지 아니하니 어느모로 보나 원심판결에 채증법칙 위배로 인한 사실오인의 위법이나 살인죄에 관한 법리오해의 위법이 없어 논지는 이유없다.」

본 판결 평석은 김영환, "형법상 방법의 착오의 문제점", 형사판례연구 〔1〕, 한국형사판례연구회, 박영사(1993), 13-39.

로 처벌되는 자'여야 하며, 이용자는 피이용자의 그러한 성질을 인식하고 있어야 한다. 따라서 간접정범에서는 피이용자의 성질에 대해서도 이용자가 잘못 파악하는 착오가 발생할 수 있다. 구체적으로, ① 피이용자가 처벌되는 자인데 이용자는 피이용자를 처벌되지 않는 자로 알았던 경우와 ② 피이용자가 처벌되지 않는 자인데 이용자는 피이용자를 처벌되는 자로 알았던 경우로 구별된다.

(b) 피이용자가 처벌되는 자인 경우

피이용자에게 고의가 있는데 이용자가 이를 인식하지 못하고 간접정범의 의사로써 피이용자의 행위를 이용한 경우라든지, 피이용자가 책임능력자임에도 이용자는 책임무능력자로 판단하고 간접정범의 의사로써 피이용자의 행위를 이용한 경우에는, ① 피이용자는 당해 범죄의 정범이 되고, 이용자는 교사범 혹은 종범이 된다는 것이 다수의 견해이다.[87] 이때에는 이용자에게 피이용자에 대한 의사지배를 인정할 수 없기 때문이며, '대는 소를 포함한다'는 원칙에 따라 이용자가 가진 간접정범의 의사에서 교사의 의사가 인정되는 것으로 설명된다.[88] 하지만 이에 대하여, ② 이용자의 죄책이 간접정범으로 된다거나,[89] ③ 간접정범의 미수와 공범 기수의 상상적 경합이 된다[90]는 소수의 견해도 있다. 168

(c) 피이용자가 처벌되지 아니하는 자인 경우

이용자가 교사의 의사를 가지고 피이용자에게 사주하였으나 피이용자가 범죄내용을 인식하지 못했거나 책임무능력자여서 도구처럼 이용된 경우에는, 피이용자가 무죄이다. 이때 이용자의 죄책이 문제되는데, ① 객관적으로는 간접정범의 요건이 충족되고 주관적으로는 교사범의 요건이 충족되는 사례로서 제15조 제1항이 적용되어 교사범으로 처리된다는 것이 일반적인 견해이다.[91] 하지 169

87 김성돈, 684; 김일수·서보학, 441; 배종대, § 138/2; 신동운, 713; 오영근·노수환, 481; 이재상·장영민·강동범, § 32/29.

88 일본 하급심의 판결에서 이 쟁점이 다루어진 바 있다. 피고인이 간접정범의 의사로써 피이용자에게 유압식 굴삭기를 절취하게 하였는데 피이용자도 절도의 고의를 가지고 있었던 사안이다. 검사는 피고인을 절도죄의 간접정범으로 기소하였으나, 하급심 법원은 피고인에게 절도죄의 교사범을 인정하였다(松山地判 平成 24(2012). 2. 9. 判タ 1378. 251). 이 판결에 대한 정리와 분석은 김종구, "간접정범과 교사범의 구별 및 공소장 변경의 필요성 - 일본 판례의 비교법적 고찰 -", 법학논총 25-2, 조선대학교 법학연구소(2018), 311-329 참조.

89 진계호, 형법총론(6판), 413.

90 손동권·김재윤, § 28/50.

91 김성돈, 684; 김일수·서보학, 441; 배종대, § 138/2; 오영근·노수환, 481; 이재상·장영민·강동

만 ② 객관적인 상황을 고려하여 간접정범으로 인정하는 견해,[92] ③ 피이용자에게 고의가 없는 경우에는 간접정범이 성립하고, 피이용자를 책임무능력자로 오인한 경우에는 공범이 성립한다는 견해[93]도 있다.

(2) 간접정범의 미수

(가) 본조 제1항과 미수

170 간접정범에서도 미수가 발생할 수 있다. 본조 제1항은 간접정범을 "어느 행위로 인하여 처벌되지 아니하는 자 또는 과실범으로 처벌되는 자를 교사 또는 방조하여 범죄행위의 결과를 발생하게 한 자"라고 규정함으로써, 마치 기수만을 상정하고 있는 것처럼 표현하고 있다. 하지만 여기서 "결과를 발생하게"라는 표현은 결과범에서의 결과발생을 의미하는 것이 아니라 넓은 의미에서의 '범죄수행'을 의미하는 것으로 새겨야 한다는 것이 일반적인 견해이다. 따라서 본조 제1항의 표현이 간접정범의 미수를 배제하는 것은 아니다. 간접정범도 정범이기 때문에 미수범 처벌규정이 있는 경우에는 얼마든지 간접정범의 미수가 발생할 수 있는 것이다.[94]

(나) 간접정범의 실행의 착수 시기

171 간접정범에서는 이용자의 이용행위와 피이용자의 실행행위가 모두 범행의 수행과 관련을 갖는 행위이다. 따라서 과연 실행의 착수 시점을 결정함에 있어서 어떤 것을 기준으로 삼아야 할지 논란된다.

(a) **이용행위설**[95]

172 주관주의적 관점에서는 이용자의 이용행위로 말미암아 범죄의사가 표동(表動)되었다고 볼 것이므로, 이용행위의 개시 시점을 실행착수 시점으로 파악한다. 또한 행위지배설에 의할 때에도, 간접정범에서는 이용행위의 개시와 더불어

범, § 32/29.

92 신동운, 712.

93 손동권·김재윤, § 28/51-52.

94 김성돈, 685; 김일수·서보학, 440; 배종대, § 136/25; 오영근·노수환, 479; 이재상·장영민·강동범, § 32/28.

95 이재상·장영민·강동범, § 32/26; 임웅·김성규·박성민, 502. 이 견해에 대해서는, 이용행위의 개시만으로는 아직 피이용자가 우월한 의사지배의 영향력하에 들어왔다고 볼 수 없고, 보호법익에 대한 침해위험이 야기되었다고도 볼 수 없는 경우도 있을 수 있다는 점에서, 이용자가 이용행위를 개시한 시점에 일반적으로 실행의 착수를 인정하는 것은 불합리하다는 비판(김일수·서보학, 439)이 있다.

이용자의 피이용자에 대한 의사지배가 시작되는 것이므로, 실행착수 시기의 기준은 이용행위에서 찾아야 한다고 주장한다.

(b) **실행행위설**[96]

173 객관주의적 관점에서는 피이용자의 실행행위가 있어야 구성요건에 해당하는 사실이 시작되는 것이므로, 실행행위 개시 시점을 실행착수 시점으로 파악한다. 또한 간접정범을 공범으로 보는 관점도, 간접정범의 실행착수를 피이용자의 실행행위에서 찾는다. 간접정범을 교사범 및 종범과 유사한 유형으로 보기 때문에 피이용자의 실행행위가 교사범 및 종범에서의 정범에 대응하는 행위로 간주되는 것이다.

(c) **절충설**(개별화설)[97]

174 주관주의적 관점을 기본으로 하면서도 객관주의적 관점을 절충한 견해이다. 이용자의 이용행위로 말미암아 피이용자가 행동을 개시하여 이용자의 의사지배권에서 벗어나게 된 때에 간접정범의 실행착수를 인정하면 된다고 한다. 이는 이용자의 보호법익에 대한 위험야기행위가 어느 때에 직접적 위험야기의 단계에 이르는가 하는 점을 고려하여 개별구성요건별로 실행착수 시점을 결정하자는 입장이므로, 개별화설이라고도 한다.

(d) **이분설**[98]

175 피이용자가 악의(惡意)인 때에는 피이용자의 실행행위를 기준으로 하고, 선의(善意)인 때에는 이용자의 이용행위를 실행착수의 기준으로 삼는다는 견해이다. 피이용자가 악의인 경우란 피이용자에게 고의는 있으나 다른 범죄성립요건이 충족되지 않아 처벌되지 않는 사안을 말한다. 이렇게 피이용자가 '고의 있는 도구'로 이용되는 경우에는 피이용자가 실행착수로 나가는 시점이 간접정범의 실행착수 시기가 된다. 반면에 피이용자가 선의인 경우는 피이용자에게 고의 자

---

96 김성돈, 686; 신동운, 718. 이 견해에 대해서는, 간접정범 역시 정범인데, 이용자의 이용행위가 있어도 피이용자가 아무런 행위를 하지 않으면 미수범으로 처벌할 수 없고, 단지 예비·음모만으로 처벌해야 한다는 비판이 있다[주석형법 [총칙(2)](3판), 232(송병훈)]고 한다.

97 김일수·서보학, 439; 배종대, § 136/24; 손동권·김재윤, § 28/46; 오영근·노수환, 480; 정영일, 445. 이 견해에 대해서는, 간접정범의 실행의 착수라는 문제를 개별 구성요건의 해석문제로 돌려버림으로써 총론적인 기준모색을 포기하다는 결함을 안고 있다는 비판(신동운, 717)이 있다.

98 정성근·박광민, 516. 이 견해에 대해서는, 피이용자의 주관에 따라 실행의 착수시기를 판단하므로, 판단의 기준이 불명확하다는 비판(정영일, 444)이 있다.

체가 없는 사안으로서, 간접정범의 전형적인 유형이다. 이렇게 피이용자가 '고의 없는 도구'로 이용되는 경우에는 피이용자의 실행행위는 의미가 없어지기 때문에, 이용자의 이용행위에서 간접정범의 실행착수 시기가 결정된다는 것이다.

(e) 판례

176 간접정범의 실행의 착수 시기를 명시적으로 판시한 판례는 발견되지 않는다. 다만 강제추행을 간접정범의 방식으로 범하려고 하였으나 피해자가 거절한 사안에서, 피고인의 협박에 강제추행죄의 실행착수를 인정한 판례가 참고될 수 있을 뿐이다. 사안의 내용은 피고인이 피해자를 협박하여 피해자 스스로 가슴 등을 촬영하게 하였으나 피해자가 거절함으로써 뜻을 이루지 못했다는 것이다. 검사는 피고인을 강제추행미수죄로 기소하였고, 제1심 법원은 이를 인정하였다. 피고인의 상소로 사건이 대법원에까지 올라갔는데, 대법원 역시 강제추행미수죄를 인정하면서, "이 사건과 같이 피해자들을 도구로 삼아 이들의 신체를 이용하는 간접정범의 형태로 강제추행을 하는 경우, 피이용자(피해자들)로 하여금 스스로 추행하게 할 고의로 이용자(피고인)가 피이용자를 협박하였다면, 이는 피이용자의 의사제압을 위한 이용행위에 해당함과 동시에 강제추행의 고의로 피해자를 직접 협박한 경우에 해당하므로, 피이용자가 추행행위에 나아가지 않았더라도 실행의 착수가 있다고 볼 수 있다."라는 원심의 결론을 수긍하였다.[99]

(3) 정범 배후의 정범

(가) 쟁점

177 고의범으로 처벌되는 사람을 배후에서 이용한 경우에도 피이용자의 범행에 대한 간접정범이 인정될 수 있는지 문제된다. 즉 피이용자가 당해 고의범죄의 직접정범이 되고, 배후의 이용자가 당해 고의범죄의 간접정범이 되는 구도이다. 강력한 명령·복종의 체계를 갖춘 조직에서 상관이 부하에게 명령을 내려 범행을 시킨 경우가 대표적인 사례로 거론된다.

(나) 긍정설

178 피이용자가 고의범의 직접정범으로 처벌되더라도 이용자의 우월적 의사지배가 확인되면 이용자를 간접정범으로 논책할 수 있다는 견해이다.[100] 간접정범

---

99 대판 2019. 9. 9. 2019도9315.

100 박상기, 448; 손동권·김재윤, § 28/35(이론적인 관점에서는 타당한 주장이지만, 우리나라 실정법

의 본질적 표지가 이용자의 우월적 의사지배에 있음을 논거로 한다.

(다) 부정설

피이용자가 고의범의 직접정범으로 처벌되는 경우에는 그에 대한 간접정범 이 성립할 수 없다는 견해이다.[101] 간접정범이 성립하기 위해서는 피이용자가 처벌되지 않는 자 또는 과실범으로 처벌되는 자로서 도구에 불과해야 한다는 점이 논거로 제시된다. 179

(라) 독일형법과 우리나라 형법의 비교

정범 배후의 정범을 인정하는 이론은 독일 형법학에서 발전되었다. 독일형 법은 간접정범을 "타인을 통하여 죄를 범한 자"로 규정함으로써(독형 § 25①), 타인 이 직접정범으로 처벌되더라도 간접정범의 성립이 가능하기 때문이다. 그리하여 독일 형법학은, ① 범죄조직 등에서 상급자가 하부 조직원을 이용하여 범행하는 경우뿐 아니라 ② 피이용자가 객체의 착오를 일으킨 경우 및 ③ 피이용자가 정당한 이유 없이 금지착오를 일으킨 경우 등에서, 피이용자가 정범으로 처벌됨과 동시에 이용자도 정범(간접정범)으로 처벌될 수 있다는 견해가 제시된다.[102] 180

하지만 우리나라 형법은 간접정범의 성립요건으로서 피이용자가 "처벌되지 않는 자 또는 과실범으로 처벌되는 자"일 것을 명시적으로 요구하고 있다. 따라서 정범 배후의 정범을 인정하는 것이 어색하다. 더욱이 우리나라 판례는 공모공동정범을 인정하고 있으므로, 앞의 사안에서 상관은 해당 범죄의 공모공동정범으로 논책하는 것이 가능하다. 이렇게 우리나라 형사사법에서는 굳이 정범 배후의 정범을 인정하지 않아도 배후 이용자의 처벌에 공백이 발생하지 않는다. 181

과는 상응하지 않기 때문에 구체적 사례에서 이 이론의 적용 없이도 어느 정도 합리적인 해결이 가능하다면 해석론에 있어서는 그 해결책에 자리를 양보해야 한다는 입장); 정영일, 455.

101 김성돈, 683; 배종대, § 136/20; 신동운, 712; 오영근·노수환, 479; 이재상·장영민·강동범, § 32/24; 임웅·김성규·박성민, 496; 주석형법 [총칙(2)](3판), 238(송병훈).

102 정범 배후의 정범에 관한 문헌으로는, 김종구, "간접정범의 본질에서 본 정범 배후의 정범", 법학논총 17-2, 조선대학교 법학연구원(2010); 이재상, "정범배후 정범이론", 법학논집 7-2, 이화여자대학교 법학연구소(2003) 참조.

Ⅲ. 특수한 교사·방조(제2항)

1. 개 관

182 본조 제2항은 "자기의 지휘·감독을 받는 자를 교사 또는 방조하여 전항의 결과를 발생하게 한 자"에 대하여 형을 특별히 가중하고 있다. 그러면서 이 조항은 표제를 '특수한 교사, 방조에 대한 형의 가중'으로 설정한다. 가중의 범위는 특수교사인 경우 "정범에 정한 형의 장기 또는 다액에 그 2분의 1까지 가중"하고, 특수방조인 경우 "정범의 형으로 처벌"한다.

183 이 조항의 해석을 위해서는 우선, ① 적용범위에 관한 논란부터 살펴보아야 한다. 그 대상이 간접정범의 특수한 사안인지 공범의 특수한 사안인지, 아니면 양자 모두를 포함하는 것인지에 관한 논의인데, 이는 요건의 내용 중에서 '전항의 결과'가 무엇을 의미하는지에 관한 해석과 연결된다. 다음에, ② 가중처벌의 요건인 '자기의 지휘·감독을 받는 자'의 내용과 가중처벌의 효과에 대한 설명이 필요하다. 마지막으로, ③ 형벌 가중의 구체적인 기준에 대한 정리가 필요하다.

2. 적용범위

184 본조 제1항의 적용 범위에 관해서는 다음의 견해가 제시된다.

(1) 특수간접정범설

185 본조 제1항은 간접정범의 특수 사안에 적용되는 조항이라는 견해이다.[103] 이 조항이 간접정범의 조항인 본조 제1항과 같은 조문에 편제되어 있다는 점이 가장 중요한 논거이다. 이 견해에 의하면, 이 조항의 법문인 '전항의 결과'는 바로 앞 조항인 '간접정범의 결과'를 의미한다. 즉, "어느 행위로 인하여 처벌되지 아니하는 자 또는 과실범으로 처벌되는 자를 교사 또는 방조하여 범죄행위의 결과를 발생하게 한 자"로서, 피이용자를 지휘·감독하는 사람이 이 조항의 적용대상으로 가중처벌을 받게 되는 것이다.

103 김일수·서보학, 440; 김혜정·박미숙·안경옥·원혜욱·이인영, 397; 오영근·노수환, 488.

(2) 특수공범설

본조 제2항은 교사범과 종범의 특수 사안에 적용되는 조항이라는 견해이다.[104] 이 조항의 표제가 '특수한 교사, 방조에 대한 형의 가중'으로 설정되어 있음이 주된 논거이다. 특수공범설은 이 조항의 법문인 '전항의 결과'를 '범죄행위의 결과'로 한정하여 해석한다. 즉, 본조 제2항의 요건을 "자기의 지휘, 감독을 받는 자를 교사 또는 방조하여 범죄행위의 결과를 발생하게 한 자"로 해석하여, 전항인 본조 제2항과의 연결을 끊고 형법 제31조 제1항의 교사범 및 제32조 제1항의 종범에 연결시키는 것이다. 따라서 범죄행위를 직접 실행한 사람이 정범으로 처벌받는 것을 전제로, 그를 지휘·감독하는 사람이 교사한 경우에는 정범에 정한 형의 장기 또는 다액의 2분의 1까지 가중하고, 방조한 경우에는 정범에 정한 형으로 처벌한다는 것이 이 조항의 내용이라고 한다. 186

(3) 종합설

본조 제2항이 특수간접정범과 특수공범을 모두 포함하는 조항이라는 견해이다.[105] 따라서 이 조항의 법문인 '전항의 결과'는 '간접정범의 결과'뿐 아니라 '범죄행위의 결과'를 모두 포괄하는 개념으로 해석한다. 이러한 해석의 논거는 다음과 같다. 187

첫째, 본조 제2항은 일차적으로 특수공범의 조항이다. 전항의 간접정범에는 범죄행위의 직접 실행자가 "처벌되지 아니하는 자 또는 과실범으로 처벌되는 자"임에 반하여, 이 조항에는 그러한 제약이 없기 때문이다. 따라서 '전항의 결과'는 '범죄행위의 결과'를 의미하며, 이는 곧 이 조항이 교사범과 종범의 조항에 연결된 가중처벌의 조항임을 의미한다. 둘째, 본조 제2항을 특수공범의 조항으로만 한정하면 간접정범과의 관계에서 형의 불균형이 발생한다. 정범으로 처벌되는 사람을 지휘·감독의 지위에 있는 사람이 교사 내지 방조하면 형을 가중하면서, 그보다 더 중한 간접정범의 사안에서 이용자가 지휘·감독의 지위에 있는 자인 경우에 형의 가중을 적용하지 않는다면 이는 사리에 맞지 않을 것이기 때문이다. 따라서 이러한 불균형을 해소하기 위해 본조 제2항은 특수간접정범의 사안에도 적용되는 조항으로 해석해야 한다는 것이 종합설의 주장이다. 188

104 신동운, 720.
105 김성돈, 689; 성낙현, 661; 손동권·김재윤, § 28/57; 이재상·장영민·강동범, § 33/41.

3. 지휘 · 감독의 근거와 정도

189 본조 제2항은 행위자가 대상자에 대하여 지휘·감독의 지위에 있을 것을 요건으로 한다. 여기서 지휘·감독의 근거는 법령, 계약, 사무관리 등과 같은 법적 관계에 한하지 않고, 범죄조직의 상하관계와 같은 사실상의 지휘·감독도 포함한다는 것이 일반적인 견해이다. 또한, 지휘·감독의 정도에 있어서도 강제적 구속성을 필수적으로 요구하지 않는다. 즉 군대나 경찰의 상하관계와 같이 강제적 구속성이 있는 경우뿐 아니라, 일반 공무원의 상하관계 및 친권자와 미성년자 혹은 교육자와 피교육자 등에서와 같이 강제적 구속성이 없는 지휘·감독의 관계도 포함한다.

4. 형벌 가중의 기준

190 본조 제2항은 형벌 가중의 기준을 2가지 경우로 나누어 규정한다. 첫째, 행위자의 범행 개입 내용이 교사에 준하는 경우에는 정범에 정한 형의 장기 또는 다액의 2분의 1까지 가중한다. 이때, 단기 또는 소액의 형벌범위에는 가중이 없음에 주의를 요한다. 둘째, 행위자의 범행 개입 내용이 방조에 준하는 경우에는 정범에 정한 형으로 가중한다.

〔이 승 호〕

사항색인

(용어 옆의 §과 고딕 글자는 용어가 소재한 조문(또는 총설)의 위치를, 옆의 명조 숫자는 방주번호를 나타낸다. 예컨대, [2-총-2]는 '제2장 제2절 [총설]'을, [2-총I-3]은 '제2장 제3절 [총설I]'을 나타낸다.)

판례색인

(용어 옆의 §과 고딕 글자는 용어가 소재한 조문(또는 총설)의 위치를, 옆의 명조 숫자는 방주번호를 나타낸다. 예컨대, [2-총-2]는 '제2장 제2절 [총설]'을, [2-총I-3]은 '제2장 제3절 [총설I]'을 나타낸다.)

[헌법재판소]

[대법원]

[고등법원]

[지방법원]

[독일 판례]

[일본 판례]

[편집대표]

조균석 서울남부지방검찰청 차장검사, 한국형사판례연구회 회장
일본 케이오대학 법학부 특별초빙교수 · 대동문화대학 비상근강사
이화여자대학교 법학전문대학원 교수 (현)

[편집위원]

이상원 법학박사, 서울고등법원 판사(헌법재판소 파견), 대법원 재판연구관
미국 버클리대학 연수, 한국형사소송법학회 회장
서울대학교 법학전문대학원 교수, 대법원 양형위원회 위원장 (현)

김성돈 법학박사, 경북대학교 법과대학 부교수, 한국형사법학회 회장
독일 막스플랑크 외국 및 국제형법연구소 객원연구교수
성균관대학교 법학전문대학원 교수 (현)

강수진 서울중앙지방검찰청 검사
미국 하버드대학 로스쿨 LL.M., 공정거래위원회 송무담당관
고려대학교 법학전문대학원 교수, 대법원 양형위원회 위원 (현)

[집 필 자]

이진국	제2장 제2절 총설 제25조 제28조 제29조	법학박사(독일 마부르크대학), 한국형사법학회 회장 아주대학교 법학전문대학원 교수 (현)
전지연	제26조 제27조	법학박사(독일 괴팅겐대학), 한국형사법학회 회장 연세대학교 명예교수 (현)
이승호	제2장 제3절 총설 I 제30조 제34조	법학박사(서울대학교), 충북대학교 법과대학 교수 건국대학교 법학전문대학원 교수 (현)
류전철	제2장 제3절 총설 II 제31조 제32조	법학박사(독일 프라이부르크대학), 한국형사법학회 회장 전남대학교 법학전문대학원 교수 (현)
이주원	제33조	대법원 재판연구관(판사), 양형위원회 위원, 한국형사법학회 회장 고려대학교 법학전문대학원 교수, 대법원 양형연구회 회장 (현)

(2024년 8월 31일 현재)

형법주해 II — 총칙 (2)

초판발행 2024년 8월 31일

편집대표 조균석
펴낸이 안종만 · 안상준

편 집 한두희
기획/마케팅 조성호
표지디자인 이수빈
제 작 고철민 · 김원표

펴낸곳 (주) 박영사
서울특별시 금천구 가산디지털2로 53, 210호(가산동, 한라시그마밸리)
등록 1959. 3. 11. 제300-1959-1호(倫)
전 화 02)733-6771
f a x 02)736-4818
e-mail pys@pybook.co.kr
homepage www.pybook.co.kr
ISBN 979-11-303-4807-0 94360
979-11-303-4106-4 94360(세트)

정 가 53,000원

형법주해 [전 12권]

제 1 권 (총칙 1) 총칙 제1장 ~ 제2장 제1절 〔§§ 1 ~ 24〕

제 2 권 (총칙 2) 총칙 제2장 제2절 ~ 제3절 〔§§ 25 ~ 34〕

제 3 권 (총칙 3) 총칙 제2장 제4절 ~ 제4장 〔§§ 35 ~ 86〕

제 4 권 (각칙 1) 각칙 제1장 ~ 제6장 〔§§ 87 ~ 121〕

제 5 권 (각칙 2) 각칙 제7장 ~ 제11장 〔§§ 122 ~ 157〕

제 6 권 (각칙 3) 각칙 제12장 ~ 제17장 〔§§ 158 ~ 206〕

제 7 권 (각칙 4) 각칙 제18장 ~ 제23장 〔§§ 207 ~ 249〕

제 8 권 (각칙 5) 각칙 제24장 ~ 제26장 〔§§ 250 ~ 268〕

제 9 권 (각칙 6) 각칙 제27장 ~ 제32장 〔§§ 269 ~ 306〕

제10권 (각칙 7) 각칙 제33장 ~ 제36장 〔§§ 307 ~ 322〕

제11권 (각칙 8) 각칙 제37장 ~ 제39장 〔§§ 323 ~ 354〕

제12권 (각칙 9) 각칙 제40장 ~ 제42장 〔§§ 355 ~ 372〕